KB238403

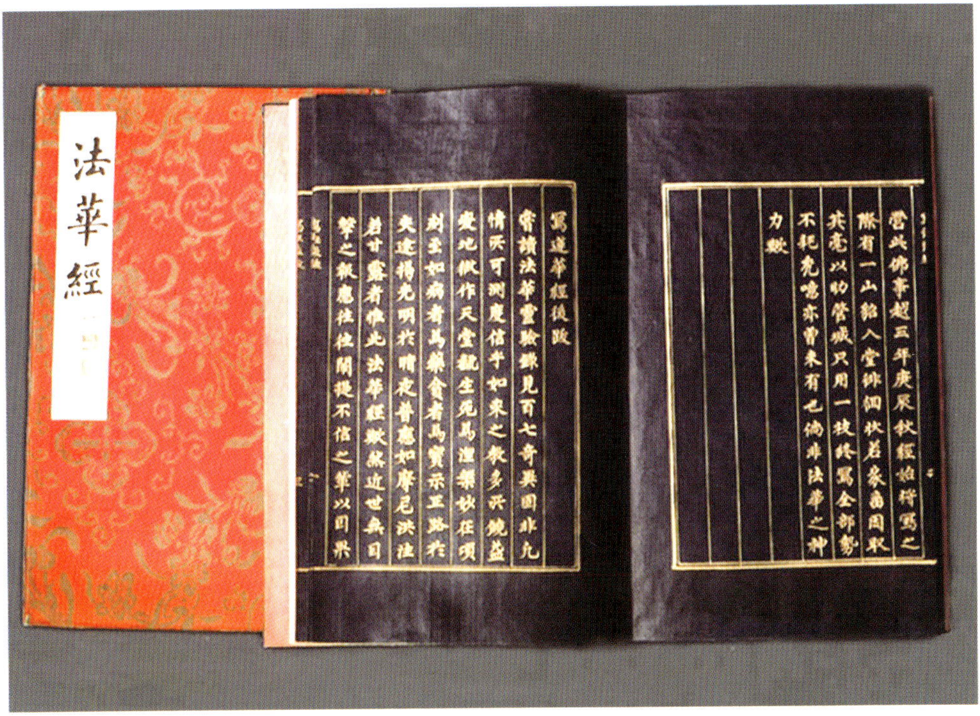

금니법화경(金泥法華經)　　양산 통도사. 경상남도 유형문화재 제97호.

은니법화경－상지은니묘법연화경(橡紙銀泥妙法蓮華經)　　국립중앙박물관. 국보 제185호. 고려 공민왕 때 옮겨쓴 불경.

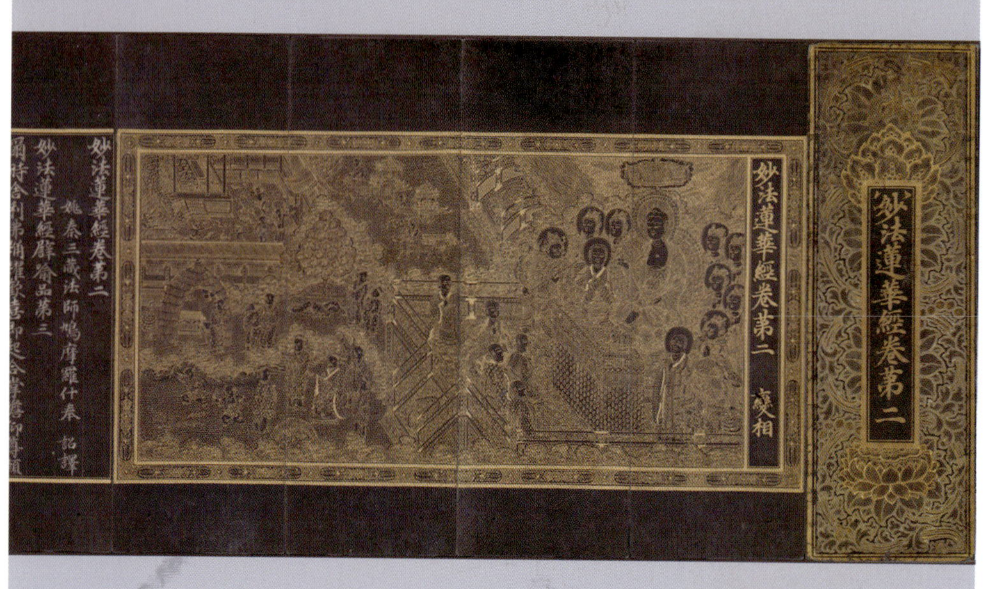

묘법연화경 권2 비유품 제3 변상도(1340. 고려시대 간행)　메트로폴리탄 미술관 소장

팔만대장경　합천 해인사. 경판의 개수가 8만 개라 해서 붙여진 이름. 경판 하나의 크기는 70×25cm, 두께 3.5cm로 양면에 한 자 1.5cm 크기로 450여 자의 글자가 새겨져 있다.

영산회상(靈山會上) 탱화 보물 제1353호. 통도사. 세존이 영취산에서 법화경을 설법할 때의 모습을 그린 탱화.

원효대사(617~686) 표준영정   이종상. 1978. 법화경을 해설한 《법화경종요》를 지었다.

法華經
법화경

홍정식 역해

동서문화사

법화경

차례

일러두기

1. 하늘에서 꽃비 내리다　서품 제1⋯ 11

2. 불도를 깨우치는 방법　방편품 제2⋯ 49

3. 불난 집의 비유　비유품 제3⋯ 98

4. 부자 아버지와 가난한 아들　신해품 제4⋯ 163

5. 약초의 비유　약초유품 제5⋯ 196

6. 4대 제자에 대한 예언　수기품 제6⋯ 223

7. 전세의 인연　화성유품 제7⋯ 241

8. 5백 제자에 대한 예언　5백제자수기품 제8⋯ 298

9. 아난다와 라후라 및 2천 제자에 대한 예언　수학·무학인기품 제9⋯ 320

10. 가르침을 설하는 사람　법사품 제10⋯ 332

11. 보탑이 나타나다　견보탑품 제11/제바달다품 제12⋯ 351

12. 끊임없는 노력　권지품 제13⋯ 389

13. 안락한 생활　안락행품 제14⋯ 400

14. 땅속에서 솟아나는 보살들　종지용출품 제15⋯ 432

15. 여래 수명의 길이　여래수량품 제16⋯ 457

16. 복덕의 구분　분별공덕품 제17…475

17. 참맘으로 귀의하는 일의 복덕　수희공덕품 제18…498

18. 가르침을 펴는 자가 받는 은혜　법사공덕품 제19…510

19. 언제나 경멸받은 남자　상불경보살품 제20…537

20. 여래의 신통력 발휘　여래신력품 제21…550

27. 사람들 마음에 법을 배달하다　촉루품 제22…560

22. 약왕보살 전세 인연　약왕보살본사품 제23…564

23. 빛과 소리 묘음보살　묘음보살품 제24…585

24. 온갖 방향으로 얼굴을 돌리는 부처　관세음보살보문품 제25…601

21. 생명 있는 말씀 주문　다라니품 제26…619

25. 묘장엄왕 전세 인연　묘장엄왕본사품 제27…630

26. 보현보살의 격려　보현보살권발품 제28…645

법화경이란 무엇인가

법화경 첫걸음…661

법화경 참뜻…688

법화경 열매…725

일러두기

1. 이 책은 《삿다르마 푼다리카(올바른 가르침의 백련)》 산스크리트어 원전의 구어체 번역을 단락으로 나누어 앞에 싣고, 《묘법연화경(妙法蓮華經)》의 원문 및 한글번역문을 뒤이어 실었다.

2. 산스크리트어 번역은 Saddharmapuṇḍarīka, ed. by H. Kern and B. Nanjio, St. Pétersbourg, 1908~1912(Bibliotheca Buddhica 10)를 따랐으며, 한역본(漢譯本)은 구마라습(鳩摩羅什)이 번역한 《묘법연화경》을 사용하였다.

3. 산스크리트어 원전의 구어체 번역문과 《묘법연화경》 원문·한글번역문의 단락은 대체로 일치하도록 주의했다. 그러나 산스크리트어 원전과 《묘법연화경》 원전은 저마다 전해 내려온 계통이 다르므로, 편집상의 기술적 문제로 인해 앞뒤로 약간의 차이가 생기는 것은 피할 수 없었다.

4. 산스크리트어 원전 번역문에서 인명·지명 및 일부 용어 표기는 원칙적으로 산스크리트어를 그대로 쓰면서 일반 독자의 편의와 이해를 돕기 위해 《묘법연화경》 번역문 명칭을 함께 사용했다.

5. 산스크리트어 원전 '제11장 탑의 출현'은 《묘법연화경》 '견보탑품 제11' 및 '제바달다품 제12'와 대응하고, 산스크리트어 원전 제12장부터 제20장까지는 《묘법연화경》의 제13부터 제21에 대응한다. 그러나 그 뒤의 산스크리트어 원전과 《묘법연화경》 제22 이후의 대응에 혼란이 있으므로, 산스크리트어 원전 번역은 《묘법연화경》과 대응하도록 맞추었다.

1. 하늘에서 꽃비 내리다
서품 제1

'깨달음'에 이른 여러 부처님께 경배드린다. 모든 여래·연각(緣覺)·성스러운 성문(聲聞)들, 과거·현재·미래의 보살에게 경배드린다.

광대한 가르침을 설한 경전의 왕자(王者)이며
가장 높은 목적(깨달음)으로 제도하는 입구를 가르쳐 보이는
위대한 도(道)인《올바른 가르침의 백련(白蓮)》을
중생을 위하여 나는 설하리라.

이와 같이 나는 들었다. 어느 때 부처님께서 라쟈 그리하(왕사성(王舍城))의 그리드라 쿠타(기사굴산(耆闍崛山), 영취산(靈鷲山))에 머물며, 1천2백 명의 비구와 함께 지내셨다. 이들 비구는 모두 아라한(阿羅漢)으로서 오염됨이 없고 욕망의 번뇌도 없으며, 자신을 이기어 마음도 이지(理智)도 슬기롭게 미망에서 벗어난, 고귀한 가문의 태생으로 위대한 이상상(理想像)이었다. 그들은 해야 할 의무를 다 수행하여 무거운 짐을 버리고 자기의 목적을 달성하여 이승의 인연을 끊고, 완전한 자제(自制)에 의하여 마음에 흔들림이 없고, 모든 마음의 움직임을 제어하여 '육바라밀(六波羅密)'을 완성하였을 뿐만 아니라, 신통한 지혜를 구비한 뛰어나고 위대한 성문들이었다.

妙法蓮華經序品第一

如是我聞 一時佛住 王舍城 耆闍崛山中 與大比丘衆 萬二千人俱 皆是阿羅漢 諸漏已盡 無復煩惱 逮得己利 盡諸有結 心得自在.

묘법연화경 서품 제1

이와 같이 내가 들었다.

어느 때 부처님께서 왕사성 기사굴산 산중에서 큰 비구 대중 1만 2천 명과 함께 계셨다. 이들은 다 아라한으로 모든 번뇌가 이미 다하여 다시 번뇌가 없고 자신의 이로움을 얻었으며, 온갖 존재의 결박에서 벗어나 마음의 자재를 얻은 이들이었다.

그들의 이름은 ①아주냐타 카운디누야(아야교진여(阿若憍陳如)) 장로, ②아슈바지토 장로, ③바슈파 장로, ④마하 나만 장로, ⑤바도리카 장로, ⑥마하 카샤파(마하가섭(摩訶迦葉)) 장로, ⑦우르뷔르봐 카샤파 장로, ⑧나디 카샤파 장로, ⑨가야 카샤파 장로, ⑩샤리 푸트라(사리불(舍利弗)) 장로, ⑪마하 마우드가랴야나(마하목건련(摩訶目犍連)) 장로, ⑫마하 카탸야나(마하가전연(摩訶迦旃延)) 장로, ⑬아니룻다(아나율(阿那律)) 장로, ⑭레봐타 장로, ⑮캇피나 장로, ⑯가봔 파티 장로, ⑰피린다 봐차 장로, ⑱밧크라 장로, ⑲마하 카우슈티라 장로, ⑳바라드봐쟈 장로, ㉑마하 난다 장로, ㉒우파 난다 장로, ㉓순다라 난다 장로, ㉔푸르나 마이트라야니 푸트라(부루나(富樓那)) 장로, ㉕수부티(수보리(須菩提)) 장로, ㉖라후라(나후라(羅睺羅)) 장로를 비롯하여 수많은 위대한 성문이 그 자리에 모여 있었다. 또 수도의 길에 아직 배울 것이 남아 있는 ㉗아난다(아난(阿難)) 장로도 그 자리에 있었고, 그밖의 수도 중인 보살들과 수도를 마친 2천 명의 비구들도 있었다. 또 마하 프라쟈파티(샤키야 무니의 이모. 마야 부인의 여동생)를 비롯하여 6천 명의 비구들도 있었다. 또 라후라 장로의 어머니인 야쇼다라 비구니도 시녀들을 데리고 그 자리에 있었다.

其名曰 阿若憍陳如 摩訶迦葉 優樓頻螺迦葉 伽耶迦葉 那提迦葉 舍利弗 大目鑵連 摩訶迦旃延 阿㝹樓馱 劫賓那 憍梵波提 離婆多 畢陵伽婆蹉 薄拘羅 摩訶拘絺羅 難陀 孫陀羅難陀 富樓那彌多羅尼子 須菩提 阿難 羅睺羅 如是衆所知識 大阿羅漢等 復有學無學二千人 摩訶波闍波提比丘尼 與眷屬六千人俱 羅睺羅母 耶輸陀羅比丘尼 亦與眷屬俱.

그들의 이름은 아야교진여·마하가섭·우루빈나가섭·가야가섭·나제가섭·사리불·대목건련·마하가전연·아누루타·겁빈나·교범바제·이바다·필릉가바차·박구라·마하구치라·난타·손타라난타·부루나미다라니자·수보리·아난·나후라 들이니 이렇게 여러 사람이 잘 아는 큰 아라한들이었다.

또 아직 배우는 이와 다 배운 이가 2천 명이나 있었고, 마하파사파제 비구니는 그의 권속 6천 명과 함께 있었으며, 나후라의 어머니인 야수다라 비구니도 또한 그의 권속들과 함께 있었다.

또 8만 명이나 되는 보살들도 그 자리에 모여 있었다. 그들은 다 '깨달음'을 달성하려고 수행하며 되돌아가지 않고 일생만 이승에서 보내고 두 번 다시 생사의 윤회에 빠지는 일 없이, 또 더 이상 없이 완전한 '깨달음'을 이루기 위하여 확고한 지반을 얻고 있어, 네 가지의 자유자재한 이해와 표현의 위대한 능력을 부여받고 있기에, 가르침의 법륜(法輪)을 삐걱거림 없이 계속 굴려 몇십만이라는 많은 부처에게 공양하고, 이런 부처 아래에서 공덕을 길러 이런 부처들로부터 칭찬을 받았다. 그들의 육체와 마음은 자비로 싸여 있고, 그들은 여래의 지혜로 들어가는 것에 익숙하며, 위대한 이지(理智)를 가지고, 이지 최고의 완성 상태(반야바라밀(般若波羅密))에 도달하는 길을 걸어, 몇십만이라는 많은 세계에 명성을 떨치고, 몇천만억이라는 헤아릴 수 없이 많은 생명 있는 자를 제도하였다. ①가르침의 후계자가 된, 위대한 뜻을 가진 보살은 만쥬 슈리(문수(文殊))를 비롯하여, ②아봐로키테슈봐라(관세음(觀世音)), ③마하 스타마 프라프타(대세지(大勢至)), ④사르봐루타 나만, ⑤니티요듀크타, ⑥아니쿠시프타 두라, ⑦라토나 파니, ⑧바이샤쟈 라쟈, ⑨바이샤자 사무드라타, ⑩뷰하 라쟈, ⑪푸라다나 슈라, ⑫라트나 찬드라, ⑬라트나 푸라바, ⑭푸르나 찬드라, ⑮마하 뷔쿠라민, ⑯아난타 뷔쿠라민, ⑰트라이로캬 뷔쿠라민, ⑱마하 푸라티바나, ⑲샤타타 사미타뷰쿠타, ⑳다라닌 다라, ㉑아쿠샤야 마티, ㉒파드마 슈리, ㉓나쿠샤토라 라쟈, ㉔마이트레야(미륵(彌勒)), ㉕싱하 등 위대한 뜻을 가진 보살들도 그 자리에 있었다.

또, 바드라 파라를 비롯한 16명의 선사(善士)도 함께 있었다. ①바드라 파라, ②라트나 카라, ③수사 루타봐하, ④나라 닷타, ⑤구히야 구프타, ⑥봐루나 닷타, ⑦챤드라 닷타, ⑧웃타라 마티, ⑨뷔세샤 마티, ⑩봐루다마나 마티, ⑪아모가 다루신, ⑫수 산프라스티타, ⑬수 뷔크란타 뷔크라민, ⑭아누파마 마티, ⑮수루야 가루바, ⑯다라닌 다라 들을 비롯한 8만 명의 보살들도 그 자리에 앉아 있었다.

菩薩摩訶薩八萬人 皆於阿耨多羅三藐三菩提 不退轉 皆得陀羅尼 樂說辯才 轉不退轉法輪 供養無量百千諸佛 於諸佛所 植衆德本 常爲諸佛 之所稱歎 以慈修身 善入佛慧 通達大智 到於彼岸 名稱普聞 無量世界 能度無數 百千衆生 其名曰 文殊師利菩薩 觀世音菩薩 得大勢菩薩 常精進菩薩 不休息菩薩 寶掌菩薩 藥王菩薩 勇施菩薩 寶月菩薩 月光菩薩 滿月菩薩 大力菩薩 無量力菩薩 越三界菩薩 颰陀婆羅菩薩 彌勒菩薩 寶積菩薩 導師菩薩 如是等菩薩摩訶薩 八萬人俱.

또 보살마하살 8만 명이 있었으니 다 아눗타라삼약삼보디에서 물러나지 아니하며, 다라니와 말 잘하는 변재를 얻어서 물러나지 않는 법바퀴를 굴리며, 한량없는 백천 부처님을 공양하였고, 그 모든 부처님 처소에서 온갖 덕의 근본을 심었으므로 항상 모든 부처님께서 칭찬하셨으며, 자비로 몸을 닦아 불지혜(佛智慧)에 잘 들었으며, 큰 지혜를 통달하여 피안(彼岸)에 이르렀고, 그 이름이 한량없는 세계에 널리 들리어 무수한 백천 중생을 제도하는 이들이었다.

그들의 이름은 문수사리보살·관세음보살·득대세보살·상정진보살·불휴식보살·보장보살·약왕보살·용시보살·보월보살·월광보살·만월보살·대력보살·무량력보살·월삼계보살·발타바라보살·미륵보살·보적보살·도사보살 등이니 이러한 보살마하살 8만 명이 함께 있었다.

또, 신들의 제왕인 샤크라(제석(帝釋))도 그의 권속 2만 명과 함께 있었다. 즉, ①챤드라 천자(天子), ②스루야 천자, ③사만타 간다 천자, ④라트나 프라바 천자, ⑤아봐바사 프라바 천자 등이며, 이들 천자들을 비롯하여 2만 명의 권속이 함께 있었다.

사대왕(四大王)도 권속 3만 명과 함께 그 자리에 있었다. 즉, ①빌다카 대왕(증장천(增長天)), ②뷔르파크샤 대왕(광목천(廣目天)), ③두리타 라슈트라 대왕(지국천(持國天)), ④봐이슈라봐나 대왕(비사문천(毘沙門天))과 권속인 천자들 3만 명과 함께 ①이슈봐라 천자(자재천(自在天))와 ②마헤슈봐라 천자(대자재천(大自在天))도 있었다.

또 사바세계의 주인인 브라흐만(범천(梵天))도, 권속인 브라흐마 카이카 천자 1만2천 명도 함께 있었다. 곧 ①시킨 범천, ②죠티슈 프라바 범천을 비롯한 1만2천 브라흐마 카이카 천자들이었다.

또 여덟 용왕도 몇천만억 용 권속들과 함께 그 자리에 있었다. 그 이름은 ①난다 용왕, ②우파난다 용왕, ③사가라, ④봐스키, ⑤타쿠샤카, ⑥마나수빈, ⑦아나바타푸타, ⑧우트파라카 등 8대 용왕과 그 권속 용들이었다.

또 네 킨나라왕도, 몇천만억 권속 킨나라들도, 그 자리에 있었다. 그들 이름은 ①두루마, ②마하 다루마, ③수 다루마, ④다루마 다라의 네 킨나라왕과 그 권속들이었다.

또, 네 간다루봐 카이카 천자(天子)도, 몇십만의 권속 간다루봐들과 그 자리에 있었다. 그들 이름은 ①마노쥬냐, ②마노쥬냐 스봐라, ③마두라, ④마두라 스봐라 등 네 간다루봐와 그 권속 간다루봐들이었다.

또 네 아수라왕과 함께, 몇천만억의 권속 아수라들도 있었다. 그들은 ①바린, ②카라 스칸다, ③붸마 치토린, ④라흐 등 네 아수라왕과 그 권속 아수라들이었다.

또, 네 가루다왕과 함께 몇천만억의 권속 가루다들도 있었다. 그 이름은, ①마하 티쟈스, ②마하 카야, ③마하 프루나, ④마하룻디 프라푸타 등 네 왕과 그 권속 가루다들이었다.

또, 마가다(마갈타(摩揭陀)) 국왕이며, 봐이데히 황후(위제희부인(韋提希夫人))의 아들인 아쟈타 샤투르(아사세왕(阿闍世王))도 함께 있었다.

爾時釋提桓因 與其眷屬 二萬天子俱 復有明月天子 普香天子 寶光天子 四大天王 與

其眷屬 三萬天子俱 自在天子 大自在天子 與其眷屬 三萬天子俱 娑婆世界主 梵天王 尸

棄大梵 光明大梵等 與其眷屬 萬二千天子俱 有八龍王 難陀龍王 跋難陀龍王 娑伽羅龍

王 和修吉龍王 德叉迦龍王 阿那婆達多龍王 摩那斯龍王 優鉢羅龍王等 各與若干 百千

眷屬俱 有四緊那羅王 法緊那羅王 妙法緊那羅王 大法緊那羅王 持法緊那羅王 各與若干 百千眷屬俱 有四乾闥婆王 樂乾闥婆王 樂音乾闥婆王 美乾闥婆王 美音乾闥婆王 各與若干 百千眷屬俱 有四阿修羅王 婆稚阿修羅王 佉羅騫馱阿修羅王 毘摩質多羅阿修羅王 羅睺阿修羅王 各與若干 百千眷屬俱 有四迦樓羅王 大威德迦樓羅王 大身迦樓羅王 大滿迦樓羅王 如意迦樓羅王 各與若干 百千眷屬俱 韋提希子 阿闍世王 與若干 百千眷屬俱 各禮佛足 退坐一面.

그때 석제환인은 그의 권속 2만 천자(天子)와 함께 있었고, 또 명월천자·보향천자·보광천자와 4대 천왕도 그의 권속 3만 천자와 함께 있었다. 자재천자와 대자재천자도 그의 권속 3만 천자와 함께 있었고, 사바세계의 주인이며 범천왕인 시기대범·광명대범 들은 그의 권속 1만2천 천자와 함께 있었다.

여덟 용왕이 있었으니 난타용왕·발란타용왕·사가라용왕·화수길용왕·덕차가용왕·아나바달다용왕·마나사용왕·우발라용왕 등이 각각 여러 백천 권속과 함께 있었다.

네 긴나라왕이 있었으니 법(法)긴나라왕·묘법긴나라왕·대법긴나라왕·지법긴나라왕이 각각 여러 백천 권속과 함께 있었다.

또 네 건달바왕이 있었으니 악건달바왕·악음건달바왕·미(美)건달바왕·미음건달바왕이 각각 여러 백천 권속과 함께 있었다.

네 아수라왕이 있었으니 바치아수라왕·거라건타아수라왕·비마질다라아수라왕·나후아수라왕이 각각 몇 백천 권속들과 함께 있었다.

네 가루라왕이 또 있었으니 대위덕가루라왕·대신가루라왕·대만가루라왕·여의가루라왕이 각각 몇 백천 권속들과 함께 있었다. 또한 위제희의 아들인 아사세왕도 여러 백천 권속과 함께 있었다. 이들은 제각기 부처님 발에 예배하고 물러나 한쪽에 앉았다.

그때 세존은 네 종류의 회중에게 에워싸여 그들로부터 지도자로 추앙되고 공경을 받으며, 공양과 찬탄과 예찬 속에 '위대한 설법'이라는 교법으로 보살들을 훈계하고, 모든 보살이 받아야 할 광대한 가르침을 자세히 설법하였다. 최고의 경전을 설한 다음, 그 위대한 가르침의 자리에 가부좌를 한 채 몸을 까딱도 하지 않고 또 마음에 흔들림 없이, '무한한 설법의 기초'라고 하는 삼매(三昧 : 명상)에 들어가셨다. 세존이 명상에 들자마자 만다라꽃·마하 만다라꽃·만쥬샤카꽃·마하 만쥬샤카꽃 등 천상의 꽃들이 큰비가 내리듯 세존과 회중들 위에 뿌려졌다.

또 부처님 세계의 온 땅은 여섯 갈래의 지진을 일으켜 위아래 사방으로 흔들리고 격렬하게 진동하였다.

그때 그 모임에는 비구·비구니, 재가(在家) 남녀 불자 네 회중과 하늘·용 등 여덟 신중(神衆), 인간과 귀령(鬼靈)들이 모여 있을 뿐만 아니라 왕후·귀족·장군들을 비롯하여 온 누리의 전륜성왕(轉輪聖王)들도 모두 권속을 거느리고 그 자리에 있었다. 그러나 일동은 세존을 우러러보고 경탄하며 마음이 이상해짐과 동시에 이와 같은 기적을 본 것에 대하여 크게 기뻐하였다.

그때 세존은 양미간(兩眉間 : 두 눈썹 사이)에 있는 백호상(白毫相)으로부터 한 줄기 빛을 발하였다. 그 빛은 동방에서 1만 8천의 부처님 나라들로 퍼져갔다. 그리고 그런 불세계는 아래로는 아비(阿鼻)지옥에서, 위로는 우주 정상에 이르기까지 두루 비치지 않은 곳이 없었다.

爾時世尊 四衆圍遶 供養恭敬 尊重讚歎 爲諸菩薩 說大乘經 名無量義 敎菩薩法 佛所護念 佛說此經已 結跏趺坐 入於無量義處三昧 身心不動 是時天雨 曼陀羅華 摩訶曼陀羅華 曼殊沙華 摩訶曼殊沙華 而散佛上 及諸大衆 普佛世界 六種震動 爾時會中 比丘 比丘尼 優婆塞 優婆夷 天 龍 夜叉 乾闥婆 阿修羅 迦樓羅 緊那羅 摩睺羅伽 人非人 及諸小王 轉輪聖王 是諸大衆 得未曾有 歡喜合掌 一心觀佛 爾時佛 放眉間白毫相光 照東方 萬八千世界 靡不周遍 下至阿鼻地獄 上至阿迦尼吒天.

이때 세존께서는 둘러앉은 4부 대중으로부터 공양과 공경과 존중과 그리고 찬탄을 받으시면서, 여러 보살을 위하여 대승경을 설하시니, 그 이름은 《무량의경(無量義經)》이다. 보살을 가르치는 법이며, 부처님께서 보호하고 생각하시는 바였다.

부처님께서 이 경을 다 설하신 뒤에 가부좌를 틀고 앉아 무량의처삼매(無量義處三昧)에 드시니, 몸과 마음이 흔들리지 아니하였다.

그때 하늘에서는 만다라꽃·마하만다라꽃·만수사꽃·마하만수사꽃을 내리어 부처님 위와 대중들에게 흩어지며, 넓은 부처님의 세계가 여섯 가지로 진동하였다.

그때 모인 대중 가운데 있던 비구·비구니·우바새·우바이·하늘·용·야차·건달바·아수라·가루라·긴나라·마후라가·사람인 듯 아닌 듯한 것들·소(小)왕·전륜성왕 등 모든 대중이 전에 없던 일을 만나 환희하여 합장하고 한결같은 마음으로 부처님을 뵈었다.

그때 부처님께서는 미간의 백호상(白毫相)으로 광명을 놓으사, 동방으로 1만 8천의 세계를 비추시니, 두루 비추지 않은 데가 없어, 아래로는 아비지옥과 위로는 아가니타천(阿迦尼吒天)에까지 이르렀다.

이런 불세계에는 여섯 갈래의 운명을 겪은 중생이 있었는데, 이런 모든 자의 모습이 남김없이 다 보였다. 또 이런 불세계에는 고귀한 부처들이 살고 있었으며 그들의 모습도 다 보였다. 이들 고귀한 부처들이 설한 가르침도 빠짐없이 다 들렸다. 또 이런 불세계에 있는 비구·비구니·재가 남녀 불자·고행자들로서 목적을 달성한 자나 달성하지 못한 자나 다 그 모습이 보였다. 그리고 이런 불세계에는 위대한 뜻을 가진 보살들이 부처의 가르침을 자주 여러 가지로 들어왔기 때문에 열렬한 의향을 갖게 된 갖가지 인연을 의지하여, 또 부처의 다양하고 교묘한 방편에 이끌려 보살로서의 수행(보살행(菩薩行))을 하고 있었는데 그들의 모습도 다 보였다. 또 이런 불세계에서 완전히 평안한 경지(열반)에 들어간 고귀한 부처들의 보옥으로 만든 사리탑이 있었으니 그런 것도 모두 볼 수 있었다.

그때 위대한 뜻을 가진 보살인 마이트레야(미륵)는 이렇게 생각하였다.

'세존께서 참으로 위대한 전조를 보이고 나서 경탄해야 할 기적을 나타내셨다. 세존이 이처럼 위대한 전조를 보여 경탄해야 할 기적을 나타내신 것은 대체 무슨 원인이 있고, 어떤 까닭이 있는 것일까. 더구나 세존은 명상으로 들어가셨다. 그리고 위대한 신통력에 의하여 기적을 나타내어, 이와 같이 불가사의하고 훌륭한 광경을 보게 되었다. 대체 이것이 무엇일까. 나는 그 의미를 자세히 물어 충분히 듣고 싶다. 이 의미를 해명할 수 있는 것은 대체 누구일까.'

그는 이와 같이 생각하였다.

'가르침의 후계자가 된, 이 만쥬 슈리(문수)는 일찍이 전세(前世)에서 승리자(부처님)를 가까이 모시며 많은 공덕을 쌓았다.

그리고 그는 전세에서 완전한 '깨달음'에 도달한 아라한인 부처들의, 이와 같은 전조를 보았을 것이 틀림없다. 또 위대한 가르침에 대하여 어김없이 이야기를 주고받았을 것이다. 따라서 나는, 가르침의 후계자가 된 문수보살에게 그 의미를 자세히 물어보리라.'

於此世界 盡見彼土 六趣衆生 又見彼土 現在諸佛 及聞諸佛 所說經法 幷見彼諸 比丘 比丘尼 優婆塞 優婆夷 諸修行得道者 復見諸菩薩摩訶薩 種種因緣 種種信解 種種相貌 行菩薩道 復見諸佛 般涅槃者 復見諸佛 般涅槃後 以佛舍利 起七寶塔 爾時彌勒菩薩 作是念 今者世尊 現神變相 以何因緣 而有此瑞 今佛世尊 入于三昧 是不可思議 現希有事 當以問誰 誰能答者 復作此念 是文殊師利 法王之子 已曾親近供養 過去無量諸佛 必應見此 希有之相 我今當問.

이 세계에서 저 세계의 여섯 갈래 중생들을 다 볼 수 있고, 또 저 세계에 계신 부처님들을 볼 수 있으며, 여러 부처님께서 설하시는 경법(經法)을 들을 수 있고, 아울러 그 여러 비구·비구니·우바새·우바이가 여러 가지 수행으로 도(道) 얻는 것을 볼 수 있고, 여러 보살마하살이 가지가지 인연과 가지가지 믿음과 가지가지 모습으로 보살이 도행하는 것을 볼 수 있으며, 여러 부처님께서 열반에 드시는 것을 볼 수 있고, 여러 부처님이 열반에 드신 뒤에 그 부처님의 사리로 칠보탑을 일으키는 것도 볼 수 있었다.

그때 미륵보살은 이렇게 생각하였다.

'지금 세존께서 신기한 모습을 나타내시니, 무슨 인연으로 이런 상서를 일으키는 것일까. 이제 부처님 세존께서 삼매에 드시니, 이는 불가사의하고 희유한 일이다. 마땅히 누구에게 물으며 또 누가 능히 대답할 것인가.'

또 이렇게 생각하였다.

'문수사리 법왕자(法王子)께서는 일찍이 지난 세상에서 한량없는 여러 부처님을 공양하고 친근하였으므로, 반드시 이렇게 희유한 모습을 보았으리니 내가 이제 이 일을 물어보리라.'

또 비구·비구니·재가 남녀 불자들도, 그리고 하늘·용 등 여덟 신중(神衆)을 비롯한 인간이나 귀혼(鬼魂)들도 역시 부처님이 보여 주신 위대한 전조(前兆)를 보고 기적의 빛을 눈앞에 두고 경이로움을 느끼고 불가사의하다고 생각함과 동시에 호기심을 일으키며 이렇게 생각하였다. '어째서 부처님께서는 이처럼 위대한 신통력에 의하여 기적의 빛을 나타내셨을까. 우리는 자세히 물어보고 싶다.'

그때 위대한 뜻을 가진 보살 마이트레야(미륵)는 그 순간에 이런 네 회중들이 마음속으로 생각한 것을 깨닫고, 자기들도 그 가르침에 대하여 의심을 두고 있었기 때문에, 거기에서 가르침의 후계자인 만쥬 슈리(문수보살)에게 이렇게 말했다.

"문수보살이여, 부처님께서 이처럼 불가사의한 기적을 나타내시어 신통력을 발휘하는 것은 무슨 인연에서인가. 참으로 이렇게 1만 8천의 불세계는 찬란하게, 더없이 아름답게 빛나고 부처님을 제일인자로 우러러보며, 지도자로 모시는 상태를 볼 수 있게 되었다."

이때 위대한 뜻을 가진 보살인 미륵은, 가르침의 후계자인 문수보살에게 게송으로 다음과 같이 물었다.

爾時比丘 比丘尼 優婆塞 優婆夷 及諸天龍 鬼神等 咸作此念 是佛光明 神通之相 今當問誰 爾時彌勒菩薩 欲自決疑 又觀四衆 比丘 比丘尼 優婆塞 優婆夷 及諸天龍鬼神等 衆會之心 而問文殊師利言 以何因緣 而有此瑞 神通之相 放大光明 照于東方 萬八千土 悉見彼佛 國界莊嚴 於是彌勒菩薩 欲重宣此義 以偈問曰.

그때 비구·비구니·우바새·우바이와 여러 하늘·용·귀신 들도 이렇게 생각하였다.

'이 부처님의 광명과 신통한 모습을 이제 누구에게 마땅히 물어야 할까.'

그때 미륵보살이 자기 의심도 해결하고자 하며 또 4부 대중인 비구·비구니·우바새·우바이와 여러 하늘·용·귀신들의 마음을 살펴 알고서 문수사리에게 물었다.

"무슨 인연으로 이런 신통한 모습의 상서로움이 있으며, 큰 광명을 놓으사 동방으로 1만 8천 세계를 비추어 저 부처님 세계의 장엄을 다 볼 수 있게 하나이까."

미륵보살은 이 뜻을 거듭 펴려고 게송으로 물었다.

무슨 까닭으로 문수보살이며 부처님은 이 광명을 비추셨을까.

양미간에 있는 백호상에서 한 줄기 빛을 발하여,

천신들은 환희하고 만다라와 만수사꽃이 큰비 내리듯이 내리게 하셨다.

거룩한 향기로 중생 마음을 즐겁게 하는 전단향 꽃가루를 섞어 뿌리게 하셨다.

그 때문에 이 대지는 도처에 광명이 빛나고 네 회중은 매우 기뻐하였다.

그리고 이 국토는 모두 참으로 놀라운 진동이 일어났다.

그 빛은 동쪽에서 1만 8천의 불세계를 충만시켰다.

모든 국토는 한순간에 금빛으로 온통 번쩍번쩍 빛이 났다.

아래로는 아비지옥에서 위로는 우주 정상에 이르기까지.

거기에 중생이 아무리 많이 있어도 그들은 여섯 갈래의 운명을 겪으며 거기에서 태어났다가 죽어간다.

갖가지 운명을 겪은 그들의 소행이 보인다.

행복한 자도, 불행한 자도, 무능한 자도, 뛰어난 자도, 그 중간치도, 모두 다 여기에 서서 볼 수 있다.

가르침을 설하고 모범을 보인 부처들, 인간의 왕자인 성주(聖主)의 모습도 보인다.

그들은 몇천만의 중생을 훈계하였고, 상쾌한 그 음성이 울려오고 있다.

文殊師利	導師何故	眉間白毫	大光普照
雨曼陀羅	曼殊沙華	栴檀香風	悅可衆心
以是因緣	地皆嚴淨	而此世界	六種震動
時四部衆	咸皆歡喜	身意快然	得未曾有
眉間光明	照於東方	萬八千土	皆如金色
從阿鼻獄	上至有頂	諸世界中	六道衆生
生死所趣	善惡業緣	受報好醜	於此悉見
又覩諸佛	聖主師子	演說經典	微妙第一
其聲清淨	出柔軟音	敎諸菩薩	無數億萬
梵音深妙	令人樂聞	各於世界	講說正法

문수사리 보살이여 도사께서 무슨 일로 양미간의 백호상에 큰 광명을 비추시며

만다라꽃·만수사꽃 비 오듯 내려오고 전단향 맑은 바람 여러 마음 기뻐하니

이와 같은 인연으로 땅이 모두 엄정하며 이러한 세계마다 6종으로 진동하네.

그런 때 4부 대중 서로 모두 환희하여 몸과 뜻이 쾌락하니 처음 보는 일이로다.

미간으로 놓은 광명 동방으로 멀리 비쳐 1만 8천 나라마다 금빛처럼 찬란하니

아래로는 아비지옥 위로는 유정(有頂)까지 그 여러 세계 중에 여섯 갈래 중생들

나고 죽어가는 곳과 선악의 업과 인연 곱고 밉게 받는 과보 이 모두를 보나이다.

또 보니 여러 부처 성주(聖主)이신 사자들이 연설하는 그 경전은 미묘하기 제일이며

그 음성이 청정하여 부드러운 말씀으로 수도 없는 여러 억만 보살을 교화하며

범음(梵音)이 깊고 묘해 듣는 사람 기뻐하고 각각 여러 세계에서 바른 법을 설하

시네.

그들은 각기의 국토에서 드물게 굵은, 저력 있는 음성을 발하여 몇백몇천만의
비유와 인연에 의해 부처의 가르침을 설한다.

무지하기에 삶과 늙는 것에 대해 마음 아파하고, 괴로움에 시달리는 중생에게
그들은

'이것이야말로 비구들이여, 고통을 끝내는 것'이라고, 고요하고 편안한 경지인
열반을 설한다.

부처에게 잘 보여 복덕을 갖추고 뛰어난 힘을 얻은 중생에게

그들은 가르침에 의한 지도를 찬양하고 연각(緣覺)의 법륜을 장려한다.

또 최고의 지혜를 구하여 언제 어느 때라도 갖가지 수행을 한다.

부처의 다른 아들들(보살들)에게도 '깨달음'을 찬양하는 말을 한다.

나는 여기에 서서 문수보살아, 거기의, 이와 같은 말을 듣고 또 본다.

특히 그밖에 몇천만억의 종류가 있다. 그 일부분만을 나는 설하리라.

더욱 또, 많은 국토에 갠지스강의 모래알처럼 많은 보살이 있는 것이 보인다.

그들의 수가 몇천만억 있더라도 그들은 모두

저마다 힘에 따라 노력하여 '깨달음'을 달성하는 것이다.

種種因緣　　以無量喩　　照明佛法　　開悟衆生

若人遭苦　　厭老病死　　爲說涅槃　　盡諸苦際

若人有福　　曾供養佛　　志求勝法　　爲說緣覺

若有佛子　　修種種行　　求無上慧　　爲說淨道

文殊師利　　我住於此　　見聞若斯　　及千億事

如是衆多　　今當略說　　我見彼土　　恒沙菩薩

種種因緣　　而求佛道

가지가지 인연들과 한량없는 비유로써 불법을 밝게 밝혀 많은 중생 깨우치며

어떤 사람 늙고 병나 죽는 고통 싫어하면 열반 법을 설하시어 그 괴로움 끊게 하고

어떤 사람 복이 있어 부처님께 공양하며 수승한 법 구한다면 연각 법을 설해주며

만일 어떤 불자들이 가지가지 행을 닦아 위없는 지혜 구한다면 청정한 도 설해주니

문수사리 보살이여 제가 여기 머물러서 보고 들은 이와 같이 천억 가지 많은 일

이제 대강 말하리라.

내가 보니 저 세계의 항하 모래 같은 보살 가지가지 인연으로 부처님 도 구하니라.

어떤 자들은 재화·황금·은·금화, 그리고 또 진주와 보옥을 보시하고

또 고동조개·수정·산호, 거기에 남녀 노비, 말·양을 보시한다.

그들은 또 기꺼이, 보배로 꾸민 가마를 보시하고

"우리는 '깨달음'에 이르는 법륜을 얻고 싶다"고, 최고의 '깨달음'으로 마음을 돌린다.

"삼계(三界)에서 최고로 좋은 수레는 부처들이 찬양하는 부처의 법륜이다. 나는 빨리 그것을 얻고 싶다. 그래서 이런 보시하는 것이다"라고.

어떤 사람들은, 난간이 있고 꽃의 깃발로 꾸민 네 마리 말이 끄는 수레를 보시하고

또 어떤 사람들은, 기치를 내건 보배로 꾸민 수레를 보시한다.

어떤 사람들은 자기의 자식과 딸들을, 사랑하는 아내, 자기의 육신까지도 보시한다.

이 가장 훌륭한 '깨달음'을 구하여 청하는 대로, 손과 발까지도 보시한다.

어떤 불자들은 자기의 머리를, 어떤 불자들은 자기의 눈을, 또 자기의 몸까지도 보시한다.

흡족한 마음으로 보시하고 나서, 그들은 부처들의 지혜를 갈망한다.

나는 본다, 문수보살이여. 어느 곳에서, 번영한 왕국을 버리고

후궁들과 영토도, 그리고 모든 대신과 친족을 다 버리고

세상의 지도자(부처님)에게 나아가 마음의 안정을 구하며, 훌륭한 가르침을 묻는 사람들이 있다.

그들은 갈색 옷(법복)을 걸치고 머리와 수염을 깎는다.

또 몇 명의 보살과 비구, 출가한 이들이 깊은 산에 들어가서 사는 것을, 나는 본다.

인적도 없는 황야에서 사는 자도 있고, 그들은 가르침을 설하며 경전 읽는 것을 즐긴다.

或有行施	金銀珊瑚	眞珠摩尼	硨磲瑪瑙
金剛諸珍	奴婢車乘	寶飾輦輿	歡喜布施
廻向佛道	願得是乘	三界第一	諸佛所歎
或有菩薩	駟馬寶車	欄楯華蓋	軒飾布施
復見菩薩	身肉手足	及妻子施	求無上道
又見菩薩	頭目身體	欣樂施與	求佛智慧
文殊師利	我見諸王	往詣佛所	問無上道
便捨樂土	宮殿臣妾	剃除鬚髮	而被法服
或見菩薩	而作比丘	獨處閑靜	樂誦經典

어떤 이는 보시하되 금과 은과 산호들과 진주들과 마니보배 자거들과 많은 마노

금강석과 여러 보배 남종 여종 수레들과 보배로 된 연과 가마 환희하여 보시하며

부처님께 회향하여 삼계에서 제일가는 대승법을 구할 적에 여러 부처 찬탄 받고

또는 어떤 보살들은 말이 끄는 보배 수레 난간 화개 찬란하게 꾸민 것을 보시하며

다시 보니 어떤 보살 몸뚱이와 손과 발과 처자까지 보시하여 높은 도를 구하오며

또는 어떤 보살들은 머리와 눈 신체들을 기쁨으로 보시하여 부처 지혜 구하오며

문수사리 보살이여 내가 보니 여러 왕이 부처님께 나아가서 위없는 도 묻자옵고

그 국토와 좋은 궁전 첩과 신하 다 버리고 출가하여 머리 깎고 법복을 입사오며

또는 보니 어떤 보살 큰 뜻 품고 비구 되어 고요한 데 있으면 경전 읽기 즐겨하네.

감연히 산속 동굴로 들어가서 수행하는 몇 명의 보살을, 나는 본다.

그들은 부처님의 지혜를 깊이 사유하며 존중하고, 그것을 충실하게 받들어 지킨다.

애욕의 마음을 남김없이 버리고 자아를 억제하며, 소행을 깨끗이 하고 다섯 가지 신통력을 갖추고

부처의 다른 아들들(보살들)은 인적도 없는 황야에서 산다.

어떤 자들은 마음 편하게 가부좌를 하고 지도자(부처님)를 향하여 합장하고

기쁨을 나타내어 일천 가지 게송으로 승리자의 왕자(부처님)를 찬탄한다.

어떤 자들은 자기의 전생을 알고, 차분하게 자신에 넘친 태도로 미세한 데까지 소행을 확인하여

최고의 인간(부처)들에게 가르침을 물어 듣고, 가르침의 보유자가 된다.

자아를 억제한 보살들의 모습을, 나는 여기저기에서 본다.

그들은 몇백만의 비유와 인연을 가지고, 몇천만의 중생에게 가르침을 설한다.

그들은 즐거운 마음으로 가르침을 설하여 많은 보살을 교화한다.

군대와 전차를 이끌고 온 악마를 물리치고, 법고(法鼓)를 우렁차게 치더라.

나는 본다, 부처의 아들 중 어떤 자는 부처의 가르침에 경탄하여

인간·신·야차·라쿠샤에게 공경을 받아도 뽐내지 않고, 조용한 행동으로 시종한다.

또 다른 자들은 숲속에 은거하며 몸에서 빛을 발하여

지옥에 떨어진 중생을 제도하고, 그들을 고무하여 '깨달음'으로 이끈다.

어떤 불자들은 오로지 수행에 힘써 잠도 자지 아니하고,

又見菩薩　　勇猛精進　　入於深山　　思惟佛道
又見離欲　　常處空閑　　深修禪定　　得五神通
又見菩薩　　安禪合掌　　以千萬偈　　讚諸法王
復見菩薩　　智深志固　　能問諸佛　　聞悉受持
又見佛子　　定慧具足　　以無量喩　　爲衆講法
欣樂說法　　化諸菩薩　　破魔兵衆　　而擊法鼓
又見菩薩　　寂然宴默　　天龍恭敬　　不以爲喜
又見菩薩　　處林放光　　濟地獄苦　　令入佛道
又見佛子　　未嘗睡眠

다시 보니 어떤 보살 용맹하게 정진하며 깊은 산에 들어가서 부처님 도 생각하고
어떤 이는 욕심 떠나 고요한 데 머물면서 깊은 선정 닦으면서 다섯 신통 얻나이다.
또한 보니 어떤 보살 합장하고 편히 앉아 천만 가지 게송으로 부처님을 찬탄하고
다시 보니 어떤 보살 지혜 깊고 뜻이 굳어 부처님께 묻자옵고 듣는 대로 간직하며
또 보니 불자들이 선정 지혜 구족하여 한량없는 비유로써 대중 위해 법 설하고
기쁜 마음 설법하여 여러 보살 교화하고 마구니들 파한 후에 법고를 둥둥 치며
또 보니 보살들이 묵연히 앉아 있어 하늘 용이 공경해도 기뻐하지 아니하고
또 보니 어떤 보살 숲속에서 광명 놓아 지옥 고통 제도하여 불도에 들게 하며
또 보니 불자들이 잠도 자지 아니하네.

숲속에 살며 돌아다니면서 부지런히 불도를 구하여 최고의 '깨달음'을 구한다.
흠이 없기 구슬같이 깨끗하게, 부처의 훈계를 따르며 지키는 자들도 있다.
그들은 수행을 완전히 성취하여, 부처의 훈계를 지키고 최고의 '깨달음'을 구한다.
어떤 불자들은 참는 힘이 훌륭하여, 오만한 비구들의 욕설이나 비난을, 또 그들의 협박을 용서하고 인내로써 최고의 '깨달음'을 구한다.
나는 본다, 어떤 불자는 희롱과 애욕의 즐거움을 모두 멀리하고, 어리석은 친구들을 물리치고, 고귀한 사람들과 사귀는 것을 기뻐한다.

그들은 흔들리는 마음을 억제하고, 일심불란(一心不亂)하게 산속 동굴에서 몇 천만억 년 동안이나 명상을 하며, 그들은 명상으로 최고의 '깨달음'을 구한다.

또 어떤 자들은 제자들을 데리고 부처들 앞에 보시한다.

딱딱한 음식과, 부드러운 음식과, 또 그밖의 음식물을 갖가지 탕약과 함께 많이 보시한다.

어떤 자들은 몇천만억의 의복을 보시하고, 어떤 자들은 몇백·몇천·몇천만 금은을 보시한다.

또 제자들을 데리고 부처 앞에서, 평가할 수 없을 만큼 값비싼 의상을 보시한다.

보석으로 꾸미고, 또 전단으로 지은, 몇백천만의 승방을 만들게 하여, 많은 침구와 방석으로 장식하여 부처들에게 보시한다.

經行林中	勤求佛道	又見具戒	威儀無缺
淨如寶珠	以求佛道	又見佛子	住忍辱力
增上慢人	惡罵捶打	皆悉能忍	以求佛道
又見菩薩	離諸戲笑	及癡眷屬	親近智者
一心除亂	攝念山林	億千萬歲	以求佛道
或見菩薩	肴饍飲食	百種湯藥	施佛及僧
名衣上服	價直千萬	或無價衣	施佛及僧
千萬億種	栴檀寶舍	衆妙臥具	施佛及僧

산림 속을 거닐면서 불도를 잘 구하며

또 보니 계 가진 이 깨끗한 보옥처럼

위의를 구족하여 부처님 도 구하고

어떤 불자 인욕의 힘 증상만인 헐뜯어도

그 모두를 능히 참아 부처님 도 구하오며

또 보니 보살들이 희롱하고 웃는 일과

어리석음 다 여의고 지혜로운 이 친근하여

산란한 맘 가다듬어 산림 속에 고이 앉아

억천만 년 지내면서 부처님 도 구하오며

혹은 또 어떤 보살 희유한 찬과 음식

여러 가지 탕약으로 불승(佛僧)께 보시하고

천냥 만냥 값나가는 훌륭한 의복이나

값도 모를 좋은 옷을 불승께 보시하며

천만억 가지가지 전단으로 지은 집과

여러 가지 묘한 침구 불승께 보시하네.

어떤 자들은 과실이 열리고 꽃이 만발한, 드넓고 사람 마음을 즐겁게 하는 동산을, 그늘에서 휴식하기 위하여 제자들을 데리고 부처들에게 보시한다. 기쁜 마음이 우러난 사람들은 이와 같이 다양하고 훌륭한 선물을 보시한다.

보시하여 '깨달음'을 얻으려고 하는 기력을 불발시켜, 보시로써 최고의 '깨달음'을 구한다.

어떤 자들은 수많은 이유와 인연에 의하여, 고요히 가르침을 설하고 몇천만억의 사람들에게 보여, 지혜로써 최고의 '깨달음'을 구한다.

중용의 가르침을 받들고 지키며, 새가 하늘에서 부딪치지 않도록 하듯이 두 가지를 잘 다루고, 불자들은 마음에 집착함이 없이, 그들은 이지에 의하여 최고의 '깨달음'을 구한다.

또 나는 본다, 문수보살아, '깨달음'의 경지에 든 부처들의 훈계에 따라, 용맹심을 일으켜 많은 불자가 부처들의 사리를 공양한다.

보살들이 세워 몇천만의 국토를 항상 장식하는, 갠지스강의 모래알처럼 많은, 몇천만억이나 되는 공양탑을 나는 본다.

이런 칠보로 꾸민 장대한 탑은 5천 요자나 이상의 높이로 솟아, 너비도 2천 요자나이고, 몇천만억의 산개(傘蓋 : 양산 같은 것)와 기들로 장식되어 있다.

이들 탑은 기들로 장식되어 항상 아름답고, 무수한 방울이 언제나 바람에 흔들려 경쾌한 소리를 내며 꽃과 향을 공양하고, 또 음악이 울려 인간·신·야쿠샤·라쿠샤들을 모신다.

淸淨園林	華果茂盛	流泉浴池	施佛及僧
如是等施	種種微妙	歡喜無厭	求無上道
或有菩薩	說寂滅法	種種敎詔	無數衆生
或見菩薩	觀諸法性	無有二相	猶如虛空
又見佛子	心無所着	以此妙慧	求無上道
文殊師利	又有菩薩	佛滅度後	供養舍利
又見佛子	造諸塔廟	無數恒沙	嚴飾國界
寶塔高妙	五千由旬	縱廣正等	二千由旬
一一塔廟	各千幢幡	珠交露幔	寶鈴和鳴

꽃과 열매 무성하고 청정한 숲과 동산 흘러가는 맑은 못을 불승께 보시하며

가지가지 아름다운 이런 것을 보시하되 환희하는 마음으로 위없는 도 구하고

혹은 어떤 보살 적멸한 법 설하여서 무수한 중생들을 갖가지로 교화하여

혹은 보니 여러 보살 법의 성품 허공 같아 두 모양이 없는 줄을 진실하게 관찰하며

또 보니 어떤 불자 집착하는 마음 없어 미묘한 지혜로써 위없는 도 구합니다.

문수사리 보살이여 또 어떤 불자들은 부처님 멸도 후에 사리에게 공양하며

또는 보니 여러 불자 항하의 모래 같은 무수한 탑을 세워 나라마다 장엄하니

아름다운 그 보배탑 높이가 5천 유순 넓이로나 길이로나 똑같아서 2천 유순

이러한 탑묘마다 당과 번이 1천이요 진주로 된 교로만(交露幔)에 보배방울 울립니다.

불자들은 이런 탑을 세우고, 부처들의 사리에 이처럼 공양한다.

이런 탑에 의해 시방은, 마치 만발한 산호수들 때문에 빛나는 것처럼 아름답다.

나도 이들 몇천만의 사람들도, 여기에 서서 그 모든 것을 본다.

이 세계는 천계와 더불어 부처가 말한 한 줄기 빛에 의하여 꽃이 되었다.

아아, 부처님의 위광은 넓고 크구나. 아아, 그의 지혜는 맑고 깨끗하도다.

그가 발한 한 줄기 빛은 이제 이 세상, 몇천의 국토를 나타내 보인다.

이 전조를 보고 나는 경탄하였다. 이 놀라운 마음은 이처럼 헤아릴 수 없을 정도이다.

보살 문수야, 그 까닭을 말하라. 부처님의 아들이여, 우리의 호기심을 풀어다오. 이들 네 회중은 기대하는 마음이 부풀어, 그대와 나를 우러러보고 있다. 용사여.

그들이 기뻐하도록 그들의 갈망을 풀어 주라. 그대는 예언하여다오, 부처님의 아들이여.

왜 부처님은 오늘, 이와 같은 광명을 발하셨을까.

아아, 부처님의 위광은 크고 넓도다. 아아, 그의 지혜는 맑고 깨끗하구나. 그가 발한 한 줄기 빛을, 이제 이 세계에 몇천의 국토를 나타내 보이신다. 그가 광대한 빛을 발한 것은 무슨 까닭이었을까.

최고의 위대한 장부인 부처님이 '깨달음'의 도량에서 도달한 최고의 가르침의 가지가지를, 세상의 주인이신 부처님은 여기에서 보여 주시는 것인가.

또 그것을 보살들에게 예언하신 것인가. 몇천의 국토를 나타내 보이신 데는, 필시 오늘은 까닭이 있을 것이다.

보배로 꾸며진 다채롭고 화려한 국토에, 무한한 눈을 가진 부처들의 모습이 보인다.

"부처님의 아들인 미륵이여, 물어보라" 하고, 인간도 신도,

야차와 라쿠샤들도 열망한다. "문수는 이제 여기에서 어떻게 예언할까" 하고 이들 네 회중은 기대하고 있는 것이다.

諸天龍神	人及非人	香華伎樂	常以供養
文殊師利	諸佛子等	爲供舍利	嚴飾塔廟
國界自然	殊特妙好	如天樹王	其華開敷
佛放一光	我及衆會	見此國界	種種殊妙
諸佛神力	智慧希有	放一淨光	照無量國
我等見此	得未曾有	佛子文殊	願決衆疑
四衆欣仰	瞻仁及我	世尊何故	放斯光明
佛子時答	決疑令喜	何所饒益	演斯光明
佛坐道場	所得妙法	爲欲說此	爲當授記

示諸佛土　　衆寶嚴淨　　及見諸佛　　此非小緣

文殊當知　　四衆龍神　　瞻察仁者　　爲說何等

하늘 용과 여러 귀신 인간이며 비인들이 향과 꽃과 기악으로 항상 공양하옵니다.

문수사리 보살이여 그 많은 불자가 사리 공양하느라고 모든 탑을 장엄하니

이 세계가 자연으로 특수하게 아름다워 도리천 원생수에 꽃이 핀 듯하옵니다.

부처님은 놓으신 광명 이 세계의 아름다움 갖가지로 특수함을 우리들이 보나이다.

여러 부처 신통한 힘 그 지혜가 희유하여 밝은 광명 놓으시나 무량 세계 비추시니

이를 보는 우리들은 미증유의 일이므로 불자이신 문수보살 의심 풀어 주옵소서.

4부의 여러 대중 나와 당신 바라보니 세존께서 무슨 일로 이 광명을 놓나이까.

문수보살 불자시여 의심 풀어 기쁘도록 무슨 이익 있사옵기에 이런 광명 놓나이까.

부처님 도량에서 얻으신 미묘한 법 말씀하려 하나이까 수기 주려 하나이까.

여러 불토마다 보배로써 장엄함과 부처님을 뵙게 되니 작은 인연 아니리다.

문수사리 보살이여 4부 대중과 용과 신이 당신만을 바라오니 이 뜻을 말하소서.

그때 가르침의 후계자인 문수보살은, 위대한 뜻을 가진 보살 미륵과 모든 불자에게 소리를 질렀다.

"좋은 집안의 아들들이여, 위대한 가르침을 듣게 하는 모임을 세존은 바라고 계신 것이다. 이 모임에서 세존은, 위대한 가르침의 비(법우(法雨))를 내리게 하여 위대한 가르침의 큰북(법고(法鼓))을 울리며, 위대한 가르침의 깃발을 높이 내걸어, 위대한 가르침의 횃불이 타오르게 하고, 위대한 가르침의 법라(法螺)를 불고, 위대한 가르침의 요발(饒鈸)을 힘차게 두드리게 하려고 하신다. 그래서 오늘, 세존은 위대한 가르침을 설하기를 바라고 계신 것이다. 좋은 집안의 아들들이여, 일찍이 전세에서 완전히 '깨달음'에 도달한 아라한의 여래들이 이와 같은 전조를 보인 적이 있는데, 그때 내가 본 것과 똑같은 것으로 생각된다. 완전히 '깨달음'에 도달한 아라한의 과거 여래들도, 이처럼 빛을 발하여 사방을 빛나게 하였다. 따라서 세존은 위대한 가르침을 듣게 할 모임을 열고 싶어, 위대한 가르침을 사람들이 듣도록 하고자, 이와 같은 전조를 나타내신 것이라고 나는 확신한다. 왜 그런가 하면,

모든 세상 사람이 듣고 싶지 않은 교법을 듣도록 하기 위해, 완전히 '깨달음'에 도
달한 아라한 여래는, 이와 같이 경탄할 수밖에 없는 기적을 나타내려고, 광명을
발한 전조를 보이셨던 것이다.

爾時文殊師利 語彌勒菩薩摩訶薩 及諸大士 善男子等 如我惟忖 今佛世尊 欲說大法
雨大法雨 吹大法螺 擊大法鼓 演大法義 諸善男子 我於過去諸佛 曾見此瑞 放斯光已
卽說大法 是故當知 今佛現光 亦復如是 欲令衆生 咸得聞知 一切世間 難信之法 故現
斯瑞.

그때 문수사리 보살은 미륵 보살마하살과 여러 대중에게 말하였다.

"선남자들이여, 내가 생각건대 세존께서 이제 큰 법을 설하시며, 큰 법비를 내리시며,
큰 법소라를 부시며, 큰 법북을 치시며, 큰 법의 뜻을 연설하시리다.

선남자들이여, 나는 과거 여러 부처님께서 이러한 상서를 보았나니, 이 광명을 놓으
시고는 큰 법을 곧 설하시었나이다. 그러므로 지금 부처님께서 광명을 놓으심도 그와
같아서, 중생들로 하여금 일체 세간에서 믿기 어려운 법을 듣게 하려고 이런 상서를
나타내신 줄 아시오.

나는 확실히 회상하지만 양갓집 아들들이여, 헤아릴 수도 계산할 수도 없을
만큼 멀고 아득한 옛날에, 실로 추측할 수도 생각할 수도 없을 만큼 머나먼 겁의
옛일이지만, 아니 그보다 훨씬 이전에, 마침 챤드라 스루야 프라디파(일월등명(日月
燈明))라는, 완전히 '깨달음'에 도달한 아라한 여래가 이 세상에 나타나셨다. 이 여
래는 완전한 학식과 훌륭한 소행을 갖추고, 그 이상 더없는 행복에 도달하였으며,
가장 세상을 잘 알고, 인간의 조교사(調敎師)이자 신들과 인간의 교사인, 부처로
서 세존이었다. 그 부처님은 가르침을 설하였다. 처음도 훌륭하고, 중간도 훌륭하
고, 마무리도 훌륭할 뿐만 아니라, 외형도 내용도 좋고 완전무결하며, 맑고 깨끗
한 범행(梵行)을 설하여 밝혔다. 또 성문들에게는, 네 가지의 신성한 진리(사제법(四
諦法))를 비롯하여 연기(緣起)의 가르침을 설하여, 생·로·병·사·근심·슬픔·괴로움·
실망·당혹을 극복하고, 마침내 '깨달음'의 경지인 열반에 이르는 가르침을 설하였

다. 또, 위대한 뜻을 가진 보살들에게는 육바라밀(六波羅密)을 중심으로 한, 완전한 '깨달음'에서 시작하여 일체를 다 아는 이(부처)의 지혜로 마감하는 가르침을 설하였다.

그리고 완전한 '깨달음'에 도달한 아라한의 고귀한 챤드라 스루야 프라디파여래가 아직 태자로서 출가하지 않았을 때, 여덟 명의 아들이 있었다. 첫째는 마티(유의(有意))라는 왕자였다. 또, 둘째는 수마티(선의(善意))라는 왕자였다. 셋째는 아난타 마티(무량의(無量意)), 넷째는 라토나 마티(보의(寶意)), 다섯째는 뷔셰샤 마티(증의(增意)), 여섯째는 뷔마티 사무도가틴(제의의(除疑意)), 일곱째는 고샤 마티(향의(響意)), 여덟째는 다루마 마티(법의(法意))라는 이름의 왕자였다. 미륵이여, 이 고귀한 챤드라 스루야 프라디파여래의 아들들에게는 광대한 신통력이 있었다. 이들 왕자 한 사람 한 사람이 사대주(四大洲)를 영유하여 거기에서 군림하고 있다. 그들은 세존이 출가한 것을 알고, 그 이상 없이 완전한 '깨달음'에 도달한 것을 듣자, 왕위와 영토 등 모든 것을 버리고 세존을 따라 출가하였다. 그리고 그들은 모두, 그 이상 없는 완전한 '깨달음'을 달성하는 데 힘써, 가르침을 설하는 보살이 되었다. 그리고 이 왕자들은 항상 불도를 수행하고 몇십만의 부처님 처소에서 많은 공덕을 쌓았다.

諸善男子 如過去無量無邊 不可思議 阿僧祇劫 爾時有佛 號日月燈明如來 應供 正遍知 明行足 善逝 世間解 無上士 調御丈夫 天人師 佛世尊 演說正法 初善中善後善 其義深遠 其語巧妙 純一無雜 具足淸白 梵行之相 爲求聲聞者 說應四諦法 度生老病死 究竟涅槃 爲求辟支佛者 說應十二因緣法 爲諸菩薩 說應六波羅密 令得阿耨多羅三藐三菩提 成一切種智 次復有佛 亦名日月燈明 次復有佛 亦名日月燈明 如是二萬佛 皆同一字 號日月燈明 又同一姓 姓頗羅墮 彌勒當知 初佛後佛 皆同一字 名日月燈明 十號具足 所可說法 初中後善 其最後佛 未出家時 有八王子 一名有意 二名善意 三名無量意 四名寶意 五名增意 六名除疑意 七名響意 八名法意 是八王子 威德自在 各領四天下 是諸王子 聞父出家 得阿耨多羅三藐三菩提 悉捨王位 亦隨出家 發大乘意 常修梵行 皆爲法師 已於千萬佛所 殖諸善本.

선남자들이여, 과거 한량없고 가없는 불가사의한 아승지겁에, 그때 부처님이 계시었으니, 그 명호는 일월등명여래(日月燈明如來)·응공(應供)·정변지(正遍知)·명행족(明行足)·선서(善逝)·세간해(世間解)·무상사(無上士)·조어장부(調御丈夫)·천인사(天人師)·불세존이었나이다.

바른 법을 연설하시니 처음이나 중간, 그리고 맨 나중도 잘하셨으니, 그 뜻은 매우 깊고 그 말씀은 공교하고도 묘하였으며, 순일하여 섞임이 없었고, 맑고 깨끗한 범행(梵行)의 모습을 구족하였으므로, 성문(聲聞)을 구하는 이에게는 4제법(四諦法)을 말씀하여, 나고 늙고 병들고 죽는 것을 제도하여 필경에는 열반하게 하시고, 벽지불을 구하는 이에게는 12인연법을 잘 말씀하시고, 보살을 위해서는 여섯 가지 바라밀다를 잘 말씀하여 아눗타라삼약삼보디를 얻어서 일체종지(一切種智)를 이루게 하였나이다.

그다음에 부처님이 계시었으니, 이름이 또한 '일월등명'이고, 다음에 또 부처님이 계시었으니, 그 또한 이름이 '일월등명'이며, 이렇게 2만의 부처님이 모두 한 가지로 일월등명이라 이름하였으며, 성도 똑같아서 모두 바라타(頗羅墮)이시었나이다. 미륵은 마땅히 아시라. 첫 부처님이나 나중 부처님이 모두 한 가지로 일월등명이라 이름하며, 10호를 구족하시고 설하신 법문도 처음과 중간, 그리고 나중이 모두 좋으셨나이다.

그 최후의 부처님이 출가하시기 전에 여덟 왕자가 있었으니, 첫째 이름은 유의(有意)요, 둘째는 선의(善意)이며, 셋째 이름은 무량의(無量意)요, 넷째 이름은 보의(寶意)요, 다섯째 이름은 증의(增意)이며, 여섯째 이름은 제의의(除疑意)요, 일곱째 이름은 향의(響意)요, 여덟째 이름은 법의(法意)이었으니, 이 여덟 왕자는 위덕이 모두 자재하여 각각 4천하를 영솔하였나이다. 그러나 이 여러 왕자가 아버지께서 출가하여 아눗타라삼약삼보디를 얻었다는 소식을 듣고, 모두 임금 자리를 버리고 따라서 출가하여 대승의 뜻을 내어 항상 범행을 닦아 법사가 되었으며, 천만의 많은 부처님 계신 데서 이미 여러 가지 선근을 심었나이다.

자, 미륵아. 그때 챤드라 스루야 프라디파(일월등명(日月燈明))여래께서, '위대한 설법'이라는 교법, 보살들을 훈계하고 모든 부처가 맡아야 할, 대단히 큰 최고의 경전을 설한 다음, 설법을 마친 그 순간에, 그 회중 한가운데에서 이 위대한 가르침의 자리에 앉은 채, 몸을 까딱도 아니하고, 또 마음에 흔들림이 없이 '무한한 설법의 바탕'이라는 명상으로 들어가셨다. 이 세존이 삼매경에 들자마자 만다라꽃·마하 만다라꽃·만쥬샤카꽃·마하 만쥬샤카꽃 등 천상의 꽃이 큰비가 내리듯, 세존과 그 주위에 모인 회중 위에 쏟아져 내렸다. 또 그 불세계는 어디나 6종(六種)으로 지진을 일으켜 위아래 사방으로 격심하게 진동하였다. 그때 미륵아, 그 모임에는 비구·비구니·재가 남녀 불자 외에 팔부 신들을 비롯하여 인간과 귀령들이 모여 있었을 뿐 아니라, 왕후·귀족·장군들과 사주의 전륜성왕들도 모두 호종을 데리고 그 자리에 있었다. 일동은 세존을 우러러보며 경탄하고, 불가사의한 마음이 생김과 동시에 이와 같은 기적을 본 것을 크게 기뻐하였다.

그러자 그때, 이 고귀한 일월등명여래의 미간 백호상에서 한 줄기의 빛을 발하였다. 그 빛은 동방에 있는 1만 8천의 불세계에 퍼져갔다. 참으로 미륵아, 지금 이런 불세계가 바라보이는 것과, 그야말로 똑같은 일이 아닌가.

그때 이 세존에게는 20억이나 되는 수많은 불자가 수행하고 있었다. 그 자리에 모여 가르침을 듣고 있던 자들은, 이 큰 광명이 비치기 시작한 것을 보고 경탄하며, 불가사의하게 생각함과 동시에 크게 기뻐하였다.

그런데 그때 미륵아, 이 세존의 가르침 자리에, 봐라 프라바(묘광(妙光))라는 보살이 있었다. 이 보살에게 8백 명의 제자가 있었다. 그리고 그 세존은 그 명상에서 일어나자, 묘광보살을 비롯하여 모여 있는 회중에게《올바른 가르침의 백련》이라는 경전을 설하였다. 그 세존은 60소겁을 채울 때까지 같은 자리에 앉은 채 몸을 움직이지 않고, 또 마음에 흔들림이 없이 말하였다. 그리고 거기에 모인 사람들도 모두 같은 자리에 앉은 채, 60소겁 동안 이 세존에게 직접 가르침을 들었다. 더욱이 거기에 모여 있던 사람들은 한 사람도 몸이 피로하다든가, 마음이 권태로워진 자가 없었다.

是時日月燈明佛 說大乘經 名無量義 教菩薩法 佛所護念 說是經已 卽於大衆中 結跏

趺坐 入於無量義處三昧 身心不動 是時天雨 曼陀羅華 摩訶曼陀羅華 曼殊沙華 摩訶

曼殊沙華 而散佛上 及諸大衆 普佛世界 六種震動 爾時會中 比丘 比丘尼 優婆塞 優婆

夷 天 龍 夜叉 乾闥婆 阿修羅 迦樓羅 緊那羅 摩睺羅伽 人非人 及諸小王 轉輪聖王等

是諸大衆 得未曾有 歡喜合掌 一心觀佛 爾時如來 放眉間白毫相光 照東方 萬八千佛土

靡不周徧 如今所見 是諸佛土 彌勒當知 爾時會中 有二十億菩薩 樂欲聽法 是諸菩薩 見此光明 普照佛土 得未曾有 欲知此光 所爲因緣 時有菩薩 名曰妙光 有八百弟子 是時 日月燈明佛 從三昧起 因妙光菩薩 說大乘經 名妙法蓮華 敎菩薩法 佛所護念 六十小劫 不起于座 時會聽者 亦坐一處 六十小劫 身心不動 聽佛所說 謂如食頃 是時衆中 無有一 人 若身若心 而生懈倦.

이때 일월등명불께서 대승경을 말씀하시니 그 이름이 《무량의경》이었습니다. 보살을 가르치는 법이며, 부처님께서 보호하시고 생각하시는 바였나이다. 이 경을 다 설하신 뒤에는 곧 많은 대중 가운데서 가부좌를 틀고 앉아 무량의처 삼매에 드시어 몸과 마음이 움직이지 아니하시니, 이때 하늘에서는 만다라꽃과 마하만다라꽃과 만수사꽃과 마하만수사꽃을 내리어 부처님의 위와 대중들에게 흩뿌리며, 넓은 부처님의 세계가 여섯 가지로 진동하였나이다.

그때 그 회중에 있던 비구·비구니·우바새·우바이·하늘·용·야차·건달바·아수라·가루라·긴나라·마후라가·사람인 듯 아닌 듯한 것들·소왕·전륜성왕·모든 대중이 처음 보는 일을 얻어서 환희하여 합장하고, 한결같은 마음으로 부처님을 뵈었나이다. 그때 여래께서는 미간의 백호상으로 광명을 놓으사 동방으로 1만 8천 세계를 비추시니 두루 미치지 않은 데가 없는 것이 지금 보는 여러 부처님의 세계와 같았나이다.

미륵은 아시라. 그때 모인 대중 가운데 20억 보살이 법을 들으려 하다가, 이 광명이 넓은 부처님의 세계를 두루 비추는 것을 보고, 처음 보는 일을 얻었으며, 이 광명이 비치는 인연을 알고자 하였나이다.

때 한 보살이 있었으니 그 이름은 묘광(妙光)으로 8백 제자가 있었나이다. 이때 일월등명불이 삼매에서 일어나 묘광보살을 인연하여 대승경을 설하였으니, 이름이 《묘법연화경》이라. 보살을 가르치는 법이며, 부처님께서 보호하고 생각하시는 바입니다. 60소겁 동안을 자리에서 일어나지 아니하시니 모인 청중도 또한 한 자리에서 60소겁 동안을 몸과 마음이 동하지 않고 앉아, 부처님의 말씀 듣기를 밥 먹는 순간처럼 생각하여 그 회중의 한 사람도 몸으로나 마음으로 게으름을 내는 이가 없었나이다.

완전한 '깨달음'에 도달한 아라한인 고귀한 챤드라 스루야 프라디파(일월등명(日

月燈明))여래는, 60소겁을 경과하는 동안, 《올바른 가르침의 백련》이라는 경전을 설하여, 보살을 훈계하고, 모든 부처가 맡아야 할, 대단히 큰 최고의 경전을 다 설하고 난 그 순간에, 신도 악마도 제관도 포함한 세상 사람들과, 수행자·바라문 및 신과 인간과 귀령(鬼靈)을 포함한 중생들 앞에서,

"비구들이여, 오늘 한밤중에 여래는 심신을 남김없이 멸하는 완전한 '깨달음'의 경지인 무여열반(無餘涅槃)에 들 것이다"라고 선언하였다.

그런데 미륵아, 그 고귀한 일월등명여래께서는, 슈리 가르바(덕장(德藏))라는 위대한 뜻을 가진 보살이 최고의 완전한 '깨달음'에 도달하리라는 것을 예언하는 말씀을 모든 회중에게 하셨다.

"비구들이여, 이 덕장보살은 나를 이어 다음에 마땅히 성불하리니, 명호를 뷔마라 네트라(정신(淨身))여래라고 할 것이다."

그리고 일월등명여래께서는, 그날 한밤중에 무여열반에 드셨다. 그리고 이《올바른 가르침의 백련》이라는 경전을 봐라 프라바(묘광(妙光))보살이 믿고 받들기 때문에, 여래께서 열반하고 난 뒤 80소겁 동안, 위대한 뜻을 가진 묘광보살이 이 부처님의 가르침을 설하여 밝혔다. 묘법연화경(妙法連花經)을 가지고 설법하였던 것이다. 그때 미륵이여, 유의(마티)를 비롯한, 그 세존의 여덟 아들들은 이 묘광보살의 제자가 되었다. 그리고 그들은 묘광보살에 의하여, 더없이 완전한 '깨달음'에 이르도록 지도를 받고, 또 그다음에 몇천억이라는 수없이 많은 부처를 섬기며 우러러 공경하였다. 그리고 그 최후의 보살이 성불한 아라한 디판 카라(연등(燃燈))여래였다.

이들 8백 명의 제자 중에, 이득을 얻고자 열망하는 한 사람의 보살이 있었다. 그는 이름이 잘 알려져 딴 사람들에게 존경받기를 갈망했으나, 경전을 배우고 또 배워도 그 말씀도 글자도 다 잊어버리고 그의 기억에 남는 것이 없었다. 그래서 그의 이름을 야샤스 카마(구명(求名). '명성을 탐하는 자'라는 뜻)라고 부르게 되었다. 그러나 이런 사람이지만 그는 공덕을 쌓아 수많은 부처를 기쁘게 하였다. 이렇게 부처들을 기쁘게 하였을 뿐만 아니라, 이런 부처를 우러러 공경하고 가르침을 받으며 공양·찬탄·예찬하였다. 그런데 미륵이여, 그대는 "그때 경전을 설한 것은 위대한 뜻을 가진 묘광이라는 보살이었다"는 말을 듣고 의문을 느끼며, 미심스럽고,

당혹스럽게 여겼을지도 모른다. 그러나 그렇게 생각하면 안 된다. 왜 그런가 하면, 그때 경전을 설한 위대한 뜻을 가진 보살은 다름 아닌 묘광, 바로 나였던 것이다. 그리고 그 야샤스 카마라는 게으름뱅이 보살이 있었는데, 그대가 바로 구명보살이 아니던가.

이런 까닭에 미륵이여, 이처럼 세존이 빛을 발하신 전조를 보니, 세존께서 이 《올바른 가르침의 백련》이라는 최고의 경전으로 보살을 훈계하고 부처가 맡아서 해야 할, 대단히 큰 경전을 설하려 하시는 것으로 나는 생각한다.

그때 가르침의 후계자인 문수보살은, 거듭 이 뜻을 펴려고 게송으로 다음과 같이 큰소리로 외쳤다.

日月燈明佛 於六十小劫 說是經已 卽於梵魔 沙門 婆羅門 及天人 阿修羅衆中 而宣此言 如來於今日中夜 當入無餘涅槃 時有菩薩 名曰德藏 日月燈明佛 卽授其記 告諸比丘 是德藏菩薩 次當作佛 號曰淨身 多陀阿伽度 阿羅訶 三藐三佛陀 佛授記已 便於中夜 入無餘涅槃 佛滅度後 妙光菩薩 持妙法蓮華經 滿八十小劫 爲人演說 日月燈明佛八子 皆師妙光 妙光敎化 令其堅固 阿耨多羅三藐三菩提 是諸王子 供養無量 百千萬億佛已 皆成佛道 其最後成佛者 名曰燃燈 八百弟子 中有一人 號曰求名 貪著利養 雖復讀誦衆經 而不通利 多所忘失 故號求名 是人亦以 種諸善根因緣故 得値無量 百千萬億諸佛 供養恭敬 尊重讚歎 彌勒當知 爾時妙光菩薩 豈異人乎 我身是也 求名菩薩 汝身是也 今見此瑞 與本無異 是故惟忖 今日如來 當說大乘經 名妙法蓮華 敎菩薩法 佛所護念 爾時文殊師利 於大衆中 欲重宣此義 而說偈言.

일월등명불께서 60소겁 동안 이 경전을 설하신 후 범천·마군·사문·바라문·천인·아수라들에게 선언하여 말씀하시기를 '여래가 오늘 밤중에 마땅히 무여열반(無餘涅槃)에 들리라'고 하셨나이다.

때 한 보살이 있었으니 그 이름이 덕장(德藏)인데, 일월등명불께서 그에게 기(記)를 주시면서 여러 비구에게 말씀하셨나이다.

'이 덕장보살이 다음에 마땅히 부처를 이루리니 그 이름을 정신(淨身) 다타아가도·아라하·삼약삼부타라 하리라.'

　이렇게 수기하시고 문득 밤중에 무여열반에 드시니, 부처님께서 멸도하신 후에는 묘광보살이 또 《묘법연화경》을 가지고, 80소겁이 다 차도록 사람을 위하여 설하였으니, 일월등명불의 여덟 왕자는 모두 묘광보살을 스승으로 하였고, 묘광보살은 그들을 교화하여 아뇩다라삼약삼보디를 견고하게 하였나이다. 그 여러 왕자는 한량없는 백천만억 부처님께 공양하고 불도를 모두 이루었으니, 맨 나중에 성불한 이의 이름은 연등(燃燈)이었나이다.

　8백 제자 가운데 한 사람은 이름이 구명(求名)이니, 이익에 탐착함이 많았으며 비록 여러 경전을 읽더라도 영리하게 통하지 못하고, 잊어버리는 것이 많으므로 구명이라 이름하였나이다. 그러나 이 사람도 선근을 많이 심은 인연으로 한량없는 백천만억 부처님을 만나 뵙고 공양하고 공경하고 존중하고 찬탄하였나이다.

　미륵은 마땅히 아시라. 그때의 묘광보살은 다른 사람이 아니라 곧 내 몸이며, 구명보살은 바로 그대의 전신이었나이다.

　지금 이 상서를 보니 그때의 근본과 다르지 아니하므로, 생각건대 오늘날 여래께서도 마땅히 대승경을 설하시리니 그 이름이 《묘법연화경》이라. 보살을 가르치는 법이며, 부처님께서 보호하고 생각하는 바일 것입니다.”

　그때 문수사리 보살이 대중 가운데서 이 뜻을 거듭 펴려고 게송으로 말하였다.

생각할 수도 헤아릴 수도 없을 만큼 무수한 겁을 겪은, 옛날이 생각난다.
그때 일월등명이라는 부처님이 있었다.
이 인간의 지도자(세존)는, 무수한 중생에게 올바른 가르침을 설하여 그들을 제도하고,
헤아릴 수 없을 만큼 많은 보살을, 최고 부처의 지혜에 들게 하였다.
이 지도자가 아직 태자로 있을 때 여덟 명의 아들을 두었다.
그 위대한 성현이 출가하는 것을 보고, 그들은 재빨리 쾌락을 다 버리고 출가하였다.
그 세계의 주인(부처)은 가르침을 설하였다. 이는 ‘뛰어난 무한의 설법’이라는 경전이다.
‘광대한 가르침’이라고 하는 경전을 몇천만억의 인간에게 설하여 밝히셨다.

그 지도자는 이 경전을 설하고 나서 곧 설법한 그 자리에 앉은 채로 가부좌를 하고

이 최고의 성현은 '뛰어난 무한의 설법'이라는 삼매에 드셨다. 이름하여 무량의처삼매라.

천상에서 만다라꽃이 비같이 내리고 북소리가 울려 퍼졌다.

모든 신과 야크샤도, 그리고 공중에 사는 정령도

이 최고의 인간(부처)에게 공양하더라.

모든 국토는 그 순간에 진동하였다. 참으로 경이롭고 불가사의한 일이었다.

지도자는 눈썹 사이 미간에서 매우 아름다운 한 줄기 빛을 발하였다.

그 빛은 동방으로 가서 1만 8천의 국토에 충만하여

모든 세상을 눈부시게 비추어 중생의 죽음과 탄생을 분명하게 밝혀 주었다.

거기에서는 어느 국토는 보옥으로 만들어지고, 또 어느 국토는 유리의 꽃을 발하였다.

부처님이 발한 번쩍이는 빛에 의해 다채롭고도 매우 아름다운 광경이 보인다. 모든 신과 인간, 그리고 용과 야크샤(야차)나 간다르봐(건달바)도, 또 아프사라스(천녀(天女)의 무리)와 킨나라(긴나라(緊那羅))도

저마다 국토에서 제물을 마치고 부처님께 온 정성 다하여 공양하고 있는 것이 보인다.

모든 여래가 성불한 모습도 저절로 보여 황금의 기둥처럼 아름답다.

我念過去世	無量無數劫	有佛人中尊	號日月燈明
世尊演說法	度無量衆生	無數億菩薩	令入佛智慧
佛未出家時	所生八王子	見大聖出家	亦隨修梵行
時佛說大乘	經名無量義	於諸大衆中	而爲廣分別
佛說此經已	即於法座上	跏趺坐三昧	名無量義處
天雨曼陀華	天鼓自然鳴	諸天龍鬼神	供養人中尊
一切諸佛土	即時大震動	佛放眉間光	現諸希有事
此光照東方	萬八千佛土	示一切衆生	生死業報處

有見諸佛土	以衆寶莊嚴	琉璃玻瓈色	斯由佛光照
及見諸天人	龍神夜叉衆	乾闥緊那羅	各供養其佛
又見諸如來	自然成佛道	身色如金山	端嚴甚微妙

생각하면 지난 세상 한량없이 오랜 겁에 부처님 계셨으니 그 이름이 일월등명
세존께서 법 설하여 무량 중생 제도하고 수없는 억 보살을 불지혜에 들게 하며
그 부처님 출가 전에 낳으신 여덟 왕자 부왕 출가함을 보고 범행을 따라 닦고
부처님 설하신 경 그 이름이 《무량의경》 여러 대중 가운데 널리 분별했나이다.
이 경 다 설하시고 법좌에 가부좌 틀고 깊은 삼매 드시오니 그 이름 무량의처
하늘에선 꽃비 오고 하늘북 절로 우니 여러 천룡과 귀신 세존께 공양하고
일체의 여러 국토 큰 진동이 일어나고 미간으로 놓는 광명 희유한 일 나타내며
이 광명 동방으로 1만 8천 불토 비추니 일체 중생 나고 죽는 그 업보를 볼 수 있고
그 많은 불토마다 보배로써 장엄하니 유리 빛과 파리 빛을 광명 비쳐 보게 되고
혹은 보니 천인들과 용과 신과 야차들과 건달바와 긴나라들 부처님께 공양하고
또 보니 여러 여래 자연으로 성불하사 금빛 같은 그 몸이 단정하고 미묘하네.

그들은 유리의 한가운데 있는 황금의 원반같이, 회중의 한가운데에서 가르침을 설한다.

거기에 있는 제자들의 수는 알 수 없고 또 부처님의 제자들 수는 한없이 많은 것이다.

빛은 하나하나의 국토에서, 지도자(부처님)들의 모든 제자를 가리킨다.

부처님의 아들들이 산속 동굴에 머무르며, 오로지 수도에 힘써 보주(寶珠)나 보옥(寶玉)처럼

굳건히 부처님의 훈계를 벗어나는 일 없이, 끊임없이 그것을 따라 받들고 있는 모습도 보인다.

모든 재산을 보시로써 공양하고, 인내의 마음으로 명상을 즐기는 도심(道心)이 견고한 사람들의 모습도

갠지스강의 모래알처럼 많은 보살의 모습도, 모두 그 빛에 의하여 보인다.

몸을 까딱도 하지 않고, 마음도 흔들리지 않고, 강한 인내로 명상을 즐기며 마음을 통일하여

명상으로써 최고의 '깨달음'을 구한다. 부처님 친아들들의 모습이 보인다.

그리고 그들은 마음에 흐트러짐 없는 평정으로, 진실한 말씀을 알고 설하여 밝혀

많은 세계에서 가르침을 설한다. 이와 같은 행실은 부처님의 위광에서 나오는 것이다.

네 갈래 대중은 고귀한 일월등명 부처님의, 이 신통력을 보고

그 순간 모두 다 마음이 환희에 휩싸여 서로 "이것은 무슨 까닭일까" 하고 물었다.

如淨琉璃中	內現眞金像	世尊在大衆	敷演深法義
一一諸佛土	聲聞衆無數	因佛光所照	悉見彼大衆
或有諸比丘	在於山林中	精進持淨戒	猶如護明珠
又見諸菩薩	行施忍辱等	其數如恒沙	斯由佛光照
又見諸菩薩	深入諸禪定	身心寂不動	以求無上道
又見諸菩薩	知法寂滅相	各於其國土	說法求佛道
爾時四部衆	見日月燈佛	現大神通力	其心皆歡喜
各各自相問	是事何因緣		

깨끗한 유리병에 참다운 모습 나타내신 듯 대중 중에 계신 세존 깊은 법을 연설하니

하나하나 불세계에 무수한 성문 대중 부처님의 광명으로 그 대중을 모두 보며

혹은 여러 비구가 산림 속에 있으면서 정진하여 가진 계행 밝은 구슬 보호하듯

또는 보니 여러 보살 보시하고 인욕하는 그 수가 항하 모래 부처 광명 비치게 하며

여러 보살 또 보니 모든 선정 깊이 들어 심신이 부동하여 위없는 도 구하며

또 보니 여러 보살 적멸(寂滅)한 법 알아 그 국토에 설법하여 부처님 도 구하시네.

그때 사부 대중 일월등명 부처님의 큰 신통의 힘을 보고 그 마음이 환희하여

서로서로 묻는 말이 이런 일은 무슨 인연.

그러고 나서 세상의 지도자(부처님)는 명상에서 깨어나 인간과 신의 공양을 받고, 가르침을 설한 현명한 아들 묘광보살에게 말하였다.

"너는 참다운 현자로서 세상 사람들의 눈이 되고, 중생이 믿고 귀의해야 할 사람이니라.

너는 또 나에게 있어 더할 나위 없이 미덥고, 내가 설한 가르침을 지켜줄 사람이다."

너는 이 점에서 내 가르침의 보고인 법장(法藏)이니라.

내가 얼마나 생령들을 위하여 가르치고 설하였는가를 목견한 사람이다.

많은 보살을 분발시켜 기쁘게 하고 찬양·찬미하여,

60소겁을 다 채우는 동안 저 승리자(부처)는 최고의 가르침을 설한다. 저 세상의 주인이 같은 자리에 앉은 채로 설한 훌륭한 최고의 가르침을, 그 아들인 묘광보살은, 그 모든 것을 기억한다.

저 승리자는 최고의 가르침을 설하여 수많은 사람을 기쁘게 한 다음

저 지도자는 그날 신을 포함한 세상 사람들 앞에서 이렇게 말하였다.

"나는 가르치는 지도 방법을 말하여, 가르침의 본질이 어떠한 것인가를 설하였다. 비구들이여, 오늘 한밤중에 나는 열반에 들 때가 올 것이다.

내 이 가르침을 오로지 전념하여, 게으르지 않고 믿는 마음을 굳게 하여라. 승리자인 위대한 성선(聖仙)들은 몇천만억 겁을 겪어도 이런 때를 만나기 어려운 것이다."

최고의 인간께서 너무나 빨리 '깨달음'의 경지(열반)에 드신다는 말을 듣고, 많은 세존의 제자들은 슬픔에 잠겨 저마다 격심한 고뇌에 빠졌다.

天人所奉尊	適從三昧起	讚妙光菩薩	汝爲世間眼
一切所歸信	能奉持法藏	如我所說法	唯汝能證知
世尊既讚歎	令妙光歡喜	說是法華經	滿六十所劫
不起於此座	所說上妙法	是妙光法師	悉皆能受持
佛說是法華	令衆歡喜已	尋卽於是日	告於天人衆
諸法實相義	已爲汝等說	我今於中夜	當入於涅槃

汝一心精進　　當離於放逸　　諸佛甚難値　　億劫時一遇
世尊諸子等　　聞佛入涅槃　　各各懷悲惱　　佛滅一何速

천인 공경 받는 세존 삼매에서 일어나서 묘광보살 칭찬하길
"너는 세상 눈이 되니 모든 중생 귀의하고 법장을 받을진대 내가 말한 온갖 법을
네가 능히 증지(證智)하라." 세존께서 찬탄하니 묘광보살 기뻐하네.
이 《법화경》 설하시기 60소겁 지나도록 자리에서 뜨지 않고 설하신 미묘한 법
묘광보살 법사께서 모두 받아 지니었네. 이 《법화경》 설하시니 중생들 환희하고
그날 바로 천인들과 대중에게 선언하되 "모든 법의 참다운 뜻 그대들께 말했으니
나는 이제 오늘 밤 열반에 들겠노라. 그대들은 일심으로 정진하고 방일 말라.
부처 출현 어려우니 억겁에나 만나볼까." 세존님의 여러 제자 부처 열반 소식 듣고
슬픈 맘 각각 품어 "왜 이리도 빠르신가."

인간 왕자(王者)의 왕(부처님)은 헤아릴 수 없을 만큼 많은, 몇천만의 중생을 위로하사
"두려워하지 말라, 비구들이여. 내가 편안한 경지에 들면, 나 다음으로 많은 부처가 나올 것이다."
저 현명한 보살 '덕장'은 전혀 오염되지 않은 지혜에 통달하여 있고,
더없이 최고의 '깨달음'에 도달하여, 정신(淨身)이라는 명호의 부처가 되어 수많은 중생을 제도할 것이다."
그날 밤 말씀대로 한밤중에, 마치 기름이 다하여 등불 꺼지듯이
그는 완전히 편안한 경지에 드셨다.
그의 사리는 사방으로 배분되어, 몇천몇백만의 수많은 탑이 세워졌다.
갠지스강의 모래알처럼 많은 비구와 비구니는
이 위에 더없는 최고의 '깨달음'을 희구하여, 그 부처님의 가르침에 전념하였다.
그때 그 가르침을 기억하는 묘광보살은 그것을 전하고
80소겁이 다할 때까지 부처님의 훈계에 따라 《법화경》을 설하였다.
그에게는 8백 명의 제자가 있고 그때 그들은 모두

그에 의하여 '깨달음'을 희구하는 마음을 일으켜
몇천만의 부처님을 뵙고 우러러 공경하였다.
그때 그들은 부처님을 따라 수행하여 많은 세계에서 성불하였다.
그리고 차례차례 끊임없이, 서로 최고의 '깨달음'에 이르리라고 예언하였다.

聖主法之王	安慰無量衆	我若滅度時	汝等勿憂怖
是德藏菩薩	於無漏實相	心已得通達	其次當作佛
號曰爲淨身	亦度無量衆	佛此夜滅度	如薪盡火滅
分布諸舍利	而起無量塔	比丘比丘尼	其數如恒沙
倍復加精進	以求無上道	是妙光法師	奉持佛法藏
八十小劫中	廣宣法華經	是諸八王子	妙光所開化
堅固無上道	當見無數佛	供養諸佛已	隨順行大道
相繼得成佛	轉次而授記		

성주이신 법왕께서 무량 중생 위로하여 '내가 열반하더라도 너희들은 걱정 말라.
여기 덕장보살께서 무루의 참다운 상 마음에 통달하여 이다음에 성불하면
정신이라 이름하여 많은 중생 제도하리.' 이날 밤에 멸도하시니 섶 다하여 불꺼지듯
많은 사리 나누어다 무량한 탑 일으키는 비구들과 비구니의 그 수가 항하 모래
더욱더 정진하여 위없는 도 구할 적에 묘광법사 보살께서 부처님의 법장 지녀
80소겁 긴 세월 《법화경》 설하시니 그 왕자 여덟 사람 묘광법사 교화받고
무상도에 견고하여 많은 부처 뵈면서 여러 부처 공양하고 큰 도를 따라 닦아
차례대로 성불하며 점차로 수기하네.

잇따른 성불 끝에 마지막으로 나온 분은 디판 카라(연등불(燃燈佛))이다.
그는 신 가운데 최고신으로, 여러 성자로부터 공양받고 몇천만억의 중생을 제도하였다.
부처님 제자인 묘광법사가 설법하고 있을 때,
게으르고 탐욕스러워 명리만 바라는 제자가 하나 있었다.

그는 명예욕이 심하여 이 집에서 저 집으로 환생하도록 운명을 타고났다.

그때 들었던 설법은 물론 스승의 가르침도, 외웠던 경전도, 다 잊고 기억에 남아 있지 않았다.

그래서 그는 야샤스 카마(구명(求名))라는 이름을 얻었는데, 사방에서 이 이름이 유명하였다.

그의 행실이 이러하였음에도 불구하고 수행의 공덕을 쌓고 쌓아

몇천만의 부처들에게 막대한 공양을 드려 그들을 기쁘게 하였다.

그는 부처님을 따라 수행하고, 드디어 현재의 부처이신 석가세존을 친견하게 되었다.

그리고 그는 최후로 더없는 최고의 '깨달음'으로 성불하게 된다.

마이트레야(미륵)의 씨족에 속하는 세존이 되어, 몇천만의 중생을 제도하게 된다.

등명불께서 열반에 드시기 전에 가르친 교계를 게을리하던 자가

바로 그대였고, 그야말로 한심한 사나이가 아니었던가.

그리고 그때 부처님의 가르침을 설한 것은 나 묘광보살이었느니라.

이 같은 까닭과 인연으로 오늘 이런 전조를 보고

이로써 지금의 부처님께서도 내가 최초로 본 지혜의 전조를 보이시고, 《법화경》을 설하고자 하심을 나는 말할 수 있는 것이다.

'깨달음'의 왕이요, 세상 일체를 골고루 내다보고, 최고의 진실을 아는 석가족의 패왕이, 그때 내가 들은 최고의 불경을 설하고자 한 것은 확실하다.

그래서 오늘 이 완성된 전조는 지도자(부처님)들의 교묘한 방편이다.

석가족의 패왕은 그것을 올바로 사용하여, 가르침에 있어 본질의 특색을 설한 것이다.

일심불란하게 그대는 합장하라. 세상을 위하여 생각하고, 자비심이 깊은 그는 가르침을 설함으로써

끊임없이 가르침의 비를 내리게 하려, '깨달음'을 희구하는 보살들을 만족하게 할 것이다.

여기에 '깨달음'을 바라고 노력하는 보살들의, 누군가가 의심을 품고, 누군가가

불안해지고, 또 누군가가 미심스럽게 생각하더라도, 부처님께서는 자기 제자들의 그런 모든 의혹을 일소하여 주실 것이다.

最後天中天　　號曰燃燈佛　　諸仙之道師　　度脫無量衆
是妙光法師　　時有一弟子　　心常懷懈怠　　貪着於名利
求名利無厭　　多遊族姓家　　棄捨所習誦　　廢忘不通利
以是因緣故　　號之爲求名　　亦行衆善業　　得見無數佛
供養於諸佛　　隨順行大道　　具六波羅密　　今見釋師子
其後當作佛　　號名曰彌勒　　廣度諸衆生　　其數無有量
彼佛滅度後　　懈怠者汝是　　妙光法師者　　今則我身是
我見燈明佛　　本光瑞如此　　以是知今佛　　欲說法華經
今相如本瑞　　是諸佛方便　　今佛放光明　　助發實相義
諸人今當知　　合掌一心待　　佛當雨法雨　　充足求道者
諸求三乘人　　若有疑悔者　　佛當爲除斷　　令盡無有餘

　　최후의 천중천(天中天)은 그 이름이 연등불 여러 신선 도사되어 무량 중생 제도하네.
　　묘광보살 법사에게 한 제자가 있었으니 마음 항상 게으르고 이익에만 탐착하며
　　이름 또한 구하여서 명문 집만 드나들어 하던 공부 내던지고 모두 잊어서 불통일세.
　　이러한 인연으로 그 이름이 구명이라 그도 또한 선업으로 많은 부처 만나 뵙고
　　부처님께 공양하며 큰 도를 따라 닦아 육바라밀 갖추어서 석가 세존 만나 뵙고
　　이다음 부처 되어 미륵이라 이름하고 제도하는 많은 중생 그 수가 끝없으리.
　　저 부처님 멸도한 후 게으른 자 네 몸이요 그때의 묘광법사 지금의 내 몸이라.
　　내가 본 등명불의 본상서가 이러할새 이 부처님 이런 일도 《법화경》을 설하리라.
　　지금 광명 옛날 상서 여러 부처 방편이라. 이제 세존 광명 놓아 참뜻 도우시니
　　그대들은 바로 알아 일심으로 기다리라. 부처님 법비 내려 구도자를 충족하리.
　　삼승법을 구하는 이 만일 의심하면 부처님 그 의심을 남김없이 끊어 주리.

이상으로 성스러운 《올바른 가르침의 백련》이라는 경설에서 '하늘에서 꽃비 내리다' 제1장은 끝난다.

2. 불도를 깨우치는 방법
방편품 제2

그때 세존은 전세에서의 서원을 확실히 자각하여 삼매에서 일어나시자 샤리푸트라(사리불(舍利弗)) 장로에게 말씀하셨다.

"사리불아, 부처님의 지혜는 매우 깊고 한량없으며, 확인하기 어렵고 이해하기도 어렵다. 완전한 '깨달음'에 도달한 아라한인 여래들이 깨달은 지혜는, 모든 성문이나 연각에게는 이해하기 어려운 것이다. 그것은 왜냐하면 그 여래들은 수많은 부처님을 섬기면서 가르침을 받았기 때문이다. 그들은 더없이 완전한 '깨달음'을 달성하려고 전력을 다해 분발해서 수많은 부처님이 행한 수행을 따라 수행하고, 그들에게 머나먼 데까지 따라다니며 경이롭고 경탄해야 할 가르침을 체득하고, 이해하기 어려운 가르침을 터득하며 이해하기 어려운 가르침에 통달하였기 때문이다.

사리불아, 여래들의 깊고 미묘한 말은 이해하기 어렵다. 왜냐하면 그들은 갖가지 교묘한 방편을 사용하는 지혜를 가지고 그것을 보여주기 위하여 인연과 이유를 가르치기도 하고, 또 그렇게 하는 까닭을 설명한다든가 암시한다든가 하여, 이런저런 일로 마음을 빼앗기고 있는 중생을 교묘하게 그 집착에서 벗어나게 하려고, 자신과 관련된 가르침을 세상에 펴기 때문이다. 여래들은 위대하고 교묘한 방편을 사용하는 지혜를 나타내는 데 최고로 숙달한 도사들인 것이다.

妙法蓮華經方便品第二

爾時世尊 從三昧安詳而起 告舍利弗 諸佛智慧 甚深無量 其智慧門 難解難入 一切聲聞 辟支佛 所不能知 所以者何 佛曾親近 百千萬億 無數諸佛 盡行諸佛 無量道法 勇猛精進 名稱普聞 成就甚深 未曾有法 隨宜所說 意趣難解 舍利弗 吾從成佛已來 種種

因緣 種種譬喩 廣演言敎 無數方便 引導衆生 令離諸著 所以者何 如來方便 知見波羅
密 皆已具足.

묘법연화경 방편품 제2

그때 세존께서 조용히 삼매에서 일어나시어 사리불에게 말씀하시었다.

"여러 부처님의 지혜는 매우 깊어 한량없으며, 그 지혜의 문은 이해하기도 어렵고 또 들어가기도 어려워서 모든 성문이나 벽지불은 알 수 없느니라. 왜냐하면 부처님은 일찍부터 백천만억 한없는 부처님을 친근하사 여러 부처님의 한량없는 도법(道法)을 행하고, 용맹하게 정진하여 그 이름이 널리 들리었으며, 매우 깊고 미증유한 법을 성취하여 마땅함을 따라 설했으므로 뜻을 알기 어려운 까닭이니라.

사리불아, 내가 성불한 뒤로 가지가지 인연과 가지가지 비유로 널리 가르침을 폈으며, 한없는 방편으로 중생들을 인도하여 모든 집착을 여의게 하였으니, 그것은 여래가 방편과 지견으로 바라밀을 이미 다 구족한 까닭이니라.

그들은 얽매일 것도 없고 장애도 없이, 지혜를 발휘하는 힘을 가지고 자신에 넘쳐, 보통의 인간과 구별되는 훌륭한 특징이 있다. 또 그런 감각기능의 힘을 가지고 '깨달음'을 달성하는 소질을 갖추고 있을 뿐만 아니라, 명상으로 마음을 진정하고 미망에서 벗어나, 정신을 통일하고 심신을 편안하게 할 수 있는 불가사의한 특질이 부여되고 있어, 이런 갖가지 가르침을 선양하는 것이다. 여래들은 위대한, 경탄해야 할 불가사의한 것을 가지고 있다. 여래는 최고로 경탄해야 할 것을 얻었다고 하느니라. 이 정도의 말로 만족하라. 여래야말로 여래의 가르침을 보이시리라. 여래는 낱낱의 사상을 알고 있고, 여래야말로 모든 현상을 가르쳐 보여 줄 수도 있으며, 여래야말로 모든 현상을 진정으로 알고 있는 것이다.

즉 그런 현상이 무엇인가, 그런 현상이 어떠한 것인가, 그런 현상이 어떤 본질을 갖느냐는 것이다. 그런 현상이 무엇이고 어떠한 것이며, 어떤 것과 비슷하고 어떤 특징이 있고 어떤 본질을 가졌는지 하는 것은 여래만이 알고 있는 것이다. 여래야말로 이런 모든 현상의 명백한 목격자인 것이다."

그래서 세존께서는 그 의의를 거듭 제시하려고, 그때 다음의 게송으로 말씀하셨다.

舍利弗 如來知見 廣大深遠 無量 無礙力 無所畏 禪定 解脫 三昧 深入無際 成就一切
未曾有法 舍利弗 如來能種種分別 巧說諸法 言辭柔軟 悅可衆心 舍利弗 取要言之 無
量無邊 未曾有法 佛悉成就 止 舍利弗 不須復說 所以者何 佛所成就 第一希有 難解之
法 唯佛與佛 乃能究盡 諸法實相 所謂諸法 如是相 如是性 如是體 如是力 如是作 如是
因 如是緣 如是果 如是報 如是本末究竟等 爾時世尊 欲重宣此義 而說偈言.

사리불아, 여래께서는 지견이 넓고 크며, 깊고 멀어서 4무량·4무애변·10력(力)·4무
소외와 선정과 해탈삼매에 깊이 드시어, 온갖 미증유한 법을 성취하셨느니라.

사리불아, 여래께서는 가지가지로 분별하여 공교롭게 모든 법을 설하시니, 말씀이
부드러워 여러 사람의 마음을 기쁘게 하시느니라. 사리불아, 중요한 것을 들어 말하면,
한량없고 가없는 미증유한 법을 부처님께서 모두 성취하셨느니라.

그만두어라. 사리불아, 다시 말할 것이 없으니. 왜냐하면 부처님께서 성취하신 가장
희유하고 이해하기 어려운 법은, 오직 부처님들만이 모든 실상의 법을 다하였기 때문
이니라. 이른바 이와 같은 모양, 이와 같은 성품, 이와 같은 체(體), 이와 같은 힘, 이와
같은 작용, 이와 같은 원인, 이와 같은 인연, 이와 같은 결과, 이와 같은 갚음, 이와 같
은 근본과 끝과 구경(究竟) 등이니라."

그때 세존께서 이 뜻을 거듭 펴시려고 게송으로 말씀하시었다.

신들과 인간이 사는 세상에서, 위대한 용사(부처님)는 헤아릴 수가 없다.
이 세상의 모든 중생이 지도자(부처님)들을 모두 알 수는 없다.
그들의 힘, 미망에서의 탈출, 그리고 그들 자신이 어떠한 것인가.
부처님이 가진 그밖의 특징은 어떤 것인가, 아무도 알 수는 없다.
일찍이 몇천만의 부처님한테서, 의미가 심오하고 미묘하여
확인하기도 어렵고 이해하기 어려운 갖가지 수행을 나는 닦은 것이다.
이 수행을 생각할 수도 없을 만큼 몇천만 겁 동안 행하여
'깨달음'의 단상에서 그것이 무엇인가를 본 것은, 내가 얻은 과보이다.

그리고 나는 그것을 알고 있고, 또 다른 부처들도 알고 있다.

그것이 어떠한 것이고 또 그 특징이 어떠한 것인가는

그것을 보일 수가 없고, 그것을 표현할 말도 없다.

또 그런 것을 할 수 있는 사람은 부처님밖에는 이 세상에 아무도 없다.

그 가르침을 가르쳐 보여야 할 사람, 또 가르쳐 보여 준 가르침을 이해할 수 있는 사람은

믿음의 의향을 꾸준히 가진 보살들 말고는 달리 없다.

부처님께 공양하여 칭찬을 받고 욕망의 오염을 모두 끊어 이 세상에서 마지막으로 육체를 유지한 성문들도, 부처님들의 지혜에 달할 수는 없었던 것이다.

世雄不可量	諸天及世人	一切衆生類	無能知佛者
佛力無所畏	解脫諸三昧	及佛諸餘法	無能測量者
本從無數佛	具足行諸道	甚深微妙法	難見難可了
於無量億劫	行此諸道已	道場得成果	我已悉知見
如是大果報	種種性相義	我及十方佛	乃能知是事
是法不可示	言辭相寂滅	諸餘衆生類	無有能得解
除諸菩薩衆	信力堅固者	諸佛弟子衆	曾供養諸佛
一切漏已盡	住是最後身	如是諸人等	其力所不堪

거룩하신 부처님을 측량 못 하여 여러 하늘이나 세상의 인간들

여러 가지 중생의 그 누구라도 부처님을 헤아릴 자 없느니라.

부처님의 크신 힘과 두려움 없음 해탈이나 여러 가지 삼매

그리고 부처님의 모든 법 능히 측량할 이도 없어

본래부터 한없는 부처들 따라다니며 구족하게 모든 도를 행하였으며

매우 깊고 미묘한 법을 보기도 어렵지만 알기도 어려워

한량없는 억겁 오랜 세월에 이와 같은 여러 가지 도를 행하고

도량(道場)에서 얻으신 거룩한 결과 내가 이미 그 모두 보고 아노라.

이와 같이 크고 크신 그 과보와 가지가지 성품과 모양의 뜻을

나와 시방 세계 부처님만이 이에 능히 이런 일을 알고 있으니

이런 법은 보일 수 없는 것이요 말로는 더더구나 할 수가 없어

하물며 그 밖의 중생들이야 능히 알고 이해할 이 누구이랴.

믿는 힘이 견고하여 흔들림 없는 그러한 보살들은 제외하니

부처님의 그 많은 제자가 일찍부터 부처님께 공양하고

온갖 번뇌가 이미 다하여 최후 몸에 머무는 이들

이러한 스승들은 누구도 그 힘으론 이 일을 감당 못 하리.

이 세계가 모두 사리불 같은 사람으로 넘쳐

그들이 일치하여 마음으로 원하고 갈망하여도, 부처님의 지혜를 알 수는 없다.

그대와 같은 현자들이 이 세계 시방에 넘쳐나도

또 내 제자인 이런 다른 불자들이 그처럼 넘쳐나 있어도

그들이 다 지금 일치하여 부처님의 지혜를 마음에 두고 갈망하여도

모든 사람이 모여 그것을 알려고 하여도

내가 가진 부처님의 지혜는 헤아려 알 수 없는 것이다.

욕망을 여의고 예리한 감각을 가지고, 최후의 육체를 유지한 연각들이

갈대와 대가 빽빽이 돋아나는 것처럼 시방의 도량에 넘쳐나

몇천만억 겁이라는 무한한 동안 그들이 일치하여

나의 훌륭한 가르침의 일부를 원하고 구하여도 그 진정한 의의는 알지 못할 것이다.

몇천만의 많은 부처에게 공양하고, 새로운 가르침을 받아 가르침의 진정한 의의를 잘 알아서

가르침을 설하는 많은 보살이 시방에 넘쳐나도

그들이 언제나 갈대나 대처럼 모든 세상에 빈틈없이 충만하여

부처님께서 보신 가르침에 일치하도록 마음을 두고 원하고 구하더라도,

| 假使滿世間 | 皆如舍利弗 | 盡思共度量 | 不能測佛智 |
| 正使滿十方 | 皆如舍利弗 | 及餘諸弟子 | 亦滿十方刹 |

盡思共度量	亦復不能知	辟支佛利智	無漏最後身
亦滿十方界	其數如竹林	斯等共一心	於億無量劫
欲思佛實智	莫能知少分	新發意菩薩	供養無數佛
了達諸義趣	又能善說法	如稻麻竹葦	充滿十方刹
一心以妙智	於恒河沙劫	咸皆共思量	不能知佛智

세상에 가득한 많은 사람 모두 다 사리불 같은 이들이

생각을 다하여 함께 헤아린대도 부처님의 지혜는 측량 못 하고

시방에 많은 사람 사리불 같고 또한 제자들도 가득하게 차

그들이 합하여 사량해도 부처님의 지혜는 알지 못하며

영리한 지혜 가진 벽지불이나 무루의 최후신에 머문 이들이

시방의 여러 세계 가득하여서 그 수효 대숲과 같으며

그런 이가 한결같이 마음을 합해 무량한 억천만겁 오랜 세월을

부처님의 참 지혜 생각하여도 그중의 한 부분도 알지 못하고

처음으로 발심한 보살들이 무수한 부처님께 공양하여

여러 가지 뜻과 이치 요달하고 또한 능히 설법도 잘하는 이

그 수가 시방 세계 충만하기를 벼·삼·대·갈대와 같아

한결같은 지혜로 생각하여도 부처님의 그 지혜는 알 수가 없느니라.

갠지스강의 모래알처럼 헤아릴 수 없을 만큼 오랜 몇천만억 겁에 걸쳐,
부처님의 지혜는 그들의 이해를 초월한다.
갠지스강의 모래알처럼 많은 보살이 기가 꺾이지 않고
다른 아무것도 생각하지 않고 원하며 구하여도, 부처님의 지혜는 그들의 이해
를 넘어 있는 것이다.
부처님의 가르침은 심오하고 미묘하여 그 모든 것을 추구할 수 없고 더구나 맑
고 깨끗하다.
이 세상 도처에서 부처님들이 설한 것이 어떤 것인가, 나만이 안다.
사리불아, 부처가 말한 것을 깊이 믿어라.

위대하고 성스러운 신선인 부처는 거짓을 말하지 않고, 오랫동안 최고의 의의를 설한다.

내가 편안한 경지에 도달함으로써 고무되어

각자가 '깨달음'에 도달하려고 노력하기 시작하고

연속하여 일어나는 고뇌로부터 해방된다,

이런 모든 성문에게 나는 말하겠노라.

이 세상에서는 교묘한 방편을 사용하여, 이 뛰어난 가르침을 설하는 것이다.

이런저런 일들로 마음을 빼앗긴 사람들을 미망에서 벗어나게 하기 위하여 나는 세 가지 법륜(法輪)을 보여 주겠노라.

不退諸菩薩	其數如恒沙	一心共思求	亦復不能知
又告舍利弗	無漏不思議	甚深微妙法	我今已具得
唯我知是相	十方佛亦然	舍利弗當知	諸佛語無異
於佛所說法	當生大信力	世尊法久後	要當說眞實
告諸聲聞衆	及求緣覺乘	我令脫苦縛	逮得涅槃者
佛以方便力	示以三乘敎	衆生處處著	引之令得出

물러가지 아니하는 모든 보살 항하의 모래만큼 수가 많아서

일심으로 생각하고 찾아보아도 그래도 또한 다시 알지 못하네.

사리불께 또다시 말하노니 샘이 없고 생각하여 알 수도 없는

지극히 깊고 깊은 미묘한 법을 내가 이미 모두 갖추었노라.

오직 내가 이 모양을 알고 있으며 시방의 여러 부처 또한 아나니

사리불아, 마땅히 알아 두어라. 부처님들 말씀이 다름없는 것.

부처님 설하신 미묘한 법문 마땅히 크게 믿는 힘을 내어라.

세존의 그 법이 오랜 뒤에야 진실한 법 요긴하게 말하느니라.

성문과 연각 법을 구하는 이들 내가 이제 너희를 위하는 고로

고통의 속박에서 아주 벗어나 진실한 법 열반을 얻게 하리니

부처님 여러 가지 방편력으로 삼승의 가르치심 보이시지만

중생들 간 데마다 집착하므로 인도하여 벗어나게 한 것이니라.

　그때, 그 모임에는 아주냐타 카운디누야(아야교진여(阿若憍陳如))를 비롯하여 위대한 제자들과 자신을 이기고 욕망을 끊은 아라한들 1천2백 명과, 그밖에 성문의 가르침을 받은 비구·비구니·우바새·우바이와 또 연각의 가르침을 받은 중생이 모여 있었는데, 이들은 모두 이렇게 생각하였다.

　'세존이 여래들의 교묘한 방편을 은근히 찬탄하시는 것은 대체 어떤 인연이 있고, 무슨 까닭에 있는 것일까. 더욱이 "내가 깨달은 가르침은 깊고 심오하다"고 찬탄하신다. 또 "이 가르침은 모든 성문이나 연각들에게는 이해하기 어렵다"라고도 찬탄하신다. 우리는 부처님의 갖가지 가르침을 받아 '깨달음'의 경지에 달하였음에도 불구하고, 세존은 "완전한 해탈은 오직 하나이다"라고 말씀하신 것은 어떠한 뜻일까. 우리는 세존이 하신 말씀의 의미를 알 수 없다.'

　그때 사리불은, 이들 네 회중의 의혹을 알고, 그들의 마음이 완전히 헷갈리고 있는 것을 감지하여, 자기 역시 세존의 가르침에 대하여 의념이 생겼기 때문에 세존에게 이렇게 아뢰었다.

　"세존이시여, 세존께서 두세 번이나 특히, 여래들이 갖가지 교묘한 방편을 쓰는 지혜를 가지고, 그것을 발휘하여 불도를 설하는 것을 찬미하신 것은 어떤 인연이 있는 것일까요. '내가 깨달은 가르침은 깊고 심오하다'든가, '나의 미묘한 말은 의미가 심원하여 이해하기 어렵다'든가, 몇 번씩이나 되풀이하여 찬탄하셨소이다. 더구나 저는 이제까지 세존에게서 직접 이런 경설을 들어본 일이 없습니다. 세존이시여, 이들 네 회중은 의문을 가지고 있기 때문에, 세존께서 심원한 여래의 가르침을 두세 번이나 찬탄하신 것은 어떤 생각 때문이었는지, 알기 쉽도록 설하여 주소서."

　그때, 사리불은 그 뜻을 펴려고 게송으로 다음과 같이 아뢰었다.

爾時大衆中 有諸聲聞 漏盡阿羅漢 阿若憍陳如等 千二百人 及發聲聞 辟支佛心 比丘

比丘尼 優婆塞 優婆夷 各作是念 今者世尊 何故慇懃 稱歎方便 而作是言 佛所得法 甚

深難解 有所言說 意趣難知 一切聲聞 辟支佛 所不能及 佛說一解脫義 我等亦得此法

到於涅槃 而今不知 是義所趣 爾時舍利弗 知四眾心疑 自亦未了 而白佛言 世尊 何因
何緣 慇懃稱歎 諸佛第一方便 甚深微妙 難解之法 我自昔來 未曾從佛 聞如是說 今者四
眾 咸皆有疑 唯願世尊 敷演斯事 世尊何故 慇懃稱歎 甚深微妙 難解之法 爾時舍利弗
欲重宣此義 而說偈言

그때 대중 가운데 여러 성문과 번뇌가 다 한 아라한인 아야교진여 등 1천2백 명과, 성문과 벽지불의 마음을 낸 비구·비구니·우바새·우바이들이 제각기 이런 생각을 하였다.

'지금 세존께서는 왜 은근하게 방편을 찬탄하시며 말씀하시기를, 부처님이 얻으신 법은 매우 깊어 이해하기 어렵고 말하는 뜻도 또한 알기 어려워서, 성문이나 벽지불로는 미칠 수가 없다고 하시는가. 그리고 부처님께서 말씀하신 한 해탈(一解脫)이란 뜻은, 우리들도 그 법을 얻어 열반에 이르렀는데 지금 말씀하시는 것은 전연 알 수가 없구나!'

그때 사리불이 4부 대중의 의심을 알고 또한 자기도 분명히 알지 못하므로 부처님께 여쭈었다.

"세존이시여, 무슨 인연으로 여러 부처님의 제일 방편과 깊고 묘하여 이해하기 어려운 법을 찬탄하시나이까. 제가 예전에는 부처님께서 이런 말씀을 하시는 것을 들은 일이 없나이다. 지금 4부 대중이 모두 의심하고 있사오니 바라옵건대 이 일이 무슨 뜻인지 말씀하옵소서. 세존께서는 무슨 연고로 깊고 묘하여 이해하기 어려운 법이라고 은근하게 찬탄하셨나이까."

그때 사리불이 이 뜻을 다시 펴려고 게송으로 말하였다.

'내가 달성한 위력과 미망에서의 해탈과 명성은, 이루 헤아릴 수가 없다'고, 인간의 태양(세존)께서는 오늘에 이르러 비로소 이와 같은 말씀을 하셨나이다.
아무도 묻는 이가 없는데, 세존께서는 '깨달음'의 정수를 찬양하셨습니다.
아무도 묻지 않는데, 깊고 미묘한 의미를 가진 말로 찬탄을 하셨소이다.
세존께서는 아무도 묻지 않는데
수행을 설명하고, 스스로 자신의 수행을 찬탄하셨나이다.

지혜를 달성한 것을 찬양하고 그 심원함을 설하셨습니다.

자신을 다스리고 욕망을 끊어 '깨달음'의 경지를 희구하는 이 불자들은

'세존은 왜 이와 같은 말씀을 하실까' 하고 오늘 의혹의 마음을 가졌나이다.

연각의 '깨달음'을 희구하는 이들도, 비구들도, 또 비구니들도,

신들도, 야크샤도, 귀령과 건달바들도,

서로 대화를 하고 의념에 빠져 여러모로 생각하며,

최고의 인간(부처)을 우러러보고 있다. 위대한 성스러운 신선이여, 그 까닭을 설
명하여 주소서.

慧日大聖尊	久乃說是法	自說得如是	力無畏三昧
禪定解脫等	不可思議法	道場所得法	無能發問者
我意難可測	亦無能問者	無問而自說	稱歎所行道
智慧甚微妙	諸佛之所得	無漏諸羅漢	及求涅槃者
今皆墮疑網	佛何故說是	其求緣覺者	比丘比丘尼
諸天龍鬼神	及乾闥婆等	相視懷猶豫	瞻仰兩足尊
是事爲云何	願佛爲解說		

해 같이 밝은 지혜 대성존께서 오랜만에 이런 법 말씀하시네.

이런 힘과 두려움이 없는 일 삼매와 선정과 여러 해탈과

불가사의 큰 법을 얻었지마는 찾아와 묻는 이가 하나도 없고

그 뜻이 심히 깊고 어려워서 또한 묻는 이가 하나도 없네.

부처님 도 행하며 얻으신 해탈 매우 깊고 미묘한 그 지혜를

여러 부처님만 얻는 바라고 묻는 이가 없어도 말씀하시매

모든 번뇌 없어진 아라한들과 열반 법을 구하는 여러 사람

지금 모두 의심에 떨어져 있어 무슨 일로 그 말씀 하시나이까.

연각 법을 구하는 비구·비구니 하늘 용과 귀신 건달바까지

서로 보고 그 의심을 풀지 못하여 양족존(兩足尊)만 우러러 뵈옵나이다.

이런 일이 어떠한 까닭인지 바라건대 부처님은 해설하소서.

여기에 세존의 제자들이 아무리 많이 있어도

저는 위대한 세존의 가르침을 받아, 이 세상에서 으뜸이 되었다 하시지만

이 경지에 있는 저에게도 의심되는 마음이 있나이다.

세존이시여, '깨달음'의 경지에 있어 저는 무엇을 이룬 것입니까.

또 수행은 저에게 보여주신 것뿐인가요.

훌륭한 북 같은 음성을 가진 세존이시여, 원컨대 소리를 들려주소서.

그 가르침을 있는 그대로 설하여 주소서.

부처님의 제자들은, 여기에 서서 합장하고 세존을 우러러봅니다.

갠지스강의 모래알만큼 무수한 신들과 용족도 여기에 있습니다.

가장 훌륭한 '깨달음'을 희구하는 실로 8만 명의 보살들이 넘치고 있나이다.

왕자들·제후들·전륜왕들은 많은 하인을 데리고 와 있고

어떻게 해야 수행을 성취할까 하여 모두 합장하고 공손하게 여기에 있나이다.

於諸聲聞衆	佛說我第一	我今自於智	疑惑不能了
爲是究竟法	爲是所行道	佛口所生子	合掌瞻仰待
願出微妙音	時爲如實說	諸天龍神等	其數如恒沙
求佛諸菩薩	大數有八萬	又諸萬億國	轉輪聖王至
合掌以敬心	欲聞具足道		

그 여러 성문의 무리 가운데 내가 제일이라 말씀하시나

내 지혜론 아무리 생각하여도 의혹을 결단하지 못하옵나니

이것이 저 끝의 구경 법인지 우리들이 수행할 도리이온지.

부처님 말씀 듣고 귀의한 불자 합장하고 우러러 기다리오니

원하는 미묘하신 음성으로써 사실대로 말씀하여 주시옵소서.

여러 하늘과 용과 귀신들 그 수가 항하의 많은 모래요

보리를 구하는 여러 보살도 8만 명이 넘는 수 엄청나구나.

여러 세계 억만 국 그 땅에서 모두 함께 모여든 전륜성왕도

합장하여 공경스러운 마음으로써 구족하신 말씀을 원하옵니다.

이 말을 듣고 세존은 사리불에게 이렇게 말씀하셨다.

"사리불아, 이제 그만두어라. 그 까닭을 설명한들 무엇하리. 그것을 말하면 신들이나 세상 사람들이나 두려워 부르르 떨 것이다."

사리불은 다시 세존께 간청하였다.

"원하오니 말씀해 주소서. 아무쪼록 그 까닭만이라도 말씀하여 주소서. 왜냐하면 이 회중 가운데는 몇백 명, 몇천 명, 몇십만 명, 몇천만억이나 되는 엄청난 인간이 있지만 그들은 일찍이 부처님을 보고 이지(理智)를 가지고 여기에 모였기 때문에 세존의 말씀을 믿고, 환영하며 그것을 받아들일 것입니다."

그리고 사리불은 다음의 게송으로 세존께 아뢰었다.

부처님 중에도 가장 높으신 이여, 확실하게 설하여 주소서.
여기에 모인 회중 가운데 몇천의 인간이 있습니다.
그들은 공손하게 부처님을 믿고 만족하여
세존께서 설하신 가르침을 이해할 것입니다.

그러자 세존은 사리불에게 다시 말씀하셨다.

"사리불아, 그 까닭을 설명한들 무엇하리. 그 까닭을 설명하면 신들도 세상 사람들도 두려워 전율할 것이니라. 그리고 비구들은 자만심을 일으켜 큰 구덩이에 떨어질 것이다."

그리고 세존은 다음의 게송으로 말씀하셨다.

여기에서 가르침을 설한들 무엇하리오.
이 지혜는 미묘하여 추구하기 어려운 것.
많은 어리석은 자가 자만심을 일으켜
가르침을 설하여도 이해하지 못하고 그것을 버리리라.

爾時佛 告舍利弗 止 止 不須復說 若說是事 一切世間 諸天及人 皆當驚疑

舍利弗 重白佛言 世尊 唯願說之 唯願說之 所以者何 是會無數 百千萬億 阿僧祇衆生

曾見諸佛 諸根猛利 智慧明了 聞佛所說 則能敬信 爾時舍利弗 欲重宣此義 而說偈言

　法王無上尊　　唯說願勿慮　　是會無量衆　　有能敬信者

　佛復止 舍利弗 若說是事 一切世間 天人阿修羅 皆當驚疑 增上慢比丘 將墜於大坑

爾時世尊 重說偈言

　止止不須說　　我法妙難思　　諸增上慢者　　聞必不敬信

그때 부처님이 사리불에게 말씀하시었다.

"그만두어라, 그만두어라. 다시 말할 것이 없느니라. 만일 이 일을 말한다면, 모든 세상의 하늘이나 인간들이 다 놀라고 의심하리라."

사리불은 부처님께 다시 여쭈었다.

"세존시이여, 바라옵건대 말씀하여 주옵소서. 말씀하여 주옵소서. 왜냐 하오면, 여기에 모인 무수한 백천만억 아승지 중생들은 일찍부터 여러 부처님을 친견하옵고, 모든 근성이 영리하여 지혜가 아주 밝사오니, 부처님의 말씀을 듣자오면 능히 공경하여 믿으오리다."

그때 사리불이 이 뜻을 다시 펴려고 게송으로 말하였다.

　위없는 법왕이신 세존이시여 염려치 마시고 말씀하소서.
　여기 모인 무량한 대중들이 공경하고 믿을 이 있나이다.

부처님께서는 또 그런 말 말라고 하시었다.

"사리불아, 만일 이 일을 말한다면 모든 세상의 하늘과 인간과 아수라들이 다 놀라고 의심할 것이며, 증상만의 비구들은 장차 큰 구렁 속에 떨어지리라."

그때 세존은 다시 게송으로 말씀하시었다.

　그만두라, 그만두라, 말하지 말라. 나의 법은 미묘하여 어렵나니
　증상만 사람들이 이 법 들으면 반드시 공경하여 믿지 않으리.

그러자 사리불은 거듭 세존께 아뢰었다.

"세존이시여, 원컨대 설하여 주소서. 아무쪼록 그 까닭만이라도 설해 주소서. 이 회중 가운데는 저와 같은 사람이 몇백 명이나 있습니다. 또, 그밖의 사람도 몇백 명, 몇천 명, 몇십만 명, 몇천만억 명, 헤아릴 수 없을 만큼 많사옵니다. 그들은 전세에서 세존에게 교화를 받아 이미 성숙했으므로, 그들은 세존의 말씀을 믿고 환영하며 그것을 받아들일 것입니다. 그것은 오랫동안에 걸쳐 그들의 이익이 되고 행복이 되며, 안락한 삶에 유익할 것입니다."

그리고 사리불은 게송으로 다음과 같이 여쭈었다.

가르침을 설하여 주소서. 세존의 장자인 제가 간절히 원하나이다.

여기에 몇천만억의 인간들이 있사온데, 그들은 세존께서 설하신 가르침을 믿으리다.

세존께서는 전세에서 장구한 세월에 걸쳐 항상 이들을 가르치셨나이다.

그들은 모두 합장하고 여기에 있나이다. 그들은 세존의 법어를 믿으리다.

저희 1천2백 명은 세존의 훌륭한 '깨달음'을 갈구하나이다.

이들을 가엾이 여기시어, 가르침을 설하여 주소서.

그리고 그들에게 최고의 기쁨을 안겨 주소서.

그러자 세존은 사리불의 세 번째 간청을 알고 그에게 이렇게 말씀하셨다.

"이제 너, 사리불아, 세 번이나 간절히 청하였구나. 이와 같이 간청하는 너에게 무엇을 말할거나. 그럼 잘 듣고 마음에 새겨라. 너를 위하여 설하리라."

세존께서 이 말씀을 하시자, 그 모임 가운데 있던 비구·비구니와 우바새·우바이 5천 명이 자만심을 일으켜 자리에서 일어나 세존에게 절하고 물러갔다. 이것은 자만심 때문에 생긴 나쁜 근성으로 말미암아 그들은 얻지 못하고도 얻었다고 생각하고, 깨닫지 못하고도 깨달았다고 생각한 까닭이다. 그들은 자존심을 상했다고 생각하여 그 모임에서 떠나 버렸다.

그러나 세존은 묵묵히 그것을 지켜보셨다. 그리고 사리불에게 말씀하셨다.

"사리불아, 나의 이 모임에는 불필요한 자가 없고 기력이 없는 자도 없고, 믿음의 핵심에 자리 잡은 불자만 있다. 자만심에 빠진 자들이 사라진 것은 매우 잘된 일이다. 그럼 네가 말한 그 까닭을 설하리라."

"세존이시여, 기꺼이 듣고자 하나이다."

사리불은 그렇게 대답하였다.

爾時舍利弗 重白佛言 世尊 唯願說之 唯願說之 今此會中 如我等比 百千萬億 世世已曾 從佛受化 如此人等 必能敬信 長夜安隱 多所饒益 爾時舍利弗 欲重宣此義 而說偈言

無上兩足尊	願說第一法	我爲佛長子	唯垂分別說
是會無量衆	能敬信此法	佛已曾世世	敎化如是等
皆一心合掌	欲聽受佛語	我等千二百	及餘求佛者
願爲此衆故	唯垂分別說	是等聞此法	則生大歡喜

爾時世尊 告舍利弗 汝已慇懃三請 豈得不說 汝今諦聽 善思念之 吾當爲汝 分別解說 說此語時 會中有比丘 比丘尼 優婆塞 優婆夷 五千人等 卽從座起 禮佛而退 所以者何 此輩罪根深重 及增上慢 未得謂得 未證謂證 有如此失 是以不住 世尊默然 而不制止 爾時佛 告舍利弗 我今此衆 無復枝葉 純有貞實 舍利弗 如是增上慢人 退亦佳矣 汝今善聽 當爲汝說 舍利弗言 唯然世尊 願樂欲聞.

그때 사리불은 또다시 부처님께 여쭈었다.

"세존이시여, 바라옵건대 말씀하여 주옵소서. 말씀하여 주시옵소서. 지금 여기 모인 대중 가운데 저와 같은 백천만억 인들은 세세 생생에 이미 부처님 교화를 받자왔나이다. 이 사람들이 반드시 공경하고 믿고 긴긴밤에 편안하게 이익이 많으리다."

그때 사리불은 이 뜻을 거듭 펴려고 게송으로 말하였다.

위없는 양족존 세존이시여 제일 가는 그 법을 말씀하소서.

저희는 부처님의 맏아들이니 원컨대 가리시어 말씀하소서.

여기에 한량없이 모인 대중들. 이 경을 공경하고 믿으오리다.

부처님이 일찍이 나는 세상마다 이들을 교화하여 주었나이다.

모두 일심으로 합장하옵고 부처님 말씀을 들으렵니다.

저희 1천2백 모든 사람과 그밖에 불도를 구하는 이들

바라건대 이들을 위하시며 분별하여 말씀해 주시옵소서.

이 사람들 그 법을 듣기만 하면 한없이 환희한 맘 내겠나이다.

그때 세존께서는 사리불에게 이렇게 말씀하시었다.

"네가 은근하게 세 번이나 청하였으니 어찌 말하지 아니하랴! 너는 이제 자세히 듣고 잘 생각하여 마음에 깊이 간직하라. 내가 너를 위하여 자세하고 알기 쉽게 말하리라."

이런 말씀을 하실 때 회중에 있던 비구·비구니·우바새·우바이 5천 사람이 자리에서 일어나 부처님께 예배하고 물러났다. 그 까닭은 이 무리는 죄업이 무겁고 또 교만하여 얻지 못한 것을 얻은 체하고, 깨닫지 못한 것을 깨달은 체하는 까닭이었다. 이런 허물이 있으므로 여기에 있지 아니하고 물러갔으나, 세존께서는 잠자코 앉으시어 말리지 아니하시었다.

그때 부처님께서 사리불에게 말씀하시었다.

"여기 내 앞에 남아 있는 대중은 가지나 잎은 하나도 없고 순전한 열매만 남아 있다. 사리불아, 그와 같은 교만한 사람들은 물러가는 것이 오히려 마땅하니라. 너는 이제 잘 들어라. 너를 위하여 말하리라."

이때 사리불이 말하였다.

"그러하겠나이다, 세존이시여. 자세히 듣겠나이다."

세존은 이렇게 말씀하셨다.

"어느 때 어떤 곳에서 여래는 이런 가르침을 설하는 것이다. 예를 들면, 어느 때 어떤 곳에서 우담발라(優曇跋羅)꽃을 볼 수 있듯이, 여래도 바로 그처럼, 어느 때 어떤 곳에서 이와 같이 묘법을 설하는 것이니라. 사리불아, 나를 믿어라. 나는 진실을 말할 것이고 있는 그대로 말할 것이며, 확실한 것을 말할 것이다. 여래가 설하는 깊고 미묘한 의미를 가진 법어는, 이해하기 어려울 것이다. 왜 그런가 하면 여러 가지로 설명하든가 해설을 가하고 더욱이 몇십만 가지나 되는 교묘한 방편을 사용하여 나는 묘법을 밝혔기 때문이다.

올바른 가르침은 추리할 수도 없고, 추리의 범위를 넘어 여래만이 이해하는 것이란다. 왜 그런가 하면 여래는 오직 하나의 목적, 오직 하나의 일을 위해서 이 세상에 출현하기 때문이다. 그것은 위대한 목적이고 위대한 작업인 것이다. 여래가 이 세상에 출현하는 목적이 된, 여래의 유일하고 위대한 목적, 유일하고 위대한 작업이란 대체 무엇인가. 그것은 여래의 지혜를 발휘하는 사람들을 고무하기 위해서이고, 그것을 위해 여래는 이 세상에 출현하는 것이다.

佛告舍利弗 如是妙法 諸佛如來 時乃說之 如優曇鉢華 時一現耳 舍利弗 汝等當信 佛之所說 言不虛妄 舍利弗 諸佛隨宜說法 意趣難解 所以者何 我以無數方便 種種因緣 譬喩言辭 演說諸法 是法非思量分別 之所能解 唯有諸佛 乃能知之 所以者何 諸佛世尊 唯以一大事因緣故 出現於世 舍利弗 云何名諸佛世尊 唯以一大事因緣故 出現於世.

부처님은 사리불에게 말씀하시었다.

"이런 미묘한 법은 부처님 여래께서 때가 되어야 말하는 것이니, 마치 우담발라꽃이 때가 되어야 한 번 피는 것과 같으니라. 사리불아, 너희들은 부처님의 말을 반드시 믿을지니 그 말은 허망하지 않으니라.

사리불아, 모든 부처님이 말하는 법은 그 뜻이 이해하기 어려우니라. 왜냐하면 내가 무수한 방편과 가지가지 인연과 비유와 이야기로 법을 연설하기 때문이니라. 이 법은 생각이나 분별로는 능히 이해할 수 없는 것이니, 오직 부처님들만이 아시느라. 부처님 세존들은 다만 일대사 인연(一大事因緣)으로 이 세상에 출현하시기 때문이니라.

사리불아, 어찌하여 부처님 세존들은 다만 일대사 인연으로서 이 세상에 출현한다고 말하느냐.

여래가 지혜의 발휘를 중생에서 보여 주기 위해서이고, 또 그것을 중생에게 이해시켜 알도록 하기 위해서이며, 또 여래가 지혜를 발휘하는 데까지의 도정을 중생에게 이해시키기 위하여 세존은 이 세상에 출현하는 것이다. 사리불아, 이것이

여래의 위대하고 유일한 목적이고, 위대하고 유일한 작업이며, 여래가 이 세상에 출현하는 유일한 동기인 것이다. 이래서, 유일한 여래의 위대한 목적이고 유일한 여래의 위대한 작업이라는 것을, 여래인 나는 행하는 것이다. 그것은 왜 그런가 하면 나야말로 여래의 지혜를 발휘하도록 고무하고 여래의 지혜를 중생에게 보여주며, 또 그것을 이해시켜 알도록 함과 동시에 그것을 발휘하기에 이르기까지의 도정을 중생에게 이해시키는 사람이기 때문이다. 나는 유일한 법륜에 대하여, 그것이 부처의 법륜이라는 가르침을 보이고 있는 것이다. 달리 불법이 없거늘 어찌 제2 또는 제3의 법륜이 있겠는가. 그런 것은 절대 있을 수 없는 것이다. 가르침 자체는 이 세상의 시방 어느 곳에나 있다.

諸佛世尊 欲令衆生 開佛知見 使得淸淨故 出現於世 欲示衆生 佛之知見故 出現於世 欲令衆生 悟佛知見故 出現於世 欲令衆生 入佛知見道故 出現於世 舍利弗 是爲諸佛 唯以一大事因緣故 出現於世 佛告舍利弗 諸佛如來 但敎化菩薩 諸有所作 常爲一事 唯以佛之知見 示悟衆生 舍利弗 如來但以 一佛乘故 爲衆生說法 無有餘乘 若二若三 舍利弗 一切十方諸佛 法亦如是.

부처님 세존께서는 중생으로 하여금 부처님의 지견(知見)을 열어 청정하게 하려고 세상에 출현하며, 중생에게 부처님의 지견을 보이려는 연고로 세상에 출현하며, 중생으로 하여금 부처님의 지견을 깨닫게 하려는 연고로 세상에 출현하며, 중생으로 하여금 부처님 지견의 도에 들게 하려는 연고로 세상에 출현하시느니라.

사리불아, 이것이 부처님들이 일대사 인연 때문에 세상에 출현하는 것이니라."

부처님이 사리불에게 말씀하시었다.

"여러 부처님 여래는 다만 보살을 교화하는 법이며, 여러 가지 하는 것도 항상 한 가지 일만을 위하는 것이니, 부처님의 지견으로써 중생들에게 보이어 깨닫게 하는 것이니라.

사리불아, 여래는 다만 일불승(一佛乘)만을 위하여 중생들에게 말하는 것이지 다른 이승이나 삼승은 없느니라. 사리불아, 모든 시방 세계 여러 부처님 법도 역시 그러하니라.

왜 그런가 하면 과거 세상에서 헤아릴 수 없을 만큼 많은 세계에 완전히 '깨달음'에 도달한 여래들이 세상을 가엾이 여겨 많은 사람의 행복과 안락을 위해 이세상에 나왔기 때문이다. 이 여래들은 갖가지 부연(敷衍)이나 해설로 또는 갖가지 인연이나 이유를 들어 기본적인 사고방식을 설명하기 위하여 교묘한 방편을 사용함으로써 믿음에 대한 저마다 다른 의향을 가지고 다양한 감각을 가진 중생의 마음 움직임을 알아 가르침을 설하였던 것이다. 또, 모든 고귀한 부처님은 중생에게 유일한 법륜에 대한 가르침을 설하였지만, 그것은 일체를 다 아는 부처님의 법륜이었다. 또, 중생을 위하여 여래의 지혜를 발휘하도록 고무하고, 여래의 지혜를 발휘하여, 그것을 이해시켜 알도록 함과 동시에 그것을 발휘하기에 이르기까지의 도정을 이해시키는 가르침을 중생을 위하여 설한 것이다. 이 세상의 중생도 과거의 여래들로부터 친히 올바른 가르침을 듣고, 모두 더없이 완전한 '깨달음'을 얻은 것이다.

또, 사리불아. 미래의 도처에 있을 헤아릴 수 없을 만큼 많은 세계에 완전히 '깨달음'에 도달한 여래들이여, 세상을 가엾이 여겨, 많은 중생의 행복과 안락을 위하여, 이 세상에 나왔기 때문이다. 이 여래들은 갖가지로 부연하고 해설하며, 또 다양한 인연과 이유를 들고, 또 기본적인 사고방식을 설명하려는 교묘한 방편에 의하여, 믿음에 대한 저마다 다른 의향을 가지고 다양한 감각을 가진 중생의 마음 움직임을 알고, 가르침을 설하였던 것이다.

또 모든 고귀한 부처님은 유일한 법륜에 대한 가르침을 중생에게 설하였지만, 그것은 일체를 다 아는 부처님의 법륜이었다. 또, 중생을 위하여 여래의 지혜를 발휘하도록 고무하면서 여래의 지혜를 발휘하여 그것을 이해시킴과 동시에 그것을 발휘하는 데 이르기까지의 도정(道程)을 이해시키는 가르침을, 중생을 위하여 설한 것이다. 이 세상의 중생도 미래의 여래들로부터 친히 올바른 가르침을 듣고, 그들은 모두 더없이 완전한 '깨달음'을 얻게 된 것이다.

또 사리불아. 현재 시방에 있는 헤아릴 수 없을 만큼 많은 세계에 완전히 '깨달음'에 도달한 여래들이 세상을 가엾이 여겨 많은 중생의 행복과 안락을 위하여 이 세상에 나올 것이다. 이 여래들은 갖가지로 부연하고 해설하며 또 다양한 인연과 이유를 들어 기본적인 사고방식을 설명하려는 교묘한 방편에 의하여 믿음에 대하여 저마다 다른 의향을 가지고 다양한 감각을 가진 중생의 마음 움직임을 알고 가르침을 설할 것이다. 또, 모든 고귀한 부처는 유일한 법륜에 대하여 가르침을 설할 것이지만, 그것은 일체를 다 아는 부처의 법륜일 것이다.

또, 중생을 위하여 여래의 지혜를 발휘하도록 고무하며, 여래의 지혜를 발휘하여 그것을 이해시켜 알게 함과 동시에 그것을 발휘하기에 이르기까지의 도정(道程)을 이해시키는 가르침을 중생을 위하여 설할 것이다. 이 세상의 중생도 현재의 여래들로부터 친히 가르침을 듣고, 모두 더없이 완전한 '깨달음'을 얻을 것이다.

舍利弗 過去諸佛 以無量無數方便 種種因緣 譬喩言辭 而爲衆生 演說諸法 是法皆爲一佛乘故 是諸衆生 從諸佛聞法 究竟皆得 一切種智 舍利弗 未來諸佛 當出於世 亦以無量 無數方便 種種因緣 譬喩言辭 而爲衆生 演說諸法 是法皆爲 一佛乘故 是諸衆生 從佛聞法 究竟皆得 一切種智 舍利弗 現在十方 無量百千萬億佛土中 諸佛世尊 多所饒益 安樂衆生 是諸佛 亦以無量無數方便 種種因緣 譬喩言辭 而爲衆生 演說諸法 是法皆爲 一佛乘故 是諸衆生 從佛聞法 究竟皆得 一切種智 舍利弗 是諸佛 但教化菩薩 欲以佛之知見 示衆生故 欲以佛之知見 悟衆生故 欲令衆生 入佛知見道故.

사리불아, 과거의 여러 부처님이 한량없고 수없는 방편과 가지가지 인연이나 비유의 이야기로 중생을 위하여 법을 연설하였으니, 이 법이 다 일불승을 위한 것이니라. 그러므로 모든 중생이 부처님을 따라 법을 듣고, 필경에는 모두 일체종지를 얻었느니라. 사리불아, 미래의 여러 부처님이 세상에 출현하면 한량없고 수없는 방편과 가지가지 인연과 비유의 이야기로 중생을 위하여 연설하시리니, 이 법이 다 일불승을 위한 것이니라.

그러므로 모든 중생이 부처님을 따라 법을 듣고 필경에는 모두 일체 종지를 얻을 것이니라. 사리불아, 현재의 시방에 한량없는 백천만억 불국토에 부처님 세존들이 이롭게 함이 많아서 중생들을 안락하게 하나니, 이 부처님들도 한량없고 수없는 방편과 가지가지 인연과 비유의 이야기로 중생을 위하여 법을 연설하시나니 또한 이 법도 다 일불승을 위한 것이니라.

그러므로, 모든 중생이 부처님을 따라 법을 듣고 필경에는 모두 일체종지를 얻느니

라. 사리불아, 이 부처님들이 다만 보살만을 교화하사 부처님의 지견으로써 중생에게 보이려는 연고이며, 부처님의 지견으로써 중생을 깨닫게 하려는 연고이며, 중생으로 하여금 부처님의 지견에 들게 하려는 연고이니라.

사리불아, 완전히 '깨달음'에 도달한 여래인 나도 역시 지금 세상을 가엾이 여겨, 많은 중생의 행복과 안락을 위하여 갖가지로 부연(敷衍)하고 해설하며, 또 갖가지 인연과 이유를 들어 기본적인 사고방식을 설명하려는 교묘한 방편에 의해, 믿음에 대한 저마다 다른 의향을 가지고 다양한 감각을 가진 중생의 마음 움직임을 알아 가르침을 설하는 것이다. 나 역시 중생을 위하여 유일한 법륜에 대하여 가르침을 설하지만, 그것은 일체를 다 아는 부처의 법륜인 것이다. 또, 중생을 위하여 여래의 지혜를 발휘하도록 고무하고, 여래의 지혜를 발휘하여 그것을 이해시킴과 동시에, 그것을 발휘하기에 이르기까지의 도정을 이해하도록 하는 가르침을 나는 중생을 위하여 설하는 것이다. 이 세상의 중생은 또 내 가르침을 지금 듣고 그들은 모두 이 이상 없는 완전한 '깨달음'을 얻을 것이다.

이렇게 하여 이 세상 어디에서나 제2의 법륜은 아무 곳에도 없다는 것을, 하물며 제3의 이름 따위는 있을 수 없다는 것을 알아야 한다.

그러나 사리불아, 또 여래는 시대가 타락할 적에 출현하는 것이다. 또는 중생이 타락할 적에, 혹은 망념 때문에 악덕이 성할 적에 혹은 사견(邪見)이 횡행할 적에 혹은 수명이 짧아질 적에 나타나는 것이니라.

이처럼 시대가 혼란하고 타락할 적에 탐욕으로 공덕이 적은 중생에게 여래들은 교묘한 방편을 사용하여 유일한 부처의 법륜을 세 가지 법륜으로 해설하게 설하는 것이다. 그 경우에 성문들이나 아라한들 또는 연각 중 부처의 법륜에 오르도록 고무하는 여래의 가르침을 듣지 않고 이해하지 못하고 깨닫지 못한 자가 있을 것이다. 그런 자들은 성문도 아니고 아라한도 아니며, 또 연각도 아니라는 것을 알아야 한다.

舍利弗 我今亦復如是 知諸衆生 有種種欲 深心所著 隨其本性 以種種因緣 譬喩言辭 方便力故 而爲說法 舍利弗 如此皆爲 得一佛乘 一切種智故 舍利弗 十方世界中 尙

無二乘 何況有三 舍利弗 諸佛出於 五濁惡世 所謂劫濁 煩惱濁 衆生濁 見濁 命濁 如是 舍利弗 劫濁亂時 衆生垢重 慳貪嫉妬 成就諸不善根故 諸佛以方便力 於一佛乘 分別 說三 舍利弗 若我弟子 自謂阿羅漢 辟支佛者 不聞不知 諸佛如來 但教化菩薩事 此非 佛弟子 非阿羅漢 非辟支佛.

사리불아, 나도 그와 같아서 여러 중생이 가지가지 욕망이 있어 마음에 깊이 집착함을 알므로 그 성품을 따라 가지가지 인연과 비유의 이야기나 방편의 힘으로 법을 설하나니, 사리불아, 이와 같은 것은 모두 일불승과 일체 가지가지 지혜를 얻기 위한 까닭이니라. 사리불아, 시방 세계에는 이승(二乘)도 없거니 하물며 삼승(三乘)이 있겠느냐.

사리불아, 부처님께서 다섯 가지 흐린 세상에 나셨으니 그것은 겁이 흐리고, 번뇌가 흐리고, 중생이 흐리고, 소견이 흐리고, 수명이 흐림이니라. 그렇다! 사리불아, 겁이 흐리어 어지러울 적에는 중생들이 때가 많고 간탐하고 질투하여 여러 가지 나쁜 근성을 이루므로, 여러 부처님이 방편의 힘으로 일불승에서 분별하여 삼승을 말하는 것이니라.

사리불아, 만일 나의 제자들이 스스로 생각하기를, 아라한이나 벽지불을 얻었노라 하면서, 부처님 여래들이 보살 교화하는 것을 듣지 못하였고 알지 못하니, 이들은 부처님의 제자가 아니며, 아라한이 아니며, 벽지불도 아니니라.

그리고 또 어떤 비구나 비구니가 아라한의 위치에 달했다고 주장하며 더없이 완전한 '깨달음'에 도달하고 싶은 서원도 갖지 않고, "나는 부처의 법륜과는 인연이 없었어"라고 한다든가 "이것이 내 육체의 마지막 완전한 '깨달음'의 경지이다"라고 말하는 경우, 이런 사람은 자만에 빠진 자로 알아야 한다. 그것은 왜냐하면 욕망을 끊은 아라한인 비구가 여래의 면전에서 이 가르침을 듣고도 믿지 않는다는 것은, 있을 수 없는 일이고 문제가 되지 않는 것이기 때문이다. 다만, 여래가 입적한 경우는 별도이다. 왜 그런가 하면, 여래가 입적한 경우 그때 성문들은 이와 같은 최고의 경전을 신봉한다든가 또는 가르친다든가 하지 않을 것이기 때문이다. 그리고 그들은 다른 여래들 밑에서 의념이 없는 불자가 될 것이다. 이와 같은 부처님의 가르침을 믿어라. 나를 믿어라. 나를 신뢰하라. 진정으로 여래들은 거짓 말을 하는 일이 없다. 유일한 법륜, 그것은 부처의 법륜이다."

그때, 세존은 그 의의를 다시 가리켜, 게송으로 다음과 같이 말씀하셨다.

又舍利弗 是諸比丘 比丘尼 自謂已得阿羅漢 是最後身 究竟涅槃 便不復志求 阿耨多羅三藐三菩提 當知此輩 皆是增上慢人 所以者何 若有比丘 實得阿羅漢 若不信此法 無有是處 除佛滅度後 現前無佛 所以者何 佛滅度後 如是等經 受持讀誦 解義者 是人難得 若遇餘佛 於此法中 便得決了 舍利弗 汝等當一心信解 受持佛語 諸佛如來 言無虛妄 無有餘乘 唯一佛乘 爾時世尊 欲重宣此義 而說偈言

또 사리불아, 이 모든 비구나 비구니가 스스로 생각하기를, 이미 아라한의 경지를 얻어서 최후의 몸이 되었으며, 필경의 열반이라 하면서 아뇩타라삼약삼보디에 뜻을 두어 구하지 않는다면, 이런 무리는 모두 교만한 사람인 줄 알아야 하느니라. 왜냐하면, 만일 비구로서 참으로 아라한을 얻으려면 이 일승법을 믿지 않을 수 없느니라. 부처님이 멸도한 뒤에 부처님이 안 계실 적은 제외할지니, 왜냐하면 부처님이 멸도한 뒤에는 이 《법화경》을 받아 지니고 읽고 외우며 그 뜻을 잘 아는 사람을 만나기 어렵거니와, 만일 다른 부처님을 또 만나게 된다고 하더라도 이 법에서만이 분명하게 알게 되리라.

사리불아, 너희들은 마땅히 한결같은 마음으로 부처님의 말씀을 듣고 믿으며 이해하며 받을지니라. 부처님께서 하시는 말씀은 허망함이 없으니, 다른 승은 없고 오직 일불승만 있느니라."

그때 세존께서는 이 뜻을 거듭 펴려고 게송으로 말씀하시었다.

비구·비구니·우바새들, 그리고 우바이 중 자만심을 일으켜
신앙심이 없는 무리가 5천 명이나 되었다.
공부도 불충분한 그들은 그 허물을 깨닫지 못하고
이 상처를 소중히 껴안은 채 어리석은 이성의 그들은 떠나 버렸다.
그들이 회중 가운데 찌꺼기라는 것을 알고 "그들이 이 가르침을 들어도 그들에게는 도움이 안 된다"고, 부처는 그들이 나가는 것을 허락하였다.

여기에 모인 나의 회중은 맑고 깨끗하며, 불필요한 자가 없어 안정되어 있다.

쓸데없는 무리는 다 사라지고 가장 훌륭한 정수들만 남아 있다.

이 가르침을 부처들이 깨달은 과정을, 사리불아, 내게서 잘 들어라.

또 몇백 가지 교묘한 방편을 써서 이 세상의 지도자인 부처들이 설하는 가르침을 들어라.

네가 희구하는 것과 수행을 알고, 또 이 세상에서 몇천만 인간들의 갖가지 다양한 의향을 알고

그들이 일찍이 쌓은 복덕과 현재 수많은 행위를 알아서, 여러 가지 설명으로 근거를 제시하여, 나는 이런 인간을 이 가르침에 도달하게 할 것이다.

또, 인연을 말하고 몇백 가지 비유를 사용해서, 나는 중생을 저마다 만족하도록 할 것이다.

부처가 설한 모든 법어와 게송, 과거에 일어난 일, 본래 타고난 성질 얘기인 본생담(本生譚)과 기적 이야기, 그리고 인연담을, 또 노래와 부처의 암시를 말하고 몇백의 멋진 비유를 사용할 것이다.

比丘比丘尼	有懷增上慢	優婆塞我慢	優婆夷不信
如是四衆等	其數有五千	不自見其過	於戒有缺漏
護惜其瑕疵	是小智已出	衆中之糟糠	佛威德故去
斯人尠福德	不堪受是法	此衆無枝葉	唯有諸貞實
舍利弗善聽	諸佛所得法	無量方便力	而爲衆生說
衆生心所念	種種所行道	若干諸欲性	先世善惡業
佛悉知是已	以諸緣譬喩	言辭方便力	令一切歡喜
或說修多羅	伽陀及本事	本生未曾有	亦說於因緣
譬喩幷祇夜	優婆提舍經		

이런 비구 비구니들 증상만을 품었으며

아만 많은 우바새와 믿지 않는 우바이들

이와 같은 4부 대중 그 수가 5천여 명

제 허물 보지 않고 계행만 깨뜨리며

제 잘못 숨겨두던 못난 것들 나갔으니

부처님 법력으로 덕에 눌려 갔느니라.

이런 사람 복덕 없어 이 법문 못 듣나니

대중에는 지엽 없고 알맹이만 남았어라.

사리불은 잘 듣거라 부처님이 얻은 법은

한량없는 방편으로 중생을 위해 말하노라.

중생들의 여러 생각 갖가지로 행하는 도

욕망 성질 어떠하며 지난 세상 선악의 업

부처님이 모두 알아 모든 인연 여러 비유

이야기와 방편으로 온갖 중생 즐기려고

어떤 때는 수다라와 가타와 본사(本事)와 본생과

미증유를 설하고 또한 인연과 비유

또는 기야와 우바제사의 경을 설하느니라.

부처 밑에서 수행하지 않은 몇천만의 헤아릴 수 없이 많은, 천한 짓을 즐기는 무지한 무리에게,

생사의 회전(윤회)에 휘말려 고뇌에 시달리는 무리에게,

나는 '깨달음'의 경지를 약속하리라.

부처의 지혜를 깨닫도록 하기 위하여 부처는 이 방편을 사용한다.

"너희도, 이 세상에서 부처가 될 것이다"라는 것은 일찍이 말한 적이 없다.

왜냐하면 성현은 시기를 기다려 호기를 보고, 그런 연후에 말하기 때문이다.

어쨌든 오늘 그 호기가 왔다. 그러므로 여기에서 나는 진정으로 결정적인 것을 설하리라.

중생의 능력에 맞도록 설하는 내 가르침은 아홉 부분으로 나누어진다.

이것은 내가 은혜를 내리는 부처의 지혜에 들도록 하기 위하여 설하는 방편이다.

그리고 나에게는 항상 청정하며 학식이 있고, 순수하며 온유한 부처의 제자들

이 여기에 있다.

몇천만의 많은 부처에게 도리를 다하였으므로 그들에게 광대한 가르침을 설한 경전을 나는 설할 것이다.

왜냐하면 나는 그들이 희구하는 부처님의 가르침을 저장할 맑고 깨끗한 그릇을 부여받았기 때문이다.

"너희는 미래에 있어 중생의 행복을 염원하고, 중생을 가엾이 여기는 부처가 될 것이다"라고, 나는 그들에게 선언하리라.

"너희는 모두 세상에 훌륭한 부처가 될 것이다"라는 말을 듣고, 그들은 기쁨의 꽃이 활짝 피었다.

나는 그들의 수행을 알기에, 그들에게 다시 광대한 가르침을 설한 경전을 널리 퍼지게 하리라.

이 훌륭한 가르침을 들은 불자는 부처의 제자이다.

한 게송이라도 이것을 듣고 마음에 새긴 불자는 모두 성불에 의심이 없으리라.

鈍根樂小法	貪著於生死	於諸無量佛	不行深妙道
衆苦所惱亂	爲是說涅槃	我設是方便	令得入佛慧
未曾說汝等	當得成佛道	所以未曾說	說時未至故
今正是其時	決定說大乘	我此九部法	隨順衆生說
入大乘爲本	以故說是經	有佛子心淨	柔輭亦利根
無量諸佛所	而行深妙道	爲此諸佛子	說是大乘經
我記如是人	來世成佛道	以深心念佛	修持淨戒故
此等聞得佛	大喜充遍身	佛知彼心行	故爲說大乘
聲聞若菩薩	聞我所說法	乃至於一偈	皆成佛無疑

근기 둔한 자들은 소승법을 즐기어서 생사에만 탐착하여

한량없는 부처님께 미묘한 도 행치 않고

뭇 고통에 시달릴새 열반 법을 말했노라.

내가 방편 말하여서 부처님 지혜에 들게 하고

너희도 성불한단 말을 미처 안 했으니

그 말 일찍 안 한 것은 때가 아직 이른 까닭

지금에야 때가 되니 대승법을 말하노라.

내 말한 구부(九部)의 법 중생 근기 따름이니

대승 근본 삼으려고 그런 경전 말하느니

깨끗한 맘 가진 불자 부드럽고 총명하며

한량없는 부처님께 미묘한 도 행했으니

이런 이를 위하여서 대승경전 말해 주며

오는 세상 부처 된다 이 사람께 수기하네.

마음 깊이 염불하고 청정 계율 가졌을새

성불한단 말 들으면 큰 기쁨이 몸에 가득

부처님 그 맘 알고 대승법을 말하노니

성문이나 보살들이 내 설한 법을 듣고

한 게송만 기억해도 부처 되기 의심 없네.

부처들이 방편으로서 몇 가지 법륜을 약속한 경우를 제외하고 법륜은 오직 하나가 있을 따름이며, 제2의 승물이나 제3의 승물은 결코 이 세상에 있을 수 없느니라.

부처의 지혜를 세상에 퍼지도록 하기 위하여 세상의 비호자인 부처는 이 세상에 출현한다.

그 목적은 참으로 오직 하나 제2의 법륜은 없다.

부처님은 열악한 법륜으로 중생을 이끄는 일은 없다.

부처가 어떻게 하여 어떠한 것을 깨달았다고 하여도

부처가 스스로 안주하는 곳에 명상으로 해탈을 원하며

체력과 감각의 기능을 가진 불자들을 부처는 안주하게 하는 것이다.

오염됨이 없이 훌륭한 '깨달음'에 도달한 다음, 혹시 열악한 법륜에 한 사람이라도 안주시킨다면, 나에게 인색하다는 죄가 되리라. 그것은 나에게 어울리지 않은 일이다.

나에게는 인색한 마음이 전혀 없고 질투도 없으며 또 욕망도 정열도 없다.
나는 모든 악업을 끊었느라. 나는 세상을 두루 다 알기 때문에 부처인 것이다.

十方佛土中	唯有一乘法	無二亦無三	除佛方便說
但以假名字	引導於衆生	說佛智慧故	諸佛出於世
唯此一事實	餘二則非眞	終不以小乘	濟度於衆生
佛自住大乘	如其所得法	定慧力莊嚴	以此度衆生
自證無上道	大乘平等法	若以小乘化	乃至於一人
我則墮慳貪	此事爲不可	若人信歸佛	如來不欺誑
亦無貪嫉意	斷諸法中惡	故佛於十方	而獨無所畏

시방 세계 각국에는 일승법만 있을 뿐
이승·삼승 없으니 방편 말은 버릴지니
일부러 거짓말로 중생 인도한 것이라.
부처 지혜 말하려고 출현하신 부처님
이 일만이 오직 진실 이승 삼승 방편일 뿐
소승으론 아무래도 중생 제도 못하나니
부처님이 대승으로 얻은 바가 그와 같아
선정 지혜 장엄하여 중생을 제도할새
평등하고 위없는 도 대승법을 증득하고
다만 한 사람이라도 소승으로 교화하면
나는 간탐에 떨어짐이니 옳지 못한 일이니라.
누구나 귀의하면 여래는 속이지 않고
탐욕이나 질투 없어 모든 악을 끊었으매
부처님은 시방에서 두려움이 없느니라.

또 많은 좋은 모습으로 장식된 내가 이 모든 세상을 비추어 빛나게 하듯이 수
많은 중생에게 추앙을 받고, 나는 이 가르침의 본성을 증명할 도장을 찍겠노라.

사리불아, 나는 이렇게 생각한다.

"32길상(吉相)을 가지고 세상을 아는 부처들은 스스로 광명을 발한다.

그럼에도 불구하고 이 세상에 있는 모든 인간은 어째서 이런가"라고.

일찍이 내가 본 것처럼, 생각한 것처럼, 또 내 결의한 대로

나의 서원은 완전히 채워졌다. 부처로서 나는 '깨달음'을 세상에 퍼지도록 하려다.

사리불아, 내가 중생에게 '깨달음'에 대한 욕망을 일으키라고 한다면,

모든 무지한 무리는 혼란을 일으켜 반드시 나의 훌륭한 말을 이해하지 못할 것이다.

그들은 전생에서 수행하지 않고 애욕의 대상에 정신이 팔려, 거기에 열중한 나머지 갈망 때문에 어리석게 되고 마음이 흐트러져 있었다.

나는 그들이 이렇게 된 것을 알고 있다.

그들은 애욕 때문에 나쁜 운명에 빠져 6종(六種)의 운명에 시달리면서 박덕하고 복이 없는 그들은 고뇌를 겪으며 죽음을 되풀이하였다.

늘 '있다'든가 '없다'든가, '그렇다'든가 '그렇지 않다'든가

온갖 삿된 사상의 밀림 속에서 헤매며, 62종의 삿된 사상에 의지하여 헛된 법에 집착하고 있는 것이다.

我以相嚴身	光明照世間	無量衆所尊	爲說實相印
舍利弗當知	我本立誓願	欲令一切衆	如我等無異
如我昔所願	今者已滿足	化一切衆生	皆令入佛道
若我遇衆生	盡敎以佛道	無智者錯亂	迷惑不受敎
我知此衆生	未曾修善本	堅著於五欲	癡愛故生惱
以諸欲因緣	墜墮三惡道	輪廻六趣中	備受諸苦毒
受胎之微形	世世常增長	薄德少福人	衆苦所逼迫
入邪見稠林	若有若無等	依止此諸見	具足六十二

좋은 상호(相互) 장엄하고 세간마다 광명 비쳐

중생 존경 받는지라 실상 법인(法印) 말하노니

사리불아, 내가 본래 서원을 세운 것은

모든 중생 나와 같아 다름없게 하였더니

오래전에 품은 소원 이제 만족하였나니

모든 중생 교화하여 불도에 들게 하네.

내가 만일 중생 만나 불도를 가르치면

무지한 이 미혹하여 그 가르침 안 받나니

이 중생은 일찍부터 선근을 닦지 않고

오욕에만 애착하며 어리석고 성 잘 내고

탐욕에만 속박되어 삼악도에 떨어지며

여섯 갈래 헤매면서 모든 고통 갖추 겪고

태 속에서 받은 몸 생사가 끝없으며

덕 없고 복도 없어 뭇 고통에 시달리며

혹은 있다 혹은 없다 나쁜 소견 들어가서

삿된 견해 점점 늘어 62견(見) 구족하네.

그들은 마음이 비틀어져 오만하고 부실하며, 완고·무지하고 어리석다.

몇천만억의 생애를 거듭하여도 그들은 결코 부처의 옳은 소리를 듣지 않는다.

사리불아, 나는 "고뇌를 끝내라"고 그들에게 방편을 베풀었다.

중생이 고뇌에 시달리고 있는 것을 보고, 그 경우에도 평안한 경지를 약속하는 것이다.

이와 같이 나는 "이 세상에 존재하는 것은 모두 처음처럼 항상 평안하고 조용하다. 수행을 마친 부처의 제자는 내세에 부처가 될 것이다"라고 말하는 것이다.

내가 세 가지 법륜을 약속한 것은 내가 말하여 온 교묘한 방편이다.

그러나 법륜은 오직 하나, 또 방편 역시 하나일 따름이다.

그리고 부처의 가르침도 역시 하나가 있을 뿐이다.

혹시 누군가에게 의념이 있다면 그들의 의념을 떨쳐 버리고 의혹을 제거하여라.

이 세상의 지도자(부처)들은 거짓말을 하지 않는다.

이것은 유일한 법륜이고, 제2의 법륜은 없는 것이다.

헤아릴 수도 없는 겁의 아득한 옛날에 완전히 평안의 경지(열반)에 도달한

몇천이라는 부처들이 나타났으나 그 수는 결코 알려지지 않았다.

이들 모든 부처들은 갖가지 비유로써

그리고 또 인연과 이유를 들어 수많은 교묘한 방편에 의하여 많은 청정한 가

르침을 퍼지게 하였다.

深著虛妄法	堅受不可捨	我慢自矜高	諂曲心不實
於千萬億劫	不聞佛名字	亦不聞正法	如是人難度
是故舍利弗	我爲設方便	說諸盡苦道	示之以涅槃
我雖說涅槃	是亦非眞滅	諸法從本來	常自寂滅相
佛子行道已	來世得作佛	我有方便力	開示三乘法
一切諸世尊	皆說一乘道	今此諸大衆	皆應除疑惑
諸佛語無異	唯一無二乘	過去無數劫	無量滅度佛
百千萬億種	其數不可量	如是諸世尊	種種緣譬喩
無數方便力	演說諸法相		

허망한 법 고집하여 버릴 줄을 모르나니

아만과 자존심으로 마음 굽어 부실하여

천만억 겁 지내어도 부처 이름 못 들었고

법 또한 듣지 못해 제도하기 어려우니

사리불아, 이런 사람 방편 법을 베풀어서

고통 끊는 길을 말해 열반 법을 보여 주며

열반이라 말했으나 참 멸도가 아니니라.

모든 법은 본래부터 항상 고요한 것이니

불자들이 행하면 오는 세상 부처되어

내가 이제 방편으로 삼승법문 보였으나

시방 세계 부처님들 일승법을 말하나니

여기 모인 대중들아 의혹된 맘 다 풀지니

부처 말씀 다르잖아 일승일 뿐 이승은 없네.

지난 세상 무수한 겁 멸도하신 여러 부처

백천만억 그 수효를 헤아릴 수 없건마는

이런 모든 세존이 가지가지 인연 비유

무수한 방편으로 법의 모습 연설하네.

그들은 모두 유일한 법륜을 보여주었다.

그리고 유일한 법륜밖에 없다는 것을 이해시키는 것이다.

헤아릴 수 없을 만큼 몇천만억의 중생을, 유일한 법륜에 오를 수 있도록 가르치는 것이다.

여래는 신들도 있는 이 세상에서 중생의 의향과 마음의 움직임을 알고, 부처들의 다른 갖가지 방편을 사용하여 나의 훌륭한 가르침을 퍼지게 하는 것이다.

그들로부터 직접 가르침을 듣고 또는 가르침을 받은 불자들은

공양하고 계행을 실천하며, 인내에 의하여 모든 수행을 성취한다.

정진하여 명상에 전념하며 부처에게 보시하고 또는 이지로써 이 세상에 존재하는 것을 생각한다.

갖가지 복덕 있는 소행을 하여 그 공덕에 의해서

그들은 모두 성불하게 될 것이다.

입적한 부처들의 가르침에 누군가 끈기 있게 자제하고, 또 기율을 올바로 따른 사람이 있다면 그런 불자는 모두 열반에 이르게 될 것이다.

입적한 부처들의 사리에 공양하기 위하여

보옥으로 만든 몇천의 탑과 금·은과 수정탑을 세운 불자들,

푸른 옥탑을, 진주탑 또는 가장 좋은 유리나 청옥탑을 누군가가 세울 때, 그들은 모두 성불하게 될 것이다.

是諸世尊等　　皆說一乘法　　化無量衆生　　令入於佛道

又諸大聖主	知一切世間	天人群生類	深心之所欲
更以異方便	助顯第一義	若有衆生類	値諸過去佛
若聞法布施	或持戒忍辱	精進禪智等	種種修福慧
如是諸人等	皆已成佛道	諸佛滅度已	若人善軟心
如是諸衆生	皆已成佛道	諸佛滅度已	供養舍利者
起萬億種塔	金銀及玻瓈	硨磲與瑪瑙	玫瑰琉璃珠
淸淨廣嚴飾	莊校於諸塔		

이와 같은 여러 세존 모두 다 일승 설해
무량 중생 교화하사 부처 도에 들게 하되
대성주(大聖主)인 부처님들 온갖 세간 중생들의
애착하는 모든 욕망 속속들이 다 아시고
다시 다른 방편으로 제일의 뜻 나타내니
만일 어떤 중생들이 과거 부처 만나 뵙고
보시하며 계율 갖고 인욕하고 정진하며
선정·지혜 법문 듣고 복과 지혜 닦았으면
이와 같은 여러 사람 다 이미 성불했고
부처님 열반한 뒤 그 마음이 선한 이들
이와 같은 여러 중생 이미 모두 성불했고
부처님 열반한 뒤 사리에 공양하려
만억 가지 탑 세우되 금과 은과 파려들과
자거와 마노들과 매괴와 유리 진주
청정하게 널리 장엄 모든 탑을 장식하네.

또 다른 누군가가 대리석·전단(栴檀)이나 서향(瑞香)나무의 탑을 세울 때, 또 다른 누가 대추나무 탑이나 여러 가지 재목을 짜맞추어 탑을 세울 때, 기쁜 마음으로 부처들을 위하여 벽돌로 지은 탑이나 진흙을 쌓아 올려 탑을 만들 때, 그러기 위해 숲이나 황야에 우뚝한 탑을 흙으로 지은 불자들도,

아이들이 놀면서 여기저기에 자갈로 둔덕을 만들어 부처들을 위하여 공양탑으로 삼을 때, 이들 중생은 모두 성불을 하게 될 것이다.

어떤 사람이 부처의 32길상을 보석으로 다른 사람을 시켜 만들게 하였을 때, 그런 불자들은 모두 성불하게 될 것이다.

누군가 칠보로 만들거나 또는 구리나 놋쇠로 불상을 만들게 할 때

그들은 모두 성불하게 될 것이다.

납이나 철 또는 진흙으로 불상을 만들게 한 사람들도

아교로 아름다운 불상을 만들게 한 사람들도

이들은 모두 성불하게 될 것이다.

벽에 사지가 완전하고 몇백의 복스러운 불상을 스스로 그린 사람들도

또는 그리게 한 사람들도, 모두 성불하게 될 것이다.

또 어떤 사람이 공부할 적에, 또는 노는 재미를 즐기면서 손가락이나 나무조각으로 탱화를 그려도 그들은 모두 '깨달음'에 도달하게 될 것이다.

어른이든 아이든 벽에 탱화를 그리는 사람은 모두 자비가 있는 불자가 되어, 그들은 다 몇천만의 중생을 제도하고 또 많은 보살을 고무할 것이다.

或有起石廟	栴檀及沈水	木樒幷餘材	甎瓦泥土等
若於曠野中	積土成佛廟	乃至童子戱	聚沙爲佛塔
如是諸人等	皆已成佛道	若人爲佛故	建立諸形像
刻雕成衆相	皆已成佛道	或以七寶成	鍮鉐赤白銅
白鑞及鉛錫	鐵木及與泥	或以膠漆布	嚴飾作佛像
如是諸人等	皆已成佛道	彩畫作佛像	百福莊嚴相
自作若使人	皆已成佛道	乃至童子戱	若草木及筆
或以指爪甲	而畫作佛像	如是諸人等	漸漸積功德
具足大悲心	皆已成佛道	但化諸菩薩	度脫無量衆

또는 돌로 사당 짓고 전단향과 침수향과

목밀(木樒)이며 다른 재목 기와 벽돌 진흙으로

넓고 거친 들 가운데 흙을 모아 절 지으며

아이들 장난으로 흙모래로 탑 세우면

이러한 사람들도 모두 이미 성불했고

어떤 이는 부처 위해 여러 형상 세우거나

불상 조각하면 그들도 이미 성불했고

또는 칠보로나 놋쇠나 백동들과

납 주석 쇳덩이나 나무 진흙으로 이루며

또는 풀과 옻칠하여 불상 장엄하면

이와 같은 여러 사람 모두 다 불도 이뤄

백복으로 장엄한 불상 그릴 적에

제가 하나 남 시키나 모두 이미 성불했고

아이들 장난으로 풀 나무 붓이거나

또는 꼬챙이로 불상 그린 이는

이와 같은 여러 사람 공덕을 점점 쌓아

큰 자비 맘 갖추어 모두 성불시켰으니

다만 보살 교화하여 무량 중생 건졌노라.

그리고 부처들의 사리에 또는 탑묘에, 또는 흙으로 만든 불상에 또는 벽이나 진흙으로 지은 불탑에 탱화를 그리고

향과 꽃을 공양한 불자들도, 또 그때 가장 훌륭하고 최고의 '깨달음'을 득도한 부처들에게 공양하기 위하여 징·소라, 그리고 소고 등,

음색이 좋은 악기를 연주한 불자들도, 또 북을 우렁차게 친 사람들도

사람을 매료하는 음색의 비파·요발·소고를 치든가 목제의 피리를 불고,

또 일현금이나 퉁소를 부는 불자들도

그들은 모두 성불하게 될 것이다.

물을 두드리거나 손을 치며 박수 소리를 내는 사람들도,

역시 부처에게 공양하기 위하여 노래를 구수하게 또 아름답게 불렀어도,

부처의 사리에 극히 미미한 시주를 한다든가, 다만 한 가지 악기를 울린다든가

한 것만으로도, 그밖에 여러 가지 방법으로 공양할 때, 그들은 모두 이 세상에서 성불할 것이다.

벽에 부처들 탱화를 그리고 한 그루 꽃을 바쳐도

어떤 사람이 산란한 마음으로 공양하여도, 그들은 차례로 몇천만의 부처들을 보게 될 것이다.

어떤 사람이 사리탑에 합장만 하여도, 그것이 완전한 모습이든 한 손만 조금 들거나 머리를 잠깐 숙이기만 하여도

또 몸을 한 번 굽히기만 하여도

사리를 모신 곳에서 그때 "부처에게 예배드린다"고 한마디만 하여도, 산란한 마음으로 한마디 하여도, 그들은 모두 이 가장 훌륭한 '깨달음'을 얻을 것이다.

若人於塔廟	寶像及畫像	以華香幡蓋	敬心而供養
若使人作樂	擊鼓吹角貝	簫笛琴箜篌	琵琶鐃銅鈸
如是衆妙音	盡持以供養	或以歡喜心	歌唄頌佛德
乃至一小音	皆已成佛道	若人散亂心	乃至以一華
供養於畫像	漸見無數佛	或有人禮拜	或復但合掌
乃至擧一手	或復小低頭	以此供養像	漸見無量佛
自成無上道	廣度無數衆	入無餘涅槃	如薪盡火滅
若人散亂心	入於塔廟中	一稱南無佛	皆已成佛道

어떤 사람 탑과 묘나 불상이나 화상(畫像)에

꽃과 향과 번개로써 공경하여 공양하거나

사람 시켜 풍악하되 북도 치고 소라 불며

피리 퉁소 거문고나 비파 요령 바라들

이와 같은 묘한 음악 정성으로 공양하며

기쁜 마음으로 노래 불러 찬탄하되

한 마디만 하더라도 다 이미 성불했고

마음이 산란해도 꽃 한 송이 일심으로

불상에 공양하면 많은 부처 뵙게 되며

또는 어떤 사람 예배하거나 합창하거나

손 한 번을 든다거나 머리 한 번 숙이어도

이런 공양 하는 이도 무량한 불 점점 뵙고

위없는 도 이루어서 무수한 중생 제도하여

무여열반 들게 하되 섶 다하면 불 꺼지듯

마음 산란한 이도 탑묘(塔廟) 중에 들어가서

‘나무불(南無佛)’ 한 번 해도 모두 다 성불했네.

과거에 입적한 부처이든, 현재 이 세상에 있는 부처이든

이들 부처 중에서 그때 가르침의 일부분이라도 들은 사람이 있다면

그런 불자들은 모두 성불할 것이다.

미래에도 헤아릴 수 없을 만큼 많은

몇천만이라는 부처가 나와 그 수는 알 수 없지만

이 부처들도 세상의 최고 비호자로서 이 교묘한 방편을 세상에 퍼지게 하리라.

세상의 지도자인 부처들에게는 교묘한 방편이 무한히 있을 것이다.

그것을 사용하여 이 세상에서 그들은 몇천만의 인간을 오염되지 않은 부처의 지혜로 제도할 것이다.

그들의 가르침을 듣고 부처가 되지 못한 불자는 한 사람도 없다.

‘깨달음’을 구하여 수행하고 다른 사람들에게도 수행하도록 하고 싶은 이 뜻이야말로 진정한 여래들의 서원인 것이다.

미래에 여래들은 진리를 배우려는 헤아릴 수 없이 많은 수천만의 불자에게 그 입구를 설할 것이다.

이 유일한 법륜을 약속하고 진정한 여래의 입장에서 가르침을 설할 것이다. 이런 가르침의 지도는 항상 변하는 일이 없고, 모든 가르침의 본성은 항상 눈부시게 빛난다.

이것을 아는 인간 최고인 부처들은 유일한 법륜을 설하여 밝혀줄 것이다.

於諸過去佛　　在世或滅後　　若有聞是法　　皆已成佛道
未來諸世尊　　其數無有量　　是諸如來等　　亦方便說法
一切諸如來　　以無量方便　　度脫諸衆生　　入佛無漏智
若有聞法者　　無一不成佛　　諸佛本誓願　　我所行佛道
普欲令衆生　　亦同得此道　　未來世諸佛　　雖說百千億
無數諸法門　　其實爲一乘　　諸佛兩足尊　　知法常無性
佛種從緣起　　是故說一乘

지난 세상 여러 부처 계실 때나 열반한 뒤
이 법을 들은 이는 모두 다 성불했고
오는 세상 부처님도 그 수효 한량없어
이러한 여래들도 방편으로 설법하며
일체의 모든 여래 또한 많은 방편으로
중생을 제도하여 불지혜에 들게 하니
이런 법문 들은 이는 모두 다 성불하네.
여러 부처 본래 서원 내가 행한 불도로써
중생들을 교화하여 똑같은 도 얻게 하며
오는 세상 부처님들 셀 수 없는 백천만억
많은 법문 설하지만 그 실은 일승이라.
성품 없는 진실한 법 양족존은 알지마는
부처 되는 종성들이 인연 따라 생긴다네.

그 가르침이 영구하다는 것, 그것이 불변한다는 것,
또, 이 세상에 그 가르침이 항상 존재하고 부동하다는 것을
부처들은 이 지상에서 교묘한 방편으로 펴나갈 것이다.
시방에, 사람과 신으로부터 공양을 받는, 부처가 갠지스강의 모래알만큼 수없
이 많다.
이 세상에서 모든 중생을 안락하게 하기 위하여

그들은 가장 훌륭한 이 성불의 길을 설한다.

그 부처들은 교묘한 방편으로 여러 가지 법륜을 설하여 약속하는 것이다.

그리고, 부처들은 이 유일한 법륜이야말로 최고의 평정한 경지라고 설명한다.

이 부처들은 온갖 인간의 소행을 알고 또 그들이

일찍이 지원하여 부처에게 공양하였던 것을 알고

또 그들의 용기와 격려하는 마음을 알고 그 의향을 살펴 가르침을 설한다.

지도자인 부처들은 지혜의 힘에 의하여 많은 비유와 인연으로 말미암은 일, 또 많은 근거를 제시한다.

이 세상 사람들이 다양한 의향을 가진 것을 알고 여러 가지로 부연하여 가리킨다. 부처이고 이 세상의 지도자인 나는 지금 중생을 안락하게 하기 위하여 이 세상에 왔느니라.

몇천만억 가지를 수없이 부연하여 나는 이 부처의 '깨달음'을 완전히 보여 주겠노라. 나는 중생의 믿음의 의향과 마음의 움직임을 알고 많은 종류의 가르침을 보여 주리라.

갖가지 방편을 사용하여 그들의 마음을 분살하도록 할 것이다.

이것이 나의 독자적인 지혜의 힘이다.

是法住法位	世間相常住	於道場知已	導師方便說
天人所供養	現在十方佛	其數如恒沙	出現於世間
安隱衆生故	亦說如是法	知第一寂滅	以方便力故
雖示種種道	其實爲佛乘	知衆生諸行	深心之所念
過去所習業	欲性精進力	及諸根利鈍	以種種因緣
譬喩亦言辭	隨應方便說	今我亦如是	安隱衆生故
以種種法門	宣示於佛道	我以智慧力	知衆生性欲
方便說諸法	皆令得歡喜		

말씀하신 일승의 법 그 자리에 머물러서

세간 모습 이미 알고 방편으로 말하나라.

하늘 인간 공양받는 시방에 계신 부처

그 수가 항하 모래 세간에 출현하사

중생들 편하게 하려 이런 법문 말하나니

제일이고 적멸함을 알면서도 방편으로

갖가지 길 보이나니 그 실은 일불승뿐.

중생들의 여러 행과 마음 깊이 생각하는 것

지난 세상 익힌 업과 욕심 성질 정진의 힘

여러 가지 근기 알고 가지가지 인과 연과

비유와 이야기로 방편 따라 설하나니

지금 나도 그와 같이 중생을 편하게 하려

가지가지 법문으로 부처 도를 보이노라.

내가 지혜 힘으로써 중생들의 근기 알고

방편으로 설법하여 환희토록 하여 주네.

나는 또 이지(理知)가 뒤떨어지고 복덕에서 멀어진 빈곤한 중생을 본다.
그들은 생과 사의 윤회에 빠져 고난의 길에 갇히고
더욱이 이어지는 고뇌 속에 머물러 있다.
야크의 꼬리에 묶인 것처럼 그들은 갈증과 비슷한 욕망에 집착하여
항상 애욕 때문에 눈이 멀어 고뇌에 시달리면서도
위대한 위광(威光)이 있는 부처를 찾지 않고 가르침을 물어 구하지 아니한다.
　　그들은 육도(六都 : 지옥·아귀·축생·수라·인간·천상의 육계)의 운명에 갇혀 마음이
천하고 삿된 생각에 빠져 움직이지 않고, 고뇌를 짊어지고 고뇌의 뒤를 계속 쫓
아간다. 나는 그들이 몹시 안타깝다.
　　나는 그것을 알고 '깨달음'의 단상에서 삼칠일(스무하루 동안)을 채울 때까지 머
물러
　　거기에 있는 나무를 쳐다보면서 실로 이런 것을 생각하였던 것이다.
　　나는 수목 왕인 보리수를 눈도 깜짝 않고 쳐다보면서 그 아래를 돌아다녔다.
　　그리고 '이 지혜는 매우 미묘하고 훌륭하다. 중생은 어리석기 때문에 눈이 어두

워 무지한 상태로 있다'고 생각하였다.

그때 범천왕(梵天王)과 제석천(帝釋天)과, 그리고 사천왕(四天王)과 대자재천(大自在天)과 자재천 등 모든

몇천만억의 천신(天神)들도 나에게 '가르침을 설하여 달라'고 간절히 청하였다.

舍利弗當知	我以佛眼觀	見六道衆生	貧窮無福慧
入生死險道	相續苦不斷	深著於五欲	如犛牛愛尾
以貪愛自蔽	盲瞑無所見	不求大勢佛	及與斷苦法
深入諸邪見	以苦欲捨苦	爲是衆生故	而起大悲心
我始坐道場	觀樹亦經行	於三七日中	思惟如是事
我所得智慧	微妙最第一	衆生諸根鈍	著樂癡所盲
如斯之等類	云何而可度	爾時諸梵王	及諸天帝釋
護世四天王	及大自在天	幷餘諸天衆	眷屬百千萬

사리불아, 바로 알라. 내가 부처 눈으로써

육도 중생 살펴보니 빈궁하고 지혜 없어

생사의 길 잘못 들어 그 고통을 끊지 못해

오욕락에 탐착하되 물소 꼬리 사랑하듯

탐애 속에 갇혀 있어 눈도 멀고 소견 없어

큰 부처를 구하지 않고 고통의 길 못 끊으며

삿된 소견 깊이 빠져 괴로움에 얽혔으니

이런 중생을 위하여 큰 자비심 내었도다.

도량에 처음 앉아 나무 보고 경행하며

삼칠일 동안이나 이런 일을 생각하되

내가 얻은 큰 지혜는 미묘하기 제일이나

근기 둔한 모든 중생 어리석고 맹목이니

이와 같은 무리를 어떻게 제도할까.

그때 모든 범천왕과 제석천왕 사천왕과

대자재천 모든 하늘 백천만의 권속들

그들은 모두 공손하게 합장하고 있었다.

'나는 어떻게 해야 할까'를 골똘히 생각하였다.

내가 '깨달음'의 공덕을 말한다고 해도 이런 중생은 고뇌를 이겨 내지 못한다.

어리석은 그들은 내 가르침을 버리고 삼악도(三惡道)에 빠질 것이 뻔하다.

내 차라리 법을 설하지 않는 것이 훨씬 낫다. 오늘이야말로 나는 편안하게 멸도의 경지에 들고 싶다.

과거 세상에서 부처들이 교묘한 방편을 구사한 것을 생각하면서

나는 이제 이 부처들의 '깨달음'을 세 가지 방법으로 설명하여 이 세상에 퍼지도록 하리라.

내가 이 가르침을 이렇게 생각하였을 때 시방에 있는 다른 부처들이

그 자신의 모습을 내 앞에 나타내어

"그것 참 좋은 일이지요"라고 소리를 질렀다.

"장하십니다, 세존이시여. 세상 제일의 지도자이시여. 더없이 훌륭한 지혜에 도달하여 교묘한 방편을 생각하여 부처들의 모방을 하신다니.

우리도 그때 부처의 훌륭한 말씀을 세 가지로 나누어 세상에 퍼지도록 하리다.

뒤떨어진 가르침을 믿고 거기에 만족하는 무지한 사람들에게

'인간은 부처가 될 수 있다'고 말하여도 그들은 믿지 않을 것이다.

그러므로 우리는 그 원인을 잘 알아서 교묘한 방편을 사용하여 과보를 얻고 싶다는 희망을 선언하는 많은 불자를 독려하자"고.

恭敬合掌禮	請我轉法輪	我卽自思惟	若但讚佛乘
衆生沒在苦	不能信是法	破法不信故	墜於三惡道
我寧不說法	疾入於涅槃	尋念過去佛	所行方便力
我今所得道	亦應說三乘	作是思惟時	十方佛皆現
梵音慰喻我	善哉釋迦文	第一之導師	得是無上法
隨諸一切佛	而用方便力	我等亦皆得	最妙第一法

爲諸衆生類　　分別說三乘　　小智樂小法　　不自信作佛

是故以方便　　分別說諸果

합장 공경 예배하며 나의 법륜 청하거늘

나 스스로 생각하니 만일 불승 찬탄하면

고통 속에 빠진 중생 이 법 믿지 않으리라.

불신하여 훼방하면 삼악도에 빠지리니

내 차라리 설법하지 않고 바로 열반 들려다가

지난 세상 부처님네 행한 방편 생각하고

내가 지금 얻은 도를 삼승으로 설하리라.

이런 생각 하실 때 시방 부처 나타나서

법음으로 위로하되 착하도다 석가모니

제일가는 대도사가 위없는 법 얻어서

모든 부처 따라 하여 방편의 힘 쓰시도다.

우리들도 또한 모두 일승법을 얻었지만

모든 중생을 위하여서 삼승법을 말하노라.

적은 지혜 소승들이 성불을 믿지 않아

방편으로 분별하여 여러 과(果)를 설했다네.

나는 그때 부처들의 매료된 듯한 소리를 듣고 진심으로 기뻐하였다.

기쁜 나머지 나는 그들 성자에게 "위대한 여래는 미망이란 말을 입에 담지 않느니라"고 하였다.

현명한 세상의 지도자들이 하였듯이 나 역시 그와 같이 말하리라.

나도 이 무섭게 흔들리는 세계에 중생이 타락한 세태의 한가운데 출현하였다.

이것을 안 나는 사리불아, 그때 바라나시를 향해 떠났느니라.

그곳에서 나는 다섯 명의 비구에게 차분한 마음의 의지가 되는 가르침을 방편을 구사하여 설하였다.

이렇게 해서 내 가르침의 법륜은 굴러갔다.

그리고 '깨달음'의 경지라는 말이 이 세상에 나온 것이다.

또 아라한(阿羅漢)이라는 말, 가르침(법어)이라는 말,

또 비구의 집단(승가(僧伽))이라는 말이 이 세상에 나왔다.

오랜 세월에 걸쳐 나는 '깨달음'의 경지(열반, 성불)를 설하고 또 설명하여 왔다.

"생과 사의 회전(윤회)의 고뇌는 '깨달음'의 경지에 도달하여 끝난다'고, 나는 항상 이렇게 말하였다.

그때 사리불아, 몇천만억이라는 헤아릴 수 없이 많은 불자가,

최고이자 가장 훌륭한 '깨달음'을 갈망하여 부처를 찾아가는 것을 보았느니라.

그리고 그들은 내 곁으로 가까이 왔는데 모두 다 경건히 합장하고 있었다.

雖復說三乘	但爲敎菩薩	舍利弗當知	我聞聖師子
深淨微妙音	稱南無諸佛	復作如是念	我出濁惡世
如諸佛所說	我亦隨順行	思惟是事已	卽趣波羅奈
諸法寂滅相	不可以言宣	以方便力故	爲五比丘說
是名轉法輪	便有涅槃音	及以阿羅漢	法僧差別名
從久遠劫來	讚示涅槃法	生死苦永盡	我常如是說
舍利弗當知	我見佛子等	志求佛道者	無量千萬億
咸以恭敬心	皆來至佛所	曾從諸佛聞	方便所說法

그 비록 삼승이나 보살을 교화할 뿐

사리불아, 바로 알라. 부처님 말 내 들으니

청정하고 미묘하여 '나무불' 부르면서

이런 생각 다시 하되 흐린 세상 내가 나서

여러 부처 말씀대로 나도 따라 행하리라.

이렇게 생각하고 파라나(波羅奈)에 나아가니

여러 법 적멸한 상 말도 할 수 없지마는

방편의 힘으로써 5비구께 말하기를

이 이름이 전법륜(轉法輪) 그와 같이 부르나니

열반도 따로 있고 아라한과 그리고 법

불도 닦는 스님까지 그 이름 차별이 있네.

오랜 세월 내려오며 열반의 도 찬탄하되

생사의 고통 다 한다고 이런 설법 늘 했노라.

사리불은 바로 알라. 불자들을 내가 보니

부처님 도 구하는 이 한량없는 천만억이

모두 공경하는 마음 부처님께 온 것이니

일찍부터 부처 따라 방편설을 들었다네.

그들은 부처들이 다양한 종류의 교묘한 방편을 사용하는 설법을 경청하고 있었다.

그래서 나는 그 순간에 '나는 가장 훌륭한 가르침을 설해야 할 호기를 맞았다'고 생각하였다.

"그러기 위해서 나는 이 세계에 태어난 것이다.

여기에서 가장 훌륭한 '깨달음'의 세계를 펴도록 하리라"고.

현상으로 판단하여 편견을 가지고, 자만에 빠진 어리석고 무지한 자들에게는,

지금 믿기 어려울 것이다. 그러나 이 불자들은 귀를 기울여 경청할 것이다.

그때 나는 기뻐서 자신감에 넘쳐 주저하는 마음을 모두 버리고, 불자들의 한가운데서 그들에게 '깨달음'에 이르는 불도를 권하였던 것이다.

이런 불자들을 보고 너는 의념을 말끔히 떨쳐 버렸을 것이다.

욕망의 오탁이 사라진 1천2백 명의 불자들은 모두

이 세상에서 성불할 것이다.

이런 전세의 성자들이나 미래 부처들의 가르침의 본질과 같이

내 가르침은 올바르고 의혹이 없는 것이다. 그대로를 나는 오늘 너에게 가르쳤다.

언제, 어딘가에, 어떠한 방법으로, 누군가 부처들이 나타난다.

한량없는 눈을 가진 그들은 이 세상에 나타나

언젠가 이와 같은 가르침을 설할 것이다.

이와 같은 가장 훌륭한 가르침은 몇천만억 겁을 겪어도 얻기 어려울 것이다.
가장 훌륭한 가르침을 듣고 믿는 자들도 마찬가지로 얻기 어려울 것이다.

我卽作是念	如來所以出	爲說佛慧故	今正是其時
舍利弗當知	鈍根小智人	著相橋慢者	不能信是法
今我喜無畏	於諸菩薩中	正直捨方便	但說無上道
菩薩聞是法	疑網皆已除	千二百羅漢	悉亦當作佛
如三世諸佛	說法之儀式	我今亦如是	說無分別法
諸佛興出世	懸遠値遇難	正使出于世	說是法復難
無量無數劫	聞是法亦難	能聽是法者	斯人亦復難

이제 내가 생각하니 여래께서 출현함은
부처 지혜 설하는 것 지금이 바로 그때
사리불아, 바로 알라. 근기 둔한 소승인들
상(相)이 많고 교만하여 이런 법 못 믿을새
나는 이제 두려움 없어 여러 보살 가운데서
정직하게 방편 버려 위없는 도 말하리라.
보살들이 법을 듣고 의혹 모두 풀어지며
1천2백 아라한도 마땅히 다 성불하라.
삼세(三世)의 여러 부처 설법하던 의식대로
이제 나도 그와 같이 분별없이 설하노라.
여러 부처 출현하시면 만나기가 어려우며
설사 출현해도 이런 법문 더 어렵고
수가 없이 무량한 겁 이 법 듣기 또 어려워
들을 줄을 아는 사람 더욱더 어렵다네.

언제, 어디선가, 어떠한 방법으로 볼 수 있다고 하여도
우담발라꽃처럼 그것은 얻기 어려운 것이다.

그것은 사람을 매료시키는 모습이고, 신과 더불어 사는 세계의 경이라고 할 것이다.

나는 그보다도 한결 더 경이로운 가르침을 설하련다. 나의 가르침을 듣고

기꺼이 한 마디라도 가르친 말을 한다면

그것은 모두 부처들에게 공양한 것이 될 것이다.

이 점에 대하여 의념과 의혹을 떨쳐 버려라. "나는 가르침의 왕자(최고)이다"라고 너에게 알린다.

나는 그들에게 가장 훌륭한 '깨달음'을 권하리라.

그들은 모두 보살이 되고 나의 제자인 성문은 한 사람도 없다.

사리불아, 이것은 너에게 있어서 비밀이니라. 그리고 나의 모든 제자,

이런 걸출한 불자들도 나의 이 비밀을 믿게 하라.

왜 그런지는 모르지만 다섯 가지 부정이 있는 시대에는 악의가 있고 흉악한 무리가 있는 법이다.

애욕 때문에 눈이 먼 어리석은 자들은 결코 '깨달음'에 정성을 바치는 일이 없다.

나의 이 유일한 법륜이 부처에 의하여 세상에 퍼졌다는 말을 듣더라도

그것을 믿지 못하고 미래에도 그들은 경전을 버리고

정상 궤도를 벗어나 지옥으로 떨어져 갈 것이다.

최상의 가장 훌륭한 '깨달음'을 얻고자 하는 부드럽고 맑고 깨끗한 중생도 있을 것이다.

나는 자신을 가지고 그들에게 유일한 법륜의 한없는 공덕을 설하리라.

이 세상의 지도자인 부처들의 가르침은 이와 같은 것이고

그들이 사용하는 교묘한 방편은 참으로 훌륭한 것이다.

의미심장한 말로 설법을 많이 하여도, 그것을 배우려고 하지 않는 자들에게는 그것은 실로 깨닫기 어려운 것이다.

따라서 세상의 스승이며 성자인 부처들의 의미심장한 방편의 설법을 잘 새겨 들으라.

의념을 버리며 의혹을 떨쳐 버리고 부처가 돼라. 그리고 그것을 기뻐하라.

譬如優曇華　　一切皆愛樂　　天人所希有　　時時乃一出
聞法歡喜讚　　乃至發一言　　即爲已供養　　一切三世佛
是人甚希有　　過於優曇華　　汝等勿有疑　　我爲諸法王
普告諸大衆　　但以一乘道　　敎化諸菩薩　　無聲聞弟子
汝等舍利弗　　聲聞及菩薩　　當知是妙法　　諸佛之秘要
以五濁惡世　　但樂著諸欲　　如是等衆生　　終不求佛道
當來世惡人　　聞佛說一乘　　迷惑不信受　　破法墮惡道
有慚愧淸淨　　志求佛道者　　當爲如是等　　廣讚一乘道
舍利弗當知　　諸佛法如是　　以萬億方便　　隨宜而說法
其不習學者　　不能曉了此　　汝等旣已知　　諸佛世之師
隨宜方便事　　無復諸疑惑　　心生大歡喜　　自知當作佛

우담발라꽃이 피면 일체가 다 즐겁지만
하늘 인간 희유하여 때가 돼야 한 번 피네.
법을 듣고 환희하며 찬탄의 말 한 번 하면
모든 삼세 부처님께 공양함이 되는거나
이런 사람 희유하여 우담발라꽃과 같네.
너희들은 의심하지 마라 나는 법의 왕으로서
대중에게 말하노니 일불승의 묘한법은
보살들을 교화하니 성문 제자 없느니라.
사리불 너희들과 성문과 보살들은
알지어다 이러한 법 여러 부처 비결이니
다섯 가지 흐린 세상 욕락에만 탐하므로
이러한 여러 중생 부처님 도 구하지 않고
오는 세상 악한 이도 일승 법문 듣게 되면
미혹하고 믿지 않아 악한 길에 빠지지만
부끄럽고 청정하여 불도를 구하는 이
마땅히 이를 위해 일승의 도 찬탄한다.

사리불아 바로 알라 여러 불법 이러하여

만억 가지 방편으로 마땅하게 설법하니

배우지 않는 이는 능히 이를 모르지만

도사이신 부처 세존 마땅하게 쓰는 방편

너희들이 이미 알고 여러 의심 다시 없어

환희하는 마음으로 성불할 줄 알지어다.

이상으로 성스러운 《올바른 가르침의 백련》이라는 경설에서 '불도를 깨우치는 방법' 제2장은 끝난다.

3. 불난 집의 비유
비유품 제3

그때 샤리 푸트라(사리불(舍利弗))가 기쁨에 겨워 벌떡 일어나, 세존을 향하여 합장 예배하고 세존을 묵묵히 우러러보며 이렇게 여쭈었다.

"세존이시여, 이렇게 친히 가르침을 받게 되어 저는 경탄스럽고 이상한 생각이 들며 동시에 너무나 기쁩니다. 그 까닭을 사뢰오면, 제가 세존으로부터 친히 이와 같은 가르침을 받지 못하였을 때, 다른 불자들을 보고 그들이 장차 '깨달음'에 이르러 부처가 된 이름을 듣고, 저는 이런 미래 지혜의 은덕을 입지 못하고, 또 여래께서 지혜를 보여 주신 것을 보지 못하였기에 매우 슬퍼 탄식하였나이다. 그리고 제가 산이나 바위의 동굴이며 숲속이나 때로는 황야나 강가, 나무 아래 한적한 곳에서 매일 기분 전환으로 몇 번 나다닐 적에도 세존이시여, 저는 항상 이런 심리 상태로 지냈나이다.

'가르침의 경지에 들어가는 것은 우리는 누구에게나 결국은 마찬가지이지만, 그럼에도 불구하고 세존께서는 뒤떨어진 법륜을 우리에게 준 것입니다.'

그리고 세존이시여, 저는 '이것은 우리의 과실이지, 세존의 과실은 아니다'라고 저는 생각하였나이다. 그것은 왜냐하면 만일 우리가 이 최상의 완전한 '깨달음'을 비롯하여 훌륭한 가르침을 설하시는 세존을 가까이에서 우러러 모실 수 있었다면 세존이시여, 저희는 그런 가르침을 완전히 이해하였을 것이 틀림없기 때문입니다.

그런데 '깨달음'을 갈망하는 불자들이 아직 있지 않았을 때, 저희는 세존의 깊고 오묘한 뜻을 가진 말씀을 이해하지 못하고, 여래께서 최초로 일러주신 가르침을 듣고 지레짐작으로 그것을 그대로 소중히 여기며 여러 가지 생각을 하였나이다. 이렇게 저는 스스로를 책망하면서 거의 밤낮을 지냈습니다. 그런데 오늘 세존에게 친히 가르침을 받들어 저는 '깨달음'의 경지에 달하였나이다. 오늘 저는 완전히 '깨달음'을 얻었나이다. 오늘 저는 진정한 아라한의 위치에 이르렀나이다. 오늘에야 저는 세존의 맏아들로 곱게 태어나 가르침을 받은 제자이며, 불도를 가르치는 몸이 되어 가르침의 유산을 상속하는 후계자가 되었나이다. 세존이시여, 저는 오늘 세존에게 친히 이처럼 일찍이 들은 적이 없는 경탄스러운 가르침을 듣고, 마음의 고통이 말끔히 가셨나이다."

그때 사리불은 다음과 같은 게송으로 세존께 아뢰었다.

妙法蓮華經譬喩品第三

爾時舍利弗 踊躍歡喜 卽起合掌 瞻仰尊顔 而白佛言 今從世尊 聞此法音 心懷踊躍 得未曾有 所以者何 我昔從佛 聞如是法 見諸菩薩 受記作佛 而我等 不預斯事 甚自感傷 失於如來 無量知見 世尊我常獨處 山林樹下 若坐若行 每作是念 我等同入法性 云何如來 以小乘法 而見濟度 是我等咎 非世尊也 所以者何 若我等 待說所因 成就阿耨多羅三藐三菩提者 必以大乘 而得度脫 然我等不 解方便 隨宜所說 初聞佛法 遇便信受 思惟取證 世尊我從 昔來 終日竟夜 每自剋責 而今從佛 聞所未聞 未曾有法 斷諸疑悔 身意泰然 快得安隱 今日乃知 眞是佛子 從佛口生 從法化生 得佛法分 爾時舍利弗 欲重宣此義 而說偈言

묘법연화경 비유품 제3

그때 사리불이 뛸듯이 기뻐하며 일어나 합장하고 부처님의 얼굴을 우러러보며 여쭈었다.

"이제 세존의 이러한 법문을 들으니 마음이 매우 기뻐 '미증유'를 얻었나이다. 왜냐하면, 제가 옛적에 부처님을 따라서 이런 법문을 들을 때, 모든 보살이 성불하리라고 수기받는 것을 보았으나, 저희는 그와 같은 일에 참여하지 못하여 스스로 슬피 한탄하기를, 여래의 한량없는 지견을 잃었다고 하였나이다.

'우리들도 법의 성품에 함께 들었는데 어찌하여 여래께서는 소승 법으로 제도하려고 하시는가' 하였더니 이것은 저희의 허물일 뿐 세존의 잘못은 아니었나이다. 왜냐하면 만일 우리들로 인하여 말씀하실 때까지 기다려 아눗타라삼약삼보디를 성취하였더라면 반드시 대승으로써 제도되고 또 해탈을 얻었을 것인데, 저희는 방편과 마땅함을 따라 말씀하시는 줄을 알지 못하고, 처음에 부처님의 법을 듣고는 곧 믿어서 증득하였다고 생각하고 있었나이다.

세존이시여, 제가 옛적부터 날이 저물고 밤이 새도록 항상 스스로를 책망하였더니, 이제 부처님께 듣지 못하던 '미증유'한 법을 듣고는 모든 의심과 뉘우침을 끊어 몸과 마음이 매우 태평하게 되었사오니, 저희는 오늘에야 부처님의 참된 아들이 되었나이다. 부처님께서 설하신 법문을 듣고 귀의하였사오며, 법을 따라서 화생하였사오며, 불법의 분한을 얻은 줄을 알았나이다.”

그때 사리불이 이 뜻을 거듭 펴려고 게송으로 말하였다.

위대한 지도자시여. 이 가르침을 듣고 저는 경탄스럽고 매우 큰 기쁨을 얻었나이다.

의혹은 말끔히 사라지고 저는 이제 가장 훌륭한 법륜을 타게 되었나이다.

부처들의 소리는 경탄할 만큼 아름답고, 불자들의 의념과 걱정을 떨쳐 버렸나이다.

그 소리를 듣고 저의 죄장(罪障)은 사라지고 우려도 말끔히 가셨나이다.

저는 매일 숲속이나 황야나 나무 밑을 돌아다니면서 기분을 풀고 또 산속 동굴에 앉아 이런 생각에 잠겼나이다.

'아아, 나는 사악한 생각에 속고 있었다. 오탁이 없는 가르침을 같이 받으면서 이 세상에서 장차 가장 훌륭한 가르침을 중생에게 설하는 일은 없을 것이다.

32길상은 나에게서 사라지고 살갗의 금빛 역시 가셔 버렸다.

힘도, 고뇌에서의 해방도, 그 모든 것을 잃게 되었다.

아아, 같은 가르침을 받았음에도 불구하고 나는 어리석었다.

부처들의 몸에 갖추어졌던 훌륭하고 경사스러운 80종의 복상(福相)도, 그리고 18종의 달리 비할 데가 없는 특질도 모두 사라졌다. 나는 속았었다.'

세상의 행복을 생각하며 자비심에 넘친 세존을 보고 나는 혼자 여기저기를 걸어다니면서

'장애가 없는 불가사의한 지혜로부터 나는 속아 떨어져 있었다'고 생각하였나

이다.

밤낮을 부처님이시여, 거의 언제나 저는 이렇게 생각하면서 지냈나이다.

어찌 되었든 세존께 묻겠나이다. "저는 '깨달음'의 길에서 벗어난 것인가요, 그렇지는 않았나이까"라고.

부처님이시여, 저는 이렇게 생각하면서 나날을 보냈나이다.

我聞是法音	得所未曾有	心懷大歡喜	疑網皆已除
昔來蒙佛敎	不失於大乘	佛音甚希有	能除衆生惱
我已得漏盡	聞亦除憂惱	我處於山谷	或在林樹下
若坐若經行	常思惟是事	嗚呼深自責	云何而自欺
我等亦佛子	同入無漏法	不能於未來	演說無上道
金色三十二	十力諸解脫	同共一法中	而不得此事
八十種妙好	十八不共法	如是等功德	而我皆已失
我獨經行時	見佛在大衆	名聞滿十方	廣饒益衆生
自惟失此利	我爲自欺誑	我常於日夜	每思惟是事
欲以問世尊	爲失爲不失	我常見世尊	稱讚諸菩薩
以是於日夜	籌量如此事		

이런 법문 내가 듣고 미증유 법 얻었으며

마음 크게 즐겁고 의심 또한 없나이다.

옛날부터 교화받아 대승법을 잃지 않고

부처 말씀 희유하사 번뇌 다시 없게 하니

나도 이미 번뇌 없어 걱정 또한 사라지네.

산골짜기 숨어서나 수풀 속을 찾아가서

앉거나 거닐 적에 항상 이 일 생각하며

나 스스로 책망하길 어찌 저를 속였는가.

저희 또한 불자로서 무루법에 들었거늘

위없는 도 미래세에 연설하지 못하는가.

금색 몸에 32상 열 가지 힘 여러 해탈

그 모두 한 가지 법 이런 일을 못 얻었고

80종 묘한 상호 18불공법(不共法)과

이와 같은 공덕들을 나는 모두 잃었는가.

대중 속에 계신 부처 거닐다가 내가 보니

시방 세계 이름 퍼져 많은 중생 이익 얻게 했거늘

나는 이익 못 얻으니 스스로 속임이다.

밤낮 없이 나는 항상 이런 일만 생각하고

잃었는가 안 잃었나 물으려 하였으나

세존께서 여러 보살 칭찬하심 내가 보고

낮이거나 밤이거나 이런 일만 생각했네.

부처님이 칭찬하신 다른 많은 보살을 보고

또 저는 이 부처님의 가르침을 듣고 "참으로, 이 가르침이야말로 깊고 오묘한 말씀이다.

부처님의 지혜는 헤아릴 수도 없고 미묘하며 오탁하지 않고

부처님이 '깨달음'의 도량에 이르도록 하는 것이다"라고.

저는 예전에 잘못된 사상에 사로잡혀 이단의 무리 가르침에 따라 출가하였나 이다.

그 뒤 저의 의도를 아신 부처님은 저를

잘못된 사상으로부터 이탈시키기 위하여 '깨달음'의 경지를 설하여 주셨나이다.

잘못된 사상 때문에 생긴 온갖 과오로부터 해방된 저는 '공허한' 가르침을 깨달아

이렇게 "저는 '깨달음'의 경지에 도달하였다"고 생각하였나이다.

그러나 진정한 '깨달음'의 경지를 깨달은 것은 아니었나이다.

"부처가 되고 최고의 인간이 되어, 인간과 신, 야차들과 용들로부터 존경을 받고, 32길상을 구비한 몸을 가지게 되었을 때,

완전한 '깨달음'의 경지에 도달한다"고 하신

부처님의 말씀을 듣고 저의 잘못된 생각은 말끔히 제거되었나이다.

신들과 세상 사람들 앞에서 가장 훌륭한 '깨달음'에 도달하리라고

예언하신 대로 저는 오늘 '깨달음'에 도달하였나이다.

이 세상의 지도자이신 부처님의 말씀을 처음 듣고 저의 놀라움은 너무나 너무나 컸나이다.

今聞佛音聲	隨宜而說法	無漏難思議	令衆至道場
我本著邪見	爲諸梵志師	世尊知我心	拔邪說涅槃
我悉除邪見	於空法得證	爾時心自謂	得至於滅度
而今乃自覺	非是實滅度	若得作佛時	具三十二相
天人夜叉衆	龍神等恭敬	是時乃可謂	永盡滅無餘
佛於大衆中	說我當作佛	聞如是法音	疑悔悉已除
初聞佛所說	心中大驚疑		

부처 말씀 들어 보니 뜻을 따라 하신 말씀

번뇌 없고 부사의라 도량으로 이끌건만

삿된 소견 잘못 들어 바라문이 되었더니

세존께서 내 맘 알고 열반 법을 말씀하거늘

나쁜 견해 다 버리고 공한 법을 증득하여

그때 내가 생각하길 열반 이제 얻었노라.

이제 와서 알고 보니 참 멸도가 아니로다.

만일 부처 이뤘으면 32상 구족하고

하늘·인간·야차 공경해야 참된 열반 얻음이라.

부처 대중 가운데서 나의 성불 수기하니

그 법문을 듣고서야 모든 의심 푸나이다.

부처 말씀 처음 듣고 마음 매우 놀랐다네.

'악마가 부처님 모습을 하고 이 세상에 나타나 나를 괴롭히는 것이 아닌가' 하

는 생각마저 하였나이다.

수많은 인연을 설하시고 이유를 설명하며, 몇천몇백만의 사례들을 보여 주심으로써 부처님의 훌륭한 '깨달음'은 확립되었나이다.

가르침을 듣고 저의 의념은 완전히 사라졌나이다.

완전한 '깨달음'의 경지에 도달한 과거 몇천만억이라는 많은 부처를 찬양하고

그 부처들이 교묘한 방편을 구사하여 가르침을 확립하고 가르침을 보여 준 것을 차례차례 들었을 때,

미래의 많은 부처, 또 현재 이 세상에 있는 부처들이 최고의 진실을 보여, 몇백의 교묘한 방편에 의하여 가르칠 것이고, 또 가르침을 보여 준다고 들었을 때,

그리고 세존께서 출가한 다음 어떻게 고행하셨으며

세존께서 어떠한 가르침의 법륜을 굴려 깨달으셨는가,

그 가르침을 어떻게 보이셨는가를 세존께서 설하셨을 때,

저는 '저것은 악마가 아니다. 세상의 비호자가 진정한 수행을 보여 준 것이다. 여기에는 악마들이 끼어들 여지가 없다'는 것을 알았나이다.

그 순간에 저희 마음에 한 가닥 두려운 생각이 생겼나이다.

그러나 세존의 부드럽고 저력 있는 아름다운 음성을 듣고 제가 마음으로 기뻐했을 때,

저의 일체 의념은 흩어져 버리고 두려운 생각은 사라졌나이다.

그리고 저는 지혜에 이르렀나이다.

신들도 사는 이 세상에서 저는 성불하여 존경을 받으리라 의심하지 않나이다.

많은 보살을 격려하여 이 부처의 '깨달음'을 깊고 미묘한 말로 교화하오리다.

將非魔作佛	惱亂我心耶	佛以種種緣	譬喩巧言說
其心安如海	我聞疑網斷	佛說過去世	無量滅度佛
安住方便中	亦皆說是法	現在未來佛	其數無有量
亦以諸方便	演說如是法	如今者世尊	從生及出家
得道轉法輪	亦以方便說	世尊說實道	波旬無此事
以是我定知	非是魔作佛	我墮疑網故	謂是魔所爲

聞佛柔軟音　　深遠甚微妙　　演暢清淨法　　我心大歡喜
疑悔永已盡　　安住實智中　　我定當作佛　　爲天人所敬
轉無上法輪　　敎化諸菩薩

부처 탈 쓴 마구니의 농락인가 하였더니
부처님의 여러 인연 비유하신 말씀 듣고
마음이 편안하고 그 의혹 없어지네.
지난 세상 부처님들 방편 속에 계시면서
이러한 법 말한다고 세존께서 말씀하며
이 세상과 오는 세상 한량없는 부처님들
여러 가지 방편으로 이러한 법 말씀하며
오늘날의 부처님도 탄생하여 출가하고
법륜 굴려 설법함에 방편으로 말하시니
세존의 참된 설법 마구니는 할 수 있나
그러므로 알았나니 그가 바로 부처인데
의심 그물 걸리어서 마구니인가 하였더니
세존 말씀 들으니 깊고 멀고 미묘하사
청정한 법 말하시니 내 마음이 기뻐하여
의심 모두 없어지고 참된 지혜 들었나니
나도 필경 성불하여 천상 인간 공경받고
무상 법륜 굴리어서 보살 교화하리다.

이와 같이 사리불이 말하자 세존께서 그에게 이르셨다.

"사리불아, 신과 악마와 제관, 사문·바라문 등을 포함한 세상 사람들이 보는 앞에서 나는 네가 이십천만억의 부처님들 밑에서, 더없이 완전한 '깨달음'에 도달할 수 있도록 교화를 다 하였다고 선언하노라. 사리불아, 너는 오랫동안 내 제자였다. 너는 전세에서 보살로서의 계획에 의하여 또 보살의 신비에 의하여 이승에서 나의 설법에 접근하였다. 그런데 너는 부처님의 불가사의한 위력에 의해 전세에서의 수행과 서원을 잊고, 전세에서 보살로서의 계획도 또 보살로서의 신비도 회상하지 않고 '나는 깨달음의 경지에 도달하였다'고 생각하였던 것이다.

그래서 사리불아, 나는 너에게 전세에서의 수행과 서원을 회상시켜 지혜를 깨치도록 하고자, 이 《올바른 가르침의 백련》이라는 경설을, 즉 보살을 훈계하고 온갖 부처님의 재산인 대승불교의 가르침을 자세히 설한 최고의 경전을 성문들을 위하여 밝혀 설한 것이다.

爾時佛 告舍利弗 吾今於天人 沙門 婆羅門等 大衆中說 我昔曾於 二萬億佛所 爲無上道故 常敎化汝 汝亦長夜 隨我受學 我以方便 引導汝故 生我法中 舍利弗 我昔敎汝 志願佛道 汝今悉忘 而便自謂 已得滅度 我今還欲 令汝憶念 本願所行道故 爲諸聲聞 說是大乘經 名妙法蓮華 敎菩薩法 佛所護念.

그때 부처님께서 사리불에게 말씀하시었다.

"내가 이제 천인·사문·바라문 대중들 가운데서 말하노라. 내가 옛날 2만억 부처님 계신 데서 위없는 도를 위하여 너를 교화하였고, 너도 또한 오랜 세월을 두고 나를 따라 배웠으니, 내가 방편으로써 너를 인도하였으므로 내 법 가운데 나게 되었느니라.

사리불아, 예전에 내가 너를 가르쳐 부처님의 도에 뜻을 두게 하였는데 네가 지금 잊어버리고 스스로 생각하기를 이미 멸도를 얻었노라 하기에, 내가 이제 너로 하여금 본래 원하고 행하던 도를 기억하게 하기 위하여 성문들에게 이 대승경을 말하노니, 이름이 《묘법연화경》이며, 보살을 교화하는 법이며, 부처님께서 보호하고 생각하시는 바니라.

그리고 또 샤리 푸트라(사리불)여, 헤아릴 수도 생각할 수도 없을 만큼 몇억 몇천만 겁의 미래에서, 너는 몇천만억이라는 수많은 여래의 올바른 가르침을 믿고 받들어 갖가지 공양하고, 보살로서의 수행을 마쳐 파드마 프라바(화광(華光))라는 완전히 '깨달음'에 도달한 아라한이 되어 이 세상에 태어날 것이다. 그리고 완전한 학식과 훌륭한 소행을 갖추고 더없는 행복에 이르며, 가장 세상을 잘 알고 인간을 훈련하는 조교사(調敎師)이자 신들과 인간의 교사이고 부처이면서 세존이 될 것이다.

게다가 또 사리불이여, 그때 파드마 프라바여래의 비라쟈(이구(離垢))라는 부처 나라가 생길 것이다. 이 청정한 국토는 평탄하고 초목이 무성하며 산수가 맑고 아름다울 뿐만 아니라, 평온하고 부유하며 먹을 것이 넉넉하고 살기 좋은 곳이다. 여기에는 많은 남녀의 무리가 넘치고, 신들도 넘치며, 대지는 유리로 만들어졌으며 황금실은 여덟 꽃잎을 연결할 것이니라. 그리고 이들 여덟 꽃잎에는 칠보로 만든 꽃과 과실이 항상 열려 있는 보옥(寶玉) 같은 수목이 나오게 될 것이다.

사리불아, 파드마 프라바여래도 세 가지 법륜에 관한 가르침을 설할 것이다. 그리고 사리불아, 이 부처님이 출현하는 겁은 마하 라트나 프라티만디타(대보장엄(大寶莊嚴))라고 부르게 될 것이다. 너는 어떻게 생각하느냐, 사리불아. 왜 마하 라트나 프라티만디타라고 부르는가 하면, 그 부처 나라에서는 '깨달음'을 구하여 수행하는 보살을 보옥이라고 하기 때문이다.

舍利弗 汝於未來世 過無量無邊 不可思議劫 供養若干 千萬億佛 奉持正法 具足菩薩 所行之道 當得作佛 號曰華光 如來 應供 正遍知 明行足 善逝 世間解 無上士 調御丈夫 天人師 佛 世尊 國名離垢 其土平正 淸淨嚴飾 安隱豊樂 天人熾盛 琉璃爲地 有八交道 黃金爲繩 以界其側 其傍 各有七寶行樹 常有華果 華光如來 亦以三乘 敎化衆生 舍利 弗 彼佛出時 雖非惡世 以本願故 說三乘法 其劫名大寶莊嚴 何故名曰 大寶莊嚴 其國 中 以菩薩 爲大寶故

사리불아, 너는 오는 세상에 한량없고 가없는 불가사의 겁을 지내면서, 여러 천만 억 부처님께 공양하고 바른 법을 받들며, 보살이 행할 도를 구족하여 마땅히 부처가 되리니, 명호는 화광(華光)여래·응공·정변지·명행족·선서·세간해·무상사·조어장부·천인사·불세존이라 할 것이며, 그 세계의 이름은 이구(離垢)니, 땅이 평평하고 반듯하며, 깨끗하고 장엄하며, 태평하고 풍성하며, 천인과 사람들이 치성하여 유리로 땅이 되고, 팔방으로 뻗어나간 길은 황금으로 줄을 꼬아 드리웠으며, 그 길 곁에는 칠보로 된 가로수가 있어 항상 꽃과 열매가 무성하며, 화광여래께서도 또한 삼승으로써 중생을 교화하리라.

사리불아, 그 부처님께서 출현하신 때가 비록 나쁜 세상은 아니지만, 본래부터 원하던 인연으로 삼승법을 말하느니라. 그 겁의 이름은 대보장엄(大寶莊嚴)이니, 왜 이렇게 이름하는가 하면 그 나라에는 보살로써 큰 보배를 삼기 때문이다.

그때 뷔라쟈(이구) 세계에는 가르치는 것도 헤아리는 것도 다른 곳과 비교할 수 없을 정도로 많은 보살이 있을 것이다. 그러나 여래가 계산하지 않으면 그 수는 알 수 없을 것이다. 그런 까닭에 그 여래가 출현하는 겁은 마하 라트나 프라티만디타(대보장엄)라고 부르게 되는 것이다. 그리고 또 사리불아, 그때 이 부처 나라에 있는 대부분의 보살은 보옥의 연화 위를 돌아다니게 될 것이다. 더구나 그들은 초심의 미경험자가 아니라, 오랫동안에 걸쳐 공덕을 쌓고 몇십만이라는 부처들 밑에서 수행을 닦아 여래에게 칭찬을 받고, 부처의 지혜를 얻고자 전념하여 부처의 위대한 신통력에 의하여 탄생하였기에 모든 가르침의 방법에 통달하고 온화하며 전세를 기억하고 있는 것이다. 사리불아, 그 부처 나라에는 이와 같은 보살들이 가득 차서 넘칠 것이다.

게다가 또 사리불아, 파드마 프라바(화광)여래의 수명은 태자였을 때를 제외하고 12소겁일 것이다. 그리고 그 부처 나라에 있는 사람들 수명은 8소겁이 될 것이다. 그리고 그 파드마 프라바여래는 12소겁이 지나갔을 때, 드리티 파리푸르나(견만(堅滿))라고 하는 위대한 뜻을 가진 보살의 출현을 예언하고 입적하게 될 것이다.

彼諸菩薩 無量無邊 不可思議 算數譬喻 所不能及 非佛智力 無能知者 若欲行時 寶華承足 此諸菩薩 非初發意 皆久植德本 於無量百千萬億佛所 淨修梵行 恒爲諸佛 之所稱歎 常修佛慧 具大神通 善知一切諸法之門 質直無僞 志念堅固 如是菩薩 充滿其國 舍利弗 華光佛壽 十二小劫 除爲王子 未作佛時 其國人民 壽八小劫 華光如來 過十二小劫 授堅滿菩薩 阿耨多羅三藐三菩提記 告諸比丘.

그 많은 보살은 한량없고 가없고 헤아릴 수 없으며, 숫자로나 비유로도 미칠 수가 없나니, 부처님의 지혜가 아니고는 알 사람이 없느니라. 보행할 적에는 보배로운 꽃이 발을 받드나니, 이 보살들은 처음으로 발심한 사람들이 아니고, 오랜 옛적부터 덕의 근본을 심었으며, 한량없는 백천만억 부처님 계신 데서 범행을 깨끗하게 닦았으므로, 여러 부처님께서 칭찬하시던 바이며, 항상 부처님의 지혜를 닦았고 큰 신통을 구족하여, 모든 법에 들어가는 문을 잘 알며, 참되고 거짓이 없으며, 의지력이 견고하였으니, 이런 보살들이 그 나라에 가득하니라.

사리불아, 화광 부처님의 수명은 12소겁이나 왕자로서 성불하기 전은 제외하느니라. 또 그 나라 백성의 수명은 8소겁이니라. 화광여래께서 12소겁을 지내고는 견만(堅滿) 보살에게 아눗타라삼약삼보디의 수기를 주면서 비구들에게 말씀하셨느니라.

비구들이여, 이 위대한 뜻을 가진 보살 드리티 파리푸르나(견만)는 내 뒤를 이어 이 이상 더없는 완전한 '깨달음'을 이룰 것이니라. 그리고 그는 파드마 뷔리샤바 뷔크라민(화족안행(華足安行))이라는 여래가 되어 이 세상에 태어날 것이다. 그 분은 완전한 학식과 훌륭한 소행을 구비하고 세상을 잘 아는 그 이상 없는 분이시며, 사람을 잘 다스리는 분이시며, 신들과 인간의 스승이시며, 부처요 세존이 될 것이다.

사리불아, 이 파드마 뷔리샤바 뷔크라민여래에게도, 앞에서 말한 것같이 부처 나라가 있을 것이다.

그런데 사리불아, 그 파드마 프라바(화광)여래가 입적한 다음에는 32소겁 동안 올바른 가르침이 존속할 것이다. 더욱이 그의 올바른 가르침이 스러질 때 32소겁 동안, 정법(正法)을 모방할 가르침이 존속할 것이다."

그러고 나서 세존께서 이 뜻을 펴시려고 게송으로 다음과 같이 말씀하시었다.

사리불아, 너도 역시 미래에는
이 세상에서 파드마 프라바라는 여래가 될 것이다.
이 부처는 두루 세상을 살피어 몇백억의 중생을 제도할 것이다.
너는 몇천만의 부처를 우러러 공경하고 그것으로써 수행의 힘을 얻어
또 열 가지의 힘이 생겨 더없이 훌륭한 '깨달음'에 도이를 것이다.
생각할 수도 헤아릴 수도 없을 만큼의 겁이 지나갔을 때,
프라브타 라트나(대보엄(大寶嚴))라는 겁이 올 것이다.

是堅滿菩薩 次當作佛 號曰華足安行 多陀阿伽度 阿羅詞 三藐三佛陀 其佛國土 亦復

如是 舍利弗 是華光佛 滅度之後 正法住世 三十二小劫 像法住世 亦三十二小劫 爾時世

尊 欲重宣此義 而說偈言

舍利弗來世　　成佛普智尊　　號名曰華光　　當度無量衆

供養無數佛　　具足菩薩行　　十力等功德　　證於無上道

過無量劫已　　劫名大寶嚴

'이 견만보살이 다음에 부처를 이룰지니 그 명호는 '화족안행(華足安行) 다타아가도 아라하 삼약삼부타'라 하며, 그 부처님의 국토도 또한 이와 같으리라' 하셨느니라. 사리불아, 이 화광 부처님이 멸도한 뒤에도 정법(正法)이 세상에 머물기는 32소겁이며, 상법(像法)도 또한 32소겁을 머무르리라."

그때 세존께서 이 뜻을 거듭 펴시려고 게송으로 말씀하시었다.

사리불아, 오는 세상 성불하실 높은 세존
그 명호 화광여래 무량 중생 제도하리.
많은 부처 공양하며 보살행과 열 가지 힘
모든 공덕 구족하여 위없는 도 증하리라.
무량한 겁 지낸 뒤에 그 겁은 대보장엄

그때가 되면 또 부처의 청정한 국토로서 뷔라쟈(이구(離垢))라는 세계가 이루어질 것이다.

그 나라의 대지에는 유리가 깔리고 또 황금실로 장식이 되어 있다.

항상 과일이 열리고 꽃이 만발한 보옥으로 만들어진 몇백 그루의 나무가 자라나 있다.

거기에는 전세에 대한 회상으로 갖가지 수행의 완성에 뛰어난 보살이 많이 있다.

그들은 몇백의 부처들 밑에서 수행을 익혀 그 국토에 태어날 것이다.

그리고 그 부처는 최후의 몸이 되었을 때 왕자의 경우를 지내고 애욕을 버리고 출가하여 더없이 훌륭한 '깨달음'에 달할 것이다.

그때 이 부처의 수명은 모두 똑같이 12소겁일 것이다.

거기에서의 중생들 수명은 8소겁일 것이다.

이 부처가 입적하고 나서 32소겁이 다 차는 동안

신들과 세상 사람들의 행복을 위하여 그때 올바른 가르침(정법)이 존속할 것이다.

정법이 다한 뒤에 모방의 가르침이 32소겁 동안 존속할 것이다.

그 성자의 사리는 사방으로 분산되어 인간과 천신들에게 항상 공경받을 것이다.

그 세존은 이와 같이 될 것이다. 사리불아,

너야말로 이와 같은 부처가 되어 달리 비길 데 없는 성자가 될 것이다.

世界名離垢	淸淨無瑕穢	以瑠璃爲地	金繩界其道
七寶雜色樹	常有華果實	彼國諸菩薩	志念常堅固
神通波羅蜜	皆已悉具足	於無數佛所	善學菩薩道
如是等大士	華光佛所化	佛爲王子時	棄國捨世榮
於最末後身	出家成佛道	華光佛住世	壽十二小劫
其國人民衆	壽命八小劫	佛滅度之後	正法住於世
三十二小劫	廣度諸衆生	正法滅盡已	像法三十二
舍利廣流布	天人普供養	華光佛所爲	其事皆如是
其兩足聖尊	最勝無倫匹	彼卽是汝身	宜應自欣慶

세계 이름 이구이니 청정하고 때 없으며

유리로 땅이 되고 황금줄을 길게 늘여

칠보로 된 가로수엔 꽃과 열매 만발하고

그 세계 보살들은 뜻과 바람 견고하며

큰 신통 바라밀다 모두 다 구족하며

무수한 부처님께 보살도를 잘 배우니

이러한 대사들을 화광여래 교화했네.

왕자로 태어나서 그 영화를 다 버리고

최후의 몸 받은 뒤에 출가하여 성불하네.

화광불의 세간 수명 길고 긴 12소겁

그 나라의 인민들은 8소겁 수명이라.

그 부처님 멸도 후에 정법이 머물기는

32소겁이니 중생들을 제도하고

그 정법 끝난 뒤엔 상법 또한 32겁

사리가 유포되어 하늘 인간 공양하리.

화광불의 이러한 일 훌륭하기 짝 없으니

그가 곧 네 몸이라 마음에 기뻐하라.

그때 비구·비구니·우바새·우바이 네 종류의 법회 대중도, 하늘·용 등 신들도, 사리불이 더없이 완전한 '깨달음'에 이를 것이라는 예언을 세존에게 직접 듣고 크게 기뻐 만족하여, 제각기 입었던 옷을 세존에게 보시하였다. 또 신들의 제왕인 제석천왕도, 사바 세계의 주인인 범천왕도, 또 그밖에 몇천만 억의 천자(天子)들도 세존에게 천상의 옷을 보시하였다. 또 그들은 천상의 만다라꽃과 마하 만다라꽃을 흩뿌리고, 또 천상의 옷을 하늘 높이 휘날리며 몇십만의 천상 악기를 하늘 높이 울렸다. 그리고 꽃비를 크게 내리게 하여 이렇게 말하였다.

"일찍이 세존께서 바라나시의 무리가 다바(녹야원(鹿野苑))에서 처음으로 법륜을 굴리셨는데, 이제 다시 세존이 더욱 위없는 법륜을 굴리시네."

그리고 그들 천자들은 그다음을 게송으로 말하였다.

爾時四部衆 比丘 比丘尼 優婆塞 優婆夷 天 龍 夜叉 乾闥婆 阿修羅 迦樓羅 緊那羅 摩睺羅加等大衆 見舍利弗 於佛前受 阿耨多羅三藐三菩提記 心大歡喜 踊躍無量 各各 脫身 所著上衣 以供養佛 釋提桓因 梵天王等 與無數天子 亦以天妙衣 天曼陀羅華 摩 訶曼陀羅華等 供養於佛 所散天衣 住虛空中 而自廻轉 諸天伎樂百千萬種 於虛空中 一 時俱作 雨衆天華 而作是言 佛昔於波羅奈 初轉法輪 今乃復轉 無上最大法輪 爾時 諸

天子 欲重宣此義 而說偈言

그때 4부 대중인 비구·비구니·우바새·우바이와 하늘·용·야차·건달바·아수라·가루라·긴나라·마후라가 등의 모든 대중은, 사리불이 부처님 앞에서 아눗타라삼약삼보디의 수기를 받은 것을 보고 그 마음이 환희하여, 제각기 몸에 입었던 훌륭한 옷을 벗어 부처님께 공양하였으며, 석제환인과 범천왕들도 무수한 천자들과 함께 하늘의 기묘한 옷과 만다라꽃과 마하만다라꽃들을 부처님께 흩어 공양하니, 그 하늘 옷이 허공에 머물러서 빙글빙글 돌아가고 있었다. 그리고 하늘에서는 백천만 가지의 풍악이 일시에 울려 퍼지고, 하늘꽃이 비 오듯 내리더니, 이런 소리가 허공에서 들리었다.

"부처님께서 옛날 바라나에서 처음으로 법바퀴를 굴리시더니, 지금 또 위없는 큰 법륜을 굴리시도다."

이때 여러 천자가 이 뜻을 거듭 펴려고 게송으로 말하였다.

이 세상에 유례없는 분이시여, 세존께서는 가르침의 법륜을 굴리셨나이다. 바라나시에서 위대하신 용사여, 세존은 오온(五蘊)의 생기와 멸망을 설하셨나이다.

그곳에서 처음으로 굴리신 법륜을, 지도자이시여, 세존께서는 여기에서 다시 굴리셨나이다. 믿지 않은 자들을 위하여 오늘 세존께서는 가르침을 보여주셨나이다. 지도자이시여.

예로부터 저희는 세존의 말씀 자주 들었사오나

일찍이 이와 같이 깊고 오묘한 법문은 듣지 못하였나이다.

위대한 용사이시여, 저희는 위대하고 성스러운 부처님들의 깊고 미묘한 설법을 기뻐하나이다.

예를 들면 의연하고 귀한 사리불에게 예언하신 것처럼

저희도 이 세상에서 그처럼 더없이 고귀한 부처가 되어

깊고 미묘한 말씀에 따라 최고의 부처로서 '깨달음'을 가르쳐 보이고자 하나이다.

이 세상에서도 그리고 전생에서도 저희가 듣고 행한 것이

또 부처님을 만족시켜 드린 것이 저희의 성불 서원에 도움이 되었으면 하나

이다.

昔於波羅奈	轉四諦法輪	分別說諸法	五衆之生滅
今復轉最妙	無上大法輪	是法甚深奧	少有能信者
我等從昔來	數聞世尊說	未曾聞如是	深妙之上法
世尊說是法	我等皆隨喜	大智舍利弗	今得受尊記
我等亦如是	必當得作佛	於一切世間	最尊無有上
佛道叵思議	方便隨宜說	我所有福業	今世若過世
及見佛功德	盡廻向佛道		

옛날 옛적 바라나에서 4제 법륜 굴리어
5음으로 생멸하는 모든 법을 말하더니
위없이 큰 법륜을 이제 다시 굴리시니
깊고 깊은 미묘한 법 믿을 이가 없나이다.
저희가 옛날부터 그 법 많이 들었지만
미묘한 이런 법은 내 아직 못 듣더니
오늘 이 법 말씀하니 우리들도 따라 기뻐
지혜 큰 사리불이 수기를 받사오니
저희도 그와 같이 오는 세상 성불하여
세간에는 높고 높은 세존이 되오리다.
부사의한 부처님 도 근기 따라 말씀하니
내가 지은 복덕과 금세나 지난 세상
부처님 찾아뵙고 갖추어 쌓은 공덕
미묘하고 큰 불도에 마음 다해 회향하리.

그러자 사리불이 세존께 이와 같이 아뢰었다.

"세존이시여, 제가 세존으로부터 친히, 제가 더없이 완전한 '깨달음'에 도달하리라는 예언을 듣고, 저의 의혹은 없어지고 의념이 모두 사라졌나이다.

그러나 일찍이 세존께서 보살의 자리에 있게 하신 자제력이 있는 1천2백 명의 제자들은, '비구들아, 나의 가르침은 생·로·병·사의 괴로움을 넘어, '깨달음'의 경지에 도달시키는 것이 최후의 목적이니라'라고 일깨워 주시고 또 이와 같이 교화되어 왔나이다.

그리고 세존이시여, 세존의 제자인 2천 명의 비구들은 수행 중인 자이든, 수행을 마친 자이든, 모두 자아에 관한 잘못된 사견이나 존재에 관한 사견과 세계의 파멸에 관한 사견 등 일체의 사견을 떠나 '깨달음'의 경지에 이르렀다(성불)고 스스로 생각하고 있었나이다. 그들은 세존으로부터 직접 이처럼 아직껏 일찍이 들은 적이 없는 가르침을 듣고 모두 의혹에 빠져 있나이다. 그러므로 세존께서는 이런 비구들의 마음에 혼란을 없애 주시고, 또 이런 네 종류의 회중에게 의념이나 곤혹을 느끼지 않도록 잘 타일러 주소서."

이와 같이 사리불이 말씀드리자 세존께서 이렇게 이르셨다.

"사리불아, 내가 일찍이 말하지 않았느냐. '완전한 '깨달음'에 도달한 여래는 갖가지 의향을 가지고 다양한 욕망을 가진 사람들의 마음을 알아, 여러 가지를 부연하고 해설하여 갖가지 인연과 이유를 들고, 또 기본적인 사고방식을 설명하는 교묘한 방편을 구사하여 가르침을 설한다'고 하지 않았느냐. 그리고 또 '여래는 이 이상 없는 완전한 '깨달음'에 관하여, 모든 가르침을 설함으로써 보살의 법륜이야말로 따라야 하는 것임을 권한다'고 하지 않았느냐. 그리고 사리불아, 그 의의를 더 잘 알도록 너에게 비유를 들어 말하리라. 그것은 왜 그런가 하면, 이해력이 뛰어난 사람은 한 번만 비유하여 말해도 곧 그 의의를 깨닫기 때문이다.

爾時舍利弗 白佛言世尊 我今無復疑悔 親於佛前 得受阿耨多羅三藐三菩提記 是諸 千二百 心自在者 昔住學地 佛常敎化言 我法能離 生老病死 究竟涅槃 是學無學人 亦各 自已離我見 及有無見等 謂得涅槃 而今於世尊前 聞所未聞 皆墮疑惑 善哉世尊 願爲四 衆 說其因緣 令離疑悔 爾時 佛告舍利弗 我先不言 諸佛世尊 以種種因緣 譬喩言辭 方 便說法 皆爲阿耨多羅三藐三菩提耶 是諸所說 皆爲化菩薩故 然舍利弗 今當復以譬喩 更明此義 諸有智者 以譬喩得解.

그때 사리불이 부처님께 여쭈었다.

"세존이시여, 저는 이제 다시 의심이 없사와 부처님 앞에서 친히 아뇩타라삼약삼보디의 수기를 받았거니와, 여기 마음이 자재한 1천2백 사람들이 옛날 배우는 자리를 '나의 법은 나고 늙고 병들고 죽는 것을 능히 여의고 필경에는 열반에 드느니라' 하시므로, 배우는 이와 다 배운 이들도 각각 '나'라는 소견과 '있다' '없다' 하는 소견 따위를 없애고 스스로 열반을 얻었다고 생각하더니, 지금 세존 앞에서 전에 듣지 못하던 법을 듣고는 모두 의혹에 떨어져 있나이다.

거룩하신 세존이시여, 원하옵건대 4부 대중을 위하여 그 인연을 말씀하여 의심을 풀도록 하옵소서."

그때 부처님께서는 사리불에게 말씀하시었다.

"내가 먼저 말하지 않더냐. 부처님 세존은 가지가지의 인연과 비유와 이야기와 방편으로 설하는 것이 모두 아뇩타라삼약삼보디를 위하는 것이라 하지 아니하였느냐. 이와 같이 말한 것은 모두 보살을 위하기 때문이니라. 그러나 사리불아, 내 이제 다시 비유를 들어 이 뜻을 분명하게 말하리니, 지혜 있는 사람들은 이 비유로써 이해할 수 있느니라.

예를 들어 사리불아, 어느 마을, 어느 도읍, 어느 지역, 어느 왕도, 어디라도 좋다. 그곳에 늙어서 쇠약하지만 그래도 부유하여 많은 재산을 가진 고령의 장자가 있었다고 하자. 그의 집은 크고 높은 데다가 넓기는 하지만 오래전에 지은 집이기 때문에 처마가 기울어져 있었다. 게다가 2백에서 3백 명 또는 4백에서 5백 명이나 되는 대단히 많은 사람이 그 집에서 살았다고 하자. 그런데 그 집에는 문이 하나밖에 없었다 하자. 초가지붕이었다고 하자. 그래서 섬돌은 처지고 기둥뿌리가 썩어 흙벽이 허물어져 내린다고 하자. 그 집에 별안간 사방에서 큰불이 일어나 집 전체가 불에 휩싸였다고 하자. 이 사람에게는 다섯 내지 열 명 또는 스무 명이나 되는 많은 자식이 있었다고 하자. 그리고 이 사람은 무사히 집 밖으로 피했다고 하자.

그러나 사리불아, 이 사람은 자기 집 여기저기가 화염에 싸인 것을 보고 놀라고 당황하여 무서운 나머지 몸을 부르르 떨었다고 하자. 그리고 '나는 비록 불타는 집에서 화상만 조금 입고 재빨리 안전하게 나왔으나, 내 어린 자식들은 불타는 집 안에서 장난감 놀이에 정신이 팔려 킥킥거리고 있을 것이다. 이 집이 불타고 있는 줄도 모르고, 그것을 깨닫지도 못하고, 아무것도 몰라 당황하지도 않는다. 큰불이 일어나 엄청난 불행을 겪고 있음에도 불구하고, 마음의 고통을 느끼지도 않는다. 따라서 집에서 나오려는 생각조차 하지 않는다'고 생각하였다 하자.

舍利弗 若國邑聚落 有大長者 其年衰邁 財富無量 多有田宅 及諸僮僕 其家廣大 唯有一門 多諸人衆 一百二百 乃至五百人 止住其中 堂閣朽故 牆壁隤落 柱根腐敗 梁棟傾危 周币俱時 欻然火起 焚燒舍宅 長者諸子 若十二十 或至三十 在此宅中 長者見是大火 從四面起 卽大驚怖 而作是念 我雖能於此 所燒之門 安隱得出 而諸子等 於火宅內 樂著嬉戲 不覺不知 不驚不怖 火來逼身 苦痛切己 心不厭患 無求出意.

사리불아, 옛날 옛적에 어느 나라의 한 마을에 큰 장자가 살았느니라. 그는 매우 늙었으나 재산이 한량없으며, 논밭이며 가옥이며 그리고 하인들도 대단히 많았느니라. 그런데 그의 집은 매우 크고 넓었으나, 대문은 꼭 하나뿐이었고 그 안에 백 명, 2백 명 내지 5백 명의 사람들이 함께 살고 있었느니라.

그 집은 모두 낡아서 벽과 담은 무너지고 기둥뿌리는 썩었으며, 대들보는 기울어져 위태롭게 생겼는데 갑자기 사방에서 불이 일어나 집들이 한창 타고 있었느니라. 그때 그 집안에는 10명, 20명 혹은 30명이나 되는 장자의 여러 아들이 있었고, 장자는 사면에서 큰불이 일어나는 것을 보고는 매우 놀라 이렇게 생각하였느니라.

'나는 비록 이 불난 집에서 무사히 나왔지만, 여러 아이가 이 불타는 집에서 장난하고 노느라고, 깨닫지도 못하고 알지도 못하고 놀라지도 않고 두려워하지도 않으며, 불이 곧 몸에 닿아서 그 고통을 한없이 받으련만, 걱정하는 마음도 없고 나오려는 생각도 못 하는구나!'

사리불아, 이 장자는 기운이 좋고 손에 힘이 있었다고 하자, 그는 '나는 기력이 세고 팔 힘도 좋다. 그러므로 나는 아이들을 모두 한꺼번에 겨드랑이에 끼고, 이 집에서 구출하리라'고 생각하였다 하자. 그러나 그는 이렇게 마음을 고쳐먹었다고 하자.

'이 집은 문이 하나밖에 없고, 또 닫혀 있다. 게다가 아이들은 생각이 없이 놀이에만 정신이 팔려 어리석게 뛰어다니고 있지 않겠는가. 그래서 이 화마 때문에 불타 죽을지도 모른다. 그러므로 나는 아이들에게 빨리 나오지 않으면 죽는다고 겁이 나도록 하자.'

이렇게 생각하여 아이들에게 '이 녀석들아, 어서 빨리 이리 나오너라. 이 집은 큰불이 나서 무섭게 타고 있다. 모두 불에 타 죽지 않도록 해야 한다. 그렇지 않으면 죽고 말 것이다'라고 아버지는 애타게 부르짖었다. 그러나 그의 자식들은 아버지의 간절한 말을 알아듣지 못하고 따라서 두려워하지도 않고 당황하여 떠들지도 않고 아무 생각도 없이 불이 얼마나 무서운 것인지도 모르고 저마다 다른 곳으로 흩어져 뛰어다니며 아버지를 거듭 쳐다볼 뿐이었다. 그것은 왜냐하면 아이들이 너무 어리기 때문이었다.

舍利弗 是長者 作是思惟 我身手有力 當以衣裓 若以机案 從舍出之 復更思惟 是舍唯有一門 而復狹小 諸子幼稚 未有所識 戀著戲處 或當墮落 爲火所燒 我當爲說 怖畏之事 此舍已燒 宜時疾出 無令爲火 之所燒害 作是念已 如所思惟 具告諸子 汝等速出 父雖憐愍 善言誘喩 而諸子等 樂著嬉戲 不肯信受 不驚不畏 了無出心 亦復不知 何者是火 何者爲舍 云何爲失 但東西走戲 視父而已.

사리불아, 장자는 또 이렇게 생각하였느니라. '나는 기운이 세니 옷 담는 상자나 책궤 따위에 담아 들고 나오리라' 하였다가 다시 생각하기를 '이 집의 문은 단 하나뿐으로 매우 좁아서, 소견 없고 장난을 좋아하는 어린 것들이 혹 땅에 넘어져 불에 타지나 않을까. 그러므로 내가 그 어린 것들한테 이 집이 한창 불타고 있어 무섭다는 말을 일러주고, 지금 빨리 뛰어나오지 아니하면 불에 타죽는다고 하리라.' 이와 같이 생각한 장자는 그 여러 자식한테 빨리 나오라고 소리쳤다. 아버지는 애가 타서 좋은 말로 타이르고 달래었지만 그 어린 자식들은 장난에만 정신이 팔려서 믿지도 아니하고 놀라지도 아니하고 두려워하지도 아니하여, 나오려는 마음이 전혀 없으며, 또 불이 어떤 것이며 집은 어떤 것이며 무엇이 어떻게 잘못되어 가는지도 모르고 다만 동서로 내달리고 놀면서 아버지를 바라보기만 할 뿐이었느니라.

그래서 장자는 이렇게 생각하게 될 것이다.

'이 집은 큰불 때문에 불길이 한창 번져 가고 있다. 나는 이 어린 것들을 어떻게든 여기에서 불에 타 죽지 않도록 해야겠다. 그러므로 그럴듯한 방편을 써서 내 자식들을 이 집에서 나오도록 하자.'

장자는 아이들이 전부터 가지고 싶어 하는 장난감이 무엇인가를 알고 있었다고 하자. 그리고 이 아이들에게는 여러 종류의 장난감이 많이 있었다고 하자. 또 아이들이 몹시 갖고 싶어 하지만 구하기 힘든 기이한 장난감이 여러 가지 있었다고 하자. 그래서 장자는 아이들의 소망을 알고 있기 때문에 자식들에게 이렇게 말하였다.

'얘들아, 너희들이 좋아하는 멋진 장난감이 있단다. 전에 구하지 못하여 너희들이 갖고 싶어 하던 귀한 장난감이야. 빛깔도 여러 가지고 종류도 많아. 이를테면 소가 끄는 수레랑 산양의 수레, 사슴의 수레도 있단다. 너희가 가지고 싶어서 소중하게 여기던 장난감을 모두 너희가 밖에서 가지고 놀도록 우리 집 대문 밖에 놓아두었다. 어서 이리 나오너라. 집에서 빨리 뛰어나와. 너희가 가지고 싶은 것을 무엇이든지 하나씩 줄 테니까. 빨리 나오너라, 이리로. 장난감을 가지러 달려와.'

그러자 아이들은 예전부터 가지고 싶어 하던, 또 늘 소중히 하던 장난감의 이름을 듣고 그 불타는 집에서 금세 뛰어나왔다. 모두 서로 뒤돌아보지도 않고 힘차게 '누가 일등이야? 누가 맨 먼저 나왔지?' 하면서 서로 앞다투어 그 불타는 집에서 뛰어나온 것이다.

爾時長者 卽作是念 此舍已爲 大火所燒 我及諸子 若不時出 必爲所焚 我今當設方便 令諸子等 得免斯害 父知諸子 先心各有所好 種種珍玩 奇異之物 情必樂著 而告之言 汝等所可玩好 希有難得 汝若不取 後必憂悔 如此種種 羊車 鹿車 牛車 今在門外 可以 遊戲 汝等於此火宅 宜速出來 隨汝所欲 皆當與汝 爾時諸子 聞父所說 珍玩之物 適其 願故 心各勇銳 互相推排 競共馳走 爭出火宅.

그때 장자는 이런 생각을 또 하였다. '이 집은 벌써 맹렬한 불길에 싸여 타고 있으니, 저 자식들이 지금 나오지 아니하면 반드시 불에 타게 되리라. 내 이제 방편과 수단으로 자식들로 하여금 이 화재를 면하게 하리라.'

그 아버지는 여러 자식이 장난감을 좋아하는 줄을 미리 잘 알기 때문에, 가지가지 기이한 장난감을 보면 반드시 기뻐하리라 생각하고 아이들에게 말하기를 '너희들이 좋아하고 갖고 싶은 희유하고 얻기 어려운 장난감이 있는데, 지금 너희들이 가지지 아니하면 이 뒤에 반드시 후회하리라. 여러 가지 양이 끄는 수레, 사슴이 끄는 수레, 소가 끄는 수레들이 지금 대문 밖에 있으니, 너희들이 이 불타는 집에서 빨리 나와 가져라. 너희들이 달라는 대로 나누어 주겠노라.'

그때 여러 자식은 아버지가 말하는 장난감이 마음에 들었으므로 기뻐하며 서로 밀치면서 그 불붙은 집에서 뛰쳐나왔느니라.

이렇게 하여 장자는 그의 자식들이 무사히 밖으로 나온 것을 보고 '이제는 걱정이 없다' 생각하고, 마을 한가운데에 있는 네거리 광장에 나와 안심이 되어 기뻐했다고 하자.

곧이어 그의 자식들이 아버지 가까이로 와서 이렇게 말할 것이다.

'아빠, 우리가 좋아하는 여러 가지 장난감을 주세요. 소가 끄는 수레 같은 것 말이에요.'

그래서 사리불아, 그 장자는 자기의 자식들에게 바람같이 빨리 달리는 소의 수레를 주었다고 하자. 칠보로 만든 난간이 있고, 작은 방울이 달린 그물을 드리우고, 높이 솟은, 세상에서도 진귀한 보물로 장식되어 보옥의 고리가 달리고, 화환(花環)으로 장식하여 면포(綿布)와 모포 시트를 깐 침대가 있고, 고급 천을 씌운 붉은색 이불이 양쪽에 있는, 발 빠른 하얀 소가 이끄는 수레, 여러 사람이 그 재갈을 잡고 깃대를 세운 수레 말이다. 바람처럼 빨리 달리는 같은 색깔의 소가 끄는 수레를 자식들에게 하나씩 줄 것이다. 그것은 왜냐하면 그 사람이 워낙 부자여서 곳간에 많은 것을 소유하고 있기 때문이다.

그는 이렇게 생각할 것이다.

是時長者 見諸子等 安隱得出 皆於四衢道中 露地而坐 無復障礙 其心泰然 歡喜踊
躍 時諸子等 各白父言 父先所許 玩好之具 羊車 鹿車 牛車 願時賜與 舍利弗 爾時長者
各賜諸子 等一大車 其車高廣 衆寶莊校 周帀欄楯 四面懸鈴 又於其上 張設幰蓋 亦以
珍奇雜寶 而嚴飾之 寶繩交絡 垂諸華瓔 重敷婉筵 安置丹枕 駕以白牛 膚色充潔 形體
姝好 有大筋力 行步平正 其疾如風 又多僕從 而侍衛之 所以者何 是大長者 財富無量
種種諸藏 悉皆充溢 而作是念.

그때 장자는 여러 자식이 불타는 집에서 탈 없이 나와 한데 네 길거리에 앉아 있는 것을 보고, 다시 꺼리는 마음이 없이 흐뭇하여 기쁨을 억제할 수 없었느니라.

그때 여러 자식이 아버지에게 말하기를 "아버지께서 주신다던 양이 끄는 수레, 사슴이 끄는 수레, 소가 끄는 수레의 장난감을 지금 주십시오"라고 하였느니라.

사리불아, 그때 장자는 여러 아들에게 평등하게 큰 수레를 나누어 주었느니라. 그 수레는 크고 높아 여러 가지 보배로 장식되었으며, 주위에는 난간을 두르고 사면으로 풍경을 달았으며, 그 위에는 일산을 펴고 휘장을 쳤는데, 모두 보배로 꾸며졌고, 보배로 된 줄을 얽어 드리웠고, 화려한 영락을 드리웠으며, 부드러운 자리를 겹겹으로 깔고, 붉고 아름다운 베개를 두었으며, 흰 소에게 멍에를 메웠으니, 빛깔이 깨끗하고 몸이 충실하여 기운이 세며, 걸음이 평탄하고 바람같이 빨랐으며, 여러 시종들이 호위하였느니라. 왜냐하면, 이 장자의 재물은 한량이 없어 창고마다 가득 찼으므로 이런 생각을 하였느니라.

'아이들에게 다른 수레를 주어서야 하겠는가. 그것은 왜냐하면 이 아이들은 모두 내 자식이기 때문이다. 어느 아이나 모두 눈에 넣어도 아프지 않을 소중한 자식들이다. 게다가 나는 이처럼 훌륭한 수레를 많이 가지고 있다. 그리고 이 아이들은 나에게는 다 똑같이 차별하여 생각하면 안 되는 아들들이다. 나는 또 많은 곳간을 가지고 있기 때문에, 모든 사람에게도 이처럼 훌륭한 수레를 줄 수가 있다. 내 자식들에게만 준다고 하면 무슨 의미가 있겠는가.'

그리고 그때 장자의 자식들은 훌륭한 수레를 타고, 경탄을 금치 못하면서도 이상하다고 생각하였을 것이다. 그럼 사리불아, 너는 어떻게 생각하느냐. 그 장자는 처음에 아이들에게 세 가지 수레를 준다고 약속하였지만, 나중에는 자식들에게 다 같은 가장 훌륭한 수레를 고루 나누어 준 것이 거짓말을 했다고 할 수 있겠느냐.”

사리불이 말하였다.

“세존이시여, 결코 거짓말을 한 것이 아니옵니다. 부처님이시여, 결코 그렇지 않사옵니다. 어쨌든 그 장자는 교묘한 방편을 사용하여, 자식들을 그 불타는 집에서 벗어나도록 하고 생명을 구하였으므로, 그 이유로 장자가 거짓말을 한 것이 되지는 않습니다. 왜냐하면 장자의 자식들은 죽지 않았기 때문에 모두 장난감을 받을 수 있게 되지 않았나이까. 또 설사 그 장자가 자식들에게 장난감 수레를 하나도 주지 않았다고 하더라도, 어쨌든 그 장자에게 거짓말을 했다고 할 수는 없나이다.

我財物無極 不應以下劣小車 與諸子等 今此幼童 皆是吾子 愛無偏黨 我有如是 七寶大車 其數無量 應當等心 各各與之 不宜差別 所以者何 以我此物 周給一國 猶尙不匱 何況諸子 是時諸子 各乘大車 得未曾有 非本所望 舍利弗 於汝意云何 是長者 等與諸子 珍寶大車 寧有虛妄不 舍利弗言 不也世尊 是長者 但令諸子 得免火難 全其軀命 非爲虛妄 何以故 若全身命 便爲已得 玩好之具 況復方便 於彼火宅 而拔濟之 世尊 若是長者 乃至不與 最小一車 猶不虛妄.

‘나의 재산이 한량없으니, 변변치 못한 조그만 수레를 아들에게 줄 것이 아니라, 이 어린 것들이 다 나의 자식인지라 사랑에 치우침 없이, 이와 같은 칠보로 꾸민 많은 수레를 평등한 마음으로 골고루 나누어 주어야지, 여기에 차별이 있어서는 아니 되리라. 왜냐하면 나는 이런 것으로 전국 사람들에게 나누어 주어도 모자라지 아니할 것이어늘, 하물며 나의 아들이겠는가.’

이때 아들들은 각각 큰 수레를 타고 처음 보는 좋은 일을 얻었으므로 본래 바라던 것만이 아니었느니라.

“사리불아, 너의 생각에는 어떠하냐. 이 장자가 아들들에게 보배로 된 큰 수레를 평등하게 나누어 준 것이 허망하다고 하겠느냐.”

사리불이 대답하였다.

"그렇지 않나이다. 세존이시여, 이 장자가 자기 자식들로 하여금 불타는 집에서 벗어나 그 생명을 보전시킨 것만도 허망한 것이 아닙니다. 왜냐하면 만일 목숨만 보전하면 이미 장난감을 얻은 것이 되옵거늘, 하물며 방편으로 불타는 집에서 벗어나게 하여 구제함이오리까. 세존이시여, 이 장자가 비록 조그만 수레 하나를 주지 않는다 할지라도 허망한 것이 아닙니다.

왜냐하면 이 장자는 골똘히 생각한 끝에, '무슨 방편을 써서라도 나는 이 자식들을 큰 재난에서 벗어나도록 해야겠다'고 생각하였기 때문입니다. 세존이시여, 이런 경우에도 그 장자는 거짓말을 한 것으로는 되지 않사옵니다. 더구나 그 장자는 '많은 재산이 있다'고 생각하면서도, 자식들을 사랑하였기에 어르고 달래어 동일한 빛깔의 똑같은 훌륭한 수레를 나누어 주었으니 이제 더 말할 것이 아무것도 없나이다. 세존이시여, 그 사람은 거짓말을 한 것이 아니옵니다."

이와 같이 사리불이 말하자 세존이 그에게 이르시었다.

"진정 착하고 옳은 말이로다. 사리불아, 그 말과 같으니라. 이처럼 완전한 '깨달음'을 펴는 여래는 모든 공포를 벗어나, 인간 세계를 뒤덮고 있는 모든 고통이나 혼란, 해악이나 고뇌, 불쾌나 무지 따위에서 완전히 어떤 경우에도 해방되어 있는 것이니라. 여래는 지혜와 위력과 자신과 뛰어난 특질과 부처의 가르침을 부여받고 있어, 신통력에 의하여 대단히 위력 있는 세상의 어버이가 되며, 훌륭한 지혜를 구사하여 교묘한 방편을 쓰는 데 저력을 다하고, 매우 자비로워 세상의 행복을 바라며 게으름 없이 좋은 일을 찾아 모든 중생을 이롭게 하느니라. 그는 생·로·병·사의 괴로움과 슬픔 때문에 일어나는 고뇌라든가 불안, 혼란이라든가 무지 같은 새까만 어둠에 싸인 중생들을 탐욕이라든가 증오라든가 우매로부터 해방하기 위하여, 그리고 더없는 '깨달음'의 경지에 이르도록 독려하기 위하여, 고뇌라든가 불안의 화염 때문에 활활 타오르는 지붕이나 덮개가 낡아빠진 집과 같은 삼계(三界)에 모습을 드러내는 것이다.

何以故 是長者 先作是意 我以方便 令子得出 以是因緣 無虛妄也 何況長者 自知財

富無量 欲饒益諸子 等與大車 佛告舍利弗 善哉善哉 如汝所言 舍利弗 如來亦復如是 則爲一切 世間之父 於諸怖畏 衰惱憂患 無明暗蔽 永盡無餘 而悉成就 無量知見 力 無 所畏 有大神力 及智慧力 具足方便 智慧婆羅蜜 大慈大悲 常無懈倦 恒求善事 利益一 切 而生三界 朽故火宅 爲度衆生 生老病死 憂悲苦惱 愚癡暗蔽 三毒之火 敎化令得 阿 耨多羅三藐三菩提.

왜냐하면, 이 장자가 앞에서 생각하기를 '내가 방편을 써서 자식들로 하여금 나오게 하리라' 하였으니 이런 인연으로 거짓됨이 없나이다. 하물며 장자가 자기의 재물이 한량없음을 알고, 자식들을 이롭게 하려고 큰 수레를 나누어 줌이오리까."

부처님께서 사리불에게 말씀하시었다.

"그래 착하고 착하도다. 바로 네 말과 같으니라. 사리불아, 여래도 또한 그와 같아서 일체 세간의 아버지가 되느니라. 여러 가지 두려움과 쇠함과 고뇌와 근심과 무명과 어둠이 영원히 다하여 남음이 없으며, 한량없는 지견과 힘과 두려움 없음을 성취하였고, 큰 신통력과 큰 지혜가 있으며, 방편과 지혜의 바라밀을 다 갖추어 대자대비에 항상 게으름이 없으며, 항상 선한 일로 일체를 이롭게 하려 하느니라. 그러므로 삼계(三界)라는 썩고 낡은 집의 불타는 속에 태어나자, 중생들의 나고 늙고 병들고 죽으며, 근심하고 슬퍼하며 괴로워하고 고뇌하며 어리석고 암둔한 삼독의 불에서 제도하려고 아뇩타라삼약보디를 교화로 얻게 하느니라.

여래는 삼계에 출현하여, 중생들이 생·로·병·사의 괴로움과 슬픔 때문에 일어나는 고뇌라든가 불쾌라든가 혼란에 의하여 불태워지고, 삶아지고, 구어지든가 달궈지는 것을 본다. 그런데 중생들은 진정 쾌락 때문에, 또 애욕의 인연 때문에 여러 가지 고뇌에 부딪치고 있는 것이다. 그들은 현세에서는 갈망하는 것 때문에, 또 내세에서는 얻고자 하는 것 때문에 지옥이나 짐승의 태 안에서 달리 태어나 갖가지 고뇌를 당할 것이다. 그들은 신과 인간의 세계에 속하는 빈곤이라든가, 싫은 사람은 만나고 좋아하는 사람과는 이별하기 때문에 일어나는 고뇌를 겪을 것이다. 더구나 그들은 고뇌가 쌓인 가운데 이리저리 돌아다니면서 놀고 장난치며, 향락으로 지새고 있는 것이다. 그들은 놀라 당황하지도 않고, 공포심을 갖지도 않고, 아무것도 깨닫지 못하며, 아무것도 몰라 두려워하지도 않고, 도망치려고도 하지 않는다. 그리고 불타는 집과 비슷한 삼계에서 쾌락을 찾아 우왕좌왕한다. 그리고 그 엄청난 고뇌가 쌓인 것에 압도당하면서도, 고뇌에 대하여 마음을 집중해야 한다는 생각을 해 본 일이 없는 것이다.

그런 경우에 사리불아, 여래는 이렇게 생각하는 것이다.

"나는 진정 이 인간들의 아버지이다. 나는 이 중생들을 이처럼 큰 고뇌가 쌓인 곳으로부터 구출하지 않으면 안 된다. 그리고 이런 인간들이 놀고 장난치며 즐기도록, 그들에게 헤아릴 수도 생각할 수도 없을 만큼 부처의 지혜라는 행복을 주지 않으면 안 된다."

見諸衆生 爲生老病死 憂悲苦惱 之所燒煮 亦以五欲財利故 受種種苦 又以貪著追求故 現受衆苦 後受地獄 畜生餓鬼之苦 若生天上 及在人間 貧窮困苦 愛別離苦 怨憎會苦 如是等種種諸苦 衆生沒在其中 歡喜遊戲 不覺不知 不驚不怖 亦不生厭 不求解脫 於此三界火宅 東西馳走 雖遭大苦 不以爲患 舍利弗 佛見此已 便作是念 我爲衆生之父 應拔其苦難 與無量無邊 佛智慧樂 令其遊戲.

여러 중생이 나고 늙고 병들고 죽으며, 근심하고 슬퍼하고 고통과 고뇌 속에서 시달리는 것을 보며, 또한 다섯 가지 욕망과 재물을 위하여 가지가지 고통을 받으며, 또 탐구하고 구하느라 현세에서 뭇 고통을 받다가, 후세에는 다시 지옥·축생·아귀의 고통을 받으며, 만일 천상이나 인간에게서 태어난다고 하더라도, 빈궁하고 어려워서 많은 고생을 하며, 사랑을 이별하는 괴로움과 원수를 만나는 괴로움, 이러한 가지가지 고통 속에 중생이 빠져 있으면서도, 즐거워하고 유희하느라고 깨닫지 못하고 알지 못하며, 놀라거나 두려워하지도 아니하며, 싫증을 내지도 않고 해탈을 구하려 하지도 아니하며, 삼계의 불타는 집에서 동서로 뛰어다니느라 큰 고통을 당하면서도 걱정할 줄 모르는구나.

사리불아, 부처님께서 이런 것을 보고는 '내가 중생의 아버지가 되었으니 마땅히 이러한 고통에서 건져 내어 한량없고 가없는 부처님 지혜의 낙을 주어 그들로 하여금 즐겁게 하리라'고 생각하느니라.

그 경우에 사리불아, 여래는 이와 같이 생각하는 것이다.

"혹시 내가 지혜의 힘을 가졌다고 생각한다든가, 또 신통력을 가지고 있다고 생각한다든가 해서, 방편을 쓰지 않고 이런 인간들에게 여래 지혜의 힘과 자신이 있다고 가르친다면, 이런 인간들은 그런 가르침을 가지고 고뇌에서 벗어나는 일은 없을 것이다. 왜 그런가 하면, 이런 사람들은 다섯 가지 욕정의 대상에 정신이 팔려 삼계에서 환락에 빠지고 생·로·병·사의 괴로움과 슬픔 때문에 일어나는 고뇌나 불쾌나 혼란에 의하여 불태워진다든가, 구워진다든가, 달궈진다든가 하기 때문이다. 지붕이나 덮개가 낡아빠진 집과 같은 삼계에서 벗어나지 않은 채 그들이 어떻게 부처의 지혜를 깨달을 수 있겠는가."

그 경우에 사리불아, 그 장자가 완력을 가지고 있었으나 손을 쓰지 않고 교묘한 방편을 써서 자식들을 불타는 집에서 뛰어나오도록 한 뒤에 그들에게 크고 훌륭한 수레를 준 것과 같이, 여래는 지혜의 힘과 자신을 구비하고 있으면서도 그것을 쓰지 아니하고 교묘한 방편을 구사하여 불타는 집과 같은 삼계에서 중생을 건져 제도하기 위하여, 성문(聲聞)의 수레와 연각(緣覺)의 수레와 보살의 수레 세 가지 법륜을 약속하는 것이다. 그리고 이 세 가지 수레에 의하여 중생의 마음을 끌어당겨 그들에게 이렇게 설할 것이니라.

舍利弗 如來復作是念 若我但以神力 及智慧力 捨於方便 爲諸衆生 讚如來知見 力無所畏者 衆生不能 以是得度 所以者何 是諸衆生 未免生老病死 憂悲苦惱 而爲三界火宅所燒 何由能解 佛之智慧 舍利弗 如彼長者 雖復身手有力 而不用之 但以殷懃方便 勉濟諸子 火宅之難 然後各與 珍寶大車 如來亦復如是 雖有力無所畏 而不用之 但以智慧方便 於三界火宅 拔濟衆生 爲說三乘 聲聞 辟支佛 佛乘 而作是言.

사리불아, 여래께서는 또 이런 생각을 하였느니라.

'만일 내가 신통한 힘과 지혜의 힘만으로써 방편을 버리고, 중생들에게 여래의 지견과 힘과 두려움 없는 것만 찬탄하면 중생들이 이것만으로는 제도를 얻지 못하리라. 왜냐하면 이 중생들이 나고 늙고 병들고 죽고 근심하고 슬퍼하고 괴로워하고 고뇌의 시달림을 면하지 못하고, 삼계라는 불타는 집에서 타고 있으니, 어떻게 능히 부처님의

지혜를 이해하리오.'

사리불아, 마치 저 장자가 몸과 팔에 기운은 있으나 쓰지 않고, 은근하게 방편으로 여러 자식을 불타는 집에서 화재의 난을 면하게 하는 보배로 된 큰 수레를 주듯이 여래께서도 또한 그와 같아서 비록 힘과 두려움 없음이 있지만, 쓰지 아니하고 다만 지혜와 방편으로써 삼계의 불타는 집에서 중생들을 제도하려고, 삼승인 성문·벽지불·불승을 설하면서 이렇게 말하였느니라.

"너희들은 이 불타는 집과 같은 삼계에서, 모양이나 소리나 향이나 맛이나 촉각과 같은 상스러운 것을 좋아하면 안 된다. 지금 너희들은 삼계에 살며, 오감의 만족과 밀접한 관계가 있는, 갈증과 비슷한 욕망에 태워진다든가, 달궈진다든가 하고 있다. 너희들은 성문의 수레와 연각의 수레와 보살의 수레라는 세 가지 법륜을 얻어 이 삼계에서 벗어나도록 하라. 이 점에 대하여 너희들에게 나는 보증할 것이다. 나는 너희들에게 이 세 가지 법륜을 주리라. 삼계에서 벗어나기 위하여 너희들은 온 정성 다하여 힘쓰라."

더욱이 나는 이렇게 말하여 그들의 마음을 끌어당기는 것이다.

"그렇다. 인간들아, 이 세 가지 소중한 수레는 고귀한 사람들이 찬양한 것처럼 대단히 훌륭한 성질을 구비하고 있다. 그리고 너희들은 세 가지 수레를 가지고 적당히 놀고 즐겨도 좋다. 다섯 가지 힘을 발휘하여 일곱 가지 수행을 하고, 해탈을 위하여 명상으로 마음의 통일을 달성함으로써, 위대한 쾌락을 저마다 즐겨라. 그리고 너희들은 위대한 행복의 즐거움을 부여받은 사람이 될 것이다."

그래서 사리불아, 인간 중에서 현명한 사람들은 세상의 아버지인 여래의 말을 믿느니라. 그들은 여래의 말을 믿고 그 가르침에 온 마음을 기울여서 그것을 따르고 지키려고 노력한다. 그때 어떤 사람들은 여래의 훌륭한 소리를 듣고, 거기에 가까워지려 하여 자기 자신의 완전한 '깨달음'을 위해 네 가지 신성한 진리를 이해하려고 여래의 가르침에 귀 기울인다. 그들은 마치 불타는 집에서 자식 중의 누군가가 사슴의 수레를 갖고 싶어 뛰어나온 것처럼 성문의 수레를 갈망하여 삼계에서 탈출한다고 한다.

汝等莫得 樂住三界火宅 勿貪麤弊 色聲香味觸也 若貪著生愛 則爲所燒 汝速出三界 當得三乘 聲聞 辟支佛 佛乘 我今爲汝 保任此事 終不虛也 汝等但當 勤修精進 如來以 是方便 誘進衆生 復作是言 汝等當知 此三乘法 皆是聖所稱歎 自在無繫 無所依求 乘 是三乘 以無漏根 力 覺 道 禪定 解脫 三昧等 而自娛樂 便得無量 安隱快樂 舍利弗 若 有衆生 內有智性 從佛世尊 聞法信受 慇懃精進 欲速出三界 自求涅槃 是名聲聞乘 如 彼諸子 爲求羊車 出於火宅.

'너희들은 삼계의 불타는 집에 있기를 좋아하지 말며, 누추한 빛·소리·냄새·맛·촉감을 탐내지 말라. 만일 탐내고 애착하면 곧 불에 타게 되느니라. 너희들이 삼계에서 빨리 나오면 마땅히 성문이나 벽지불 또는 불승을 얻으리라. 내가 이제 너희들을 위하여 이 일을 보증하노니, 허망하지 아니하리라. 너희들은 다만 부지런히 정진하라, 여래는 이러한 방편으로써 중생들을 권유하여 인도하리라' 하고 다시 이런 말을 하였느니라.

'너희들은 반드시 알라. 이 삼승법은 다 이 성인의 칭찬하는 바이며, 자재하여 얽맴이 없고 의지하거나 구할 것이 없으니 이 삼승을 타기만 하면 번뇌가 없는 근기·힘·깨달음·도·선정·해탈·삼매 등으로 스스로 즐길 것이며, 한량없는 안온과 쾌락을 얻게 되리라'고.

사리불아, 만일 어떤 중생이 안으로 지혜가 있으며, 부처님 세존을 따라 법을 듣고 믿으며, 은근하게 정진하며 삼계에서 빨리 뛰어나오려고 열반을 구하면, 이런 이는 성문승이라 이름하나니, 저 아들 가운데서 양의 수레를 구하려고 불타는 집에서 나온 이와 같으니라.

또 다른 어떤 사람들은 혼자 스스로 터득한 지혜를 지키고 자제와 평정을 얻고자 하여 자기 자신의 완전한 '깨달음'을 위한 인연의 도리를 이해하려고 여래의 가르침에 귀 기울인다. 그들은 마치 불타는 집에서 자식 중 누군가가 산양의 수레를 갖고 싶어 뛰어나온 것처럼, 연각의 수레를 갈망하여 삼계로부터 탈출한 것이라 한다. 또 다른 사람들은 세상 일체를 알고 스스로 존재하는 부처의 지혜를 갈망하여 많은 사람의 행복과 안락을 원하고, 또 세상에 대한 연민으로부터 대중의 이익을 위하여, 또 신들과 인간의 행복과 안락을 위하여, 모든 중생을 완전한 '깨달음'으로 이끄는, 여래의 지혜와 자신을 이해시키려고 여래의 가르침에 귀 기울이는 것이다. 그들은 위대한 법륜을 갈망하여 삼계로부터 탈출한다고 한다. 이런 까닭으로 그들은 위대한 뜻을 가진 보살이라고 한다. 마치 불타는 집에서 아이들 누군가가 소가 끄는 수레를 갖고 싶어 뛰어나오는 것과 같은 것이다.

사리불아, 비유하면 그 장자가 자식들이 불타는 집에서 뛰어나온 것을 보고, 이제는 무사히 구출하여 위험성이 없는 것을 알고, 또 자기 자신이 큰 부자이기 에 자식들에게 훌륭한 수레를 하나씩 준 것과 같이, 여래는 몇천만의 중생이 삼 계에서 벗어나 고뇌·공포·경악·재난을 극복하고, 여래의 가르침에 따라 문 밖으 로 뛰어나와 모든 공포·재난에서 벗어나고, 평안하고 안락한 경지에 도달한 것을 보았을 때, 여래는 자기가 위대한 지혜의 힘과 크나큰 자신감의 곳간임을 알고, 또한 모든 이가 바로 자신의 아들임을 알고, 부처님의 탈것만으로 사람들을 완전 한 '깨달음'으로 인도한다.

그러나 여래는 어느 특정한 이를 위하여 개개인에게 완전한 '깨달음'을 펴는 일 은 없다. 모든 사람을 여래의 완전한 '깨달음'을 통해 '깨달음'으로 인도한다. 그리 고 삼계(三界)에서 벗어난 사람들에게, 여래는 명상과 고뇌에서의 해방과 마음 통 일의 완성이라는 존귀하고 매우 즐거운, 그들이 기뻐할 장난감을 주신다. 더욱이 이러한 장난감은 모두 같은 색깔이다.

마치 그 사람이 세 가지 탈것을 가리키면서, 모든 아이에게 칠보로 만들어지고 온갖 장식을 달고 게다가 같은 색의 훌륭하고 호사스러운 탈것인, 오직 하나의 위대한 탈것을 주었음에도 그 사람이 거짓을 말한 것이 아님과 마찬가지로, 여래 는 사전에 교묘한 수단을 이용하여 세 가지 탈것을 약속했으면서, 나중에 위대한 탈것으로 사람들을 완전한 '깨달음'으로 이끌었다고 해도, 거짓을 말한 것이 아 니다.

그것은 왜냐하면, 여래는 실로 지혜의 힘과 자신의 거대한 곳간을 소유하고 있 고, 모든 사람에게 부처님의 지혜와 잘 어우러진 가르침을 나타내 보일 수 있기 때문이다.

사리불아, 이 방법으로 여래가 교묘한 방편의 지혜를 실현하여 유일하고 위대 한 법륜의 가르침을 보이는 것을 알아야 한다."

세존께서는 이 뜻을 펴시려고 게송으로 또 다음과 같이 이르셨다.

若有衆生 從佛世尊 聞法信受 慇懃精進 求自然慧 樂獨善寂 深知諸法因緣 是名辟支
佛乘 如彼諸子 爲求鹿車 出於火宅 若有衆生 從佛世尊 聞法信受 勤修精進 求一切智
佛智 自然智 無師智 如來知見 力無所畏 愍念安樂 無量衆生 利益天人 度脫一切 是名
大乘 菩薩求此乘故 名爲摩訶薩 如彼諸子 爲求牛車 出於火宅 舍利弗 如彼長者 見諸子
等 安隱得出火宅 到無畏處 自惟財富無量 等以大車 而賜諸子 如來亦復如是 爲一切衆
生之父 若見無量億千衆生 以佛教門 出三界苦 怖畏險道 得涅槃樂 如來爾時 便作是念
我有無量 無邊智慧 力 無畏等 諸佛法藏 是諸衆生 皆是我子 等與大乘 不令有人 獨得
滅度 皆以如來滅度 而滅度之 是諸衆生 脫三界者 悉與諸佛 禪定解脫等 娛樂之具 皆
是一相一種 聖所稱歎 能生淨妙 第一之樂 舍利弗 如彼長者 初以三車 誘引諸子 然後
但與大車 寶物莊嚴 安隱第一 然彼長者 無虛妄之咎 如來亦復如是 無有虛妄 初說三乘
引導衆生 然後但以大乘 而度脫之 何以故 如來 有無量智慧 力 無所畏 諸法之藏 能與
一切衆生 大乘之法 但不盡能受 舍利弗 以是因緣 當知諸佛 方便力故 於一佛乘 分別
說三 佛欲重宣此義 而說偈言

　　만일 또 어떤 중생이 부처님 세존을 따라 법을 듣고 믿으며, 부지런히 정진하여 자
연의 지혜를 구하며 혼자 있기를 좋아하고 고요한 데를 즐기며, 모든 법의 인연을 깊
이 알면 이런 이는 벽지불이라 부르나니, 저 아들들 가운데서 사슴의 수레를 구하려
고 불타는 집에서 나온 이와 같으니라.

　　만일 또 어떤 중생이 부처님 세존을 따라 법을 듣고 믿으며 부지런히 정진하여, 일
체지(一切智)와 불지(佛智)와 자연지(自然智)와 무사지(無師智)와 여래의 지견과 두려움
없음을 구하며, 한량없는 중생들을 가엾게 생각하여 안락하게 하며, 천상·인간을 이
롭게 하려고 모든 이를 제도하여 해탈시키려고 하면, 이런 이는 대승보살이라 이름하
며 이런 승을 구하므로 마하살이라 하나니, 저 아들 가운데서 소의 수레를 구하려고
불타는 집에서 나온 이와 같으니라.

　　사리불아, 저 장자가 자기 자식들이 불타는 집에서 무사히 나와 두려움 없는 곳에
이른 줄을 알고는, 자기의 재물이 한량없는 것을 생각하고 큰 수레를 여러 자식에게

평등하게 나누어 준 것과 같이, 여래도 그러하여 온갖 중생의 아버지가 되었으므로, 한량없는 억천의 중생이 부처님 법문으로써 삼계의 괴롭고 두려우며 험한 곳에 나와 열반의 즐거움을 얻은 것을 보고는, 여래가 그때 생각하기를 '내게는 한량없고 가없는 지혜와 힘과 두려움 없는 것 따위의 여러 불법장(佛法藏)이 있으며, 이 중생들은 모두 나의 자식들이니 평등하게 대승을 줄 것이요, 한 사람이라도 홀로 멸도를 얻게 할 것이 아니며 모두 여래의 멸도로써 열반하게 하리라' 하고 삼계를 벗어난 모든 중생에게 다 부처님의 선정과 해탈의 오락 기구를 주었으니, 모두 한 모양 한 종류로써 성인들께서 칭찬하시는 바이니, 능히 깨끗하고 묘하고 제일가는 즐거움이 생기느라.

사리불아, 저 장자가 처음에는 세 가지 수레로 여러 자식을 끌어낸 뒤에, 보배로 장엄한 제일 편안한 큰 수레를 주었지만, 장자에게는 거짓말을 한 허물이 없는 것같이 여래도 그러하여 거짓이 없으니, 처음에는 삼승을 말하여 중생들을 인도한 뒤에, 다만 대승으로 제도하여 해탈하게 하느니라. 왜냐하면 여래는 한량없는 지혜와 힘과 두려움이 없는 법장이 있어서 온갖 중생에게 대승법을 줬건만 능히 그것을 받지 못하느니라.

사리불아, 이런 인연으로 부처님들은 방편으로써 일불승에서 분별하여 삼승을 말하는 줄을 알아야 하느니라."

부처님께서 이 뜻을 거듭 펴시려고 게송으로 말씀하시었다.

비유하면, 어떤 사람에게 낡아 쓰러져 가는 큰 집이 있는데
그 축대가 무너져 내려 기둥뿌리가 썩었다고 하자.
창과 난간은 한 부분이 무너지고 벽과 담은 바른 진흙이 떨어져나갔다.
툇마루는 썩어서 떨어져 나가고 초가지붕은 도처에 구멍이 뚫려 있다.
그 집에는 5백 명도 더 되는 사람이 살고 있었다.
그리고 많은 작은 방이 있고 오물이 넘쳐나 더럽기 짝이 없었다.
서까래는 모두 떨어져 나가고 벽도 담장도 내려앉았다.
거기에는 수많은 독수리가 살고 비둘기와 올빼미, 그밖의 새들이 둥지를 틀고 있었다.
그 집 여기저기에 독을 가진 무서운 독사가 있고

온갖 종류의 전갈과 쥐가 사는, 해로운 생물의 서식처였다.

譬如長者	有一大宅	其宅久故	而復頓弊
堂舍高危	柱根摧朽	梁棟傾斜	基陛隤毀
牆壁圮坼	泥塗阤落	覆苫亂墜	椽梠差脫
周障屈曲	雜穢充徧	有五百人	止住其中
鴟梟鵰鷲	烏鵲鳩鴿	蚖蛇蝮蠍	蜈蚣蚰蜒
守宮百足	鼬狸鼷鼠	諸惡蟲輩	交橫馳走

비유하면 어떤 장자 크나큰 집 지녔으나

그 큰 집 오래되어 퇴락하고 낡았으며

집채 마루 위태롭고 기둥뿌리 썩어 들고

대들보는 기울어져 축대마저 무너지니

담과 벽이 헐리고 발랐던 흙 떨어지고

지붕 썩어 내려앉고 서까래도 부러지고

막혀버린 골목에는 오물만이 가득하고

그 가운데 5백 식구 우글우글 살고 있네.

소리개·올빼미·부엉이·독수리 까마귀·까치·비둘기와

독사·뱀·살무사·전갈 지네들과 그리마들

도마뱀과 노래기들 족제비·살쾡이·온갖 쥐와

이런 따위 나쁜 벌레 서로서로 기고 뛰네.

게다가 여기저기에는 똥오줌으로 더럽혀진 귀신이 살고

구더기와 곤충, 나방과 개미가 기어다니며 개와 늑대가 울부짖고 있었다.

거기에는 사람의 송장을 먹는 무서운 맹수가 살고

그들이 떠나기를 애타게 기다리는 수많은 개와 늑대가 산다.

이 짐승들은 이곳저곳에서 먹이를 찾고 늘 굶주림에 시달리며 파리하게 여위었
고,

서로 앞다투어 짖어댄다. 그 집은 이처럼 무서운 곳이었다.

사람의 송장을 찢어 먹는 무서운 성질의 야크샤(야차(夜叉))들도 살고,

여기저기에 지네와 큰 뱀, 그리고 독사도 산다.

그들은 여기저기에 둥지를 틀고 새끼를 친다.

둥지에 새끼를 감춰 기르지만 야차들이 다 먹어버린다.

무섭게 게걸스러운 야차들은 다른 생물을 잡아먹고 배가 부를 때

먹이를 포식하고 사지가 피둥피둥 살찐 이들은 그 집에서 격렬하게 싸운다.

무너져 내린 집의 한구석에는 길이가 1비타스티(손가락을 폈을 때 엄지손가락 끝부터 끼손가락 끝까지의 길이. 약 23㎝)·1하스타(팔꿈치부터 가운뎃손가락 끝까지의 길이. 대강 1비타스티의 2배) 또는 2하스타나 되는 잔인한 쿰반다(구반다(鳩槃茶). 사람의 정기를 빨아먹는 귀신. 술단지(쿤바) 모양의 고환(안다)을 가졌다 함)가 살며 기어다니고 있다.

屎尿臭處　不淨流溢　蛣蜋諸蟲　而集其上

狐狼野干　咀嚼踐踏　嚌齧死屍　骨肉狼藉

由是羣狗　競來搏撮　飢羸慞惶　處處求食

鬪諍摣掣　嘊喍嗥吠　其舍恐怖　變狀如是

處處皆有　魑魅魍魎　夜叉惡鬼　食噉人肉

毒蟲之屬　諸惡禽獸　孚乳産生　各自藏護

夜叉競來　爭取食之　食之既飽　惡心轉熾

鬪諍之聲　甚可怖畏　鳩槃茶鬼　蹲踞土埵

或時離地　一尺二尺

똥오줌 냄새 나고 더러운 것 가득한데

말똥구리 벌레들이 날아들어 위를 덮고

여우·이리·야간들이 죽은 것을 서로 물고

찢고 밟고 뜯고 하여 살과 뼈가 널려 있네.

배가 고픈 뭇 개들이 몰려와서 끌고 당겨

먹을 것 찾느라고 이리저리 날뛰면서

서로 다퉈 싸우면서 으르렁 짖어대니

그 집안의 무서움이 이처럼 험하구나.

여기저기 간 데마다 도깨비나 망량귀신

야차들과 아귀들이 사람고기 씹어먹고

악독한 뭇 벌레들 사나운 짐승들이

새끼 쳐서 젖 먹이고 저마다 기르건만

야차들이 달려와서 잡아먹고 배부르면

악한 마음 치성하여 무섭게 악을 쓰며

구반다의 귀신들이 흙더미에 걸터앉아

어떤 때는 땅 위에서 한 자 두 자 솟아 뛰네.

그들은 개의 다리를 붙잡아 땅바닥에 내동댕이쳐 목을 조르고 희롱하며 괴롭히면서 그것을 즐기고 있다.

벌거숭이로 검은색에 파리하고 키가 큰 프레타(아귀(餓鬼))들도 살고 있다.

그들은 굶주린 나머지 먹이를 찾아다니며 여기저기에서 비명을 지른다.

그들은 어떤 것은 바늘처럼 입이 뾰족하고 어떤 것은 소 같은 얼굴을 하고 있다. 사람만 한 크기의 것이 있는가 하면 개만 한 것도 있다.

탐욕으로 괴로워하는 그들은 머리를 마구 흔들며 큰 소리를 지른다.

저들 야크샤와 프레타들은 게걸스레 먹이를 찾으며

언제나 그 집의 창과 문틈으로 사방을 내다본다.

그 집은 크고 높은 데다가 몹시 흔들리고 있어 이토록 무섭고

낡고 부서져 황량하기 그지없었다.

그리고 이 집이 어떤 사람의 재산이라고 하자.

그 사람이 외출했다고 하자. 그리고 그 집에 갑자기 불이 났다고 하자.

往返遊行	縱逸嬉戲	捉狗兩足	撲令失聲
以脚加頸	怖狗自樂	復有諸鬼	其身長大
裸形黑瘦	常住其中	發大惡聲	叫呼求食

復有諸鬼　　其咽如鍼　　復有諸鬼　　首如牛頭

或食人肉　　或復噉狗　　頭髮鬙亂　　殘害凶險

飢渴所逼　　叫喚馳走　　夜叉餓鬼　　諸惡鳥獸

飢急四向　　窺看窓牖　　如是諸難　　恐畏無量

是朽故宅　　屬于一人　　其人近出　　未久之間

於後宅舍　　忽然火起

이리저리 뒹굴면서 제멋대로 장난하고

개 다리 붙들어서 소리를 못 지르고

다리로 목을 눌러 개를 놀려 즐겨하고

또다시 여러 귀신 그 키가 장대하여

검고 야윈 벗은 몸이 그 가운데 항상 있어

사납게 악을 쓰며 먹을 것을 서로 찾고

또다시 어떤 귀신 목구멍이 바늘구멍

또한 다른 귀신들은 머리통이 소대가리

사람·개 잡아먹고 머리 몰골 흉악하며

기갈에 시달려서 울부짖고 내달리네.

야차와 아귀들과 사나운 새 짐승들

배고프고 굶주려서 창틈으로 살펴보니

이와 같은 여러 가지 무서움이 한이 없네.

이렇게 낡은 집이 한 사람에 속했더니

그 사람 집 나온 지 오래되지 않았을 적

그 뒤에 그 집에서 홀연히 불이 났네.

엄청난 불길이 주변 일대로 번져 집의 사방이 화염에 휩싸였다.

대들보 서까래가 불이 붙어 무섭게 큰 소리를 내고

기둥도 벽도 화염에 싸이고 야크샤와 프레타들이 울부짖는다.

수많은 독수리는 불에 타고, 쿰반다들은 심한 화상으로 얼굴이 짓물러 우왕

좌왕하고

　수많은 맹수는 불길 속을 기어다니며 울부짖는다.

　거기에 사는 피샤챠(비사사(毘舍闍). 아귀 모양의 귀신)들은 불운하게도 불에 구워
져 허우적거린다.

　불길 속에서도 서로 물어뜯으며 피를 흘린다.

　맹수들은 죽은 것을 먹고 서로 잡아먹는다.

　똥이 타서 고약한 악취가 사방으로 풍긴다.

　지네들이 달아나자 쿰반다가 그것을 먹는다.

　머리털이 탄 프레타들은 화상을 입고 굶주림에 허덕이며 돌아다닌다.

四面一時	其燄俱熾	棟梁椽柱	爆聲震裂
摧折墮落	牆壁崩倒	諸鬼神等	揚聲大叫
鵰鷲諸鳥	鳩槃茶等	周慞惶怖	不能自出
惡獸毒蟲	藏竄孔穴	毗舍闍鬼	亦住其中
薄福德故	爲火所逼	共相殘害	飮血噉肉
野干之屬	幷已前死	諸大惡獸	競來食噉
臭烟蓬勃	四面充塞	蜈蚣蚰蜒	毒蛇之類
爲火所燒	爭走出穴	鳩槃茶鬼	隨取而食
又諸餓鬼	頭上火燃		

　사면으로 한꺼번에 불길이 충천하여

　대들보 서까래 기둥이 튀는 소리 진동하며

　꺾어지고 부러지고 담과 벽이 무너지니

　온갖 귀신들은 소리소리 울부짖고

　부엉이 독수리나 구반다 귀신들은

　얼떨떨 황급하여 나올 줄을 모르더라.

　악한 짐승 독한 벌레 구멍 찾아 숨어들고

　비사사(毗舍闍) 귀신들도 그 가운데 머물더니

복덕 없는 연고로 불길에 쫓기면서

서로 다퉈 해치어 피 마시고 살을 먹고

여우의 무리는 벌써 모두 죽었거든

크고 악한 짐승들이 몰려 와서 씹어먹고

구린 연기 자욱하여 사면에 가득하네.

지네와 또 그리마 독사의 뭇 것들이

불에 데고 뜨거워서 구멍에서 나올 적에

구반다 귀신들이 날름날름 주워 먹고

또 모든 귀신은 머리마다 불이 붙네.

세찬 불길이 일대에 퍼진 그 집은 이렇게 무서웠다.

이 집의 주인인 그 사람은 집 밖에서 그것을 바라보고 있었다.

주인은 자기의 자식들이 집 안에서 장난감에 정신이 팔려 놀고 있는데

아무것도 모르는 바보처럼 노는 데만 열중하여 장난을 치고 있다는 말을 들었다.

그 말을 듣자마자 곧 그는 자식들이 하나도 타 죽지 않도록 구하려고 불난 집 속으로 뛰어 들어갔다.

그는 아이들에게 집의 결점을 알렸다.

“얘들아, 이것은 무서운 재앙이다.

여기에는 여러 가지 것들이 살고, 또 이렇게 불이 나지 않았느냐. 재앙이 연달아 일어나고, 더 심해지고 있다.

독사와 잔학한 야차며 쿰반다와 프레타들이 수없이 살고,

맹수들과 개, 늑대 떼와 독수리들이 먹이를 찾고 있단다.

이 집에는 이런 무리가 많이 살고 있어

불이 나지 않아도 너무나 무서운 곳이야.

이처럼 모두 다 재앙투성이인데, 여기에 불이 나서 사방에 불길이 치솟고 있단다.”

飢渴熱惱	周慞悶走	其宅如是	甚可怖畏
毒害火災	衆難非一	是時宅主	在門外立
聞有人言	汝諸子等	先因遊戲	來入此宅
稚小無知	歡娛樂著	長者聞已	驚入火宅
方宜救濟	令無燒害	告喩諸子	說衆患難
惡鬼毒蟲	災火蔓莚	衆苦次第	相續不絶
毒蛇蚖蝮	及諸夜叉	鳩槃荼鬼	野干狐狗
鵰鷲鴟梟	百足之屬	飢渴惱急	甚可怖畏
此苦難處	況復大火		

배고프고 뜨거워서 황급하게 달아나니

그 집이 이처럼 지독하게 무서우며

독한 피해 화재까지 그 재난 적지 않네.

이때 집 주인은 대문 밖에 서 있더니

'당신의 여러 자식 장난을 아주 즐겨

집안에 갇혔거늘 어린 것들 소견 없어

노는 데만 팔려 있소.' 어떤 이가 전해 주니

장자는 이 말 듣고 불타는 집 뛰어들어

방편으로 구제하여 불타 죽게 안 하려고

여러 자식 타이르며 많은 환난 설명하되

악한 귀신·독한 벌레 화재까지 일었으니

뭇 고통 점차로 끊임없이 상속하고

살무사와 독사 전갈 여러 가지 야차들과

구반다 귀신이며 여우와 개의 무리

부엉이·독수리·솔개·올빼미 노래기 따위들이

배고프고 목이 말라 이런 고통 난리 속에 큰불까지 일어났다.

이렇게 간절히 타일렀음에도 아이들은 노는 데만 정신이 팔려 아버지 말에는 아랑곳없이 귀담아듣지도 않았다.

그러자 집주인은 이런 생각이 들었다.

'어린 것들 생각을 하면 잠시도 가만히 있을 수가 없다. 자식들을 기르고 있지만 이 자식들을 잃는다면 무엇이 되겠는가.

지금 어린것들을 불타 죽게 해서는 안 된다'고.

그는 그때 방편을 생각하였다.

'아이들은 장난감에 정신이 팔려 있다. 여기에는 놀이 도구는 아무것도 없다. 더구나 아이들은 이렇게 어리석다.'

그는 아이들에게 말하였다.

"얘들아, 들어보렴. 지금 아버지는 여러 가지 수레를 가지고 있단다.

사슴이나 산양과 멋진 소가 이끄는 높고 큰, 예쁘게 꾸민 수레란다.

이 수레들은 집 바깥에 있거든. 자 어서 뛰어나와, 그것을 가지고 놀아라.

너희들을 위하여, 내가 만들게 한 것이다.

자, 함께 나와서 그것을 가지고 실컷 놀아보거라."

아이들은 이 수레라는 말에 홀려 힘차게 서둘러 뛰쳐나왔다.

모두 집 밖으로 나오는 순간 아이들은 환난을 벗어날 수가 있었다.

諸子無知	雖聞父誨	猶故樂著	嬉戲不已
是時長者	而作是念	諸子如此	益我愁惱
今此舍宅	無一可樂	而諸子等	耽湎嬉戲
不受我教	將爲火害	卽便思惟	設諸方便
告諸子等	我有種種	珍玩之具	妙寶好車
羊車鹿車	大牛之車	今在門外	汝等出來
吾爲汝等	造作此車	隨意所樂	可以遊戲
諸子聞說	如此諸車	卽時奔競	馳走而出
到於空地	離諸苦難		

여러 자식 어리석어 아버지 말 건성 듣고

노는 데만 정신 팔려 희롱을 일삼으니
이때 그 장자는 이런 생각 다시 하되
아이들이 이와 같으니 내 더욱더 걱정이라.
지금 이 집 안에서는 기쁨 하나 없건마는
여러 자식 노는 데만 정신없이 빠져 있어
아비 말을 안 들으니 장차 불에 탈 것이다.
그때 문득 생각하고 방편을 베풀어서
자식에게 하는 말이 '내게는 가지가지
놀기 좋은 장난감에 보배로 된 수레 있다.
양 수레·사슴 수레 소가 끄는 수레들이
문밖에 놓여 있다. 너희들은 나오너라.
내가 너희 위하여 이런 수레 지었으니
너희들 마음대로 희롱하고 놀아 보아라.'
이런 수레 있단 말을 자식들이 듣고서는
앞뒤를 다투면서 밀치고 뛰쳐나와
그 무서운 화재를 무사하게 면하였네.

그 사람은 아이들이 밖으로 나온 것을 보고 마을 한가운데 있는 네거리로 가서, 사자 가죽을 깐 걸상에 앉아 사람들에게 다음과 같이 말하였다.

"여러분, 나는 간신히 마음을 놓았어요. 이 20명의 아이는 내 친자식인데 가엾게도 재앙을 당할 뻔했어요.

수많은 해충이 득실거리고, 소름이 끼칠 만큼 무서워 접근하기도 어려운 집 안에 있었어요.

무서운 기세로 치솟는 불길 속의 집에서 이 아이들은 노는 데 정신 팔려 있었답니다.

나는 지금 아이들을 구해 냈어요.

그래서 나는 이제 안심할 수 있게 되었어요."

이제야 아버지의 마음이 편안해진 것을 알고 아이들은 가까이 가서 이렇게 말하였다.

"아버지, 우리에게 말씀하신 대로 훌륭한 세 가지 수레를 주세요.

아버지, 저 집에서 '세 가지의 수레를 주겠다'고 말씀하신 것이 진실이라면 지금 그것을 주세요. 지금이야말로 주실 때입니다."

그 사람이 금·은·진주 등 보화를 많이 쌓아 놓은 곳간의 주인이라고 하자. 금화와 부리는 종의 수도 적지 않고 수많은 종류의 수레도 있다고 하자.

長者見子	得出火宅	住於四衢	坐師子座
而自慶言	我今快樂	此諸子等	生育甚難
愚小無知	而入險宅	多諸毒蟲	魑魅可畏
大火猛燄	四面俱起	而此諸子	貪樂嬉戲
我已救之	令得脫難	是故諸人	我今快樂
爾時諸子	知父安坐	皆詣父所	而白父言
願賜我等	三種寶車	如前所許	諸子出來
當以三車	隨汝所欲	今正是時	唯垂給與
長者大富	庫藏衆多		

장자는 자식들이 불타던 집 빠져나와

네거리 앉은 것을 사자 자리에 굽어보고

스스로 흐뭇하여 '나 이제 즐겁도다.

이 여러 자식은 기르기도 어려우니

어린 것들 어리석어 위험한 집 들어 있어

독한 짐승 득실거려 도깨비도 무서운데

맹렬하게 쫓는 불길 사방에서 타건마는

철모르는 자식들이 놀기에만 팔린 것을

내가 이미 구하여 재난에서 벗어나니

그러므로 사람들아 내 마음이 즐거워라.'

그때 여러 자식 편안하게 앉아 있는

아버지께 나아가서 바라보고 하는 말이
'세 가지 보배 수레 우리에게 주옵소서.
조금 전에 하신 말씀 너희들이 나오면
세 가지의 수레를 주신다고 하셨나니
지금 바로 그때이니 나누어 주옵소서.
큰 부자인 장자는 그 많은 곳간 있네.

난간이 있는 작은 방울의 그물이 연결되어 있고 산개와 기로 장식되어
진주와 구슬의 주렴을 두른, 보배로 꾸민 화려한 소 수레도 있다.
이런 소 수레에는 황금 꽃으로 만든 화환이 여기저기에 걸려 있고
우아한 의상으로 덮인 새하얀 면포로 둘러싸여 있다.
이런 수레에는 부드러운 명주와 질 좋은 면포가 깔려 있고,
몇천만억 금의 값지고 새하얀 갱사(更紗)가 감겨 있다.
포동포동 살찌고 힘이 있는 크고 당당한 소가
이 보옥으로 만든 수레에 연결되어 있고, 수많은 종이 코뚜레를 잡고 있다.
그 사람은 이처럼 화려한 고급 수레를 자식들에게 다 나누어 준다.
자식들은 마음으로 만족하여 그 수레들을 타고 사방팔방으로 놀러 다닌다.

金銀琉璃	硨磲瑪瑙	以衆寶物	造諸大車
莊校嚴飾	周帀欄楯	四面懸鈴	金繩交絡
眞珠羅網	張施其上	金華諸瓔	處處垂下
衆綵雜飾	周帀圍繞	柔輭繒纊	以爲茵褥
上妙細氎	價値千億	鮮白淨潔	以覆其上
有大白牛	肥壯多力	形體姝好	而駕寶車
多諸儐從	而侍衛之	以是妙車	等賜諸子
諸子是時	歡喜踊躍	乘是寶車	遊於四方
嬉戲快樂	自在無礙		

금과 은과 유리들과 자거·마노·산호·진주

여러 가지 보배로 큰 수레를 만드는데

훌륭하게 장식하고 난간을 둘렀으며

사면에 풍경 달고 황금줄로 늘였으며

진주로 만든 그물 장막처럼 위를 덮고

금색 꽃에 여러 영락 여러 곳에 드리우고

여러 가지 채색으로 그림 그려 둘러쳤네.

보드라운 비단으로 앉을 자리 깔았으니

훌륭하고 묘한 것이 천 냥 억 냥 값어치라.

희고 맑고 깨끗한 것 수레 위에 덮었으며

몸매가 아름답고 살이 찌고 기운이 센

크고 힘센 흰 소에다 수레 멍에 메웠으며

많고 많은 시종이 모시고서 호위하는

이와 같은 좋은 수레 자식한테 주었더니

여러 자식 바로 이때 즐겁다고 뛰놀면서

보배로 된 수레 타고 사방으로 다니면서

즐겁게 노는 모양 자재하여 걸림 없네.

바로 이처럼 위대하고 성스러운 신선인 나는 중생의 보호자요 아버지이다.

이들은 다 내 아들인데

그들은 어리석게도 삼계(三界)에서 애욕에 빠져 있다.

그리고 삼계란 그 집과 같은 것으로 몇백 가지 고뇌에 몰려, 참으로 무섭고 숱한 생·로·병에 의하여 주위 일대는 남김없이 불타고 있다.

그리고 나는 삼계를 해탈하고 평정한 마음이 되어 숲속에서 혼자 산다.

그런데 이 삼계는 내 재산이고, 거기에서 불에 피해를 겪는 자들은 내 자식이다.

나야말로 그들의 보호자임을 알았고, 나는 거기에 있는 재앙이 얼마나 무서운가를 보여주었다.

그러나 그들은 모두 어리석게도 애욕에 빠져 있어 내 말에 귀를 기울이지 않
았다.

나는 교묘한 방편을 사용하여 그들에게 세 가지 수레로 마음을 사로잡았다.

告舍利弗	我亦如是	衆聖中尊	世間之父
一切衆生	皆是吾子	深著世樂	無有慧心
三界無安	猶如火宅	衆苦充滿	甚可怖畏
常有生老	病死憂患	如是等火	熾然不息
如來已離	三界火宅	寂然閑居	安處林野
今此三界	皆是我有	其中衆生	悉是吾子
而今此處	多諸患難	唯我一人	能爲救護
雖復敎詔	而不信受	於諸欲染	貪著深故

사리불께 말하노니 나도 또한 그와 같아

성인 중의 성인이며 세간의 아버지라.

일체 모든 중생이 다 모두 자식인데

세상 욕락 깊이 빠져 지혜 마음 하나 없고

삼계의 불안함이 불타는 집 같으며

뭇 고통 가득하니 무서움이 오죽하랴.

나고 늙고 병들어서 죽는 근심 항상 있어

이와 같은 불길들이 맹렬하게 타건만

삼계의 불타는 집 여래는 일찍 떠나

고요한 데 있으면서 숲과 들에 편안하니

이 삼계의 모두가 지금은 내 것이오.

그 가운데 있는 중생 다 나의 아들인데

여러 가지 환난들만 가득한 이 세상을

오직 내가 아니 오면 구호할 길 없으리라.

타이르고 가르쳐도 믿지 않는 그 마음은

여러 가지 욕락(欲樂)에 탐착하기 때문이네.

삼계에서의 수많은 재앙과 해악을 알고, 거기에서 탈출하도록 하기 위해 방편을 말한 것이다.

나만을 믿고 의지하는 자식('성문'이라는 뜻)들도, 그리고 연각들도 여섯 가지 신통력과 세 가지 학식과 위대한 위력을 얻어,

뒷걸음치는 일 없이 그들은 여기에서 보살이 된다.

이런 아들들에게 차별 없이 나는 지금 곧 이 훌륭한 비유에 의하여, 학식 있는 사람에게 오직 하나밖에 없는 부처의 법륜을 설하리니,

그것을 소중히 간직하여 모두 성불하라.

인간의 최고 자인 부처의 지혜는 가장 훌륭한 것이고 참으로 아름다운 것이다. 이 모든 세계에서 특히 뛰어나고 기품이 있으며 존경해야 하는 것이다.

갖가지 힘과 명상이 있고 또 괴로움으로부터의 해방이 있고

몇천만억이라는 무수한 마음의 통일이 있어

이 수레는 이와 같이 훌륭하고, 부처의 아들들은 거기에 올라 항상 즐긴다.

그들은 이 수레를 타고 놀며 몇 날이고, 몇 밤이고, 몇 반달이고, 몇 계절이고, 또 몇 달이고, 몇 년이고, 몇 소겁이고, 또 몇 천만억 겁이고 즐겁게 지내는 것이다.

以是方便	爲說三乘	令諸衆生	知三界苦
開示演說	出世間道	是諸子等	若心決定
具足三明	及六神通	有得緣覺	不退菩薩
汝舍利弗	我爲衆生	以此譬喩	說一佛乘
汝等若能	信受是語	一切皆當	成得佛道
是乘微妙	淸淨第一	於諸世間	爲無有上
佛所悅可	一切衆生	所應稱讚	供養禮拜
無量億千	諸力解脫	禪定智慧	及佛餘法
得如是乘	令諸子等	日夜劫數	常得遊戲

이러한 방편으로 삼승 법을 설한 것은
중생들로 하여금 삼계 고통 알게 하고
세간에서 벗어남을 설법하여 보임이라.
이 여러 자식이 그 마음을 결정하면
세 가지 밝음(三明)이나 여섯 신통 구족하여
연각이나 불퇴하는 보살 법을 얻으리라.
사리불아 잘 들으라 나는 중생을 위하여서
이와 같은 비유들로 일불승을 말하노니
만일 이제 너희들이 이 말을 믿으면
오는 세상 모두 부처님 도 이루리라.
이 승(乘)은 미묘하고 청정하고 제일이다.
일체 모든 세간에서 위가 없이 가장 높다.
부처님도 기뻐하고 일체 모든 중생도
찬탄하고 칭찬하며 공양하고 예배하니
한량없는 억천 가지 여러 힘과 해탈들과
깊은 선정 바른 지혜 부처님의 남은 법
이런 법을 얻으면 여러 모든 자식으로
밤과 낮의 오랜 세월 유희토록 하여준다.

이 보옥으로 꾸민 가장 훌륭한 수레는 많은 보살과 부처의 말에 귀를 기울인
성문들이, 타고 놀면서 이 세상에서 '깨달음'의 도량으로 가는 수레이니라.
사리불아, 이와 같이 너는 지금 알아야 한다.
'시방을 다 찾아보아도 부처들의 방편 외에 제2의 수레는 어디에도 없는 것이
다'라는 것을.
너희들은 내 아들, 나는 너희들의 아버지이다. 그리고 너희들을 고뇌로부터 벗
어나게 한 것이다.
몇천만 겁에 걸쳐 불길 속에서 괴로움을 겪고 있는 너희들을,
나는 위험과 공포로 가득 찬 삼계로부터 제도한 것이다.

그리고 그 경우에 나는 '깨달음'의 경지에 대하여 설한다.

너희들은 이 세상에서 삶(生)과 죽음(死)이라는 윤회의 고뇌로부터 해방되어 있지만, 아직도 '깨달음'의 경지에 이르지 못한 사람처럼 부처의 수레에 오르고자 갈망해야 한다.

여기에 있는 보살들은 누구나 다 부처의 내 지도에 따르라.

이것은 부처의 교묘한 방편으로 이것에 의하여 많은 보살을 제도한다.

이 세상의 인간들이 천하고 타기스러운 애욕에 빠져 있을 때,

또 그 자리에서 항상 진실을 말하는 세상의 지도자는

이 세상의 신성한 진리로서 그때의 고뇌를 설한다.

與諸菩薩	及聲聞衆	乘此寶乘	直至道場
以是因緣	十方諦求	更無餘乘	除佛方便
告舍利弗	汝諸人等	皆是吾子	我則是父
汝等累劫	衆苦所燒	我皆濟拔	令出三界
我雖先說	汝等滅度	但盡生死	而實不滅
今所應作	唯佛智慧	若有菩薩	於是衆中
能一心聽	諸佛實法	諸佛世尊	雖以方便
所化衆生	皆是菩薩	若人小智	深著愛欲
爲此等故	說於苦諦		

그리고 여러 보살 성문의 대중들이

이 수레를 타기만 하면 도량에 곧 이르리라.

이와 같은 인연으로 시방에서 구하여도

다른 승은 없으니 부처 방편 제하노라.

사리불께 말하노니 너희들은 모두 다

이 사람의 아들이요 나는 너희 아버지라.

너희들 오랜 겁에 온갖 고통 불에 타거늘

내가 모두 제도하여 삼계를 벗게 하리.

내가 앞서 말하기를 멸도했다고 하였으나

다만 생사 끝났을 뿐 참 멸도가 아니니라.

마땅히 네가 할 일 부처님의 지혜려니

만일 어떤 보살들이 이런 대중 가운데서

한결같은 마음으로 부처님 법 들으면

부처님 세존께서 비록 방편 썼지마는

교화되는 중생들은 모두 다 보살이라.

어떤 사람 지혜 작아 애욕에 집착하면

이런 사람 위하여서 고제(苦諦)를 말하느라.

어리석은 이성의 무리가 무지하여 이 세상에서의 고뇌의 근본을 보지 않을 때, '심한 욕망이 생기는 것이 고뇌의 근원이라'고 나는 그들에게 나아가야 할 길을 가리킨다.

심한 욕망을 없애기 위하여 너희는 항상 집착하면 아니 된다.

이것이야말로 내가 설한 제3의 진리인 '멸제(滅諦)'이니라.

그것에 의하여 인간은 어김없이 해방되는 것이다.

이 도를 실행해야만 해방이 있기 때문이다.

사리불아, 그들은 무엇으로부터 해방되는가. 미망에서 해방되는 것이다.

그러나 어쨌든 그들은 완전히 해방된 것은 아니다.

"그들은 아직 '깨달음'의 경지에 도달하지 못하였다"고, 이 세상의 지도자는 말한다.

나는 왜 그 사람의 해방에 대하여 말하지 않는가. 그가 이보다 더없이 훌륭한 '깨달음'에 도달하지 않았기 때문이다.

衆生心喜	得未曾有	佛說苦諦	眞實無異
若有衆生	不知苦本	深著苦因	不能暫捨
爲是等故	方便說道	諸苦所因	貪欲爲本
若滅貪欲	無所依止	滅盡諸苦	名第三諦

爲滅諦故　　修行於道　　離諸苦縛　　名得解脫

是人於何　　而得解脫　　但離虛妄　　名爲解脫

其實未得　　一切解脫　　佛說是人　　未實滅度

斯人未得　　無上道故　　我意不欲　　令至滅度

我爲法王　　於法自在　　安穩衆生　　故現於世

중생의 맘 모두 기뻐 미증유를 얻나니

부처님 말한 고제 진실함은 다름없고

만일 또 어떤 중생 고생의 본(本) 제 모르고

고통의 원인 애착하여 잠시도 못 버리니

이런 사람 위하여서 방편의 도 말하며

모든 고통 원인은 탐욕심이 근본이라

만일 탐욕 멸하면 의지할 바 전혀 없어

온갖 고통 멸하는 것 그 이름이 제삼제(諦)라.

멸제를 위하여서 큰 도를 수행하니

고통의 속박 여의는 길 해탈이라 하느니라.

이 사람 어찌하여 해탈을 얻었는가.

허망함 여의는 것이 해탈이라 하거니와

실제로는 일체 해탈 얻은 것이 아니므로

부처님 하시는 말 참 멸도가 못 된다고

이 사람은 위없는 도 아직 얻지 못한 고로

이런 멸도 이르는 것 나의 뜻이 아니로다.

나는 법의 왕으로서 모든 법에 자재하여

중생들을 편하게 하려 세상 출현했느니라.

가르침의 왕자로서 사람을 안락하게 하기 위하여

이 세상에 태어나는 것이 나의 소망인 것이다.

이것이 사리불아, 내가 최후로 오늘 설하는 가르침의 근본이다.

신들과 세상 사람들의 행복을 위하여 그 가르침을 사방팔방으로 설하여 보여라.

혹시 누군가가 이 경전을 머리에 이고
"저는 감사히 이 가르침을 받들겠습니다"라고 말하는 사람이 있다면,
이 사람이야말로 마음을 되돌리지 않을 사람이라고 생각하여라.
이 경전을 믿는 사람은 일찍이 전세에서 여래들을 친견하고
그들을 우러러 공양하고 또 이와 같은 가르침을 들었던 사람들이다.
내가 설한 훌륭한 말을 믿는 사람들은 나와 너를 본 사람이고
또 내 가르침을 따른 모든 비구와 이런 모든 보살을 본 사람이다.
이 경전은 어리석은 사람을 현혹한다고 함을 신통력에 의하여 알고,
나는 이 경전을 설하지 않았느니라.
여기에는 실로 성문들의 힘이 미치지 못하고 또 연각들도 도달하지 못하기 때문이다.

汝舍利弗	我此法印	爲欲利益	世間故說
在所遊方	勿妄宣傳	若有聞者	隨喜頂受
當知是人	阿毘跋致	若有信受	此經法者
是人已曾	見過去佛	恭敬供養	亦聞是法
若人有能	信汝所說	則爲見我	亦見於汝
及比丘僧	幷諸菩薩	斯法華經	爲深智說
淺識聞之	迷惑不解	一切聲聞	及辟支佛
於此經中	力所不及		

사리불아 나의 이 법인(法印)은
인간 세상 이익 주려 설법하는 것이니라.
가는 곳이 어디든지 함부로 선전 말고
만일 알아듣는 사람 기뻐하며 받는다면
이런 사람 바로 알라 아비발치(阿毘跋致)이니라.

　이 경전 받아 지녀 믿는 이가 있으면

　이 사람은 지난 세상 부처님을 찾아뵙고

　공경하고 공양하며 이 법문 들었노라.

　만일 어떤 사람 있어 너의 말을 믿는다면

　이 사람은 나를 보며 또한 다시 너를 보고

　비구승과 보살까지 본다고 말 하나니

　이러한 《법화경》은 깊은 지혜 위함이니

　옅은 사람 들으면 미혹하여 모르나니

　일체 모든 성문이나 일체 모든 벽지불도

　그 힘이 이 경전에 미칠 수가 없느니라.

　사리불아, 너는 굳건한 의향을 지녔기에 믿음을 가지고 득도하였지만 다른 성문들은 말할 것도 없느니라.

　그들은 나만 믿고 이 경을 따랐으나 각자가 자기 멋대로의 지혜로는 보지 못한다.

　교만한 자나 자만하는 자 또는 수행하지 않는 무리에게 이 경전을 설하면 아니 된다.

　어리석은 무리는 항상 애욕에 광분하여 아무것도 모르며

　가르침을 설하여도 그것을 버릴 것이다.

　나의 교묘한 방편은 언제나 이 세상에 확립되어 있는 부처의 지도 방법이다.

　그것을 버리고 찌푸린 얼굴로 수레를 버리고 간 사람의

　이 세상에서의 비참한 과보를 너는 들으라.

　내가 이 세상에 살아 있든 또는 입적한 다음이든, 이와 같은 경전을 버리고 떠난

　또는 비구들에게 가혹한 태도를 한 사람들이 받는 과보를 너는 들으라.

　어리석은 무리는 인간계에서 죽은 뒤에 나락으로 떨어져, 몇 겁인가를 다 채우는 동안 아비지옥에서 살게 된다.

汝舍利弗　　尙於此經　　以信得入　　況餘聲聞
其餘聲聞　　信佛語故　　隨順此經　　非己智分
又舍利弗　　憍慢懈怠　　計我見者　　莫說此經
凡夫淺識　　深著五欲　　聞不能解　　亦勿爲說
若人不信　　毀謗此經　　則斷一切　　世間佛種
或復顰蹙　　而懷疑惑　　汝當聽說　　此人罪報
若佛在世　　若滅度後　　其有誹謗　　如斯經典
見有讀誦　　書持經者　　輕賤憎嫉　　而懷結恨
此人罪報　　汝今復聽

그대 사리불도 오히려 이 경에는

신심으로 들어가거늘 하물며 다른 성문이랴.

나머지 성문들은 부처 말씀 믿으므로

《법화경》을 따르지만 그들 지혜 아니니라.

사리불아 바로 알라. 교만하고 게으르며

자만하는 사람에겐 이 경전 설치 말고

앎이 옅은 범부들도 오욕에 깊이 묻혀

들어도 모르리니 그에게도 말을 말라.

믿지 않는 어떤 사람 이 경전을 훼방하면

일체 모든 세간에서 부처 종자 끊음이니

혹은 얼굴 찌푸리며 의혹심을 품으리라.

너는 이제 잘 들으라. 이런 사람 죄보를

부처님 계시거나 멸도하신 후에라도

이런 경전 비방하고 헐뜯거나

경전 읽고 외우면서 경멸하고 미워하며

원한까지 품으면 이 사람의 죄보도

네가 이제 들으리라.

그 뒤에 또 소겁 동안 그들은 거기에서 타락을 계속하는 것이다.

지옥계에서 죽은 뒤에 그들은 또 축생계에서 헤매게 되어

말라빠진 개나 늑대가 되어 다른 사람들의 놀림감이 될 것이다.

나의 훌륭한 '깨달음'을 싫어한 무리는 거기에서 까만색이 되고 얼룩진 색이 되어

피부에 종양이 생기고 또 옴이 난다.

그들은 머리털이 빠지고 더 앙상하게 야윌 것이다.

그들은 인간들 사이에서 항상 미움받고, 흙덩어리를 맞고 비명을 지르며 여기저기에서 몽둥이로 위협받으며, 기갈에 시달리고 사지는 뼈와 살이 맞붙는 상태가 된다.

더욱이 그들은 낙타나 당나귀가 되어 짐을 나르며 채찍과 몽둥이로 얻어맞는다.

부처의 지도를 버린 어리석은 무리는 굶주림에 시달릴 것이다.

또 그런 어리석은 무리는 한쪽 눈이 멀고 절름발이의 추한 들개가 되어,

마을 아이들이 던지는 흙덩이를 얻어맞는, 학대를 당할 것이다.

其人命終	入阿鼻獄	具足一劫	劫盡更生
如是展轉	至無數劫	從地獄出	當墮畜生
若狗野干	其形馷瘦	黧黮疥癩	人所觸嬈
又復爲人	之所惡賤	常困飢渴	骨肉枯竭
生受楚毒	死被瓦石	斷佛種故	受斯罪報
若作駝駝	或生驢中	身常負重	加諸杖捶
但念水草	餘無所知	謗斯經故	獲罪如是
有作野干	來入聚落	身體疥癩	又無一目
爲諸童子	之所打擲	受諸苦痛	或時致死

그 사람은 죽은 뒤에 아비지옥 들어가서

일 겁을 다 채우고 그러고 다시 나서

이렇게 나고 죽고 수없는 겁 지내리라.

지옥에서 다시 나와 여우나 개의 무리

축생으로 태어나서 그 형상이 수척하고

못생기고 더러우며 사람마다 싫어하며

살 닿는 것 싫어하며 미움받고 천대받아

언제든지 배가 고파 앙상하게 말라붙고

살아서는 죽을 고생 죽어서는 자갈 무덤

부처 종자 끊는 거로 이런 죄보 받느니라.

만일 다시 낙타나 당나귀로 태어나면

무거운 짐 항상 지고 채찍을 맞으면서

여물만 생각할 뿐 다른 것은 모르나니

이 경전 비방하면 이런 죄보 받느니라.

만일 여우 몸을 받아 동네 마을 들어가면

온몸엔 옴과 버짐 한 눈까지 멀어서

아이들에게 매 맞고 모든 고통 다 받다가

잘못하면 죽게 되네.

어리석은 무리는 다시 환생하여 유전에 유전을 거듭하여,

어리석고 동작이 아둔한 50요자나(유순(由旬). 고대 인도의 이수(里數). 소달구지가 하루 가는 거리)의 길쭉한 동물이 될 것이다.

그들은 발이 없어져 기어다니며 몇천만의 수많은 생물에게 먹힐 것이다.

이처럼 경전을 버리는 무리는 감당할 수 없는 괴로움을 당할 것이다.

또 나의 이 경전을 믿지 않는 무리는, 인간의 모습이 되었을 때도 불구자나 불치의 환자가 되고 꼽추이자 외눈박이로, 비천하고 어리석은 자가 될 것이다.

부처의 '깨달음'을 믿지 않은 무리는 입에서 고약한 악취를 풍겨

이 세상에서 싫어하는 자가 되고 그들의 몸에는 야차나 악령이 침입할 것이다.

그들은 가난뱅이가 되고 몸은 깡말라, 언제나 남에게 조종당하고 혹사를 당할 것이다.

그들은 갖가지 고통을 받으며 비호받지 못하여 세상을 유랑하는 신세가 될 것

이다.

그들은 이 세상에서 누군가에게 부림 받는 몸이 되어도, 그 사람은 그들에게 아무것도 주려고는 하지 않는다.

또 설사 품삯을 받는다 해도 그들은 곧 그것을 잃을 것이다.

악행의 과보는 실로 이와 같은 것이니라.

於是死已	更受蟒身	其形長大	五百由旬
聾騃無足	蚖轉腹行	爲諸小蟲	之所咂食
晝夜受苦	無有休息	謗斯經故	獲罪如是
若得爲人	諸根暗鈍	矬陋攣躄	盲聾背傴
有所言說	人不信受	口氣常臭	鬼魅所著
貧窮下賤	爲人所使	多病痟瘦	無所依怙
雖親附人	人不在意	若有所得	尋復忘失
若修醫道	順方治病	更增他疾	或復致死

만일 맞아 죽게 되면 구렁이 몸 다시 받아

징그럽게 큰 길이가 5백 유순 뻗어나고

귀먹고 발이 없어 구물구물 기어가면

갖가지 작은 벌레 비늘 밑을 빨아먹어

밤낮으로 받는 고통 쉴 사이가 없으니

이런 경전 비방하면 이런 죄보 받느니라.

어쩌다가 사람 되면 여섯 감관(六根) 암둔하며

난쟁이·곰배·절름발이 장님·벙어리·곱사등이 되어

그 사람 말하는 것 듣는 사람 믿지 않고

입에서는 추한 냄새 귀신들이 따라붙고

빈궁하고 천박하여 사람들의 부림당하고

병이 많고 수척하여 의지할 데 전연 없고

다른 사람 친해지려고 해도 붙여주는 사람 없고

어떤 소득 있더라도 금방 다시 잃게 되며

만일 의술 배워 익혀 병 치료를 한다 해도

오히려 병만 더해 혹은 되려 죽게 되네.

또, 익숙한 사람들의 잘 조제된 약이 그들에게 주어지더라도,

그들의 질병은 약 때문에 도리어 악화하고 그 병은 절대 낫지 않는다.

그들은 다른 사람들에게 도난을 당하고 또 소동이나 난투에 말려들어 다툼이

일어난다.

또 다른 사람들에게 재산을 빼앗겨 죄의 과보가 그 위에 떨어질 것이다.

그는 지상에서 가르침을 베푸는 왕자인 부처를 결코 보지 아니하고,

부처의 내 지도를 버리고 가르침이 들리지 않는 곳에 산다.

어리석은 그는 가르침을 듣는 일도 없고 벙어리가 되어 또 지각없는 자가 될 것

이다.

이같이 '깨달음'을 버리고 그는 결코 마음의 평정을 얻을 수가 없다.

갠지스강의 모래알처럼 수없이 많은 몇천만억 겁 동안,

그는 우둔한 자가 되고 불구자가 된다. 이것이 이 경전 버린 죄의 과보이다.

지옥이 그의 유원지이고 환경이 나쁜 땅(지옥)이 집이 되어

그는 이 세상에서 항상 당나귀나 돼지나 들개나, 땅바닥에 코를 대고 휘젓고

다니는 개들 틈바구니에서 산다.

인간의 모습을 갖는다 해도 그는 맹인이 되고 벙어리가 되며 천치가 될 것이다.

또 다른 사람에게 혹사당하며 항상 가난뱅이 신세를 면치 못할 것이다.

이런 불행들이 그의 장식품이다.

또 갖가지 질병이 그의 의복이 되고, 몸에는 몇천만억의 상처가 생길 것이다.

若自有病	無人救療	設服良藥	而復增劇
若他反逆	抄劫竊盜	如是等罪	橫罹其殃
如斯罪人	永不見佛	衆聖之王	說法敎化
如斯罪人	常生難處	狂聾心亂	永不聞法

於無數劫	如恒河沙	生輒聾瘂	諸根不具
常處地獄	如遊園觀	在餘惡道	如己舍宅
駝驢猪狗	是其行處	謗斯經故	獲罪如是
若得爲人	聾盲瘖瘂	貧窮諸衰	以自莊嚴
水腫乾痟	疥癩癰疽	如是等病	以爲衣服

자신이 병날 때는 구원해 줄 사람 없고
좋은 약을 먹더라도 병세 더욱 악화하며
다른 사람 반역죄나 강도질과 절도죄에
이유 없이 말려 들어 애매하게 벌받으니
이러한 죄인들은 영영 부처 못 보며
성인 중의 왕이신 부처님 교화해도
이러한 죄인들은 어려운 데 항상 나서
귀먹고 산란하여 법을 듣지 못하며
갠지스강 모래처럼 한없는 오랜 세월
태어나도 불구되어 귀먹고 말 못 하리.
지옥 중에 항상 있어 공원처럼 생각하고
삼악도를 드나듦도 자기 집의 안방처럼
낙타·나귀 개와 돼지 그런 곳에 태어남도
《법화경》을 비방한 탓 죗값이 이러하노리.
인간으로 태어나도 눈멀고 귀먹고 말 못 하고
빈궁하고 못난 꼴로 스스로를 장엄히 여기며
수종다리 조갈증세 옴·나병·등창
여러 가지 이런 병을 옷으로 삼아 입느니라.

또 습진이나 옴에 걸리고, 게다가 기계충이나 백전풍, 아니면 문둥병에 걸려 악취를 풍길 것이다.

자아에 관한 이단의 견해를 견지하며, 성내는 일이 더욱 늘게 된다.

음욕이 격렬하여 그는 항상 짐승의 음문을 즐긴다.

사리불아, 혹시 내가 이제 나의 경전을 버리고 떠난 자의 죄를 헤아리자면, 가령 한 겁이 끝날 때까지 열거한다 해도 다하지 못하리라.

그것을 통찰하고 있기 때문에 나는 너에게 이르노라. 사리불아,

"어리석은 인간 앞에서 너는 이처럼 훌륭한 경전을 결코 설하면 안 되느니라"고.

그러나 이 세상에 현명하고 박식하며, 기억력이 뛰어나고 학식과 지혜가 풍부하며, 최고로 훌륭한 '깨달음'으로 나아가는 자가 있거든, 너는 이 최고의 진실을 설하라.

몇천만의 부처를 만나 뵙고 또 헤아릴 수 없을 만큼 많은 장점을 길러

믿음이 굳건한 사람들 있거든 그런 사람들에게 이 최고의 진실을 설하라.

용기가 있고 항상 자비로운 마음을 가지고 이 세상에서 오랫동안 자비를 베풀어

그 때문에 목숨을 바친 사람이 있거든

그들을 위하여 그 면전에서 이 경전을 설하라.

身常臭處	垢穢不淨	深著我見	增益瞋恚
婬欲熾盛	不擇禽獸	謗斯經故	獲罪如是
告舍利弗	謗斯經者	若說其罪	窮劫不盡
以是因緣	我故語汝	無智人中	莫說此經
若有利根	智慧明了	多聞强識	求佛道者
如是之人	乃可爲說	若人曾見	億百千佛
植諸善本	深心堅固	如是之人	乃可爲說
若人精進	常修慈心	不惜身命	乃可爲說

몸은 항상 추한 냄새 때가 많고 더러우며
'나'란 소견 집착하여 성내는 일 더욱 많고
음탕한 맘 치성하여 금수도 안 가리니
《법화경》을 비방하면 이런 죄보 받느니라.

사리불께 이르노니 이 경을 비방한 이

그 죄로 말하자면 겁 다해도 말 못 하리.

그와 같은 인연으로 너희에게 말하노니

지혜 없는 사람에겐 이 경을 설치 말라.

만일 어떤 사람 있어 지혜가 아주 밝고

많이 듣고 잘 알며 부처님 도 구하거든

그런 이에게 설해주며 어떤 사람 일찍이

백천억 부처 뵙고 선한 근본 심었으며

신심이 견고하면 그런 이에 설해주며

어떤 사람 정진하여 자비심을 항상 닦아

신명 아니 아끼거든 이 경 가히 설해주리.

서로의 목적을 존중하고 어리석은 무리를 가까이하지 아니하며, 또 산림 속 수행에 만족하는 사람들에게 너는 이 훌륭한 경전을 설하라.

좋은 친구를 섬기고 나쁜 친구를 멀리하는, 이런 부처의 아들들을 보거든 그들에게 이 경전을 설하여 밝히도록 하라.

보배처럼 끊임없이 부처의 훈계를 지키고 이 대승경전을 익히는 데 전념하는, 이런 부처의 아들들을 보거든 그들의 면전에서 너는 이 경전을 설하라.

어떤 사람이 성내지 아니하고 항상 성실한 태도를 가지며 모든 중생을 가엾이 여겨,

부처를 진정으로 공경하는 사람이 있거든 그들의 면전에서 이 경전을 설하라.

어떤 불자가 대중 한가운데에서 주저함이 없이 충분한 마음가짐으로 몇천만억의 비유 들어 가르침을 말하는 자가 있거든 그 사람에게 이 경전을 보여주라.

머리를 땅에 대고 합장하고 일체를 아는 이(부처)의 존재를 깨달아 찾으며 또 시방을 편력하여 좋은 가르침의 말씀을 갈망하는 비구가 있거든, 이 대승경전을 믿고, 다른 경전은 좋아하지 않으며 다른 경전의 한 게송도 믿으려고 하지 않는 이에게, 너는 이 훌륭한 경전을 설

하라.

누군가가 여래의 사리를 찾아다니며, 그것을 소중히 지니는 것과 마찬가지로

이처럼 훌륭한 경전을 구하여 얻었을 때, 그것을 머리에 이는 사람이 있거든

다른 모든 경전에 대해서는 언제나 되돌아보는 일이 없고

어리석은 자들에게 어울리는 로카야타(순세외도(順世外道). 극단의 물질적 쾌락주의)파(派)나

다른 여러 파의 경론에 관련되는 일이 없이

그런 것들을 피하여, 너는 이 경전을 설하여 밝히라.

사리불아, 한 겁이 다 채워질 때까지라도

나는 이 경전의 몇천만이나 되는 훌륭한 점을 설할 것이다.

최고로 훌륭한 '깨달음'으로 나아가는 사람들을 위하여, 그 면전에서 너는 이 경전을 설하라.

若人恭敬	無有異心	離諸凡愚	獨處山澤
如是之人	乃可爲說	又舍利弗	若見有人
捨惡知識	親近善友	如是之人	乃可爲說
若見佛子	持戒淸潔	如淨明珠	求大乘經
如是之人	乃可爲說	若人無瞋	質直柔軟
常愍一切	恭敬諸佛	如是之人	乃可爲說
復有佛子	於大衆中	以淸淨心	種種因緣
譬喩言辭	說法無礙	如是之人	乃可爲說
若有比丘	爲一切智	四方求法	合掌頂受
但樂受持	大乘經典	乃至不受	餘經一偈
如是之人	乃可爲說	如人至心	求佛舍利
如是求經	得已頂受	其人不復	志求餘經
亦未曾念	外道典籍	如是之人	乃可爲說
告舍利弗	我說是相	求佛道者	窮劫不盡
如是等人	則能信解	汝當爲說	妙法華經

만일 어떤 사람 있어 한결같이 공경하며
어리석은 자들과는 어울리지 아니하고
조용한 곳 깊은 산속 혼자서 지내거든
이와 같은 사람에게 《법화경》을 설해주라.
또한 다시 사리불아 만일 어떤 사람이
나쁜 지식 버리고 선지식과 친근하거든
이와 같은 사람에게 《법화경》을 설해주라.
만일 어떤 불자들이 청정한 계율 지니면서
구슬 같은 밝은 마음 대승경을 구하거든
이와 같은 사람에게 《법화경》을 설해주라.
어떤 사람 성냄 없이 마음 곧고 부드러워
일체를 가엾게 여겨 여러 부처 공양하거든
이와 같은 사람에게 《법화경》을 설해주라.
또 어떤 불자들이 여러 대중 가운데서
청정한 마음으로 가지가지 인연들과
비유와 이야기로 걸림 없이 설법하면
이와 같은 사람에게 《법화경》을 설해주라.
만일 어떤 비구들이 온갖 지혜 위하여서
사방으로 법 구하여 합장하여 받들면서
대승경을 받아 갖기 오로지 즐겨하고
다른 경전 한 게송도 받아 갖지 아니하면
이와 같은 사람에게 《법화경》을 설해주라.
어떤 사람 지성으로 뜻과 마음 견고하여
부처 사리 구하듯이 《법화경》 구하여서
머리 위로 받들면서 그 사람 이제 다시
다른 경전 구함 없고 외도 경전 안 보거든
이와 같은 사람에게 《법화경》을 설해주라.
사리불아, 말하노니 이러한 모양으로

불도를 구하는 이 겁 다해도 끝이 없어

이와 같은 사람들은 능히 믿고 이해하니

너는 꼭 이들 위해 《법화경》을 설해주라.

이상으로 성스러운 《올바른 가르침의 백련》이라는 경설에서 '불난 집의 비유'
제3장은 끝난다.

4. 부자 아버지와 가난한 아들
신해품 제4

그때, 장로 수부티(수보리(須菩提))와, 장로 마하 카탸야나(마하가전연(摩訶迦旃延))와, 장로 마하 카샤파(마하가섭(摩訶迦葉))와, 장로 마하 마우드가랴야나(마하목건련(摩訶目犍連))는, 세존으로부터 아직 직접 들어본 적이 없는 이와 같은 가르침을 듣고, 또 사리불이 더없이 완전한 '깨달음'에 이를 것이라는 예언을 듣고 경탄하여, 이상하게 생각하면서도 대단한 기쁨에 잠겼다. 그래서 그들은 자리에서 일어나 세존에게 가까이 가서 웃옷을 한쪽 어깨에 걸치고, 오른쪽 무릎을 땅에 꿇고, 세존을 향하여 합장하고, 물끄러미 우러러보면서 몸을 굽혀 예배하고, 부처님께 다음과 같이 아뢰었다.

"세존이시여, 저희는 나이를 거듭하여 노년이 되고 이 비구의 집단에서는 연장자로 인정받고 있지만, 노쇠하였기 때문에 '깨달음'의 경지에 도달하였다고 스스로 생각하여, 더없이 완전한 '깨달음'을 구하려고 하는 기력도 없고 또 노력하려고도 하지 않았나이다.

세존께서 가르침을 설하실 때, 오랫동안 그 자리에 함께 있으면서 설법을 들었나이다. 그때 저희는 장시간을 세존의 곁에 가까이 앉아 있었기 때문에 온몸이 아프고 뼈 마디마디가 쑤셨나이다. 이래서 저희는 세존께서 설법하시는 동안에, 모든 것은 본체가 없는 공(空)이고 형상이 없는 무상(無相)이며, 또 작위가 없이 존재한다는 무작(無作)이라는 것을 분명히 알았지만, 저희는 부처님의 가르침을 듣고 싶다든가 부처님 나라의 훌륭한 광경을 보고 싶다든가, '깨달음'을 달성할 여래가 노닐면서 기적을 보여주는 것을 열망하지 않았나이다.

妙法蓮華經信解品第四

爾時慧命須菩提 摩詞迦旃延 摩詞迦葉 摩詞目犍連 從佛所聞 未曾有法 世尊授舍利
弗 阿耨多羅三藐三菩提記 發希有心 歡喜踊躍 卽從座起 整衣服 偏袒右肩 右膝著地 一
心合掌 曲躬恭敬 瞻仰尊顔 而白佛言 我等居僧之首 年幷朽邁 自謂已得涅槃 無所堪任
不復進求 阿耨多羅三藐三菩提 世尊往昔 說法旣久 我時在座 身體疲懈 但念空 無相
無作 於菩薩法 遊戲神通 淨佛國土 成就衆生 心不喜樂.

묘법연화경 신해품 제4

이때 혜명(慧命)인 수보리와 마하가전연과 마하가섭과 마하목건련이 부처님에게서
일찍이 듣지 못하였던 법과, 세존께서 사리불에게 아뇩타라삼약삼보디의 수기 주심을
듣고, 희유한 마음을 내어 뛸 듯이 기뻐하면서 자리에서 일어나, 옷을 단정히 하고 오
른쪽 어깨를 드러내고 오른쪽 무릎을 땅에 대고 일심으로 합장한 채, 허리를 굽혀 공
경하며 부처님의 얼굴을 우러러보면서 아뢰었다.

"저희는 대중의 상수로서 나이가 이미 늙었사오며, 저희 스스로 생각하기를 '이미 열
반을 얻었노라' 하면서, 더 할 일이 없다 하여, 다시 나아가 아뇩타라삼약삼보디를 구
하지도 아니하였나이다. 세존께서 옛날부터 법을 설하신 지 오래이거늘, 저희가 그때
자리에 있으면서도 몸이 게을러서, 공하고 모양이 없고 지을 것이 없는 것만 생각했을
뿐, 보살의 법과 신통에 즐거워함과 부처님 국토를 깨끗이 함과, 중생을 성취시키는 일
을 마음에 즐거워하지 않았나이다.

그 까닭을 아뢰오면, 저희는 삼계에서 벗어나 '깨달음'의 경지에 도달한 것으로
여기고 있었는데 노령 탓으로 망령을 부렸나이다.

그러므로 저희는 주제넘게도 다른 보살들에게 '더없이 완전한 '깨달음'을 이루
도록 힘쓰라'고 훈계하였나이다. 그러나 그때 저희에게는 그것을 열망하는 마음
이 전혀 생기지 않았나이다. 이런 저희에게, 지금 세존께서 친히 "성문들도, 더없
이 완전한 '깨달음'을 얻을 수 있다"고 하시는 예언을 듣고 경탄하여, 이상하게 생
각이 되면서도 위대한 소득을 얻었나이다. 세존이시여, 저희는 오늘 갑자기 이처
럼 아직껏 들어본 적이 없는 부처님의 음성을 듣고, 헤아릴 수 없는 위대한 보배

를 얻는 영광을 누렸나이다. 세존이시여, 저희는 구하지도 않았고 바라지도 않았으며, 생각하지도 않고 간절히 기원하지도 않았사온데, 이처럼 위대한 보배를 얻게 되었나이다. 저희는 분명히 알게 되었나이다. 그것을 완전히 알았나이다.

세존이시여, 비유로써 저희의 뜻을 밝히오리다.

어느 사나이가 어릴 때 아버지 곁을 떠나 타국으로 갔다고 합시다.

그는 거기에서 20년이나 30년, 또는 40년이나 50년이라는 오랜 세월을 살았다고 합시다. 이 사나이는 얼마 후에 어른이 되었으나 가난하여, 생업을 찾고 의식을 구하기 위해 사방을 방랑하며 다른 나라로 갔다고 합시다. 그리고 그의 아버지도 타국으로 이주하여 많은 재물과 곡물·금화·창고를 소유하게 됩니다.

所以者何 世尊令我等 出於三界 得涅槃證 又今我等 年已朽邁 於佛敎化菩薩 阿耨多羅三藐三菩提 不生一念 好樂之心 我等今於佛前 聞授聲聞 阿耨多羅三藐三菩提記 心甚歡喜 得未曾有 不謂於今 忽然得聞 希有之法 深自慶幸 獲大善利 無量珍寶 不求自得 世尊我等今者 樂說譬喩 以明斯義 譬若有人 年旣幼稚 捨父逃逝 久住他國 或十二十至五十歲 年旣長大 加復窮困 馳騁四方 以求衣食 漸漸遊行 遇向本國 其父先來 求子不得 中止一城 其家大富 財寶無量.

왜냐하면 세존께서 저희로 하여금 삼계에서 벗어나 열반을 얻도록 하였사오며 또 저희의 나이가 늙었으므로, 부처님께서 보살을 교화하시는 아뇩타라삼약삼보디에는 조금도 좋아하는 생각을 내지 아니하였나이다.

저희가 지금 부처님 앞에서 성문들에게 아뇩타라삼약삼보디의 수기 주심을 듣삽고, 마음에 크게 환희하여 '미증유'함을 얻었나이다. 지금 뜻밖에 희유한 법을 들으니 매우 기쁘고 다행스러우며, 큰 이익을 얻사오니 구하지 않은 무량한 보물을 저절로 얻은 것과 같나이다.

세존이시여, 저희가 지금 비유를 들어 이 뜻을 밝히겠나이다.

어떤 사람이 나이 어렸을 적에 아버지를 버리고 집을 나가, 다른 지방에 살기를 10년 20년 50년을 지냈는데, 나이가 들어서도 매우 빈궁하여, 사방으로 의식을 찾아 헤매다가 우연히 본국을 향하게 되었나이다. 또한 그의 아버지는 아들을 찾아 오랫동안

다녔으나 만나지 못하고, 중도에 어떤 성에 머물러 살게 되었나이다. 그 아버지는 부자가 되어 재물이 한량없나이다.

아버지에게는 다량의 금·은·보석·진주·유리·수정·산호가 쌓였으며, 수많은 남녀 노예와 고용인·관리인이 있고, 또 코끼리·말·소·양을 여러 마리 가지게 되었다고 합시다. 또 많은 권속을 데리고 있어, 여러 큰 나라 중에서도 유수한 부자가 되어 농사와 장사를 널리 경영하고 재산을 늘렸을 뿐만 아니라, 이자로 재물을 늘려 번성하였다고 합시다.

그런데 세존이시여, 그 헐벗은 아들은 의식을 구하며 여러 마을을 떠돌고 읍과 도시를 거쳐, 마침내 큰 부자가 된 그의 아버지가 살고 있는 도성에 도착하였다고 합시다. 한편 큰 부자인 아버지는, 이 도성에서 아무 불편 없이 살지만 50년이 되도록 언제나 행방불명이 된 아들을 한시도 잊지 못하였나이다. 그는 마음속으로 아들을 골똘히 생각하면서도 아무에게도 말하지 않고 혼자 괴로워합니다. 그러면서 이렇게 생각하였나이다.

"나는 이제 나이가 많아서 늙어 버렸지만 막대한 금은보화가 있고 곡물과 갖가지 재물이 곳간에 넘쳐난다. 그런데 아들이 없구나. 무슨 팔자가 이런가. 내 생명이 다하여 죽게 되면 이 재산을 상속해 줄 자식도 없으니 내 재산은 모두 흩어져 버리고 말 것이다."

그는 마냥 아들을 생각하며 '아아, 내 아들이 이 재산을 상속하여 준다면, 아무 괴로움도 없고 또 더 바랄 것이 없으련만' 하고 한탄하였다고 합시다.

세존이시여, 그 헐벗은 사나이는 의식(衣食)을 구하기 위해 마침내 막대한 재산을 가진 부잣집 가까이 왔다고 합시다. 그때 그의 아버지인 부호는 자기 집 현관 앞에 휘장을 둘러치고 금은보옥으로 아로새긴, 사자 가죽을 깐 호사스러운 의자에 걸터앉은 채 큰 부채로 부채질을 시키고 있었더이다.

그 일대에는 꽃이 뿌려져 있고, 그의 주위에는 수많은 바라문과 왕후 귀족, 상인들이 둘러싸고, 몇천만억이라는 거액의 거래를 하고 있었다고 합시다. 세존이시여, 그 헐벗은 사나이는 자기 집 현관 앞에 의젓하게 의자에 걸터앉아 많은 사람에 둘러싸인 채 거래를 하고 있는 자기 아버지를 보았나이다.

金銀 瑠璃 珊瑚 琥珀 頗梨珠等 其諸倉庫 悉皆盈溢 多有僮僕 臣佐吏民 象馬車乘 牛羊無數 出入息利 乃徧他國 商估賈客 亦甚衆多 時貧窮子 遊諸聚落 經歷國邑 遂到其父 所止之城 父每念子 與子離別 五十餘年 而未曾向人 說如此事 但自思惟 心懷悔恨 自念老朽 多有財物 金銀珍寶 倉庫盈溢 無有子息 一旦終沒 財物散失 無所委付 是以殷勤 每憶其子 復作是念 我若得子 委付財物 坦然快樂 無復憂慮 世尊 爾時窮子 傭賃展轉 遇到父舍 住立門側 遙見其父.

금·은·유리·산호·호박·파리·진주 같은 보물이 창고마다 가득하였고, 남종·여종·상노·시중·청지기·서기들을 많이 거느렸으며, 코끼리·말·수레와 소와 양이 무수히 많았으며, 재물이나 곡식을 거래하는 이익이 다른 나라에까지 미치어서 장사꾼과 거간들이 매우 많았나이다.

그때 빈궁한 아들은 여러 지방과 여러 마을을 전전하다가, 마침내 아버지가 살고 있는 도시에 이르게 되었나이다. 아버지는 아들과 이별한 지가 50여 년이 지난 줄을 항상 기억하고 있었지만, 한 번도 다른 사람에게 이런 일을 말하지 아니하고 스스로 마음속에 한탄하기를 '나이는 이미 늙고 자식은 없으니 이제 죽게 되면, 창고마다 가득한 금·은 등의 재물을 누구에게 전해 줄 것인가' 하면서 은근히 아들을 기다렸으며, 다시 생각하되 '내가 만일 아들을 만나서 재산을 전해 주게 되면, 한없이 쾌락하여 다시 근심이 없으리라' 하였나이다.

세존이시여, 한편 빈궁한 아들은 품팔이를 하며 이리저리 다니다가 우연히 아버지가 사는 집의 대문 앞에 이르러, 멀리 그의 아버지를 바라보았나이다.

아들은 그 모습을 보고 그 호사스러운 광경에 놀람과 동시에 온몸에 전율을 느꼈더이다. 그리하여 아들은 마음이 산란해져 이런 생각을 하였나이다.

"갑자기 왕이나 대신을 만나 버렸네. 나 같은 놈은 이런 자리에 있을 수가 없지. 떠나자. 빈민굴로 가면 의식은 별로 고생하지 않고 해결이 된다. 어물어물하다가는 큰일난다. 여기에 더 있으면 붙잡혀서 강제노동을 당하든가 무서운 재앙이 닥쳐올지도 몰라."

그래서 세존이시여, 그 헐벗은 사나이는 고난이 잇따를 것이라고 생각하여, 공포감에 떨면서 서둘러 도망치듯 그곳을 떠나려 하였습니다. 그런데 그 부호는 자기 집 현관 앞 의자에 앉아 있다가, 헐벗은 사나이를 보고 한눈에 자기 아들이라는 것을 알았나이다. 그 모습을 보고 부호는 크게 기뻐서 만족해하며 이렇게 생각할 것이옵니다.

"이것은 참으로 불가사의한 일이다. 어쨌든 이 막대한 금은보화와 곡물과 재물이 넘치는 곳간을 상속해 줄 녀석이 나타났구나. 나는 저 아들 생각을 끊임없이 해 왔다. 그렇게도 만날 수 없더니, 이제 아들 녀석이 제 발로 홀연히 찾아왔구나. 나는 그새 너무 늙어 버렸어."

踞師子牀 寶几. 承足 諸婆羅門 刹利居士 皆恭敬圍繞 以眞珠瓔珞 價値千萬 莊嚴其身 吏民僮僕 手執白拂 侍立左右 覆以寶帳 垂諸華幡 香水灑地 散衆名華 羅列寶物 出內取與 有如是等 種種嚴飾 威德特尊 窮子見父 有大力勢 卽懷恐怖 悔來至此 竊作是念 此或是王 或是王等 非我傭力 得物之處 不如往至貧里 肆力有地 衣食易得 若久住此 或見逼迫 强使我作 作是念已 疾走而去 時富長者 於師子座 見子便識 心大歡喜 卽作是念 我財物庫藏 今有所付 我常思念此子 無由見之 而忽自來 甚適我願.

그는 사자상에 걸터앉아 보배 궤로 발을 받쳤고, 여러 바라문과 찰제리와 거사들이 모두 공경하여 둘러 모셨으며, 천 냥이나 만 냥이나 되는 진주와 영락으로 몸을 장엄하였고, 시종과 하인들이 흰 총채를 들고 좌우에 모셨으며, 보배 안장을 위에 덮고 여러 가지 꽃번개를 드리우고, 향수를 땅에 뿌리고 훌륭한 꽃들을 흩었으며, 보물들을 벌여 놓고 내고 들이며 주고 또 받는, 이러한 장엄한 일들이 특별히 위덕이 있게 보였나이다. 빈궁한 아들은 그 아버지가 큰 세력을 가진 사람인 줄을 알고는 곧 두려운 생각을 품어 그곳에 온 것을 후회하면서 이렇게 생각하였나이다.

'저이는 아마 왕이거나 또는 왕족인가 봐. 내가 품팔이할 곳이 아니로다. 다른 가난한 마을에 찾아가서 마음대로 품을 팔고 의식을 구함만 같이 못 하리라. 만일 여기 오래 머물렀다가는 혹 붙들려서 강제로 일을 하게 될지도 모른다.' 이렇게 생각한 그는 거기서 빨리 달아났나이다.

이때 대부호 장자는 사자좌에서 자기 아들을 문득 알아보고 마음이 크게 환희하여 생각하기를 '내 창고마다 가득 찬 재물을 이제 전해줄 데가 있구나! 내가 항상 이 아들만 생각하였으나 도무지 만날 수가 없었다. 이제 스스로 왔으니 나의 소원을 성취함이로다.

그래서 아들에 대한 참을 수 없는 사랑에 괴로워하던 이 사람은 곧,

"너희들은 빨리 가서 저 사나이를 데려오너라."

하고 서둘러 하인들을 뒤쫓아 보낼 것이옵니다. 하인들이 모두 달려가서 그 헐벗은 사나이를 붙잡자, 그 헐벗은 사나이는 공포심에 질리고 마음이 산란해져, 격렬한 공포의 소리로 울부짖을 것입니다.

"나는 당신들에게 아무 잘못이 없는데 왜 이래요."

그러나 하인들은 울부짖는 헐벗은 사나이를 억지로 끌고 올 것입니다. 헐벗은 사나이는 공포에 질려 '어쨌든 나는 처형이 되든가, 형벌을 받아 죽게 된다'고 생각할 것입니다. 그는 실신하여 땅바닥에 쓰러질 것입니다. 그의 아버지는 정황을 알고 곁으로 가까이 다가가서 하인들에게 이렇게 말할 것입니다.

"너희들은 이 사나이를 그처럼 거칠게 끌고 와서는 안 된다."

이렇게 말한 다음 그에게 냉수를 끼얹게 하고 그 이상은 아무 말도 하지 않을 것입니다. 왜냐하면, 그 장자는 이 헐벗은 사나이가 허황된 생각을 하지 않고 비천한 처지에 만족하는 것을 알았고, 또 자신의 영화를 아들이 멀리하고 있는 것을 알았으며, 더구나 이 사나이가 자기 아들이라는 것을 알았기 때문입니다.

그럼 세존이시여, 이 장자는 이 경우에 어떻게 하였겠나이까. 그는 아무에게도 자기 아들이라는 것을 밝히지 않을 것이옵니다. 그리고 그 장자는 다른 하인에게 말할 것입니다.

"여봐, 너는 가서 저 사나이에게 이렇게 말하여라. '이 가난뱅이야, 너를 놓아 줄 터이니 네가 가고 싶은 데로 가거라'라고 말이야."

이렇게 지시를 받은 하인은 장자의 말대로 헐벗은 사나이 가까이 가서 지시받은 대로 할 것이옵니다.

그러면 이 헐벗은 사나이는 이 말을 듣고 놀라 이상하게 생각할 것입니다. 그는 일어나서 그 자리를 떠나 빈민굴로 찾아가 의식을 구하였더이다.

我雖年朽 猶故貪惜 卽遣傍人 急追將還 爾時使者 疾走往捉 窮子驚愕 稱怨大喚 我 不相犯 何爲見捉 使者執之逾急 强牽將還 于時窮子 自念無罪 而被囚執 此必定死 轉 更惶怖 悶絶僻地 父遙見之 而語使言 不須此人 勿强將來 以冷水灑面 令得醒寤 莫復 與語 所以者何 父知其子 志意下劣 自知豪貴 爲子所難 審知是子 而以方便 不語他人 云是我子 使者語之 我今放汝 隨意所趣 窮子歡喜 得未曾有 從地而起 往至貧里 以求 衣食.

내 비록 나이 늙었으나 그래도 아까운 마음이 있노라' 하고 곧 사람을 보내어 데려 오도록 하였나이다. 그때 한 심부름꾼이 달려가 붙드니, 그 빈궁한 아들은 놀라 원망 하며 큰 소리로 외치기를 '나는 아무 잘못이 없는데 왜 붙들어 가나이까' 하므로 심부 름꾼은 더욱 단단히 붙들고 강제로 데려오려 하자, 그때 빈궁한 아들은 이렇게 생각 하였나이다. '나는 아무 죄도 없이 붙잡혔으니 반드시 죽이려는가 보다'고.

그렇게 생각하니 한층 더 놀랍고 무서워, 땅에 넘어져 기절해 버렸나이다. 아버지는 멀리서 그 꼴을 보고 심부름꾼에게 말하기를 '그 사람을 억지로 붙들어 올 것은 없다. 그 얼굴에 냉수라도 끼얹고 다시 소생하게 하여 더는 말하지 말라'고 하였나이다. 왜 냐하면 아버지는 아들의 마음과 뜻이 좁고 못난 줄을 알며, 한편 자기는 호화롭고 부 귀하여 그 아들이 어려워하는 줄도 짐작하였기 때문입니다. 분명히 아들인 줄을 알지 마는, 방편으로써 다른 사람에게는 나의 아들이란 것을 알리지 않고 심부름꾼을 시 켜 말하기를 '내가 너를 놓아 줄 터이니 네 마음대로 가거라' 하였다. 그러자 빈궁한 아들은 매우 기뻐하며 땅에서 일어나 어느 가난한 마을을 찾아가 의식을 구하고 있 었나이다.

그래서 그 장자는, 그 헐벗은 사나이를 데려오기 위하여 관심을 끌 만한 교묘 한 방편을 쓸 것이옵니다. 장자는 안색이 나쁜 보잘것없는 두 사나이를 은밀히 보 내며 이렇게 말하였나이다.

"너희들은 여기에 와 있던 사나이한테 가서, 그 젊은이를 너희들이 부리도록 하 고 품삯을 두 배 준다고 하여 우리 집에서 일을 시켜라. 혹시 그 사나이가 '무슨 일을 하느냐'고 묻거든, '우리 두 사람과 함께 뒷간을 친다'고 하여라."

　그래서 이 두 사나이는 그 헐벗은 사나이를 찾아내어, 장자가 지시한 대로 일을 시킬 것이옵니다. 이렇게 그 두 사람과 헐벗은 사나이는 이 큰 부자에게서 품삯을 받고 그 집에서 뒷간의 똥오줌 치는 일을 하게 될 것입니다. 그리고 이 부잣집에서 가까운 데 있는 작은 초가에서 살 것입니다. 그리고 그 부자는 창문으로 자기 아들이 똥오줌 치는 것을 볼 것입니다. 그 모습을 보고 다시 이상하게 생각할 것입니다.

　그러다가 그 장자는 머리에 쓰는 관과 장신구를 벗고, 또 입고 있던 부드럽고 넉넉하며 화사한 옷을 벗어 던지고, 때 묻은 옷을 걸치고, 오른손에 똥오줌 치는 통을 들고, 자기의 손발에 흙을 바른 허름한 모습으로 자기 저택에서 내려와, 먼 데서부터 말을 걸면서 그 헐벗은 사나이에게 가까이 갔다고 합시다.

　“너는 통을 들고 가거라. 그렇게 멍청하게 서 있지 말고, 내 몸에 묻은 흙을 씻어 다오.”

　이와 같은 방편으로 장자는 아들에게 말을 걸고 이렇게 말할 것입니다.

　爾時長者 將欲誘引其子 而設方便 密遣二人 形色憔悴 無威德者 汝可詣彼 徐語窮子 此有作處 倍與汝直 窮子若許 將來使作 若言欲何所作 便可語之 雇汝除糞 我等二人 亦共汝作 時二使人 卽求窮子 旣已得之 具陳上事 爾時窮子 先取其價 尋與除糞 其父見子 愍而怪之 又以他日 於窓牖中 遙見子身 羸廋憔悴 糞土塵坌 汚穢不淨 卽脫瓔珞 細輭上服 嚴飾之具 更著麤弊 垢膩之衣 塵土坌身 右手執持 除糞之器 狀有所畏 語諸作人 汝等勤作 勿得懈息 以方便故 得近其子.

　그때 장자는 그 아들을 타일러서 데려오려고 방편을 써서, 모양이 초라하고 보잘것없는 두 사람의 사자를 가만히 보내면서 이렇게 일렀나이다. ‘너희는 거기에 가서 그 가난한 사람에게 말하기를 저기 일할 곳이 있는데, 품삯은 다른 데보다 배로 준다 하고 만약 그가 허락하거든 데리고 와서 일을 시키되, 혹 하는 일이 무엇이냐고 묻거든 거름을 치우는 일로 우리 두 사람도 그대와 함께 그 일을 한다고 하여라’ 하니, 두 사람은 즉시 빈궁한 사람을 찾아가서 그런 말을 하였나이다.

　그리하여 빈궁한 아들은 그들을 따라가 선금을 받고 거름을 치우는데, 아버지는 그를 볼 때마다 가엾은 생각이 들었나이다. 어느 날은 방 안에서 일하는 아들을 바라보니, 그 몸은 야위어 초췌하였고, 흙과 먼지가 온몸에 가득하여 더럽기가 짝이 없는지라, 아버지는 곧 영락과 좋은 의복과 장식품을 벗어버리고, 허름하고 때가 묻은 옷으로 바꾸어 입고, 또 먼지를 몸에 바르고 오른손에는 거름 치우는 기구를 들고 나가 여러 일꾼에게 말하기를 '그대들은 게으름을 피우지 말고 부지런히 일하라' 하면서 이러한 방편으로 그 아들에게 가까이 접근할 수 있었나이다.

"여봐라, 젊은이. 너는 여기에서 일하도록 하여라. 두 번 다시 다른 데 갈 생각은 마라. 나는 너한테 품삯도 특별히 올려 줄 것이다. 네가 가지고 싶은 것이 있으면, 무엇이든 사양하지 말고 '달라'고 하는 게 좋다. 물병값이든, 항아리값이든, 솥값이든, 땔나무값이나 소금값이든, 또 음식이고 옷이고 무엇이나 '달라'고 하면 된다. 내가 입던 낡은 윗도리가 있다. 그것이 필요하다면 그것을 너에게 주겠다. 이런 것이 가지고 싶다면 무엇이든 너에게 줄 거야. 걱정하지 말아라. 나를 너의 아버지로 생각해도 좋다. 왜냐하면 나는 늙었고 너는 젊으니까. 게다가 너는 똥오줌 치는 일을 하며 나에게 여러 가지로 정성을 다하였다. 너는 여기에서 일을 하면서 나쁜 짓이나 부정한 짓, 불성실한 짓, 무엇 하나 그런 일을 저지른 게 없고, 거만한 데도 없으며, 본성을 숨기는 일도 한번 없었다. 앞으로도 그런 일이 절대 없을 것이다. 어쨌든 너에게는 다른 머슴들이 일을 할 때 보이는 결점이 하나도 없었다. 너는 오늘부터 나에게 친아들이나 다름없다."

그래서 세존이시여, 그 장자는 이 헐벗은 사나이를 아들이라고 부르게 될 것이옵니다. 그리고 이 헐벗은 사나이도 그 장자에 대하여 아버지의 인상을 갖게 될 것입니다. 이와 같은 방편으로, 아들을 가까이 두고 싶어 했던 장자이지만 이 아들에게 20년 동안 똥오줌 치는 일을 시키리라. 이렇게 하여 20년이 지나자, 그 헐벗은 사나이는 장자의 집에 자유롭게 드나들게 되었으나 거처는 여전히 그 작은 그 초가입니다.

後復告言 咄男子 汝常此作 勿復餘去 當加汝價 諸有所須 盆器米麵 鹽酢之屬 莫自疑難 亦有老弊使人 須者相給 好自安意 我如汝父 勿復憂慮 所以者何 我年老大 而汝少

壯 汝常作時 無有欺怠 瞋恨怨言 都不見汝 有此諸惡 如餘作人 自今已後 如所生子 卽

時長者 更與作字 名之爲兒 爾時窮子 雖欣此遇 猶故自謂 客作賤人 由是之故 於二十

年中 常令除糞. 過是已後 心相體信 入出無難 然其所止 猶在本處.

　　그러고는 다시 빈궁한 아들에게 말하기를 '너는 다른 데로 가지 말고 항상 여기에서 일을 하여라. 그러면 너의 품삯도 올려줄 것이요, 또 필요한 물건이 있거든 항아리·쌀·밀가루·소금·장 할것 없이 무엇이든지 말하여라. 늙은 하인이 있으니 달라는 대로 줄 것이다. 나는 너의 아버지와 같지 않으냐. 그러므로 다시 걱정하지 말고 편히 잘 있거라. 왜냐하면 나는 이미 나이가 늙었고 너는 아직 젊었구나. 너는 일할 적에 항상 속이거나 게으르거나 성내거나 원망하는 말이 없었으니, 다른 일꾼들처럼 나쁘지가 않았다. 이제부터는 나의 친자식과 같이 생각하겠노라' 하면서 장자는 이름을 다시 지어주고 아들이라고 불렀나이다.

　　그때 빈궁한 아들은 이런 귀염을 받는 것이 기뻤으나, 전과 같이 머슴살이하는 천한 사람이라고 스스로 생각하였으므로, 20년 동안을 항상 거름만 치우고 있었나이다. 그 뒤 얼마쯤 지나더니 마음을 서로 믿고 통하여, 안팎을 무난하게 드나들면서도 거처하는 곳은 그전과 같았나이다.

그런데 세존이시여, 그 장자는 점점 노쇠하여 스스로 죽을 때가 가까워졌음을 알게 될 것입니다. 그는 이 가난한 사나이에게 이렇게 말할 것입니다.

"애야, 이리 오너라. 여기에 나의 막대한 금은보화와 곡물과 재물이 넘치는 창고가 있다. 나는 중병이 들었다. 나는 이 재산을 물려줄 사람을 찾고 있다. 네가 이 모든 것을 받아 다오. 그것은 왜냐하면, 나는 이 재산의 소유자이지만 너에게 그렇게 해주고 싶기 때문이다. 그러나 낭비하지 않기를 바란다."

그래서 그 가난한 사나이는 이렇게 그 장자의 막대한 재산을 물려받을 것입니다. 그러나 자신은 거기에 욕심이 없고 그중에서 아무것도 받지 않고 보리쌀 한 되 값의 돈도 꺼내 쓰지 않을 것입니다. 그리고 자기는 가난하다고 생각하여 지금까지처럼 작은 초가에서 살 것입니다.

그런데 세존이시여, 그 장자는 아들이 유능하여 재산을 지키는 사람으로서 빈

틈이 없다는 것을 알게 되고, 또 마음이 깨끗하기 때문에 겸손하며 더욱이 지난 날 가난하였기에 못난 생각한 것을 스스로 뉘우치고 있음을 알게 되었나이다. 그러다가 임종에 다다르자, 아들을 가까이 불러 많은 친족에게 소개하고, 또 왕과 대신 앞에서 주위 사람들을 향하여 이렇게 선언할 것이옵니다.

"여러분은 잘 들으시오. 이 사람은 내 친아들이고 나는 그 아버지입니다. 어떤 도성(都城)에 있었는데 그곳에서 50년 전에 이 아들은 모습을 감추었습니다.

世尊爾時長者 有疾 自知將死不久 語窮子言 我今多有 金銀珍寶 倉庫盈溢 其中多少 所應取與 汝悉知之 我心如是 當體此意 所以者何 今我與汝 便爲不異 宜加用心 無令漏失 爾時窮子 卽受敎勅 領知衆物 金銀珍寶 及諸庫藏 而無希取 一餐之意 然其所止 故在本處 下劣之心 亦未能捨 復經少時 父知子意 漸已通泰 成就大志 自鄙先心. 臨欲終時 而命其子 幷會親族 國王大臣 刹利居士 皆悉已集 卽自宣言 諸君當知 此是我子 我之所生 於某城中 捨吾逃走 伶俜辛苦 五十餘年.

세존이시여, 그때 장자는 병이 생겨 죽을 때가 머지않은 것을 알고, 빈궁한 아들에게 말하였나이다. '나에게는 지금 금·은 보배가 많아 창고마다 가득하므로, 그 속에 많고 적은 것이라든지 주고받을 것을 네가 다 알아서 처리하라. 내 뜻이 이러하니 너는 그대로 하여라. 왜냐하면 지금은 너와 내가 다를 것이 없으니, 마땅히 마음을 잘 써서 허비하지 말고 잃지 않도록 하라.'

이때 빈궁한 아들이 명령을 받고 금·은 진보의 여러 재산과 창고를 맡았으면서도 한 가지도 욕심을 내지 않고, 거처하는 곳도 예전 그대로이며, 용렬한 마음 또한 조금도 버리지 않고 있었나이다.

또 얼마를 지난 뒤에 아들의 마음이 점점 열리고 커져서 큰 뜻을 이루고, 예전의 비열했던 마음을 스스로 뉘우침도 알았나이다. 그 아버지가 임종할 때 이르러, 아들에게 명하여 친족들과 국왕과 대신과 찰제리와 거사들을 모이게 하고, 그들이 모인 뒤에는 이렇게 선언하였나이다. '여러분은 마땅히 아시라. 이는 나의 아들이라. 내가 이를 낳았으나 어느 성중에서 나를 버리고 도망하여 50여 년 동안 외롭게 떠돌아다니며 고생했소.

이 아들의 이름은 아무개이고 내 이름은 이러이러합니다. 그리고 나는 이 아들을 찾아 그 도성으로부터 여기에 온 것입니다. 이 사람은 내 아들이고, 나는 그의 아버지입니다. 나에게 조금이라도 소득이 있으면, 설사 아주 작은 소득이라도 모두 이 아들에게 물려줄 것입니다. 그런데 나 자신이 소유한 재산은 아주 작은 것까지 모두 아들이 알고 있습니다.”

세존이시여, 그러자 그 가난한 사나이는 이 말을 듣고 놀람과 동시에 이상한 생각이 들 것입니다.

“아니, 갑자기 금은보화와 곡물과 재물이 가득 넘치는 곳간이 내 것이 되다니!”

그야말로 이처럼, 세존이시여, 저희는 여래의 아들과 같은 것이고, 여래께서는 저희에게 저 장자와 같이,

“너희는 내 아들이다.”

라고 하시지 않았나이까. 더욱이 저희는 세 가지 고뇌에 시달리고 있나이다. 세 가지 고뇌란 무엇인가 하면 고(苦)라고 하는 고뇌와, 변화에서 비롯된 고뇌와, 악화(惡化)에 근거한 고뇌이옵니다. 그리고 이 세 가지 고뇌에 의하여 우리는 삶과 죽음의 윤회에서 의향(意向)이 매우 저열하나이다. 이래서 저희는 오물과도 비슷한 많은 지저분한 생활조건을 없애도록 세존께서 생각하게 하셨나이다. 그리고 저희는 그런 것에 전념하여 힘써 왔으며, 마치 날마다 품삯 구하듯이 ‘깨달음’의 경지만을 바라고 있나이다. 그리고 저희는 여래의 곁에서 그런 것에 전념하고 힘씀으로써 ‘깨달음’의 경지에 도달한 것에 만족하고 있으며, 많은 것을 얻었다고 생각하나이다.

其本字某 我名某甲 昔在本城 懷憂推覓 忽於此間 遇會得之 此實我子 我實其父 今我所有 一切財物 皆是子有 先所出內 是子所知 世尊是時窮子 聞父此言 卽大歡喜 得未曾有 而作是念 我本無心 有所希求 今此寶藏 自然而至 世尊 大富長者 則是如來 我等皆似佛子 如來常說 我等爲子 世尊 我等 以三苦故 於生死中 受諸熱惱 迷惑無知 樂著小法 今日世尊 令我等 思惟 蠲除諸法 戲論之糞 我等於中 勤加精進 得至涅槃 一日之價 旣得此已 心大歡喜 自以爲足 便自謂言 於佛法中 勤精進故 所得弘多.

그의 본래 이름은 아무개였고 내 이름은 아무개였소. 오래전부터 무척 걱정하며 찾았더니, 홀연히 여기에서 만났소. 이는 내 진실한 아들이요 나는 그의 아비요. 지금 내가 가진 모든 재산은 다 이 아들의 것이며, 이왕 주고받던 것도 모두 이 아들이 알아서 처리할 것이오' 하였나이다.

세존이시여, 이때 빈궁한 아들은 아버지의 이 말을 듣고 크게 기뻐하며, '미증유'함을 얻어서 스스로 생각하기를 '나는 본래부터 바라는 마음이 없었는데 지금 이 보배 창고가 저절로 이르렀구나' 하였나이다.

세존이시여, 대부호 장자는 곧 여래이시고 저희는 다 부처님의 아들 같사오니, 여래께서 항상 말씀하시기를 저희를 아들이라고 하시었나이다.

세존이시여, 저희가 세 가지 괴로움으로 인하여 나고 죽는 가운데 여러 가지 고통을 받으며, 미혹하고 무지하여 소승법에 집착하여 기뻐하였나이다. 오늘날 세존께서 저희로 하여금 모든 법의 희롱거리인 거름을 생각하여 버리도록 말씀하시었으나, 저희는 그 속에서 부지런히 정진하여 얻은 열반이란 것이 겨우 하루 품삯만 한데 마음이 크게 환희하고 만족스러워 스스로 생각하기를 '부처님 법에서 부지런히 정진한 연고로 얻은 것이 많다'고 하였나이다.

여래께서는 저희의 의향이 저열하다는 것을 잘 알고 계시나이다. 그래서 세존께서는 참을성 있게 기다리시며 구태여 저희에게 가까이하지 아니하시고,
"여래의 보배 창고는 바로 너희의 것이 될 것이다."
라고 말씀하시지 않았더이다. 그런데 세존께서는 교묘한 방편으로 저희를, 이 여래께서 지니신 지혜의 보배 창고 상속자로 만드셨나이다. 저희는 욕심이 없고 따라서 저희는,
'여래의 곁에서 날마다 품삯 받듯이 '깨달음'의 경지에 이르게 되는 것이야말로 저희에게는 대단히 감사한 일이다.'
라고 여기고 있나이다. 세존이시여, 저희는 위대한 뜻을 가진 보살들에 대하여 여래의 지혜를 보여주는 것을 비롯한 훌륭한 가르침을 교시한다든가 여래의 지혜를 부연한다든가, 그렇게 하였음에도 불구하고 저희 자신은 무욕이옵니다. 왜냐하면, 여래는 교묘한 방편으로 저희의 의향이 저열하다는 것을 알고 계셨던 것

처럼 세존께서 그렇게 '너희는, 내 아들이다'라고 하신 것도, 저희가 세존의 아들이 되고 여래의 지혜를 잇는 상속자라는 것을 저희에게 일깨워 주신 경위도, 저희는 전혀 모르고 또 그것을 깨닫지 못하였기 때문이옵니다. 어째서 그랬나이까. 그 까닭은 저희가 여래의 아들이 되었음에도 불구하고 사실 저열한 의향에 만족하고 있었기 때문이옵니다.

然世尊 先知我等 心著弊欲 樂於小法 便見縱捨 不爲分別 汝等當有 如來知見 寶藏之分 世尊以方便力 說如來智慧 我等從佛 得涅槃一日之價 以爲大得 於此大乘 無有志求 我等 又因如來智慧 爲諸菩薩 開示演說 而自於此 無有志願 所以者何 佛知我等 心樂小法 以方便力 隨我等說 而我等不知 眞是佛子 今我等 方知世尊 於佛智慧 無所悋惜 所以者何 我等昔來 眞是佛子 而但樂小法 若我等有 樂大之心 佛則爲我 說大乘法.

그러나 세존께서는 저희의 마음이 변변치 못하여 소승법에 탐착하여 기뻐하는 줄을 아시었으므로 내버려두시고, 너희도 마땅히 여래의 지견인 보배의 창고가 있느니라고 분별하여 주시지 않고, 세존께서 다만 방편으로써 여래의 지혜를 말씀하시었으나, 저희가 부처님을 따라 열반의 하루 품삯을 겨우 받고는, 소득이 많다고 만족하여 대승법을 구하려는 뜻은 아예 가지지 않았나이다.

저희는 또 여래의 지혜로 인하여 모든 보살에게 열어 보이며 설법하면서도, 스스로는 여기에 대하여 원하는 마음이 없었나이다. 왜냐하면 부처님께서는 저희가 소승을 좋아함을 아시고 방편으로 우리들에게 설하시었건만, 저희가 부처님의 참 아들인 줄을 미처 몰랐기 때문입니다. 저희는 이제야 부처님께서 불지혜에 아낌이 없으신 줄을 알았나이다. 왜냐하면 저희가 예전부터 부처님의 아들이지만, 다만 소승법을 좋아한 탓이리니, 만일 저희가 대승을 기뻐하는 마음이 있었더라면 저희에게 대승법을 설해 주시었으리라 생각하나이다.

세존께서 저희가 가진 의향의 힘을 살펴보시고 저희에게 보살이라는 칭호를 내리신 것이라면, 저희에게 두 가지 일을 하신 것이 되옵니다. 보살들 앞에서 저열한 의향에 만족하는 자라고 부르시는 것과, 훌륭한 부처의 '깨달음'에 도달하도록 노력하게 하신 일이옵니다. 혹시 세존께서 지금 저희의 이와 같은 의향의 힘을 아시고, 이름을 이처럼 붙이신 것인가요. 그러기 때문에 그야말로 저희는,

'우리들은 욕심이 없었음에도 불구하고 저희가 여래의 아들이기 때문에 바라지도 않고, 구하지도 않고, 하고 싶어 하지도 않고, 생각한 일도 없고, 간절히 원하지도 않았는데도 부처님의 보배를 얻게 되었다.'

라고 이렇게 아뢰옵나이다."

그때 마하 카샤파(마하가섭(摩訶迦葉))가 다음과 같이 게송으로 아뢰었다.

부처님 음성을 듣고 저희는 경탄하고 이상하게 여기면서도 기쁨에 잠겼도다.
오늘 뜻밖에도 우리는 부처님으로부터 참으로 바라던 말씀을 들었다.
생각한 적도 없고 간절히 원하지도 않았던 훌륭한 보배의 큰 덩어리를,
오늘 우리는 한순간에 얻었도다. 그 말씀을 듣고 모두 경탄하였다.
왜냐하면 어리석은 사나이가 어리석은 사람에게 속아
가출하여 아버지 곁을 떠나 아득히 먼 타국으로 방랑하였다고 하자.

今此經中 唯說一乘 而昔於菩薩前 毁呰聲聞 樂小法者 然佛實以 大乘教化 是故我等 說本無心 有所希求 今法王大寶 自然而至 如佛子 所應得者 皆已得之 爾時摩訶迦葉 欲重宣此義 而說偈言

我等今日	聞佛音教	歡喜踊躍	得未曾有
佛說聲聞	當得作佛	無上寶聚	不求自得
譬如童子	幼稚無識	捨父逃逝	遠到他土

이 경전 가운데서는 오직 일승만을 설하시고, 예전 보살들 앞에서는 성문들이 소승법을 좋아한다고 나무라셨나이다. 그러나 부처님께서는 대승만으로 교화하셨나이다. 그러므로 저희가 본래에는 바라는 생각이 하나도 없었는데, 지금 법왕(法王)의 큰 보배가 저절로 이르렀으니 불자로서 얻을 것을 모두 얻었나이다."

그때 마하가섭이 이 뜻을 거듭 펴려고 게송으로 말하였다.

오늘날 저희가 부처님의 말씀 듣고

환희하고 좋아 뛰며 미증유를 얻나이다.

성문들도 성불한다 부처님 설하시니

위없는 보배더미 안 구해도 절로 얻네.

비유컨대 어린 아이 유치하고 소견 없어

아비 떠나 도망하여 타관 땅에 멀리 갔네.

아버지는 자기 아들이 가출한 것을 알고 그때 얼마나 마음이 아팠으리.

가슴을 태우면서 아버지는 50년이나 사방팔방을 편력하였으리라.

그리고 이처럼 아버지는 아들을 찾아 다른 큰 도시로 가서

거기에 저택을 지어 살고 다섯 가지 욕정을 실컷 즐긴다고 하자.

많은 금·은·곡식·재화·자개·수정·산호,

코끼리와 말과 보병과, 거기에 소·양, 그리고 다른 수많은 가축을 가지고,

이자와 저축에 의하여 재산을 늘리고 또 토지와 노비와 많은 하인을 거느리고,

몇천만억의 사람들로부터 공경을 받으며 또 언제나 왕의 총신이었다.

도성의 사람들도, 촌락에 사는 마을 사람들도, 그를 향하여 합장하고,

그는 많은 일로 다른 사람들을 도와주기 때문에

많은 장사꾼이 그의 곁에 모여들었다.

이처럼 이 사람은 부자가 되었으나 늙어빠진 노인이 되어 쇠약해지니

아들 걱정에 마음이 아프고 늘 괴롭게 밤낮을 지냈다고 하자.

周流諸國	五十餘年	其父憂念	四方推求
求之旣疲	頓止一城	造立舍宅	五欲自娛
其家巨富	多諸金銀	硨磲瑪瑙	眞珠琉璃
象馬牛羊	輦輿車乘	田業僮僕	人民衆多
出入息利	乃徧他國	商估賈人	無處不有
千萬億衆	圍繞恭敬	常爲王者	之所愛念
羣臣豪族	皆共宗重	以諸緣故	往來者衆

豪富如是　　有大力勢　　而年朽邁　　益憂念子
夙夜惟念　　死時將至

이리저리 떠돌면서 50여 년을 살았거늘

그 아비 걱정되어 사방으로 찾았더라.

찾다가 지친 걸음 한 성중에 머물러서

큰 집을 지어 놓고 오욕락을 즐기나니

그 집이 큰 부자라 많은 금과 은들이며

자거·마노·진주·유리 말과 소와 코끼리와

양과 연과 수레들과 논과 밭과 종들이며

거느린 그 하인들 한이 없고 가히 없어

주고받는 이익들이 타국까지 미쳤으며

장사꾼과 차인들이 그 문전에 줄을 섰네.

천만억 사람들이 둘러서서 공경하며

임금이나 왕족들이 항상 공경하는 바요

여러 신하 명문 호족 한결같이 공경하며

이러한 인연으로 오고 가는 사람 많고

부유하기 이와 같고 큰 세력도 가졌지만

나이가 늙어가니 아들 생각 더욱 간절

자나 깨나 생각하다가 죽을 때가 되었다네.

"내 아들은 참 바보로구나. 벌써 50여 년이 되도록 종적을 찾을 수가 없으니. 지금 나에게는 이렇게 막대한 재산이 있다. 게다가, 나는 죽을 때가 가까워졌다."

그 무렵 그의 어리석은 아들은 가난하고 곤궁하여

의식(衣食)을 찾아 이 마을에서 저 마을로 방랑을 계속하였느니라.

그는 얼마 안 되는 벌이를 찾고 있었지만

그것을 얻을 때도 있고, 또 아무것도 얻지 못할 때도 있었다.

이 어리석은 아들은 여기저기 떠돌면서 수척한 몸에 부스럼이 나고 옴이 솟았다.

그는 이곳저곳을 헤매다가 차츰차츰 아버지가 사는 도성 가까이 갔다고 하자.

의식을 찾아간 그는 아버지의 저택에 가까워질 것이다.

그때 부유한 장자는 문 앞의 호화로운 의자에 앉아 있었다.

몇백 명이나 되는 권속들이 그를 둘러싸고, 머리 위에는 대형 산개(傘蓋)가 덮여 있었다.

그의 시중드는 사람들이 그의 주위에서 어떤 자는 재산과 황금을 계산하고, 어떤 자는 문서를 기록하고 또 어떤 자는 빌려준 돈의 이자를 계산하고 있었다.

그 헐벗은 사나이는 장자의 호화로운 큰 저택을 바라보았다.

"내가 왜 여기를 찾아온 거지. 저 사람은 왕이 아니면 대신인가 보다. 여기 더 있다가는 무슨 재난을 겪을지도 몰라. 어쩌면 붙잡혀서 강제노동을 당할지도 모르고."

癡子捨我	五十餘年	庫藏諸物	當如之何
爾時窮子	求索衣食	從邑至邑	從國至國
或有所得	或無所得	飢餓羸瘦	體生瘡癬
漸次經歷	到父住城	傭賃展轉	遂至父舍
爾時長者	於其門內	施大寶帳	處師子座
眷屬圍繞	諸人侍衛	或有計算	金銀寶物
出內財産	注記劵疏	窮子見父	豪貴尊嚴
謂是國王	若國王等	驚怖自怪	何故至此
覆自念言	我若久住	或見逼迫	强驅使作

어리석은 그 자식 떠나간 지 50여 년

창고마다 가득 찬 금은보화 많은 재산

많은 전답을 어떻게 한단 말가.

그때 궁한 아들 먹고 살 의식 찾아

이 성에서 저 성으로 여러 나라 떠돌면서

어떤 때는 얻게 되고 어떤 때는 소득 없어

굶주리고 못 먹어서 옴과 버즘 생겼으며

그토록 헤매던 길 아비 사는 성에 닿아

품팔이로 전전타가 아버지 집 이르렀네.

그때 대부 장자 자기 집의 문 안에서

보배 휘장 둘러치고 사자좌에 앉았으니

권속들이 둘러앉고 여러 사람 호위하며

그중 어떤 사람들은 보물을 계산하고

주고받는 많은 재물 출납부에 기록하니

아버지의 존엄함을 궁한 아들 바라보고

저 사람은 국왕 혹은 왕이 분명하니

여기를 왜 왔던가 스스로 놀라면서

또다시 생각하되 내 오래 있다가는

강제로 붙들리어 모진 노동 당하리라.

그렇게 생각한 사나이는 거기에서 달아나 빈민굴을 향하여 갔다.

이때 호화로운 의자에 걸터앉아 자기 아들을 알아본 장자는 반가웠다.

"저 헐벗은 사나이를 데려오너라."

시중꾼을 시켜 그 뒤를 쫓아가게 할 것이다.

하인들이 곧 그 사나이를 붙잡았다고 하자.

"결국 자객에게 붙들렸구나. 먹고 사는 것이 다 무슨 소용이람?"

그는 붙잡히는 순간 정신을 잃고 말 것이다.

그 현명한 장자는 그를 보고 생각한다.

'이 바보는 어리석게도 욕심이 없구나. 녀석은 내가 누리는 이 영화가 저의 것이 되는 줄도 모르고…… 내가 바로 제 아버지라는 것도 믿지 않을 것인가.'

그래서 장자는 곱사등이나 애꾸눈 같은 장애인들을 고르고 누더기에 얼굴이 새카맣고 천하게 생긴 자들을 고용하였다. 이들과 함께 일을 시키기 위하여 아들을 데려오도록 하자.

"우리 집에서 뒷간을 치는 일이라든가, 썩은 것이나 쓰레기 치우는 작업을 하여라. 그러면 너에게 품삯을 곱절로 주겠다."

이런 말을 듣고 사나이는 장자의 집에 와서 저택 청소를 하게 되었다.

그는 저택 곁에 있는 작은 오두막에서 살 것이다.

思惟是已	馳走而去	借問貧里	欲往傭作
長者是時	在師子座	遙見其子	默而識之
卽勅使者	追捉將來	窮子驚喚	迷悶僻地
是人執我	必當見殺	何用衣食	使我至此
長者知子	愚癡狹劣	不信我言	不信是父
卽以方便	更遣餘人	眇目矬陋	無威德者
汝可語之	云當相雇	除諸糞穢	倍與汝價
窮子聞之	歡喜隨來	爲除糞穢	淨諸房舍

이렇게 생각하고 정신없이 도망하여

빈촌으로 찾아 들어 품팔이를 하려는데

이때 아비 장자 사자좌에 높이 앉아

멀리서 바라보고 제 아들을 알아보니

사자를 빨리 보내 붙들어 오게 할새

궁한 아들 먼저 놀라 기절하여 엎어지니

이 사람이 날 붙드니 나는 정녕 죽었노라

밥과 옷을 구하려다 이 모양이 되었구나.

자기 아들 어리석어 아비 말 믿지 않고

아비인 줄 모르는 것 장자가 짐작하고

방편을 다시 써서 사자들을 보내는데

애꾸눈에 덕이 없는 못난 사람 시키는 말

너는 가서 말하기를 내게 와서 일을 하면

거름이나 치게 하고 곱절 품삯을 준다고 하라.

궁한 아들 그 말 듣고 기뻐하며 따라와서

거름 치는 일도 하고 집 안팎을 청소하네.

장자는 아들을 창과 문틈으로 내다보고 말한다.

"내 아들은 욕심 없이 뒷간 치는 일과 집 안팎 청소를 하고 있다."

장자는 오물통을 들고 때 묻은 허름한 옷을 입고 내려가서

아들에게 다가가 '일을 하지 말라'고 제지하며 말한다.

"너에게 곱절 품삯을 주겠다. 또 발에 바르는 기름도 두 배로 늘려줄 것이다. 게다가 소금 친 음식을 먹도록 해 주마. 또 채소와 옷감도 주겠다."

장자는 이처럼 일을 제지하고, 교묘하게 아들이 자기에게 의지하도록 만들 것이다.

"너는 참 일도 잘하는구나. 너는 틀림없이 내 아들이야. 조금도 의심할 여지가 없어."

장자는 이 사나이를 차츰 집에 자주 드나들도록 하면서 일을 시킬 것이다.

그리고 만 20년 동안 이 사나이가 차차 마음을 놓도록 했다.

장자는 자기 집에 황금·진주·유리를 많이 가지고 있었다.

장자는 그 모든 것을 계산하는 일과 재산 관리를 이 사나이에게 맡겼다고 하자.

그 어리석은 사나이는 장자의 저택 밖에 있는 오두막에서 혼자 살며

'나한테는 이와 같은 재산은 필요 없다'며, 자기가 가난한 것에 만족해할 것이다.

장자는 자기 아들이 이처럼 고결한 생각을 갖게 된 것을 알고,

'나는 이 사나이에게 모든 재산을 물려주리라'고 생각하여 친구와 친족들, 왕후·귀족과 도성의 신사들, 그리고 많은 상인을 초대하였다.

長者於牖　　常見其子　　念子愚劣　　樂爲鄙事

於是長者　　著弊垢衣　　執除糞器　　往到子所

方便附近　　語令勤作　　既益汝價　　幷塗足油

飮食充足　　薦席厚暖　　如是苦言　　汝當勤作

又以軟語　　若如我子　　長者有智　　漸令入出

經二十年　　執作家事　　示其金銀　　眞珠玻瓈

諸物出入　　皆使令知　　猶處門外　　止宿草庵

自念貧事　　我無此物　　父知子心　　漸已曠大

欲與財物　　卽聚親族　　國王大臣　　刹利居士

장자가 어느 하루 아들을 내다보고

어리석은 그 자식 가엾게 생각하여

아비인 그 장자가 허름한 옷 바꿔 입고

거름치는 삼태 들고 아들한테 접근하여

방편으로 하는 말이 부지런히 일 잘하면

품삯을 올려 주고 손발에 바를 기름

음식이나 이부자리 풍족하게 줄 것이다.

이런 말로 타이르고 부지런히 일을 하라

너는 나의 아들 같다고 은근하게 말하네.

장자가 지혜 있어 자유롭게 출입하도록

20년을 지내면서 집안일을 보게 하고

금과 은과 진주 파리(玻璃) 보물 창고 보여주고

주고받는 모든 셈을 맡아서 보게 하니

대문 밖에 붙어 있는 초막에 잠을 자며

나는 본래 가난뱅이 가진 물건 하나 없네.

아버지가 아들 마음 점점 넓어짐을 보고

그 재산 물려주려 친척들과 국왕들과

대신들과 무사들과 거사들을 모았다네.

장자는 이 사람들 한가운데에서 이같이 말하였다.

"이 사나이는 내 아들이오. 그런데 오랜 세월 동안 종적을 감추고 있었소이다.

내 아들은 어느 도성에서 모습이 사라졌고

나는 잃어버린 아들을 찾아다니다 여기까지 오게 된 것입니다.

만 50년이 지나서야 다시 만나고, 그로부터 20년 동안 나는 내 아들을 지켜보아 왔어요.

내 아들은 이제 나의 모든 재산의 상속자입니다. 모든 것을 남김없이 물려주겠습니다.

이 아비의 재산으로 사업을 하라. 이 집안의 모든 것은 너의 것이니라."

이 사나이는 예전의 가난한 생활을 회상한다.

또 욕심이 없었던 자신을 여러모로 생각하고, 아버지의 선덕(善德)을 가슴에 깊이 새기며

집안의 모든 것을 얻어 '지금 나는 행복하다'는, 이상한 생각이 들 것이다.

이와 같이 부처님은 우리가 욕심 없음을 아시므로

'너희들은 진정한 내 제자요 아들이고, 장차 성불할 것이니라'라는 말씀은 하시지 않았다.

於此大衆	說是我子	捨我他行	經五十歲
自見子來	已二十年	昔於某城	而失是子
周行求索	遂來至此	凡我所有	舍宅人民
悉以付之	恣其所用	子念昔貧	志意下劣
今於父所	大獲珍寶	幷及舍宅	一切財物
甚大歡喜	得未曾有	佛亦如是	知我樂小
未曾說言	汝等作佛	而說我等	得諸無漏
成就小乘	聲聞弟子		

이 대중께 하는 말 이는 나의 아들인데

나를 떠나 멀리 가서 50년을 지냈더니

우연히 날 찾아와 20년이 또 지났소.

옛날에 한 성에서 이 자식을 내가 잃고

이리저리 헤매면서 이 자식을 찾느라고

무진 애를 쓰던 끝에 여기까지 온 것이요,

이제 내가 소유한 집이거나 하인이나

아들한테 전해 주어 제 뜻대로 하게 하리.

가난하고 궁한 아들 뜻과 마음 어리석어

이제야 제 아비의 큰 재산 받게 되니

많은 집과 많은 재산 한량없는 금·은·보화

마음 크게 환희하여 미증유를 얻었더라.

부처님도 우리들이 소승 집착함 알고

너도 성불하리라고 말씀하지 않으시며

여러 가지 무루법을 저희가 얻었다고

소승 이룬 성문이라 항상 말씀하더이다.

부처는 우리에게 "최고이며 최상인 '깨달음'에 도달하고자 하는 사람들에게, 마하가섭아, 그들이 오로지 부처가 되려고 하는 최고의 길을 설하라"는 가르침을 주셨다.

우리는 부처에 의하여 파견된, 위대한 힘을 가진 많은 보살을 위하여, 몇천몇백만의 비유와 인연담에 의해 위없는 불도를 가르쳐 설하였다.

부처의 아들(보살)들은 우리 말을 듣고

'깨달음'에 도달할 가장 훌륭한 도를 수행한다.

그리고 '이 세상에서 부처가 되리라'고 그 순간에 예언을 듣는다.

이 가르침의 곳간을 지키면서 부처의 아들들에게 그것을 설하여 밝히고, 마치 그 신뢰받은 사람(곧, 가난한 아들)처럼

이와 같은 일을 우리는 부처를 위해 한다.

이 부처의 곳간을 보살들에게 베풀어 주면서 우리는 스스로 가난하다고 생각한다.

부처의 지혜를 분명히 밝히면서도 부처의 지혜를 간절히 바라는 일은 없었다.

佛勅我等　　說最上道　　修習此者　　當得成佛
我承佛敎　　爲大菩薩　　以諸因緣　　種種譬喩
若干言辭　　說無上道　　諸佛子等　　從我聞法
日夜思惟　　精勤修習　　是時諸佛　　卽授其記
汝於來世　　當得作佛　　一切諸佛　　秘藏之法
但爲菩薩　　演其實事　　而不爲我　　說斯眞要
如彼窮子　　得近其父　　雖知諸物　　心不希取
我等雖說　　佛法寶藏　　自無志願　　亦復如是
我等內滅　　自謂爲足

부처님이 저희에게 위없는 도 말씀하며
이 법을 수습하면 성불한다 하시옵기
저희는 말씀대로 이야기로 보살들께
모든 인연 비유와 위없는 도 말했더니
그때 모든 불자가 저희의 법문 듣고
밤낮으로 생각하며 부지런히 닦았으매
이때 여러 부처님이 수기하여 하시는 말
너희들은 오는 세상 부처님을 이루리라.
시방 모든 부처님의 비밀스러운 큰 법장
보살들만 위하여서 참된 이치 연설하고
저희를 위하여선 아무 말씀 안 하시니
마치 저 궁한 아들 아버지께 가까이 가
모든 보물 맡았으나 가질 생각 전연 없듯
저희도 부처님의 법보장을 연설하나
구하는 뜻 없는 것은 역시 그러하옵니다.
저희도 속으로는 번뇌 없어지는 것을
스스로 생각하여 만족하다 여기옵니다.

우리는 저마다 평안한 경지에 이르렀다고 여겼지만, 이 지혜는 그 이상으로는 미치지 못하였다.

여러 부처의 나라에서의 훌륭한 광경을 들어도

우리에게 기쁨은 전혀 없었다.

'우리를 둘러싸고 있는 모든 상황은 평정(平靜)하고 불결함이 없으며 삶과 죽음을 벗어나 있다.

따라서 이 세상에 이와 같은 상황은 없다'고 생각하여 우리는 믿지 않았다.

부처의 그 이상 없는 지혜를 우리는 오랫동안 구하지 않았다.

우리는 그것을 열망한 적도 없었다.

'무욕이야말로 궁극의 조건이다'라고 부처가 하신 말씀을 믿어 왔다.

'깨달음'의 경지에 이르러 끝나는 이 육신 그대로 오랫동안 '공(空)'의 가르침을 줄곧 생각하였다.

삼계의 고뇌를 괴로워한 우리는 부처의 가르침과 훈계에 따라 수행하고 그로부터 해방되었다.

이 세상에서 훌륭한 '깨달음'을 얻고자 노력하는 부처의 아들들에게 우리는 가르침을 널리 설하고,

아주 적게나마 불도를 말하였으나 그 경우에 우리는 그것을 바라는 마음은 없었다.

唯了此事	更無餘事	我等若聞	淨佛國土
敎化衆生	都無欣樂	所以者何	一切諸法
皆悉空寂	無生無滅	無大無小	無漏無爲
如是思惟	不生喜樂	我等長夜	於佛智慧
無貪無著	無復志願	而自於法	謂是究竟
我等長夜	修習空法	得脫三界	苦惱之患
住最後身	有餘涅槃	佛所敎化	得道不虛
則爲已得	報佛之恩	我等雖爲	諸佛子等
說菩薩法	以求佛道	而於是法	永無願樂

이런 일은 알지마는 다른 일은 없으니

불국토를 청정히 함과 중생들 교화함을

저희가 듣더라도 즐거운 맘 없었나이다.

그 까닭을 말하오면 이 세간의 온갖 법은

모두가 고요하여 생도 없고 멸도 없고

작거나 큰 것 없고 무루며 무위라고

이렇게 생각하니 즐거운 맘 없나이다.

저희가 오랜 세월 부처님의 큰 지혜엔

탐착하는 일도 없고 원하지도 아니하며

저희 얻은 법이 구경(究竟)이라 여기오며

저희가 오랫동안 공한 법을 닦아 익혀

욕계 색계 무색계의 고통에서 해탈하고

최후 몸의 유여(有餘) 열반 얻었노라 생각하며

부처님의 교화 받아 참된 도를 얻었으니

부처님의 깊은 은혜 갚았다고 했나이다.

저희가 불자들께 보살법을 말하여서

불도 얻게 하면서도 원하는 맘 없나이다.

이 세상의 스승이신 부처는 우리 의향을 살펴 아시고 우리를 내버려둔 채 때를 기다려,

그동안 말씀의 진실한 의의를 설하지 않으셨다.

때가 오자 항상 욕심 없이 가난에 만족하고 있던 아들을 길들여

길들인 다음에 재산을 물려준 장자의 교묘한 방편 그대로

부처는 교묘한 방편을 쓰시어 욕심 없고 훌륭한 '깨달음'을 얻고자 하지도 않은 아들들을 길들이고

길들인 다음, 이 지혜를 주신다고 하는 참으로 어려운 일을 하시었다.

재산을 물려받은 가난한 사나이처럼 우리는 갑자기 이상한 생각이 들었다.

여기에서 부처의 가르침 받은 우리는

특히 훌륭하고 깨끗한 최초의 과보를 얻었기 때문이다.

우리는 오랜 세월 부처의 가르침과 훈계에 따라 그것을 지켜 왔으나

일찍이 우리가 실천하여 온 훈계의 과보를 오늘에야 우리는 얻은 것이다.

부처의 훈계에 따라 몸의 순결을 지키고 청정한 최고의 수행을 계속하여 왔으나,

그 훌륭한 과보를, 평정하고 고귀하며 더욱이 오염 없이 깨끗한 과보를 오늘에야 우리는 얻은 것이다.

導師見捨	觀我心故	初不勸進	說有實利
如富長者	知子志劣	以方便力	柔伏其心
然後乃付	一切財物	佛亦如是	現希有事
知樂小者	以方便力	調伏其心	乃敎大智
我等今日	得未曾有	非先所望	而今自得
如彼窮子	得無量寶	世尊我今	得道得果
於無漏法	得淸淨眼	我等長夜	持佛淨戒
始於今日	得其果報	法王法中	久修梵行
今得無漏	無上大果		

도사께서 버리시고 저희 마음 아시므로

참된 이익 있느니라 권하시지 아니하여

아들 마음 용렬함을 장자가 이미 알듯

방편의 힘으로써 그 마음 항복하게 한 후

많은 재산 물려주듯 부처님도 희유하사

소승법을 즐김 알고 방편력을 쓰시어서

작은 마음 조복받고 큰 지혜 가르치니

저희가 오늘에야 미증유를 얻나이다.

바라던 일 아니지만 저절로 얻사오니

한량없는 보배 얻은 궁한 아들 같나이다.

세존이여 저는 이제 도와 과보 모두 얻어

무루한 법 가운데서 청정한 눈 얻은 것은

저희가 오랜 세월 청정 계율 지니다가

오늘에야 처음으로 그 과보를 얻었으며

법왕의 법 가운데 범행을 오래 닦아

이제야 새지 않는 큰 과보 얻사옵니다.

지금 우리는 성문이지만 최고의 '깨달음'을 이룬다고 선언할 것이다.

그리고 '깨달음'이라는 말을 세상에 널리 퍼지게 하여

그것으로써 우리는 비슈마(서사시 마하바라타의 영웅으로 절제·지혜·용기·충실로 유명함)와 같은 성문이 될 것이다.

우리는 오늘 진정한 아라한이 되었다.

신과 악마와 범천을 포함한 세상으로부터 또 모든 사람으로부터 응당 공양을 받으리라.

몇천만 겁 동안 오로지 수행에 힘쓴들 세존의 흉내를 누가 능히 낼 수 있겠는가.

이렇게 어려운 일을 이 인간세계에서

참으로 어려운 일을 세존께서 이루신 것이다.

왜냐하면 갠지스강의 모래알만큼 많은 겁을 다하는 동안

손발이 되고, 머리를 숙이고, 또 어깨에 메고, 가슴에 끌어안아도,

부처님이 베푸신 은혜에 보답하는 것은 참으로 어려운 일이다.

단단한 음식과 부드러운 음식, 의복과 음료, 그리고 깨끗한 덮개를 씌운 침대와 방석을 공양하자

전단으로 절을 짓고 면포(綿布)로 장식하여 공양하자.

공양을 위하여 부처님께 항상 갖가지 의약품을 보내드리자.

我等今者　　眞是聲聞　　以佛道聲　　令一切聞

我等今者　　眞阿羅漢　　於諸世間　　天人魔梵

普於其中　　應受供養　　世尊大恩　　以希有事

憐愍教化　　利益我等　　無量億劫　　誰能報者

手足供給　　頭頂禮敬　　一切供養　　皆不能報

若以頂戴　　兩肩荷負　　於恒沙劫　　盡心恭敬

又以美膳　　無量寶衣　　及諸臥具　　種種湯藥

牛頭栴檀　　及諸珍寶　　以起塔廟　　寶衣布地

저희가 오늘에야 참된 성문 되었으니

불도의 소리로써 온갖 것을 듣게 하며

저희가 오늘에야 참된 나한 되었으니

모든 세간 하늘이나 사람들과 마군 범천

많은 대중 가운데서 공양을 받게 되니

세존의 크신 은혜 세상에 드문 일로

중생들을 제도하사 이익 얻게 하시오니

억천 겁에 그 은혜를 누가 능히 갚으리까.

수족 되어 받들면서 머리 숙여 예경하며

온갖 일로 공양해도 그 은혜 못 갚으며

머리 위에 받들거나 등에라도 업고 다녀

항하사 오랜 세월 마음 다해 공양하고

아름다운 음식들과 한량없는 의복들과

훌륭한 이부자리 가지가지 탕약이며

우두(牛頭) 전단 좋은 향과 여러 가지 보배로써

넓고 높은 탑 세우고 옷을 벗어 땅에 깔고

이렇게 하여 갠지스강의 모래알만큼의 겁 동안
공양을 계속한다고 하여도 결코 부처님을 모방할 수는 없다.
부처님은 한없이 크고 넓은 가르침을 주관하시며
어깨를 나란히 할 자가 없는 위엄을 지니시고

위대한 신통력을 갖추셨기에 어떤 박해를 당하여도 굳건한 마음으로 끄떡도 아니하는

대왕으로서 추호도 흠결이 없는 승리자이시다.

어리석은 무리는 이런 일을 감당할 수 없는 것이다.

부처님은 항상 세태에 순응하시며 현상에 따라 행동하는 자들을 위하여 가르침을 설하신다.

부처님은 가르침의 왕자이시며 온갖 세상에서 자재하시고

위대한 자재자(自在者)로서 세상 지도자들의 왕이시다.

부처님은 인간들의 갖가지 상황을 알고 임기응변으로 여러 가지 행위를 보이시며

그들의 다양한 의향을 알고 몇천의 인연에 의하여 가르침을 설하신다.

여래는 이 세상에 존재하는 모든 것과 인간들의 행위를 알고

이 최고의 '깨달음'을 보이면서 갖가지 다양한 가르침을 설하신다.

如斯等事	以用供養	於恒沙劫	亦不能報
諸佛希有	無量無邊	不可思議	大神通力
無漏無爲	諸法之王	能爲下劣	忍于斯事
取相凡夫	隨宜爲說	諸佛於法	得最自在
知諸衆生	種種欲樂	及其志力	隨所堪任
以無量喩	而爲說法	隨諸衆生	宿世善根
又知成熟	未成熟者	種種籌量	分別知已
於一乘道	隨宜說三		

이러한 여러 일로 정성 다해 공양해도

항하사 오랜 겁에 그 은혜는 못 갚으리.

희유하신 부처님의 한량없고 가없는

생각조차 할 수 없는 신통력을 갖추시어

모든 미혹 없애시고 최고 진리 깨달아서

모든 법의 왕으로서 마음 적은 중생 위해

상(相)도 많은 범부에게 마땅하게 설하시네.

여러 부처님 자재한 법 얻으시고

중생들의 모든 욕락 고루고루 아시며

또한 그 뜻과 힘에 감당할 바 아시고

한없는 비유로써 미묘한 법 말씀할새

지난 세상 중생들의 선근을 따르셔서

그 근기 성숙함도 못함도 다 아시어

가지가지 헤아리사 분별하여 아시고는

일불승을 설하시려 방편으로 삼승 쓰네.

이상으로 성스러운 《올바른 가르침의 백련》이라는 경설에서 '부자 아버지와 가난한 아들' 제4장은 끝난다.

5. 약초의 비유
약초유품 제5

그때 세존은 마하 카샤파(마하가섭(摩訶迦葉))와 위대한 성문 중의 다른 상좌의 제자들에게 이르시었다.

"잘하였다, 잘했어, 마하가섭아. 너희들이 여래의 참된 공덕을 말하는 것은 참으로 잘한 것이다. 가섭아, 그런 것은 여래의 진정한 공덕이지만, 그 밖에도 헤아릴 수도 없을 만큼의 공덕이 있다. 알지 못할 정도의 겁 동안, 여래의 공덕을 계속 말한다고 하여도 그것을 모두 말한다는 것은 쉬운 일이 아니다. 여래는 가르침의 주인이고 모든 가르침의 왕이며 지배자이다. 여래가 어떤 가르침을 어디에서 하더라도, 그 가르침은 그대로 실현되는 것이다. 그리고 여래는 모든 가르침을 교묘하게 가르쳐 보이는 것이다. 여래는 여래의 지혜에 의하여 이런 가르침을 세워, 그런 것이 일체를 아는 기초가 되도록 한다. 또, 여래는 모든 가르침의 목적과 행방을 감시한다. 모든 가르침의 목적을 제어하는 힘을 얻어, 모든 가르침의 의도를 이해하고, 모든 가르침을 교묘하게 식별하는 지혜가 최고의 완성 상태에 이르러 있고, 일체를 아는 자(부처님)의 지혜를 나타낼 수 있음과 동시에 부처님의 지혜를 침투시켜 부처님의 지혜를 세울 수 있는 것이다.

妙法蓮華經藥草喩品第五

爾時世尊 告摩訶迦葉 及諸大弟子 善哉善哉 迦葉 善說如來 眞實功德 誠如所言 如來復有 無量無邊 阿僧祇功德 汝等若於 無量億劫 說不能盡 迦葉當知 如來是諸法之王 若有所說 皆不虛也 於一切法 以智方便 而演說之 其所說法 皆悉到於 一切智地 如來觀知 一切諸法 之所歸趣 亦知一切衆生 深心所行 通達無礙 又於諸法 究盡明了 示諸衆生 一切智慧.

묘법연화경 약초유품 제5

그때 세존께서는 마하가섭과 여러 큰 제자에게 말씀하시었다.

"착하고 착하도다! 가섭아, 여래의 진실한 공덕을 네가 잘 말하였느니라. 여래는 또 한량없고 가없는 아승지 공덕이 있나니, 그것을 너희들이 한량없는 억겁 동안 설한다 할지라도 다 설할 수 없느니라.

가섭아, 마땅히 알아라. 여래는 모든 법의 왕이니 설하는 바가 다 허망치 않으니라. 온갖 법에 대하여 지혜의 방편으로 연설하였지만, 그 연설한 모든 법은 온갖 것을 아는 일체지(一切智)에 도달하였느니라. 여래는 일체법이 돌아갈 곳을 관찰하여 알며, 온갖 중생이 깊은 마음으로 행하는 바를 알고 통달하여 걸림이 없으며, 또 모든 법의 궁극까지 아주 분명하게 잘 알고 모든 중생에게 온갖 지혜를 보이느니라.

카샤파(가섭)여, 여래는 참으로 '깨달음'에 도달한 아라한인 것이다.

비유하자면 가섭아, 이 삼천대천세계(三千大千世界)에는 갖가지 빛깔을 가진 수많은 종류의 잡초와 관목, 약초와 교목 따위가, 지상에 또는 산과 계곡에서 무성하게 자라고, 또 여러 가지 이름을 가진 식물의 군락이 있다. 그 위에 큰물을 가득히 품은 구름이 솟아올라 삼천대천세계의 모든 것을 다 뒤덮고 곳곳에 일시에 비를 내린다고 하자. 그 경우에 이 삼천대천세계에서 잡초나 수목 종류는, 어리고 부드러운 줄기나 가지나 잎·꽃잎을 가진 것도, 크게 자란 줄기나 가지·잎·꽃잎을 가진 것도, 모두 이렇게 큰 구름에서 내리퍼붓는 비로부터 저마다 힘에 따라 또 자라는 장소에 따라 물을 빨아올리는 것이지만, 그들은 같은 구름에서 퍼붓는 같은 맛의 물에 의하여, 각각의 종자에 따라서 또 유전에 의해 자라서 크게 되고 또 굵어지는 것이다. 더욱이 꽃을 피우고 열매를 맺게 하는 것이다.

게다가 저마다 다른 여러 가지 이름을 얻는다. 같은 땅에서 자라고 있는 것은 모두 약초의 군락이든, 어떤 씨에서 자란 식물의 군락이든, 그것은 모두 같은 맛의 물에 의하여 적시어진다. 바로 이와 같이 완전히 '깨달음'에 도달한 여래는 이 세상에 나타나 모든 것을 한결같이 적시는 것이다. 큰 구름이 솟아올라 천둥을 치게 하는 것처럼, 여래도 이 세상에 나타나면 세상에 음성을 울려 신과 인간에게 여래가 출현하였다는 것을 알리는 것이다. 비유하면 큰 구름이 삼천대천세계의 모든 것을 뒤덮고 천둥을 치듯이, 여래는 신과 사람이 함께 사는 세상을 향하여 우렁찬 소리를 질러 음성을 듣도록 하는 것이다.

"나는 여래이다. 신들과 사람들이여, 나는 완전히 '깨달음'에 도달한 아라한이다. '깨달음'의 경지라고 하는 피안에 건너간 사람으로서, 다른 사람을 피안으로 건너도록 하는 것이다.

迦葉 譬如三千大千世界 山川溪谷 土地所生 卉木叢林 及諸藥草 種類若干 名色各異 密雲彌布 遍覆三千大千世界 一時等澍 其澤普洽 卉木叢林 及諸藥草 小根小莖 小枝小葉 中根中莖 中枝中葉 大根大莖 大枝大葉 諸樹大小 隨上中下 各有所受 一雲所雨 稱其種性 而得生長 華果敷實 雖一地所生 一雨所潤 而諸草木 各有差別 迦葉當知 如來 亦復如是 出現於世 如大雲起 以大音聲 普遍世界 天人 阿修羅 如彼大雲 遍覆三千大千國土 於大衆中 而唱是言 我是如來 應供 正遍知 明行足 善逝 世間解 無上士 調御丈夫 天人師 佛 世尊 未度者令度 未解者令解 未安者令安 未涅槃者 令得涅槃.

가섭아, 비유하면 삼천대천세계의 산과 내와 골짜기의 땅 위에 나는 모든 초목이나 숲, 그리고 약초가 많지만 각각 그 이름과 모양이 다르니라. 먹구름이 가득히 퍼져 삼천대천세계를 두루 덮고, 일시에 큰비가 고루 내리어 흡족하면, 모든 초목이나 숲이나 약초들의 작은 뿌리·작은 줄기·작은 가지·작은 잎과, 중간 뿌리·중간 줄기·중간 가지·중간 잎과, 큰 뿌리·큰 줄기·큰 가지·큰 잎이며 여러 나무의 크고 작은 것들이 상·중·하를 따라서 저마다 비를 받느니라. 한 구름에서 내리는 비가 그들의 종류와 성질을 따라서 자라고 크며 꽃이 피고 열매 맺나니, 비록 한 땅에서 나는 것이며 한 비로 적시는 것이지만, 여러 가지 풀과 나무가 저마다 차별이 있느니라.

가섭아, 마땅히 알아라. 여래도 그와 같아서 세상에 출현함은 큰 구름이 일어나는 것과 같고, 큰 음성으로 온 세계의 하늘과 사람과 아수라에게 두루 들리는 것은, 저 큰 구름이 삼천대천세계에 두루 덮이는 것과 같으니라.

그러므로 대중 가운데서 말하기를, 나는 여래·응공·정변지·명행족·선서·세간해·무상사·조어장부·천인사·불세존이니, 제도하지 못한 이를 제도하며, 이해하지 못한 이를 이해하게 하며, 편안하지 못한 이를 편안하게 하고 열반하지 못한 이를 열반하게 하느니라.

이 세상의 굴레로부터 해방된 사람으로서 다른 사람을 거기에서 해방시키는 것이다. 나는 마음의 평정을 얻은 사람으로서 다른 사람들에게 마음의 평정을 얻게 하는 것이다. 또 나는 완전히 '깨달음'에 도달한 사람으로서 다른 사람들을 '깨달음'에 도달시키는 사람이다. 나는 이 세상과 내세를 완전한 이지(理智)로 있는 그대로 다 알고, 모든 것을 알며, 모든 것을 보는 사람이다. 신들과 사람들이여, 그대들은 가르침을 듣기 위하여 나에게 가까이 오라. '깨달음'에 도달하는 길을 알고 그 길에 통달한 나는, 그대들에게 그 길을 가르쳐 그 길을 설하리라"고.

가섭아, 거기에 몇천만억이라는 인간이 여래의 가르침을 듣기 위하여 가까이 온다. 그러면 여래는 이런 자들의 근성과 노력이 어디까지 이어지고, 또 저마다 어떻게 다른가를 알고, 거기에 알맞는 교리를 이것저것 설하는 것이다. 또 수많은 재미있는 사람을 기쁘게 하며 만족시킬 뿐만 아니라, 중생에게 행복과 안락을 가져올 유익한 설화를 들려주어, 이 유익한 설화에 의하여 중생은 현세에서 안락하게 되고, 또 죽은 뒤에는 좋은 운명으로 태어나 저마다 운명에 따라 갖가지 즐거움을 누리며 가르침을 듣게 되는 것이다. 그리고 그들은 이 가르침을 듣고 마음에 맺힌 응어리가 풀어지고, 능력에 따라, 경우에 따라, 체력에 따라 차츰 부처님의 가르침에 전념하게 되는 것이다.

今世後世 如實知之 我是一切知者 一切見者 知道者 開道者 說道者 汝等天人阿修羅衆 皆應到此 爲聽法故 爾時無數 千萬億種衆生 來至佛所 而聽法 如來于時 觀是衆生 諸根利鈍 精進懈怠 隨其所堪 而爲說法 種種無量 皆令歡喜 快得善利 是諸衆生 聞是法已 現世安隱 後生善處 以道受樂 亦得聞法 既聞法已 離諸障礙 於諸法中 任力所能 漸得入道.

지금 세상이나 오는 세상을 진실로 아나니, 나는 일체를 아는 사람이며, 일체를 보는 이며, 도를 아는 이며, 도를 여는 이며, 도를 말하는 이니, 너희 하늘과 인간과 아수라들은 다 여기에 모여 법을 들을지니라.

그때 한량없는 천만억 중생들이 부처님 계신 곳에 와서 법을 들었느니라. 여래는 이때 중생들의 근기가 영리하고 둔함과 정진하고 게으름을 관찰하여, 그가 감당할 수 있도록 법을 설하되, 한량없는 이들을 모두 즐겁게 하며 좋은 이익을 얻게 하니, 그 중생들이 이 법을 듣고는 현세에는 편안하고 후세에도 좋은 곳에 태어나, 도(道)로써 쾌락을 받고 또 법을 듣게 되며, 법을 듣고는 모든 업장과 걸림을 여의고, 모든 법 가운데서 그 힘의 능력을 따라 점점 도에 들어가게 되었느니라.

그것을 비유한다면, 가섭아 큰 구름이 삼천대천세계의 모든 것을 뒤덮고 주위 일대에 빗물을 내리면, 잡초나 수목의 종류는 모두 생기를 되찾아, 저마다 능력에 따라, 자라는 장소에 따라, 또 형세에 따라 물을 빨아올리고, 저마다 종속(種屬)에 알맞은 크기로 성장하듯이, 완전히 '깨달음'에 도달한 여래가 어떤 가르침을 설하더라도, 그 가르침은 모두 같은 맛을 내며, 세상의 얽매임으로부터의 해방이라든가 애욕으로부터의 이탈이라든가, 대상에 집착하는 마음을 완전히 끊어버린다는 맛을 가지고 있어, 부처님의 지혜에 도달하는 것을 궁극의 목적으로 하고 있는 것이다.

그 경우에 중생은 여래가 가르침을 설하는 것을 듣고, 그것을 기억하여 거기에 온 마음을 기울여도, 그들은 스스로 자신을 모르고 미처 생각도 못 하고 또 깨닫지도 못하는 것이다. 왜냐하면, 여래야말로 이런 중생이 어떤 자이고 어떻게 생활을 하고 있는가, 또 무엇과 비슷한가, 그들이 무엇을 생각하고 어떻게 생각하며 어떠한 방편으로 생각하는가, 또 그들이 무엇에 전념하고 어떻게 전념하며 어떤 방편으로 전념하는가, 또 그들이 무엇을 달성하고 어떻게 하여 달성하는가를 있는 그대로 알고 있기 때문이다. 여래야말로 가섭아, 그 경우의 목격자이고 친히 목도하여 여기저기 땅에서 무성하게 자라는 잡초나 수목의 대·중·소를 손에 쥐고 알듯이, 이런저런 운명에 다다른 인간들의, 누가 못하고 누가 뛰어나며, 누가 그 중간 정도인가를 있는 그대로 관찰하는 것이다.

나는 세상의 얽매임에서의 해방과 평안이라는 맛을 가지고 '깨달음'의 경지에 도달하는 것을 궁극의 목적으로 하여, 항상 완전히 평안하고 같은 근거에 서서 '공(空)'에 도달하는 가르침을 알고는 있으나 중생의 의향을 소중히 여기는 까닭에 부처님의 지혜를 갑자기 설하여 밝히지 않는 것이다.

如彼大雲 雨於一切 卉木叢林 及諸藥草 如其種性 具足蒙潤 各得生長 如來說法 一相一味 所謂解脫相 離相滅相 究竟至於 一切種智 其有衆生 聞如來法 若持讀誦 如說修行 所得功德 不自覺知 所以者何 唯有如來 知此衆生 種相體性 念何事 思何事 修何事 云何念 云何思 云何修 以何法念 以何法思 以何法修 以何法得何法 衆生住於 種種之地 唯有如來 如實見之 明了無礙 如彼卉木叢林 諸藥草等 而不自知 上中下性 如來知是 一相一味之法 所謂解脫相 離相滅相 究竟涅槃 常寂滅相.

마치 저 큰 구름이 모든 것에 비를 내리면 풀과 나무와 숲과 약초들이 그 종류와 성질대로 비를 맞아 저마다 자람과 같으니라. 여래가 설하는 법은 한 모습이며 한 맛이니, 이른바 해탈의 모습과 여의는 모습과 없어지는 모습이니, 마침내는 일체종지(一切種智)에 이르는 것이니라.

어느 중생이나 여래의 법을 듣고 그대로 지니거나 읽거나 외우거나 말한 대로 수행하면 얻는 공덕을 스스로는 깨닫지 못할 것이니, 왜냐하면 여래는 이 중생들의 종류와 모양과 자체의 성품을 알되, 무엇에 전념하고 무슨 일을 생각하며 무슨 일을 닦으며, 어떻게 전념하고 어떻게 생각하며 어떻게 닦고, 무슨 법으로 전념하고 무슨 법으로 생각하며 무슨 법으로 닦으며, 무슨 법으로써 어떤 법을 얻는가를 아느니라.

중생이 갖가지 처지에 머물러 있는 것을 오직 여래가 실제대로 보고 분명히 알아 막힘이 없으나, 마치 저 풀·나무·숲·약초들이 스스로 상·중·하의 성품을 알지 못하는 것과 같기 때문이니라.

여래는 이 한 모습이며 한 맛인 법을 아나니, 이른바 해탈의 모습, 여의는 모습, 없어지는 모습, 구경열반의 적멸(寂滅)한 모습이니라.

왜냐하면 만일 갑자기 부처님의 지혜를 설하여 밝힌다면, 너희들은 기이한 생각에 충격을 받아 이상하게 생각하고 여래의 깊고 미묘한 말씀을 깨닫지 못하기 때문이다. 완전히 '깨달음'에 도달한 여래들의 깊고 미묘한 말씀은 이해하기 어려운 것이라고.

그때 세존은 이 뜻을 거듭 강조하기 위하여 다음의 게송으로 말씀하셨다.

가르침의 왕자인 나는 미혹의 세계를 깨뜨리기 위해 이 세상에 나타났다.
나는 중생의 의향을 식별하여 그들에게 가르침을 설한다.
현명한 이성의 소지자이며 위대한 용사(부처)는 스스로 한 말을 오래 소중히 하고
또 비밀을 지켜 인간들에게 말하지 않는 것이다.
또 어리석은 무리는 그 말을 들어도 부처님의 지혜를 빠르게는 깨닫기 어렵다.
어리석은 그들은 의심하여 혼란 속에서 방황할 것이다.
그 경우에 따르고 그 능력이 어떤가를 보아
갖가지 다양한 의미를 사용하여 나는 그릇된 견해를 바로잡는다.

終歸於空 佛知是已 觀衆生心欲 而將護之 是故不卽爲說 一切種智 汝等迦葉 甚爲希有 能知如來 隨宜說法 能信能受 所以者何 諸佛世尊 隨宜說法 難解難知 爾時世尊 欲重宣此義 而說偈言

破有法王	出現世間	隨衆生欲	種種說法
如來尊重	智慧深遠	久默斯要	不務速說
有智若聞	則能信解	無智疑悔	則爲永失
是故迦葉	隨力爲說	以種種緣	令得正見

마침내는 빈(空) 데로 돌아가나니, 부처님께서는 이것을 이미 아시고 중생의 욕망을 관찰하고, 잘 보호하사 곧 그들에게 일체를 말하지 아니하였거늘, 가섭아. 너희들은 매우 희유하여 여래가 근기를 따라 법 설하는 줄을 알고 능히 믿고 받아 가지니, 왜냐하면 부처님이 근기를 따라 설하는 법은 이해하기 어렵고 알기 어렵기 때문이니라."
그때 세존께서 이 뜻을 거듭 펴시려고 게송으로 말씀하시었다.

유(有)를 파한 법왕께서 이 세상에 출현하사
중생들의 욕망 따라 가지가지 설법하네.

여래께선 존중하고 그 지혜 깊고 오묘해

오래도록 중요한 법 말씀하지 않으시니

지혜로운 이 들으면 믿고 이해하려니와

무지한 이는 의심하여 영영 잃게 되느니라.

가섭아 그러므로 근기 따라 설하여서

가지가지 인연으로 바른 견해 얻게 했다.

마치 구름이 세계 위로 솟아올라

모든 것을 싸고 또 대지를 다 뒤덮어

물을 가득히 품고 번개의 화환으로 장식된 큰 구름이

천둥을 치면서 온갖 살아 있는 것을 다 기쁘게 하는 것과 같다.

햇빛을 가려 주위 일대를 서늘하게 하고

구름을 나직이 드리워, 비를 골고루 내리도록 할 것이다.

비는 주위 일대에 한결같이 내려 그 수량이 적지 않고

도처에 흘러 이 대지를 활기차게 할 것이다.

이 대지에 수많은 약초가 싹 터 나올 것이다.

혹은 또 잡초나 관목이나 교목도, 그리고 키가 크고 작은 나무들도 나올 것
이다.

여러 가지 곡물 또는 채소도 자랄 것이다.

산간에, 또 계곡에, 그리고 삼림지대에 나올 것이다.

구름은 잡초도 관목도 교목도, 그 모든 것을 활기차게 할 것이다.

메마른 대지에 활기를 불어넣고 약초에 빗물이 내리쏟아진다.

구름에서 내려 대지에 흐르는 물맛은 똑같지만

잡초와 관목류는 그 능력에 따라, 그 환경에 따라서 그것을 빨아들인다.

키가 낮은 나무도 높은 나무도, 또 중간치의 나무도, 그 형세에 의하여

그 힘에 따라 모두 물을 마신다. 그들은 물을 마시고 마음껏 자란다.

迦葉當知　　譬如大雲　　起於世間　　遍覆一切

慧雲含潤　　電光晃曜　　雷聲遠震　　令衆悅豫
日光掩蔽　　地上清涼　　靉靆垂布　　如可承攬
其雨普等　　四方俱下　　流澍無量　　率土充洽
山川險谷　　幽邃所生　　卉木藥草　　大小諸樹
百穀苗稼　　甘蔗蒲萄　　雨之所潤　　無不豐足
乾地普洽　　藥木幷茂　　其雲所出　　一味之水
草木叢林　　隨分受潤　　一切諸樹　　上中下等
稱其大小　　各得生長

가섭은 바로 알라 비유컨대 큰 구름이

세간 위에 일어나 온갖 것을 뒤덮듯이

지혜 구름 비를 품고 번갯불이 번쩍이며

우렛소리 진동하니 중생들 기뻐하고

햇빛은 가려지고 지상은 서늘하며

뭉게구름 자욱하여 손끝에 닿을 듯이

고루 넓게 내리는 비 사방의 어디에나

한없이 퍼부어서 땅마다 흡족할새

산과 내와 험한 골짝 가지가지 풀과 나무

그 많은 약초와 크고 작은 나무들과

모든 곡식 여러 싹과 감자와 포도들이

단비를 흠뻑 받아 저대로 만족하며

메마른 땅 고루 젖어 약초·나무 무성하니

한 구름에서 내린 비 모든 초목 고루 받아

작은 나무 큰 나무며 큰 풀·중풀·작은 풀이

크고 작은 분수대로 저마다 자라나네.

위대한 약초의 줄기도, 나무껍질도, 큰 가지나 작은 가지도, 그리고 잎도, 꽃도, 열매도, 구름에서 내리쏟아진 빗물에 의하여 자란다.

어떤 종류이든, 어떤 곳이든, 또 어떤 종자이든

그 능력에 따라, 환경에 의하여

내리쏟아진 물은 마찬가지라고는 하여도, 그들은 저마다 다르게 자란다.

바로 이와 같이 이 세상에서 구름인 부처님은 이렇게 나타난다.

세상의 주인(부처)은 출현하여 인간들에게 참된 수행을 설하고 또 그것을 보인다.

위대하고 성스러운 신선(부처)은 신들과 인간이 사는 이 세상에서 숭배받고 이렇게 말씀하신다.

"구름처럼 이 세상에 나타난 나는 여래이고,

인간 최고의 존재이며 승리자이니라."

나는 세 가지 미망의 세계에 얽매어 사지가 수척해진 모든 인간에게 활기를 주리라.

고뇌에 시달린 중생을 안락하게 하고

그들에게 갖가지 쾌락과 편안한 경지를 얻게 할 것이다.

신들과 중생의 모임이여, 내 말을 들으라. 나를 보기 위해 가까이 오라.

根莖枝葉	華果光色	一雨所及	皆得鮮澤
如其體相	性分大小	所潤是一	而各滋茂
佛亦如是	出現於世	譬如大雲	普覆一切
既出于世	爲諸衆生	分別演說	諸法之實
大聖世尊	於諸天人	一切衆中	而宣是言
我爲如來	兩足之尊	出于世間	猶如大雲
充潤一切	枯槁衆生	皆令離苦	得安隱樂
世間之樂	及涅槃樂	諸天人衆	一心善聽
皆應到此	覲無上尊		

뿌리 줄기 가지와 잎 꽃과 열매 빛과 모양

한 비로 적신 바에 아름답고 윤택하여

체질이나 모양이나 크고 작은 성분 따라

젖기는 같은 빈데 무성함은 죄 다르니

부처 또한 그와 같아 세상에 출현하심

비유컨대 큰 구름 세상 모두 덮이는 듯

이 세상에 나셨도다. 모든 중생을 위하여서

온갖 법 참된 이치 분별하여 연설하네.

큰 성인 세존께서 여러 하늘 인간과

많은 대중 가운데서 선언하여 하신 말씀

나는 곧 여래이니 가장 높은 양족존(兩足尊)

세상에 출현함은 큰 구름이 덮이는 듯

바짝 마른 온갖 중생 흡족하게 비를 주어

괴로움을 다 여의고 안온한 낙을 얻고

세간의 즐거움과 열반락을 얻게 하니

천상 인간 대중들이 일심으로 잘 들으며

너도나도 모여 와서 높은 이를 친견하네.

나는 여래이고 세존이다. 나보다 훌륭한 자는 없다.

나는 모든 사람을 '깨달음'의 피안으로 제도하기 위하여 이 세상에 태어났다.
몇천만억의 중생을 위하여 청정하고 아름다운 가르침을 나는 설하는 것이다.

그 가르침은 동일하고 질도 같으며, 진정한 본질은 괴로움으로부터 해방과 평
안한 경지이다.

나는 항상 '깨달음'을 화제로 하여 같은 소리로 가르침을 설한다.

그것은 실로 동질이고, 이질의 것이 없기 때문이다.

거기에는 증오도 애착도 전혀 없다.

나에 대하여 내 환심을 끌 필요는 없다. 아무에게도 나에게는 사랑과 증오는
전혀 없다.

모든 살아 있는 중생에게 똑같은 가르침을
어떤 사람에게 설한 것과 같이 다른 사람에게도 설하는 것이다.

걷고 있든, 멈춰 서 있든, 앉아 있든, 다른 것은 아무것도 하지 않고 나는 가르침만 설한다.

한번 가르침을 설하는 자리에 앉으면, 진정 나에게는 게으른 마음 생기는 법이 없다.

구름이 주변 일대에 빗물을 내려 모든 세상을 소생시키듯이

신분의 높고 낮음을 불문하고, 계율을 지키는가 여부를 묻지 않고, 나는 모두에게 똑같은 감정을 갖는다.

또 타락한 처신을 한 사람이든, 행동거지에 분별이 있는 사람이든, 이견을 가진 사람이든, 잘못된 견해를 가진 사람이든,

또 올바른 의견을 가진 사람이든, 청정한 사고를 가진 사람이든,

我爲世尊	無能及者	安隱衆生	故現於世
爲大衆說	甘露淨法	其法一味	解脫涅槃
以一妙音	演暢斯義	常爲大乘	而作因緣
我觀一切	普皆平等	無有彼此	愛憎之心
我無貪著	亦無限礙	恒爲一切	平等說法
如爲一人	衆多亦然	常演說法	曾無他事
去來坐立	終不疲厭	充足世間	如雨普潤
貴賤上下	持戒毀戒	威儀具足	及不具足
正見邪見	利根鈍根		

나는 바로 세존이라 나 따를 자 아주 없다.

중생들을 편하게 하려 이 세상 왔으므로

대중을 위하여서 감로법(甘露法)을 말하노니

그 법은 한 맛으로 해탈이요 열반이라.

한 가지 묘한 음성 이런 뜻을 설법하며

대승법을 항상 위해 인과 연을 짓거니와

모든 것을 내가 보니 한결같이 평등하여

이것이라 저것이라 곱고 미운 마음 없고

탐착하는 생각이나 걸림 또한 없음이라.

온갖 중생 위하여서 평등하게 설법하여

한 사람을 위하듯이 많은 중생 마찬가지

어느 때나 설법할 뿐 다른 일은 전혀 없고

가고 오며 앉고 서도 피곤한 줄 모르노라.

세간마다 충족하게 단비 고루 내리듯이

귀천이나 상하거나 계행 갖고 파한 이나

몸가짐을 갖추거나 갖추지 못했거나

바른 소견 나쁜 소견 영리하고 둔한 머리

졸렬한 생각을 하는 사람이든, 뛰어난 사고를 하는 사람이든

또 초인적인 근성을 가진 사람이든 모두에게 나는 가르침을 설한다.

게으른 마음을 모두 버리고 나는 가르침의 비를 골고루 내리게 하는 것이다.

능력에 따라 나의 가르침을 듣고 신들과 인간과 귀신 간에

제석천이 사는 곳에, 범천계(梵天界)에, 사천왕천 등 그들은 여러 땅에 안주
한다.

이 세상에서의 여러 가지 약초, 작은 것, 중간치,

그리고 큰 약초가 무엇을 뜻하는가를 설명하련다. 너희는 그것을 들으라.

맑고 청정한 가르침을 알고 '깨달음'의 경지에 다다라 머물며

여섯 가지 신통력과 세 가지 학식이 있는 사람들을 작은 약초라고 한다.

산속이나 계곡에 머물며 각자가 저마다의 '깨달음'을 바라는

절반의 청정한 이성을 가진 사람들을 중질의 약초라고 부른다.

"나는 인간과 신의 주인인 부처가 되리라"고 부처의 자리를 열망하여

정진하고 명상에 전념하는 사람들을 최고의 약초라고 한다.

이 세상에서 자비와 평정한 수행에 힘써 전념하며,

等雨法雨　　而無懈倦　　一切衆生　　聞我法者

隨力所受　　住於諸地　　或處人天　　轉輪聖王

釋梵諸王　　是小藥草　　知無漏法　　能得涅槃

起六神通　　及得三明　　獨處山林　　常行禪定

得緣覺證　　是中藥草　　求世尊處　　我當作佛

行精進定　　是上藥草　　又諸佛子　　專心佛道

常行慈悲　　自知作佛

평등하게 법비 내려 게으른 줄 모르나니

모든 그 중생 내 법 한 번 듣고 나면

힘을 따라 받아 익혀 여러 지위 머물 적에

혹은 천상 혹은 인간 전륜성왕 제석천왕

범천왕의 여러 왕 이런 이는 작은 약초

번뇌 없는 법을 알아 열반을 얻고 나서

여섯 신통 일으키고 3명(明)까지 얻은 뒤엔

산림 속에 홀로 있어 선정을 항상 닦아

연각을 깨달으면 이런 이는 중품 약초

세존 계신 곳을 찾아 나도 성불하리라고

선정 닦기 정진하면 이네들은 상품 약초

또는 여러 불자가 전심으로 불도 닦아

자비한 맘 항상 행해 성불할 것 제가 아네.

부처의 자리에 도달할 수 있는 확신을 얻은 부처의 아들들을, 이처럼 키 작은 나무라고 한다.

물러나지 않는 법륜을 계속 굴려 신통력을 발휘하여 교묘하게 몇천만이라는 많은 중생을 고뇌에서 해방하는 사람은, 참으로 큰 나무라고 할 것이다.

구름이 비를 주위 일대에 내리듯이 부처가 설하는 가르침에는 차별이 없다. 그러나 대지에 무성하게 자라는 약초처럼 부처의 신통력은 앞에서 말하였듯이 다채롭다.

이렇게 보여준 비유에 의하여 여래의 교묘한 방편을 알라.

여래는 오로지 하나의 가르침을 설하는데 물방울처럼 갖가지 다양한 설명을 한다는 것을 알라.

내 가르침의 비도 그것을 내리게 하면 이 세상은 모두 활기를 띠느니라.

사람들은 저마다 능력에 따라 같은 맛의 가르침이라도

잘 설한 이 말을 저마다 잊지 않고 마음에 새기는 것이다.

비가 내리쏟아질 때 잡초나 관목의 종류 또는 중질 정도의 약초도,

키 작은 나무 또는 큰 나무도, 모두 시방으로 반짝이며 빛나듯이

이 가르침의 진수는 항상 세상의 행복을 위하는 것이고

이 가르침에 의하여 세상의 모든 사람을 만족시키는 것이다.

빗물을 얻어 약초가 꽃을 피우듯이 이 가르침에 의하여

세상의 모든 사람은 활기를 띠게 되는 것이다.

決定無疑	是名小樹	安住神通	轉不退輪
度無量億	百千衆生	如是菩薩	名爲大樹
佛平等說	如一味雨	隨衆生性	所受不同
如彼草木	所稟各異	佛以此喻	方便開示
種種言辭	演說一法	於佛智慧	如海一滴
我雨法雨	充滿世間	一味之法	隨力修行
如彼叢林	藥草諸樹	隨其大小	漸增茂好
諸佛之法	常以一味	令諸世間	普得具足
漸次修行	皆得道果		

의심 다시 없는 사람 이런 이는 작은 나무.

신통에 머물러서 불퇴전의 법륜 굴려

한량없는 백천만억 많은 중생 제도하면

이러한 보살들을 큰 나무라 이르노라.

부처님의 평등한 법 한결같은 비 맛이나

중생의 성품 따라 받는 것이 같지 않아
비를 맞는 풀과 나무 다른 것과 같으니라.
부처님 이 비유로써 방편 써서 열어 보이며
갖가지 이야기로 한 법을 연설하나
부처님의 지혜에는 큰 바다의 물 한 방울
내가 이제 법비 내려 세간 충만 시켰으니
한 맛의 그 법에서 힘을 따라 닦는 것이
저 숲속의 풀과 약초 크고 작은 나무들이
자기들 분수대로 자라남과 같으니라.
여러 가지 부처님 법 항상 맛이 하나지만
모든 세간 중생이 골고루 다 갖추고
점차로 행을 닦아 도의 결과 얻게 하네.

더러움을 없애고 청정 상태에 머무는 아라한은 성장하여도 중질 정도의 약초
이다.
수풀이나 황야를 헤매다 혼자 '깨달음'이 열린 연각은
절 설하여진 이 가르침을 달성한다.
많은 보살은 전세를 회상하여 교묘하게 삼계의 도처로 걸어 나가
최고의 '깨달음'을 구하여 나무처럼 항상 성장한다.
신통력을 가지고 네 가지 명상을 행하며 '공'의 가르침을 듣고 기쁨이 솟아나,
몇천의 광명을 쏟아내는 사람들이야말로 이 세상에서 거목이라고 한다.
이와 같은 가르침을 보이는 것은, 가섭아. 구름이 주변 일대에 내리도록 한 빗
물과 같으니라.
그 비에 의하여 큰 약초가 성장하듯이 인간도 무수한 꽃을 피우게 하는 것
이다.
나는 내 자신의 '깨달음'에 근거한 가르침을 밝혀 설하리라.
때가 오면 부처의 '깨달음'을 보여줄 것이다.
그것이 나의, 그리고 모든 부처의, 최고의 교묘한 방편이다.

모든 성문은 편안한 경지에 이르고 있다.
이런 모든 성문은 훌륭한 뜻을 가진 나의 진실한 말에 의하여
훌륭한 '깨달음'에 도달하는 수행을 하고 성불하리라.

聲聞緣覺	處於山林	住最後身	聞法得果
是名藥草	各得增長	若諸菩薩	智慧堅固
了達三界	求最上乘	是名小樹	而得增長
復有住禪	得神通力	聞諸法空	心大歡喜
放無數光	度諸衆生	是名大樹	而得增長
如是迦葉	佛所說法	譬如大雲	以一味雨
潤於人華	各得成實	迦葉當知	以諸因緣
種種譬喩	開示佛道	是我方便	諸佛亦然
今爲汝等	說最實事	諸聲聞衆	皆非滅度
汝等所行	是菩薩道	漸漸修學	悉當成佛

성문이나 연각들이 산림 속에 있으면서
최후신에 머물러서 법을 듣고 과(果) 얻으니
이런 일은 약초들이 각각 자람 같으니라.
만약 여러 보살이 지혜가 견고하여
삼계 도리 통달하여 무상의 법 구하오면
이런 일은 작은 나무 점점 자람 같으니라.
선정에 머물러서 신통함 힘을 얻고
법의 공함 얻어듣고 마음 크게 환희하며
한없는 광명 놓아 여러 중생 제도한 이
이런 이는 큰 나무가 자란 것과 같으니라.
가섭아, 이와 같이 부처님 설하신 법
비유컨대 큰 구름이 같은 맛의 비를 내려
꽃과 인간 적시어서 열매 이뤄 맺느니라.

가섭아, 바로 알라. 여러 가지 인연과
갖가지 비유로써 부처님 도 열어 보이니
이는 나의 방편이요 여러 부처 마찬가지.
이제 너희 위하여서 참다운 일 설하나니
여러 성문 대중은 멸도가 다 아니며
너희 오직 행할 바는 보살도뿐이러니
점점 닦아 다 배우면 모두 모두 성불한다.

※이후 이 장 끝까지는 구마라습 번역 《묘법연화경》에는 역문이 없다. 이것은 산스크리트 원전의 구어역(口語譯)이다.

카샤파(가섭)여, 또 여래는 중생을 지도하는 데에는 공평하다. 마치 태양과 달빛이 모든 세상을 비추고, 착한 행위를 한 자에게나 나쁜 행위를 한 자에게나, 또 위에 있는 자에게나 아래 있는 자에게나, 또 향기 나는 말을 하는 자나 악취 풍기는 자를 묻지 않고, 어떠한 곳에서나 한결같이 빛을 비추어 얼룩이 없도록 한다.

바로 그처럼 완전한 '깨달음'에 도달한 여래가 발하는 부처의 지혜와 의지의 빛은, 다섯 가지 운명을 겪을 모든 사람에게 골고루 다 비추고, 올바른 가르침은 저마다 의향에 따라 위대한 법륜이며 연각의 법륜이며, 성문의 법륜을 바라는 사람들 사이에 공평하게 보이게 될 것이다. 또 여래가 발하는 지혜의 빛은 과부족이 없으니 그 결과 모든 중생은 복덕과 지혜를 획득하게 된다. 가섭아, 이 경우에 세 가지 법륜은 존재하지 않는다. 모든 자가 따로따로 행동하고 있는 것에 불과한 것이니라. 그 때문에 세 가지 법륜이 설해지게 되는 것이다."

세존께서 이렇게 말씀하시자 가섭은 다음과 같이 아뢰었다.

"세존이시여, 혹시 세 가지 법륜이 없다면, 어째서 지금 성문이니 연각이니 보살이니 하는 말씀을 하시나이까."

가섭이 이렇게 말하자 세존께서는 그에게 이와 같이 대답하시었다.

"가섭아, 마치 도공이 같은 점토로 여러 가지 그릇을 만드는 것과 같으니라. 그 경우에 어떤 것은 설탕 그릇이 되고, 어떤 것은 간장 그릇이 되며, 어떤 것은 우유 그릇이 되고, 또 막된 것은 오물통이 되기도 하는 것이다. 이것은 사용되는 점토에 차별이 있는 것이 아니라, 재료의 사용 방법에 따라 그릇의 종류가 구별되는 것이다. 바로 이와 같이 법륜에는 오직 하나 부처의 법륜이 있을 뿐이고, 제2의 법륜이나 제3의 법륜은 존재하지 않느니라."

이 말씀을 듣고 가섭은 세존께 이렇게 아뢰었다.

"세존이시여, 만일 여러 가지 의향을 가진 중생이 삼계에서 벗어났다고 하면 그들에게 유일한 '깨달음'의 경지가 있나이까, 아니면 두 가지 또는 세 가지 '깨달음'의 경지가 있나이까."

세존이 말씀하셨다.

'모든 가르침은 평등함을 깨닫는 데에서 '깨달음'의 경지는 열리는 것이니라. 따라서 유일한 '깨달음'의 경지가 있는 것이고, 두 가지 또는 세 가지가 있는 것이 아니다. 그런 까닭에 가섭아, 나는 비유되는 말을 너에게 하련다. 이해력이 있는 사람들은 유일한 비유담을 들려주면 곧 그 뜻을 깨닫기 때문이다.

예를 들면 가섭아, 소경으로 태어난 사람은,

"색깔이 좋은지 색깔이 나쁜지를 모른다. 좋은 색깔인가 나쁜 색깔인가를 식별하는 사람도 없다. 태양도 달도 없다. 별자리도 없고 별도 없다. 별을 분별하는 사람도 없다."

라고 할 것이다. 그러면 다른 사람들은 이 소경으로 태어난 사람 앞에서 이렇게 말할 것이다.

"좋은 색깔의 것도 나쁜 색깔의 것도 있다. 좋은 색깔의 것과 나쁜 색깔의 것을 구별할 수 있는 사람도 있다. 태양도 달도 있다. 별자리도 있고 별도 있다. 별을 분별하는 사람도 있다."

그러나 소경으로 태어난 사람은 이렇게 말하는 사람들을 믿지 않고, 그 말을 인정하지 않을 것이다. 그때 모든 질병에 통달한 의사가 한 사람 있다고 하자. 이 의사는 그 소경으로 태어난 사람을 보고 이렇게 생각할 것이다.

'이 사나이는 전세에 나쁜 짓을 한 업보 때문에 병이 든 것이다. 병이 생기는 경우, 모든 질병은 네 가지 종류가 있다. 즉 풍성(風性)의 것과, 담즙성(膽汁性)의 것

과, 점액성의 것과, 그리고 복잡한 병발성(倂發性)의 것이 있다.'

그래서 그 의사는 소경으로 태어난 사나이의 병을 치료하기 위하여, 두 번 세 번 방법을 숙고한 끝에 이와 같이 생각할 것이다.

'사실 아무리 많은 약을 사용한다고 해도 이 병은 약으로 치료할 수는 없다. 그러나 산의 왕자인 히말라야산맥에는 네 종류의 약초가 있다.'

네 종류란 무엇인가. 첫째는 '모든 염증과 농즙의 병근에 침투하는 것'(침투제)이라고 하고, 둘째는 '모든 병고를 완화하는 것'(해열제)이라고 하며, 셋째는 '모든 독을 없애는 것'(해독제)이라고 하고, 넷째는 '병근에 따라 안정된 상태를 가져오는 것'(진정제)이라고 한다. 이런 네 종류의 약초이다.

그래서 그 의사는 소경으로 태어난 그 사나이를 가엾이 여겨,

'어떤 방법을 강구해야 내가 히말라야산맥에 갈 수 있을까.'

하고 그 방법을 생각할 것이다.

그 의사는 히말라야산맥으로 가서 높은 산봉우리에 오르기도 하고 낮은 데로 내려가기도 하며, 또 산 중턱을 비스듬히 가로질러 걷기도 하면서, 약초를 찾을 것이다. 그는 이렇게 하여 그런 네 종류의 약초를 캤다고 하자. 약초를 구한 그는 약간의 것을 씹어 으깨어 줄 것이다. 또는 약간의 것은 가루로 만들어 줄 것이다. 약간의 것은 다른 약제와 섞어 삶아서 줄 것이다. 약간의 것은 생약제와 섞어서 줄 것이다. 약간의 것은 침으로 국소에 주입할 것이다. 약간의 것은 불로 태워서 줄 것이다. 약간의 것은 다른 약제와 혼합한 다음 음식 같은 데에 섞어서 줄 것이다.

이와 같은 치료법에 의하여 소경으로 태어난 그 사나이는 시력을 회복하게 되리라. 그리고 자기 눈으로 직접 바깥세상을 볼 수 있게 되어, 멀고 가까움, 해와 달의 빛이라든가 여러 별자리이며 별 등 모든 형태가 있는 것을 보았다 하자. 그러면 사나이는 이렇게 말할 것이다.

"나는 일찍이 주의를 받았음에도 불구하고 남의 말을 믿지 않았으며, 그것을 인정하지 않았으니 나는 얼마나 어리석은 인간이었던가. 나는 이제 무엇이나 볼 수 있다. 나는 소경의 상태에서 해방되어 시력을 얻은 것이다. 나보다 훌륭한 사람은 없을 것이다."

그때 다섯 가지 신통력을 가진 신선들이 있었다고 하자. 신과 같은 시력과 신처럼 잘 들리는 청력을 가지고 남의 마음을 읽는 지혜와 전세의 경우를 기억하는 지혜를 구비하여, 신통력에 의하여 사람을 고뇌에서 벗어나게 하는 교묘한 수법에 능한 그들은, 이 사나이에게 이렇게 말할 것이다.

"여봐, 그대는 시력을 얻은 데 불과해. 그대는 아무것도 아는 것이 없어. 그런데 그런 자만심은 어디에서 생긴 것인가. 게다가 그대는 이지도 없고 학식도 없잖은가."

그들은 또 그 사나이에게 다음과 같이 말할 것이다.

"여봐, 그대는 집 안에 앉아 있을 때, 집 바깥에 있는 것의 형상을 볼 수 없었을 것이고, 또 무엇이 있는지 알 수도 없었어. 또 사람들이 너에게 애정을 가지고 있는지 아니면 증오심을 가졌는지도 알 수 없었던 거야. 5요자나(유순(由旬). 소달구지가 하루 가는 거리) 거리의 저쪽에 있는 사람들의 말소리도, 북이나 소라고둥 소리도 알지 못하고 그 소리도 분간하지 못했어. 그대는 겨우 1크로샤(구로사(俱盧舍). 북소리가 들리는 거리. 약 1km)밖에 안 되는 거리도 두 발을 들지 않으면 가지도 못했잖아. 그대는 어머니 태 안에서 생겨 성장하였으나 그 사실을 기억하지 못하고 있어. 그렇다면 그대가 어떻게 학식을 가졌다고 할 수 있나. 또 어떻게 '나는 무엇이든지 볼 수 있다'고 장담할 수 있느냐 말이야. 그러므로 여봐, 이 비위 좋은 사나이야, 그대는 암흑을 광명이라 생각하고, 또 광명을 암흑이라고 생각하고 있었던 것을 깨달아야 된다."

거기에서 그자는 신선들에게 이렇게 말할 것이다.

"어떤 방법을 쓰고 어떻게 착한 일을 하면 저도 그와 같은 이지를 얻을 수 있을까요. 여러분께서 은혜를 베풀어 그런 덕을 주시옵소서."

그때 신선들은 이자에게 다음과 같이 말할 것이다.

"그대가 그것을 바란다면, 인가에서 멀리 떨어진 곳이나 산중의 동굴을 찾아가서 살아라. 거기에 앉아 가르침을 조용히 생각하고, 그대를 괴롭히는 욕망을 버려야 하는 것이다. 이렇게 하여 그대가 맑고 깨끗한 덕을 갖춘 사람이 되면 신통력을 얻게 될 것이다."

그래서 그 사나이는 그 의미를 깨달아 출가하였다. 그는 인가에서 떨어진 곳에 살며, 일심불란하게 세속의 욕망을 버리고 다섯 가지 신통력을 얻게 된다. 신통력을 얻은 그는 생각할 것이다.

'나는 예전에 딴짓했지만 그것으로는 아무 은혜도 받지 못하였다. 그전에 나는 이지가 모자라고 경험도 적어 맹목이었으나, 이제야 바라는 대로 갈 수 있게 되었다.'

이상이 가섭아, 이 의의를 알도록 하기 위하여 내가 만든 비유담이다. 이 경우에 그 뜻은 명백하다. 태어나면서부터 소경이라는 것은 가섭아, 여섯 가지 운명을 겪으며 생사를 되풀이하는 인간을 가리키는 것이다. 그들은 올바른 가르침이 무엇인지 모르고, 번뇌 때문에 소경이 되어 암흑을 늘리고 있는 것이다. 그리고 그들은 무지 때문에 소경이 되어 업보의 원인이 되는 행위를 차곡차곡 쌓는다. 그래서 그 소행이 인연이 되어 이름과 형태를 만들어 마침내 그 사람만의, 이와 같이 큰 고뇌의 집적(集積)이 생기는 것이다.

이처럼 인간은 무지로 말미암은 소경이기 때문에 생사를 되풀이하는 것이다. 여래는 삼계를 초월하기는 하였으나, 아버지가 외아들에 대하여 하는 것처럼 가없은 마음을 일으키고 삼계에 내려와서 인간이 삶과 죽음의 회전하는 수레바퀴 속에 말려들며, 삶과 죽음의 윤회로부터 탈출하는 것을 모르고 있음을 본다. 거기에서 세존은 그들을 이지의 눈으로 보고,

'이들 인간은 예전에 착한 일을 하였으나 이제는 증오하는 마음은 적지만 탐욕의 마음이 깊은 자가 있고, 탐욕의 마음은 적지만 증오심이 심한 자가 있다. 이지가 모자라는 자가 있는가 하면, 학식이 많은 자도 있고 완전히 맑고 깨끗한 자도 있으며, 잘못된 견해를 가진 자도 있다.'

는 것을 아는 것이다. 이런 인간을 위하여 여래는 교묘한 방편을 사용하여 세 가지 법륜을 보여주는 것이다.

그 경우에 다섯 가지 신통력을 가진 청정한 눈의 신선처럼 보살들은, '깨달음'을 얻으려는 마음을 일으켜, 이 세상에 존재하는 것은 모두 다 생기거나 없어지거나 하는 것이 아니라는 진리를 터득하여, 마침내 더없이 완전한 '깨달음'에 도달하는 것이다.

그 경우에, 여래는 참으로 그 위대한 의사라 할 수 있으며, 어리석기 때문에 소

경이 되어 있는 중생은 태어나면서부터 소경인 사람과 같다고 보아야 한다. 탐욕과 증오와 어리석음은 바로 풍(風)과 담즙과 점액과 같다. 그리고 62가지 사악한 사상도 마찬가지로 보아야 된다. 또 온갖 것의 본질이 없는 것(공(空))과, 온갖 것에 차별의 근거가 되는 형상이 없는 것(무상(無相))과, 온갖 것은 작위 없이 존재하고 있는 것(무원(無願))과, '깨달음'의 경지로 들어가는 입구들을 네 가지 약으로 보아야 하는 것이다. 갖가지 질병에 따라 약이 사용되고, 그래서 질병은 각각으로 치료된다는 것이다.

이와 같이 온갖 것에 본질이 없는 것을 깨닫고 형상이 없는 것을 터득하여 작위없이 존재하는 것을 아는 것이, 이 세상의 고뇌에서 해방되는 시초이며, 이것이 '깨달음'의 경지로 들어가는 입구라고 생각해야 인간은 무지를 극복하는 것이다. 그리고 무지를 극복함으로써 업보의 원인이 되는 소행도 극복된다. 이렇게 하여 마침내 그 사람만의 큰 고뇌의 집적이 극복되는 것이다. 그리고 이처럼 그 사람의 마음은 선(善)에나 악(惡)에나 구애받지 않는 것이다.

성문과 연각의 법륜을 희구하는 자는, 소경이 시각을 얻는 것과 같다고 보아야 한다. 생사의 회전 원인이 되는 번뇌의 결박을 끊고, 번뇌의 결박으로부터 해방되어야, 여섯 가지 운명에서 그리고 또 삼계에서 해방된다. 이것에 의하여 성문의 법륜을 희구하는 자는,

'이것밖에, 실제로 깨달아야 할 가르침은 없다. 나는 깨달음의 경지에 도달한 것이다.'

라고 그렇게 알고, 또 이와 같이 말하는 것이다. 거기에서 여래가 그에게

'모든 가르침을 듣고 있지 않는 자가, 어떻게 '깨달음'의 경지에 도달할 수 있겠는가.'

라고 가르침을 나타내 보이는 것이다. 세존은 이 사람에게 '깨달음'에 도달하도록 권한다. 그는 '깨달음'에 도달하려고 마음을 분발하여 삶과 죽음의 윤회로부터 탈출하지만, '깨달음'의 경지에는 이르지 못한다. 그는 확실하게 터득하고, 삼계가 시방에서 공허하여 이 세상은 신기루나 환영이나 꿈이나 아지랑이나 메아리와 비슷하다고 보는 것이다. 그는 모든 것이 생기는 일도 없고 없어지는 일도 없으며, 결박되는 일도 없고 해방되는 일도 없어, 암흑도 아니고 광명도 아니라고

본 것이다. 이처럼 가르침의 의미가 심원하다고 보는 자는, 삼계의 모든 '깨달음'에 도달하려는 의지에 전념하는 여러 종류의 인간이 넘쳐 있는 것을, 눈으로 보지 않고 마음으로 보는 것이다."

그래서 세존은 이 의미를 더 나타내 보이려고, 그때 다음의 게송을 설하시었다.

달과 해의 빛이 늘고 주는 일 없이
선인·악인 누구를 묻지 않고
평등하게 인간들 사이를 고루 비치듯이
여래의 이지(理智)는 늘고 주는 일 없이 해와 달처럼
비쳐, 모든 인간을 제도한다.
도공이 그릇을 만듦에 있어 같은 흙을 씀에도 불구하고
설탕이나 우유나 요구르트나 물 등의 그릇이 되듯이
어떤 것은 오물통이 되고, 어떤 것은
뜨물 담는 그릇이 되는데
도공은 같은 진흙을 가지고 갖가지 그릇을 만드는 것이다.
어떤 것의 그릇이 되든지 담는 것에 따라 그릇은 정해진다.
그처럼 이 세상의 인간에게는 차별이 없는 것이지만
여래들은 그들의 의욕에 의해 인간을 구별 지어 주는 것이다.
여래들은 법륜의 종별을 말하지만 부처의 법률은 어김없이 하나일 따름이다.
생사윤회의 법바퀴를 모르는 사람은 평안한 경지를 식별할 수가 없다.
그러나 모든 것에는 개성이 없고 본체가 없는 것을 아는 사람은
'깨달음'에 도달한 세존들의 '깨달음'을 진정으로 아는 것이다.
중 정도의 이지에 의하여 분별하기 때문에 연각이라고 한다.
'공'에 대한 지혜가 모자라기 때문에 성문이라고 한다.
그러나 온갖 가르침을 터득하였으므로 완전히 '깨달음'에 이른 자라고 한다.
그는 몇백의 방편을 사용하여 중생들에게 가르침을 보여준다.
비유하면 어느 소경으로 태어난 사람이 해나 달이나 모든 별을 볼 수가 없어,
'형태가 있는 것은 아무 데도 없다'고 말하는 것이나 같다.

그러나 위대한 의사가 이 소경으로 태어난 사람에게 동정심을 일으켜

히말라야산맥을 찾아가서 산 중턱을 가로지르고 위로 또 아래로 걸어

'모든 염증과 농즙의 병근에 침투하는 것'을 비롯하여 네 가지 약초를 구하여 조제하고

약간의 것은 이빨로 깨물고 또 다른 것은 분말로 하며,

또 다른 것은 바늘 끝으로 몸에 주사하여 소경으로 태어난 사람을 치료한다.

그는 시력을 얻어 해와 달과 온갖 별들을 보게 될 것이다.

그리고 그는 '예전엔 내가 아무것도 몰랐기 때문에, 그런 말을 지껄였던 것이다'라고 생각할 것이다.

이처럼 인간은 소경으로 태어나 몹시 무지하기 때문에 유전한다.

그들은 인연에서 생긴 생사윤회의 수레바퀴를 모르기 때문에 고뇌에 싸이게 된다.

이처럼 무지몽매한 세상의 중생 가운데 일체를 다 아는 최고의 사람이고, 가없은 마음을 가진 위대한 의사인 여래가 나타난다.

교묘한 방편을 가진 교사로서 여래는 올바른 가르침을 보여

부처의 더없는 '깨달음'을, 가장 훌륭한 법륜에 오른 자에게 설한다.

이 세상의 지도자인 여래는 중 정도의 이지를 가진 자에게는 중 정도의 '깨달음'을 설하여 밝히고

또 생사의 윤회를 두려워하는 자에게는 다른 '깨달음'을 가르친다.

분별에 의하여 삼계에서 이탈한 성문은

'자기는 오염 없이 축복받는 깨달음의 경지에 도달하였다'고 생각한다.

그 경우에 나는 그들에게 '그것은 깨달음의 경지라고는 할 수 없다.

모든 가르침을 다 앎으로써 불멸의 깨달음의 경지가 달성된다'고 설명할 것이다.

마치 위대한 신선들이 그에 대한 연민의 마음을 일으켜

'너는 어리석구나. 자기에게 지혜가 있다고 생각하면 안 된다'고 하는 말과 같은 것이다.

네가 장벽 속에 갇혀 있을 때는,

어리석은 너는 바깥에서 일어난 일을 알 수가 없다.

내부에 있는 자는 바깥에 있는 자가 무엇을 하였는지, 아무것도 하지 않았는지를 지금도 모른다.

어리석은 네가 어떻게 그것을 알 수 있겠는가.

불과 5요자나(유순(由旬))밖에 떨어지지 않은 곳에서 큰 소리로 외쳐도

너는 그것을 들을 수가 없다. 더구나 더 먼 곳에서는 그 소리를 들을 수가 없다.

너에 대하여 악의가 있는 자와 호의를 가진 다른 자를

너는 분간할 수가 없다. 너의 자만심은 어디에서 생기는가.

1크로샤(구로사(俱盧舍))만 가면 될 때도 길이 없으면 갈 수 없다.

너의 어머니 태 안에 있을 적에 일어난 일을 너는 모두 다 잊어버렸다.

이 세상에서 다섯 가지 신통력을 가진 자는 일체를 다 아는 자라고 한다.

너는 어리석기 때문에 아무것도 알지 못하면서 '나는 일체를 다 아는 사람이다'라고 한다.

네가 모든 것을 알기를 바라고 신통력을 체득하려는 뜻을 가지고

인가에서 동떨어진 곳으로 가서 살며 염원하고

청정한 가르침을 구할 때 그것으로써 너는 신통력을 얻으리라.

이 목적을 위해 인가에서 떨어진 곳으로 가, 명상을 하며 염원하는 자는 얼마 뒤에 다섯 가지 신통력을 얻어 복덕이 있는 사람이 될 것이다.

또 성문들은 모두 '깨달음'의 경지에 도달하였다고 의식하리라.

거기에서 부처는 그에게 '그것은 휴식이지 평안의 경지가 아니다'라고 교시할 것이다.

이 방법을 설하는 것은 부처의 방편이다.

일체를 알지 못하면 '깨달음'의 경지는 없다. 그 달성을 꾀하라.

세 가지 수행의 단계(삼도(三道))에 관한 한량없는 지혜와,

또 청정한 여섯 가지 최고 완성의 상태(육바라밀)와

이 세상에 존재하는 것은 모두 본체가 없고(공(空)),

형상도 없고(무상(無相)), 또 작위가 없이 존재한다는 것(무원(無願)),

'깨달음'을 달성하려 하는 마음, '깨달음'의 경지를 제도하는 다른 가르침,

오염된 것(고(苦))·오염되지 않은 것(해탈)·

평정한 것(열반)·천공(天空)에 비유되는 모든 가르침,

모든 것을 가엾이 여기는 네 가지 마음의 상태(사무량심(四無量心)),

누구든지 받아들이는 네 가지 행위(사섭(四攝)) 등을 설하시었다.

인간의 지도를 위하여 이런 가르침이 부처에 의해 설하여진 것이다.

우리를 둘러싸고 있는 환경이 환영과 꿈을 자기의 본성으로 하고 있고,

파초의 줄기처럼 줏대가 없고 또 메아리와 같다는 것을 아는 자는

또 삼계에 결박된 일도 없고 해방된 일도 없이

이와 같은 자성(自性)을 가진 것을 모두 다 아는 자는 평안한 경지를 분간할 수 있는 자이다.

일체의 것은 마찬가지로 본체가 없고, 본질적으로 서로 다름이 없는 것을 알고,

또 이런 것을 바라지 않고 그 어느 것에 대해서도 결코 구별하여 보지 않는 자는, 위대한 이지를 지닌 자이며 가르침의 본체를 남김없이 보고,

세 가지 수레는 결코 없으며, 이 세상에는 오직 하나의 수레만 있다는 것을 안다.

일체의 것은 마찬가지로 모두 똑같고, 항상 평등하게 동일하다.

이와 같이 알아야 불멸하며 경사로운 '깨달음'의 경지를 올바로 아는 것이다.

이상으로 성스러운 《올바른 가르침의 백련》이라는 경설에서 '약초의 비유' 제5장은 끝난다.

6. 4대 제자에 대한 예언
수기품 제6

그때 세존께서는 이런 게송을 설하고 나서 거기에 모여 있는 모든 비구에게 말씀하셨다.

"비구들이여, 나는 너희에게 알리노라. 내 제자인 이 비구 카샤파(가섭(迦葉))는 미래에 삼천만억의 부처님들한테서 이들 부처를 숭상하여 모시고, 사사하며 공양·예찬할 것이다. 그리고 이들 고귀한 부처들의 올바른 가르침을 믿을 것이다. 그는 마하 뷰하(대장엄(大莊嚴))라고 하는 겁(劫)에 아봐바사 프라프타(광덕(光德)) 세계에 최후의 화신을 나타내어, 라슈미 프라바사(광명여래(光明如來))라고 하는, 완전히 '깨달음'에 도달한 아라한인 여래가 되어 이 세상에 태어날 것이다. 그리고 완전한 학식과 훌륭한 소행을 구비하여 이 더없는 행복에 이르고 가장 세상을 잘 알며, 인간을 훈련하는 조련사이자 신과 인간의 교사이고 부처이며, 세존이 될 것이다. 그의 수명은 12소겁이 될 것이다. 그리고 그의 올바른 가르침(정법(正法))은 20소겁 동안 이어질 것이다. 또 올바른 가르침을 모방한 가르침(상법(像法))이 20소겁 동안 계속될 것이다. 더욱이 그의 부처의 나라는 청정하여 돌이나 자갈이나 기왓조각은 제거되고, 함정이나 낭떠러지도 없으며, 도랑이나 웅덩이도 없어 평탄하여 기분 좋고, 풍광이 아름답고, 유리로 만든 보옥(寶玉) 나무로 장식되고, 황금 실로 여덟 개의 화판에 연결해 꽃이 뿌려질 것이다.

그리고 거기에는 몇십만이라는 보살이 나타날 것이고, 또 거기에는 몇천만억이라는 한없는 제자가 있을 것이다. 또 거기에는, 악의를 가진 악마가 나타나지 않고, 악마의 권속들도 찾아볼 수 없으리라. 그러나 다음이 되면 악마와 그 권속들도 있게 되겠지만, 설사 그렇게 되더라도 그들은 그 세계에서 그 고귀한 라슈미 프라바사(광명)여래의 가르침을 받아 올바른 가르침을 받아들이려고 노력하게 될 것이다."

그때 세존은 이 뜻을 펴시려고 게송으로 다음과 같이 설하였다.

妙法蓮華經授記品第六

爾時世尊 說是偈已 告諸大衆 唱如是言 我此弟子 摩詞迦葉 於未來世 當得奉覲
三百萬億 諸佛世尊 供養恭敬 尊重讚歎 廣宣諸佛 無量大法 於最後身 得成爲佛 名曰
光明如來 應供 正遍知 明行足 善逝 世間解 無上士 調御丈夫 天人師 佛 世尊 國名光
德 劫名大莊嚴 佛壽十二小劫 正法住世二十小劫 像法亦住 二十小劫 國界嚴飾 無諸穢
惡 瓦礫荊棘 便利不淨 其土平正 無有高下 坑坎堆阜 瑠璃爲地 寶樹行列 黃金爲繩 以
界道側 散諸寶華 周遍淸淨 其國菩薩 無量千億 諸聲聞衆 亦復無數 無有魔事 雖有魔
及魔民 皆護佛法 爾時世尊 欲重宣此義 而說偈言

묘법연화경 수기품 제6

그때 세존께서 이 게송들을 다 마치시고, 여러 대중에게 이렇게 높이 선언하시었다.

"내 제자인 이 마하가섭은 오는 세상에 반드시 삼백만억 여러 부처님을 친견하고 받
들며 공양하고 공경하며 존중하고 찬탄하며, 널리 여러 부처님의 한량없는 큰 법을
설하고 최후의 몸은 성불하리니, 그 이름은 광명여래·응공·정변지·명행족·선서·세간
해·무상사·조어장부·천인사·불세존이라 하리라. 그 나라의 이름은 광덕(光德)이요, 겁
의 이름은 대장엄(大莊嚴)이며, 부처님의 수명은 12소겁이요, 정법(正法)이 세상에 머물
기는 20소겁이며, 상법(像法)도 또한 20소겁을 머무르리라.

그 나라는 장엄하게 꾸며지고 여러 가지 더럽고 악한 것과 기와·돌·가시덤불이나
부정한 오물이 없으며, 국토는 평정하여 높고 낮은 곳이나 흙무더기나 언덕이 없고 유
리로 땅이 되었으며, 길에는 보배나무가 늘어섰고, 황금으로 줄을 꼬아 청정하게 하며,
그 나라의 보살은 한량없는 천만억이며, 여러 성문 대중도 또한 수없고 악마 같은 일
도 없으며, 만일 악마나 그런 백성이 있다 할지라도 다 부처님 법을 보호하리라."

그때 세존께서 이 뜻을 거듭 펴시려고 게송으로 말씀하시었다.

비구들아, 내가 부처의 눈으로 보니 이 가섭은 미래에

헤아릴 수 없을 만큼의 겁을 지나 부처들에게 공양하고 성불할 것이다.

이 가섭은 실로 삼천만억을 넘는 부처들을 만들어 보일 것이니라.

부처들한테 그는 지혜를 얻기 위하여 순결을 지켜 수행할 것이다.

부처들께 공양하여 이 최고의 지혜를 얻고

최후의 화신으로 세상의 의지가 되어

비길 데 없는 위대한 신선이 될 것이다.

그리고 그의 국토는 장대하고 화려하며 아름답고 청정하며 광휘에 빛나고,

풍광이 너무나 아름다워 보는 사람을 항상 매료시키는 황금 실로 장식되어 있을 것이다.

거기에 있는 여덟 연화의 꽃잎 하나하나에 화려한 보옥으로 만든 나무가 있고, 이 나라 온 국토에 상쾌한 향기를 풍길 것이다.

告諸比丘	我以佛眼	見是迦葉	於未來世
過無數劫	當得作佛	而於來世	供養奉覲
三百萬億	諸佛世尊	爲佛智慧	淨修梵行
供養最上	二足尊已	修習一切	無上之慧
於最後身	得成爲佛	其土清淨	瑠璃爲地
多諸寶樹	行列道側	金繩界道	見者歡喜

비구들께 말하노라. 부처님의 눈으로써

가섭존자 내가 보니 수없는 겁을 지나

앞으로 오는 세상 부처를 이루리라.

그 세상에 계신 세존 삼백만억 부처님을

받들어 공양하고 정성으로 친견하여

부처님의 큰 지혜와 범행을 잘 닦으며

법계의 가장 높은 양족존께 공양하고

무상 지혜 닦고 익혀 최후의 몸 성불하리.

그 나라는 청정하여 유리로 땅이 되고

여러 가지 보배나무 도로마다 즐비하며

황금줄로 경계하니 보는 사람 환희하네.

수많은 종류의 꽃이 만발하여 다양한 색깔의 꽃이 흐드러지고, 거기에는 함정이나 낭떠러지도 없고, 평탄하고 안온하며 풍광이 아름다울 것이다.

거기에는 몇천만억의 보살들이 있을 것이다.

그들은 마음을 잘 극복하고 위대한 신통력을 갖추어

광대한 가르침을 설한 경전을 믿는 성자(聖者)일 것이다.

가르침의 왕자인 부처의 오염을 모르는 제자들이

최후의 육신을 나타내어 거기에 있을 것이다.

그들의 수는 경건한 지혜를 가지고 몇 겁 동안 헤아려도 결코 알지 못하리라.

그는 12소겁 동안이나 오래오래 살 것이다.

올바른 가르침은 20소겁 동안 이어질 것이다.

모방한 가르침도 20소겁 동안 이어져

광명여래의 국토에서 훌륭한 광경을 보게 될 것이다.

그때 마하 마우드가랴야나(마하목건련(摩訶目犍連))와 수부티(수보리(須菩提))와 마하 카탸야나(마하가전연(摩訶迦旃延))는, 감격하여 몸을 떨며 잠시도 눈을 떼지 않고 세존을 우러러보았다. 그리고 저마다 소리를 함께하여 게송으로 다음과 같이 아뢰었다.

常出好香	散衆名華	種種奇妙	以爲莊嚴
其地平正	無有丘坑	諸菩薩衆	不可稱計
其心調柔	逮大神通	奉持諸佛	大乘經典
諸聲聞衆	無漏後身	法王之子	亦不可計
乃以天眼	不能數知	其佛當壽	十二小劫
正法住世	二十小劫	像法亦住	二十小劫

光明世尊　　其事如是

爾時大目犍連 須菩提 摩訶迦㫌延等 皆悉悚慄 一心合掌 瞻仰尊顔 目不暫捨 卽共同
聲 而說偈言

향기 좋은 여러 꽃을 항상 흩어 뿌리오며

갖가지 아름다운 그런 걸로 장엄할새

그 땅이 평정하여 구렁 언덕 없으며

그 수를 알 수 없는 많고 많은 보살 대중

마음도 부드럽고 큰 신통을 얻으며

부처님의 대승경전 받들어서 지니고

성문들도 새는 것이 없는 최후에 받은 몸들

법왕의 아들들도 그 수가 많고 많아

천안(天眼)으로 볼지라도 능히 세지 못하나니

그 부처님 누릴 수명 12소겁 오랜 세월

정법이 머물기는 20소겁이라 하며

상법 또한 마찬가지 그와 같은 세월이니

광명의 그 세존님 하시는 일 이러하다.

　그때 대목건련과 수보리와 마하가전연 등이 모두 송구스러워하면서 일심으로
합장하고 부처님의 존안을 우러러보며 눈도 깜빡이지 않더니, 곧 같은 소리로
게송을 함께 말하였다.

아아, 세상의 존경을 받아야 할 세존이시여, 석가족의 법왕이시여, 최고의 인간
이시여, 저희를 가엾이 여기시어 부처의 음성을 들려주소서.
　아무쪼록 지금이야말로 호기임을 헤아리시어
　부처님이시여, 저희에게 감로를 뿌리시듯 예언을 주옵소서.
　마음이 넉넉하신 승리자여.
　기근이 든 곳에서 온 사람이 훌륭한 음식을 만나, 그 음식을 손에 들고 곧 먹

으려고 할 때 '잠깐 기다려' 하는 말씀이 있었다고 한다면

바로 그처럼 저희는 갈망하고, 저질의 법륜을 이것저것 생각하며

굶주림 때문에 음식에 눈이 먼 사람처럼 부처의 지혜를 얻고자 간절히 바라지 않겠나이까.

그럼에도 불구하고 '깨달음'을 이루신 위대한 신선께서는, 아직도 예언을 내리지 아니하시고,

손안에 있는 음식을 '먹으면 안 된다'고 이르시는 것 같나이다.

저희 갈망은 바로 이와 같사옵니다. 용사이시여, 저희에게 예언을 내리시어,

저희가 더없이 훌륭한 음성을 들을 때 저희 마음은 편안해지나이다.

예언을 내리소서, 위대한 용사이시여. 세간의 행복을 바라고 가엾게 여기시는 마음으로,

저희의 가난한 마음이 끝나도록 하여 주소서, 위대한 신선이시여.

大雄猛世尊	諸釋之法王	哀愍我等故	而賜佛音聲
若知我深心	見爲授記者	如以甘露灑	除熱得清凉
如從飢國來	忽遇大王饍	心猶懷疑懼	未敢卽便食
若復得王教	然後乃敢食	我等亦如是	每惟小乘過
不知當云何	得佛無上慧	雖聞佛音聲	言我等作佛
心尙懷憂懼	如未敢便食	若蒙佛授記	爾乃快安樂
大雄猛世尊	常欲安世間	願賜我等記	如飢須教食

장하신 세존은 석(釋) 씨 문중 법왕이라.

불쌍한 우리 위해 부처 말씀 주옵소서.

우리 마음 아시고 수기를 주신다면

감로수로 열을 식혀 시원함과 같나이다.

주린 배로 헤매다가 대왕 성찬 만났어도

마음이 두려워서 감히 먹지 못하올새

만일 왕이 먹으라면 그때야 감식하듯

우리들도 그와 같아 소승의 허물만 생각하며

부처님의 무상 지혜 구할 길도 모르고

'너희들도 성불한다' 부처 음성 들었어도

도리어 마음 두려워서 선뜻 먹지 못함이나

만일 수기 주신다면 이젠 안락하오리다.

장하신 세존께서 세상 편하게 하시려고

저희께 수기 주시면 그 가르침 받으리라.

이때 세존께서는 위대한 이들 제자의, 이와 같은 간절한 마음을 다 간파하시고 거기에 모인 모든 비구에게 다시 이르셨다.

"비구들아, 나의 위대한 제자인 이 수보리는 삼천만억의 부처들을 받들어 공경하고 사사(師事)하며, 공양하고, 찬탄하고, 예찬할 것이다. 그리고 이들 부처한테서 순결을 지키고 수행하여 '깨달음'을 얻을 것이다. 그는 이처럼 갖가지 공덕을 쌓고, 최후의 화신(化身)에서 샤시 케투(명상(名相))라는, 완전히 '깨달음'을 달성한 아라한인 여래가 되어 이 세상에 태어날 것이다. 그리고 완전한 학식과 훌륭한 소행을 구비하여 이 더없는 분이시며, 사람들을 잘 다스리는 분이시며 천신과 인간의 스승이시며 부처이자 세존이 될 것이다.

그리고 그의 부처의 나라 이름은 라토나 산바봐(보생(寶生))라 하고, 그가 나타난 겁은 라토나 아봐바사(유보(有寶))라고 부르게 될 것이다. 그리고 그의 나라는 평탄하고 상쾌하며, 유리로 만든 보옥 나무로 장식되어 함정이나 낭떠러지도 없고 도랑이나 시궁창도 없어 매우 아름답게 꽃이 뿌려져 있을 것이다. 그리고 거기에는 사람들에게 온갖 즐거움이 마련된 궁전 누각이 지어질 것이며, 또 거기에는 몇천만억이라는 많은 보살이 있을 것이다. 그리고 그 세존의 수명은 12소겁이 될 것이다. 세존의 올바른 가르침은 20소겁 동안 이어질 것이다. 또 세존의 올바른 가르침을 모방한 가르침이 20소겁 동안 계속될 것이다. 그 세존은 허공에 거처하면서 항상 가르침을 설하고, 몇십만이나 되는 많은 보살과 몇십만이라는 많은 제자들을 제도할 것이다."

그때 세존께서는 게송으로 다음과 같이 말씀하셨다.

爾時世尊 知諸大弟子 心之所念 告諸比丘 是須菩提 於當來世 奉覲三百萬億 那由他佛 供養恭敬 尊重讚歎 常修梵行 具菩薩道 於最後身 得成爲佛 號曰名相如來 應供 正遍知 明行足 善逝 世間解 無上士 調御丈夫 天人師 佛 世尊 劫名有寶 國名寶生 其 土平正 頗梨爲地 寶樹莊嚴 無諸丘坑 沙礫荊棘 便利之穢 寶華覆地 周遍淸淨 其土人 民 皆處寶臺 珍妙樓閣 聲聞弟子 無量無邊 算數譬喩 所不能知 諸菩薩衆 無數千萬億 那由他 佛壽十二小劫 正法住世 二十小劫 像法亦住 二十小劫 其佛常處虛空 爲衆說法 度脫無量菩薩 及聲聞衆 爾時世尊 欲重宣此義 而說偈言

그때 세존께서 여러 큰 제자의 마음에 생각하는 바를 알고 비구들에게 말씀하시었다.

"이 수보리는 앞으로 오는 세상에 삼백만억 나유타 부처님을 친견하여, 받들고 공양하고 공경하며 존중하고 찬탄하며, 항상 범행을 닦아 보살의 도를 갖추어 최후의 몸에 성불하면 그 이름은 명상(名相)여래·응공·정변지·명행족·선서·세간해·무상사·조어장부·천인사·불세존이며, 겁의 이름은 유보(有寶)요, 나라 이름은 보생(寶生)이리라. 그 국토는 평탄하며 파려(玻瓈)로 땅이 되고 보배나무로 장엄하며, 구릉이나 언덕이나 또 사금파리나 가시덤불이나 대변·소변 같은 더러운 오물이 없으리라. 보배 꽃이 땅을 덮어 두루 청정하며, 그 국토의 사람은 다 보배로운 집이나 진귀하고 아름다운 누각에 살며, 성문 제자는 한량없고 가없어 숫자로나 비유로도 능히 알 수 없으며, 또한 여러 보살도 한이 없어 천만억 나유타이리라. 부처님의 수명은 12소겁이요, 정법이 세상에 머물기는 20소겁이며, 상법도 역시 20소겁이리라. 그 부처님은 항상 허공에 머물면서 중생을 위해 설법하며 한량없는 보살과 성문들을 제도하리라."

그때 세존께서 이 뜻을 거듭 펴시려고 게송으로 말씀하시었다.

비구들아, 나는 오늘 너희에게 이르노니 내가 설하는 말을 잘 들어라.
내 제자인 수보리는 미래에 부처가 될 것이다.
삼천만억을 넘는 수의, 위대한 신념을 가진 부처들을 뵙고
그는 이런 부처들의 지혜로 말미암아 그것을 얻는 데 어울리는 수행을 할 것이다.

용맹한 그는 최후의 화신(化身)으로 훌륭한 32길상을 구비하여

세상의 행복을 바라고 황금 기둥을 닮은 위대한 신선이 될 것이다.

그의 훌륭한 나라는 중생에게 참으로 아름답고 바람직하며, 또 상쾌하여 세
간의 벗이 된 그는 몇천만억의 중생을 제도하여 그곳에 살도록 할 것이다.

거기에서는 위대한 신념을 가지고 물러나지 않는 법륜을 계속 굴리며

예리한 근기를 가진 보살들이 그 부처의 가르침과 훈계에 따라, 그의 부처의
나라를 장식할 것이다.

諸比丘衆	今告汝等	皆當一心	聽我所說
我大弟子	須菩提者	當得作佛	號曰名相
當供無數	萬億諸佛	隨佛所行	漸具大道
最後身得	三十二相	端正殊妙	猶如寶山
其佛國土	嚴淨第一	衆生見者	無不愛樂
佛於其中	度無量衆	其佛法中	多諸菩薩
皆悉利根	轉不退輪	彼國常以	菩薩莊嚴

비구들아, 내 이제 말하노니

너희들은 일심으로 내 말을 잘 들으라.

나의 큰 제자인 수보리는 오는 세상

부처를 이루리니 그 이름은 명상이라.

한량없는 만억 부처 찾아 뵙고 공양하며

부처님 행을 따라 큰 도를 점점 갖춰

최후에 받은 몸이 미묘한 32상

단정하고 특수하기 보배로운 산과 같고

그 부처님 국토는 엄정하기 제일이니

이것을 보는 중생 모두 다 즐겨하니

부처님 그 가운데 무량 중생 제도하며

그 부처님 법 안에 많은 보살 있으니

모두 다 영리하여 불퇴 법륜 굴리면서

항상 저 나라 땅 보살로써 장엄하리.

그의 많은 제자의 수는 셀 수도 없고 또 그들을 헤아릴 단위도 없다.

그들은 여섯 가지 신통력과 세 가지 학식을 가진

위대한 신통력의 소유자로서 여덟 가지 해탈에 통달해 있다.

그가 가장 훌륭한 '깨달음'을 밝혀 설할 때 나타나는 신통력은 헤아리지 못할 정도이다.

갠지스강의 모래알처럼 수많은 신과 인간이 다같이 합장하게 될 것이다.

그 부처의 수명은 12소겁이요, 그의 올바른 가르침은 20소겁 동안 이어질 것이며, 그를 모방한 가르침도 20소겁 동안 계속될 것이다.

諸聲聞衆	不可稱數	皆得三明	具六神通
住八解脫	有大威德	其佛說法	現於無量
神通變化	不可思議	諸天人民	數如恒沙
皆共合掌	聽受佛語	其佛當壽	十二小劫
正法住世	二十小劫	像法亦住	二十小劫

성문 대중들도 셀 수 없이 많은 수라

모두 다 3명 얻고 6신통을 갖추며

8해탈 머물러서 큰 위덕이 있으니

그 부처님 설법하사 나타내는 신통 변화

한량없고 가이없어 불가사의 일이러니

항하의 모래 같은 여러 천상 사람이

다 같이 합장하고 부처 말씀 들으리라.

그 부처님 수명은 12의 소겁이요

정법이 그 세상에 머물기는 20소겁

상법 또한 마찬가지 30소겁 머무리라.

거기에서, 세존께서는 다시 그곳에 모인 모든 비구에게 말씀하셨다.

"비구들이여, 내가 너희들에게 알리노라. 내 제자인 마하 카티야야나(대가전연(大迦栴延))는 팔천억 부처들을 우러러 섬기어 사사하고 공양·예찬할 것이다. 그리고 이런 완전히 '깨달음'에 도달한 여래들을 위하여 높이 1천 요자나(유순(由旬). 소달구지가 하루 가는 거리)에 너비 5백 요자나 칠보탑을 세울 것이다. 칠보탑이란 황금탑, 은탑, 유리탑, 파리(玻璃)탑, 붉은진주탑, 녹색구슬탑과 제7의 보옥인 산호탑이다.

그리고 꽃·향나무·향수·화만(華鬘 : 생화를 묶은 꽃다발)·향유·말향(抹香)·의복·산개(傘蓋 : 일산 덮개)·당번(幢幡 : 당과 번을 겹쳐 만든 기) 등을 이런 탑에 공양할 것이다. 이런 일을 마친 다음에, 그는 또 이만억 부처에게 그와 같이 우러러 공경하며, 사사하고 공양·예찬할 것이다. 그는 최후의 화신으로서 마지막으로 육신을 얻을 때, 잔부나다 푸라바사(염부나제금광(閻浮那提金光))라는 완전히 '깨달음'을 달성한 아라한인 여래가 되어, 이 세상에 태어날 것이다. 그는 완전한 학식과 훌륭한 소행을 갖춘 여래이며 세상을 잘 아는 위없는 분이며, 천신과 인간의 스승이며, 부처님이며 세존이 될 것이다. 그의 부처 나라 국토는 청정하고, 평탄하며, 상쾌하고, 또 풍광이 맑고 아름다우며, 유리로 만든 보옥 나무가 그 주위를 다채롭게 물들이고, 황금 실이 아로새겨진 꽃의 요가 깔려 있으며, 지옥도나 축생도 따위의 권속도 존재하지 않고, 많은 인간과 신이 가득 차 있으며, 몇십만이나 되는 수많은 제자들과 몇십만이나 되는 보살들이 모일 것이다. 그리고 그의 수명은 12소겁이 되리라. 또 그의 올바른 가르침은 20소겁 동안 계속될 것이다. 또, 그의 가르침을 모방한 것은 12소겁 동안 이어질 것이니라."

그때 세존께서는 게송으로 다음과 같이 설하였다.

爾時世尊 復告諸比丘衆 我今語汝 是大迦栴延 於當來世 以諸供具 供養奉事

八千億佛 恭敬尊重 諸佛滅後 各起塔廟 高千由旬 縱廣正等 五百由旬 以金 銀 琉璃 硨

磲 瑪瑙 眞珠 玫瑰 七寶合成 衆華瓔珞 塗香 抹香 燒香 繪蓋 幢幡 供養塔廟 過是已後

當復供養 二萬億佛 亦復如是 供養是諸佛已 具菩薩道 當得作佛 號曰 閻浮那提金光如

來 應供 正遍知 明行足 善逝 世間解 無上士 調御丈夫 天人師 佛 世尊 其土平正 頗梨

爲地 寶樹莊嚴 黃金爲繩 以界道側 妙華覆地 周遍淸淨 見者歡喜 無四惡道 地獄 餓鬼

畜生 阿修羅道 多有天人 諸聲聞衆 及諸菩薩 無量萬億 莊嚴其國 佛壽十二小劫 正法
住世 二十小劫 像法亦住 二十小劫 爾時世尊 欲重宣此義 而說偈言

그때 세존께서 다시 여러 비구 대중에게 말씀하시었다.

"내 이제 너희들에게 말하노라. 이 대가전연은 오는 세상에 8천억 부처님을 여러 가지 공양 기구로써 공양하고 공경하고 존중하며, 그 부처님들이 열반하신 뒤에는 탑을 일으키되, 높이가 1천 유순이며 길이나 넓이가 똑같은 5백 유순이리라. 금·은·유리·자거·마노·진주·매괴 등 칠보를 모아 이룩하고, 여러 가지 꽃과 영락과 도향·말향·소향과 산개·당번으로 그 탑묘에 공양하고, 이 일을 마친 후에는 다시 삼만억 부처님께 공양하되 전과 같이 하나니, 이 모든 부처님께 공양한 뒤 보살도를 갖추고 마땅히 성불하리라. 그 이름은 염부나제금광(閻浮那除金光)여래·응공·정변지·명행족·선서·세간해·무상사·조어장부·천인사·불세존이리라. 그 나라의 땅은 평탄하고 또 유리로 땅이 되며 보배나무로 장엄되고 황금줄을 꼬아 길을 경계하며, 아름다운 꽃으로 땅을 덮어 두루 청정하니, 보는 사람마다 환희하며 네 가지 악한 갈래인 지옥·아귀·축생·아수라가 없고, 많은 천상과 인간 그리고 여러 성문과 한량없는 만억의 보살이 그 나라를 장엄하며, 그 부처님의 수명은 12소겁이고 정법이 20소겁을 세상에 머무르고 상법도 또한 20소겁을 머무르리라."

그때 세존께서 이 뜻을 거듭 펴시려고 게송으로 말씀하시었다.

들으라, 비구들아. 너희는 모두 지금 내가 말하는 거짓 없는 소리를.
나의 제자 카탸야나(가전연)은 세상을 올바로 이끌어 갈 부처들에게 여러 가지로 다양하게 우러러 공경하고
그들이 '깨달음'의 경지에 도달한 다음에는
탑을 세워 꽃과 향을 공양할 것이다.
그는 최후의 화신을 청정한 나라 땅에 나타낼 수가 있어 부처가 된 것이다.
이 지혜를 충만하게 한 다음 몇천만억이라는 중생에게 보일 것이다.
그는 신들도 함께 사는 이 세상에서 공경을 받으며
이 세상을 밝게 멀리 비치는 부처가 될 것이다.

잠부나다 아바사(염부금광(閻浮金光))라는 명호로
몇천만의 신과 인간을 제도하는 부처가 되리라.
그리고 그 나라 땅에는 헤아릴 수 없을 만큼 많은 보살과 제자가 있어
그들은 이 사바세계의 결박으로부터 떠나 있어, 부처의 가르침과 훈계를 장엄
하게 할 것이다.

諸比丘衆	皆一心聽	如我所說	眞實無異
是迦旃延	當以種種	妙好供具	供養諸佛
諸佛滅後	起七寶塔	亦以華香	供養舍利
其最後身	得佛智慧	成等正覺	國土淸淨
度脫無量	萬億衆生	皆爲十方	之所供養
佛之光明	無能勝者	其佛號曰	閻浮金光
菩薩聲聞	斷一切有	無量無數	莊嚴其國

비구들아 일심으로 들을지어다.

내가 설하는 법 진실하여 다름없다.

이 가전연은 갖가지 아름다운

공양의 기구로써 여러 부처 공양하고

부처님 멸도한 뒤 칠보탑 일으키되

아름다운 꽃으로 사리를 공양하며

그 최후의 몸으로 부처님 지혜 얻어

등정각(等正覺)을 이루어 그 나라 청정하며

한량없는 만억 중생 남김없이 제도하고

시방의 천상 인간 공양을 받으리니

부처님의 광명보다 더할 이가 있을손가.

그와 같이 밝은 부처 이름은 염부금광

많은 보살 여러 성문 일체의 유(有)를 끊어

무량하고 가없게 그 나라를 장엄하리.

그래서 세존은 다시 거기에 모여 있는 모든 비구에게 말씀하시었다.

"비구들아, 나는 너희에게 말하여 알리노라. 나의 제자인 이 마하 마우드가랴야나(마하목건련(摩訶目健連))는 2만 8천의 부처들을 만족시킬 것이다. 그리고 그는 이들 고결한 부처들을 여러 가지로 우러러 공경하며, 배우고, 공양하고, 찬탄하고, 예찬할 것이다. 또, 완전히 '깨달음'에 도달한 이들 부처들을 위하여 칠보로 만든 탑을 세울 것이다.

그것은 곧 금·은·유리·파리·적진주·녹옥과 산호의 탑이다. 그 탑의 높이는 1천 요자나, 너비 5백 요자나로, 이 탑들에는 꽃·향나무·화만·향유·말향·의복·산개·기치·기드림(旗—) 등을 갖추어 여러 가지 공양을 드릴 것이다. 이같이 한 다음에 또다시 그들은 이천만억의 부처들에게 전에 한 것과 같이 우러러 공경하고 배우며, 공양·예찬할 것이다. 그리고, 최후의 육신을 얻을 때, 그는 타마라파토라 찬다나 간다(다마라발전단향(多摩羅跋栴檀香))라는 완전히 '깨달음'에 도달한 아라한인 여래가 되어 이 세상에 나타날 것이다.

그리고 그는 완전한 학식과 소행을 구비하여 더없는 행복에 이르고 가장 세상을 잘 알며, 인간을 훈련하는 조교사이고 신들과 인간의 교사이며, 부처이자 세존이 될 것이다. 그의 부처 나라는 마노비라마(의락(意樂))라 부르고, 그가 출현하는 겁은 라티 파리푸루나(희만(喜滿))라고 할 것이다. 그리고 그의 부처 나라는 완전히 청정하고 평탄하며, 상쾌하고 풍광이 맑고 아름다워 훌륭하며, 파리로 만든 보옥 나무가 그 주위를 다채롭게 하고, 꺾어 온 꽃이 깔려 있어 거기에는 많은 인간과 신이 충만하며, 제자와 보살 등 몇십만의 신성한 사람들이 살고 있을 것이다. 그리고 그의 수명은 24소겁이며, 그의 올바른 가르침은 40소겁 동안 이어지고, 그 가르침을 모방한 가르침도 40소겁 동안 계속할 것이다."

그때 세존은 게송으로 다음과 같이 말씀하시었다.

爾時世尊 復告大衆 我今語汝 是大目犍連 當以種種供具 供養八千諸佛 恭敬尊重 諸佛滅後 各起塔廟 高千由旬 縱廣正等 五百由旬 以金 銀 琉璃 硨磲 瑪瑙 眞珠 玫瑰 七寶合成 衆華瓔珞 塗香 抹香 燒香 繒蓋幢幡 以用供養 過是已後 當復供養 二百萬億諸佛 亦復如是 當得成佛 號曰多摩羅跋栴檀香如來 應供 正遍知 明行足 善逝 世間解 無

上士 調御丈夫 天人師 佛 世尊 劫名喜滿 國名意樂 其土平正 頗梨爲地 寶樹莊嚴 散眞 珠華 周遍淸淨 見者歡喜 多諸天人 菩薩聲聞 其數無量 佛壽二十四小劫 正法住世 四十 小劫 像法亦住 四十小劫 爾時世尊 欲重宣此義 而說偈言

그때 세존께서 다시 대중에게 말씀하시었다.

"내 이제 너희들에게 말하노라. 여기 대목건련은 가지가지 공양 기구로써 8천의 여러 부처님께 공양하고 공경하고 존중하며, 여러 부처님이 열반하신 뒤에는 각각 그 탑묘를 세우되, 높이가 1천 유순이나 되고 길이나 넓이가 똑같이 5백 유순이 되게 하리라. 금·은·유리·자거·마노·진주·매괴 등 칠보를 이루고 많은 꽃과 영락과 도향·말향·소향과 산개·당번들로써 탑묘를 공양하며, 이것을 마친 후에는 다시 삼백만억 부처님을 그렇게 공양하고 반드시 성불하리라. 그 부처님의 이름은 다마라발전단향(多摩羅跋旃檀香)여래·응공·정변지·명행족·선서·세간해·무상사·조어장부·천인사·불세존이리라. 그 겁의 이름은 희만(喜滿)이요, 나라 이름은 의락(意樂)이며, 그 나라 땅은 평평하여 파려(玻瓈)로 땅이 되고, 보배나무로 장엄하며 진주로 된 꽃을 흩어 두루 청정하게 하거늘, 보는 사람마다 환희하여 천상과 인민도 많고 보살과 성문도 그 수가 한량없으리라. 그 부처님의 수명은 24소겁이요, 정법이 세상에 머물기는 40소겁이며 상법도 정법과 같은 기간을 머무르리라."

그때 세존께서 이 뜻을 거듭 펴시려고 게송으로 말씀하시었다.

내 제자인 이 대목건련은 인간으로서의 자기 존재를 버리고
2만과 8천의 흠이 없는 성자인 부처들을 친견할 것이다.
그는 부처의 지혜를 구하여 순결을 지키고 수행하여
그때 세상의 지도자인 부처들을 갖가지로 우러러 공경할 것이다.
그들의 광대하고 훌륭한 올바른 가르침을 몇천만억 겁 동안이나 지키어
이 부처들이 입적할 때는 그들의 탑에 공양할 것이다.
그는 이들 훌륭한 부처들을 위하여 보옥탑을 건립하고 기드림을 세울 것이다.
그리고 이런 세상의 행복을 바라는 부처들에게 꽃과 향을 바치고 음악을 연주하여 공양할 것이다.

그리고 그는 최후의 화신에서 보기도 아름답고 상쾌한 나라 땅에 나타나,

세상의 행복을 바라는 타마라파토라 찬다나 간다(다마라발전단향(多摩羅跋栴檀香))라는 이름의 여래가 될 것이다.

이 부처의 수명은 만(滿) 24소겁일 것이다.

그는 그동안 항상 인간과 신들 사이에서 부처의 제도를 설하여 밝힐 것이다.

여섯 가지 신통력과 세 가지 학식을 가진 위대한 신통력의 소지자인 제자들이, 마치 갠지스강의 모래알처럼 몇천만억 명이나, 그 부처 아래에 있어, 부처의 가르침과 훈계를 받아 신통력을 얻게 될 것이다.

기가 꺾이는 일이 없이 용기를 분발하여 항상 이성(理性)을 지키고

부처의 가르침과 훈계에 전념하는 많은 보살이 몇천 명이나 거기에 있을 것이다.

그 부처가 입적할 때 그의 올바른 가르침은 그때 만(滿) 20소겁 동안 이어지고, 그것을 모방한 가르침도 그 기간 계속할 것이다.

이들 다섯 명의 제자는 위대한 신통력의 소지자이다.

나는 그들이 최고의 '깨달음'에 도달하여 '미래에 홀로 저절로 부처가 될 것이다'라고 지시하였다.

그리고 너희는, 그들의 수행 경위를 내가 말할 것이니 잘 들으라.

我此弟子	大目犍連	捨是身已	得見八千
二百萬億	諸佛世尊	爲佛道故	供養恭敬
於諸佛所	常修梵行	於無量劫	奉持佛法
諸佛滅後	起七寶塔	長表金刹	華香伎樂
而以供養	諸佛塔廟	漸漸具足	菩薩道已
於意樂國	而得作佛	號多摩羅	栴檀之香
其佛壽命	二十四劫	常爲天人	演說佛道
聲聞無量	如恒河沙	三明六通	有大威德
菩薩無數	志固精進	於佛智慧	皆不退轉
佛滅度後	正法當住	四十小劫	像法亦爾

我諸弟子　　威德具足　　其數五百　　皆當授記

於未來世　　咸得成佛　　我及汝等　　宿世因緣

吾今當說　　汝等善聽

내 큰 제자인 여기 있는 대목건련

이 몸을 버린 뒤에 부처님 여러 세존

팔천이백만억이나 많고 많은 그 수를

불도를 위하므로 공양하고 공경하며

부처님 계신 곳서 범행을 항상 닦고

부처님 법 받들기 한량없이 오랜 세월

그 부처님 멸도 후엔 칠보탑을 세우되

높게 꽂은 긴 표찰은 황금 칠해 만들고

꽃과 향기 기악으로 탑묘를 공양하며

보살도를 점점 갖춰 그러고는 의락국(意樂國)서

부처님을 이룰지니 성불하여 얻은 이름

다마라발전단향 이와 같이 부르리라.

그 부처님 수명은 24소겁이며

하늘 인간 위하여 불도를 연설하고

한량없는 성문 대중 항하 모래같아도

3명과 6신통으로 크게 위덕 갖추며

수많은 보살은 뜻이 굳고 정진하여

불지혜에 잘 들어 물러남이 없으며

부처님 멸도 후에 정법 상법 40소겁

나의 여러 제자 위덕 모두 다 갖추리라.

그 수가 5백인데 하나도 빠짐없이

오는 세상 성불한다 수기하여 줄 것이니

나와 모든 제자의 지난 세상 인연들을

내 이제 설하려니 정신차려 잘 들으라.

이상으로 성스러운 《올바른 가르침의 백련》이라는 경설에서 '4대 제자에 대한 예언' 제6장은 끝난다.

7. 전세의 인연
화성유품 제7

"비구들이여, 옛날 옛날, 헤아릴 수도 생각할 수도 추측할 수도 없을 만큼 아득한 겁의 옛날에, 아니 그보다 더 먼 태곳적에, 마하 아비주냐 주냐나 아비브(대통지승(大通智勝))라는, 완전히 '깨달음'에 도달한 아라한인 여래가 이 세상에 나타났느니라. 이 여래는 마하 루파(대상(大相))라는 겁에, 산바봐(호성(好城))라는 세계에서 완전한 학식과 훌륭한 소행을 구비하고 더없는 행복에 도달하여 가장 세상을 잘 알고, 인간의 조교사요 신들과 인간의 교사이며 부처이자 세존이었다.

비구들이여, 이 여래가 얼마나 아득한 옛날에 나타났을까. 비유한다면, 어떤 사람이 이 대우주에서 모든 것을 갈아 뭉개어 가루로 만들었다고 하자. 그래서 그 사람이 이 세계에서 몹시 미세한 먼지 하나를 가지고 동쪽을 향하여 몇천의 세계를 넘어가서 그 먼지를 버렸다고 하자. 그리고 또 이 사람이 제2의 먼지를 가지고 다시 몇천의 세계를 넘어가서 그 먼지를 버렸다고 하자. 이렇게 해서 이 사람이 동쪽에 대지의 먼지를 남김없이 버렸다고 하자. 그렇다면 비구들이여, 너희들은 어떻게 생각하는가. 이런 많은 먼지의 최후 것은 몇 번째가 되는지 계산할 수가 있겠느냐."

그들이 '세존이시여, 절대로 할 수 없나이다. 그것은 절대로 불가능하나이다'라고 말하자 세존께서 말씀하시었다.

'그러나 비구들이여, 어떤 수학의 대선생이라면 그런 미세한 먼지를 내버리든 내버리지 않든, 계산에 의해 이런 많은 먼지의 수를 마지막까지 다 계산할 수 있느니라. 그러나 한 겁의 몇천만 배의 몇백만 배 또는 몇십만 배라고 하는 극한에 대해서는, 단지 수학의 응용만으로는 도달할 수가 없느니라. 저 대통지승 여래가 입적한 후에 얼마만큼의 겁이 경과하였는지, 그 시간은 이처럼 생각할 수도 추측할 수도 없느니라.

그러나 비구들이여, 그 여래가 얼마나 아득한 옛날에 입적하였든, 나는 여래의 지혜를 나타낸 힘을 구비하고 있기 때문에, 그 여래가 오늘이나 어제 입적한 것같이 생각해 낼 수 있느니라.'

그때, 세존께서는 다음과 같이 게송으로 말씀하시었다.

妙法蓮華經化城喩品第七

佛告諸比丘 乃往過去 無量無邊 不可思議 阿僧祇劫 爾時有佛 名大通智勝如來 應供 正遍知 明行足 善逝 世間解 無上士 調御丈夫 天人師 佛 世尊 其國名好城 劫名大相 諸比丘 彼佛滅度已來 甚大久遠 譬如三千大千世界 所有地種 假使有人 磨以爲墨 過於東方千國土 乃下一點 大如微塵 又過千國土 復下一點 如是展轉 盡地種墨 於汝等 意云何 是諸國土 若算師 若算師弟子 能得邊際 知其數不 不也世尊 諸比丘 是人所經 國土 若點不點 盡末爲塵 一塵一劫 彼佛滅度已來 復過是數 無量無邊 百千萬億 阿僧 祇劫 我以如來 知見力故 觀彼久遠 猶若今日 爾時世尊 欲重宣此義 而說偈言

묘법연화경 화성유품 제7

부처님께서는 여러 비구에게 말씀하시었다.

"과거 한량없고 가없는 불가사의 아승지겁에 한 부처님이 계셨으니, 이름은 대통지승(大通智勝)여래·응공·정변지·명행족·선서·세간해·무상사·조어장부·천인사·불세존이었느니라. 그 나라의 이름은 호성(好城)이요, 겁의 이름은 대상(大相)이었느니라.

비구들아, 그 부처님 열반하신 지가 매우 오래이니, 비유컨대 삼천대천세계의 모든 땅을 갈아 먹물로 만들어서 그것을 어떤 사람이 동방으로 1천 국토를 지나 한 점을 떨어뜨리며, 이와 같이 옮겨 가면서 땅으로 된 먹을 다한다면 너의 생각은 어떠하냐. 이 여러 나라를, 수학 선생이나 수학을 잘하는 제자도 능히 그 끝을 알 수 없고 그 수를 알 수 없느니라."

"그러하나이다, 세존이시여."

"비구들아, 이 사람이 지나간 국토 가운데 먹물 방울이 떨어진 국토나 아니 떨어진 국토를 다 합쳐 모아 티끌로 만들어서 그 한 티끌을 1겁이라 하더라도, 저 부처님께서 열반하신 지는 더 오래되어 한량없고 가없는 백천만억 아승지겁을 지났느니라. 나는 여래 지견의 힘으로 그 오래된 일을 오늘의 일처럼 볼 수 있느니라."

그때 세존께서 이 뜻을 거듭 펴시려고 게송으로 말씀하시었다.

몇천만 겁 옛날에 나타난 부처를 나는 생각해 내느니라.

그 당시 최고의 부처님이자 위대한 선인이었다.

대통지승 여래를, 마치 삼천세계 가운데 어떤 사람이 하나의 세계를 바수어 미세한 먼지로 만들어,

그 먼지를 하나씩 가지고 몇천의 국토를 넘어가서 버렸다고 하자.

이와 같이 제2·제3의 먼지도 버려 모든 미세한 먼지가 없어지고,

이 세상이 텅 비게(空) 되어, 모든 먼지가 다 없어질 때까지 버린다고 하자.

이런 세계에 얼마나 미세한 먼지가 있는지 그 수는 알지 못하니라.

그것을 남김없는 미세 먼지로 한 수를, 지나간 겁의 수에 비겨보는 것이다.

그 부처가 입적한 지 몇천만 겁이 지났는지 헤아려 알지 못한다.

버려진 먼지의 수로도 그 겁의 수를 나타낼 수는 없느니라.

지나간 겁은 그만큼 많은 것이니라.

그 부처님이 얼마나 아득한 옛날에 입적하였든,

그의 제자들이나 그에게 지도를 받은 모든 보살을

마치 오늘이나 어제같이 나는 생각해 내느니라.

여래들의 지혜는 이와 같은 것이다.

비구들이여, 여래의 지혜는 이처럼 한도 끝도 없는 것이니라.

나는 정확하고 청정한 기억에 의하여 몇백 겁의 옛날 일을 깨달은 것이니라.

我念過去世	無量無邊劫	有佛兩足尊	名大通智勝
如人以力磨	三千大千土	盡此諸地種	皆悉以爲墨
過於千國土	乃下一塵點	如是展轉點	盡此諸塵墨

如是諸國土	點與不點等	復盡末爲塵	一塵爲一劫
此諸微塵數	其劫復過是	彼佛滅度來	如是無量劫
如來無礙智	知彼佛滅度	及聲聞菩薩	如見今滅度
諸比丘當知	佛智淨微妙	無漏無所礙	通達無量劫

지난 세상 생각하니 한량없이 오래인 겁

한 부처님 계셨으니 그 이름 대통지승.

어떤 사람 힘을 써서 삼천대천 큰 땅덩이

먹으로 다 갈아서 그 먹물을 가지고

1천 국토 지날 적 한 방울 떨어뜨려

이렇게 전전하여 그 먹물 다하면

먹물 떨어진 국토거나 안 떨어진 여러 나라

가는 티끌 만들어서 한 티끌 1겁 돼도

여래께서 열반하신 그보다 수가 많아

한량없고 가이없는 길고 먼 겁이니라.

걸림 없는 여래 지혜 저 부처님 멸도와

성문 보살 아는 것 오늘 멸도 봄과 같고

비구들아 바로 알라 미묘하신 불지혜는

샘이 없고 걸림 없어 무량한 겁 통하노라.

'그런데 비구들이여, 완전히 '깨달음'에 도달하여 세상의 존경을 받아 마땅한 대통지승 여래의 수명은 실로 5조 4천억 겁이었느니라. 이 고귀한 여래는 최고의 완전한 '깨달음'에 이르기 전에 '깨달음'의 도량에 앉아 있을 때 악마의 군대를 분쇄 격파하였으니 그 뒤에 그는 '나는 이제 완전한 깨달음에 도달할 수 있으리라'라고 생각하였느니라.

그러나 그때는 완전한 '깨달음'에 도달하지 못하였다. 그는 보리수 밑의 '깨달음'의 도량에서 한 소겁 동안 앉아 있었다. 제2의 소겁 동안에도 앉아 있었으나 그때도 그는 이 이상 없는 완전한 '깨달음'에는 이르지 못하였다. 제3 소겁도, 제4·

제5·제6·제7·제8·제9·제10의 소겁도 그는 보리수 밑의 '깨달음'의 도량에서 그 동안 한 번도 일어나지 않고 가부좌를 튼 채 앉아 있었느니라. 마음에 흔들림이 없고 몸을 움직이지도 않고 앉아 있었으나, 그동안에도 그는 완전한 '깨달음'에는 도달하지 못하였느니라.

그런데 비구들이여, 그 세존이 '깨달음'의 도량 정상에 앉아 있을 때, 삼십삼천(三十三天)의 신들은 그 세존이 앉아 이 위없는 완전한 '깨달음'에 도달하기를 바라며, 높이 10만 요자나(유순)의 위대한 사자좌를 마련하였다. 그리고 그 세존이 '깨달음'의 도량에 앉자마자 브라만(범천왕)의 권속인 천자들이 '깨달음'의 도량 주위 1백 요자나에 걸쳐 성스러운 꽃비를 흩뿌리고, 또 공중에는 바람이 불도록 하여 시든 꽃을 날렸느니라. 이 꽃비는 장마철에 비가 줄기차게 내리듯이 그 세존에게 내리쏟아졌다. 이처럼 꽃비는, 그 세존이 완전한 '깨달음'에 도달할 때까지 계속 내린 것이니라. 사천왕에 속한 천자들은 또 '깨달음'의 도량 정상에 앉아 있는 세존을 찬양하며 천상의 북을 끊임없이 울려댔다. 그다음에 또, 10소겁이 다할 때까지 앉아 있는 그 세존을 위하여 그가 위대하고 완전한 '깨달음'에 도달할 때까지 천상의 수많은 악기를 쉬지 않고 계속 연주하였느니라.

佛告諸比丘 大通智勝佛 壽五百四十萬億 那由他劫 其佛本坐道場 破魔軍已 垂得阿耨多羅三藐三菩提 而諸佛法 不現在前 如是一小劫 乃至十小劫 結跏趺坐 身心不動 而諸佛法 猶不在前 爾時忉利諸天 先爲彼佛 於菩提樹下 敷師子座 高一由旬 佛於此坐 當得阿耨多羅三藐三菩提 適坐此座 時諸梵天王 雨衆天華 面百由旬 香風時來 吹去萎華 更雨新者 如是不絶 滿十小劫 供養於佛 乃至滅度 常雨此華 四王諸天 爲供養佛 常擊天鼓 其餘諸天 作天伎樂 滿十小劫 至于滅度 亦復如是.

부처님께서 여러 비구에게 말씀하시었다.

"대통지승 부처님의 수명은 5백4십만억 나유타 겁이니라. 그 부처님께서 처음 도량에 계시어 마군들을 파하고 아눗타라삼약삼보디를 얻으려 하나, 모든 부처님의 법이 앞에 나타나지 아니하므로, 1소겁으로부터 10소겁 동안을 가부좌를 틀고 앉아 몸과 마음을 움직이지 아니하되, 역시 부처님의 법이 아직 나타나지 아니하였느니라.

그때 도리(忉利)의 여러 하늘에서 그 부처님을 위하여 보리수 아래 사자좌를 펴니 그 높이가 1유순이다. 부처님께서는 그 자리에 앉으사 내가 반드시 아눗타라삼약삼보디를 얻으시라 하시니, 이때 여러 범천왕이 많은 하늘꽃을 내리는데 그 높이가 1백 유순이나 쌓였느니라. 마침 향기로운 바람이 때맞춰 불어와서 시든 꽃을 불어내고 다시 새로운 꽃을 내리어 만 10소겁 동안을 이렇게 끊이지 않고 꽃 공양하였으며, 또한 열반에 이르기까지 항상 이와 같이 꽃을 비내리듯 하였느니라. 4천왕과 여러 하늘은 그 부처님께 공양하기 위하여 항상 하늘북을 울리며, 그 밖의 여러 하늘은 하늘 기악을 울리되, 10소겁을 다하고 열반하실 때까지도 또한 이렇게 하였느니라.

그리고 비구들이여, 10소겁이 다 될 때 그 여래는 이 위없는 완전한 '깨달음'에 도달하였느니라. 그가 '깨달음'에 도달한 것을 안 순간에, 가르침의 계승자가 된 이 부처님에게 16명의 친아들이 태어났으니, 그 큰아들을 주냐나 아카라(지적(智積))라고 불렀느니라. 그리고 이들 16명의 왕자에게는 노는데 즐겁고 보기에도 아름다운 여러 가지 장난감을 하나씩 주었느니라.

그런데 이들 16명의 왕자는 그 여래가 완전한 '깨달음'에 도달한 것을 알게 되자, 이들은 즐기던 장난감을 다 버리고 눈물을 흘리는 어머니와 유모들과 함께, 또 대왕과 전륜성왕과 성자와 부호와 수많은 대신 및 몇천만억이나 되는 호종들을 거느리고, '깨달음'의 도량에 앉아 있는 여래를 찾아갔느니라. 그 세존에게 경배하고, 공양을 바치며 찬탄하고, 세존 앞에 엎드려 우러러 예배하고, 그런 다음 세존의 주위를 오른쪽으로 세 번 돌아 합장하고, 세존의 존안을 우러러보고, 아름다운 게송으로 세존을 찬양하였느니라.

諸比丘 大通智勝佛 過十小劫 諸佛之法 乃現在前 成阿耨多羅三藐三菩提 其佛未出家時 有十六子 其第一者 名曰智積 諸子各有 種種珍異 玩好之具 聞父得成 阿耨多羅三藐三菩提 皆捨所珍 往詣佛所 諸母涕泣 而隨送之 其祖轉輪聖王 與一百大臣 及餘百千萬億人民 皆共圍繞 隨至道場 咸欲親近 大通智勝如來 供養恭敬 尊重讚歎 到已頭面禮足 繞佛畢已 一心合掌 瞻仰世尊 以偈頌曰

비구들아, 대통지승 부처님께서는 10소겁을 지나서야 부처님의 법이 그 앞에 나타나게 되어 아눗타라삼약삼보디를 이루었느니라. 그 부처님께서 아직 출가하시기 전에 열여섯의 아들이 있었으니 첫째 아들의 이름은 지적(智積)이다. 모든 아들은 저마다 갖가지 보배롭고 기이한 기구들을 가지고 있었다. 아버지가 아눗타라삼약삼보디를 얻었다는 말을 듣고, 그 보배로운 기구들을 다 버리고 부처님 계신 곳에 찾아가니 그 어머니는 눈물을 흘리며 떠나보내었느니라. 그의 할아버지인 전륜성왕은 1백 대신과 백천만억 백성들에게 둘러싸여 도량에 나가 대통지승 여래를 다 같이 친근하고 공양·공경하며 존중·찬탄하려고 머리 숙여 예배한 뒤, 부처님을 돌고서는 일심으로 합장하고 세존의 존안을 우러러보면서 게송으로 말하였느니라.

세존께서는 위없는 위대한 의사로서 헤아릴 수 없을 만큼
많은 겁을 지나 '깨달음'에 도달하였나이다.
모든 인간을 제도하고자 하신 세존의 훌륭한 염원은 충족되셨나이다.
이 10소겁 동안에 세존께서는 참으로 어려운 일을 성취하였나이다.
한자리에 앉은 채로 그사이에 몸도 까딱하지 아니하시고
손발과 다른 부분도 움직이지 아니하셨나이다.
세존의 마음은 평정하고 확고하여 흔들림이 없으시고, 또 다른 영향도 받지 않으셨나이다.
그 마음 산란해진 적이 없고 세존께서는 유독 안온하게 처신하며 고뇌가 전혀 없으셨나이다.
쉽고 또 안락하게 방해받는 일이 없이 최고의 '깨달음'에 도달하신 세존께 축복을 드리나이다.
이와 같은 세존을 뵈옵는 저희는 행복하나이다.
왕자 중의 왕자이시여, 참으로 감사한 일입니다.
이 불행한 인간은 모든 고뇌에 시달리고, 눈을 빼앗긴 것처럼 즐거움이 적사옵니다.
고뇌를 끝마칠 방법을 몰라 고뇌를 벗어나기 위하여 정진도 하지 않나이다.
재앙은 오랫동안에 걸쳐 늘어가고 천상의 무리마저 타락에 빠졌나이다.

참으로 이 세상에서는 부처님들의 말씀을 들을 수 없어

이 세계는 모두 캄캄한 암흑입니다.

이런 세상에서 오늘 세존께서는 고뇌가 없는 가장 높은 자리에 도달하셨나이다.

이 세계의 모든 것을 아는 세존이시여, 저희와 세상의 중생들은 세존의 은총과 비호를 받고자 바라 마지않나이다.

보호자이시여, 저희는 세존께 가까이 더 다가가렵니다.

大威德世尊	爲度衆生故	於無量億歲	爾乃得成佛
諸願已具足	善哉吉無上	世尊甚希有	一坐十小劫
身體及手足	靜然安不動	其心常憺怕	未曾有散亂
究竟永寂滅	安住無漏法	今者見世尊	安隱成佛道
我等得善利	稱慶大歡喜	衆生常苦惱	盲冥無導師
不識苦盡道	不知求解脫	長夜增惡趣	減損諸天衆
從冥入於冥	永不聞佛名	今佛得最上	安隱無漏道
我等及天人	爲得最大利	是故咸稽首	歸命無上尊

큰 위덕 세존께서 중생 제도하시려고

억만년을 지나서야 성불하셨나니

여러 소원 구족하고 거룩하기 위없으며

세존 매우 희유하사 10소겁을 한 자리에

신체와 수족들은 부동하여 편안하고

그 마음 담백하여 산란치 않으시며

마침내는 적멸하여 무루법에 머물러서

세존께서 편안하게 성불하심 보옵나니

저희 선리(善利) 얻어 크게 환희하나이다.

중생 고뇌 항상 해도 도사 없고 어두워서

고뇌 끊는 길 모르고 해탈도 구치 못 해

긴 세월 악만 늘고 하늘 인간 적어지며

어둠 속만 파고들어 부처 이름 못 듣더니

안온하고 위없는 도 부처님이 얻으시니

저희와 하늘 인간 큰 이익 얻으므로

머리 함께 조아리어 무상존께 귀의하나이다.

그때 비구들이여, 이들 16명의 왕자는 아직 어리기는 했으나 가르침의 후계자가 되었기 때문에 그 고귀한 여래의 존안을 우러러보며 아름다운 게송으로 찬양한 다음 이 세존께 간원하였느니라.

"가르침의 법륜을 돌려 세존께서 가르침을 설하여 주소서. 많은 사람의 행복과 안락을 위하여 세간에 자선을 베푸시며, 수많은 중생에게 이익을 주시고 또 신들과 인간들에게 행복과 안락을 주기 위하여, 부처님의 가르침을 설하여 주소서."

그때 그들은 다음의 게송을 아뢰었다.

백 가지 복덕을 갖추고 길상(吉相) 지니신 부처님이시여, 가르침을 보여 주소서.

저희의 지도자이시여, 유례없는 위대한 성인이시여.

부처님께서는 더없이 훌륭한 높은 기품과 고귀한 지혜를 얻으셨나이다.

신(神)도 사는 이 세계에 그것을 가르쳐 주소서.

저희와, 이 세상에 존재하는 이들 중생을 제도하소서. 여래의 지혜를 보여 주소서.

저희도, 그리고 이 세상에 존재하는 이들 중생도

이 최고의 '깨달음'에 도달하도록.

저희 모든 인간의 소행도 지혜도 부처님께서는 다 알고 계시나이다.

또 기질도, 전세에서 행한 복덕도, 그리고 그 의향도

알고 계시나이다. 더없이 훌륭한 법륜을 굴려 주소서.

爾時十六王子 偈讚佛已 勸請世尊 轉於法輪 咸作是言 世尊說法 多所安隱 憐愍饒益 諸天人民 重說偈言

世雄無等倫	百福自莊嚴	得無上智慧	願爲世間說
度脫於我等	及諸衆生類	爲分別顯示	令得是智慧
若我等得佛	衆生亦復然	世尊知衆生	深心之所念
亦知所行道	又知智慧力	欲樂及修福	宿命所行業
世尊悉知已	當轉無上輪		

그때 열여섯 왕자는 게송으로 부처님 찬탄을 마치고 세존께 법륜 굴려 주시기를 간청하여 다 함께 이렇게 여쭈었느니라.

'세존이시여, 세존께서 하신 설법은 저희를 안온하게 할 바가 많사오니, 저희를 불쌍히 여기시고 여러 하늘과 사람들을 이롭게 하옵소서.'

그러고는 다시 게송으로 말하였느니라.

세상에 다시 없이 백복으로 장엄하사

무상 지혜 얻은 세존 세간 위해 설하소서.

저희와 여러 중생 해탈시켜 주시려니

분별하여 보이시고 지혜 얻게 하옵소서.

만일 저희 성불하면 중생 또한 따르려니

저희 깊은 마음 행할 도와 지혜의 힘

욕락과 닦은 복과 지난 세상 행업(行業)들을

세존께서 다 알므로 무상 법륜 전하소서.

비구들이여, 그 고귀한 여래가 완전한 '깨달음'에 도달하였을 때, 시방의 각각 방향에서 오십천만억의 세계가 여섯 가지로 진동을 일으키고, 또 큰 광명이 그들 세계를 비추어 빛나게 하였느니라. 이들 모든 세계 사이에는 어려움을 겪는 암흑의 갈라진 틈새가 있어, 거기에는 해나 달처럼 위대한 신통력과 위세를 가진 대단히 빛나는 것도 빛을 가지고 비칠 수가 없고 색채를 가지고 색깔을 나타낼 수도 없었으므로, 광명을 비쳐서 빛나게 할 수가 있었느니라. 그런데 그때 그곳에 큰 광명이 나타났다. 이곳에서 태어난 자들은, 이때 비로소 저마다 서로의 모습을 보고 '뭐야, 이 세상에는 나 말고도 태어난 녀석이 또 있었네. 진정 이 세상에 존재하는 것은, 이 밖에도 더 있었던 거야'라고, 서로가 인정하게 되었느니라.

그리고 이런 모든 세계에서 브라흐만(브라만)의 세계에 이르기까지 천상의 궁전·누각은 여섯 가지로 진동함과 동시에 큰 광명을 받아 빛나게 되었으며, 신들의 신위(神威)나 위광(威光)으로도, 그것을 제지할 수는 없었느니라. 이처럼 비구들이여, 이런 세계에는 대진동이 일어나고 대광명이 빛나는 법이니라.

그때 동쪽에 있는 오십천만억 세계 중에서 수많은 브라흐만의 누각이 광채도 선명하게 비치어 찬란하게 빛나고 몹시 번쩍이며 열을 뿜어 불꽃을 발하였느니라. 그러자 비구들이여, 마하 브라흐만(대범천(大梵天))들은 이렇게 생각하였느니라.

'이들 브라흐만의 누각은 광채도 선명하게 비쳐 찬연히 빛나고, 몹시 번쩍이며 열을 뿜어 불꽃을 발하였도다. 이것은 무슨 전조일까.'

거기에서 비구들이여, 이런 오십천만억의 세계에서, 그들 대범천들은 모두 서로 궁전을 방문하여 대화를 나누었느니라. 그때 사르봐 사투봐 트라타루(大梵天王)라는 대범천이 브라흐만의 대집단에게 게송으로 이렇게 말하였다.

선명하고 밝게 빛나 당당히 치솟은, 우리의 아름다운 화려한 누각은

오늘 모두 강렬한 빛을 발하였도다. 어째서 오늘 이와 같은 일이 있었을까.

그 까닭을 물어보자. 오늘 어떤 천자가 태어났는지.

이처럼 예로부터 아직 없었던 미증유의 위광을 오늘,

우리에게 보여 주신 천자는 과연 누구이실까.

아니면 인간의 왕자인 부처님이 오늘,

세계의 어딘가에 태어나신 것일까.

그 전조가 이와 같이 오늘 시방으로 골고루 빛나는 것인가.

佛告諸比丘 大通智勝佛 得阿耨多羅三藐三菩提時 十方各五百萬億 諸佛世界 六種

震動 其國中間 幽冥之處 日月威光 所不能照 而皆大明 其中衆生 各得相見 咸作是言

此中云何 忽生衆生 又其國界 諸天宮殿 乃至梵宮 六種震動 大光普照 遍滿世界 勝諸

天光 爾時東方 五百萬億 諸國土中 梵天宮殿 光明照曜 倍於常明 諸梵天王 各作是念

今者宮殿光明 昔所未有 以何因緣 而現此相 是時諸梵天王 卽各相詣 共議此事 時彼衆
中 有一大梵天王 名救一切 爲諸梵衆 而說偈言

　　我等諸宮殿　　　光明昔未有　　　此是何因緣　　　宜各共求之
　　爲大德天生　　　爲佛出世間　　　而此大光明　　　遍照於十方

부처님께서 여러 비구에게 말씀하시었다.

"대통지승 여래께서 아눗타라삼약삼보디를 얻으셨을 때 시방으로 각 오백만억 부처님 세계가 여섯 가지로 진동하고, 그 나라 가운데 위엄 있는 해나 달도 능히 비추지 못하던 어두운 골짜기까지 큰 광명이 비치거늘, 중생들이 놀라 각기 서로 보며 말하기를 '이 같은 일이 어찌하여 홀연히 일어나는가!' 하였느니라.

또한 그 나라는 모든 하늘의 궁전과 범천의 궁전까지 여섯 가지로 진동하며, 큰 광명이 널리 비쳐 세계가 두루 차니 모든 하늘의 광명보다 밝았느니라. 그때 동방의 오백만억 모든 국토 가운데 있는 범천의 궁전을 광명이 비추는데 다른 때보다 더 밝았으므로, 여러 범천왕이 생각하되 '지금 이 궁전에 비치는 광명은 옛날에 일찍 없던 것이니 무슨 인연으로 이런 상서가 나타나는가!' 하였느니라.

이때 여러 범천왕이 서로 쳐다보며 이 일을 함께 의논하더니, 그 대중 가운데 이름이 구일체(救一切)라고 하는 하나의 큰 범천왕이 있었으니 그가 여러 범천의 중생을 위해 게송으로 말하였느니라.

　　우리의 궁전마다 일찍 없던 이 광명
　　그 인연 무엇인가 서로 함께 찾아보자.
　　대덕(大德)이 나심인가 부처 출현하심인가.
　　이렇게 큰 영광이 시방 세계 밝히누나.

그래서 비구들이여, 이런 오십천만억의 세계에서, 그들 대범천들은 모두 함께 가서 저마다 자기 자신의 천상누각에 올라, 수메루 파르바타(수미산)과 마찬가지 부피의 천상 꽃잎을 손에 쥐고 사방을 걸어다니며 물어서 서쪽으로 갔느니라. 그리고 그들 대범천들은 오십천만억 세계 중에서, 그 고귀한 마하 아비주냐 주냐나 아비브(대통지승(大通智勝))여래가 완전히 '깨달음'에 도달하여 보리수 밑에 있는 사자좌에 앉아서 팔부 신들 및 인간과 귀령들이 그를 에워싸고 우러러 공경하며, 또 16명의 왕자가 '가르침의 법륜을 굴리도록 하여 주소서' 하며 간절히 기원하고 있는 것을 보았느니라. 그들은 그 광경을 보고 그 세존 가까이 가서 머리를 조아려 예배하고 세존의 주위를 오른쪽으로 십만 번 돌고 나서, 수미산과 마찬가지 부피의 꽃잎을 세존에게 흩뿌렸느니라. 그리고 높이 10요자나의 보리수에도 그것을 뿌리고, 그런 다음 이들의 브라흐만 누각을 그 세존께 공양하였느니라.

"세존이시여, 저희에게 자비를 베푸시고 이 브라흐만 누각들을 거두어 주소서. 부처님이시여, 저희를 가엾이 여기시고 이 브라흐만 궁전들을 받아 주소서."

대범천들은 저마다 자기의 궁전을 그 세존께 공양한 다음, 세존의 존안을 우러러보며 다음과 같이 훌륭한 게송으로 그 세존을 찬양하였느니라.

爾時五百萬億國土 諸梵天王 與宮殿俱 各以衣裓 盛諸天華 共詣西方 推尋是相 見大通智勝如來 處于道場 菩提樹下 坐師子座 諸天 龍王 乾闥婆 緊那羅 摩睺羅伽 人非人等 恭敬圍繞 及見十六王子 請佛轉法輪 卽時諸梵天王 頭面禮佛 繞百千匝 卽以天華 而散佛上 其所散華 如須彌山 幷以供養佛菩提樹 其菩提樹 高十由旬 華供養已 各以宮殿 奉上彼佛 以作是言 唯見哀愍 饒益我等 所獻宮殿 願垂納受 時諸梵天王 卽於佛前 一心同聲 以偈頌曰

그때 오백만억 국토의 여러 범천왕이 궁전과 하늘꽃을 가득 담은 그릇을 가지고 서방으로 가서 이 상서를 함께 찾아가 대통지승여래께서 도량의 보리수 아래의 사자좌에 앉으시고, 여러 하늘과 용왕과 건달바·긴나라·마후라가·사람인 듯 아닌 듯한 것들이 그 주위에 둘러서서 공경함과, 열여섯 왕자가 부처님께 법륜 굴려 주심을 청하는 것을 보고, 이때 범천왕들도 곧 머리 숙여 부처님께 예배하고 부처님 주위를 백천 번이나 돌며 하늘꽃을 부처님 위에 흩뿌리니, 그 흩뿌린 꽃이 수미산과 같고 아울러 부처님 앉으신 보리수에도 공양하니 그 보리수의 높이는 10유순이었느니라.

꽃 공양을 마치고 각각 가지고 왔던 궁전을 그 부처님께 받들어 올리며 이런 말을 하였다. '저희를 불쌍히 여기사 드리는 궁전을 받으시고 또한 저희를 이롭게 하옵소서.'

이때 여러 범천왕이 곧 부처님 앞에서 한결같은 마음으로 게송으로 함께 말하였느니라.

헤아릴 수도 없는 배려와 자비심을 가지신 부처님께서, 이 세상에 태어나신 것은 희귀한 일이나이다.
세존께서는 저희의 비호자이시고 교사이며 스승이옵니다.
세존께서 태어나시어 오늘 시방에 자비를 베푸셨나이다.
오십천만의 천 배를 넘은 수많은 세계가 여기에 있나이다.
그래서 저희는 크고 화려한 궁전을 모두 버리고 부처님께 공양하기 위하여 여기에 모였나이다.
진정 이들 다채로운 궁전은 전세의 소행에 의하여 지어졌던 것.
저희에게 자비를 베푸시어 그것들을 거두어 주소서. 원하옵건대
저희의 염원을 살피시어 어여삐 그것들을 받아 주소서.

그때 비구들이여, 그들 대범천들은 그 고귀한 여래의 존안을 우러러보며, 이같이 훌륭한 게송으로 여래를 찬양한 다음 세존께 이렇게 아뢰었느니라.
"세존시이여, 가르침의 법륜을 굴려 주소서. 중생을 제도하시고 열반의 길을 열어 주소서. 이 세상에 자비를 베푸소서. 가르침의 주인이신 세존께서는 신도 악마도 브라흐만도 살고, 사문(沙門)과 바라문(婆羅門)을 묻지 않고 인간이 사는 이 세상에 가르침을 보여 주소서. 그것은 많은 사람에게 행복과 안락을 주시고, 세간에 자비를 베풀어 중생의 이익이 되고 신들과 인간들의 행복과 안락에 유익하리다."
그리고 비구들이여, 이들 오십천만억 브라흐만들은 다 함께 소리를 합창하여 그 세존에게 다음과 같은 훌륭한 게송으로 아뢰었느니라.

世尊甚希有　　難可得値遇　　具無量功德　　能救護一切
天人之大師　　哀愍於世間　　十方諸衆生　　普皆蒙饒益
我等所從來　　五百萬億國　　捨深禪定樂　　爲供養佛故

我等先世福　　宮殿甚嚴飾　　今以奉世尊　　唯願哀納受

爾時諸梵天王 偈讚佛已 各作是言 唯願世尊 轉於法輪 度脫衆生 開涅槃道 時諸梵
天王 一心同聲 而說偈言

세존께서 희유하사 만나 뵙기 어렵고
무량 공덕 갖추시어 일체 능히 구하시며
하늘 인간 스승되어 중생들을 위하시니
시방 세계 여러 중생 큰 이익 입나이다.
우리들이 찾아온 곳 오백만억 먼 국토
선정 낙(樂)을 다 버린 뜻 부처 공양 위함이며
지난 세상 복덕으로 장엄한 여러 궁전
세존께 바치오니 원컨대 받으소서.

그때 여러 범천왕이 게송으로 부처님 찬탄을 마치고 각각 이런 말을 하였느니라.
"원하옵나니 세존이시여, 법륜을 굴리시어 중생을 제도하시고 해탈하게 하시며 열반
의 길을 열어 주옵소서."
이때 여러 범천왕이 일심으로 함께 게송으로 말하였느니라.

세존이시여, 법을 설하여 주소서.
인간 최고의 부처님이시여, 가르침을 보여 주소서.
또 자비의 힘을 나타내 보이소서. 고뇌에 시달리는 중생들을 제도하소서.
세상의 광명이신 부처님은 우담발라(우담화(優曇華))꽃과 같이 만나기 어렵사옵나
이다.
위대한 용자이신 그 부처님께서 지금 이 세상에 나오셨나이다.
여래에게 우리는 간절히 바라나이다.

그때 비구들이여, 세존께서는 말없이 마하 브라흐만(대범천왕(大梵天王))들의 말
을 허락하시니라.

또 그때 동남쪽에 있는 오십천만억의 세계 중에서 수많은 브라흐만(범천)의 누각이 광채도 선명하게 비치어 찬연히 빛나고 눈부시게 번쩍이더니, 열을 뿜는 불꽃을 발하였느니라. 그러자 비구들이여, 브라흐만(범천)들은 이와 같이 생각하였느니라.

'이 브라흐만(범천)의 누각은 광채도 선명하게 비쳐 찬연히 빛나고 눈부시게 번쩍이더니, 열을 뿜은 불꽃을 발하였다. 이것은 무슨 전조일까'라고.

그래서 비구들이여, 이들 오십천만억의 세계에서 그들 마하 브라흐만들은 모두 서로 궁전을 방문하여 의논하였느니라. 그때 아디마트라 카르니카(대비(大悲))라는 마하 브라흐만이 브라흐만의 대집단에게 게송으로 말하였느니라.

친구들이여, 무슨 전조를 오늘 볼 수 있게 될까.
화려한 누각이 모두, 유독 눈부신 불꽃을 발하다니.
혹은 복덕 있는 천자가 오늘 여기에 오셨을까.
그 위광으로 이 모든 누각이 휘황찬란하게 빛나는가.
아니면 인간의 최고이신 부처님이 이 세상에 출현하심인가.
그 위광에 의해 이 누각들은 이처럼 찬란하게 빛나는가.
우리 다 함께 물어보자. 이것은 보통 일이 아니다.
참으로 이와 같은 전조는 일찍이 본 적이 없다.
우리는 사방에 물어보며 몇천만의 국토를 돌아다니자.
틀림없이 오늘 부처님이 이 세상에 출현하시리라.

世雄兩足尊	唯願演說法	以大慈悲力	度苦惱衆生

爾時大通智勝如來 默然許之 又諸比丘 東南方 五百萬億國土 諸大梵王 各自見宮殿 光明照曜 昔所未有 歡喜踊躍 生希有心 卽各相詣 共議此事 時彼衆中 有一大梵天王 名曰大悲 爲諸梵衆 而說偈言

是事何因緣	而現如此相	我等諸宮殿	光明昔未有
爲大德天生	爲佛出世間	未曾見此相	當共一心求
過千萬億土	尋光共推之	多是佛出世	度脫苦衆生

훌륭하신 양족존 법을 연설하시어
대자 대비 힘으로 중생 제도하옵소서.

그때 대통지승 여래께서 묵연히 이를 허락하셨느니라.

비구들아, 동남방에 있는 오백만억 국토의 여러 대범천왕이 각기 자기의 궁전에 옛날에 없던 밝은 광명이 비치니, 이것을 보고 기뻐 뛰며 마음들이 희유하여 서로 찾아가 이 일을 의논하더니, 이때 그 대중 가운데 있던 이름이 대비(大悲)라는 한 범천왕이 모든 범천의 대중을 위하여 게송으로 말하였느니라.

이 일이 무슨 인연 밝은 상서 나타나니
우리들 이 궁전에 전에 없던 광명이라.
대덕께서 나심인가 부처 출현하심인가.
일찍 못 본 이 상서 일심으로 찾으려니
천만억 많은 국토 지내어도 찾으리라.
아마 중생 제도하려 부처 출현하셨는가.

그래서 비구들이여, 이들 오십천만억의 브라흐만들도 저마다 자기의 천상 누각에 올라 수미산과 같은 부피의 천상 꽃잎을 손에 쥐고 사방을 묻고 돌아다니다가 서북쪽을 향하여 갔느니라. 그리고 그들 대범천왕들은 서북쪽에서, 그 고귀한 대통지승 여래가 완전히 '깨달음'에 도달하여 보리수 밑에 있는 사자좌에 앉아서, 팔부 신들 및 인간과 귀령들이 그를 에워싸고 우러러 공경하고, 또 16명의 왕자들이 가르침의 법륜을 굴리도록 간절히 원하고 있는 것을 보았느니라. 그들은 그 광경을 보고 그 세존 가까이 가서 머리를 조아려 예배하고, 세존의 주위를 오른쪽으로 십만 번 돌고 나서 수미산과 같은 부피의 꽃잎을 그 세존에게 흩뿌렸느니라. 또, 10요자나 높이의 보리수에도 그것을 뿌렸느니라. 그런 다음 이들은 누각을 그 세존께 공양하였느니라.

"세존께서는 저희에게 자비를 베푸시고 이 브라흐만들의 누각을 거두어 주소서. 부처님께서는 저희를 가엾이 여기시고 이 브라흐만의 누각들을 받아 주소서."

마하 브라흐만은 각기 자기의 누각을 세존에게 공양한 다음, 세존의 존안을 우러러보며 다음과 같은 훌륭한 게송으로 세존을 찬양하였느니라.

爾時五百萬億諸梵天王 與宮殿俱 各以衣裓 盛諸天華 共詣西北方 推尋是相 見大通
智勝如來 處于道場 菩提樹下 坐師子座 諸天 龍王 乾闥婆 緊那羅 摩睺羅伽 人非人等
恭敬圍繞 及見十六王子 請佛轉法輪 時諸梵天王 頭面禮佛 繞百千匝 卽以天華 而散佛
上 所散之華 如須彌山 幷以供養 佛菩提樹 華供養已 各以宮殿 奉上彼佛 而作是言 唯
見哀愍 饒益我等 所獻宮殿 願垂納受 爾時諸梵天王 卽於佛前 一心同聲 以偈頌曰

그때 오백만억의 여러 범천왕이 궁전과 갖가지 하늘꽃을 담은 그릇을 가지고 서북방으로 함께 가서 이 상서를 찾다가 대통지승 여래께서 도량의 보리수 아래 사자좌에 앉아 계심과, 여러 하늘·용왕·건달바·긴나라·마후라가·사람인 듯 아닌 듯한 것들이 공경하여 둘러 서 있는 것과, 열여섯 왕자가 부처님께 법륜 굴리시기를 청함을 보고, 여러 범천왕도 곧 머리 숙여 예배하고, 백천번이나 부처님 주위를 돌고는 하늘꽃을 부처님 위에 흩뿌리니 그 흩뿌린 꽃이 수미산과 같았느니라.

부처님 계시는 보리수에도 꽃 공양을 마치고, 각각 가지고 온 궁전을 그 부처님께 받들어 올리고 이런 말을 하였다. '세존께서는 저희를 불쌍히 여기시어 저희를 이롭게 하옵시고 드리는 이 궁전을 받아 주옵소서.'

그때 여러 범천왕이 곧 부처님 앞에 나아가 일심으로 같은 소리를 내어 게송으로 말하였느니라.

유례없는 위대한 으뜸의 선인이시여, 경배를 드리나이다. 신들의 왕자이시여,
가릉빈가(迦陵頻伽 : 상상의 새. 극락정토 설산에 살며 목소리가 아름답고 춤을 잘 춘다 함) 같은 미묘한 음성을 가지신 분이시여,
신도 함께 사는 이 세상의 지도자이시여, 경배를 드리나이다.
세상을 배려하고 자비를 베푸시는 분이시여.
세존께서는 세상에 희유하사 오늘 어렵게 이 세상에 오셨나이다.
보호자여, 이 인간계는 지금까지 180겁을

다 채우는 동안 부처님이 나타나지 않았나이다.

부처님이 안 계실 당시, 화악(禍惡)의 상태가 세상에 널리 퍼져 있었나이다. 180 겁을 다 채웠을 때 천인(天人)들은 타락하였나이다.

우리의 복덕에 의해 자비스러운 부처님이 이 세상에 출현하셨나이다.

부처님은 이제 우리의 눈이요 미더운 비호자이십니다.

또 우리를 제도하실 아버지요 친족이십니다.

그때 비구들이여, 그들 마하 브라흐만(대범천왕(大梵天王))들은 그 고귀한 여래의 존안을 우러러보며, 이런 훌륭한 게송으로 여래를 찬양한 다음 세존에게 이와 같이 아뢰었느니라.

"세존께서는 가르침의 법륜을 굴리소서. 부처님은 가르침의 법륜을 굴리소서. 세존께서는 이 세상에 평안의 경지가 어디인지 알려 주소서. 세존은 중생들을 제도하소서. 세존은 이 세상에 자비를 베푸소서. 세존은 신도 악마도 브라흐만도 함께 살고, 사문과 브라흐만을 불문하고 인간이 사는 이 세상에 가르침을 보여 주소서. 그것은 많은 사람에게 행복과 안락을 주고 세간에 자비를 베푸사, 많은 사람들에게 이익이 되고 신들과 인간들의 행복과 안락에 유익하나이다."

그리고 비구들이여, 이들 오십천만억의 브라흐만들은 함께 소리를 합창하여, 그 세존에게 다음과 같이 훌륭한 게송으로 아뢰었느니라.

聖主天中王	迦陵頻伽聲	哀愍衆生者	我等今敬禮
世尊甚希有	久遠乃一現	一百八十劫	空過無有佛
三惡道充滿	諸天衆減少	今佛出於世	爲衆生作眼
世間所歸趣	救護於一切	爲衆生之父	哀愍饒益者
我等宿福慶	今得值世尊		

爾時諸梵天王 偈讚佛已 各作是言 唯願世尊 哀愍一切 轉於法輪 度脫衆生 時諸梵天王 一心同聲 而說偈言

주이신 천중왕(天中王) 가릉빈가(迦陵頻伽) 음성으로

중생 위해 설법하니 우리 모두 공경하며

세존 매우 희유하사 출현하기 어려워서

180겁을 부처님 안 계시니

삼악도는 충만하고 하늘 중생 줄어드니

이제부터 출현하사 중생의 눈이 되다.

세간 모두 귀의하며 온갖 것을 구원받고

중생의 아버지라 불쌍타고 주는 이익

우리들 지난 세상 쌓아온 복덕으로

오늘날 이와 같이 세존을 만나 뵙네.

그때 여러 범천왕이 게송으로 부처님 찬탄을 마치고 각각 이런 말을 하였다. '원하옵나니 세존이시여, 온갖 중생을 불쌍히 여기시어 법륜을 굴리시고 중생을 제도하여 주옵소서.'

여러 범천왕은 일심으로 같은 소리를 내어 게송으로 말하였느니라.

훌륭한 법륜을 굴리소서. 위대한 성스러운 선인이시여, 시방에 가르침을 설하여 밝혀 주소서.

고뇌의 박해에 의욕을 상실한 자들을 제도하소서. 중생에게 기쁨을 맛보게 하소서.

가르침을 듣고 득도하여라. 성스러운 곳으로 가거라.

모든 자는 아수라의 몸을 버리고, 평안하고, 온화하며, 안락하여라.

그때 비구들이여, 그 세존은 대범천왕들의 말을 묵묵히 승낙하셨느니라.

또 그때 남쪽에 있는 오십천만억의 세계 중에서, 수많은 브라흐만의 누각이 광채도 선명하게 비쳐 찬란히 빛나고, 휘황하게 번쩍이며 열을 뿜어 불꽃을 발하였느니라.

그때 비구들이여, 범천왕들은 이와 같이 생각하였느니라.

"이들 바라문의 누각은 광채도 선명하게 비쳐 찬란히 빛나고, 휘황하게 번쩍이며 열을 뿜어 불꽃을 발하였다. 이것은 무슨 전조일까."

그래서 비구들이여, 이들 오십천만억의 세계에서, 그들 대범천왕들은 모두 서로 궁전을 방문하여 의논하였느니라. 그때 스다루마(妙法)라는 대범천왕이 대집단의 브라흐만 권속에게 게송으로 말하였느니라.

친구들이여, 오늘 여기에서 모든 궁전이 휘황하게 빛난 것은, 원인과 까닭이 없을 리가 없다.

이 세상에서 그것은 무엇인가 전조를 나타낸 것이다.

우리는 그 까닭을 충분히 찾아내야 하지 않을까.

이와 같은 전조는, 참으로 과거 몇백 겁 동안 나타난 적이 없지 않았는가.

이 세상에 천자가 태어난 것인지 아니면 이 세상에 부처님이 나타나실 전조인지.

| 大聖轉法輪 | 顯示諸法相 | 度苦惱衆生 | 令得大歡喜 |
| 衆生聞此法 | 得道若生天 | 諸惡道減少 | 忍善者增益 |

爾時大通智勝如來 默然許之 又諸比丘 南方五百萬億國土 諸大梵王 各自見宮殿 光明照曜 昔所未有 歡喜踊躍 生希有心 卽各相詣 共議此事 以何因緣 我等宮殿 有此光曜 時彼衆中 有一大梵天王 名曰妙法 爲諸梵衆 而說偈言

| 我等諸宮殿 | 光明甚圍曜 | 此非無因緣 | 是相宜求之 |
| 過於百千劫 | 未曾見是相 | 爲大德天生 | 爲佛出世間 |

대성(大聖)이신 세존께서 큰 법륜 굴리시어

여러 가지 법 모양을 나타내어 보이시고

고뇌하는 우리 중생 제도하여 주시며

그 중생 마음마다 환희하게 하옵시니

중생들이 이 법 듣고 도 얻거나 하늘에 나서

모든 악도 줄어들고 인선(忍善)만 증가하리.

그때 대통지승 여래께서 묵연히 허락하셨느니라.

또 비구들아, 남방으로 오백만억 국토의 여러 범천왕이 각자 자기들의 궁전에 전에 보지 못하던 광명이 비치거늘, 환희하고 좋아 뛰며 희유한 마음을 내어 곧 서로 찾아가서 이 일을 함께 의논하였다. '무슨 인연으로 우리들 궁전에 이런 광명이 비치는가.' 그 대중 가운데 묘법(妙法)이라는 대범천왕이 있어 여러 범천의 중생을 위하여 게송으로 말하였느니라.

우리들의 궁전마다 광명 매우 밝으니
이 일이 무슨 인연 이 상서를 찾아보라.
백천 겁 지나도록 이런 상서 없었나니
대덕이 나심인가 부처 출현하시는가.

그래서 비구들이여, 이들 오십천만억의 세계에서 그들 대범천왕들은 다 같이 저마다 자기의 천상누각에 올라가, 수미산과 같은 부피의 꽃잎을 손에 쥔 채 사방으로 물으며 돌아다니다가 북쪽을 향하여 갔느니라. 그리고 그들 대범천왕들은 북쪽에서 그 고귀한 대통지승 여래가 완전히 '깨달음'에 도달하여 보리수 밑에 있는 사자좌에 앉아서, 팔부 신들 및 인간과 귀령들이 그를 에워싸고 우러러 공경하고, 또 16명의 왕자가 가르침의 법륜을 굴려 주도록 간원하고 있는 것을 보았느니라. 그들은 그 광경을 보고 그 세존 가까이 가서 세존에게 머리를 조아리며 경배하고, 세존의 주위를 오른쪽으로 십만 번 돌고 나서 수미산과 같은 부피의 꽃잎을 세존 위에 흩뿌렸느니라. 그리고 높이 10요자나의 보리수에도 그것을 뿌렸느니라. 그런 다음 이들 대범천왕의 누각을 그 세존에게 공양하였느니라.

"세존께서는 저희에게 자비를 베푸시고 이 대범천왕의 누각들을 거두어 주소서. 부처님은 저희를 가엾이 여기시고 이 대범천왕의 누각들을 받아 주소서."

대범천왕들은 각기 자기의 누각을 그 세존에게 공양한 다음, 세존을 우러러보며 다음과 같은 훌륭한 게송으로 그를 찬양하였느니라.

爾時五百萬億諸梵天王 與宮殿俱 各以衣裓 盛諸天華 共詣北方 推尋是相 見大通智

勝如來 處于道場 菩提樹下 坐師子座 諸天 龍王 乾闥婆 緊那羅 摩睺羅伽 人非人等 恭

敬圍繞 及見十六王子 請佛轉法輪 時諸梵天王 頭面禮佛 繞百千匝 卽以天華 而散佛上

所散之華 如須彌山 幷以供養 佛菩提樹 華供養已 各以宮殿 奉上彼佛 而作是言 唯見哀

愍 饒益我等 所獻宮殿 願垂納受 爾時諸梵天王 卽於佛前 一心同聲 以偈頌曰

　　그때 오백만억의 여러 범천왕이 궁전과 갖가지 하늘꽃을 담은 그릇을 가지고 북방
으로 함께 가서 이 상서를 찾다가 대통지승 여래께서 도량의 보리수 아래 앉아 계심
과, 여러 하늘 중생과 용왕과 건달바·긴나라·마후라가·사람인 듯 아닌 듯한 것들이
공경하여 둘러 서 있는 것과, 열여섯 왕자가 부처님께 법륜 굴리시기를 청함을 보고,
그때 여러 범천왕도 머리 숙여 부처님께 예배하고 부처님 주위를 백천 번이나 돌고는,
곧 하늘꽃을 부처님 위에 흩으니 그 흩은 꽃은 수미산과 같았느니라. 그리고 부처님
계신 보리수에도 꽃 공양하고, 각각 가지고 온 궁전을 그 부처님께 받들어 올리며 이
런 말을 하였다. '불쌍히 여기사 저희를 이롭게 하옵시고 드리는 궁전을 받아 주옵소
서.'
　　곧 여러 범천왕은 부처님께 나아가 일심으로 같은 소리를 내어 게송으로 말하였느
니라.

지도자(세존)를 뵈옵기 참으로 어려웠나이다.

잘 오셨나이다, 모든 번뇌 파한 분이시여.

세존께서는 오늘 오랜만에 이 세상에 나타나셨나이다.

백 겁이 지나고 저희는 이제야 어렵게 존안을 뵈옵게 되었나이다.

목이 타는 중생에게 법비(法雨 : 중생을 교화하여 덕화를 입게 하는 일을 비에 비유)를
흠뻑 내려 주소서. 세상의 주인이시여.

어쨌든 아직 한 번도 뵙지 못하였던 세존의 모습을 보게 되었나이다.

우담발라(우담화)꽃처럼 보기 어려웠던 존귀한 모습을

이제야 뵈옵나이다. 지도자이시여.

저희의 모든 궁전은, 세존의 위광으로 오늘 휘황하게 빛났나이다.

골고루 자비를 베푸는 분이시여, 이 궁전을 거두어 주소서.

그리고 저희에게 은총을 내리기 위해 이 궁전들을 받으소서.

그때 비구들이여, 그들 대범천왕들은 그 세존을 우러러보며 이렇게 훌륭한 게송으로 여래를 찬양한 다음 세존에게 다음과 같이 아뢰었느니라.

"세존께서 가르침의 법륜을 굴리소서. 부처님은 법륜을 굴리소서. 세존은 이 세상에 편안한 경지를 보여 주소서. 세존은 중생들을 제도하소서. 세존은 이 세상에 은총을 내리소서. 세존은, 신도 악마도 브라흐만도 함께 살고, 사문과 바라문을 묻지 않고, 인간이 사는 이 세상에 가르침을 보여 주소서. 그것은 수많은 사람에게 행복과 안락을 주고, 세간에 자비를 베풀어 많은 사람의 이익이 되고, 신들과 인간들의 행복과 안락에 유익하게 되리라."

그리고 비구들이여, 이들 오십천만억의 브라흐만들은, 다 같이 소리를 합창하여 그 세존에게 게송으로 다음과 같이 아뢰었느니라.

世尊甚難見	破諸煩惱者	過百三十劫	今乃得一見
諸飢渴衆生	以法雨充滿	昔所未曾見	無量智慧者
如優曇鉢華	今日乃値遇	我等諸宮殿	蒙光故嚴飾
世尊大慈悲	唯願垂納受		

爾時諸梵天王 偈讚佛已 各作是言 唯願世尊 轉於法輪 令一切世間 諸天魔 梵 沙門 婆羅門 皆獲安隱 而得度脫 時諸梵天王 一心同聲 以偈頌曰

여러 번뇌 파하시는 세존 뵙기 어려워라.

130겁 다 지나고 이제 한 번 만나 뵙네.

기갈에 찬 여러 중생 법비 내려 충만하니

예전에 보지 못한 한량없는 지혜이라.

우담발라꽃 피듯이 오래고 먼 세월에

출현하는 부처님을 오늘에야 만났으니

광명으로 장엄된 저희의 여러 궁전

대자비로 세존께선 오직 받아 주옵소서.

그때 여러 범천왕이 게송으로 부처님 찬탄을 마치고 이런 말을 하였다.

'원하옵노니 세존께서는 법륜을 굴리시어 온 세간과 여러 하늘·마군·범천·사문·바라문 들을 다 안온하게 하시고 해탈하게 하여 주시옵소서.'

여러 범천왕이 일심으로 같은 소리를 내어 게송으로 말하였느니라.

가르침을 보여 주소서, 세존이시여. 지도자여, 이 가르침의 법륜을 굴리소서.

이 법고(法鼓)를 울리시고, 또 이 법라(法螺)를 불어 주소서.

이 세상에 올바른 가르침의 법비를 내리시고, 또 오묘한 음색의 좋은 법어를 설하소서.

저희의 간원을 들어 주시어 법어를 설하소서.

몇천몇백만의 중생들을 고뇌에서 해탈하게 하소서.

그때 비구들이여, 그 세존은 말없이 대범천왕들의 말을 승낙하셨느니라.

이래서 남서쪽에서도, 서쪽에서도, 북서쪽에서도, 북쪽에서도, 북동쪽에서도, 아래쪽에서도, 똑같은 일이 있었느니라.

또 그때 위쪽에 있는 오십천만억의 세계 중에서, 수많은 브라흐만(범천)의 누각이 광채도 선명하게 비쳐 찬연히 빛나고, 눈부시게 번쩍이며 열을 뿜는 불꽃을 발하였느니라. 그때 비구들이여, 대범천왕들은 이렇게 생각하였느니라.

"이 브라흐만의 누각들은 광채도 선명하게 비쳐 찬연히 빛나고 눈부시게 번쩍이며, 열을 뿜는 불꽃을 발하였다. 이것은 무슨 전조일까."

그래서 비구들이여, 이들 오십천만억의 세계에서, 그들 범천왕들은 모두 서로 방문하여 의논하였느니라. 그때, 시킨(시기(尸棄))이라는 대범천왕이 브라흐만의 대집단에게 게송으로 이렇게 말하였느니라.

| 唯願天人尊 | 轉無上法輪 | 擊于大法鼓 | 而吹大法螺 |
| 普雨大法雨 | 度無量衆生 | 我等咸歸請 | 當演深遠音 |

爾時大通智勝如來 默然許之 西南方 乃至下方 亦復如是 爾時上方 五百萬億國土 諸

大梵王 皆悉自覩 所止宮殿 光明威曜 昔所未有 歡喜踊躍 生希有心 卽各相詣 共議此事

以何因緣 我等宮殿 有斯光明 時彼衆中 有一大梵天王 名曰尸棄 爲諸梵衆 而說偈言

원하오니 세존께서 위없는 법륜 굴리시어

법북을 울리시고 큰 법라 부시며

법비를 널리 내려 중생 제도하여 주시고

귀의하여 바라오니 연설하여 주옵소서.

그때 대통지승 여래께서 묵연히 이를 허락하셨느니라.

또한 서남방과 하방 세계에도 이와 같은 일이 있었느니라.

그때 사방으로 오백만억 국토의 여러 범천왕도 예전에 볼 수 없었던 밝은 광명이 자기들의 궁전에 비치는 것을 보고, 환희하고 좋아 뛰며 마음들이 희유해서, 각각 서로 찾아가 이 일을 의논하였다. '무슨 인연으로 우리들의 궁전에 이 광명이 비치는가.'

그 대중 가운데 이름이 시기(尸棄)라는 한 대범천왕이 있어 모든 범천의 중생을 위하여 게송으로 말하였다.

친구들이여, 이 누각들이 빛을 발한 것은 무슨 까닭일까.

광휘나 색채나 또 밝기에서나

뚜렷이 다른 것보다 뛰어난 것은 과연 무슨 까닭일까.

우리는 이와 같은 것을 일찍이 본 적도 없고 또 아무도 들어본 일이 없다.

오늘 누각은 휘황한 빛을 발하고 눈부신 불꽃을 발하였다. 과연 무슨 원인이 있을까.

혹은 거룩한 업을 구비한 어떤 천자가 이 세상에 태어난 것일까.

그 위광이 여기에 나타난 것일까. 아니면 드디어 부처님이 이 세상에 나타난 것일까.

그래서 비구들이여, 이들 오십천만억의 세계에서 그들 대범천왕들은 다 같이 저마다 자기 천상 누각에 올라가, 수미산과 같은 부피의 꽃잎을 손에 쥐고 사방으로 물으면서 돌아다니다가 아래쪽으로 갔느니라. 그리고 그들 대범천왕들은 아래쪽에서 그 고귀한 대통지승 여래가 완전히 '깨달음'에 도달하여 보리수 밑에 있는 사자좌에 앉아서, 팔부 신들 및 인간과 귀령들이 그를 에워싸고 우러러 공경하고, 또 16명의 왕자가 가르침의 법륜을 굴려 주시기를 간원하고 있는 것을 보았느니라. 그들은 그 광경을 보고 그 세존 가까이 가서 세존께 머리를 조아려 경배하고, 그의 주위를 오른쪽으로 십만 번 돌고 나서 수미산과 같은 부피의 꽃잎을 그 세존에게 흩뿌렸느니라. 그리고 높이 10요자나의 보리수에도 그것을 뿌렸느니라. 그런 다음 이들의 브라흐만 누각을 그 세존에게 공양하였느니라.

"세존은 저희에게 자비를 베푸시고, 이 브라흐만의 누각들을 거두어 주소서. 부처님은 저희를 가엾이 여기시어 이 브라흐만의 누각들을 받으소서."

대범천왕들은 저마다 자기의 누각을 세존에게 공양한 다음, 그 세존을 우러러 보며 다음과 같은 훌륭한 게송으로 세존을 찬양하였느니라.

今以何因緣　　我等諸宮殿　　威德光明曜　　嚴飾未曾有

如是之妙相　　昔所未聞見　　爲大德天生　　爲佛出世間

爾時五百萬億 諸梵天王 與宮殿俱 各以衣裓 盛諸天華 共詣下方 推尋是相 見大通智勝如來 處于道場 菩提樹下 坐師子座 諸天 龍王 乾闥婆 緊那羅 摩睺羅伽 人非人等 恭敬圍繞 及見十六王子請佛轉法輪 時諸梵天王 頭面禮佛 繞百千匝 卽以天華 而散佛上 所散之花 如須彌山 幷以供養佛菩提樹 花供養已 各以宮殿 奉上彼佛 而作是言 唯見哀愍 饒益我等 所獻宮殿 願垂納處 時諸梵天王 卽於佛前 一心同聲 以偈頌曰

지금 이런 일은 무슨 인연인가 우리들 살고 있는 무슨 궁전마다

위엄있고 덕이 있는 광명이러니 옛날에 일찍 없던 희유한 장엄이라.

미묘하고 아름다운 이러한 모양 듣지도 보지도 못했거늘

대덕이 하늘에서 태어나려 하심인가 부처님이 세상에 출현하심인가.

그때 여러 범천왕이 궁전과 갖가지 하늘꽃을 담은 그릇을 가지고 하방에 함께 내려가 이 상서를 찾다가, 대통지승 여래께서 도량의 보리수 아래 사자좌에 앉아 계심과, 여러 하늘과 용왕·건달바·긴나라·마후라가·사람인 듯 아닌 듯한 것들이 공경하여 둘

러 서 있으며, 열여섯 왕자가 부처님께 법륜 굴려 주시기를 청함을 보고, 여러 범천왕도 머리 숙여 부처님께 예배하고 부처님 주위를 백천 번이나 돌며 하늘꽃을 부처님 위에 흩으니 그 흩은 꽃이 수미산과 같았느니라.

그리고 부처님이 앉아 계신 보리수에도 꽃 공양을 마치고, 가지고 온 궁전을 그 부처님께 받들어 올리며 말하였다.

'저희를 불쌍히 여기시어 이롭게 하여 주옵시고 여기 드리는 궁전을 원하노니 받아 주옵소서.'

그때 여러 범천왕이 곧 부처님 앞에서 일심으로 같은 소리를 내어 게송으로 말하였느니라.

세상의 주인이시고 인간들을 제도하시는 부처님들을 뵈옵게 되어 반갑기 그지없나이다.

참으로 부처님들은 삼계에 존재하는 것들을 고뇌로부터 해방시켜 주시리다.

골고루 멀리 바라보시는 세상의 왕(부처님)은 시방을 두루 조망하시고,

불사(不死)에 이르는 문을 열어 많은 사람을 제도하시나이다.

과거에 지나간 겁은 상상할 수도 없을 만큼 헛되이 보냈는데

그동안 사람들은 부처님을 뵙지 못하여 시방이 암흑으로 공허하였나이다.

무서운 지옥의 수와 삼악도(三惡道)의 세계가 늘어만 갔나이다.

몇천만의 사람들은 몇천이 아닌 아귀의 세계에 태어났나이다.

천중(天衆)은 줄고 그들은 다시 태어날 때마다 점점 나빠지고 악도에 떨어졌나이다.

부처님의 가르침을 듣지 못하여 그들은 더욱 나쁜 길에 빠졌나이다.

善哉見諸佛　　救世之聖尊　　能於三界獄　　勉出諸衆生

普智天人尊　　哀愍群萌類　　能開甘露門　　廣度於一切

於昔無量劫　　空過無有佛　　世尊未出時　　十方常暗冥

三惡道增長　　阿修羅亦盛　　諸天衆轉減　　死多墮惡道

不從佛聞法　　常行不善事

거룩하신 부처님들 세상 고난 구하시려

삼계 지옥 있는 중생 부지런히 건져내며

넓은 지혜 세존께서 불쌍한 어린 중생

감로문을 열어 주어 일체 제도하옵소서.

길고 긴 오랜 세월 세존이 안 계실 적

헛되이 보낸 시간은 시방 세계 항상 어두워

삼악도 점점 늘고 아수라는 성하며

하늘 중생 줄어들어 죽어 악도 떨어지며

부처님 법 따르지 않고 착한 일은 외면하네.

모든 인간 중에서 소행이 단정하고 행동거지에 이지(理智)가 있는 자는 감소하였나이다.

그들에게서 안락한 생활은 사라지고 또 안락이라는 의식조차 소멸하였나이다.

그들은 옳지 않은 가르침에 안주하여, 하면 안 되는 짓을 하는 자가 되었나이다.

부처님의 감시도 받지 않기에 그들은 나쁜 길로 타락하였나이다.

이 세상의 광명이시여, 세존께서 드디어 출현하셨나이다. 오랜만에 이 세상에 오셨나이다.

이 세상에 존재하는 모든 사람을 가엾이 여기시어 나오셨나이다.

다행하게도 확실히 더없는 부처님의 지혜에 도달하셨나이다.

저희, 신들과 함께 사는 세상 역시, 세존을 환영해 마지않나이다.

여래의 위광에 의하여 화려한 누각이 휘황하게 빛나고 있나이다.

위대한 용자이시여, 그것을 세존께 공양하나이다. 위대한 선인이시여, 거두어 주소서.

저희에게 자비를 베푸사 그것을 받아 주소서, 지도자이시여.

저희도, 모든 중생도, 최고의 '깨달음'에 도달하도록 하여 주소서.

그리고 그때 비구들이여, 그들 대범천왕들은 그 세존을 우러러보며 이런 훌륭한 게송으로 여래를 찬양한 다음 이와 같이 아뢰었느니라.

"세존은 가르침의 법륜을 굴리소서. 부처님은 법륜을 굴리소서. 세존은 이 세상에 편안한 경지를 보여 주소서. 세존은 중생들을 제도하소서. 세존은 이 세상에 자비를 베푸소서. 세존은 신도 악마도 브라흐만들도 함께 살고, 사문과 바라문을 묻지 않고, 인간이 사는 세상에 가르침을 보여 주소서. 그것은 많은 사람에게 행복과 안락을 주고, 세상을 가엾이 여기심이 많은 사람의 이익이 되고 신들과 인간들의 행복과 안락에 유익하리다."

그리고 비구들이여 이들 오십천만억의 브라흐만들은 다 함께 소리를 합창하여 그 세존에게 다음과 같은 훌륭한 게송으로 아뢰었느니라.

色力及智慧	斯等皆減少	罪業因緣故	失樂及樂想
住於邪見法	不識善儀則	不蒙佛所化	常墮於惡道
佛爲世間眼	久遠時乃出	哀愍諸衆生	故現於世間
超出成正覺	我等甚欣慶	及餘一切衆	喜歡未曾有
我等諸宮殿	蒙光故嚴飾	今以奉世尊	唯垂哀納受
願以此功德	普及於一切	我等與衆生	皆共成佛道

爾時五百萬億 諸梵天王 偈讚佛已 各白佛言 唯願世尊 轉於法輪 多所安隱 多所度脫 時諸梵天王 而說偈言.

모양 힘과 지혜들이 모두 다 줄어드네.

죄업의 인연들로 즐거움을 다 잃고

삿된 법에 걸리어서 선한 법을 죄 모르며

부처 교화 못 받아 악한 길만 떨어지니

세간의 눈 부처님이 오랜만에 출현하사

고통 받는 여러 중생 불쌍하게 여기시어

최정각(最正覺)을 이루시니 저희 마음 즐겁고

그 밖의 온갖 중생 일찍이 못 보던 일

듣기조차 하였을까 마음 가득 기뻐서

광명 비쳐 장엄한 저희의 여러 궁전

세존께 바치오니 부디 받아 주옵소서.

이러한 공덕으로 일체에 보급하여

저희와 여러 중생 부처님 도 이룰지어다.

그때 오백만억 여러 범천왕이 게송으로 부처님 찬탄을 마치고 각기 부처님께 여쭈었다. '원하옵나니 세존이시여, 법륜을 굴리시어 안온하게 하시고 해탈하게 하옵소서.'

그때 여러 범천왕이 게송으로 말하였느니라.

이 위없는 훌륭한 수레바퀴를 굴리소서.

죽지 않는 법고(法鼓)를 울리소서.

그리고 몇백의 고뇌에 시달리고 있는 자들을 고뇌에서 해방시켜 주소서.

그들에게 '깨달음'의 경지에 이르는 길(열반)을 보여 주소서.

저희가 간청한 가르침을 설하여 주소서. 저희와 이 세상에 자비를 베풀어 주소서.

몇천만억 겁 동안에 얻은, 귀에 익은 오묘한 법을 설하소서.

그때 비구들이여, 그 고귀한 대통지승 여래께서 그들 몇천만억이라는 브라흐만들과, 왕자인 16명의 아들들이 간청하는 것을 다 아시고, 그때 세 번을 회전하여 12의 외형(外形)을 가진 가르침의 수레바퀴(법륜)를 굴리셨는데, 이 수레바퀴는 사문에 의해서도, 바라문에 의해서도, 또는 신이나 악마나 브라흐만에 의해서도, 또 그밖에 누구에 의해서도, 이 세상에서 두 번 다시 굴릴 수 있는 것이 아니었느니라. 그 가르침이란 '이것이 고뇌(苦)다. 이것이 고뇌의 원인(集)이다. 이것이 고뇌의 절멸(滅)이다. 이것이 고뇌의 절멸에 이르는 길(道)이다'라는 신성한 진리이니라.

또 그 여래는 연기(緣起)의 전개에 대하여 자세히 설명하셨느니라. 즉 무지(無明)로 말미암아 생활활동(行)이 생기고, 생활활동 때문에 대상을 식별하는 작용(識)이 생기며, 대상을 식별하는 작용이 있기 때문에 명칭과 형상(名色)이 식별되어, 명칭과 형상을 근거로 하여 여섯 가지 감관(六入)이 생기고, 여섯 가지 감관이 작용하기 위해서는 대상에 접촉하는 것(觸)이 없으면 안 된다 하였느니라.

대상에 접촉하기 위해서는 마음의 작용(受)이 없으면 안 되고, 마음이 작용하기 위해서는 욕망의 만족을 강력히 요구하는 마음(愛)이 일어나지 않으면 안 된다. 욕망의 만족을 강력히 요구하는 원인으로서 굳게 믿는 마음(取)이 없으면 안 된다. 굳게 믿는 구체적인 고집으로 말미암은 것이 자기의 생존(有)이고, 자기 생존의 원인은 이 세상에 태어난 것(生)이며, 이 세상에 태어났기 때문에 늙음(老)과 죽음(死)이라든가 걱정이라든가 슬픔이라든가 괴로움이라든가 불쾌라든가 고뇌가 함께 생기는 것이니라. 이렇게 되어 고뇌의 큰 덩어리 전체가 생기는 것이니라.

따라서 무지를 없앰으로써 생활활동은 없어지고, 생활활동을 없앰으로써 대상을 식별하는 작용은 일어나지 않으며, 대상을 식별하는 작용이 일어나지 않으면 명칭과 형상은 없어지고, 명칭과 형상이 없어지면 그것을 식별하는 여섯 가지 감관은 소용없게 되고, 여섯 가지 감관을 없애면 대상에 접촉하는 것이 필요없게 되며, 대상에 접촉하는 것이 없으면 마음의 작용은 일어나지 않는다. 마음의 작용이 없으면 욕망의 만족을 강력히 요구하는 마음은 없게 되고, 욕망의 만족을 요구하는 마음을 없애면 굳게 믿는 마음은 없어진다. 굳게 믿는 마음만 없으면 자기의 존재는 문제가 되지 않고, 자기의 존재를 부정하면 태어나는 일이 없어진다. 그리고 태어나는 일이 없으면 늙음(老)과 죽음(死)도, 근심도, 슬픔도, 괴로움도, 불쾌도, 고뇌도, 모두 사라지는 것이다. 이렇게 되어 고뇌의 큰 덩어리 전체가 없어지느니라.

世尊轉法輪　　擊甘露法鼓　　度苦惱衆生　　開示涅槃道

唯願受我請　　以大微妙音　　哀愍而敷演　　無量劫習法

爾時大通智勝如來 受十方諸梵天王 及十六王子請 卽時三轉 十二行法輪 若沙門 婆羅門 若天 魔梵 及餘世間 所不能轉 謂是苦 是苦集 是苦滅 是苦滅道 及廣說十二因緣法 無明緣行 行緣識 識緣名色 名色緣六入 六入緣觸 觸緣受 受緣愛 愛緣取 取緣有 有緣生 生緣老死 憂悲苦惱 無明滅則行滅 行滅則識滅 識滅則名色滅 名色滅則六入滅 六入滅則觸滅 觸滅則受滅 受滅則愛滅 愛滅則取滅 取滅則有滅 有滅則生滅 生滅則老死憂悲苦惱滅.

높으신 세존께서 법륜을 굴리시고 감로의 미묘하신 법북을 울려 쳐서

고뇌 속에 빠진 중생 제도하사 열반의 큰 길을 열어 보여 주옵시며

저희 간절한 맘 세존께 바라옵기 크시고 미묘하신 부처님 음성으로

못 깨달아 어두운 불쌍한 중생 위해 무량한 겁 익힌 법을 설해 주옵소서.

그때 대통지승 여래께서 시방의 여러 범천왕과 열여섯 왕자의 청을 허락하여 받으시고 12행(行)의 법륜을 세 번 설하셨으니, 사문이나 바라문 또는 천상이나 마군이나 범천 그리고 남은 세간에서는 능히 설하지 못하느니라.

그 여래께서 설하시기를 '이것이 고(苦)이며, 이것이 고가 모인 것이고, 이것이 고의 멸함이며, 이것이 고를 멸하는 길이니라' 하시며, 또한 널리 12인연(因緣)의 법을 설하셨느니라.

'무명(無明)은 행(行)을 인연하고, 행은 식(識)을 인연하며, 식은 명색(名色)을 인연하고, 명색은 육입(六入)을 인연하며, 6입은 촉(觸)을 인연하고, 촉은 수(受)를 인연하며, 수는 애(愛)를 인연하고, 애는 취(取)를 인연하며, 취는 유(有)를 인연하고, 유는 생(生)을 인연하며, 생은 노사·우비·고뇌(老死憂悲苦惱)를 인연하느니라.

따라서 무명이 멸하면 행이 멸하고, 행이 멸하면 식이 멸하며, 식이 멸하면 명색이 멸하고, 명색이 멸하면 6입이 멸하며, 6입이 멸하면 촉이 멸하고, 촉이 멸하면 수가 멸하며, 수가 멸하면 애가 멸하고, 애가 멸하면 취가 멸하며, 취가 멸하면 유가 멸하고, 유가 멸하면 생이 멸하며, 생이 멸하면 곧 노사·우비·고뇌가 멸하느니라.'

그리고 비구들이여, 그 고귀한 대통지승 여래께서, 신·악인·범천을 비롯한 사문도 바라문도 함께 살고 있는 세계의, 신과 인간 등이 모인 앞에서 가르침의 법륜을 굴리시자마자, 그 순간에 육십천만억이라는 사람들의 마음은 아무것에도 구애받지 않고, 미망으로부터 해방됨과 동시에 그들은 또 세 가지 학식과 여섯 가지의 신통력을 갖추고, 또 여덟 가지의 해방을 명상하게 되었다 하였느니라. 비구들이여, 그 고결한 여래는 차례로 제2·제3·제4의 가르침을 설하였느니라. 그리고 대통지승 여래께서 가르침을 하나하나 설하실 때마다, 갠지스강 모래의 수와 같은 몇천만억이라는 인간이 아무것에도 구애됨이 없이 미망에서 해방되었느니라. 그

런 다음 그 세존에게는 도저히 헤아릴 수 없을 만큼 수많은 제자가 무리를 이었느니라.

그때 또 가르침의 후계자가 된 16명의 왕자는, 한 사람도 빠지지 않고 신앙심을 일으켜 출가하여 집도 없는 생활로 들어가 새로운 수행에 힘쓰게 되었느니라. 학식이 있고 현명하며 정신력이 있어 능력을 구비한 그들은, 몇천만의 부처 밑에서 수행하여 더없는 완전한 '깨달음'에 도달하기를 바랐느니라. 그리고 이 왕자들은 그 고결한 대통지승 여래에게 이렇게 아뢰었느니라.

佛於天人 大衆之中 說是法時 六百萬億那由他人 以不受 一切法故 而於諸漏 心得解脫 皆得深妙禪定 三明 六通 具八解脫 第二 第三 第四 說法時 千萬億恒河沙那由他等 衆生 亦以不受 一切法故 而於諸漏 心得解脫 從是已後 諸聲聞衆 無量無邊 不可稱數 爾時十六王子 皆以童子出家 而爲沙彌 諸根通利 智慧明了 已曾供養 百千萬億諸佛 淨修梵行 求阿耨多羅三藐三菩提 俱白佛言.

부처님께서 천상과 여러 대중에게 이 법을 설하실 때 육백만억 나유타 사람들이 온갖 세간법의 영향을 받지 아니한 까닭으로 모든 번뇌를 벗어나서 마음에 해탈을 얻고, 모두 깊고 미묘한 선정과 3명(明)과 6통(通)을 얻어 8해탈을 갖추었느니라. 두 번째와 세 번째와 네 번째의 법을 설하실 때도 천만억 항하의 모래 같은 나유타 중생들이 또한 온갖 세간법의 영향을 받지 아니한 까닭에, 모든 번뇌를 벗어나서 마음에 해탈을 얻었으며, 그 후로 여러 성문 대중도 한량없고 가없어 그 수를 알 수 없었느니라.

그때 열여섯 왕자는 다 어린 동자로서 출가하여 사미(沙彌)가 되었으니, 여섯 감관〔六根〕이 영리하고 그 지혜가 명료하며, 일찍이 백천만억 여러 부처님께 공양하였으며, 청정한 범행을 닦아 아눗타라삼약삼보디를 구하려고 부처님께 함께 여쭈었느니라.

"세존이시여, 여래의 몇천만억이라는 많은 제자는 진정 세존께서 가르침을 설하심으로써, 위대한 신통력과 당당한 위엄을 가진 대단히 걸출한 인간이 될 수 있었나이다. 세존께서는 저희를 가엾이 여기시어 이 더없는 완전한 '깨달음'을 비롯하여 설법을 베푸시고, 저희 역시 여래를 본받아 수행을 쌓을 수 있도록 하여 주소서. 세존이시여, 저희는 여래의 지혜를 보여 주시기를 간절히 청하나이다. 세존이야말로 저희에게는 그 의의의 실제 증인이로소이다. 그리고 이 세상에 존재하는 모든 사람의 염원을 알고 계시는 세존이시여, 저희의 간절한 염원을 살펴 아시옵소서.”

그때 비구들이여, 이 어린 소년인 왕자들이 출가하여 새로 수행에 힘쓰는 것을 보고, 그 전륜성왕(轉輪聖王)의 신하의 절반에 해당하는 팔십천만억이나 되는 사람들이 출가하였느니라.

그래서 그 존귀한 대통지승 여래는 그들 새로운 수행자들의 간절한 염원을 알고, 2만 겁이 지난 다음에 《올바른 가르침의 백련》이라는 경전을 네 종류의 회중들에게 자세히 설하여 밝히셨느니라. 이것은 ‘깨달음’을 구하는 수행자를 훈계하여 모든 부처가 가져야 할, 광대한 가르침을 자세히 설한 최고의 경전이니라.

世尊 是諸無量千萬億 大德聲聞 皆已成就 世尊 亦當爲我等 說阿耨多羅三藐三菩提法 我等聞已 皆共修學 世尊 我等志願 如來知見 深心所念 佛自證知 爾時轉輪聖王 所將衆中 八萬億人 見十六王子出家 亦求出家 王卽聽許 爾時彼佛 受沙彌請 過二萬劫已 乃於四衆之中 說是大乘經 名妙法蓮華 敎菩薩法 佛所護念.

‘세존이시여, 이 한량없는 천만억 대덕의 성문들이 이미 다 성취하였나이다. 세존이시여, 저희를 위하시어 마땅히 아눗타라삼약삼보디의 법을 설하여 주옵소서. 저희가 듣고 다같이 닦고 배우겠나이다. 세존이시여, 저희가 간절한 마음으로 바라옵는 여래의 지견(智見)과 마음 깊이 생각하는 바를 부처님께서는 스스로 깨달아 아시리다.’

그때 전륜성왕이 거느리는 대중 가운데 8만억의 사람이 열여섯 왕자의 출가를 보고 또한 그들도 출가하려고 하거늘 왕은 곧 그를 허락하였느니라.

그때 그 부처님께서 사미들이 청하는 것을 받으시고 2만 겁을 지나서 4부 대중들에게 이 대승경을 설하시니, 그 이름이 《묘법연화경》으로 보살을 가르치는 법이며 부처님께서 보호하고 생각하시는 경이니라.

그때 비구들이여, 새로운 수행자가 된 16명의 왕자는, 그 세존의 말씀을 듣고 확실히 이해하고, 그것을 기억하여 마음이 아늑하고 만족하였느니라.

그래서 비구들이여, 그 존엄한 여래는 16명의 새로운 수행자들이 더없이 완전한 '깨달음'에 도달한다는 것을 예언하였느니라. 이렇게 대통지승 여래가 이 《올바른 가르침의 백련》이라는 경설을 설하셨을 때, 제자들과 16명의 새로운 수행자들은 그 가르침을 믿고 받들게 되었으나, 몇천만억이라는 수많은 사람은 의심을 하게 되었느니라.

그래서 그 존엄한 여래는 이 《올바른 가르침의 백련》이라는 경설을 8천 겁 동안 끊임없이 꾸준이 설한 다음 사원으로 들어가 조용히 지내셨느니라. 그리고 비구들이여, 대통지승 여래는 이같이 은거한 채 8만4천 겁 동안이나 사원에 머무르셨느니라.

그때 비구들이여, 16명의 새로운 수행자들은 그 존엄한 여래가 은거하신 것을 알고, 각기 가르침의 사자좌를 준비하여 거기에 앉아 대통지승 여래에게 경배한 다음에, 이 《올바른 가르침의 백련》이라는 경설을 네 종류의 회중들에게 자세히 8만4천 겁 동안 설하여 밝혔느니라. 그래서 비구들이여, '깨달음'을 구하여 수행하는 새로운 수행자가 된 그들은, 저마다 3천6백 갠지스강의 모래 수와 같은 몇천억이라는 중생이 이 더없이 완전한 '깨달음'에 도달하도록 가르치고 이끌며, 또 그러기 위해 노력하도록 고무하고 분발시켜 '깨달음'에 이르게 하였느니라.

說是經已 十六沙彌 爲阿耨多羅三藐三菩提故 皆共受持 諷誦通利 說是經時 十六菩薩沙彌 皆悉信受 聲聞衆中 亦有信解 其餘衆生 千萬億種 皆生疑惑 佛說是經 於八千劫 未曾休廢 說此經已 卽入靜室 住於禪定 八萬四千劫 是時十六菩薩沙彌 知佛入室 寂然禪定 各昇法座 亦於八萬四千劫 爲四部衆 廣說分別 妙法華經 一一皆度 六百萬億那由他 恒河沙等衆生 示敎利喜 令發阿耨多羅三藐三菩提心.

이 경을 다 설하시니, 열여섯 사미는 아눗타라삼약삼보디를 위하므로 다 함께 받아 지녀서 외우고 읽어 깊은 뜻에 통달하였느니라. 또 이 경을 설하실 때, 열여섯 보살 사미는 다 믿고 받았으며, 성문 대중 가운데도 또한 믿고 이해하는 이가 있으나, 그 밖의 천만억 종류나 되는 다른 중생들은 다 의혹하는 마음을 내었느니라. 부처님께서는 6

천 겁 동안을 선정에 드셨느니라. 그때 열여섯 보살 사미도 부처님께서 고요한 방에서 선정에 드신 것을 알고 각각 법의 자리에 올라 또한 8만4천 겁 동안 4부 대중을 위하여 《묘법연화경》을 널리 분별하여 그 하나 하나가 모두 육백만억 나유타 항하의 모래 같은 중생들을 제도하고 가르쳐 이롭게 하며, 또한 기쁜 마음으로 아눗타라삼약삼보리심을 일으키게 하였느니라.

그리고 8만4천 겁이 지났을 때 대통지승 여래는 전세를 회상하여 의식을 회복하고 명상에서 일어나셨느니라. 그 존엄한 여래는 명상에서 일어나자 그 가르침의 자리에 가까이 가서 준비된 자리에 앉으셨느니라.

그 존엄한 여래는 그 가르침의 자리에 앉자마자, 거기에 모여든 모든 사람을 바라보고 비구들에게 외치셨느니라.

"비구들이여, 새로운 수행자가 된 이들 16명은 참으로 갸륵하고 기특한 사람들이도다. 그들은 이지(理智)를 구비하여 몇천만억이라는 많은 부처님에게서 수행을 쌓고 부처의 지혜를 존중하며, 그것을 받아들이고 그것을 터득하여, 더욱이 그것을 가르쳐 보이게 되었느니라. 이들 16명에게 공양하여라."

또 비구들이여, 성문의 법륜에 오른 사람들이여. 연각의 법륜에 오른 사람들이든, 또 보살의 법륜에 오른 사람들이든, 이들 귀공자가 설하는 가르침을 거역하지 않고 회피하지 않은 자가 있다면, 그들은 모두 곧 이 이상 없는 완전한 '깨달음'을 얻으리라. 그리고 그들은 모두 여래의 지혜에 도달할 것이니라.

大通智勝佛 過八萬四千劫已 從三昧起 往詣法座 安詳而坐 普告大衆 是十六菩薩沙彌 甚爲希有 諸根通利 智慧明了 已曾供養 無量千萬億數諸佛 於諸佛所 常修梵行 受持佛智 開示衆生 令入其中 汝等皆當 數數親近 而供養之 所以者何 若聲聞辟支佛 及諸菩薩 能信是十六菩薩 所說經法 受持不毀者 是人皆當得 阿耨多羅三藐三菩提 如來之慧.

대통지승 여래께서 8만4천 겁을 지나 삼매에서 일어나 법의 자리에 나아가 편안히 앉으시고, 여러 대중에게 말씀하시었다.

‘이 열여섯의 보살 사미는 매우 희유하여 여섯 감관이 영리하고 지혜가 명료하여, 일찍이 한량없는 천만억 여러 부처님을 공양하고 부처님 계신 데서 항상 범행을 닦아 부처님의 지혜를 받아 지녔으며, 그것을 열어 보여 중생들로 하여금 그 가운데 들게 하나니, 너희들은 모두 자주자주 친근하고 공양할지니라. 왜냐하면 만일 성문과 벽지불과 여러 보살이 능히 이 열여섯 보살이 설하는 경법을 믿고 받아 지녀 훼방하지 않는 이는 다 아눗타라삼약삼보디의 여래의 지혜를 얻기 때문이니라.’

또 비구들이여, 이들 16명의 귀공자에 의하여 그 세존의 가르침과 훈계 중에서 이《올바른 가르침의 백련》이라는 경설이 거듭거듭 되풀이하여 설하고 밝혀졌느니라.

또 비구들이여, 이들 16명의 새 수행자가 된 한 사람 한 사람은, 3천6백 갠지스 강의 모래 수와도 같은 엄청난 사람들에게 ‘깨달음’을 구하도록 교화하였느니라. 그리고 이 사람들은 그들 16명의 왕자와 함께 각기의 생가에서 출가하여, 그들을 만나 그들로부터 친히 가르침을 들었느니라. 이렇게 해서 사십천만억이라는 부처님들을 기쁘게 하였는데, 또 어떤 자는 지금도 더 기쁘게 하고 있느니라.

비구니들이여, 너희들에게 이 말을 알리노라. 가르침의 후계자가 된 이들 16명의 왕자는 그 세존의 가르침과 훈계에 따라 새 수행자가 되고 법사가 되었으니, 그들은 모두 다 더없는 완전한 ‘깨달음’을 얻어 성불하였느니라. 그리고 그들은 다 현재 시방에 있는 불국토에서 각기 살며, 몇천만억이라는 성문과 보살들에게 가르침을 설하고 있느니라. 곧 동쪽에는 ①아비라티(묘희(妙喜)) 세계에 아크쇼비아(아촉(阿閦))라는 여래와, ②메르 쿠타(수미정(須彌頂))라는 여래가 있고, 동남쪽에는, ③싱하 고샤(사자음(獅子音))여래와, ④싱하 드봐쟈(사자상(獅子相))여래가 있느니라.

佛告諸比丘 是十六菩薩 常樂說是 妙法蓮華經 一一菩薩 所化六百萬億 那由他 恒河沙等衆生 世世所生 與菩薩俱 從其聞法 悉皆信解 以此因緣 得値四萬億 諸佛世尊 于今不盡 諸比丘 我今語汝 彼佛弟子 十六沙彌 今皆得阿耨多羅三藐三菩提 於十方國土現在說法 有無量百千萬億 菩薩聲聞 以爲眷屬 其二沙彌 東方作佛 一名阿閦 在歡喜國二名須彌頂 東南方二佛 一名師子音 二名師子相.

부처님은 또 여러 비구에게 말씀하시었느니라.

'이 열여섯 보살은 항상 《묘법연화경》을 즐겨 설하여 낱낱 보살이 교화한 육백만억 나유타 항하의 모래 같은 중생들은 태어나는 세상마다 보살들과 함께 나서 그들을 따라 법을 듣고 다 믿어 이해하였으며, 이런 인연으로 사만억 여러 부처님 세존을 만나 보되 아직도 다하지 않았느니라.'

비구들아, 내 지금 너희들에게 말하노라. 그 부처님의 제자 열여섯 사미는 지금 모두 아눗타라삼약삼보디를 얻어 시방의 국토에서 현재 설법을 하되, 한량없는 백천만억의 보살과 성문이 그들의 권속이 되었느니라. 그 가운데 두 사미는 동방에서 성불하니, 첫째 이름은 아촉(阿閦)으로 환희국(歡喜國)에 계시고, 둘째 이름은 수미정(須彌頂)이니라. 동남방의 두 부처님은 그 첫째 이름이 사자음(獅子音)이고, 둘째 이름은 사자상(獅子相)이니라.

남쪽에는, ⑤아카샤푸라티슈티타(허공주(虛空住))라는 여래와, ⑥니토야 파리닐비리타(상멸(常滅))라는 여래가 있고, 남서쪽에는 ⑦인드라 도봐쟈(제상(帝相))라는 여래와 ⑧브라후마 도봐쟈(범상(梵相))라는 여래가 있느니라. 그리고 서쪽에는 ⑨아미타유수(무량수(無量壽))라는 여래와 ⑩살봐 로카다투 우파도라봐 우도뵈가 푸라튯티르나(도일체세간고뇌(度一切世間苦惱))라는 여래가 있고, 서북쪽에는 ⑪타마라파토라 찬다나 간다 아비주냐(다마라발전단향신통(多摩羅跋栴檀神通))라는 여래와 ⑫메르 칼파(수미상(須彌相))라는 여래가 있으며, 북쪽에는 ⑬메가 수봐라 디파(운자재왕(雲自在))라는 여래와 ⑭메가 수봐라 라자(운자재왕(雲自在王))라는 여래가 있고, 북동쪽에는 ⑮살봐 로카 바야 찬피타투봐 뷔두봔사나 카라(괴일체세간포외(壞一切世間怖畏))라는 여래와 ⑯나, 샤키야 무니(석가모니(釋迦牟尼))여래가 있느니라. 샤키야 무니여래는 이 사바세계의 한가운데에서 이 더없는 완전한 '깨달음'으로 성불할 것이니라.

또 비구들이여, 우리가 새 수도승이 되었을 때, 이 세상에 존재하는 자들은 모두 우리에게서 가르침을 받았느니라. 대통지승의 가르침을 따라 우리가 보살이 되었을 때는, 우리 한 사람 한 사람으로부터 갠지스강의 모래같이 많은 몇천만억의 사람이 가르침을 듣고, 우리는 그들이 더없는 완전한 '깨달음'에 도달하도록 가르쳐 제도하였느니라. 그들은 지금도 성문의 자리에 머물고 있으나 더없는 완전한 '깨달음'을 달성하는 능력을 구비하도록 할 것이니라.

南方二佛 一名虛空住 二名常滅 西南方二佛 一名帝相 二名梵相 西方二佛 一名阿彌陀 二名度一切世間苦惱 西北方二佛 一名多摩羅跋栴檀香神通 二名須彌相 北方二佛 一名雲自在 二名雲自在王 東北方佛 名壞一切世間怖畏 第十六我釋迦牟尼佛 於娑婆國土 成阿耨多羅三藐三菩提 諸比丘 我等爲沙彌時 各各敎化 無量百千萬億 恒河沙等衆生 從我聞法 爲阿耨多羅三藐三菩提 此諸衆生 于今有住 聲聞地者 我常敎化 阿耨多羅三藐三菩提 是諸人等 應以是法 漸入佛道.

남방에 계시는 두 부처님은 첫째 이름이 허공주(虛空住)요, 둘째 이름은 상멸(常滅)이며, 서남방의 두 부처님은 첫째 이름이 제상(帝相)이요, 둘째 이름은 범상(梵相)이며, 서방의 두 부처님은 첫째 이름이 아미타(阿彌陀)요, 둘째 이름은 도일체세간고뇌(度一切世間苦惱)이며, 서북방의 두 부처님은 첫째 이름이 다마라발전단향신통(多摩羅跋栴檀香神通)이요, 둘째 이름은 수미상(須彌相)이며, 북방의 두 부처님은 그 첫째 이름이 운자재(雲自在)요, 둘째 이름은 운자재왕(雲自在王)이며, 동북방의 부처님의 이름은 괴일체세간포외(壞一切世間怖畏)며, 열여섯째 부처는 나 석가모니불이니, 이 사바세계에서 아눗타라삼약삼보디를 성취하였느니라.

비구들아, 우리가 아직 사미로 있을 때, 각기 교화한 백천만억 항하의 모래같은 한량없는 중생이 나를 따라 법을 듣고 아눗타라삼약삼보디를 위하거늘, 이 모든 중생이 성문의 지위에 있어 내가 항상 아눗타라삼약삼보디로 교화하리니, 이들은 모두 이 법으로써 부처님 도에 점점 들게 되리라.

따라서 그들도 차례로 성불하게 되느니라. 왜 그런가 하면, 여래의 지혜는 이처럼 하루아침에 깨닫기가 어려운 까닭이니라. 그리고 내가 그 세존의 가르침과 훈계를 따른 보살이었을 때, 갠지스강의 모래의 수와도 같은 몇천만억이라는 엄청난 중생에게 부처님의 가르침을 설하였으니, 그들이 대체 누구냐 하면 그때 너희들이 바로 내 가르침을 받은 사람이니라.

그리고 내가 입적한 다음, 미래에 내 제자가 될 사람들은 보살이 닦아야 할 수행을 배우겠지만, '우리는 보살이다'라는 것을 깨닫지는 못하리라. 그러나 보살들이여, 그들은 모두 다 완전한 '깨달음'의 경지를 자각하여 성불하게 될 것이니라. 더욱이 비구들이여, 내가 성불하여 다른 어느 나라에서 어떤 이름으로 머물더라도, 그들은 여래의 지혜를 찾고 구하여 거기에서 태어난 것이니라. 또, 거기에서 그들은 '여래들의 완전한 깨달음의 경지는 오직 하나이니라. 성불은 이밖에 따로 제2의 길은 없다'라는 결정적인 가르침을 듣게 될 것이니라. 따라서 비구들이여, 제2·제3 '깨달음'의 경지가 있다고 하는 것은 교묘한 방편임을 알아야 하고 그것은 가르침을 설하기 위한 방편이니라. 어떤 경우에 처하든 비구들이여, 여래는 스스로 완전한 '깨달음'의 경지에 도달해야 할 시기가 닥쳐옴을 살펴, 주위의 대중이 완전히 청정하고 귀의할 뜻이 굳건하며, '공(空)'의 가르침을 완전히 이해하여 깊은 명상에 들어가 있음을 알 때, 여래는 "지금이야말로 때가 되었다" 함을 알고 모든 보살과 성문을 불러 모아, 그런 다음에 그 의의를 설하여 들려주는 것이니라.

所以者何 如來智慧 難信難解 爾時所化 無量恒河沙等衆生者 汝等諸比丘 及我滅度 後 未來世中 聲聞弟子是也 我滅度後 復有弟子 不聞是經 不知不覺 菩薩所行 自於所 得功德 生滅度想 當入涅槃 我於餘國作佛 更有異名 是人雖生 滅度之想 入於涅槃 而 於彼土 求佛智慧 得聞是經 唯以佛乘 而得滅度 更無餘乘 除諸如來 方便說法 諸比丘 若如來自知 涅槃時到 衆又淸淨 信解堅固 了達空法 深入禪定 便集諸菩薩 及聲聞衆 爲說是經.

왜냐하면, 여래의 지혜는 믿기도 어렵고 이해하기도 어렵기 때문이다.

그때 교화한 한량없는 항하 모래 같은 중생들은 바로 너희들 비구와 내가 멸도한 후 미래의 세상에 날 성문 제자들이니라. 내가 멸도한 후 어떤 제자가, 이 경을 듣지도 못하고 보살이 행할 도리를 알지도 못하고 깨닫지도 못하며, 스스로 얻은 공덕으로 멸도하였다는 생각을 내어 마땅히 열반에 든다는 말을 하면, 내가 다른 나라에서 이름을 달리하여 성불하리니, 이 사람이 비록 멸도하였다는 생각을 내어 열반에 들었으나, 그 국토에서 부처님의 지혜를 다시 구하여 이 경을 얻어들으리라. 그러므로 오직 불승으로써 멸도를 얻을 뿐 그밖에 다른 승은 없는 것이니 다만 여러 부처님께서 방편으로 설한 법은 제외되느니라.

비구들아, 만일 여래께서 열반할 때 이르러 대중들이 청정하여 믿고 이해함이 견고하며, 빈법(空法)을 통달하여 선정에 깊이 든 것을 알면 곧 여러 보살과 성문들을 모아 놓고 그들을 위하여 이 경을 설하리라.

"비구들이여, 이 세상에는 제2의 법륜도 없고, 또 제2의 완전한 '깨달음'의 경지도 없느니라. 하물며 제3의 법륜이란 것은 있을 리가 없다."

이것은 여래의 교묘한 방편일 따름이다. 여래들은 이 세상에 존재하는 모든 자가 몹시 타락하여 잘못된 가르침을 기뻐하고, 애욕의 진창에 빠져 있는 것을 알고, 거기에서 그들에게 "너희들이 노력하여 전념하는 자만이 '깨달음'의 경지에 들 수 있다"고 가르치는 것이니라.

비유하면 비구들이여, 여기에 넓이 5백 요자나의 인적이 없는 밀림이 있고, 거기에 많은 사람이 도착했다고 하자. 라트나 두뷔파(진보처(珍寶處))로 가기 위하여, 현명하고 학식이 있으며, 민첩하고 정신력이 있어 밀림의 험한 길에 익숙하여 대상(隊商)을 안내하여 밀림을 통과시킬 수 있는, 한 사람의 안내인이 있다고 하자. 그런데 그 많은 사람은 도중에 너무 지친 데다, 밀림이 어쩐지 무섭고 떨려 이렇게 말했다고 하자.

"여보, 안내인, 우리는 너무나 지쳤고 불안하고 두려워 떨고 있어요. 되돌아가는 게 어떨까요. 인적도 없는 밀림이 아득히 멀리까지 펼쳐 있는데 못 가겠어요"라고.

그때 비구들이여, 교묘한 방편에 통달한 그 안내인은, 그들이 되돌아가고 싶어 한다는 것을 다 알고 이렇게 생각한다고 하자.

'이러면 안 되지. 이 불쌍한 무리는 이대로는 라토나 두뷔파까지 가지 못하리라'고.

그는 그들을 가엾이 여겨 교묘한 방편을 쓴다고 하자. 그 밀림 한가운데에 1백 요자나 또는 2백 요자나 내지 3백 요자나의 저쪽에 그가 신통력으로 도성을 만든다고 하자. 그렇게 하여 그는 그들에게 이렇게 말한다고 하자.

世間無有二乘 而得滅度 唯一佛乘 得滅度耳 比丘當知 如來方便 深入衆生之性 知
其志樂小法 深著五欲 爲是等故 說於涅槃 是人若聞 則便信受 譬如五百由旬 險難惡道
曠絶無人 怖畏之處 若有多衆 欲過此道 至珍寶處 有一導師 聰慧明達 善知險道 通塞
之相 將導衆人 欲過此難 所將人衆 中路懈退 白導師言 我等疲極 而復怖畏 不能復進
前路猶遠 今欲退還 導師多諸方便 而作是念 此等可愍 云何捨大珍寶 而欲退還 作是
念已 以方便力 於險道中 過三百由旬 化作一城 告衆人言.

세간에 2승으로 얻는 멸도는 없고 다만 일불승만으로 멸도를 얻을 수 있느니라.

비구들아, 마땅히 알라. 여래께서는 방편으로 중생의 성품까지 깊이 들어 그 뜻이 소승법을 즐겨하며, 5욕에 깊이 집착하여 있는 것을 아시고, 이들을 위하여 열반법을 설하시니 이런 사람이 들으면 곧 믿고 받느니라.

비유하면 5백 유순이나 되는 험난하고 사나운 길에 인적마저 끊어져, 무섭고 두려운 곳을 많은 대중이 이 길을 지나서 진귀한 보물이 있는 곳에 가려고 할 때 한 도사가 있었으니, 지혜가 총명하고 밝게 통달하여 그 험난한 길 뚫리고 막힌 모양까지 잘 알고 있어, 여러 사람 거느리고 인도하여 그 험난하고 사나운 길을 통과하려고 하였느니라.

그런데 그 거느린 바의 사람들이 중도에서 피로함과 게으름이 생겨 도사에게 말하기를 '우리들은 극도로 피로하고 겁이 나고 두려워서 능히 나아갈 수도 없으며 앞 길이 아직 머오니 되돌아가려 하나이다' 하였느니라.

이때 도사는 방편이 많으므로 이런 생각을 하였다. '이 사람들은 참으로 불쌍하구나! 왜 많고 진귀한 보물을 버리고 되돌아가려고 하는가' 하고 곧 방편을 써서 험난한 그 길 3백 유순을 지난 도중에 한 성을 변화시켜 만들고 여러 사람에게 말하였다.

"여러분, 두려워하면 안 돼요. 두려워하지 마세요. 저기에 큰 성이 있어요. 거기에 가서 쉽시다. 여러분 해야 할 것이 있다면, 거기에서 다 할 수 있어요. 안심하고 거기에 머물면 돼요. 거기에서 쉬고, 일이 있는 사람은 라트나 두뷔파(진보처)로 가면 됩니다"라고.

그래서 비구들이여, 밀림으로 들어간 사람들은 이상하게 생각하고 의아하게 여기면서도, '우리는 인적이 없는 밀림을 빠져나온 것이다. 안심하고 여기에 머물기로 하자'고 생각하느니라. 그리고 이 사람들은 그가 신통력으로 만든 도성으로 들어가, 이제는 됐다 하고 생각할 것이니라. 또 '이제는 살았어' 하리라. '우리는 안심이다. 기분이 상쾌해졌어' 하고 생각하리라. 그래서 그 안내인은 그들의 피로가 가신 것을 알자, 신통력으로 만든 도성을 지우고 그들에게 이렇게 말하였다고 하자.

"여러분, 이쪽으로 오시오. 라토나 두뷔타는 아주 가까워요. 이 도성은 여러분을 쉬게 하기 위하여 내가 만든 것이오"라고.

그야말로 이처럼 비구들이여, 완전히 '깨달음'을 이룬 여래는 너희들의, 또 이세상에 존재하는 모든 사람의 안내인이니라. 그래서 여래는 '이 번뇌의 밀림은 참으로 크지만, 반드시 빠져나가지 않으면 안 된다. 다만 한 가지 부처님의 지혜를 듣고 부처님의 지혜를 얻기가 너무나 힘든다고 속단하여, 되돌아간다든가 옆길로 벗어나면 안 된다'라고 생각하는 것이니라.

汝等勿怖 莫得退還 今此大城 可於中止 隨意所作 若入是城 快得安隱 若能前至寶所 亦可得去 是時疲極之衆 心大歡喜 嘆未曾有 我等今者 免斯惡道 快得安隱 於是衆人 前入化城 生已度想 生安隱想 爾時導師 知此人衆 旣得止息 無復疲惓 卽滅化城 語衆人言 汝等去來 寶處在近 向者大城 我所化作 爲止息耳 諸比丘 如來亦復如是 今爲汝等 作大導師 知諸生死 煩惱惡道 險難長遠 應去應度 若衆生 但聞一佛乘者 則不欲見佛 不欲親近 便作是念.

'그대들은 두려워 말고 되돌아가지도 말라. 이제 이 큰 성에 들어가서 자기 마음대로 할지니 만일 이 성에 들어가면 몸과 마음이 즐겁고 안온하며 또한 앞에 있는 보물 있는 곳에 가려고 하면 능히 갈 수 있으리라.'

그때 극도로 피로해진 사람들은 마음에 크게 환희하여 이것은 '미증유'라 찬탄하고, 우리들은 이제 사나운 길을 면하여 즐겁고 안온함을 얻은 것이라고 생각하였느니

라. 이 모든 사람이 앞에 있는 변화로 된 성에 들어가, 이미 제도되었다는 생각으로 안온하여 피로함을 풀고 휴식 얻은 것을 알게 된 도사는, 곧 변화로 된 성을 다시 없애고 여러 사람에게 말하기를 '그대들은 따라오라. 보물 있는 곳이 가까우니라. 앞에 있는 큰 성은 그대들을 휴식시키려고 내가 변화로 만들었노라'고 하였느니라.

비구들아, 여래도 또한 이와 같이 이제 너희들을 위하여 큰 도사가 되어서 모든 것은 나고 죽고 번뇌하는 악도의 험난하고 길고 먼 것을 여의게 하며 제도할 바를 아느니라. 만일 중생들이 일불승만을 듣게 되면, 부처님을 만나 뵈려 아니하며, 또 친근하려는 마음도 없어 이렇게 생각하니라.

그 경우에 여래는 이 세상 사람들의 의지가 약하다는 것을 알고, 그 안내인처럼 신통력으로 도성을 만들어 그들을 쉽게 할 것이니라. 그리고 그들이 피로를 회복하였을 때 "이 도성은 실은 신통력으로 만든 것이다"라고 말하는 것이니라. 그야말로 이처럼 여래도 사람들을 쉽게 하기 위하여 매우 교묘한 방편을 사용하여 "이것이 성문의 경지이고 이것이 연각의 경지이다"라고, '깨달음'의 경지에 둘이 있는 것을 설하여 밝히느니라. 그래서 어떠한 때이든 이 세상 사람들이 거기에 안주하고 있다고, 비구들이여, 여래는 이와 같이 선언하는 것이니라.

"하지만, 비구들이여, 너희들은 목적을 달성하지 않았다. 또 해야 할 일을 하지 않았다. 그러나 비구들이여, 여래의 지혜는 결코 멀지는 않다. 잘 보아라. 잘 생각해 보아라. 너희들이 '깨달음'의 경지라고 생각하는 것은 실은 참다운 '깨달음'이 아니니라. 더욱이 세 가지의 법륜을 설하는 것도 완전히 '깨달음'을 달성한 여래들의 교묘한 방편이니라"고.

그래서 세존은 이 의의를 더 부연하여 가리키기 위하여 그때 게송으로 다음과 같이 설하였다.

佛道長遠 久受勤苦 乃可得成 佛知是心 怯弱下劣 以方便力 而於中道 爲止息故 說
二涅槃 若衆生 住於二地 如來爾時 卽便爲說 汝等所作未辦 汝所住地 近於佛慧 當觀
察籌量 所得涅槃 非眞實也 但是如來 方便之力 於一佛乘 分別說三 如彼導師 爲止息
故 化作大城 旣知息已 而告之言 寶處在近 此城非實 我化作耳 爾時世尊 欲重宣此義

　‘부처님의 도는 매우 멀고 멀어서 오래도록 부지런히 고행을 닦아야만 필경에 성취하리라’ 하므로, 부처님께서는 그 마음이 약하고 졸렬함을 아시고 방편의 힘으로써 휴식을 시키려고 중도에 두 가지 열반을 설하느니라. 만일 중생이 두 경지에 머무르면 여래는 이때 그들을 위해 설하기를, ‘너희들은 할 바를 아직 다하지 못하였노라. 너희가 머물러 있는 경지는 부처님의 지혜에 가까우니, 마땅히 관찰하고 사랑할지니라. 너희들이 얻은 열반은 진실이 아니요, 다만 여래가 방편의 힘으로 일불승을 분별하여 삼승을 설한 것이니, 마치 도사가 휴식을 시키기 위하여 큰 성을 변화로 만들었다가 휴식이 다 된 줄을 알고 말하기를, 보물이 있는 곳은 가까우니라. 이 성은 진실이 아니며 내가 변화로 만들었노라’라고 하는 말과 같으니라.”

　그때 세존께서 이 뜻을 거듭 펴시려고 게송으로 말씀하시었다.

세상의 지도자 아비주냐 주냐나 아비브(대통지승)가 ‘깨달음’의 도량에 앉아 있을 때,

최고의 목적을 안 그도 만(滿) 10소겁을 다 채우는 동안 ‘깨달음’에 이르지 못하였느니라.

신·용·아수라·귀령 들은 그 부처님에게 공양하는 데 열중하여

인간의 지도자인 부처님이 ‘깨달음’에 도달한 곳에 꽃비를 내리게 하였느니라.

그 부처를 우러러보고 공양하기 위하여 하늘 높이 그들은 북을 울렸느니라.

그러나 그때 그 부처님이 더없는 경계에 도달하는 데 시간이 오래 걸리는 것을 번민하였느니라.

10소겁을 지나 그 세존은 따라 비길 자가 없는 ‘깨달음’에 도달하였느니라.

그때 신들도, 사람들도, 용족(龍族)과 아수라들도, 모두 대단히 기뻐하였느니라.

그 부처님의 16명 왕자는 용사이고 또 덕이 높아

몇천만억의 사람들 선두에 서서 그 부처님에게 가까이 갔느니라.

부처님에게 머리를 조아리며 예배하고 ‘가르침을 설하소서. 저희와 세상 사람

들에게 인간의 왕자 중의 왕자이시여, 법비를 내리시어 흠뻑 젖게 하소서' 하며
그들은 간절히 원하였느니라.

"위대한 지도자시여, 세존께서는 오랜만에 이 세상 시방에 출현하셨나이다.
인간들에게 그 전조(前兆)를 보여 주기 위하여 범천왕의 누각을 진동시키셨나
이다."

동방에 있는 오십천만억의 국토가 진동하였나이다.

거기에 높이 솟아 있는 브라흐만(범천)의 누각도 몹시 휘황하게 빛났나이다.

이와 같은 전조를 알고 그들 범천들은 그 부처님 가까이 갔느니라.

大通智勝佛	十劫坐道場	佛法不現前	不得成佛道
諸天神龍王	阿修羅衆等	常雨於天華	以供養彼佛
諸天擊天鼓	幷作衆伎樂	香風吹萎華	更雨新好者
過十小劫已	乃得成佛道	諸天及世人	心皆懷踊躍
彼佛十六子	皆與其眷屬	千萬億圍繞	俱行至佛所
頭面禮佛足	而請轉法輪	聖師子法雨	充我及一切
世尊甚難値	久遠時一現	爲覺悟羣生	震動於一切
東方諸世界	五百萬億國	梵宮殿光曜	昔所未曾有
諸梵見此相	尋來至佛所		

대통지승 여래께서 도량에 앉아 10겁 동안

부처님 법 보지 못해 성불하지 못하였네.

하늘 귀신 용왕들과 아수라 무리가

하늘 꽃비 항상 내려 그 부처님 공양하며

여러 하늘 북을 울려 기악들을 연주하며

향기롭게 부는 바람 새로운 꽃 또 내리며

10소겁을 지난 뒤에 부처님 도 이루니

하늘과 세상 인간 마음들이 기뻐 뛰네.

저 부처님 16왕자 천만억의 권속들로

공경받고 둘러싸여 부처님을 찾아가서
머리 숙여 예배하고 법 바퀴를 간청할새
성자시여 법비 내려 충만하게 하옵소서.
세존 뵙기 어려워라 오랜 세월 한 번 오셔
중생들을 깨우치려 일체 진동시키누나.
동방의 여러 세계 오백만억 국토마다
범천궁전에 비친 광명 전에 없던 미증유라
상서 만난 범천들이 부처 도량 찾아가네.

그들은 모두 부처님께 꽃을 흩뿌리고 부처님께 누각을 바쳤느니라.
가르침의 법륜을 굴리시도록 부처님께 간청하고 게송으로 그를 찬양하였느니라.
그러나 '아직 가르침을 설할 때에 이르지 않았다'고 그 부처님은 침묵하셨나이다.
이와 같이 남쪽에서 또 서쪽·북쪽·아래쪽에서
또 위쪽과 중간 쪽에서 몇천만억의 범천들이 모여들어
부처님께 꽃을 뿌리고 머리를 조아려 예배하며
누각을 모두 바치고 그를 찬양하며 다시 간청하였느니라.
"무한한 통찰력을 가지신 분이시여, 가르침의 법륜을 굴려 주소서.
세존은 몇천만 겁에 걸치도록 뵙기 어려운 분이옵니다.
지금 이 자리에서 전세에 기르신 자비의 힘을 보여 주소서. 불사(不死)의 감로문을 열어 주소서."
부처님께서는 그들의 간청을 아시고 갖가지 가르침을 설하셨느니라.
네 가지 진리를 자세히 설하시고, 이런 모든 이 세상에 존재하는 것은 다른 것에 의존하여 일어난다(緣起)고 설하였느니라.
무지를 시작으로 하여 죽음으로 마치는 고뇌를 부처님은 설하셨느니라.
모든 화악(禍惡)은 이 세상에 태어난 데에서 생기고
인간은 죽음을 피할 수 없음을 알라고 하셨느니라.

갖가지로, 다양하며 끝없는 가르침을 설하시자마자

그것을 들은 팔십천만억의 사람들은 쉽게 부처님의 제자가 되는 발판을 얻었
느니라.

散華以供養	幷奉上宮殿	請佛轉法輪	以偈而讚歎
佛知時未至	受請默然坐	三方及四維	上下亦復爾
散花奉宮殿	請佛轉法輪	世尊甚難値	願以本慈悲
廣開甘露門	轉無上法輪	無量慧世尊	受彼衆人請
爲宣種種法	四諦十二緣	無明至老死	皆從生緣有
如是衆過患	汝等應當知	宣暢是法時	六百萬億姟
得盡諸苦際	皆成阿羅漢	第二說法時	千萬恒沙衆

하늘꽃을 공양하고 좋은 궁전 바치면서

전법륜(轉法輪)도 청하고 게송 찬탄 잘하거늘

때가 아직 아니어라 묵연히 계시더니

3방과 사유(四維) 상하(上下) 온 세상의 범천들도

꽃과 궁전 공양하며 위없는 법 청하옵네.

세존 뵙기 어려우니 본래의 대자비로

감로의 문 넓게 열어 무상 법륜 굴리소서.

무량 지혜 세존께서 간절한 청 받으시어

4제(諦)와 12인연 가지가지 설하신 법

무명에서 죽음까지 인연 따라 생기므로

이와 같은 많은 환난 너희 모두 겪으리라.

이 법 널리 설하실 때 육백만억 해(姟)의 중생

모든 고통 여의어서 아라한을 다 이루고

제2법 설하실 때 천만억 항하 중생

다음으로 제2의 순간에 그 부처님께서 많은 가르침을 설하셨을 때

갠지스강의 모래알 수같이 많은 청정한 자들은 곧 부처님의 제자가 되었느니라.

그때 이 부처님의 제자 수는 헤아릴 수도 없을 만큼 많아

몇천만억 겁 동안 그 한 사람 한 사람을 세어도 끝이 나지 않을 정도였느니라.

그리고 또 부처님의 아들인 16명의 왕자는 모두 출가하였느니라.

새로 수행자가 된 그들은 그 부처님에게

"스승이시여, 훌륭한 가르침을 설하여 주소서" 하였느니라.

"세상을 다 아시는 분이시여,

저희는 부처님같이 되고 싶어 하나이다.

세존이시여, 바로 부처님처럼 되고자 하나이다.

모든 인간 역시 맑은 지혜의 눈 얻어 부처님같이 될 것을 비나이다."

그리고 그 부처님은 가르침의 후계자가 된 자기 아들들의 의지를 알고,

몇천몇백만의 비유를 들어 가장 훌륭한 '깨달음'을 설하여 밝히시느니라.

부처님은 몇천의 인연을 들고 또 신통력의 지혜를 종횡으로 발휘하여

수행이 능한 보살들이 행하는 대로 진실한 수행을 보이시느니라.

세존께서는 《올바른 가르침의 백련》이라는 대승경전을

갠지스강의 모래 수처럼 몇천만억의 게송으로 설하셨느니라.

그 부처님은 이 경전을 설하신 다음 사원으로 들어가 명상에 잠기셨느니라.

84겁을 다 채우는 동안 부처님은 같은 자리에 앉아 명상을 계속하셨느니라.

於諸法不受	亦得阿羅漢	從是後得道	其數無有量
萬億劫算數	不能得其邊	時十六王子	出家作沙彌
皆共請彼佛	演說大乘法	我等及營從	皆當成佛道
願得如世尊	慧眼第一淨	佛知童子心	宿世之所行
以無量因緣	種種諸譬喩	說六波羅蜜	及諸神通事
分別眞實法	菩薩所行道	說是法華經	如恒河沙偈
彼佛說經已	靜室入禪定	一心一處坐	八萬四千劫

세간 법을 받지 않아 아라한을 또 이루며
그 후부터 도 이룬 이 한량없이 수가 많아
만억겁을 헤아려도 끝간 데를 알 수 없네.
그때 16왕자가 출가해서 사미되어
부처님께 청하는 말 대승법을 설하소서.
우리들과 따라온 이 부처님 도 이루려니
청정하기 제일가는 지혜안 얻게 하옵소서.
동자들의 그 마음과 지난 세상 행한 일을
부처님은 다 아시고 한량없는 인연들과
가지가지 비유로써 육바라밀 설하시고
여러 가지 신통한 일 나타내고 보이시며
진실하고 참다운 법 보살도를 분별하사
항하 모래 같은 게송 《법화경》을 설하시네.
설법 마친 그 부처님 고요한 데 선정 들어
8만4천 겁 동안을 한자리에 앉았다네.

그들 새로 비구가 된 자들은 부처님께서 방에 앉아 나오시지 않는 것을 알고, 부처님의 청정하고 상서로운 지혜를 몇천만의 사람들에게 들려주었느니라.

그들은 각기 법좌(法座)에 앉아 이 대승경을 중생을 위하여 설하였느니라.

그때 그 부처님의 가르침과 훈계를 그들은 이렇게 노력하여 선양하였느니라.

그 부처님의 아들들은 각기 6만이나 되는 많은 사람에게 가르침을 설하였기 때문에,

제도한 중생이 갠지스강 모래알 수처럼 헤아릴 수 없을 만큼 많았느니라.

그 부처님의 완전한 '깨달음'의 경지에 이르러 입적하신 후 그들은 수행하며 몇천만의 부처님을 친견하였느니라.

그때 그들은 제자들과 함께 그 부처님들께 공양하였느니라.

다른 사람들보다 훌륭한 수행을 여러 가지로 행하며 온갖 방향에서 '깨달음'을 달성하여,

그 부처님 아들들은 여덟 방향에서 다, 두 사람씩 부처님이 되었느니라.
그리고 그때 가르침을 들은 사람들은 모두 이 부처님들의 제자가 되어
갖가지 방편에 의하여 차례차례 '깨달음'에 가까워졌느니라.
나 역시 그 가운데 있었고, 너희들은 모두 나에게 가르침을 받았느니라.
따라서 너희들은 이제는 내 제자이고, 나는 방편을 사용하여
너희들을 모두 '깨달음'에 이르도록 제도할 것이니라.
이것은 실로 전세계로부터의 인연이니라.

是諸沙彌等	知佛禪未出	爲無量億衆	說佛無上慧
各各坐法座	說是大乘經	於佛宴寂後	宣揚助法化
一一沙彌等	所度諸衆生	有六百萬億	恒河沙等衆
彼佛滅度後	是諸聞法者	在在諸佛土	常與師俱生
是十六沙彌	具足行佛道	今現在十方	各得成正覺
爾時聞法者	各在諸佛所	其有住聲聞	漸敎以佛道
我在十六數	曾亦爲汝說	是故以方便	引汝趣佛慧
以是本因緣	今說法華經		

이 모든 사미도 깊은 선정 드심 알고
무량억 중생 위해 위없는 지혜 설하려고
법의 자리 각각 나가 이 대승경 설하오며
부처님 열반 후는 법을 펴서 교화하되
하나하나 사미들이 제도한 여러 중생
그 수가 육백만억 항하 모래 같은 무리
그 부처님 열반한 후 이 법을 들은 이는
부처님의 국토마다 스승과 함께 나리.
열여섯 모든 사미 부처님도 구족하여
지금 현재 시방에서 정각 모두 이루었고
그때 법 들은 이 부처님의 거처에서

성문에 머무는 이 불도 들게 교화하네.

왕자로 내 있을 때 너희 위해 설했으니

이런 일로 방편 써서 부처 지혜 인도하며

본래 이런 인연으로 《법화경》을 설하니라.

이 인연으로써 나는 너희들에게 가르침을 설하는 것이니라.

그러므로 나는 너희들을 내 최고의 '깨달음'으로 제도하는 것이니라.

비구들이여, 이런 까닭에 걱정해서는 안 되느니라.

비유컨대, 황량하여 사는 사람도 없고 쉴 데도 없으며 피난할 곳도 없는 무서운 숲이 있다고 하자.

많은 야수가 우글대고 마실 물도 없고 경험이 없는 자에게는

위험하기 짝이 없는 곳이 있다고 하자.

그리고 이 밀림에 몇천 명이나 되는 사람들이 도착했다고 하자.

그런데 이 몹시 황폐한 밀림은 5백 요자나의 넓이에 걸쳐 있었다고 하자.

헤쳐 나가기 어렵고 공포로 가득 찬 그 밀림에서, 사람들을 안내하는 자는

사려가 깊은 부자로, 현명하고 결단력이 있으며, 경험이 풍부하여 자신감이 넘치는 사람이라고 하자.

사람들은 몹시 지쳐 안내인에게 이렇게 말하였느니라.

"우리들은 이제 너무나 지쳤어요. 못 가겠어요. 여기서 되돌아가고 싶어요."

인도하는 솜씨가 능숙하고 현명한 안내인은, 그때 여러 가지 방편을 생각할 것이니라.

'얼마나 어리석은 무리인가. 여기서 되돌아가면 이 어리석은 자들은 모두 자기 스스로 일부러 보물을 내버리는 셈이다.

나는 신통력을 발휘하여 이제 몇천만억의 건물이 즐비하고, 사원과 유원(遊園)으로 꾸며진 큰 도성(都城)을 만들기로 하자.

연못과 도랑, 숲과 꽃으로 구색을 갖춘, 견고한 성벽과 성문으로 사방이 굳혀진,

令汝入佛道	愼勿懷驚懼	譬如險惡道	逈絶多毒獸
又復無水草	人所怖畏處	無數千萬衆	欲過此險道
其路甚廣遠	經五百由旬	時有一導師	强識有智慧
明了心決定	在險濟衆難	衆人皆疲惓	而白導師言
我等今頓乏	於此欲退還	導師作是念	此輩甚可愍
如何欲退還	而失大珍寶	尋時思方便	當設神通力
化作大城郭	莊嚴諸舍宅	周匝有園林	渠流及浴池

불도에 들게 하리니 놀라고 두려워 말라.

비유하면 험악한 길 인적 없고 맹수 많고

물도 풀도 없어서 두렵기 한없는 곳을

한없는 천만 대중 건너가려 하지마는

멀고도 거친 그 길 길이가 5백 유순

그때 한 도사 잘 알고 지혜 있어

명료하게 통달하여 험한 길을 인도할 제

모든 중생 피로하여 도사에게 하는 말이

지금 우리 지쳐서 돌아가려 하나이다.

그 말 들은 도사 생각 이 무리가 불쌍하도다.

진귀한 보물 잃고 돌아가려 하는구나.

방편을 생각하고 신통한 힘 베풀어서

변화로 큰 성 짓니 장엄한 여러 사택

동산 수풀 둘러 있고 맑은 시내와 연못.

달리 유례가 없는 여자와 남자가 사는 도성을 만들기로' 하였느니라.

환상의 도성을 만들어 안내인이 그들에게 이렇게 말했다고 하자.

"두려워하지 마오. 기뻐하시오.

여러분은 이제 훌륭한 도성에 도착한 것이오. 안으로 들어가서 마음대로 하시오.

힘을 내시오. 안심하시오. 밀림을 헤치고 나왔으니까요"라고.

그들을 안심시키기 위하여 그는 이 말을 하였느니라. 그러자 정말로 그들은 모두 원기를 회복한 것이니라.

모두 피로에서 회복된 모습을 보고 안내인은 그들을 모아 놓고 다시 말하였느니라.

"이쪽으로 와서 내 말을 들으시오. 이 도성은 내가 신통력으로 만든 것이었소.

그대들이 피로하여 지쳐 있는 것을 보고 되돌아가면 안 된다고 생각하여,

이 교묘한 방편을 쓴 것이오. 이제 힘을 내어 라트나 두뷔파(진보처(珍寶處))로 가지 않겠소?"

비구들이여, 나는 이와 같은 몇천만 중생들의 안내인이요 지도자이니라.

그 나그네들과 마찬가지로 인간들이 피로에 지쳐

번뇌의 껍데기를 깨뜨리지 못하는 것을 나는 알고 있느니라.

重門高樓閣　　男女皆充滿　　卽作是化已　　慰衆言勿懼

汝等入此城　　各可隨所樂　　諸人旣入城　　心皆大歡喜

皆生安隱想　　自謂已得度　　導師知息已　　集衆而告言

汝等當前進　　此是化城耳　　我見汝疲極　　中路欲退還

故以方便力　　權化作此城　　汝等勤精進　　當共至寶所

我亦復如是　　爲一切導師　　見諸求道者　　中路而懈廢

不能度生死　　煩惱諸險道

중문과 높은 누각 남녀들이 가득 차고

이런 변화 다 마친 뒤 위로하여 하는 말이

이 성에 들어가면 마음대로 즐기리라.

모든 사람 성에 들어 마음 크게 환희하고

안온한 생각으로 제도라고 생각거늘

휴식한 줄 도사 알고 대중에게 이르는 말

너희들은 떠나거라. 이것은 변화된 성

피로 극한 너희들이 중도에서 돌아서니

방편의 큰 힘으로 권화를 잘 부려서

이런 성을 지었으니 너희들은 정진하여

그 보물 있는 곳에 향하여 갈지니라.

나도 또한 이와 같이 일체의 도사되어

부처님 도 구하는 일 중도에서 게을러져

나고 죽는 모든 고통 번뇌스러운 험한 길에

제도를 못 얻는 것 굽어서 살펴보네.

그래서 나는 그 까닭을 생각하고 편안한 경지를 말하여 사람들을 피로에서 회복시켰느니라.

너희는 모두 고뇌를 없애고 아라한의 지위에 이르는 목적을 성취하리라.

너희가 그 상태에 달하여 모두 아라한이 되었음을 내가 알 때

나는 모두 다 모아 놓고 그 가르침대로 진실의 의의를 설할 것이니라.

부처님이 세 가지 법륜을 보여 주는 것은 지도자로서의 교묘한 방편이니라.

하나의 법륜이 있을 따름이고 제2의 법륜은 없지만,

모두를 안심시키기 위하여 두 가지 법륜을 보여 주었느니라.

그래서 비구들이여, 너희에게 설하노라.

"부처님 지혜를 얻기 위하여 뛰어난 용기를 분발시켜야 하느니라.

이와 같은 깨달음의 경지는 이제까지 어디에도 없었던 것이니라."

그러나 부처님 지혜에 도달하여 부처님의 본분인 열 가지 힘을 얻었을 때,

너희는 32길상(吉相)을 갖춘 모습의 부처님이 되어 열반의 경지에 도달할 것이니라.

부처님 가르침은 이와 같고 너희를 안심시키기 위하여 깨달음의 경지를 설하였느니라.

너희가 피로에서 회복해도 아직 깨달음 경지에 이르지 못했음을 알고,

부처님들은 너희 모두에게 일체를 다 아는 여래의 지혜로 이끄는 것이니라.

故以方便力　　爲息說涅槃　　言汝等苦滅　　所作皆已辦
旣知到涅槃　　皆得阿羅漢　　爾乃集大衆　　爲說眞實法
諸佛方便力　　分別說三乘　　唯有一佛乘　　息處故說二
今爲汝說實　　汝所得非滅　　爲佛一切智　　當發大精進
汝證一切智　　十力等佛法　　具三十二相　　乃是眞實滅
諸佛之導師　　爲息說涅槃　　旣知是息已　　引入於佛慧

큰 방편 힘으로써 열반 법을 설했더니

고뇌를 멸한 너희들은 일 다했다고 하는구나.

이미 열반 이르러서 아라한과 얻음 알고

대중들을 크게 모아 진실한 법 설하노라.

부처님은 방편으로 삼승법을 말하지만

있는 것은 일불승뿐 이승설은 휴식할 곳

너희들이 얻은 바는 참 멸도가 아니니라.

부처님의 온갖 지혜 얻어서 가지려면

게으른 맘 내지 말고 부지런히 정진하라.

일체지와 열 가지 힘 부처님의 모든 법을

너희들이 모두 다 증득하고 깨달아서

32가지 좋은 상호 두루 갖추어야

비로소 이런 것이 진실한 멸도일세.

도사이신 부처님들 열반 설해 휴식시켜

그 휴식 끝남 알면 불지혜에 인도하리.

　이상으로 성스러운 《올바른 가르침의 백련》이라는 경설에서 '전세의 인연' 제7장은 끝난다.

8. 5백 제자에 대한 예언
5백제자수기품 제8

그때 장로 푸르나 마이트라야니푸트라(부루나미다라니자(富樓那彌多羅尼子))는, 세존으로부터 친히 이처럼 교묘한 방편의 지혜와, 깊고 미묘한 의의가 있는 말씀의 가르침을 듣고, 또 위대한 제자들에 대한 예언을 듣고, 또 전세의 인연에 얽힌 이야기를 듣고, 또 세존께서 위엄을 갖추신 모습을 눈앞에 보며, 이상하게 생각함과 동시에 세속을 떠난 마음에 기쁨이 솟아올라 감격하였느니라. 그는 기쁨에 벅차 마음을 설레면서, 또 가르침에 대하여 매우 경건한 마음을 가지고 자리에서 일어나, 세존의 발 아래 엎드렸느니라.

"세존이시여, 이상하옵니다. 부처님이시여, 이상하나이다. 완전한 깨달음에 도달한 아라한인 여래들은 참으로 어려운 일을 하였나이다. 여래들은 갖가지 요소를 가진 세계를 조화시키고, 많은 교묘한 방편의 지혜를 내보여 사람들에게 가르침을 베풀고, 또 이런저런 것에 얽매여 있는 사람들을 교묘한 방편으로 풀려나게 하였나이다. 세존이시여, 이런 경우에 저희가 할 수 있는 것은 무엇이옵니까. 여래만이 저희가 바라는 것과 전세의 인연에서 비롯된 수행을 알고 계시나이다."

그렇게 아뢰고 그는 세존에게 머리를 조아려 예배한 다음, 한쪽 구석에 앉아 눈도 깜짝 않고 공손하게 세존만을 물끄러미 보고 있었느니라.

妙法蓮華經五百弟子受記品第八

爾時富樓那彌多羅尼子 從佛聞是 智慧方便 隨宜說法 又聞授諸大弟子 阿耨多羅三藐三菩提記 復聞宿世 因緣之事 復聞諸佛 有大自在 神通之力 得未曾有 心淨踊躍 卽從座起 到於佛前 頭面禮足 却住一面 瞻仰尊顔 目不暫捨 而作是念 世尊甚奇特 所爲希有 隨順世間 若干種性 而方便知見 而爲說法 拔出衆生 處處貪著 我等於佛功德 言

不能宣 唯佛世尊 能知我等 深心本願.

묘법연화경 5백제자수기품 제8

　　그때 부루나미다라니자(富樓那彌多羅尼子)는 부처님께서 이 지혜의 방편으로 마땅함을 따라 법 설하심을 듣고 또 여러 큰 제자에게 아눗타라삼약삼보디를 수기(授記)하심을 들었으며, 또 지난 세상의 인연으로 있었던 일을 들었다. 또한 여러 부처님은 자유로운 큰 신통력이 있음을 듣고 미증유(未曾有)를 얻어 마음이 청정하고 뛸 듯이 기뻐하며, 자리에서 일어나 부처님께 머리 숙여 예배하고, 한쪽으로 물러나 부처님의 존안을 우러러보되 눈을 잠시도 깜박이지 않고 생각하기를 '세존께서는 매우 기특하시고 하는 일이 또한 희유(希有)하시어, 세간의 여러 가지 종성(種性)을 따라 방편과 지견으로써 법을 설하시어 중생들이 집착하는 곳을 떠나게 해주시니, 우리들은 그 부처님 공덕을 말로 다 할 수가 없구나. 오직 부처님 세존만이 우리들의 깊은 마음 속 본래의 바라는 바를 아시리라'고 하였다.

　　그때 세존은 부루나미다라니자가 마음속으로 바라는 것이 무엇인가를 아시고 거기에 모여 있는 모든 비구에게 이르시었다.

　　"비구들이여, 내 제자인 부루나미다라니자를 보아라. 그는 내 제자들 가운데 설법하는 사람 중에서 가장 으뜸이라고 내가 선언한 사람으로, 그는 많은 진실한 덕을 갖추고 많은 훌륭한 행위를 하였기에 남에게 칭찬을 받고, 또 내 가르침에 따라 올바른 가르침을 지키는 데 전념하고 있느니라. 그는 나에게 모여든 네 종류의 사람들을 부추겨 용기를 북돋아 주고, 그들을 분기시켜 마음을 용솟음치게 한 사람으로, 가르침을 설하는 데 게으르거나 지치는 일이 없고, 가르침을 선양하고 또 순결을 지켜 수행하는 사람들에게 은혜를 베풀 줄 아는 사람이니라. 비구들이여, 여래 말고는 명실공히 부루나미다라니자를 능가할 수 있는 사람은 아무도 없느니라. 그럼 비구들이여, 너희는 그가 나의 옳은 가르침만 지킨 사람이라고 생각하느냐. 아니 비구들이여, 너희는 그렇게 생각하면 안 되느니라. 왜 그런가 하면 나는 확실히 알고 있는데 과거에 구십억의 부처들이 나왔을 때, 이 고결한 부처님들이 가르침을 받아 그는 올바른 가르침만 지켜온 것이니라. 현재 내 아래 있는 그와 마찬가지로, 그는 어떤 때라도 법을 설하는 사람 중에서 으뜸이었고, '공(空)'의 가르침의 깊고 오묘한 경지에 이르렀느니라. 그는 또 네 가지 자유자재한 지혜와 표현의 능력을 얻어, 장래에 부처가 되어야 할 사람이 갖는 신통력의 정점을 터득하였느니라. 그는 아주 명료하게 법을 설하는 사람이고, 의혹을 일으키지 않도록 법을 설하는 사람이며, 또 매우 청아한 가르침을 설하는 사람이니라.

그는 또 고결한 부처들의 가르침에 따라, 수명을 다할 때까지 순결을 지켜 수행하고, 언제 어느 경우에도 진정한 불제자라는 것을 인정받았느니라.

爾時佛告諸比丘 汝等見是 富樓那彌多羅尼子不 我常稱其 於說法人中 最爲第一 亦常歎其 種種功德 精勤護持 助宣我法 能於四衆 示敎利喜 具足解釋佛之正法 而大饒益 同梵行者 自捨如來 無能盡其 言論之辯 汝等勿謂 富樓那 但能護持 助宣我法 亦於過去 九十億諸佛所 護持助宣 佛之正法 於彼說法人中 亦最第一 又於諸佛 所說空法明了通達 得四無礙智 常能審諦 淸淨說法 無有疑惑 具足菩薩 神通之力 隨其壽命 常修梵行 彼佛世人 咸皆謂之 實是聲聞

이때 부처님께서는 여러 비구에게 말씀하시었다.

"너희들은 이 부루나미다라니자를 보느냐. 나는 항상 설법하는 사람 가운데서 그가 제일이라 칭찬했으며 또 가지가지 그의 공덕을 찬탄하였느니라. 부지런히 정진하여 나의 법을 받들며 도와 널리 설하고, 4부 대중에게 보이고 가르치며 이롭게 하고 기쁘게 하며, 모두 갖추었으므로 부처님의 바른 법을 해석하여 같은 범행자를 크게 이익되게 하느니라. 또 여래를 빼고는 그 언론의 변재를 당할 이가 없느니라. 너희들은 다만 부루나미다라니자가 나의 법만 돕고 널리 설한다고 생각하지 말라. 또한 과거의 9십억 여러 부처님 계신 데서 부처님의 바른 법을 받들어 돕고 선양할 때도 그 설법하는 사람 가운데 제일이었느니라. 또 부처님께서 설하신 빈 법(空法)에도 밝게 통달하여 4무애지(無礙智)를 얻어, 항상 잘 살피어 청정하게 법을 설하되 의혹이 없으며, 보살의 신통력을 다 갖추고 그 수명을 따라 항상 범행을 닦았으므로 그 부처님의 세상 사람들은 '이는 참다운 성문이라'고 다 말하였느니라.

그는 이 방편을 사용하여 헤아릴 수도 없을 만큼 몇천만억이라는 중생의 이익을 도모하고, 또 수없이 많은 사람이 더없이 완전한 '깨달음'에 이르도록 가르쳐 제도하였느니라. 그는 또 어떤 세상에서도 부처와 같은 행동을 하여 사람들을 돕고, 어느 시대의 세상에서나 자신이 속한 불국토를 깨끗이 하며, 또 사람들이 '깨달음'에 이르도록 노력하였느니라. 비구들이여, 비파시인(비바시불(毘婆尸佛))을 비롯한 과거 7불(七佛) 시대를 통하여 설법하는 사람 중에서 으뜸이었느니라.

그리고 또 이 바드라 카르파(현겁(賢劫 : 현세의 대겁을 이르는 말))에서, 장래에 996명의 부처님이 나올 것이니라. 이 부처님들의 교계(敎誡)에 따라 부루나는 법을 설하는 사람 중 으뜸이 될 것이고, 또 올바른 가르침을 지키는 자가 될 것이니라. 이처럼 미래에 있어서도 그는 수없이 많은 존엄한 부처님의 올바른 가르침을 받들어 따를 것이고, 헤아릴 수 없을 만큼 많은 사람의 이익을 도모하며, 그들이 더없이 완전한 '깨달음'에 도달하도록 가르쳐 제도할 것이니라. 더욱이 언제나 변함없이 자신이 속한 불국토를 정화하고, '깨달음'에 이르도록 중생을 가르쳐 제도하는 데 전념하는 사람이 될 것이니라.

而富樓那 以斯方便 饒益無量 百千衆生 又化無量 阿僧祇人 令立阿耨多羅三藐三菩提 爲淨佛土故 常作佛事 敎化衆生 諸比丘 富樓那 亦於七佛 說法人中 而得第一 今於我所 說法人中 亦爲第一 於賢劫中 當來諸佛 說法人中 亦復第一 而皆護持 助宣佛法 亦於未來 護持助宣 無量無邊 諸佛之法 敎化饒益 無量衆生 令立阿耨多羅三藐三菩提 爲淨佛土故 常勤精進 敎化衆生 漸漸具足 菩薩之道.

부루나는 이런 방편으로써 한량없는 백천 중생을 이롭게 하며, 또 한량없는 아승지의 사람들을 교화하여 아눗타라삼약삼보디에 이르도록 하였으나, 부처님의 국토를 청정하게 하려고 항상 불사(佛事)를 하고 중생을 교화하느니라.

비구들아, 부루나는 또 일곱 부처님의 설법하는 사람 가운데서도 제일이었으며, 지금 내가 있는 곳에서 설법하는 사람 가운데서도 또한 제일이고, 현겁(賢劫) 중 앞으로 올 여러 부처님의 설법하는 사람 가운데서도 또한 제일로서, 부처님의 법을 다 받들어서 도와 널리 설하며, 또 미래에도 한량없고 가없는 많은 부처님의 법을 받들어 가지고 도와 널리 설하고 아눗타라삼약삼보디에 이르게 하지만, 부처님의 국토를 청정하게 하기 위하여 부지런히 항상 정진하고 중생을 교화하여 보살 도를 점점 구족하느니라.

그는 이와 같이 장래에 부처가 될 사람이 행해야 하는 수행을 완전히 성취한 다음, 헤아릴 수도 없을 만큼의 겁이 지나서 더없이 완전한 '깨달음'에 도달할 것이니라. 그는 달마 푸라바사(법명(法明))라는 완전히 '깨달음'에 이른 아라한인 여래로서 이 세상에 출현할 것이니라. 그리고 완전한 학식과 훌륭한 소행을 구비한, 더없이 행복하고 세상에 가장 잘 알려진 사람이 되어, 인간을 훈련하는 교조사이자 신들과 인간의 교사이며 부처이자 세존인 그는 이 불국토에 태어날 것이니라.

그리고 그때 비구들이여, 갠지스강의 모래알 수와 같은 삼천대천세계는 하나의 불국토로 될 것이니라. 이 국토는 손바닥처럼 평탄하고 산이 없으며, 칠보로 만든 집이 가득할 것이니라. 신의 누각이 허공에 기와지붕을 나란히 하고, 신들도 인간을 볼 것이고 인간도 신들을 보게 되리라.

또 그때 비구들이여, 이 불국토에는 죄악이 없고 또 부녀자도 없을 것이니라. 또 이 국토에 있는 사람들은 모두 자연히 태어난 자로 순결을 지키고 수행하여, 의지대로 된 신체를 가지고 스스로 광명을 발하며, 신통력을 가지고 공중을 날아다니며, 용기가 있고 전세의 기억을 가지며, 이지가 있고 그 신체는 금빛으로 찬란하게 빛나는 32의 위대한 인간의 길상으로 장식되어 있으리라.

또 그때 비구들이여, 이 불국토에는 거기에 사는 사람들을 위하여 두 가지 식품이 있을 것이니라. 두 가지는 무엇과 무엇인가. 곧 설법을 기뻐하는 식품과 명상을 기뻐하는 식품이니라.

過無量 阿僧祇劫 當於此土 得阿耨多羅三藐三菩提 號曰法明如來 應供 正遍知 明行足 善逝 世間解 無上士 調御丈夫 天人師 佛 世尊 其佛以恒河沙等 三千大千世界 爲一佛土 七寶爲地 地平如掌 無有山陵 谿澗溝壑 七寶臺觀 充滿其中 諸天宮殿 近處虛空 人天交接 兩得相見 無諸惡道 亦無女人 一切衆生 皆以化生 無有婬欲 得大神通 身出光明 飛行自在 志念堅固 精進智慧 普皆金色 三十二相 而自莊嚴 其國衆生 常以二食 一者法喜食 二者禪悅食.

그가 한량없는 아승지겁을 지나 이 땅에서 아눗타라삼약삼보디를 얻으리니, 그 이름은 법명(法明)여래·응공·정변지·명행족·선서·세간해·무상사·조어장부·천인사·불세존이리라.

그 부처님께서 항하의 모래같이 많은 삼천대천의 세계를 하나의 부처님 국토로 만드니, 칠보로 땅이 되고 그 땅은 손바닥처럼 평평하여 산이나 계곡이나 구렁이 없으며, 칠보로 된 누각이 그 가운데 가득하며, 많은 하늘의 궁전이 허공 가까이 있어 인간과 하늘이 서로 볼 수 있으며 여러 가지 악도란 것이 없고, 또 여자도 없으니, 모든 중생이 다 화생(化生)하므로 음욕이 없느니라. 또한 큰 신통들을 얻어 몸에서 밝은 광명이 나고 공중을 자유로이 날아다니며, 뜻과 생각이 견고하고 정진하며 지혜들이 있어, 널리 황금색의 32상을 스스로 다 장엄하느니라. 또 그 나라 중생은 항상 두 가지 음식을 가지나니, 첫째는 법 듣기를 기뻐하는 것이요(法喜食), 둘째는 선정에 드는 것을 기뻐하는 것(禪悅食)이니라.

거기에는 헤아릴 수도 없을 만큼 많은 몇천억이라는 보살이 있을 것이니라.

그들은 모두 네 가지의 자유자재한 지혜와 표현의 능력을 얻어 그 깊고 오묘한 경지에 이르고, 또 거기에 사는 사람들을 훈계하는 데 익숙할 것이니라. 또 그 부처님의 제자들은 헤아릴 수 없을 만큼 많은데, 그들은 모두 위대한 신통력과 위대한 위광을 가지고 여덟 가지의 해방을 명상하고 있으리라. 그 불국토는 이처럼 헤아릴 수 없는 복덕을 갖추고 있으리라. 그 겁의 이름은 라트나 아봐바사(보명(寶明))이고, 나라 이름은 수 뷔슈타(선정(善淨))라고 부를 것이니라. 그리고 그 부처의 수명은 헤아릴 수도 없을 만큼의 겁이 이어지리라. 완전한 '깨달음'에 도달한 아라한인, 그 존귀한 보명여래가 입적한 뒤에도 그 여래의 올바른 가르침은 오래오래 이어질 것이니라. 그 나라에는 보옥으로 만든 탑이 넘치리라. 이와 같이 비구들이여, 그 세존의 불국토는 이상하게 복덕을 구비할 것이니라."

부처님은 이렇게 말씀하신 다음 교사로서 다른 말씀을 게송으로 설하시었다.

有無量阿僧祇 千萬億那由他 諸菩薩衆 得大神通 四無礙智 善能敎化 衆生之類 其聲

聞衆 算數校計 所不能知 皆得具足 六通三明 及八解脫 其佛國土 有如是等 無量功德

莊嚴成就 劫名寶明 國名善淨 其佛壽命 無量阿僧祇劫 法住甚久 佛滅度後 起七寶塔 遍滿其國 爾時世尊 欲重宣此義 而說偈言

한량없는 아승지 천만억 나유타의 많은 보살 대중이 있어, 그들도 큰 신통과 4무애지를 얻어 중생들을 교화하며, 그 나라의 성문 대중도 숫자로 헤아릴 수 없이 많으나, 다 여섯 신통과 세 밝음과 여덟 해탈을 얻어 구족하니, 그 부처님의 국토는 이와 같이 한량없는 공덕으로 장엄하게 이루어지며, 그 집의 이름은 보명(寶明)이고, 나라의 이름은 선정(善淨)으로, 부처님의 수명은 한량없는 아승지겁이니라. 법이 세상에 아주 오래 머물고, 그 부처님 열반하신 뒤에는, 그 나라 가득히 칠보탑을 세우리라.”

그때 세존께서 이 뜻을 다시 펴시려고 게송으로 말씀하시었다.

내 아들이 어떻게 수행하였는가.

비구들이여, 내가 하는 이 말의 뜻을 잘 들어보아라.

교묘한 방편에 의하여 충분한 가르침을 받은 그가

‘깨달음’에 도달하기 위하여 어떻게 수행을 쌓았는가를 들으라.

보살들은 사람들이 잘못된 교설에 만족하고 있음을 알고, 교묘한 방편으로서 성문이 된다든가, 연각의 ‘깨달음’을 보인다든가, 또 훌륭한 법륜에 오르게 하여 제도를 한다든가 하느니라. 몇백이라는 교묘한 방편을 사용하여 많은 보살을 ‘깨달음’에 이르게 하느니라.

“우리는 성문이므로, 최고의 훌륭한 ‘깨달음’과는 거리가 멀다”고 말하는 자도 있느니라.

몇천만의 중생은 그 수행을 배워 ‘깨달음’을 이룰 수 있는 데까지 교화하느니라.

모자라는 가르침에 만족하여 게으른 그들도 이렇게 하여 모두 차차 성불하느니라.

방편으로서 ‘우리는 수행이 부족한 성문이다’라 하고,

무지에서 비롯한 수행을 하는 경우도 있느니라.

모든 생사 환생을 보고 의기소침하면서도 자기의 국토를 완전히 청정하게 하느니라.

스스로 탐욕스럽고 욕망을 버리지 못하여 방황하는 상태를 가르친다든가

중생이 그릇된 견해에 구애받고 있음을 알면서 그들의 그릇된 견해에 의존하는 일도 있느니라. 나의 많은 제자는 이처럼 행동하여 방편을 써서 중생을 고뇌에서 벗어나게 하느니라.

만일 내가 모든 수행을 설하여 밝힌다면 이를 들은 무지한 중생들은 정신이 이상해질 것이니라.

비구들이여! 내 제자인 부루나는 옛적에 몇천만억의 부처님들한테서 수행을 하고 지혜를 구하기 위해, 부처님들로부터 올바른 가르침을 받아 그것을 지켰느니라.

諸比丘諦聽	佛子所行道	善學方便故	不可得思議
知衆樂小法	而畏於大智	是故諸菩薩	作聲聞緣覺
以無數方便	化諸衆生類	自說是聲聞	去佛道甚遠
度脫無量衆	皆悉得成就	雖小欲懈怠	漸當令作佛
內秘菩薩行	外現是聲聞	少欲厭生死	實自淨佛土
示衆有三毒	又現邪見相	我弟子如是	方便度衆生
若我具足說	種種現化事	衆生聞是者	心則懷疑惑
今此富樓那	於昔千億佛	勤修所行道	宣護諸佛法
爲求無上慧	而於諸佛所		

비구들아, 잘 들을지니라. 불자가 행하는 여러 가지 도

방편으로 익혀서 잘 배운 까닭 너희들의 힘으로는 불가사의라.

어리석은 중생들 소승법 즐겨 큰 지혜를 두려워할새

이런 줄 미리 아는 여러 보살 성문이나 연각으로 다시 되어서

한량없고 가없는 방편으로 여러 중생을 교화할 적에

나는 진실한 성문인데 부처님의 크신 도 매우 멀구나.

한량없는 중생을 제도시키어 모두 다 그들이 성취하게 하며

마음이 비록 게을러도 점점 닦아 부처를 이루게 하며

안으로는 보살행 갖추어 있고 겉으로 성문이라 행세하면서

적은 것 희망하고 생사에 얽혔어도 그 실은 불국토를 청정하게 하려는 뜻

삼독(三毒 : 욕심, 성냄, 어리석음)의 무서움을 드러내 보여 주고 삿된 견해 모양들을 나타내는 것

나의 제자들은 이러한 일로 방편 써서 중생을 제도하나니

내가 만일 구족함을 나타내어서 갖가지 변화된 일 말을 하면

이를 들은 모든 중생 마음에 의혹을 품을 것이다.

이제 여기 있는 부루나는 옛날부터 천억의 부처님한테

부지런히 도를 행하고 닦아 모든 불법을 잘 연설하며

위없는 지혜를 구하기 위해 여러 부처님 계신 곳에 머물렀네.

어느 세상에서나 그는 제자 중 으뜸이고 지식이 풍부하며 능변인데다 자신이 있느니라.

그는 항상 부처님과 똑같이 행하려고 하였으며, 끊임없이 사람들을 활기차게 하였느니라.

그는 항상 위대한 신통력의 극치를 지니고, 자유자재한 능력을 터득하고 있었느니라.

그는 중생의 감각이 작용하는 범위를 알고, 또 항상 청정한 법을 가르치려 보였느니라.

가장 훌륭하고 올바른 가르침을 설하여 밝히고 몇천만억의 중생을 교화해, 스스로 국토를 청정하게 하여 그들을 더없이 훌륭한 법륜에 오르게 하였느니라.

미래에도 역시 그는 몇천만억의 부처님께 공양하고

이 부처님들로부터 가장 훌륭하고 올바른 가르침을 받고 지키며

그리고 스스로 국토를 완전히 청정하게 할 것이니라.

자신에 넘친 그는 몇천만억의 방편을 사용하여 항상 가르침을 보이고

많은 중생이 깨끗한 부처님의 지혜를 얻을 수 있도록 그들을 교화할 것이니라.

그는 부처님들께 공양하고, 가장 훌륭하고 올바른 가르침을 항상 믿으며,

이 세상에서 자연히 성불하여 달마 푸라바사(법명(法明))라는 이름이 사방에 들

리게 될 것이니라.

그의 국토는 훌륭하고 깨끗하며, 항상 칠보가 빛나고 있는 것이 그 특색이 될
것이니라.

現居弟子上　　多聞有智慧　　所說無所畏　　能令衆歡喜
未曾有疲倦　　而以助佛事　　已度大神通　　具四無礙智
知諸根利鈍　　常說淸淨法　　演暢如是義　　敎諸千億衆
令住大乘法　　而自淨佛土　　未來亦供養　　無量無數佛
護助宣正法　　亦自淨佛土　　常以諸方便　　說法無所畏
度不可計衆　　成就一切智　　供養諸如來　　護持法寶藏
其後得成佛　　號名曰法明　　其國名善淨　　七寶所合成

큰 제자로 있을 때도 많이 들어 지혜가 있었으며
법 설하는 바 두려움 없어 중생들 듣는 대로 환희하니
피곤함도 권태로움도 일찍이 없어 부처님 하시는 일 잘 도우며
일찍이 크나큰 신통을 얻고 막힘없는 네 지혜를 모두 갖추며
영리하고 우둔한 근기에 따라 항상 청정한 법 설하노라.
이처럼 깊은 뜻 밝게 설하여 가르치는 천억 여러 중생
하여금 대승법에 머물게 하니 불국토가 스스로 청정해지며
미래에도 한량없이 많은 부처님 친견하고 받들고 공양하면서
바른 법 보호하고 널리 설하나니 불국토가 스스로 청정해지며
항상 여러 가지 방편으로써 두려울 바 없는 법을 설하며
많고 많은 중생을 제도하여 모든 지혜 성취하게 하리.
모든 여래 찾아뵙고 공양하며 법보장(法寶藏)을 받들어 가지나니
뒷세상에 반드시 성불하면 그 이름 이르기를 법명이리라.
그 부처님 나라 이름 선정이니 모든 것이 칠보로 이루어지며

그 겁은 라트나 아봐바사(보명(寶明))라 하고

거기에는 위대한 신통력을 능숙하게 발휘하는 몇천만억이라는 수많은 보살이 있을 것이니라.

이 불국토에는 청정하고 위대한 신통력을 가진 사람들이 넘치게 될 것이니라.

그때 이 부처님에게는 몇천만억이라는 제자의 집단이 있을 것이니라.

이 제자들은 위대한 신통력을 가지고 여덟 가지 해방을 명상하며

자유자재한 지혜와 표현의 능력이 극치에 이를 것이니라.

그 불국토에 있는 중생은 모두 청정하고 순결 지키는 수행을 할 것이니라. 그들은 모두 자연히 태어난 자로 금빛을 하고

32길상을 갖춘 모습을 가질 것이니라.

거기에서는 가르침을 기뻐하고 명상을 즐기는 마음 외에 먹을 것에 대한 의식은 없을 것이니라.

거기에는 부녀자도 없으리라. 또 불운과 고난의 생활에 대한 공포도 없을 것이니라.

완전무결한 덕을 갖춘 부루나의 훌륭한 국토는 이와 같을 것이니라. 또 아주 현명한 사람들로 넘치리라. 이상은 그 일부를 말한 것에 불과하니라.

劫名爲寶明	菩薩衆甚多	其數無量億	皆度大神通
威德力具足	充滿其國土	聲聞亦無數	三明八解脫
得四無礙智	以是等爲僧	其國諸衆生	婬欲皆已斷
純一變化生	具相莊嚴身	法喜禪悅食	更無餘食想
無有諸女人	亦無諸惡道	富樓那比丘	功德悉成滿
當得斯淨土	賢聖衆甚多	如是無量事	我今但略說

겁의 이름은 보명이리니 그 나라에 보살 대중 많기도 하리.

그 수가 한량없는 억 보살들 모두 다 큰 신통을 얻어 가지며

위덕의 힘 또한 두루 갖추니 나라 안의 곳곳마다 가득한 무리

3명(三明)과 8해탈과 4무애지를 얻어 가진 성문도 헤아릴 수 없어

이와 같은 무리가 승려가 되니 그 부처님 국토의 모든 중생

음욕의 삿된 마음 이미 다 끊고 순수한 변화로 태어나므로

그렇게 받은 신체의 모양 갖추고 장엄한 보기 좋은 상

법희(法喜)와 선열(禪悅)로 음식을 삼아 다시 다른 생각 전혀 없으니

여인은 원래부터 있지 않으니 한 가지 악한 길도 또한 없어라.

지금 여기 있는 부루나 비구 공덕을 원만하게 다 이루어서

맑고 깨끗한 이 정토 안에 거룩한 성인들을 많이 얻으리니

부루나 비구 앞으로 올 세상에 범행 닦아 도 이루고 성불할 때

한량없는 이런 일이 있으리라고 내가 지금 간략하게 말하였노라.

그때 극기심이 있는 1천2백 명의 제자들은 이렇게 생각하였다.

'이상한 일이다. 이제까진 없었던 일이야. 세존께서 이 위대한 제자들에게 예언하셨듯이, 우리 각자에게 예언해 주신다면 좋겠는데.'

그때 세존께서는 이 위대한 제자들의 마음을 헤아리시고 마하 카샤파(마하가섭)에게 이렇게 이르셨다.

"가섭아, 이 1천2백 명의 극기심이 강한 제자들이 지금 내 앞에 있다. 가섭아, 이들 1천2백 명 모두에게 나는 즉시 예언을 주리라. 그 가운데 위대한 제자인 카운디누야(교진여(憍陳如) 또는 교진나(憍陳那)) 비구는, 6만 2천억의 부처가 나온 다음에, 사만타 푸라바사(보명(普明))라는 완전히 '깨달음'에 도달한 아라한인 여래가 되어 세상에 나오게 될 것이니라. 그는 완전한 학식과 훌륭한 소행을 갖추고 더없는 행복에 도달하여, 세간에 가장 잘 알려진 사람으로 인간을 훈련하는 조교사이자, 신들과 인간의 교사이고 부처님이요 세존이 되리라. 그렇게 될 때 가섭아, 같은 이름인 보명으로 5백 명의 여래가 있을 것이니라. 왜냐하면 5백 명의 위대한 제자들은 모두 더없는 완전한 '깨달음'에 도달하여 다 보명이라는 이름을 갖게 될 것이기 때문이니라. 곧 가야 카샤파(가야가섭(迦耶迦葉))·나디 카샤파(나제가섭(那提迦葉))·울뷔르봐 카샤파(우루빈나가섭(優樓頻螺迦葉))·카라(가라(迦羅))·카로다인(가류타이(迦留陀夷))·아니룻다(아니루다(阿尼樓馱))·레봐타(이바다(離婆多))·카피나(겁빈나(劫賓那))·봐쿠라(박구라(薄拘羅))·춘다(주타(周陀))·수봐가타(사가타(莎伽陀)) 등을 비롯하여 5백 명의 극기심이 강한 사람들이니라."

그때 세존께서는 다음과 같이 게송으로 말씀하셨다.

　爾時千二百阿羅漢 心自在者 作是念 我等歡喜 得未曾有 若世尊 各見授記 如餘大弟子者 不亦快乎 佛知此等 心之所念 告摩訶迦葉 是千二百阿羅漢 我今當現前 次第與授 阿耨多羅三藐三菩提記 於此衆中 我大弟子 僑陳如比丘 當供養 六萬二千億佛 然後得成爲佛 號曰普明如來 應供 正遍知 明行足 善逝 世間解 無上士 調御丈夫 天人師 佛世尊 其五百阿羅漢 優樓頻螺迦葉 伽耶迦葉 那提迦葉 迦留陀夷 優陀夷 阿㝹樓馱 離婆多 劫賓那 薄拘羅 周陀 莎伽陀等 皆當得阿耨多羅三藐三菩提 盡同一號 名曰普明 爾時世尊 欲重宣此義 而說偈言

　그때 1천2백의 마음이 자유로운 아라한들은 생각하기를 '우리들은 지금 일찍이 없었던 기쁨을 얻었도다. 만일 세존께서 다른 큰 제자들처럼 우리에게도 수기를 주시면 얼마나 기쁘겠는가!' 하였다.

　이때 부처님께서는 그들의 마음에 생각하는 바를 아시고 마하가섭에게 말씀하시었다.

　"이 1천2백의 아라한들에게 지금 내 앞에서 아눗타라삼약삼보디의 수기를 차례대로 주리라. 이 가운데 있는 내 큰 제자 교진여 비구는 앞으로 6만 2천억의 많은 부처님을 공양한 뒤에 부처를 이룰지니, 그 이름은 보명(普明)여래·응공·정변지·명행족·선서·세간해·무상사·조어장부·천인사·불세존이리라. 그 5백 아라한인 우루빈나가섭·가야가섭·나제가섭·가루다니·우다이·아누루다·이바다·겁빈나·박구라·주타·사가타 등도 반드시 아눗타라삼약삼보디를 모두 얻으리니 그 이름 또한 모두 보명이리라."

　그때 세존께서 이 뜻을 펴시려고 게송으로 말씀하시었다.

카운디누야(교진여)라는 성의 내 제자는 여래가 되어 세상의 보호자가 될 것이니라.

미래에 무한한 겁이 지난 다음 그는 몇천만억의 인간을 제도하리라.

무한한 겁이 지난 뒤의 미래에 한없이 많은 부처님을 뵌 뒤

그는 보명이라는 부처님이 될 것이다.

그의 국토는 완전히 청정할 것이니라.

찬란히 빛나는 부처님 위력을 부여받아 온 세상으로 명성이 울려 퍼지고, 몇천 만억 인간으로부터 공경받으며 최고로 훌륭한 '깨달음'을 보여주리라.

그의 국토에 있는 보살들은 열심히 '깨달음'을 구하여, 화려한 법륜에 올라 각지를 돌아다니면서 명상하고, 거동을 깨끗이 하며 행동거지가 훌륭할 것이니라.

그들은 보명 여래의 가르침을 듣고 또 항상 다른 나라로 가서

몇천의 부처님들을 받들고 그들에게 막대한 공양할 것이니라.

더구나 그때 그들은 순식간에 자기네 본국으로 돌아올 것이니라.

보명여래라는 부처님의 수행 위력은 이와 같으니라.

그 부처님의 수명은 만(滿) 6만 겁이 되리라.

그 부처님이 입적한 다음, 그의 가르침은 다시 두 배의 기간이나 이 세상에 존속하리라.

憍陳如比丘	當見無量佛	過阿僧祇劫	乃成等正覺
常放大光明	具足諸神通	名聞遍十方	一切之所敬
常說無上道	故號爲普明	其國土淸淨	菩薩皆勇猛
咸昇妙樓閣	遊諸十方國	以無上供具	奉獻於諸佛
作是供養已	心懷大歡喜	須臾還本國	有如是神力
佛壽六萬劫	正法住倍壽		

나의 큰 제자 교진여 비구는 한량없이 많은 부처 친견하고

아승지 긴 세월 지낸 뒤에 위없는 등정각을 이룩하면

항상 큰 광명 밝게 놓고 여러 가지 신통을 두루 갖추어

그 이름이 온 세계 들리리니 일체 모두가 다 공경하리라.

위없이 큰 도를 항상 설할새 그러므로 그 이름이 보명이리니

그 부처님 국토는 청정도 하며 보살도 모두 다 용맹스러워

미묘하고 아름다운 누각에 올라 시방의 여러 국토 거닐어 놀되

갖가지 훌륭한 공양 기구로 여러 부처님 공경하여 받들고

이와 같은 여러 공양 마친 뒤에는 마음마다 큰 환희 함께 품어서

제각기 본국으로 돌아가나니 신통한 그 힘이 이와 같다.

그 부처님 수명은 6만 겁이요 정법(正法)이 머물기는 그 두 배 세월

그를 모방한 가르침은 다시 그 세 배의 기간 동안 이어질 것이니라.

그 부처님의 가르침이 스러지면 사람과 신들이 다 고뇌하리라.

보명이라는 같은 이름을 가진 인간의 지도자이며

승리자인 5백 명의 부처님들이 세대를 이어 나타나리라.

그들은 모두 각기 신통력을 갖추고 불국토를 가지고

그 장려한 위의(威儀) 역시 그러하며

제자의 집단과 올바른 가르침도 똑같을 것이니라.

또 그 법의 존속도 마찬가지이니라.

내가 일찍이 밝혔듯이 보명이라는 부처님 이름은

그때 신도 함께 사는 세계에서 모두 같을 것이니라.

인간의 행복을 바라고 자비심이 많은 그들은 "이 사람이 내 바로 다음에 부처

님이 될 것이니라.

그리고 현재의 나와 같이 모든 세상에 가르침을 줄 것이니라."

세대를 거듭하며 차례차례로 예언하리라.

가섭아, 너는 이제 여기에서 이들 5백 명의 극기심이 강한 제자들도,

나의 다른 제자들도 이와 같다는 것을 알라.

그리고 다른 제자들에게도 이 말을 전하여라.

像法復倍是	法滅天人憂	其五百比丘	次第當作佛
同號曰普明	轉次而授記	我滅度之後	某甲當作佛
其所化世間	亦如我今日	國土之嚴淨	及諸神通力
菩薩聲聞衆	正法及像法	壽命劫多少	皆如上所說
迦葉汝已知	五百自在者	餘諸聲聞衆	亦當復如是
其不在此會	汝當爲宣說		

상법(像法)은 또다시 정법의 두 배 이 오랜 겁수를 헤아릴쏜가.

법이 멸도한 후 하늘 인간이 근심일새 5백의 비구들도 범행을 닦아

차례로 부처를 이룰 것이니 그 이름이 한 가지로 보명이리라.

이와 같이 점차로 수기하거늘 내가 장차 멸도한 후에는

누구든 반드시 성불하리니 그 부처님 교화하는 여러 세계도

오늘날 내가 사는 이 세상처럼 국토는 엄정하게 다스려지고

보살과 성문의 많은 대중 여러 신통한 힘 두루 갖추며

세상에 머무를 정법과 상법 그 수명 겁수의 많고 적음은

누구도 가히 헤아릴 수 없으니 위에서 내가 설함과 같고

나의 제자 가섭아 네가 알듯이 5백의 자유로운 아라한이나

다른 성문의 여러 대중도 그 일이 모두 이와 같으니

여기에 오지 못한 이들에게 네가 전해 설법하라.

그때 5백 명의 아라한들은 세존으로부터 친히 자기 자신에 관한 예언을 듣고 날뛰듯이 기뻐하며, 세존에게 가까이 가서 머리를 조아리며 이렇게 아뢰었다.

"세존이시여, 저희의 과실을 고백하나이다. 저희가 이처럼 끊임없이 언제나 우리는 완전한 '깨달음'에 이르렀다고 한 것은, 세존이시여, 그야말로 어리석은 소치로 얼간이 같은, 상식 없는 일이었나이다. 그것이 왜냐하면, 저희는 여래의 지혜에 따라 '깨달음'에 도달해야 하였음에도 불구하고 이렇게 하찮은 지혜에 만족하였기 때문이옵니다.

비유하자면 세존이시여, 어떤 사람이 친구의 집에 갔다가 술에 취하여 잠들었을 때, 그 친구가 '이 보배가 이 사람에게 도움이 되면 좋겠다'고 생각하여, 값이 말할 수도 없을 만큼 비싼 보배를 그의 옷 가장자리에 넣고 꿰맸다고 합시다. 그런데 세존이시여, 그 사람이 자리에서 일어나 다른 곳으로 갔습니다. 그는 거기에서 가난뱅이가 되어, 먹을 것 입을 것도 얻기가 어려워졌다고 합시다. 열심히 노력하였음에도 불구하고 허기를 채우지도 못하였습니다. 그러나 그는 그것으로 만족하여 조금도 괴로워하지 않았다고 합시다. 그때 세존이시여, 그 사람의 예전 친구, 그의 옷에 값비싼 보배를 넣고 꿰매 준 친구가 다시 그 사람을 보고 이렇게

말하였다고 합시다.

'이봐, 친구야. 자네는 어째서 가난뱅이가 되어 먹을 것, 입을 것도 해결하지 못하는가? 자네가 편안하게 살 수 있도록, 어떤 욕망이라도 충분히 만족시킬 수 있을 만큼, 매우 값비싼 보배를 자네의 옷 가장자리에 넣어 꿰매 주었는데 그것을 어떻게 하였나? 그 보배는 내가 준 것일세. 그래서 그렇게, 보배를 자네의 옷 가장자리에 꿰매 놓았던 것이네.

爾時五百阿羅漢 於佛前 得授記已 歡喜踊躍 卽從座起 到於佛前 頭面禮足 悔過自責 世尊 我等常作是念 自謂已得 究竟滅度 今乃知之 如無智者 所以者何 我等應得 如來智慧 而便自以 小智爲足 世尊 譬如有人 至親友家 醉酒而臥 是時親友 官事當行 以無價寶珠 繫其衣裏 與之而去 其人醉臥 都不覺知 起已遊行 到於他國 爲衣食故 勤力求索 甚大艱難 若少有所得 便以爲足 於後親友 會遇見之 而作是言 咄哉丈夫 何爲衣食 乃至如是 我昔欲令 汝得安樂 五欲自恣 於某年日月 以無價寶珠 繫汝衣裏 今故現在.

그때 5백 아라한은 부처님 앞에서 수기를 받고 그 마음이 환희하여 뛸 듯이 기뻐하며 자리에서 일어나 부처님께 머리 숙여 예배하고, 자기들의 잘못을 뉘우치고 자책하여 말하였다.

"세존이시여, 저희는 항상 이런 생각을 하였나이다. 저희도 구경의 열반을 얻었노라 했더니, 이제 알고 보니 무지한 일이었나이다. 왜냐하면 저희가 얻어야 할 것은 여래의 지혜이었거늘, 다만 작은 지혜를 얻고 만족했기 때문입니다.

세존이시여, 비유하면 어떤 사람이 친구 집을 찾아가 술에 만취되어 누웠는데, 그때 그 친구는 볼 일이 있어 집을 나가면서 값도 모를 보배 구슬을 그의 옷 속에 넣어 두고 갔지만, 술 취한 친구는 그것도 알지 못하고, 잠에서 깨어 일어나 멀리 다른 나라에까지 이르렀나이다. 그곳에서 의식을 찾느라 매우 많은 고생을 하면서, 조금만 소득이 있어도 그것으로 만족하며 살았나이다. 그 후 시간이 지난 뒤에 친구가 그를 만나보고 말하되, '졸장부야, 의식 때문에 퍽 구차하게 사는구나! 내가 옛날 너로 하여금 안락하고 오욕에 즐기도록 어느 해 어느 달 어느 날 네가 찾아왔을 때, 값도 모를 보배 구슬을 너의 옷 속에 넣어 주었으니 지금도 그대로 있을 것이다.

그런데 자네는 말이지, '어째서 이런 값비싼 것이 내 옷에 꿰매져 있을까. 누가 꿰매 넣었을까. 아니면, 무슨 까닭으로 꿰매 넣었을까' 하는 생각도 해 보지 않았나 봐. 자네가 의식도 해결하지 못하고 고생하면서, 가난에 만족한다는 것은 바보짓일세. 그 보배를 가지고 큰 도시로 나가서 그것을 팔아 그 돈으로 무엇이든지 사면 되는데 말일세.'

이처럼 세존이시여, 저희도 예전에 보살 수행을 하신 여래에 의하여 부처님 자리에 도달하려고 한마음으로 고무되었으나, 저희는 그것을 모르고 또 깨닫지도 못하였나이다. 저희는 아라한의 단계에 있으면서, '깨달음'의 경지에 이르렀다고 생각하고 있었나이다. 저희가 이처럼 하찮은 지혜에 만족하였다는 것은, 저희가 참으로 가난뱅이 짓을 한 것이나 다름없나이다. 그러나 부처님의 지혜를 달성하려는 서원이 언제나 사라지지 않았기 때문에, 저희는 여래로부터 가르침 받고 깨달음을 얻었나이다."

"비구들이여, 너희들은 그것을 '깨달음'의 경지라고 생각하면 안 되느니라. 너희들의 정신력 가운데에는 일찍이 전세에서 내가 제도한 공덕이 있느니라. 너희들이 지금 '깨달음'의 경지라고 생각하고 있는 것은, 실로 내가 가르침을 표현하기 위하여 사용한 나의 교묘한 방편이니라."

이와 같은 가르침에서 저희는 세존으로부터 깨우침을 얻어, 더없이 완전한 '깨달음'을 이룰 것이라고 하신, 지금의 예언을 받게 되었나이다.

그때 아주냐타 카운디누야(아야교진여(阿若憍陳如))를 비롯한 5백 아라한이 부처님 앞에서 수기(授記 ; 부처가 그 제자에게 내생에 부처가 되리라고 하는 예언)를 받고 다음과 같이 게송으로 아뢰었다.

而汝不知 勤苦憂惱 以求自活 甚爲癡也 汝今可以此寶 貿易所須 常可如意 無所乏短
佛亦如是 爲菩薩時 教化我等 令發一切智心 而尋廢忘 不知不覺 既得阿羅漢道 自謂滅
度 資生 艱難 得少爲足 一切智願 猶在不失 今者世尊 覺悟我等 作如是言 諸比丘 汝等
所得 非究竟滅 我久令汝等 種佛善根 以方便故 示涅槃相 而汝 謂爲實得滅度 世尊我
今 乃知實是菩薩 得受阿耨多羅三藐三菩提記 以是因緣 甚大歡喜 得未曾有 爾時阿若
憍陳如等 欲重宣此義 而說偈言

너는 그것도 모르고 의식을 구하기 위해 고생하고 번뇌하며 구차하게 살고 있으니 참으로 어리석구나. 너는 이제 이 보물로써 소용되는 것들을 사들인다면, 항상 뜻과 같이 되어 모자람이 없으리라'고 하였나이다.

부처님께서도 또한 이와 같아 보살로 계실 때, 저희를 교화하시어 일체지의 마음을 내도록 하셨지만, 그것을 잊어 알지도 깨닫지도 못하며, 이미 아라한의 도를 얻어 멸도 했다고 스스로 생각하였나이다. 그러나 본래 자생(資生)이 가난하여 작은 것만 얻어도 만족하게 생각하였으나, 일체지를 바라는 마음은 아직 잃지 아니하였나이다.

지금 세존께서 저희를 깨닫게 하시려고 말씀하시기를 '비구들아, 너희들이 지금 얻은 것은 구경의 열반이 아니니라. 내가 오랫동안 너희로 하여금 부처님의 선근을 심도록 하였고, 방편으로써 열반의 모양을 보였으나, 너희는 그것으로 진실한 멸도를 얻었다고 하노라'고 하시었나이다. 세존이시여, 이제서야 저희는 보살로서 아눗타라삼약삼보디의 수기를 받을 수 있음을 알았으며, 이런 인연으로 마음이 매우 크게 환희하여 미증유를 얻었나이다."

그때 아야교진여 등이 이 뜻을 거듭 펴려고 게송으로 말하였다.

최고의 '깨달음'을 이룬다는 예언을 받들고 이처럼 더없는 위로의 말씀까지 받게 되오니, 저희는 기뻐 만족하나이다. 널리 바라보시는 부처님이시여, 경배드리나이다.

세존께 허물없이 저희의 과실을 고백하나이다.

저희는 그야말로 어리석고 무지하여 아무것도 알지 못하였나이다.

저희는 부처님의 가르침에 따라 편안한 경지만으로 만족하였나이다.

비유컨대 어떤 사람이 부자로 사는 유복한 친구 집에 갔다고 합시다.

친구는 그에게 음식을 충분히 대접한 다음, 대단히 값비싼 보석을 옷 가장자리를 뜯고 그 속에 넣고 꿰매 준 다음 만족하였다고 합시다.

그런데 그 어리석은 사람은 거기에서 일어나, 다른 도시로 여행을 떠났다고 합시다.

그는 불운하게도 헐벗은 거지가 되어 허기를 채우지 못하는 신세가 되었다고 합시다.

먹는 것은 허기만 채우면 안심이고, 좋은 음식 같은 것은 생각하지도 않았다고
합시다.

게다가 옷 속에 꿰매 넣은 보석은 까맣게 잊고 아무 기억도 없었다고 합시다.

예전에 자기 집에서 이 사람에게 보석을 넣어 준 친구가 이윽고 그를 만났습
니다.

我等聞無上	安隱授記聲	歡喜未曾有	禮無量智佛
今於世尊前	自悔諸過咎	於無量佛寶	得少涅槃分
如無智愚人	便自以爲足	譬如貧窮人	往至親友家
其家甚大富	具設諸肴饍	以無價寶珠	繫著內衣裏
默與而捨去	時臥不覺知	是人旣已起	遊行詣他國
求衣食自濟	資生甚艱難	得少便爲足	更不願好者
不覺內衣裏	有無價寶珠	與珠之親友	後見此貧人

저희 여기에서 크고 위없는 안온의 수기 주시는 음성을 듣고

마음 크게 환희하며 미증유 얻어 한없는 지혜 부처님께 예배하나이다.

지금 저희가 세존 앞에 나와서 여러 가지 허물을 스스로 뉘우칠새

한량없는 부처님 보배 가운데 열반의 한 조각을 겨우 얻고서

지혜 없어 어리석은 사람과 같이 스스로 만족하게 생각했으니

비유하면 어떤 빈궁한 이가 친구 집을 찾아갔네.

그 친구 사는 집은 큰 부자로서 여러 가지 음식으로 대접하고

값으로 헤칠 수 없는 보배를 옷 속에 가만히 넣어 주고서

바쁜 일로 말없이 먼저 나가니 그 사람은 잠든 채 알지 못하고

얼마를 지난 뒤에 그 집을 나와 멀리 타국까지 이르렀나이다.

먹을 것 입을 것 구하느라고 몸과 마음 모두가 구차한 생활

적은 것 얻고도 만족하여서 그 이상 원하지 아니하나니

옷 속에 넣어 준 그 많은 보배 알지도 깨닫지도 못하는 중에

보배 구슬 주었던 그 친구가 빈궁한 친구를 후에 만났다네.

조심스럽게, 옷 가장자리에 꿰매 넣은 보석을 짐짓 보여 주었나이다.

이것을 보고 그는 최고로 안락한 마음 가득하였나이다.

그 보석의 위력은 이와 같나이다.

그는 창고가 즐비한 부자가 되어, 다섯 가지 쾌락에 넘치는 사람이 될 것이옵니다.

이와 같이 세존이시여, 저희는 전세에서의 서원을 깨닫지 못하였나이다.

그것은 실로 과거 세상에서 여래가 오랫동안 저희에게 주셨던 것이옵니다.

세존이시여, 저희는 무지하고 어리석게도 부처님의 가르침을 알지 못하였나이다.

'깨달음'의 경지에만 연연하여 저희는 그 이상을 구하지 아니하고 생각조차 하지 않았나이다.

부처님은 '이런 것은 편안한 경지가 아니니라, 부처님들의 지혜는 걸출한 것으로, 편안한 경지는 최고의 안락이니라'고, 저희의 눈을 뜨게 하셨나이다.

이 고상하고 광대하며, 더없는 갖가지 예언을 받잡고

저희도 차례차례 예언 받을 것을 생각하니, 부처님이시여,

너무나 기쁘고 흡족하나이다.

苦切責之已	示以所繫珠	貧人見此珠	其心大歡喜
富有諸財物	五欲而自資	我等亦如是	世尊於長夜
常愍見敎化	令種無上願	我等無智故	不覺亦不知
得少涅槃分	自足不求餘	今佛覺悟我	言非實滅度
得佛無上慧	爾乃爲眞滅	我今從佛聞	授記莊嚴事
及轉次受決	身心遍歡喜		

만나서 책망하고 충고도 하며 매어준 구슬을 보여 주거늘

가난한 그 친구 그것을 보고 마음에 크게 환희하네.

단번에 부자 된 그 친구는 오욕을 마음대로 힘껏 누리니

저희 또한 이와 같은 일 세존께서 긴 세월 다하도록

불쌍한 중생을 교화하시고 위없는 바람을 심어 주거늘

저희 근기 엷고 무지하여서 깨닫지도 못하고 알지 못하여

열반의 많은 보배 가운데 아주 적은 한 조각 얻어서

우리가 다 얻어 멸도했다고 스스로 만족하여 즐겼나이다.

부처님은 저희를 깨닫게 하려 그 모두 참 멸도가 아니라시며

위없는 불지혜를 얻어야만 이가 곧 참 멸도라 말씀하시니

부처님 앞에 있는 모든 저희 수기를 주시는 장엄한 일과

그것을 차례차례 받음을 듣고 신심이 모두 환희하나이다.

이상으로 성스러운 《올바른 가르침의 백련》이라는 경설에서 '5백 제자에 대한 예언' 제8장은 끝난다.

9. 아난다와 라후라 및 2천 제자에 대한 예언
수학·무학인기품 제9

정작 그때 아난다(아난(阿難))는 이렇게 생각하였다.

'우리도 역시 이와 같은 예언을 들을 것이다.'

이렇게 생각하고 여러 가지 궁리를 하고 나서, 그것을 바라면서 자리에서 일어나 세존께 머리를 조아렸다. 라후라(나후라(羅睺羅))도 그렇게 생각하여 세존께 머리를 조아리고 이와 같이 아뢰었다.

"저희에 이르기까지, 세존이시여, 은혜 입을 기회를 주옵소서. 저희에게도, 부처님이시여, 은혜를 베풀어 주소서. 세존께서는 진정 저희의 아버지이시고 친어버이시며, 의지할 보호자로소이다. 저희는 참으로, 세존이시여, 신과 인간·아수라가 함께 사는 세상에서 '그들은 세존의 아들이고 또 세존의 시종이며, 또 세존의 법장(法藏)을 지키고 있다' 하여 각별히 존경을 받고 있나이다. 따라서 세존이시여, 저희에게도 '더 위없는 완전한 깨달음에 도달할 것'이라고 예언하여 주신다면 그것은 참으로 행복한 일이 되나이다.

妙法蓮華經授學無學人記品第九

爾時阿難 羅睺羅 而作是念 我等每自思惟 設得授記 不亦快乎 卽從座起 到於佛前 頭面禮足 俱白佛言 世尊 我等於此 亦應有分 唯有如來 我等所歸 又我等 爲一切世間 天人阿修羅 所見知識 阿難常爲侍者 護持法藏 羅睺羅是佛之子 若佛見授 阿耨多羅三藐三菩提記者 我願旣滿 衆望亦足.

묘법연화경 수학·무학인기품 제9

그때 아난과 나후라가 이렇게 생각하였다. '우리들도 만일 이런 수기를 얻게 되면 또한 기쁘지 않겠는가'고. 그러고는 곧 자리에서 일어나 부처님 앞으로 나가 머리 숙여 예배하고 부처님께 여쭈었다.

"세존이시여, 저희 또한 마땅한 분수가 있사오니 오직 여래께 귀의하며, 또한 저희를 온갖 세간의 하늘과 인간과 아수라들이 보고 아나이다. 아난은 항상 시자가 되어 법장을 받들고 있으며, 나후라는 부처님의 아들이니 만일 부처님께서 아눗타라삼약삼보디의 수기를 주신다면, 저희 소원이 성취되며 대중들의 소망도 또한 만족하오리다."

수행 중이거나 수행을 마친 제자인 다른 2천 명 이상의 비구들도 자리에서 일어나, 한쪽 어깨에만 웃옷을 걸치고 손 모아 세존을 향하여 우러러보았다. '우리들도 역시 더없는 완전한 깨달음에 도달하리라고 하는 예언을 듣고 싶다'고 생각하고 또 여러 가지 궁리를 하고 나서 '이것이야말로 부처님의 지혜이다'라고 생각하였다.

그런데 그때 세존께서 아난에게 말씀하셨다.

"아난다여, 그대는 미래에, 사가라 봐라 다라 붓디 뷔크리디타 아비쥬냐(산해혜자재통왕(山海慧自在通王))라는 완전히 '깨달음'에 도달한 아라한의 여래가 되어, 완전한 학식과 훌륭한 소행을 부여받아 더 위없는 행복에 이르고, 가장 세상에 잘 알려진 인간의 조교사(調敎師)요 신들과 인간의 교사이며 부처님이고, 세존이 될 것이니라. 6억 2천만의 부처님을 공경하고, 우러러 받들며 공양하고, 이 존귀한 부처님들의 올바른 가르침을 믿으며, 그들의 가르침을 받아 더없는 완전한 '깨달음'에 이를 것이니라.

아난다여, 그대는 더없는 완전한 '깨달음'에 도달한 다음, 갠지스강의 모래알 수의 스무 배와 같은 몇천만억이라는 보살들이 더 위없는 완전한 '깨달음'에 이르도록 그들을 제도할 것이니라. 그리고 그대의 불국토는 유리로 화려하게 만들어져 번영하리라. 그 세계의 이름은 아나봐나미타 봐이쟈얀타(상립승번(常立勝幡))라고 할 것이니라. 그 겁은 마노쥬냐 샤부다 아비갈지타(묘음변만(妙音遍滿))가 될 것이니라. 완전한 '깨달음'에 이른 아라한인 그 고귀한 산해혜자재통왕 여래의 수명은 헤아릴 수도 없을 만큼의 겁에 이르기 때문에 계산으로써는 그 겁의 말단에 도달할 수 없느니라. 그가 입적한 다음 그의 올바른 가르침은 그 두 배의 기간을 존속할 것이니라. 이 세존의 올바른 가르침인 정법(正法)이 존속하는 기간의 두 배 동안, 정법을 모방한 가르침인 상법(像法)이 존속할 것이니라. 또 아난다여, 그 산해혜자재통왕 여래의 명성을, 시방의 천만억이라는 많은 부처님이 찬탄할 것이니라."

그리고 세존께서는 그때 게송으로 이렇게 말씀하시었다.

爾時學無學 聲聞弟子 二千人 皆從座起 偏袒右肩 到於佛前 一心合掌 瞻仰世尊 如阿難 羅睺羅所願 住立一面 爾時佛告阿難 汝於來世 當得作佛 號山海慧自在通王如來 應供 正遍知 明行足 善逝 世間解 無上士 調御丈夫 天人師 佛 世尊 當供養 六十二億 諸佛 護持法藏 然後得阿耨多羅三藐三菩提 敎化二十千萬億 恒河沙 諸菩薩等 令成阿耨多羅三藐三菩提 國名常立勝幡 其土淸淨 瑠璃爲地 劫名妙音遍滿 其佛壽命 無量千萬億 阿僧祇劫 若人於千萬億 無量阿僧祇劫中 算數校計 不能得知 正法住世 倍於壽命 像法住世 復倍正法 阿難 是山海慧自在通王佛 爲十方 無量千萬億 恒河沙等 諸佛如來 所共讚歎 稱其功德 爾時世尊 欲重宣此義 而說偈言

그때 배우는 이와 다 배운 이와 성문 제자 2천 명이 모두 자리에서 일어나 오른쪽 어깨를 벗어 드러내고, 부처님 앞에 나아가 합장하고 일심으로 우러러보기를 아난과 나후라가 원하는 것과 같이하고, 한쪽에 물러나 앉아 있으니 이때 부처님께서 아난에게 말씀하시었다.

"너는 오는 세상에 반드시 성불하리니, 그 이름은 산해혜자재통왕(山海慧自在通王) 여래·응공·정변지·명행족·선서·세간해·무상사·조어장부·천인사·불세존이리라. 마땅히 62억의 여러 부처님을 공양하고, 법장을 받들어 가진 뒤에 아뇩타라삼약삼보디를 얻고, 이십천만억 항하의 모래같이 많은 보살을 교화하여 아뇩타라삼약삼보디를 얻게 하리라. 그 나라의 이름은 상립승번(常立勝幡)으로 국토가 청정하여 그 땅이 유리로 되며 겁의 이름은 묘음변만(妙音遍滿)이리라.

그 부처님의 수명은 한량없는 천만억 아승지겁으로, 만일 사람이 천만억 한량없는 아승지겁 동안 수학으로 헤아린다 해도 그 수를 알 수 없으며, 정법이 세상에 머물기는 그 부처님 수명의 두 배이고, 상법은 정법 수명의 두 배이니라.

아난아, 이 산해혜자재통왕불은 온 세계 한량없는 천만억 항하의 모래 같은 여러 부처님 여래께서 다 함께 그 공덕을 찬탄하시게 되리라."

그때 세존께서는 이 뜻을 거듭 펴시려고 게송으로 말씀하시었다.

나는 선언하노라, 여기에 모인 비구들이여. 내 가르침을 믿는 아난다(아난(阿難)) 존자는, 6억의 부처님께 공양하고, 미래의 승리자(부처님)가 될 것이니라.

아노나타 드봐쟈 봐이쟈얀티(아나봐나미타 봐이쟈얀타(상립승번)와 동일한 뜻)라는 아름답고 청정한 국토에서

그는 바다와 같은 이성을 가지고 신통력을 얻은 사람으로서 널리 이름이 알려지리라.

거기에서 갠지스강의 모래알 수같이 많은 보살을 다시 제도할 것이니라.

그 부처님은 위대한 신통력을 가지고 세계에 그 명성이 시방으로 울려 퍼리지라. 그의 수명은 헤아릴 수 없고 중생을 불쌍히 여겨 끊임없이 자비심을 베푸리라.

구제자인 그 부처님이 입적하여도

그의 올바른 가르침은 두 배의 기간을 이어갈 것이니라.

그 부처님의 덕성을 따라 모방한 가르침은 다시 그 두 배 동안 이어갈 것이니라.

그때 갠지스강의 모래알 수처럼 많은 중생은

이 세상에서 부처의 '깨달음'에 대한 원인을 낳게 될 것이니라.

我今僧中說	阿難持法者	當供養諸佛	然後成正覺
號曰山海慧	自在通王佛	其國土淸淨	名常立勝幡
敎化諸菩薩	其數如恒沙	佛有大威德	名聞滿十方
壽命無有量	以愍衆生故	正法倍壽命	像法復倍是
如恒河沙等	無數諸衆生	於此佛法中	種佛道因緣

나는 이제 대중들께 말하노라. 큰 제자 아난은 법을 받들어서

오는 세상 여러 부처 공양하고 그 일을 마친 뒤 정각을 이루면
거룩하신 그 이름 산해혜자재통왕불 그 부처님 국토는 항상 청정하여
나라 이름 또한 상립승번이며 교화할 많은 보살 항하의 모래
훌륭하신 그 부처님 크신 위덕과 높으신 그 이름이 시방에 퍼지며
끝없이 누리시는 부처님 수명은 어리석고 불쌍한 중생을 위함이며
부처님 수명 두 배를 정법이 머물고 상법은 다시 그 두 배를 머무르며
항하 모래 수 한없는 중생들 부처 될 인연을 그 법 중에 심으리라.

그러자 그 회중 가운데 새로 불도에 들어온 8천 명의 보살들이 있었는데 그들은 이렇게 생각하였다.

"이와 같이 훌륭한 예언은 보살들에 대하여도 하신 적이 없고, 우리는 이제까지 아직 들어본 적도 없다. 하물며 제자들에 대한 예언은 말할 것도 없다. 그럼에도 불구하고 지금 제자들에 대하여 예언하신 것은, 어떤 원인이 있고 어떤 인연이 있는 것일까."

그러자 세존께서는 이 보살들이 마음 속으로 생각한 것을 직관하시고 이 보살들에게 말씀하셨다.

"양가의 아들들이여, 우리는 동시에 나와 아난다와는 완전히 같은 순간에, 완전히 '깨달음'에 도달한 아라한인 달마 가가나 아뷰도가타 라쟈(공왕불(空王佛)) 여래의 면전에서, 더없이 완전한 '깨달음'을 이루려고 결심하였느니라. 그때 양가의 아들이여, 아난다는 언제나 끊임없이 많이 듣는 것에 전념하였으나, 나는 용기를 내어 '깨달음'을 이루려고 결심하였느니라. 그러므로 나는 아주 빨리 더없이 완전한 '깨달음'에 도달하였으나, 아난다는 고귀한 부처님들의 법장(法藏)을 수호하는 사람이 되었느니라. 곧, 그것은 보살들을 완전한 그 경지에 제도하기 위한 것으로, 양가의 아들들이여, 그것은 이 양가의 아들인 아난다의 본디 서원이었느니라."

그런데 아난다는 세존으로부터 직접 자기가 더없이 완전한 '깨달음'에 도달하리라는 예언을 듣고, 또 자기가 태어나야 할 불국토의 훌륭한 점을 널리 드러내는 말씀을 듣고, 또 전생의 서원과 수행을 들으며 매우 기뻐하였다. 그리고 그때에 그는 몇천만억이라는 많은 부처님의 올바른 가르침과 자신의 전생에서의 서원

을 회상하였다.

그러고 나서 아난다는 게송으로 이렇게 말하였다.

爾時會中 新發意菩薩八千人 咸作是念 我等尙不聞 諸大菩薩 得如是記 有何因緣 而
諸聲聞 得如是決 爾時世尊 知諸菩薩 心之所念 而告之曰 諸善男子 我與阿難等 於空
王佛所 同時發阿耨多羅三藐三菩提心 阿難常樂多聞 我常勤精進 是故我已 得成阿耨
多羅三藐三菩提 而阿難 護持我法 亦護將來諸佛法藏 敎化成就 諸菩薩衆 其本願如是
故獲斯記 阿難面於佛前 自聞授記 及國土莊嚴 所願具足 心大歡喜 得未曾有 卽時憶念
過去無量千萬億 諸佛法藏 通達無礙 如今所聞 亦識本願 爾時阿難 而說偈言

그때 대중 가운데 있던 새로 발심한 보살 8천 명은 '우리들이 아직 큰 보살들도 수기 받았다는 말을 듣지 못하였는데 무슨 인연으로 여러 성문이 이런 결정을 얻는 것인가' 하고 다 같이 생각하였다.

이때 세존께서 여러 보살이 마음에 생각하는 것을 아시고 그들에게 말씀하시었다.

"선남자들아, 나는 아난과 함께 공왕불(空王佛) 계신 데서 동시에 아눗타라삼약삼보디의 마음을 내었으나, 아난은 항상 잘 듣고 많이 듣기를 좋아하였으며, 나는 항상 부지런히 정진한 까닭으로, 이미 아눗타라삼약삼보디를 이루었고, 아난은 내 법을 받들어 가지며 또한 장래 여러 부처님의 법장을 받들어 가지고 모든 보살을 교화하여 성취하리니, 그 본래의 소원이 이와 같으므로 수기를 주느니라."

아난이 부처님 앞에서 스스로 수기를 받으며, 국토의 장엄을 듣고 원하던 것이 만족되어 그 마음이 환희하여 미증유를 얻으며, 그때 과거의 한량없는 천만억의 여러 부처님 법장을 기억하고 생각하니, 통달하여 걸림 없는 것이 지금 이곳에서 듣는바와 같으며 또한 본래 소원하던 바를 알 수 있었다.

그때 아난이 게송으로 말하였다.

진정 입적한 구원자이시던 부처님들이 가르쳐 보이신 바를
나에게 회상시켜 주신 부처님들은 이상하게도 그 수를 알지 못하나이다.
나는 그것을 오늘, 어제 일같이 회상하나이다.

나는 의심이 사라졌나이다. 나는 '깨달음'에 안주하고 있나이다.

나의 교묘한 방편은 바로 이와 같사옵니다.

나는 부처님의 시종입니다. '깨달음'을 위하여 나는 정법(正法)을 굳게 믿나이다.

그러자 세존께서는 라후라에게 말씀하시었다.

"라후라여, 그대는 내세에 사프타 라트나 파드마 뷔크란타 가민(도칠보화(蹈七寶華))이라는, 완전히 '깨달음'에 도달하여 세상에 가장 잘 알려지고, 인간의 조교사(調教師)이자 신들과 인간의 교사인 부처님이며 세존이 될 것이니라. 10세계를 부순 미세한 입자의 수와 같은, 완전히 '깨달음'에 도달한 아라한의 여래들을 우러러 공경하고 공양하며 찬탄하는, 마치 현재의 내 맏아들인 것처럼 이 고귀한 부처님들의 맏아들이 될 것이니라. 또 라후라야, 완전히 '깨달음'에 도달한 아라한인, 저 도칠보화 여래의 수명도 또 모든 미덕을 갖추고 완성된 불국토의 번영은, 실로 완전한 '깨달음'에 도달한 아라한인, 저 고귀한 산해혜자재통왕 여래의 수명과 모든 미덕을 갖춘 불국토의 훌륭한 아름다움과 어김없이 똑같을 것이니라. 또 라후라야, 그대는 완전히 '깨달음'에 도달한 아라한인, 저 산해혜자재통왕 여래의 장자가 될 것이니라. 이렇게 해서 그대는 더없이 완전한 '깨달음'에 도달할 것이니라."

그리고 세존께서는 다시 게송으로 이렇게 말씀하시었다.

世尊甚希有　　令我念過去　　無量諸佛法　　如今日所聞

我今無復疑　　安住於佛道　　方便爲侍者　　護持諸佛法

爾時佛告羅睺羅 汝於來世 當得作佛 號蹈七寶華如來 應供 正遍知 明行足 善逝 世間解 無上士 調御丈夫 天人師 佛 世尊 當供養十世界 微塵等數 諸佛如來 常爲諸佛 而作長子 猶如今也 是蹈七寶華佛 國土莊嚴 壽命劫數 所化弟子 正法像法 亦如山海慧自在通王如來無異 亦爲此佛 而作長子 過是已後 當得阿耨多羅三藐三菩提 爾時世尊 欲重宣此義 而說偈言

거룩하고 높은 세존 희유하시도다. 지나간 과거의 여러 부처님

그 법을 이제 와 생각해 보니 오늘 밤 듣는 바와 똑같아서

품었던 의심이 다시는 없어 불도에 편안히 머무르건만

방편으로 부처님의 시자가 되어 여러 부처님 법 가졌나이다.

그때 부처님께서는 나후라에게 말씀하시었다.

"너는 오는 세상에 반드시 성불하리니, 이름은 도칠보화(蹈七寶華)여래·응공·정변지·명행족·선서·세간해·무상사·조어장부·천인사·불세존이리라. 온갖 세계 가는 티끌처럼 많은 부처님을 공양하며 항상 여러 부처님의 장자(長子)가 되어 지금 같으리라.

이 도칠보화 부처님의 국토는 장엄하고, 그 부처님의 수명 겁수나, 교화할 제자나, 정법과 상법의 수명도 산해혜자재통왕여래와 같으며 또한 이 부처님의 장자가 되리라. 이와 같이 한 후에 반드시 아눗타라삼약삼보디를 얻게 되리라."

그때 세존께서는 이 뜻을 다시 펴시려고 게송으로 말씀하시었다.

이 라후라는 내 맏아들이다. 내가 태자 신분일 적의 친아들이니라.

내가 '깨달음'을 이루었을 때, 나의 이 아들은 법의 유산을 이어받을 위대한 선인이 되었느니라.

내세에 그가 뵙게 될 부처님은 몇천만이나 될 것이니라.

'깨달음'을 갈망하는 그는 이런 모든 부처님의 아들이 되리라.

라후라의 수행은 알려지지 않았으나 그 서원을 나는 알고 있느니라.

"나는 진정 여래의 아들이다"라고 그는 세상의 벗인 부처님을 찬양하리라. 내 친아들인 라후라가 갖춘 미덕은 몇천만억으로 헤아릴 수 없으며

그 수는 결코 알지 못하리라. 실로 그는 '깨달음'을 위하여 안주하고 있느니라.

또 세존께서는 배우는 중이거나 다 배운 제자 중에서 2천 명의 제자들이 만족하여, 온화한 마음으로 세존에게 얼굴을 돌려 우러러보고 있는 것을 보셨다. 그러자 세존께서는 아난다에게 말씀하셨다.

"아난다여, 그대는 배우는 중이거나 다 배운 제자 중에서 그들 2천 명의 제자들이 보이는가."

아난다가 대답하였다.

"세존이시여, 보입니다. 부처님이시여, 보이나이다."

세존께서 말씀하시었다.

"아난다여, 그들 2천 명의 제자들은 모두 보살로서 수행을 같이하고 있으리라. 그리고, 50세계를 부순 미세한 입자의 수와 같은 고귀한 부처님들을 우러러 공경하고 공양하며 찬탄하여, 그 정법을 예찬하고 최후로 화신할 때, 같은 시각 같은 순간에 시방의 각기 세계에 있는 각자의 불국토에서, 더없이 완전한 '깨달음'에 도달할 것이니라. 그들은 라트나 케투라쟈(보상(寶相))라는 명호로 성불하여 여래가 될 것이니라. 그들 다 같이 수명은 만 겁이 되리라. 그들 불국토의 훌륭한 아름다움도 같을 것이니라. 그들의 정법은 똑같이 존속하리라."

그리고 세존께서는 그때 게송으로 이렇게 말씀하셨다.

我爲太子時	羅睺爲長子	我今成佛道	受法爲法子
於未來世中	見無量億佛	皆爲其長子	一心求佛道
羅睺羅密行	唯我能知之	現爲我長子	以示諸衆生
無量億千萬	功德不可數	安住於佛法	以求無上道

爾時世尊 見學無學二千人 其意柔軟 寂然淸淨 一心觀佛 佛告阿難 汝見是學無學二千人不 唯然已見 阿難 是諸人等 當供養五十世界 微塵數 諸佛如來 恭敬尊重 護持法藏 末後同時 於十方國 各得成佛 皆同一號 名曰寶相如來 應供 正遍知 明行足 善逝 世間解 無上士 調御丈夫 天人師 佛 世尊 壽命一劫 國土莊嚴 聲聞菩薩 正法像法 皆悉同等 爾時世尊 欲重宣此義 而說偈言

지난 옛날 내가 태자로 있을 때 나후라는 항상 장자 되었더니

오늘날 내가 부처님 도 이루니 그 법을 받아 지녀 법자(法子) 되어서

앞으로 오는 세상 한량없는 억만의 여러 부처 친견하옵고

그 모든 부처님의 장자 되어 한결같은 마음으로 부처님 도 구하니

나후라가 행하는 큰 밀행은 아는 이가 오직 나뿐이리라.

현재는 나의 큰 장자 되어 여러 중생에게 두루 보이니

억만이나 천만이나 한량없는 헤아릴 수 없이 많은 공덕

불법에 항상 편히 머물러 위없이 높은 도를 구하느니라.

그때 세존께서 아직 배우는 이와 다 배운 이 2천 명의 그 뜻이 부드럽고 고요하고 청정하여, 한결같은 마음으로 부처님 우러러봄을 보시고, 아난에게 이렇게 말씀하시었다.

"너는 이 배우는 이와 다 배운 이 2천 명을 보느냐."

"예, 그들을 제가 보았나이다."

"아난아, 이 많은 사람은 반드시 50세계의 가는 티끌과 같은 수의 여러 부처님 여래를 공양하고 공경하고 존중하며 법장을 받들어 가지며, 나중에는 동시에 온 국토에서 각각 성불하리라. 그때 이름은 다 한 가지로 보상(寶相)여래·응공·정변지·명행족·선서·세간해·무상사·조어장부·천인사·불세존이리라.

그 부처님의 수명은 1겁이며, 국토의 장엄과 성문과 보살과 그리고 정법과 상법이 세상에 머무는 수명이 모두 똑같으리라."

그때 세존께서는 이 뜻을 거듭 펴시려고 게송으로 말씀하시었다.

내 앞에 있는 아난다여, 이들 2천 명의 학식 있는 제자들에게
그들은 미래에 여래가 될 것이라고 예언하노라.
한없는 비유와 예증을 들어 부처님들에게 최고의 공양하고
그 최후의 화신에 머문 다음 내 최고의 '깨달음'을 이루리라.
그들은 훌륭한 나무인 보리수 밑에 앉아 지혜를 얻어
시방에서 동시에, 또 같은 순간에, 같은 이름으로 성불하리라.
그들은 라트나 케투라쟈(보상(寶相))라는 같은 명호로 이 세상에서 유명하게 될 것이니라.
그들의 훌륭한 국토는 다 같고 그 주위에 모이는 제자나 보살들의 집단도 같을 것이니라.
신통력을 갖춘 그들은 모두 이 세상에서, 시방에 널리 가르침을 설하고 밝혀,
입적한 다음에도 그들의 정법은 똑같이 오래오래 존속할 것이니라.
그러자 그들은 그들 배우는 중이거나 다 배운 제자들은, 세존으로부터 친히 면전에서 각자가 저마다 예언을 듣고 크게 기뻐하며, 세존께 게송으로 아뢰었다.

저희는 만족하나이다. 세상의 등불이시여, 이 예언을 받잡고
마치 감로수를 부어 주심과 같이 행복하나이다. 여래이시여.
저희가 인간의 최고인 부처가 된다는 것을, 저희는 의심을 아니 하고, 불안도
없나이다.
지금 저희는 이 예언을 받잡고 행복을 얻었나이다.

是二千聲聞	今於我前住	悉皆與授記	未來當成佛
所供養諸佛	如上說塵數	護持其法藏	後當成正覺
各於十方國	悉同一名號	俱時坐道場	以證無上慧
皆名爲寶相	國土及弟子	正法與像法	悉等無有異
咸以諸神通	度十方衆生	名聞普周徧	漸入於涅槃

爾時學無學二千人 聞佛授記 歡喜踊躍 而說偈言

世尊慧燈明　　我聞授記音　　心歡喜充滿　　如甘露見灌

내 앞에서 법을 듣는 배우는 이와 다 배운 이
2천 명의 성문들은 큰 수기를 모두 받아
미래 오는 세상에서 부처님을 이루리니
위에서 내가 말한 많은 티끌 수의 여러 부처님을 친견하고 공양하며
깊고 높은 그 법장 만들어 가진 뒤 반드시 정각을 이룩하리라.
성불한 그 부처님 온 국토에서 모두 다 한 가지로 이름을 갖추리니
범행 닦을 도량에도 함께 나아가 위없는 지혜 얻어 가지리라.
그들의 이름 또한 한 가지로 보상이요 장엄한 국토나 많은 그 제자
세상에 머무를 정법이나 상법도 모두 다 하나같이 다름이 없으리.
그 모든 부처님 여러 신통으로 온 세상 한량없는 중생들 제도하며
높은 이름 널리 퍼져 가득하니 바라던 열반에 점차로 들으리라.

그때 배우는 이와 다 배운 이 2천 명이 부처님께서 주시는 수기를 받고, 마음으로
크게 기뻐하면서 게송으로 말하였다.

지혜의 밝은 등불 거룩하신 세존께서 우리에게 주시는 수기의 음성을 듣고
마음 크게 환희함이 온몸에 가득하니 감로의 단비를 퍼부은 것 같나이다.

이상으로 성스러운 《올바른 가르침의 백련》이라는 경설에서 '아난다와 라후라 및 2천 제자에 대한 예언' 제9장은 끝난다.

10. 가르침을 설하는 사람
법사품 제10

그때 세존께서는 위대한 뜻을 가진 보살 바이샤쟈 라쟈(약왕(藥王))을 비롯한 8만 명의 보살들에게 말씀하시었다.

"약왕이여, 이 모임에 하늘·용 등 팔부신중(八部神衆 : 불법을 지키는 여덟 신장)과 인간·귀령(鬼靈)들, 비구와 비구니, 우바새와 우바이 신자들, 성문의 법륜에 오를 사람, 연각의 법륜에 오를 사람, 보살의 법륜에 오를 사람들이 모여 있는데, 그들이 이 경(법화경)을 세존에게 직접 들은 것을 너는 보았느냐."

약왕이 아뢰었다.

"세존이시여, 저는 보았습니다. 부처님이시여, 보았나이다."

세존께서 말씀하셨다.

"약왕이여, 이 위대한 뜻을 가진 보살들이 이 모임에서 이 경전의 단지 한 게송이나 그 한 구절만 들었든가 또는 믿는 마음을 조금이라도 일으켜 이 경전을 감사하게 생각만 하여도, 이들 네 종류의 사람들은 모두 더없이 완전한 '깨달음'에 도달하리라고, 나는 예언하느니라. 또 양가의 아들들과 딸들의 누군가가, 성불한 여래의 경설을 듣고 단지 한 게송을 듣기만 하여도, 또 믿는 마음을 조금이라도 일으켜 그 경설을 감사하다고 생각만 하여도, 그들은 더없는 완전한 '깨달음'에 도달하리라고 나는 예언하느니라.

妙法蓮華經法師品第十

爾時世尊 因藥王菩薩 告八萬大士 藥王 汝見是大衆中 無量諸天 龍王 夜叉 乾闥婆 阿修羅 迦樓羅 緊那羅 摩睺羅伽 人與非人 及比丘 比丘尼 優婆塞 優婆夷 求聲聞者 求 辟支佛者 求佛道者 如是等類 咸於佛前 聞妙法華經 一偈一句 乃至一念隨喜者 我皆

與授記 當得阿耨多羅三藐三菩提 佛告藥王 又如來滅度之後 若有人 聞妙法華經 乃至
一偈一句 一念隨喜者 我亦與授 阿耨多羅三藐三菩提記.

묘법연화경 법사품 제10

그때 세존께서는 약왕보살(藥王菩薩)로 인하여 8만 대사들에게 말씀하시었다.

"약왕아, 너는 이 대중 가운데 한량없는 여러 하늘·용왕·야차·건달바·아수라·가루라·긴나라·마후라가·인간·인간 아닌 것들·비구·비구니·우바새·우바이의 성문을 구하는 이나 벽지불을 구하는 이나 불도 구하는 이를 다 보느냐. 이러한 무리가 모두 부처님 앞에 나아가 《묘법연화경》의 한 게송이나 한 구절을 듣고 일념으로 따라 기뻐하는 이에게는 내가 모두 수기를 주어 아눗타라삼약삼보디를 얻게 하리라."

부처님께서 또 약왕에게 말씀하시었다.

"여래께서 멸도하신 후 만일 어떤 사람이 《묘법연화경》의 한 게송이나 한 구절을 듣고 일념으로 따라 기뻐하는 이에게는 내가 모두 아눗타라삼약삼보디의 수기를 주리라.

이런 양가의 아들들과 양가의 딸들은, 천만억을 넘는 부처님들에게 시종하는 자가 될 것이니라. 또, 그들은 몇천만억이라는 부처님들한테서 서원을 하는 자가 될 것이니라. 그들은 중생을 불쌍히 여겨 자애하기 때문에, 이 염부제(閻浮堤 : 수미산 남쪽에 있는 대륙)에서 인간으로 태어났음을 알아야 하느니라. 하물며 이 경설에서 다만 한 게송이라도 마음에 둔다든가, 독송한다든가, 세상에 널리 알린다든가, 남에게 터득하도록 한다든가, 베껴 쓴다든가, 쓴 다음에 때때로 그것을 회상하여 외운다든가 하는 사람들, 또 이 경전에 의하여 여래에 대한 존경의 마음을 일으켜, 가르치는 사람으로서 여래에게 어울리는 경건한 태도로 여래를 우러러 공경하고, 여래에게 공양하는 사람들, 꽃·향목·향수(香水)·화만(華鬘 : 생화를 묶은 꽃다발)·향유·향분·의복·산개(傘蓋 : 법회 때 법사의 위를 덮는 장식품)·기치·기드림·음악 등에 의해, 또는 예배·합장 등에 의해, 이 경전에 공경을 바치는 사람들은 더 말할 나위가 없느니라. 어떤 양가의 아들들이든 딸들이든, 이 경설에서 겨우 한 게송이라도 마음에 둔다든가 또는 감사히 여기는 사람들은 모두 성불하게 되리라고, 나는 예언하노라.

그 경우에, 약왕이여, 어떤 남자이든 어떤 여자이든 이렇게 말했다고 하자.

"어떤 인간이 내세에 성불한 여래가 될 것인가"라고 한다면, 그 남자 또는 여자를, 그 양가의 아들이나 딸을 예로 들어야 하느니라. 곧, 이 경설에서 겨우 네 시절(詩節)의 한 시송(詩頌)이라도 마음에 남겨, 그것을 다른 사람에게 들려주고 가르쳐 보이며, 이 경을 존중하는 양가의 아들이나 딸들은, 내세에 완전히 '깨달음'에 도달하여 세상의 존경을 받는 여래가 될 것이니라. 왜냐하면, 이와 같은 양가의 아들이나 딸들은 여래로 알아야 하고, 이 경설에서 한 시송이라도 마음에 남긴 사람에게는, 신들과 함께 세상 사람들이 저 여래에게 대하는 것과 같은 존경을 바쳐야 하기 때문이니라. 하물며, 이 경설을 남김없이 이해하여 마음에 두고 독송한다든가, 습득한다든가, 설명한다든가, 베껴 쓴다든가, 그런 연후에 때때로 회상하여 외운다든가 하는 사람들 또는 이 경전에 꽃·향목·향수·화만·향유·향분·의복·산개·기치·기드림을 공양하고 합장 예배하며, 이 경전을 우러러 경모하고 공양하며, 찬탄하고 예찬하는 사람들은 말할 것도 없느니라.

이와 같은 양가의 아들이나 딸은 더없는 완전한 '깨달음'에 도달한 사람으로 알아야 하고, 또 세상 사람들을 불쌍히 여겨 이 경을 설하여 밝히기 위해 전생에서 받은 서원의 힘으로 이 염부제의 인간 사이에 출현한, 여래 그대로의 사람이라는 것을 알아야 하느니라. 또 양가의 아들이나 딸로서 스스로 얻은 높은 공덕을 버리고, 빛나는 불국토에 태어났음에도 불구하고 이 경전을 설하여 밝히기 위해 내가 입적한 다음에 중생의 행복을 위하고 중생을 불쌍히 여겨 이 세상에 나온 사람은, 여래의 사자(使者)로 알아야 하느니라.

若復有人 受持讀誦 解說 書寫 妙法華經 乃至一偈 於此經卷 敬視如佛 種種供養 華香 瓔珞 抹香 塗香 燒香 繒蓋 幢幡 衣服 伎樂 乃至合掌恭敬 藥王 當知是諸人等 已曾供養 十萬億佛 於諸佛所 成就大願 愍衆生故 生此人間 藥王 若有人問 何等衆生 於未來世 當得作佛 應示是諸人等 於未來世 必得作佛 何以故 若善男子 善女人 於法華經 乃至一句 受持讀誦 解說書寫 種種供養經卷 華香 瓔珞 抹香 塗香 燒香 繒蓋 幢幡 衣服 伎樂 合掌恭敬 是人 一切世間 所應瞻奉 應以如來供養 而供養之 當知此人 是大菩

薩 成就阿耨多羅三藐三菩提 哀愍衆生 願生此間 廣演分別 妙法華經 何況盡能受持 種種供養者 藥王 當知是人 自捨清淨業報 於我滅度後 愍衆生故 生於惡世 廣演此經.

또 만일 어떤 사람이 《묘법연화경》의 한 게송이나 한 구절을 받아가지고 읽거나 외우며 해설하고 쓰는 이나 이 경전을 부처님처럼 생각하여, 갖가지의 꽃과 향과 영락이며 말향·도향·소향이며, 증개·당번·의복·기악 등으로 공양하고 합장하여 공경하면 약왕이여, 반드시 알라. 이런 많은 사람은 일찍이 10만억의 부처님을 공양하고 여러 부처님 계신 데서 큰 원을 성취하고 중생을 가엾이 생각하는 마음으로 이 세상에 태어났느니라. 약왕아, 어떤 중생이 앞으로 오는 세상에 성불하느냐고 누가 묻거든, 이와 같은 여러 사람이 미래에 반드시 성불하리라고 대답하라.

왜냐하면 만일 어떤 선남자·선여인이 이 《법화경》의 한 구절을 받아 가지고, 물건으로 공양하되 꽃과 향과 영락과 말향·도향·소향이며, 증개·당번·의복·기악들로써 공경 합장하면, 이런 사람은 온 세간이 우러러 받들므로 응당 받들며, 여래의 공양으로 공양할지니라.

반드시 알라. 이런 사람은 큰 보살로 아눗타라삼약삼보디를 성취하였지만, 중생을 불쌍히 여기어 이 세상에 나기를 원했으며 그리고 《묘법연화경》을 널리 분별하여 설하거늘, 하물며 받아서 갖가지 좋은 물건으로 공양하는 이야 말할 것이 있느냐. 약왕이여, 반드시 알라. 이런 사람은 청정한 업과 보를 스스로 버리고, 내가 멸도한 후도 중생을 불쌍히 여기어 악한 세상에 태어나서 이 경을 널리 분별하여 설하리라.

양가의 아들이나 딸로, 여래가 입적한 다음에 이 경설을 은밀히 숨어서라도 또는 누군가 한 사람을 위해 설하여 밝힌다든가 말로 전하려고 하는 사람은, 여래가 하고자 하는 것을 실행하는 사람이며 여래가 파견한 사람이라고 여겨야 하느니라.

그런데 바이샤쟈 라쟈(약왕)여, 어떤 사람이 사심을 가지고 나쁜 마음을 일으켜 무서운 마음을 품고, 여래의 면전에서 오랫동안 여래를 비방하는 말을 한다고 하자. 또 가정생활을 하는 자이든, 출가한 자이든, 이렇게 법을 설하는 자들이나 최고의 경전을 믿는 사람들에 대하여, 진실인가 진실이 아닌가는 별문제로 치고 단지 한 마디라도 불쾌한 말을 듣게 하는 자가 있다면, 나는 이 행위를 극히 중대한 악행이라고 단언하느니라. 그것은 왜냐하면, 그 양가의 아들이나 딸은 여래의 장신구를 몸에 지닌 사람으로 알아야 하기 때문이니라. 이 경설을 베껴 쓴 책을 어깨에 멘 사람은, 여래를 어께에 메고 가는 것이나 다름없느니라. 그가 어디를 가든지, 그는 거기에서 신계(神界)에 속한 자나 인간계에 속한 자들로부터, 꽃·향목·향수·화만·향유·향분·의복·산개·기치·음악·음식·수레나 최고급 신선한 보석 덩어리 등을 공양받고, 합장을 받으며, 우러러 공경과 예찬을 받아 마땅하느니라. 법을 설하는 사람은 우러러 공경을 받고, 공양과 신선한 보석 덩어리를 바쳐야 하느니라. 왜냐하면, 단 한 번이라도 이 경설을 다른 사람에게 들려준다면, 그것을 듣고 헤아릴 수도 없이 많은 사람이 곧 더없이 완전한 '깨달음'에 도달하기 때문이니라."

그때 세존께서는 게송으로 다음과 같이 말씀하시었다.

若是善男子 善女人 我滅度後 能竊爲一人 說法華經 乃至一句 當知是人 則如來使
如來所遣 行如來事 何況於大衆中 廣爲人說 藥王 若有惡人 以不善心 於一劫中 現於
佛前 常毀罵佛 其罪尙輕 若人 以一惡言 毀呰在家出家 讀誦法華經者 其罪甚重 藥王
其有讀誦 法華經者 當知是人 以佛莊嚴 而自莊嚴 則爲如來 肩所荷擔 其所至方 應隨
香禮 一心合掌 恭敬供養 尊重讚歎 華香 瓔珞 抹香 塗香 燒香 繒蓋 幢幡 衣服 肴膳
作諸伎樂 人中上供 而供養之 應持天寶 而以算之 天上寶聚 應以奉獻 所以者何 是人歡
喜說法 須臾聞之 卽得究竟 阿耨多羅三藐三菩提故 爾時世尊 欲重宣此義 而說偈言

만일 이런 선남자·선여인이 내가 입적한 후 은밀히 한 사람을 위해서라도 《법화경》의 한 구절을 말해 주면 너는 반드시 알라. 이런 사람은 곧 여래께서 보낸 사자로 여래의 일을 행하는 것이니, 하물며 큰 대중 가운데 많은 인간을 위해 설법함이야 말할 것이 있느냐.

약왕이여, 만일 어떤 악인이 착하지 못한 마음으로 1겁 동안을 부처님 앞에 나아가 항상 부처님을 훼방하고 욕하더라도 그 죄는 오히려 가볍지만, 만일 어떤 사람이 《법화경》을 받아 가지고 읽고 외우는 집에 있는 이나 출가한 이를 한 마디라도 헐뜯고 훼방하면 그 죄는 대단히 무거우니라. 약왕이여, 반드시 알라. 이 《법화경》을 받아 가지고 읽으며 외우는 사람은 부처님의 장엄으로 스스로 장엄함과 같으니, 여래의 어깨에 실린 바가 되어, 그가 이르는 곳마다 따라 예배하며 일심으로 합장하고 공경하고 공양하며 존중 찬탄하기를, 꽃과 향과 영락이며 말향·도향·소향이며 증개·당번·의복·음식과 여러 가지 기악으로 인간 중에 가장 높은 공양하며, 응당 하늘의 보배를 가져다 흩고 천상의 보배를 받들어 올리느니라. 왜냐하면 이런 사람이 환희하여 설법하면, 잠깐만 이를 들어도 곧 구경의 아눗타라삼약삼보디를 얻기 때문이니라.”

그때 세존께서 이 뜻을 거듭 펴시려고 게송으로 말씀하시었다.

부처님의 경계(境界)에 이르고자 하는 사람,
부처님의 지혜를 바라는 사람은
《법화경》의 교리를 믿는 사람들을 공경해야 하느니라.
‘어떻게 하면 빨리 도달할 수 있는가’라고 여래의 경계를 바라는 사람은
이 경전을 믿어라. 아니면 또 이 경전을 믿는 사람을 공경해야 하느니라.
중생을 불쌍히 여겨 이 경전을 설하는 사람은
중생을 귀의시키기 위해 세상의 주인 부처님으로부터 파견된 사람이니라.
중생을 불쌍히 여겨 이 경전을 믿는 의지가 굳센 사람은
부처님의 국토에 빛나게 탄생하는 것을 버리고 이 세상에 오는 것이니라.
다음 세상에서 더없이 훌륭한 이 경전을 말할 사람은, 환생할 적에 그 탄생의 경우를 선택하는 힘에 의하여 거기에 모습을 드러내는 것이니라.
천상계의 꽃을 바치고 또 인간계의 모든 향료를 바쳐 그 가르침을 설하는 사람을 공경하여라.
천상계의 의복을 그에게 입히라.
보석을 그에게 뿌리라.
부처님이 입적한 다음의 무서운 세상에 이 경전을 믿는 사람에게
마치 부처님께 대하듯이 항상 합장해야 하느니라.

若欲住佛道　　成就自然智　　常當勤供養　　受持法華者

其有欲疾得　一切種智慧　當受持是經　幷供養持者

若有能受持　妙法華經者　當知佛所使　愍念諸衆生

諸有能受持　妙法華經者　捨於淸淨土　愍衆故生此

當知如是人　自在所欲生　能於此惡世　廣說無上法

應以天華香　及天寶衣服　天上妙寶聚　供養說法者

吾滅後惡世　能持是經者

부처님 도에 머물러 자연지(自然智)를 성취하거든
《법화경》을 받아 지닌 이 부지런히 공양하고
온갖 지혜 얻으려면 그 일도 마찬가지
이 경을 받아 지닌 이 공양하고 모실지라.
만일 어떤 사람 《법화경》을 받아 지니면
부처님의 사자로서 중생을 위하니
이 경전 받은 이는 청정한 많은 국토
스스로 싫다 하고 이런 곳에 났느니라.
바로 알라 이런 사람 제 맘대로 나겠지만
악한 세상 태어나서 위없는 법을 설해
하늘 꽃과 하늘 향 보배로운 의복들과
아름다운 보물들로 설법자를 공양하라.
내 입적한 후 악한 세상 이 경전 가진 이

그 부처님의 아들이 설령 한 번이라도 이 경전을 설할 적에는, 공양을 위하여 단단한 음식, 부드러운 음식 또는 음식물을, 절·침구·의복류를 바치도록 하라.
다음 세상에 이 경전을 베끼고 믿으며 혹은 또 듣는 자는
내가 인간계에 보낸 사자이니라. 그는 여래가 해야 하는 일을 완수할 것이니라.
부처님 앞에 서서 만(滿) 1겁이라도 악의를 품고 얼굴을 찡그려 비방하는 말을 지껄인 자는 많은 죄과를 범한 것이 되느니라.
최고의 경전(법화경)을 믿는 사람들이 이 세상에서 이 경전을 널리 퍼지게 하고

있을 때,

그들을 비방하고 매도하는 자는 그 죄과가 더욱 무겁다고 나는 단언하느니라.

이 가장 훌륭한 '깨달음'을 바라고 구하며 몇천만억이라는 많은 게송을 외우면서

내 면전에서 만 1겁이라도 합장하고 나를 찬양한 사람은

기쁜 마음으로 나를 찬양하였기 때문에 그때 실로 많은 복덕을 얻느니라.

그들을 찬양하는 사람은 더욱 많은 복덕을 얻으리라.

일만팔천 천만겁 동안 음성과 형상과 맛으로.

또 천상(天上)의 방향(芳香)과 천상의 감촉을 느끼고 경전의 이러한 문자에 공양하는 사람은,

일만팔천 천만겁 동안 이런 문자에 공양한 다음

이 경전을 단 한 번만 들어도 그는 '위대한 것을 얻었다'는

기이한 마음의 충격을 받게 될 것이니라.

當合掌禮敬	如供養世尊	上饌衆甘美	及種種衣服
供養是佛子	冀得須臾聞	若能於後世	受持是經者
我遣在人中	行於如來事	若於一劫中	常懷不善心
作色而罵佛	獲無量重罪	其有讀誦持	是法華經者
須臾加惡言	其罪復過彼	有人求佛道	而於一劫中
合掌在我前	以無數偈讚	由是讚佛故	得無量功德
歎美持經者	其福復過彼	於八十億劫	以最妙色聲
及與香味觸	供養持經者	如是供養已	若得須臾聞
則應自欣慶	我今獲大利	藥王今告汝	我所說諸經
而於此經中	法華最第一		

세존께 공양하듯 합장하여 공경하고

맛있고 좋은 음식 가지가지 의복들로

이 불자께 공양하고 잠시라도 들을지며

후세에 어떤 사람 이 경전 받아 지니면

내가 보낸 사자로써 여래의 일 행하노라.

만일 1겁 동안 그 마음이 악하여서

부처님을 욕하면 짓는 죄가 무겁고

《법화경》을 받아 지녀 읽고 외우는 이

잠깐만 욕해도 그 죄는 더욱 크다.

불도를 구하려고 긴 세월 1겁 동안

내 앞에서 합장하고 게송으로 찬탄하면

이런 사람 얻는 공덕 한량이 없지만

경(經) 가진 이 찬탄하면 그 복은 더 크니라.

80억 겁 동안에 가장 묘한 음성과

향과 음식 의복으로 경 가진 이 공양하고

이런 공양 마친 뒤에 설법 잠깐 들어도

마음이 쾌락하여 큰 이익을 얻으리니

약왕에게 말하노라. 내가 설한 경전 중에

이것저것 제쳐놓고 《법화경》이 제일이다.

"약왕이여, 그대가 알도록 일러두려고 하느니라. 실은 많은 경설을 나는 말하였고, 지금 말하고 있으며 또 말할 것이니라. 이런 모든 경설 중에서, 이 경설(법화경)은 모든 세상에 받아들여지지 않았고, 또 모든 세상에서 믿음을 받지 못하고 있느니라. 그것은 또 여래의 마음속에 있는 가르침의 비밀이고, 여래의 힘에 의하여 완전히 지켜지고 있으며, 아직껏 파헤쳐진 일도 없고 아직껏 보여진 적도 없느니라. 이 경설은 여래가 살아 있는 현재에도 많은 사람으로부터 배척을 받고 있느니라. 하물며 여래가 입적한 다음에는 오죽하겠느냐.

그러나 약왕이여, 여래가 입적한 다음에 이 경을 믿고 독송하며, 베껴 쓰고 우러러 공경하며 다른 사람들에게 설하여서 들려주려고 하는 양가의 아들들이나 딸들은, 여래의 옷을 입은 사람들로 보아야 하느니라. 그들은 다른 세계에 사는 여래들에 의하여 보살펴지고 가호를 받느니라. 또 그들은 저마다 신앙의 힘과 공덕의 힘과 서원의 힘을 가지고 있느니라. 이런 양가의 아들과 딸들은 여래와 함께 같은 사원에서 살게 될 것이니라. 그리고 그들은 여래의 손으로 머리를 만지게 될 것이니라.

爾時佛復告 藥王菩薩摩訶薩 我所說經典 無量千萬億 已說 今說 當說 而於其中 此法華經 最爲難信難解 藥王 此經是諸佛 秘要之藏 不可分布 妄授與人 諸佛世尊 之所守護 從昔已來 未曾顯說 而此經者 如來現在 猶多怨嫉 況滅度後 藥王當知 如來滅後 其能書持 讀誦供養 爲他人說者 如來即爲 以衣覆之 又爲他方 現在諸佛 之所護念 是人有大信力 及志願力 諸善根力 當知是人 與如來共宿 則爲如來 手摩其頭.

그때 부처님께서 약왕보살마하살에게 말씀하시었다.

"내가 설하는 경전이 한량없는 천만억으로 이미 설하기도 하였고, 지금도 설하며 앞으로도 설하겠지만, 이《묘법연화경》이 가장 믿기 어렵고 이해하기도 어려우니라.

약왕이여, 이 경전은 여러 부처님께서 비밀스럽고 중요하게 생각하시는 바이니 분포하여 함부로 설해 주지 말라. 이 경전은 또 여러 부처님께서 지극히 수호하시느니라. 옛날부터 지금까지 아직 나타내어 설하지 않는 것은 여래께서 세상에 계실 때도 원망과 질투가 많았던 까닭인데, 하물며 입적하신 뒤에야 더 말할 것이 있느냐.

약왕이여, 반드시 알라. 여래 입적하신 뒤에도 이 경을 받아서, 쓰거나 읽으며 외우고 공양하며 다른 사람을 위하여 설하는 이는, 여래께서 곧 옷으로 덮어주며 또 타방 세계에 계신 여러 부처님으로부터 보호를 받으리라. 이런 사람은 큰 신앙력과 지원력(志願力)과 여러 가지 선근력(善根力)이 있으니, 바로 알라. 이런 사람은 여래와 더불어 자며, 여래께서 손으로 그의 머리를 어루만지는 것과 같으니라.

또 약왕이여, 어떤 곳에서든 이 경설이 논하여진다든가, 가르쳐 보인다든가, 또 베껴 쓴다든가, 음송된다든가, 낭송된다든가 하는 땅에는, 마땅히 높이 솟은 큰 보석의 여래탑이 세워져야 하나, 거기에 여래의 사리가 모셔질 필요는 없느니라. 왜냐하면 거기에는 여래의 전체 사리가 모셔져 있기 때문이니라. 따라서 어떤 곳이든 이 경설이 논하여진다든가, 가르쳐 보인다든가, 독송된다든가, 낭송된다든

가, 베껴 쓴다든가 하는 데에는, 이 탑을 우러러 공경하는 제물이 공양되고 찬양을 받는 것이 마땅하니라. 또 모든 꽃·향목·향수·화만(華鬘 : 생화를 묶은 꽃다발)·향유·향가루·의복·산개·기치·기드림 등을 바치고, 모든 가곡·음악·무용·기악·요발(鐃鈸 : 바라)을 합창한다든가 합주하여 기려야 하느니라.

또 이 여래의 탑을 찾아 예배하고 공양하며, 또 구경하는 중생은 모두 성불에 가까운 사람으로 알아야 하느니라. 왜냐하면 가정생활을 하는 자이든, 출가한 자이든, 많은 사람이 보살로서 수행하는데도 불구하고, 이 경험을 보고 듣는다든가, 베껴 쓴다든가, 공양한다든가 하는 것을 할 수 없는 자가 있기 때문이니라. 어쨌든 약왕이여, 이 경설을 듣지 않으면, 그들은 보살로서의 수행을 잘한 것이 아니니라. 그러나 이 경설을 듣고 거기에 심취하여 친밀감을 느끼며 터득하고 받아들이는 자는, 그때 더없는 완전한 '깨달음'에 가까워질 수 있느니라.

藥王 在在處處 若說若讀 若誦若書 若經卷所住之處 皆應起七寶塔 極令高廣嚴飾 不須復安舍利 所以者何 此中已有 如來全身 此塔應以 一切華香瓔珞 繒蓋 幢幡 伎樂歌頌 供養恭敬 尊重讚歎 若有人 得見此塔 禮拜供養 當知是等 皆近阿耨多羅三藐三菩提 藥王 多有人 在家出家 行菩薩道 若不能得 見聞讀誦 書持供養 是法華經者 當知是人 未善行菩薩道 若有得聞是經典者 乃能善行 菩薩之道 其有衆生 求佛道者 若見若聞 是法華經 聞已信解 受持者 當知是人 得近阿耨多羅三藐三菩提.

약왕이여, 어느 곳이거나 혹은 설하고 혹은 읽거나 혹은 외우고 혹은 쓰며 혹은 경권이 있는 곳이거든, 다 칠보탑을 일으키되 극히 높고 넓게 하여 장엄하게 꾸미고, 다시 사리를 모실 것이 없느니라. 왜냐하면 이 가운데는 이미 여래의 전신이 있기 때문이니라. 그러므로 이 탑에 온갖 꽃·향·영락·증개·당번·기악·노래 등으로 공양하고 공경하며 존중하고 찬탄할 것이니, 만일 어떤 사람이 이 탑을 보고 예배하고 공양하면 반드시 알라. 이런 사람은 다 아눗타라삼약삼보디에 가까우니라.

약왕이여, 많은 사람이 집에 있거나 또는 출가하여 보살의 도를 행할 적에, 만일 이 《법화경》을 보고 듣고 읽고 외우며 받아 쓰고 공양하지 아니하면 반드시 알라. 이런 사람은 보살의 도를 잘 행하지 못하는 사람이며, 만일 이 경전을 얻어 듣는 이는 능히 보살의 도를 잘 행하는 사람이니라. 중생 가운데 부처님의 도를 구하는 이가 이《법화경》을 보고 혹은 들으며 혹은 듣고 믿어서 이해하면 반드시 알라. 이런 사람은 아눗타라삼약삼보디에 가까우니라.

비유컨대, 어떤 사람이 목말라 물을 얻기 위하여 우물을 팠다고 하자. 그런데 너무 황폐한 곳이라 마른 흙이 나오는 것을 보고 '아무래도 여기에서 물을 얻기는 어렵다'는 것을 알았다고 하자. 다른 기회에 그 사람이 물기 머금은 진흙이나 물방울이 떨어지는 축축한 흙이 나오는 것을 본다든가 또는 우물을 파는 인부들이 손발에 진흙이 묻어 있는 것을 보았다고 하자. 그래서 그 사람은 이 징조를 보고 '이제는 정말 물이 나오리라'고 믿어 의심이 사라질 것이니라.

바로 이와 같이 이 경설을 들은 적도 없고 배운 일도 없으며, 이해한 적도 없고 몰두도 하지 않고 생각도 하지 않은 동안은, 위대한 뜻을 가진 보살이라 하더라도 더없는 완전한 '깨달음'과는 거리가 멀다고 할 것이니라. 그러나 위대한 뜻을 가진 보살들이 이 경설을 듣고 배워, 믿어서 독송하고 생각하며 우러러 공경할 때, 그들은 더없는 완전한 '깨달음'에 가까워지는 것이니라. 중생들에게 성불은 이 경설에서 나오는 것이니라. 왜냐하면 이 경설은 최고의 미묘한 의의를 가진 말을 해명하는 것이고, 또 그 가운데에는 보살들을 완전히 '깨달음'의 경지로 교화하기 위하여 여래들이 설한 가르침의 최고 비밀이 밝혀져 있기 때문이니라.

藥王 譬如有人 渴乏須水 於彼高原 穿鑿求之 猶見乾土 知水尙遠 施功不已 轉見濕土 遂漸至泥 其心決定 知水必近 菩薩亦復如是 若未聞未解 未能修習 是法華經 當知是人 去阿耨多羅三藐三菩提尙遠 若得聞解 思惟修習 必知得近 阿耨多羅三藐三菩提 所以者何 一切菩薩 阿耨多羅三藐三菩提 皆屬此經 此經開方便門 示眞實相 是法華經藏 深固幽遠 無人能到 今佛敎化 成就菩薩 而爲開示.

약왕이여, 비유하면 어떤 사람이 목이 말라 물을 구하려고 높은 언덕에 우물을 팔 적에, 마른 흙이 아직 나오는 것을 보고 물이 먼 줄을 알지만, 부지런히 쉬지 않고 땅을 파서 점차로 젖은 흙이 나오며 진흙이 나오는 것을 보면, 그 마음에 물이 가까운 줄을 아는 것과 같으니라. 보살도 또한 이와 같아서, 이 《법화경》을 아직 듣지 못하고 이해하지 못하며 능히 닦고 익히지 못하면 반드시 알라. 이런 사람은 아눗타라삼약삼보디에 아직 거리가 먼 것이요, 만일 이 《법화경》을 얻어 듣고 이해하여 닦고 익히는 이는 아눗타라삼약삼보디에 가까운 줄을 알 것이니, 왜냐하면 일체 보살의 아눗타라삼약삼보디는 다 이 경에 속하여 있기 때문이니라. 이 경전은 방편의 문을 열고 진실한 상(相)을 보이나니, 이 《법화경》의 법장은 그 뜻이 깊고 굳으며, 또한 아득하게 멀어서 능히 거기에 이를 사람이 없거늘, 이제 부처님께서는 보살을 교화하여 성취하려고 열어 보이느니라.

모든 보살이 이 경설이 두렵고 무서울 때, 그는 위대한 뜻을 가지고 새로운 법륜에 올라 출발한 보살임을 알아야 하느니라. 또 성문의 법륜에 오른 자로 이 경설이 두렵고 무서울 때는 자만이 심한 녀석으로 알아야 하느니라.

어떤 보살이 여래가 입적한 뒤에 이 경설을 네 종류의 회중에게 설하여 밝혔다 하면, 약왕이여, 이 보살은 여래가 살던 곳으로 들어가 여래의 의복을 걸치고 여래의 자리에 앉아 이 경설을 네 종류의 회중에게 설하여 밝힘이 마땅하리라.

약왕이여, 여래의 방이란 무엇인가. 그것은 모든 중생을 불쌍히 여기는 마음의 상태가 여래의 방이니라. 거기에 양가의 아들들은 들어가야 하느니라.

약왕이여, 여래의 옷이란 무엇인가. 매우 인내하는 마음의 온화함이 여래의 옷이니라. 저 양가의 아들이나 딸들은 그것을 몸에 걸쳐야 되느니라.

약왕이여, 여래의 가르침 자리란 무엇인가. 일체의 것은 '공(空)'이라는 생각으로 들어가는 것이 여래의 가르침 자리이니라. 저 양가의 아들들은 거기에 앉아야 이 경설을 네 종류의 회중에게 설하여 밝히게 하느니라.

마음속으로 주눅 들지 말고 보살은 보살 앞에서, 보살의 법륜에 오르려고 힘쓰는 네 종류의 회중에게 이 경설을 설하여 밝혀야 하느니라. 그리고 나는 다른 세계에 살며 저 양가의 아들을 위해 신통력으로 회중이 나타나 모이도록 할 것이니라.

비구·비구니·남녀 신자들을 신통력으로 출현시켜 가르침을 들으러 가게 하리라. 그들은 이 가르침을 설하는 사람의 말을 배척하든가, 버리지는 않을 것이니라.

또 혹시 그가 깊은 숲속에 사는 경우에는, 내가 많은 하늘·용 등 팔부 신을 보내어 가르침을 듣게 할 것이니라. 그리고 나는 다른 세계에 살고 있더라도 저 양가의 아들에게 때때로 얼굴을 보도록 할 것이니라. 그리고 그가 이 경설의 자구(字句)를 잊는 경우가 있으면, 그가 그것을 독송할 적에 내가 그런 자구를 되풀이하여 일러 줄 것이니라."

그때 세존께서는 다음과 같이 게송으로 말씀하시었다.

藥王 若有菩薩 聞是法華經 驚疑怖畏 當知是爲 新發意菩薩 若聲聞人 聞是經 驚疑怖畏 當知是爲 增上慢者 藥王 若有善男子 善女人 如來滅後 欲爲四衆 說是法華經者 云何應說 是善男子 善女人 入如來室 着如來衣 坐如來座 爾乃應爲四衆 廣說斯經 如來室者 一切衆生中 大慈悲心是 如來衣者 柔和忍辱心是 如來座者 一切法空是 安住是中 然後以不懈怠心 爲諸菩薩及四衆 廣說是法華經 藥王 我於餘國 遣化人 爲其集聽法衆 亦遣化比丘 比丘尼 優婆塞 優婆夷 聽其說法 是諸化人 聞法信受 隨順不逆 若說法者 在空閑處 我時廣遣 天龍鬼神 乾闥婆 阿修羅等 聽其說法 我雖在異國 時時令說法者 得見我身 若於此經 忘失句逗 我還爲說 令得具足 爾時世尊 欲重宣此義 而說偈言

약왕이여, 만일 어떤 보살이 이 《법화경》을 듣고 놀라고 의심하며 무서워하고 두려워하면 반드시 알라. 이런 사람은 새로 마음을 낸 보살이며, 만일 성문이 이 경을 듣고 놀라고 의심하며 무서워하고 두려워하면 반드시 알지니, 이런 사람은 증상만(增上慢)이니라.

약왕이여, 만일 선남자·선여인이 여래 열반하신 뒤 사부 대중을 위하여 이 《법화경》을 설하려 할 때는 어떻게 설하는가. 이 선남자·선여인은 여래의 방에 들어가 여래의 옷을 입고 여래의 자리에 앉아 사부 대중을 위하여 이 경을 널리 설할 것이며, 여래의 방은 온갖 빈법(法空)이니 이런 가운데 편안히 머무른 뒤에야 게으른 마음이 없이 여러 보살과 사부 대중을 위하여 이 《법화경》을 널리 설할지니라.

약왕이여, 그러면 내가 다른 나라에서 변화인을 보내어 그를 위해 법 들을 대중을 모이게 하며, 또 변화된 비구·비구니·우바새·우바이들을 보내어 그 설법을 듣게 하리니, 이 변화인들이 법을 듣고 믿어 가지며 거역하지 않고 순종하여 따르리라. 만일 설법하는 이가 고요하고 한적한 곳에 있으면, 내가 그때 널리 하늘·용·귀신·건달바·아수라 등을 보내어 그 설법을 듣게 하며, 또 내가 다른 나라에 가서 있을지라도 설법하는 이로 하여금 나의 몸을 얻어 보게 하며, 또 만일 설법하다가 이 경의 구절을 잊으면 내가 돌아와서 알려주고 구족함을 얻게 하리라.”

그때 세존께서 이 뜻을 거듭 펴시려고 게송으로 말씀하시었다.

주눅을 떨쳐 버리고 이 훌륭한 경전을 들으라.

그것은 듣기가 참으로 어렵고 거기에 심취하기도 어려우니라.

비유컨대 목마른 사람이 황무지에 우물을 판다고 하자.

그리고 땅을 파고 있을 때 두 번 세 번 마른 흙이 나오는 것을 보았다고 하자.

그것을 보고 그는 생각하리라. ‘물을 얻기는 어렵겠다.

마른 흙이 여기에서 나오는 것이 물 얻기가 멀다는 증거이다’라고.

그러나 축축하고 부드러운 흙이 나오는 것을 두 번 세 번 보고

‘여기에서는 물이 멀지 않다’라고 그는 확신할 것이니라.

생각하려고도 하지 않은 우리는 부처님의 지혜로부터 거리가 먼 것이니라.

제자들을 위하여 설하신 해설서이며 깊은 뜻을 가진 이 경전은 그 왕이므로 잘 듣고 또는 되풀이하여 마음에 새길 때

마치 축축한 흙이 나올 때 물이 가깝다고 말하였듯이

그들은 학식을 얻어 진정 부처님의 지혜에 가까워지느니라.

부처님이 사는 곳으로 들어가 내 옷을 입고

내 자리에 앉아 학식을 갖춘 그는 주눅 들지 않고, 이 경전을 설할 것이니라.

내 방은 자비의 힘이고 내 옷은 인내하는 마음의 온화함이며

내 자리는 ‘공(空)’이니 거기에 앉아 이 경전을 설하라.

흙덩어리를 내던지고 몽둥이로 두드리며 창으로 찌르더라도, 욕설을 퍼붓고 협박을 당하더라도

이 경을 설하는 자는 나를 회상하여 참고 견디어야 하느니라.

몇천만억의 국토에서 내 육체는 견고하고

몇천만 겁이라는 생각할 수도 없을 만큼 기나긴 동안, 중생을 위하여 나는 법

을 설할 것이니라.

欲捨諸懈怠	應當聽此經	是經難得聞	信受者亦難
如人渴須水	穿鑿於高原	猶見乾燥土	知去水尙遠
漸見濕土泥	決定知近水	藥王汝當知	如是諸人等
不聞法華經	去佛智甚遠	若聞是深經	決了聲聞法
是諸經之王	聞已諦思惟	當知此人等	近於佛智慧
若人說此經	應入如來室	著於如來衣	而坐如來座
處衆無所畏	廣爲分別說	大慈悲爲室	柔和忍辱衣
諸法空爲座	處此爲說法	若說此經時	有人惡口罵
加刀杖瓦石	念佛故應忍	我千萬億土	現淨堅固身
於無量億劫	爲衆生說法		

게으른 맘 버리려면 이 경전을 들을지니
얻어듣기 어렵고 받아 믿기도 어렵네.
목이 마른 어떤 사람 언덕에 우물 팔새
마른 흙이 나오면 물이 먼 줄 알지만
진흙을 볼 때는 가까운 줄 아느니라.
약왕이여, 바로 알라. 이러한 모든 사람
《법화경》 못 들으면 불지혜에 아주 멀고
만일 듣게 되면 성문의 법이리니
경전 중에 왕이로다. 잘 듣고 사유하면
바로 알라 이런 사람 불지혜에 가까운 줄.
이 경전 설하려면 여래의 방 들어가서
부처님 옷을 입고 세존 자리 높이 앉아
대중 모아 두려움 없이 널리 분별할 것이니
대자비는 방이 되고 옷은 인욕의 부드러움
빈법 자리 높이 앉아 사부 대중께 설법하며

만일 이 《법화경》 설하고 분별할 때

어떤 사람 나쁜 말로 훼방하고 욕을 하며

칼 막대기와 돌로 때리고 던지어도

지혜 신통 갖추신 부처님 생각으로

그 모든 고통을 능히 다 참느니라.

나는 천만억토에서 청정한 몸 나타내어

한량없는 억겁 동안 중생 위해 설법하리.

내가 입적한 다음에 이 경전을 설할 용사를 위하여

나는 신통력으로 많은 자를 출현시켜 그에게 보낼 것이니라.

비구들도, 비구니들도, 또 우바새도, 우바이도,

이들 네 종류의 회중은 똑같이 그에게 공양할 것이니라.

흙덩어리와 몽둥이를 맞고 욕설·협박·비난이 그에게 쏟아지더라도

신통력으로 나타난 자들은 그를 지지할 것이니라.

황야나 산골 등 마을과 동떨어진 곳에 그가 혼자 살며 이 경을 독송할 때도

나는 그의 앞에 빛나는 모습을 나타낼 것이니라.

그리고 독송할 적에 잊은 장구(章句)를 두 번 세 번 생각나도록 할 것이니라.

깊은 숲속에 살게 된 자가 혼자 거기에 머물 때

그의 친구로서 많은 신과 야차를 보낼 것이니라.

네 종류의 회중에게 법을 설하고 숲속이나 동굴에 혼자 머물러 이 경전을 독송하는 자만이

나를 볼 수가 있느니라. 그가 받는 부덕은 이와 같으니라.

그의 재치는 거침없이 발휘되고 그는 법을 설명하는 방법을 많이 알고 있느니라.

마치 부처님에게 가호를 받고 있기 때문인 것처럼 그는 몇천만억의 인간을 만족시키리라.

그를 의지한 중생은 모두 빨리 보살이 되고,

그와 친하게 사귄 사람들은 갠지스강의 모래알같이 많은 부처님을 친견하게

되느니라.

若我滅度後	能說此經者	我遣化四衆	比丘比丘尼
及淸信士女	供養於法師	引導諸衆生	集之令聽法
若人欲加惡	刀杖及瓦石	則遣變化人	爲之作衛護
若說法之人	獨在空閑處	寂寞無人聲	讀誦此經典
我爾時爲現	淸淨光明身	若忘失章句	爲說令通利
若人具是德	或爲四衆說	空處讀誦經	皆得見我身
若人在空閑	我遣天龍王	夜叉鬼神等	爲作聽法衆
是人樂說法	分別無罣礙	諸佛護念故	能令大衆喜
若親近法師	速得菩薩道	隨順是師學	得見恒沙佛

내가 입적한 후 이 경을 설하는 이
공양할 사부 대중 변화로 보내 주고
모든 중생 인도하여 그 법사가 설하는 법
모두 다 듣게 하려 그 앞에 모아 주며
어떤 사람 칼 막대나 기와 돌로 때리거든
변화인을 곧 보내어 그로부터 보호하며
설법을 하는 이가 고요한 데 홀로 있어
속세를 멀리 떠나 이 경전을 독송하면
그를 위해 나는 청정 광명 나타내며
한 구절만 잊게 되면 설하여 통해 주고
이런 덕을 갖춘 이가 4부 대중께 법 설하고
고요한 곳 경 읽으면 내 몸을 얻어 보며
하늘 용왕 야차 귀신 내가 모두 보내어서
그가 설하는 법 모두 다 듣게 하리니
이런 사람 설법 즐겨 걸림이 없는 것은
부처님의 힘이므로 대중을 환희하게 하며

법사를 친근하면 보살도 빨리 얻고

법사 따라 배우면 많은 부처 친견하리.

이상으로 성스러운 《올바른 가르침의 백련》이라는 경설에서 '가르침을 설하는
사람' 제10장은 끝난다.

11. 보탑이 나타나다
견보탑품 제11/제바달다품 제12

그때 세존의 면전에 모여 있던 회중 한가운데에, 높이 5백 요자나이며 너비도 거기에 걸맞은 칠보탑이 땅속에서 솟아났다. 다양한 색채의 아름다운 탑은 지상에 나타나자, 공중으로 높이 솟아올랐다. 탑은 꽃이 만발한 5천 난간으로 장식되고 몇천이나 되는 아치가 만들어졌으며, 당번(幢幡)과 기드림이 몇천 개나 드리워져 있었다. 또 거기에는 보석 고리도 몇천 개가 달렸고, 끝으로 연결된 크고 작은 방울이 몇천 개나 매달려 있으며, 타마라 나무의 잎과 전단의 향기가 온 세상에 가득하였다. 금·은·유리·산호·녹옥·적진주·파리의 칠보로 만든 산개 줄이, 사천왕 권속들의 궁전에 이르기까지 하늘 높이 이어져 있었다. 33천 권속의 천자들은 천상의 만다라꽃과 마하 만다라꽃을 이 탑에 흩뿌렸다. 그러자 그 보탑에서 이런 소리가 울려왔다.

妙法蓮華經見寶塔品第十一

爾時佛前 有七寶塔 高五百由旬 縱廣二百五十由旬 從地涌出 住在空中 種種寶物 而莊校之 五千欄楯 龕室千萬 無數幢幡 以爲嚴飾 垂寶瓔珞 寶鈴萬億 而懸其上 四面皆出 多摩羅跋栴檀之香 充遍世界 其諸幡蓋 以金 銀 琉璃 硨磲 碼碯 眞珠 玫瑰 七寶合成 高至四天王宮 三十三天 雨天曼陀羅華 供養寶塔 餘諸天 龍 夜叉 乾闥婆 阿修羅 迦樓羅 緊那羅 摩睺羅伽 人非人等 千萬億衆 以一切華香瓔珞 幡蓋伎樂 供養寶塔 恭敬尊重讚歎.

묘법연화경 견보탑품 제11

그때 부처님 앞에 칠보탑이 하나 있으니, 높이는 5백 유순이요 넓이는 250유순으로,

이 탑은 땅으로부터 솟아나 공중에 머물러 있었다. 그것은 가지가지 보물로 장식되어 있으며, 5천의 난간과 천만의 방이 있으며, 한량없이 많은 당번을 장엄하게 꾸미고, 보배 영락을 드리우고 보배 방울을 또 그 위에 수없이 달았으며, 그 사면에는 다마라발 전단향을 피워 향기가 세계에 가득하고, 모든 번개는 금·은·유리·자거·마노·진주·매괴 등 칠보를 모아 이루니, 그 탑의 꼭대기는 삼천 왕궁에까지 이르렀다. 33천은 하늘의 만다라꽃을 비내리듯 내리어 그 보배탑에 공양하고, 그밖에 하늘·용·야차·건달바·아수라·가루라·긴나라·마후라가·사람인 듯 아닌 듯한 천만억 중생들은 온갖 꽃과 향과 영락과 번개와 기악들로 그 보배탑을 공양하며 공경하고 존중하며 찬탄하였다.

"장하시고 장하시어라. 세존이시여, 샤카(석가)족의 성자이신 석가모니시여. 이 《올바른 가르침의 백련》이라는 경설을 잘 설하여 주셨나이다. 그 말과 같나이다. 세존이시여, 바로 그렇나이다. 부처님이시여."

네 종류의 회중은 이 큰 보탑이 공중으로 솟아 있는 것을 보고 미친 듯이 기뻐하였다. 그때 그들은 자리에서 일어나 합장한 채로 계속 서 있었다.

그때 마하 푸라티바나(대요설(大樂說))라는 위대한 뜻을 가진 보살이, 신도 인간도 아수라도 이 세상에 사는 모든 자가 호기심을 일으킨 것을 알고 세존에게 이렇게 아뢰었다.

"세존이시여, 어떤 까닭의 인연이 있기에 이렇게 큰 보탑이 이 세상에 나타났나이까. 또 누가 그런 소리를 대보탑에서 울리게 하였나이까."

爾時寶塔中 出大音聲 歎言善哉善哉 釋迦牟尼世尊 能以平等大慧 敎菩薩法 佛所護念 妙法華經 爲大衆說 如是如是 釋迦牟尼世尊 如所說者 皆是眞實 爾時四衆 見大寶塔 住在空中 又聞塔中 所出音聲 皆得法喜 怪未曾有 從座而起 恭敬合掌 却住一面 爾時有菩薩摩訶薩 名大樂說 知一切世間 天人阿修羅等 心之所疑 而白佛言 世尊 以何因緣 有此寶塔 從地涌出 又於其中 發是音聲.

이때 보배탑 가운데서 큰 음성으로 찬탄하여 말하기를 "거룩하고 거룩하도다! 석가모니 세존이시여. 능히 평등한 큰 지혜로 보살을 가르치는 법이시며, 부처님께서 보호하고 생각하시는 《묘법연화경》으로 대중을 위하여 설법하시니, 이와 같이 석가모니 세존께서 하시는 설법은 모두 진실이니라” 하였다.

그때 4부 대중이 이 큰 보배탑이 허공 가운데 머물러 있는 것을 보고, 또 그 탑 가운데서 나는 음성을 듣고는 모두 기뻐하며, 전에 없던 일이라 이상하게 생각하고 자리에서 일어나 공경 합장하고 한 쪽에 물러나 있더니, 그때 대요설(大樂說)이라 하는 보살마하살이 온갖 세간의 하늘·인간·아수라 등이 마음에 의심하는 것을 알고 부처님께 여쭈었다.

“세존이시여, 무슨 인연으로 이런 보배탑이 땅으로부터 솟아났으며, 또 그 가운데서 그와 같은 음성이 나오나이까.”

그 말을 듣고 세존께서 위대한 뜻을 가진 대요설보살에게 이렇게 말씀하셨다.

“대요설이여, 이 큰 보탑 안에는 여래의 몸이 한 덩어리가 되어 안치되어 있느니라. 이것은 바로 그 여래 탑이고 그 여래가 우렁찬 소리를 냈느니라. 아래쪽으로 천만·백만·십만이라는 무수한 세계를 넘은 아래에, 라트나 뷔슈타(보정(寶淨))라는 세계가 있었느니라. 그곳에 프라부타 라트나(다보)라는 완전히 ‘깨달음’에 도달한 여래가 있었느니라. 이 고귀한 여래는 전세에 이런 서원을 하였느니라.

“나는 예전에 전세에서 보살 수업을 닦았지만, 보살을 훈계하는 《올바른 가르침의 백련》이라는 경설을 듣기 전까지는 더없이 완전한 ‘깨달음’에 이르지 못하였다. 그러나 이 《올바른 가르침의 백련》이라는 경설을 들은 다음 나는 더없이 완전한 ‘깨달음’을 달성하였다.”

그리고 대요설이여, 이 다보여래가 입적할 적에 신·마(魔)·천자·사문·바라문 들과 함께 있는 세상 사람들 앞에서 이렇게 말하였느니라.

“내가 입적할 때 여래의 온몸을 모시기 위하여 하나의 큰 보탑을 세워야 한다. 또 나를 위해 그밖의 탑이 세워져야 할 것이다.”

그 고귀한 다보여래는 또 이런 서원을 하였느니라.

“시방에 있는 모든 세계에서 어느 불국토이든 이 《올바른 가르침의 백련》이라는 경을 설하여 밝힐 적에, 거기에 내 온몸이 있는 탑이 나타나리라. 모든 고귀한 부처님들에 의하여 이 《올바른 가르침의 백련》이 설하여질 때, 모여 있는 대중 위의

공중에 머물러 있게 되리라. 또 이 고귀한 부처님들이 이 《올바른 가르침의 백련》
이라는 경을 설할 적에, 내 온몸의 탑은 그들에게 찬양하는 소리를 들려주리라.

爾時佛告 大樂說菩薩 此寶塔中 有如來全身 乃往過去 東方無量千萬億 阿僧祇世界
國名寶淨 彼中有佛 號曰多寶 其佛行菩薩道時 作大誓願 若我成佛 滅度之後 於十方國
土 有說法華經處 我之塔廟 爲聽是經故 涌現其前 爲作證明 讚言善哉 彼佛成道已 臨
滅度時 於天人大衆中 告諸比丘 我滅度後 欲供養我全身者 應起一大塔 其佛以神通願
力 十方世界 在在處處 若有說法華經者 彼之寶塔 皆涌出其前 全身在於塔中 讚言善哉
善哉

그때 부처님께서 대요설보살에게 말씀하시었다.

"이 보배탑 가운데는 여래의 전신이 계심과 같으니, 오랜 과거에 동방으로 한량없는
천만억 아승지 세계를 지나서 보정(寶淨)이라 하는 나라가 있었으며 그 나라에 부처님
이 계셨으니 그 이름이 다보(多寶)이었느니라. 그 부처님께서 보살도를 행할 때 큰 서원
을 세우기를, '내가 만일 성불하여 멸도한 후 온 국토에 《법화경》을 설하는 곳이 있으
면, 나의 탑은 이 《법화경》을 듣기 위하여 그 앞에 나타나 증명하고 거룩하다고 찬양
하리라' 하였느니라. 그 부처님께서 도를 이룬 뒤 멸도할 때 이르러, 하늘과 인간 가운
데서 여러 비구에게 말하기를 '내가 멸도한 후 나의 전신에 공양하려는 이는 마땅히
하나의 큰 탑을 일으켜 세우라'고 하였느니라. 그 부처님께서 신통한 원력을 가지어 온
세계 어느 곳에서나 《법화경》을 설하는 이가 있으면 그 보배탑이 모두 그 앞에 솟아
나서 탑 가운데 전신이 있어 찬탄하여 거룩하다고 말하리라.

그러므로 이 고귀한 다보여래의 사리를 모신 탑이, 이 사바 세계에서 이 《올바
른 가르침의 백련》이라는 경을 내가 설하고 있을 때, 여기에 모인 대중의 한가운
데에 불쑥 출현하여 찬양하는 소리를 들리게 한 것이니라."

그래서 위대한 뜻을 가진 대요설보살이 세존에게 이렇게 아뢰었다.

"세존이시여, 저희는 세존의 위광에 의해 다보여래의 온몸을 뵙고 싶나이다."

이처럼 위대한 뜻을 가진 대요설보살이 아뢸 때, 세존께서는 그에게 이같이 말

씀하시었다.

"대요설이여, 그 고귀한 다보여래에게는 중대한 서원이 있었느니라. 그 서원은 이런 것이었니라.

'다른 불국토에서 고귀한 부처님들이 이《올바른 가르침의 백련》이라는 경을 설하는 경우가 있으면, 그때 내 온몸을 모신 탑은 이《올바른 가르침의 백련》이라는 경설을 듣기 위하여 여래들의 곁으로 가게 될 것이다. 또 그 고귀한 부처님들이 내 온몸의 탑을 열어 네 종류의 회중들에게 보여 주려고 할 때는, 시방에 있는 각 불국토에서 내 온몸에서 만들어진 여래의 분신들이 저마다 다른 이름으로 각 불국토에 나타나 중생에게 가르침을 설하고 있더라도 그런 분신들을 한곳에 모으고 나서 내 온몸을 모신 탑을 열어 네 종류의 회중에게 보이리라.'

그러므로 여래의 분신들이 많이 만들어져 그것들이 시방의 여러 불국토에 있는 몇천의 세계에서 중생에게 가르침을 설하고 있지만, 그들은 모두 여기에 모이게 될 것이니라."

그때 위대한 뜻을 가진 대요설보살이 세존에게 이렇게 아뢰었다.

"세존이시여, 어찌 되었든 여래께서 만드신 모든 여래의 분신들에게 예배를 드리겠나이다."

大樂說 今多寶如來塔 聞說法華經故 從地涌出 讚言善哉善哉 是時大樂說菩薩 以如來神力故 白佛言 世尊 我等願欲 見此佛身 佛告大樂說菩薩摩訶薩 是多寶佛 有深重願 若我寶塔 爲聽法華經故 出於諸佛前時 其有欲以我身示四衆者 彼佛分身諸佛 在於十方世界說法 盡還集一處 然後我身 乃出現耳 大樂說 我分身諸佛 在於十方世界說法者 今應當集 大樂說 白佛言 世尊 我等亦願 欲見世尊 分身諸佛 禮拜供養.

대요설아, 지금 다보여래의 탑도 이《법화경》을 들으려고 땅으로부터 솟아나 거룩하다고 찬탄하느니라."

이때 대요설보살이 여래의 신통한 힘으로 부처님께 여쭈었다.

"세존이시여, 저희가 이 부처님의 전신을 뵙기를 원하나이다."

부처님께서 대요설보살마하살에게 말씀하시었다.

"이 다보불은 마음에 깊은 소원이 있으니 만일 그의 보탑이 《법화경》을 듣기 위하여 우리 부처님 앞에 솟아나서 4부 대중들에게 그 속에 있는 몸을 나타내 보이려고 할 때는, 온 세계에 있는 내 분신의 모든 부처님을 설법으로 다 모은 뒤에야 보이느니라.

대요설아, 온 세계에 있는 내 분신의 모든 부처님을 지금 설법으로 마땅히 모이게 하리라."

대요설이 부처님께 여쭈었다.

"세존이시여, 저희 또한 세존의 분신 부처님들을 친견하고 예배하여 공양하고자 하나이다.

그때 세존께서는 양미간에 있는 백호로부터 한 줄기 빛을 발하셨다. 그 빛을 발하는 순간에 동쪽에 있는 갠지스강의 모래알 수와 같은 오십천만억의 세계에 사는 고귀한 부처님들의 모습이 다 보였다. 또 그 부처님들이 사는 파리(수정)로 만들어진 불국토도 보였다. 그 불국토에는 갖가지 보배나무가 눈부시게 무성하고, 기다란 헝겊의 영락(瓔珞)이 한쪽에 장식된 장막이 둘러쳐져 있을 뿐만 아니라, 칠보로 장식된 황금 그물로 덮여 있는 것도 보였다. 여러 국토에서 고귀한 부처님들이 아름답고 매력적인 음성으로 중생에게 가르침을 설하고 계신 것도 보였다. 또 그 불국토들에 몇십만이라는 보살이 넘쳐 있는 것도 보였다. 동남쪽에서도 이와 같았다. 남쪽에서도 이와 같았다. 서남쪽과 서쪽에서도 이와 같았다. 서북쪽도 마찬가지였다. 북쪽과 북동쪽 역시 같았다. 아래쪽과 위쪽도 마찬가지였다.

온 세계가 모두 다 각각의 방향으로, 갠지스강의 모래알 수와 같은 몇천만억의 불국토와, 갠지스강의 모래알 수와 같은 몇천만억의 세계에 있는 고귀한 부처님들도 그 모습이 모두 보였다.

그때 온 세계에 있는 여래들은 저마다 자기를 따르는 보살 무리에게 소리 질렀다.

"양가의 아들들이여, 우리는 석가모니여래 앞에서 다보여래의 사리탑을 예배하기 위하여 사바 세계로 가야 하느니라."

그리고 이 고귀한 부처님들은 각기 자기의 시종 두세 명을 데리고 이 사바 세계에 찾아왔다.

이렇게 하여 그때 모든 세계는 보배나무로 꾸며지고, 유리로 만든 칠보 장식이 달린 황금의 그물로 씌워져 있고, 큰 보옥 같은 향료의 향기가 피워져 마하 만다라봐꽃이 뿌려지고 황금의 실로 여덟 연화의 꽃잎과 맺어져 있었다.

爾時佛放 白毫一光 卽見東方 五百萬億 那由他 恒河沙等 國土諸佛 彼諸國土 皆以頗梨爲地 寶樹寶衣 以爲莊嚴 無數千萬億菩薩 充滿其中 遍張寶幔 寶網羅上 彼國諸佛 以大妙音 而說諸法 及見無量千萬億菩薩 遍滿諸國 爲衆說法 南西北方 四維上下 白毫相光 所照之處 亦復如是 爾時十方諸佛 各告衆菩薩言 善男子 我今應往 娑婆世界 釋迦牟尼佛所 幷供養多寶 如來寶塔 時娑婆世界 卽變淸淨 瑠璃爲地 寶樹莊嚴 黃金爲繩 以界八道 無諸聚落 村營城邑 大海江河 山川林藪 燒大寶香 曼陀羅華 遍布其地 以寶網幔 羅覆其上 懸諸寶鈴.

그때 부처님께서 백호의 한 광명을 놓으시니, 곧 동방 5백만억 나유타 항하의 모래 같이 많은 국토에 있는 여러 부처님을 볼 수 있거늘, 그 여러 국토는 땅이 파려로 되고, 보배나무와 보배옷으로 장엄되었으며, 한량없이 많은 천만억 보살이 그 가운데 충만하고, 보배 장막이 둘러쳐 있었다. 보배 그물을 위에 덮었고, 그 국토의 부처님들은 크고 미묘한 음성으로 법을 설명하며, 또 한량없이 많은 천만억 보살이 국토마다 가득하여 중생을 위하여 설법하는 것도 보았으며, 남·서·북방과 사유·상하 어느 곳이나 백호의 광명이 비치는 곳은 모두 이와 같았다.

그때 온 세계 여러 부처님이 보살들에게 말씀하시었다.

"선남자야, 내가 이제 석가모니불이 계신 사바 세계에 가서 공양하고 아울러 다보여래의 보배탑에도 공양하리라."

이때 사바 세계는 곧 청정하게 변하여 유리로 땅이 되고 보배나무로 장엄되며 황금 줄을 드리워 8도를 경계하고, 여러 가지 작은 촌락이나 성읍이나 큰 강·내·바다나 산이나 수풀이 없어지며, 큰 보배의 향을 피우고 만다라꽃을 그 땅 위에 두루 덮고, 위로는 보배 그물과 장막을 치고 여러 가지 보배 방울을 달아 놓는다.

거기에다 그 세계들에는 마을·도시·군락·주(州)·왕국·수도는 없고, 카라 산(山)도, 무치린다 산도, 마하 무치린다 산도, 챠쿠롸바다 산도, 마하 챠쿠롸바다 산도 없고, 수미산도 없고, 그밖의 큰 산도 없으며, 큰 바다도 없고, 하천과 큰 강도 없고, 신과 인간과 아수라의 군중도 없고, 지옥·축생·야마(염마천(焰摩天))의 세계도 없게 만들어져 있었다.

이렇게 되어 이때 이 사바 세계에서 여섯 가지 운명을 타고난 자들은, 그 자리에 모인 자를 빼고 모두 다른 세계로 옮겨졌다. 그래서 고귀한 부처님들은 두세 명의 시종을 데리고 이 사바 세계에 모여든 것이다. 그리고 이 여래들이 모여들자, 보배나무 밑에 있는 사자좌(사자자리. 부처가 앉는 자리)에 앉아 머물렀다. 보배나무는 어느 것이나 5백 요자나 높이로 가지와 잎이 무성하고, 모두 크기와 높이에 알맞게 꽃과 과실로 장식되어 있었다. 그리고 각 보배나무 밑에는 큰 보석으로 꾸며진 5요자나 높이의 사자좌가 준비되어 있었다. 그 하나하나에 여래는 발을 꼬고 편히 앉아 있었다. 이렇게 하여 삼천대천세계의 모든 곳에서 여래는 보배나무 밑에 가부좌하고 앉은 것이다.

그런데 그때 이 삼천대천세계에는 여래가 가득하였으나, 고귀한 석가모니여래의 몸에서 만들어진 분신(分身)은 어느 쪽에서도 전혀 오지 않았다. 그래서 존귀한 석가모니여래께서는 모여드는 여래의 분신들을 위하여 빈자리를 만드셨다. 그것에 의하여 널리 팔방으로 이십천만억의 불국토가 나타났는데, 모두 유리로 만든 칠보 장식이 달린 황금 그물로 덮여 있다.

唯留此會衆 移諸天人 置於他土 是時諸佛 各將一大菩薩 以爲侍者 至娑婆世界 各到寶樹下 一一寶樹 高五百由旬 枝葉華果 次第莊嚴 諸寶樹下 皆有師子之座 高五由旬 亦以大寶 而校飾之 爾時諸佛 各於此座 結跏趺坐 如是展轉 遍滿三千大千世界 而於釋迦牟尼佛 一方所分之身 猶故未盡 時釋迦牟尼佛 欲容受所分身諸佛故 八方各更變 二百萬億 那由他國 皆令淸淨

다만 이 회중만은 그 가운데 머무르게 할 뿐, 하늘이나 인간들은 다른 땅으로 옮기었다.

이때 여러 부처님이 각각 하나의 큰 보살의 사자를 데리고 사바 세계에 이르러 보배 나무 아래마다 앉으시니, 그 하나하나의 보배나무는 높이가 5백 유순이며, 가지와 잎 과 꽃과 열매가 모두 차례대로 장엄되었다. 그 많은 보배나무 아래에는 각각 사자좌 가 있으니 그 높이가 5유순으로 큰 보배로 꾸미어졌고, 오신 여러 부처님이 이 자리에 가부좌를 틀고 앉을 때, 이와 같이 전전하여 삼천세계가 가득 찼지만 석가모니불의 한쪽 방위 분신불도 못되었다. 그때 석가모니불께서는 분신의 모든 부처님을 용납하 시려고, 8방으로 각각 2백만억 나유타 국토를 다시 청정하게 하시었다.

방울을 짜맞춘 그물이 씌워져 만다라꽃이나 마하 만다라꽃이 뿌려진 성스러 운 장막으로 둘러쳐 있고, 신성한 꽃의 영락이 드리워져 향료의 거룩한 향기를 풍기고 있었다. 이런 이십천만억의 모든 불국토에는 마을·도시·취락·주·왕국·수 도가 없고, 카라 산도, 무치린다 산도, 마하 무치린다 산도, 챠쿠롸바다 산도, 마 하 챠쿠롸다산도 없고, 수미산도 없고, 그밖의 큰 산도 없으며, 하천과 큰 강도 없 고, 신과 인간과 아수라의 군중도 없고, 지옥·축생·야마(염마천)의 세계도 없게 만 들어져 있었다. 그리고 이런 많은 불국토는 하나의 불국토가 하나의 지방같이 정 연하게 배치되어 있는데, 모두 평탄하고 풍광이 아름다우며, 칠보를 만든 나무가 다채롭게 우거진 자태를 보이고 있었다.

그리고 이런 보배나무의 높이와 너비는 5백 요자나로, 거기에 알맞게 가지와 잎이 무성하고 꽃이 피어 열매를 맺고 있었다. 그리고 모든 보배나무 밑에는 높이 와 너비가 5요자나인, 신성한 보석으로 만든, 다채롭고 아름다운 사자좌가 준비 되어 있었다. 이런 보배나무 밑에 모여든 여래들은 사자좌에 가부좌를 하고 앉 았다.

이렇게 하여 석가모니여래께서는 각 방향에서 모여든 여래들에게 자리를 만들 어 주기 위하여 다른 이십천만억의 세계를 깨끗하게 하셨다. 이런 세계에도 마을· 도시…… (중략) ……야마의 세계도 없게 만들어져 있었다. 그리고 거기에 살던 모 든 사람들은 다른 세계로 옮겨졌다.

無有地獄 餓鬼 畜生 及阿脩羅 又移諸天人 置於他土 所化之國 亦以琉璃爲地 寶樹

莊嚴 樹高五百由旬 枝葉華果 次第嚴飾 樹下皆有 寶師子座 高五由旬 種種諸寶 以爲
莊校 亦無大海江河 及目眞鄰陀山 摩訶目眞鄰陀山 鐵圍山 大鐵圍山 須彌山等諸山王
通爲一佛國土 寶地平正 寶交露幔 遍覆其上 懸諸幡蓋 燒大寶香 諸天寶華 遍布其地
釋迦牟尼佛 爲諸佛當來坐故 復於八方 各更變二百萬億 那由他國 皆令淸淨 無有地獄
餓鬼畜生 及阿修羅 又移諸天人 置於他土.

　　지옥·아귀·축생·아수라는 없어지고 모든 하늘과 인간은 다른 땅으로 옮겨지며, 그
나무의 높이는 5백 유순이나 되고, 가지와 잎과 꽃과 열매가 차례대로 장엄되며, 나무
아래에는 여러 가지 보배로 된 사자좌가 있었다. 거기에는 5유순의 높이로 역시 갖가
지 보물들로 장식되었으며, 큰 바다와 강과 하천이 없으며, 목진린타산과 마하목진린
타산(摩訶目眞鄰陀山)과 철위산(鐵圍山)과 대(大)철위산과 수미산 등의 여러 산왕(山王)
이 없어, 한 개의 불국토로 통일하였다. 그 보배 땅은 평탄하고 보배 장막을 그 위에
덮었으며, 여러 가지 번개를 달고 큰 보배의 향을 피웠으며, 많은 하늘의 보배꽃은 그
땅을 두루 덮었다.

　　석가모니불께서는 또 여러 부처님이 와서 앉게 하려고 다시 8방으로 각각 2백만억
나유타 국토를 모두 청정하게 하시니 지옥·아귀·축생·아수라가 없고, 또 모든 하늘과
인간을 다른 나라에 옮겨 두었다.

　　이런 모든 불국토는 유리로 만들어져 향료의 거룩한 향기로…… (중략) ……향
기를 풍기고 보배나무가 무성하였다. 그리고 이런 보배나무는 모두 5백 요자나
높이였으며, 그 밑에는 5요자나의 사자좌가 마련되어 있었다. 이렇게 해서 여래들
은 각기 보배나무 밑에 있는 사자좌에 가부좌를 하고 앉았다.

　　또 그때 고귀한 석가모니여래가 길러낸 여래들은, 동쪽에서 갠지스강의 모래
알 수와 같은 몇천만억의 국토에서 거기에 사는 중생들에게 가르침을 설하고 있
다가 이 사바 세계에 모두 모였다. 이렇게 여래들은 시방에서 모여들어 팔방으로
앉았다. 그러자 그때 각 방향에서 삼십천만억의 세계가 팔방으로부터 골고루 이
여래들과 함께 나타났다. 그래서 이 여래들은 저마다 각자의 자리에 앉았다.

所化之國 亦以琉璃爲地 寶樹莊嚴 樹高五百由旬 枝葉華果 次第莊嚴 樹下皆有 寶師

子座 高五由旬 亦以大寶 而校飾之 亦無大海 江河 及目眞鄰陀山 摩訶目眞鄰陀山 鐵

圍山 大鐵圍山 須彌山等諸山王 通爲一佛國土 寶地平正 寶交露幔 遍覆其上 懸諸幡蓋

燒大寶香 諸天寶華 遍布其地 爾時東方 釋迦牟尼佛所分之身 百千萬億 那由他 恒河沙

等 國土中諸佛 各各說法 來集於此 如是次第 十方諸佛 皆悉來集 坐於八方 爾時一一方

四百萬億那由他國土 諸佛如來 遍滿其中 是時諸佛 各在寶樹下 坐師子座.

　　또한 그 변화된 국토의 땅은 유리로 되고 보배나무로 장엄되었으며, 높이가 5백 유
순이나 되는 그 보배나무는 가지와 잎과 꽃과 열매가 차례대로 장엄되었다. 나무 아
래에는 높이 5유순이 되는 보배로 된 사자좌가 있으니, 역시 큰 보물들로 꾸며졌으며,
또 큰 바다·강·하천이 없고, 목진린타산·마하목진린타산·철위산·대철위산·수미산 등
의 여러 산왕이 없어 하나의 불국토로 통일되었다. 땅은 평탄하고 보배 장막이 그 위
를 덮었으며, 많은 번개를 달고 큰 보배 향을 피우며 많은 보배꽃으로 그 땅을 두루
덮었다.

　　그때 동방으로 석가모니불의 백천만억 나유타 항하의 모래 같은 불국토 가운데에
있는 분신의 부처님들을 설법으로 불러 모으니, 이렇게 하여 온 세계 모든 부처님이
와서 8방에 앉을 때 그때 하나하나의 방위 4백만억 나유타 국토에 많은 부처님 여래
가 가득 찼다. 그 여러 부처님은 각각 보배나무 아래에 있는 사자좌에 앉았다.

　　그리고 그의 시종을 고결한 석가모니여래한테 보냈다. 그들은 보옥으로 만든
꽃다발을 건네며 말했다.

　　"너희들은 그리둘라 쿠타(영취산)로 가거라. 그리고 거기에 가서 석가모니여래에
게 예배하고, 보살과 부처님 제자의 집단과 함께 우리가 전하는 말로서 '환후 없
으시고 무사하옵니까' 하고 문안을 올려라. 그리고 나서 이 보석 덩어리를 뿌려
공양한 다음, '고결하신 여래는 이 대보탑을 열도록 승낙하셨나이다. 이처럼 여래
들은 모두 여기에 모였다는 것을 보고하기 위하여 저희를 사자로 파견하였나이
다'라고 하여라."

　　그때 석가모니여래께서는 자신이 기른 분신인 여래들이 빠짐없이 모여들어 저

마다 사자좌에 앉은 것을 알고, 또 이런 여래들의 시종이 모인 것을 알고, 또 여래들이 승낙한 것도 알고, 스스로 자리에서 일어나 공중에 섰다. 그리고 세존께서는 공중에 솟아 있는 대보탑의 중앙을 오른손 손가락으로 열었다. 문짝이 좌우로 갈라졌다. 마치 대도성 성문의 큰 자물쇠가 풀리며 열리는 것 같았다. 그 대보탑의 문이 열리자마자 고귀한 다보여래가 마치 명상을 마친 듯이, 사지가 여위고 쇠약해진 몸으로 사자좌에 가부좌를 하고 앉아 삼매에 든 것처럼 보였다. 그리고 다보여래는 이와 같이 말하였다.

皆遣侍者 問訊釋迦牟尼佛 各齎寶華滿掬 而告之言 善男子 汝往詣耆闍崛山 釋迦牟尼佛所 如我辭曰 少病少惱 氣力安樂 及菩薩聲聞衆 悉安隱不 以此寶華 散佛供養 而昨是言 彼某甲佛 與欲開此寶塔 諸佛遣使 亦復如是 爾時釋迦牟尼佛 見所分身佛 悉已來集 各各坐於師子之座 皆聞諸佛 與欲同開寶塔 卽從座起 住虛空中 一切四衆 起立合掌 一心觀佛 於是釋迦牟尼佛 以右指開 七寶塔戶 出大音聲 如却關鑰 開大城門 卽時一切衆會 皆見多寶如來 於寶塔中 坐師子座 全身不散 如入禪定 又聞其言.

그러고는 데리고 온 사자를 석가모니불께 보내며 보배꽃을 주고 문안을 일러 주었다.

"선남자야, 너는 기사굴산의 석가모니불이 계신 곳에 가서 이렇게 말하라. '병도 없으시고 고뇌도 없으시어 기력이 안락하시며, 보살과 성문 대중도 모두 안온하시나이까.' 그리고 이 보배꽃을 흩어 부처님께 공양하고 또 말하기를 '저 아무개 부처님이 이 보배탑을 열어 주시옵소서' 한다고 여쭈어라."

또한 여러 부처님도 각각 사자를 보내어 이렇게 하니 그때 석가모니불께서 분신의 모든 부처님이 다 모여 각각 사자좌에 앉아 있는 것을 보시고, 또 그 부처님이 다 같이 보배탑 열어 주기를 원하는 것을 들으시고, 곧 자리에서 일어나 허공 가운데 머무르시므로, 모든 4부 대중이 일어나 일심으로 합장하며 우러러보았다. 이에 석가모니불께서 오른손가락으로 칠보탑 문을 여시니, 큰 성문의 자물쇠가 풀리어 열리는 것처럼 큰 소리가 났다. 그때 거기 모인 모든 대중은 보배탑 안의 사자좌에 산란치 않으시고 선정에 든 다보여래를 보며, 또 그의 음성을 들었다.

"장하고 훌륭한 일이옵니다. 세존이시여, 석가모니시여. 이《올바른 가르침의 백련》이라는 경설을 참으로 잘 설하셨나이다. 또 세존이시여, 여래께서 이《올바른 가르침의 백련》이라는 경을 회중의 한가운데에서 설하신다는 것은 실로 장한 일이나이다. 세존이시여, 저는 이《올바른 가르침의 백련》이라는 경설을 듣기 위하여 여기에 왔나이다."

그때 네 종류의 회중은, 그 고결한 다보여래가 몇천만억 겁의 옛날에 입적하였음에도 이렇게 말하는 것을 보고 불가사의하고 기이한 생각이 들어 모두 경탄하였다. 그래서 그들은 고결한 다보여래와 존엄한 석가모니여래에게, 천상계와 인간계에 속하는 다량의 보옥을 뿌려 공양하였다.

그러자 고결한 다보여래가 존엄한 석가모니여래에게 사자좌의 절반을 물려드리고 그 대보탑 안에서 이렇게 말하였다.

"존엄하신 석가모니여래께서는 여기에 앉으소서."

그래서 존엄한 석가모니여래는 그 여래로부터 물려받은 절반의 자리에 함께 앉았다. 두 여래는 대보탑 한가운데 있는 사자좌에 나란히 앉아 공중에 떠 있는 것처럼 보였다.

그때 이 네 종류의 회중들은 이렇게 생각하였다.

'우리는 두 분의 여래로부터 멀리 떨어져 있다. 우리도 여래의 위광에 의하여 공중에 오르고 싶다.'

그래서 존엄한 석가모니여래는 이들 네 종류의 대중이 마음속으로 생각하고 있는 것을 살피시고, 그때 신통력에 의하여 이들을 모두 하늘 높이 오르게 하였다. 그리고 존엄한 석가모니여래는 그들에게 큰 음성으로 말하였다.

"비구들이여, 너희들 가운데 이 사바 세계에서 이《올바른 가르침의 백련》이라는 경설을 널리 설할 수 있는 이 누구냐. 지금이 바로 그때 그 기회가 왔느니라. 여래께서는 이《올바른 가르침의 백련》이라는 경을, 너희 중 누군가에게 맡기고 열반에 들고자 하시느니라."

그때 세존께서 다음과 같이 게송으로 말씀하시었다.

善哉善哉 釋迦牟尼佛 快說是法華經 我爲聽是經故 而來至此 爾時四衆等 見過去無

量 千萬億劫 滅度佛 說如是言 歎未曾有 以天寶華聚 散多寶佛 及釋迦牟尼佛上 爾時多
寶佛 於寶塔中 分半座 與釋迦牟尼佛 而作是言 釋迦牟尼佛 可就此座 卽時釋迦牟尼佛
入其塔中 坐其半座 結跏趺坐 爾時大衆 見二如來 在七寶塔中 師子座上 結跏趺坐 各
作是念 佛座高遠 唯願如來 以神通力 令我等輩 俱處虛空 卽時釋迦牟尼佛 以神通力
接諸大衆 皆在虛空 以大音聲 普告四衆 誰能於此 娑婆國土 廣說妙法華經 今正是時
如來不久 當入涅槃 佛欲以此 妙法華經 付囑有在 爾時世尊 欲重宣此義 而說偈言

'거룩하시고 거룩하시도다! 석가모니불께서 이 《법화경》을 쾌히 설하시니 이 경을
듣기 위하여 이곳에 이르렀노라'고 하였다.

그때 4부 대중들이 한량없는 천만억 겁의 오랜 과거에 멸도하신 부처님께서 이와
같이 말씀하시는 것을 듣고 미증유라 찬탄하며, 하늘의 보배꽃을 다보불과 석가모니
불의 위에 흩었다.

그때 보배탑 가운데 계신 다보불께서 자리를 반으로 나누어 석가모니불께 드리고
이렇게 말씀하시었다.

"석가모니불께서는 이 자리에 앉으소서."

그러자 곧 석가모니불께서 그 탑 가운데로 드시어 그 반으로 나눈 자리에 가부좌
를 틀고 앉으시었다.

그때 대중들은 두 여래께서 칠보탑 가운데 있는 사자좌에 가부좌를 틀고 앉으신
것을 보고 생각하기를 '부처님의 자리가 매우 높고 멀도다. 여래께 원하오니 신통력을
쓰시어 우리들로 하여금 허공에 머물도록 하여 주시옵소서' 하니 곧 석가모니불께서
신통력을 나타내시어 대중들을 허공 가운데 모두 이끌어 올리고, 큰 음성으로 4부 대
중에게 널리 말씀하시었다.

"누가 능히 이 사바 세계에서 《묘법연화경》을 설하겠느냐. 지금이 바로 이 경을 설할
때이니라. 여래는 오래지 아니하여 열반에 들 것이니 이 《묘법연화경》을 부촉하려고
여기에 있느니라."

그때 세존께서 이 뜻을 거듭 펴시려고 게송으로 말씀하시었다.

입적한 지도자, 이 위대한 신선은, 보옥탑을 타고 가르침을 듣기 위하여,

여기에 왔느니라. 비구들이여, 법을 위해 용기를 내지 않을 자 있겠느냐.

몇천만 겁의 옛날에 입적하였음에도 불구하고 그는 오늘도 가르침을 들었느니라.

가르침을 듣기 위해서라면 그는 어디라도 가느니라. 이처럼 가르침은 얻기 어렵기 때문이니라.

이 부처님은 지도자로서 일찍이 전세에 서원을 세웠느니라.

입적하였음에도 그는 시방의 도처에서 온 세계를 돌아다니느니라.

갠지스강의 모래알 수처럼 몇천만억이라는, 이런 모든 것은 내 육체의 분신이니라.

이 부처가 입적하는 것을 보고 싶고 이런 가르침을 듣기 위하여 여기에 온 것이니라.

저마다 자기의 국토를, 또 제자들을, 그리고 모든 인간과 신들을 버리고

가르침의 법이 오래오래 존속하기를 바라며, 모든 올바른 가르침을 지키기 위하여 왔느니라.

이 부처님들의 자리를 위해 모든 중생은 다른 곳으로 옮겨져

몇천만억의 수많은 세계가 신통력에 의하여 완전히 청정해졌느니라.

이 가르침의 법이 어떻게 설하여 보일지 나에게는 그 불안이 이렇게 컸느니라.

보리수 밑에 있는 부처님들은 마치 연꽃 무리같이 무량하였느니라.

몇천만이라는 수많은 나무 밑에 사자좌에 앉은 부처님들에 의해

마치 암흑이 공양한 등불에 의하여 밝아지듯이 항상 휘황하게 빛나고 있느니라.

세상의 지도자인 부처님들의 그윽한 향기는 시방으로 퍼져

그것은 끊임없이 향기를 감돌게 하여 그 때문에 모든 사람은 취하느니라.

聖主世尊	雖久滅度	在寶塔中	尙爲法來
諸人云何	不勤爲法	此佛滅度	無央數劫
處處聽法	以難遇故	彼佛本願	我滅度後
在在所往	常爲聽法	又我分身	無量諸佛

如恒沙等　　來欲聽法　　及見滅度　　多寶如來

各捨妙土　　及弟子衆　　天人龍神　　諸供養事

令法久住　　故來至此　　爲坐諸佛　　以神通力

移無量衆　　令國淸淨　　諸佛各各　　詣寶樹下

如淸淨池　　蓮華莊嚴　　其寶樹下　　諸師子座

佛坐其上　　光明嚴飾　　如夜闇中　　燃大炬火

身出妙香　　遍十方國　　衆生蒙薰　　喜不自勝

譬如大風　　吹小樹枝　　以是方便　　令法久住

성주이신 세존께서 멸도하심 오래이나

보탑 가운데 계시면서 법 들으러 오시거늘

어찌하여 중생들은 법 구하려 않는건가.

이 부처님 멸도하심 무수하게 오래이나

법을 찾아 듣는 뜻은 희유하고 미묘하온

이 《법화경》 설법이 만나 보기 어려움이라.

그 부처님 본래 소원 내가 멸도한 후

어디든가 찾아가서 법 들으려 하느니라.

또 나의 분신으로 항하의 모래같이

한량없는 여러 부처 법 들으러 여기 오고

오랜 옛날 멸도하신 다보여래 뵈려고

미묘한 장엄 국토 하나 없이 다 버리고

제자들과 하늘 인간 용과 귀신의 여러 공양

싫다 하고 법 구하려 이곳에 왔느니라.

오신 부처 앉게 하려 신통력을 또한 써서

무량 중생 옮기시고 국토를 청정하거늘

보배나무 아래마다 계시는 많은 부처

청정한 연못 위에 연꽃을 장엄한 듯

보배나무 아래마다 사자좌에 앉은 부처

광명으로 장엄함이 어두운 밤의 큰불 같고

몸에서 나는 묘한 향기 온 세계 두루하니

중생들 향기 맡고 기뻐하는 그 마음

큰바람이 작은 가지 불어 흔듦같이

이런 방편으로써 법 오래 머물게 하리.

내가 입적할 때도 이 경설을 믿으려고 하는 자는

이 부처님들이 보는 앞에서 빨리 맹세한다고 말하여라.

신성한 다보여래는 입적하였으나 이제야 완전히 깨달아

이 경전의 선양을 결심한 자의 우렁찬 사자후를 듣고자 하느니라.

두 번째의 나라, 여기에 모인 몇천만의 부처님들은

이 경전을 널리 설하려고 힘쓰는 내 아들로부터 그 결의를 듣게 되리라.

이와 같은 가르침을 듣기 위하여 사방팔방으로 가는 자들은

나와 다보 부처님에게 항상 공양할 것이니라.

모여든 부처님들에 의하여 장식된 이 대지는 색채도 다양하구나.

이 경전을 널리 설하고 이 부처님들에게 넉넉한 공양을 바쳐야 하느니라.

나와 탑의 중앙에 앉은 세존이 이 자리에 있는 것을 너는 보았느니라.

또 몇천만억의 국토와 더불어 여기에 모여든 많은 다른 부처님도 너는 보았느니라.

告諸大衆	我滅度後	誰能護持	讀說斯經
今於佛前	自說誓言	其多寶佛	雖久滅度
以大誓願	而師子吼	多寶如來	及與我身
所集化佛	當知此意	諸佛子等	誰能護法
當發大願	令得久住	其有能護	此經法者
則爲供養	我及多寶	此多寶佛	處於寶塔
常遊十方	爲是經故	亦復供養	諸來化佛
莊嚴光飾	諸世界者	若說此經	則爲見我

多寶如來　　及諸化佛

대중들께 말하노니 내가 멸도한 후

누가 이 경 받아 능히 읽고 설할 거냐.

지금 부처님 앞에 스스로 선서하라.

저기 계신 다보불도 멸도한 지 오래이나

크게 세운 서원으로 사자후를 설하시니

다보불과 나의 몸과 화신불만 이 뜻 아노라.

불자들아 누구든지 법 받들면

큰 발원을 세워서 오래도록 머물지니

이 경법 받아 지녀 능히 읽고 보호하면

나와 다보불께 공양함이 되느니라.

보배탑의 사자좌에 항상 계신 다보불은

이 경전 듣기 위해 온 세계 출현하며

오신 모든 화불(化佛) 광명으로 여러 세계

장엄하게 꾸미는 이 이런 이를 공양하며

만일 이 경 설하면 나의 몸과 다보여래

그리고 모든 화불 다 함께 친견하리.

양가의 아들들이여, 이 세상에 있는 모든 중생을 불쌍히 여겨
부처님들이 곤란한 입장을 참고 견디고 있다는 것을 생각하여라.
갠지스강의 모래알 수처럼 몇천억이라는 많은 경전을
누군가가 세상에 널리 퍼지게 했다고 하여도 그것은 어려운 일은 아니니라.
또 수미산을 손에 들고 꽉 쥐어 으스러뜨려
몇천만의 국토 저쪽으로 내던지는 자가 있었다고 하여도 그것은 어려운 일은
아니니라.
형태가 있는 세계의 꼭대기에 서서 이 세상에서 사람이 가르침을 말하고
몇천의 다른 경전을 설한다고 하여도 그것은 어려운 일은 아니니라.

그러나 세상의 주인인 부처님이 입적한 다음의 무서운 세태에
이 경전을 굳게 믿고 설한다면 그것은 참으로 어려운 일이니라.
모든 허공계를 한주먹에 쥐어 내버릴 수 있는 자가
그것을 내버리고 간다고 하여도 그것은 어려운 일이 아니니라.
내가 입적한 그다음의 세상에 이와 같은 경전을
베껴 쓴 자가 있다고 하면 그것은 참으로 어려운 일이니라.

諸善男子	各諦思惟	此爲難事	宜發大願
諸餘經典	數如恒沙	雖說此等	未足爲難
若接須彌	擲置他方	無數佛土	亦未爲難
若以足指	動大千界	遠擲他國	亦未爲難
若立有頂	爲衆演說	無量餘經	亦未爲難
若佛滅後	於惡世中	能說此經	是則爲難
假使有人	手把虛空	而以遊行	亦未爲難
於我滅後	若自書持	若使人書	是則爲難

선남자들아 이것은 어려운 일
각기 깊이 생각하여 큰 발원을 세울지니
이밖에 여러 경전 항하사 같은 수를
모두 다 설하여도 이보다는 쉬우니라.
그렇게 큰 수미산을 타방의 불국토에
멀리 던져 놓는대도 어려운 일 그 아니며
만일 발가락 하나로 삼천대천 큰 세계를
멀리 들어 놓는 일도 어려울 것 하나 없고
유정천에 올라서서 한량없는 중생들께
다른 경전 연설해도 어려울 것 없지마는
부처님 멸도 후에 악한 세상에 태어나
이 경전 설하는 일 이것이 어렵노라.

가령 어떤 사람 허공을 휘어잡고

그 가운데 거닐어도 어려운 일 그 아니고

내가 멸도한 후 스스로 써서 갖거나

다른 사람 시키는 일 이런 것은 어렵노라.

모든 대지를 가루로 만들어 손톱 끝으로 긁어모아

그것을 내버리러 갈 때마다 브라흐만(범천) 세계까지 올라간다고 하여도

어려운 일을 하는 데 있어, 이 세상 모든 어려운 것 중에서 최고로 어려운 것보다도

한결 더 어려운 일이라고 하면 내가 입적한 다음 세상에서

누군가가 다만 한 순간이라도 이 경전을 말하는 것이니라.

겁화(劫火)로 이 세상이 다 타버릴 적에 마른풀을 지고

불 속 한가운데를 걷는 사람이 있었다 하더라도, 그것은 어려운 일은 아니니라. 내가 입적할 때 이 경전을 믿고 받들어

듣는 사람이 단 한 명이라도 있게 한다면 그것은 한결 더 어려운 일을 성취하는 것이 되느니라.

8만4천 가르침의 항목(여러 가지 법문을 모아 엮은 것)을 믿고

배운 대로 뜻의 해석을 포함하여 몇천만의 인간에게 설하여 보여 준다고 하더라도

그때 비구들을 교화한 내 제자들에게 다섯 가지 신통력에

익숙하게 한다 해도 그것은 그다지 어려운 일은 아니니라.

이 경전을 믿고 받들어 심취하여, 또는 되풀이하여 설명하는 것은 한결 더 어려운 일이니라.

갠지스강의 모래알 수처럼 몇천만억이라는 많은, 여섯 가지 신통력(六神通 : 천안통·천이통·타심통·숙명통·신족통·누진통의 6가지 신통력)을 갖춘

특출한 사람들을 아라한의 위치에 안주시킨 사람이 있다고 하여도

이 사람보다 내가 입적할 때 이 훌륭한 경전을 믿어 받드는

가장 훌륭한 사람이 더욱 많은 일을 한 것이 되느니라.

若以大地　　置足甲上　　昇於梵天　　亦未爲難

佛滅度後　　於惡世中　　暫讀此經　　是則爲難

假使劫燒　　擔負乾草　　入中不燒　　亦未爲難

我滅度後　　若持此經　　爲一人說　　是則爲難

若持八萬　　四千法藏　　十二部經　　爲人演說

令諸聽者　　得六神通　　雖能如是　　亦未爲難

於我滅後　　聽受此經　　問其義趣　　是則爲難

若人說法　　令千萬億　　無量無數　　恒沙衆生

得阿羅漢　　具六神通　　雖有是益　　亦未爲難

於我滅後　　若能奉持　　如斯經典　　是則爲難

어떤 사람 큰 땅덩이 발톱 위에 올려놓고

범천까지 오른대도 어려운 일 아니지만

부처님 멸도한 후 악한 세상 태어나

이 경 잠시 읽는 일 이것은 어려운 일

마른풀을 짊어지고 불 속으로 뛰어들어

몸을 비록 안 태워도 어려운 일 아니지만

내가 멸도한 후 이 경을 받아 지녀

한 사람께 설하여도 그 일은 어려우며

8만 4천 법장 그리고 12부경을

모두 다 받아 지녀 인간 위해 연설하고

그를 들은 중생들이 6신통을 다 얻도록

교화하고 인도해도 어려운 일 아니지만

내가 멸도한 후 이 경전 받아 들고

그 뜻을 묻는 일은 이가 곧 어려우며

한량없고 수가 없는 천만억의 항하 모래

그 많은 중생에게 설법하고 교화하여

아라한을 얻게 하고 6신통을 갖춰 주며

비록 이익 말하지만 이런 일도 어렵지 않고

내가 멸도한 후 이런 경전 능히 받아

받들고 지니는 일 이가 곧 어렵노라.

몇천이나 되는 많은 세계에서 나는 가르침을 설하였느니라.

더구나 지금 또 나는 부처님의 지혜를 위하여 가르침을 설하노라.

모든 경전 중에서 이 경전이 으뜸이라고 하느니라.

이 경전을 믿는 사람은 부처님의 분신을 지키는 것이 되느니라.

양가의 아들들이여, 여래가 그대들 앞에 있는 동안에 그대 중에서 누군가 다음 세상에 이 경전을 전하는 데 견디어 낸다는 것을 말하여라.

이 전하기 어려운 경전을 잠시라도 믿고 받드는 사람은

언제 어느 경우에도 부처님들에게 매우 마음에 드는 일을 한 것이 되느니라.

그는 어디에서나 부처님들로부터 찬탄을 받으며 장부다운 용사로서 자랑스럽고

또 속히 신통력을 얻어 '깨달음'에 도달할 것이니라.

이 경전을 믿고 받드는 자는 무거운 짐을 진 자이고

부처님들의 친아들로서 평정한 경계에 도달한 자이니라.

부처님이 입정한 뒤 이 경전을 세상에 널리 떨치는 자는

신과 인간이 사는 이 세상에서 그 눈이 되어 주는 자이니라.

부처님이 입정한 다음 세상에 설사 한 순간이라도 이 경을 설하는 사람은, 모든 중생 가운데 학식이 있는 사람이고 그들로부터 공양받을 것이니라.

我爲佛道	於無量土	從始至今	廣說諸經
而於其中	此經第一	若有能持	則持佛身
諸善男子	於我滅後	誰能受持	讀誦此經
今於佛前	自說誓言	此經難持	若暫持者
我則歡喜	諸佛亦然	如是之人	諸佛所歎
是則勇猛	是則精進	是名持戒	行頭陀者

則爲疾得　　無上佛道　　能於來世　　讀持此經

是眞佛子　　住淳善地　　佛滅度後　　能解其義

是諸天人　　世間之眼　　於恐畏世　　能須臾說

一切天人　　皆應供養

내가 불도 위해 무량한 국토마다

처음부터 지금까지 여러 경전 설했으나

그 가운데 이 경전이 참되고 제일이니

능히 받아 지니면 부처님을 받드는 일.

여러 선남자야 내가 멸도한 후

누가 능히 이 경전을 받아 지니고 독송할까.

누구든지 이러한 일 하려는 뜻 가진 이는

부처님 앞에 나와 스스로 선서하라.

수지하기 어려운 경 잠시라도 수지하면

내 마음과 여러 부처 모두 다 환희하리니

이와 같은 사람은 부처 칭찬 받을지니

이가 곧 용맹이며 범행 닦는 정신이요

이 이름이 지계이며 두타행을 닦음이니

위없는 부처님 도 더욱 빨리 이룰지며

앞으로 오는 세상 이 경전 받아 지니면

이런 이가 참된 불자 좋은 땅에 머무르며

부처님 멸도한 후 그 뜻을 이해하면

이런 사람 하늘 인간 세간의 눈이 되며

두려운 세상에서 잠깐만 설하여도

온갖 하늘 인간 모두 다 공경하리.

　그때 세존께서는 보살의 집단과 신과 아수라를 포함한 세간의 사람들에게 말씀하시었다.

"비구들아, 일찍이 나는 헤아릴 수도 없고 셀 수도 없을 만큼의 겁이 지나간 옛날에, 지쳐 게으름이 없이 《올바른 가르침의 백련》이라는 경전을 찾아 구하였느니라. 나는 또 일찍이 몇 겁인가 옛날에 몇십만 겁 동안 왕자였느니라. 더없이 완전한 '깨달음'에 도달하려 하는 서원을 세워, 기가 죽은 적이 없었느니라. 나는 내가 소유한 황금·보석·진주·유리·수정·산호·백금·은·녹옥·청옥·적진주(赤眞州)·마을·주(州)·왕국·수도·처첩·자식·딸·여자노예·노예·심부름꾼·고용인·코끼리·말·수레를 비롯하여 내 육체까지도 버리고, 수족과 머리 그밖의 지체뿐만 아니라 목숨까지도 아끼지 아니하며, 한량없는 공양하고 육바라밀(六波羅蜜 : 보살이 열반에 이르기 위해 실천해야 할 6가지 덕목. 보시, 인욕, 지계, 정진, 선정, 지혜를 이름)의 완수에 전념하였느니라.

더욱이 나에게는 인색한 마음은 조금도 일어나지 않았느니라. 또 그 당시 세상 사람들은 장수하였기 때문에, 나도 수명이 길어져 몇십만 년 동안 왕국을 통치하였으나 그것은 정의를 위해서였지 향락을 위함이 아니었느니라. 나는 맏아들에게 왕위를 물려준 다음 사방으로 훌륭한 가르침을 구하여 분주하게 방울을 울리면서 이와 같이 포고하였느니라.

'나에게 훌륭한 가르침을 설하여 주는 사람, 또 그 의의를 알려 주는 사람이 있다면 나는 그 사람의 노예가 되리라.'

그러자 그때 한 사람의 선인(仙人)이 나한테 이렇게 말하였느니라.

'대왕이시여, 가장 훌륭한 가르침을 밝힌 《올바른 가르침의 백련》이라는 경전이 있나이다. 내 노예가 되기로 승낙만 하신다면 그 가르침을 설하리라.'

나는 그 선인의 말을 듣고 뛸 듯이 기뻐하여 그 선인 가까이 가서 말하였느니라.

'노예가 해야 하는 일을 하오리다.'

이렇게 나는 그 선인의 노예가 되었느니라. 그리하여 꼴을 베고 나무를 하며, 물을 긷고 무를 뽑으며 풀뿌리를 캐고 과일을 따는 등 허드렛일을 하는 한편 문지기 일을 하였느니라. 낮에는 이런 일을 하고, 밤에는 침상에서 자고 있는 선인의 발을 떠받치는 일도 하였느니라. 그러나 내 심신이 지친 적은 없었느니라. 이런 일을 하는 동안에 만(滿) 1천 년이 지나갔느니라."

그때 세존께서는 그 의의를 밝히기 위하여 다음과 같이 게송으로 말씀하시었다.

妙法蓮華經提婆達多品第十二

爾時佛告諸菩薩 及天人四衆 吾於過去 無量劫中 求法華經 無有懈倦 於多劫中 常作國王 發願求於 無上菩提 心不退轉 爲欲滿足 六波羅蜜 勤行布施 心無恪惜 象馬七珍 國城妻子 奴婢僕從 頭目髓腦 身肉手足 不惜軀命 時世人民 壽命無量 爲於法故 捐捨國位 委政太子 擊鼓宣令 四方求法 誰能爲我 說大乘者 吾當終身 供給走使 時有仙人 來白王言 我有大乘 名妙法華經 若不違我 當爲宣說 王聞仙言 歡喜踊躍 卽隨仙人 供給所須 採菓汲水 拾薪設食 乃至以身 而爲床座 身心無倦 于時奉事 經於千歲 爲於法故 精勤給侍 令無所乏 爾時世尊 欲重宣此義 而說偈言

묘법연화경 제바달다품 제12

그때 부처님께서 여러 보살과 하늘과 인간과 4부 대중들에게 말씀하시었다.

“내가 지난 과거 한량없는 겁 동안 《법화경》을 구할 적에 게으른 마음이 없었으며, 또 많은 겁 동안 국왕으로 있으면서 발원하여, 위없는 보리심을 구할 때도 마음이 물러나지 아니하였느니라. 또 육바라밀을 만족하려고 보시를 부지런히 행할 적에도 인색한 마음이 없어, 코끼리·말·칠보·국토·처자·남종·여종들과 머리·얼굴·몸·수족들을 아끼지 아니하였느니라. 그때 세상 사람들 수명은 한량이 없었지만, 법을 구하기 위하여 국왕을 버리고, 정사를 태자에게 물려 주고, 북을 높이 치며 사방에 영을 내리기를 ‘누가 능히 나를 위하여 대승법을 설하겠느냐. 만일 그런 이가 있으면 나는 종신토록 받들어 모시리라’ 하였느니라. 바로 그때 한 선인이 왕을 찾아와서 하는 말이 ‘나에게 《묘법연화경》이라는 대승경이 있으니, 만일 나의 뜻을 어기지 아니하면 마땅히 설법하리라’ 하니, 선인의 말을 들은 왕은 마음이 기쁘고 좋아서 곧 선인을 따라 받들고 모시되 과일도 따고 물도 길며, 땔나무도 해오고 밥을 지으며, 또는 몸으로 그의 앉는 자리가 되어도 신심이 게으르지 않고 받들어 모시기를 천 년 동안 하였으나, 법을 구하려는 까닭에 오히려 부지런히 모시어 결핍하지 아니하였느니라.”

그때 세존께서 이 뜻을 거듭 펴시려고 게송으로 말씀하시었다.

나는 정의를 지켜 받드는 왕자였던 몇 겁의 옛날을 회상하노라.

나는 옳은 통치를 하였으나 그것은 애욕 때문이 아니라

가장 훌륭한 가르침을 위한 것이었느니라.

"이 가르침을 설하는 자의 노예가 되겠노라"고 나는 사방에 포고를 하였느니라.

그때 《올바른 가르침의 백련》이라는 경전을 설할 현명한 선인이 있었느니라.

그는 나에게 "그대가 가르침을 바란다면 내 노예가 되라.

그런다면 가르침을 설하겠노라"고 하였느니라.

이 말을 듣고 나는 만족하여 그때 노예 일을 하였느니라.

올바른 가르침을 위하여 노예가 된 나에게 심신이 지친 일은 전혀 없었느니라.

그때 나에게는 서원이 있었느니라. 나 자신을 위해서도 아니요 애욕 때문도 아니었느니라.

그 왕자는 그때 용기를 떨쳐 분별하며 다른 일은 아니 하고 시방으로 뛰어다니며,

만 1천 겁 동안 '올바른 가르침'이라는 이름의 경전을 얻을 때까지 노력하여 지치는 법이 없었느니라.

我念過去劫	爲求大法故	雖作世國王	不貪五欲樂
椎鐘告四方	誰有大法者	若爲我解說	身當爲奴僕
時有阿私仙	來白於大王	我有微妙法	世間所希有
若能修行者	吾當爲汝說	時王聞仙言	心生大喜悅
卽便隨仙人	供給於所須	採薪及菓蓏	隨時恭敬與
情存妙法故	身心無懈倦	普爲諸衆生	勤求於大法
亦不爲己身	及以五欲樂	故爲大國王	勤求獲此法
遂致得成佛	今故爲汝說		

지난 과거 생각하니 대승법을 구하려고

세상 국왕 되었으나 오욕락을 탐하지 않고

대승법을 찾으려고 사방으로 종을 쳐서

나를 위해 설법하면 그의 노복이 되리라.

그때 아사(阿私)선인 대왕 앞에 하는 말

내가 가니 미묘한 법 세간에 희유하다.

만일 그 법 수행하면 너를 위해 설한다고.

국왕이 그 말 듣고 마음 크게 환희하여

그 선인 즉시 따라 모시고 받들어서

나물 캐고 나무하고 과일 따고 물을 길어

밥을 짓고 빨래하고 온갖 일을 보살펴도

미묘한 법 뜻을 두니 신심이 가벼워라.

여러 중생 위하여서 부지런히 구하는 법

나의 욕심 채우거나 오욕락이 아니므로

나라 왕이 되어서도 이런 법을 구하여서

마침내 성불하여 너를 위해 설하노라.

"비구들이여, '그때 왕자였던 것은 딴 사람이다'라고 생각하는가. 결코 그렇게 생각하면 안 되느니라. 왜냐하면 내가 그때 왕자였기 때문이니라. 또 비구들이여, 그때 선인이었던 것은 딴 사람이었을까. 결코 그렇게 생각하면 안 되느니라. 이 데바다타(제바달다(提婆達多))야말로 그때의 선인이었느니라. 비구들이여, 제바달다는 나의 좋은 친구이니라. 제바달다의 덕분에 나는 육바라밀을 완성하였으며, 위대한 4가지 마음(사무량심(四無量心))을 얻은 것도, 32길상(삼십이상(三十二相))과 80가지 복상(팔십종호(八十種好))을 갖춘 것도, 황금색의 피부도, 10가지의 힘(십력(十力))도 4가지 자신(사무소외(四無所畏))도 4가지 행위(사섭(四攝))도, 또 18가지의 훌륭한 특질(십팔불공법(十八不共法))도, 위대한 신통력도, 시방에서 인간을 구하는 힘도, 모두 다 제바달다의 덕분이었느니라.

비구들이여, 나는 너희들에게 이르노라. 저 비구인 제바달다는 셀 수도 없을 만큼 겁이 지난 미래에,

데바 라쟈(천왕(天王))라는 여래가 되어 데바 소파나(천도(天道)) 세계에서 완전한 학식과 훌륭한 소행을 갖추고, 더없는 행복에 도달하여 가장 세상에 잘 알려진

인간을 훈련하는 조교사요, 신들과 인간의 교사이고 또 세존이 될 것이니라. 또 천왕여래의 수명은 20소겁이 될 것이니라. 그리고 그는 가르침을 자세히 보일 것이니라.

그것에 의하여 갠지스강의 모래알 수같이 많은 중생이 모든 번뇌에서 벗어나 곧 아라한의 자리를 얻을 것이니라. 또 수많은 중생이 연각의 '깨달음'을 달성하려는 뜻을 가질 것이니라. 또 갠지스강의 모래알 수만큼 많은 중생이 더없는 완전한 '깨달음'을 달성하려 할 것이고, 되돌아가지 않고 참고 견디는 정신력을 얻게 될 것이니라.

또 천왕여래가 입적한 다음 20소겁 동안 올바른 가르침이 이어지리라. 유골은 나누어지지 않을 것이니라. 그리고 그의 유골은 한 덩어리가 되어 칠보탑 속에 안치되리라. 그리고 그 탑의 높이는 60요자나, 너비는 40요자나가 되리라. 그리고 모든 신들과 인간은 그의 탑에 공양하며, 꽃·향·향수·화만(華鬘: 생화를 묶은 꽃다발)·향유·향분·의복·산개·기치 등을 바치고 게송과 가창으로 찬탄할 것이니라.

또 이 탑을 오른쪽으로 돌아 예배하는 사람 중의 어떤 자는, 최고의 과보로서 아라한의 위치를 곧 얻을 것이고, 어떤 자는 연각의 '깨달음'을 얻으리라. 또 헤아릴 수도 없을 만큼 많은 신과 인간이, 더없이 완전한 '깨달음'을 달성하려고 하는 뜻을, 결코 굽히지 않을 것이니라."

다시 세존께서는 비구의 집단에게 큰 음성으로 말씀하시었다.

佛告諸比丘 爾時王者 則我身是 時仙人者 今提婆達多是 由提婆達多 善知識故 令我具足 六波羅蜜 慈悲喜捨 三十二相 八十種好 紫磨金色 十力 四無所畏 四攝法 十八不共 神通道力 成等正覺 廣度衆生 皆因提婆達多 善知識故 告諸四衆 提婆達多 却後過無量劫 當得成佛 號曰天王如來 應供 正遍知 明行足 善逝 世間解 無上士 調御丈夫 天人師 佛 世尊 世界名天道 時天王佛住世 二十中劫 廣爲衆生 說於妙法 恒河沙衆生 得阿羅漢果 無量衆生 發緣覺心 恒河沙衆生 發無上道心 得無生忍 至不退轉 時天王佛 般涅槃後 正法住世 二十中劫 全身舍利 起七寶塔 高六十由旬 縱廣四十由旬 諸天人民 悉以雜華 抹香 燒香 塗香 衣服 瓔珞 幢幡寶蓋 伎樂 歌頌 禮拜供養 七寶妙塔 無量衆生 得阿羅漢果 無量衆生 悟辟支佛 不可思議 衆生發菩提心 至不退轉.

부처님께서는 여러 비구에게 말씀하시었다.

"그때의 왕은 지금의 내 몸이며, 선인은 저 제바달다이었느니라. 제바달다는 훌륭한 지식이 있었으므로, 나로 하여금 육바라밀·자비·희사·32상·80가지 좋은 모양·금색의 몸과 10력·4무소외와 4섭법과 18불공법과 신통력을 구족하여 등정각을 이루고 널리 중생을 제도하게 하였느니라.

이제 너희 4부 대중에게 말하노라. 이 제바달다는 한량없이 오랜 겁을 지나서 반드시 성불하리니, 그 이름은 천왕(天王)여래·응공·정변지·명행족·선서·세간해·무상사·조어장부·천인사·불세존이며 그 세계의 이름은 천도(天道)이리라. 그때 천왕불이 세상에 머물기는 20중겁으로 널리 중생을 위하여 미묘한 법을 설하면, 갠지스강의 모래 같은 많은 중생이 아라한과를 얻고, 또 한량없는 중생은 연각심을 내며 다시 항하의 모래같이 많은 중생이 위없는 도의 마음을 내어 무생인(無生忍)을 얻고 물러남이 없으리라. 천왕불이 열반한 뒤에는 정법이 20중겁을 세상에 머물 것이며, 온몸이 사리를 일으키되 그것은 칠보로써 이루리니, 높이는 60 유순이며 넓이는 40 유순이라. 모든 하늘과 인간들이 여러 가지 꽃과 말향·소향·도향과 의복·영락·당번·보배의 번개와, 기악과 가무로써 칠보의 미묘한 탑에 예배하고 공양하며 한량없는 중생들은 아라한과를 얻고 또 한량없이 많은 중생이 벽지불을 깨치며, 불가사의 중생이 보리심을 내어 물러나지 아니하리라."

"비구들이여, 미래에 어느 양가의 아들이나 딸이 《올바른 가르침의 백련》의 이 장을 듣게 될 것이니라. 듣고 나서 의심하지 않고 방황하지 않으며, 깨끗한 마음으로 심취하는 자에게는 세 가지의 불운에 이르는 문이 닫힐 것이니라. 즉 지옥·축생·야마(염마천)의 세계에 태어나는 일은 없느니라. 시방에 있는 불국토에 태어나고, 환생할 때마다 이 경전을 듣게 되리라. 또 신과 인간 세계에 태어난 자는 훌륭한 지위를 얻을 것이니라. 언젠가 불국토에 태어나더라도 그 국토에서는 여래 앞에서 자연히 생긴 칠보 연화(蓮花) 속에 태어날 것이니라."

그때 아래쪽에 있는 프라부타 라트나(다보)여래의 불국토에서, 프라쥬냐 쿠타(지적(智積))라는 보살이 찾아와 다보여래에게 이렇게 말하였느니라.

"세존이시여, 저희는 우리가 속한 본토로 돌아가겠나이다."

그러자 존엄하신 석가모니여래께서 보살인 지적에게 이렇게 말씀하시었다.

"양가의 아들아, 어찌 되었던 지금 가면 안 되느니라. 내 불국토에서 가르침의 후계자가 된 만쥬 슈리(문수사리) 보살과 잠시라도 불법에 대하여 의논한 다음 네가 속한 불국토로 돌아가는 것이 좋을 것이니라."

佛告諸比丘 未來世中 若有善男子 善女人 聞妙法華經 提婆達多品 淨心信敬 不生疑惑者 不墮地獄 餓鬼 畜生 生十方佛前 所生之處 常聞此經 若生人天中 受勝妙樂 若在佛前 蓮華化生 於時下方 多寶世尊 所從菩薩 名曰 智積 白多寶佛 當還本土 釋迦牟尼佛 告智積曰 善男子 且待須臾 此有菩薩 名文殊師利 可與相見 論說妙法 可還本土.

부처님께서는 비구들에게 말씀하시었다.

"앞으로 오는 세상에 만일 선남자·선여인이 이 《묘법연화경》의 제바달다품을 듣고 마음이 청정해지며, 믿고 공경하여 의심하지 않는 이는 지옥이나 아귀 축생의 세계에 떨어지지 아니하고, 온갖 부처님들 앞에 태어나 어느 곳에서든지 항상 이 경을 듣게 되고, 만일 인간이나 천상 가운데 나면 가장 묘한 기쁨을 받을 것이며 또는 부처님 앞에 나게 되면 연꽃으로 생겨나리라."

그때 하방 세계에서 다보세존을 따라온 지적보살이 다보불께 인사하고 그의 본국에 돌아가려 하니 석가모니불께서 지적에게 말씀하시었다.

"선남자야, 잠깐만 기다리라. 여기에 문수사리라고 이름하는 한 보살이 있으니 서로 만나보고 미묘한 법을 논하고 말한 뒤에 그대의 본국에 돌아가거라."

그때 가르침의 후계자가 된 문수사리보살은, 수레바퀴 크기이며 꽃잎이 1천 개인 연꽃 한가운데 앉아, 수많은 보살에게 둘러싸여 존경받으면서 바다 한가운데 있는 사갈라 용왕의 궁전에서 올라와, 하늘 높이 공중을 날아 영취산으로 가서 세존 앞으로 가까이 갔다. 거기에서 가르침의 후계자가 된 문수사리보살은 연꽃에서 내려와, 존엄한 석가모니여래와 다보여래에게 머리를 조아려 예배하고 지적보살에게로 가까이 갔다. 그리고 지적보살과 서로 마주 보고 인사를 나누며, 기분 좋게 덕담하고 여러 가지 얘기를 하고 나서 한 구석에 앉았다. 거기에서 지적보살이 가르침의 후계자가 된 문수사리보살에게 이렇게 물었다.

"문수이시여, 바다 한가운데로 가서서 교화하신 중생은 얼마나 되나이까."

문수사리가 대답하였다.

"헤아릴 수도 없을 만큼 많은 자를 교화하였나이다. 말로 표현할 수 없을 정도로 무량 무수하다고 해야겠지요. 양가의 아들이시여, 어떤 증거가 보일 때까지 지금 잠시만 기다리십시오."

문수사리보살이 이렇게 말하자마자 그때 갑자기 몇천이라는 연꽃이 바다 한가운데에서 솟아 나와 하늘 높이 올라갔다. 그 꽃들 가운데에는 몇천이라는 보살들이 앉아 있었다. 그리고 보살들은 하늘을 날아 영취산 가까이 가서 정상의 상공에 머물러 있는 것이 보였다. 그리하여 그들은 모두 문수사리보살에게 교화되어 더없이 완전한 '깨달음'에 도달하였다. 그래서 예전에 위대한 법륜에 올라 나아가던 보살들은, 위대한 수레의 꽃바퀴인 육바라밀을 찬탄하였다. 일찍이 부처님의 제자였던 보살들은 성문의 법륜을 찬탄하였다. 그들은 모두 '모든 것은 공(空)이다'라는 것과, 위대한 법륜의 꽃바퀴임을 알았다.

그래서 가르침의 후계자가 된 문수사리보살은 지적보살에게 이렇게 말하였다.

"양가의 아들이여, 이들 모두는 내가 바다 한가운데에 가서 교화한 자들로, 그것이 모습을 나타낸 것입니다."

그때 지적보살이 문수사리보살에게 게송으로 물었다.

爾時文殊師利 坐千葉蓮華 大如車輪 俱來菩薩 亦坐寶蓮華 從於大海娑竭羅龍宮 自然涌出 住虛空中 詣靈鷲山 從蓮華下 至於佛所 頭面敬禮 二世尊足 修敬已畢 往智積所 共相慰問 却坐一面 智積菩薩 問文殊師利 仁往龍宮 所化眾生 其數幾何 文殊師利 言 其數無量 不可稱計 非口所宣 非心所測 且待須臾 自當證知 所言未竟 無數菩薩 坐寶蓮華 從海涌出 詣靈鷲山 住在虛空 此諸菩薩 皆是文殊師利 之所化度 具菩薩行 皆共論說 六波羅蜜 本聲聞人 在虛空中 說聲聞行 今皆修行 大乘空義 文殊師利 謂智積曰 於海敎化 其事如是 爾時智積菩薩 以偈讚曰.

그때 문수사리는 큰 수레와 같은 많은 연꽃 위에 앉고, 함께 오는 보살들도 또한 보배 연꽃 위에 앉아 큰 바다의 사가라(娑竭羅) 용궁으로부터 저절로 솟아 허공에 머물 더니, 영취산 위로 내려와, 부처님 앞에 이르러 머리 숙여 세존께 경례하고는 지적보살이 있는 곳으로 가서 서로 위문하고 한쪽에 물러나 있으니 지적보살이 문수사리에게 물었다.

"인자(仁者)께서 용궁에 가시어 교화하신 중생은 얼마나 되나이까."

문수사리는 대답하였다.

"그 수는 한량없어 헤아릴 수도 없으며, 말로 할 수도 없고 생각으로 측량할 수도 없으나, 잠깐 기다리시면 스스로 증명하고 알 수 있으리라."

문수사리의 이 말이 채 끝나기도 전에 한량없는 보살이 보배 연꽃 위에 앉아, 바다로부터 솟아나서 영취산 허공중에 머무니 이 많은 보살은 모두 문수사리께서 교화한 것으로, 보살행을 갖추어 육바라밀을 서로 논설하고, 이제는 모두 대승인의 빈(空) 뜻을 닦고 행하니, 문수사리는 지적보살에게 바다에서 자기가 교화한 일이 이와 같다고 말하였다.

그때 지적보살이 게송으로 찬탄하였다.

훌륭하고 은혜로우신 분이여, 이지에 의하여 현자의 영예 높으신 분이여.
보살께서는 오늘 무수한 자를 교화하셨나이다.
이들은 누구의 위광에 의하여 나타난 것입니까. 인간 중의 신이시여, 묻고자 하나이다. 설하여 주소서.
이들이 듣고 '깨달음'을 구하는 마음을 일으켜 성불하는 발판이 마련된 것은,
보살께서 어떠한 가르침을 설하고 '깨달음'에 이르는 길을 밝히는 어떤 경전을 설하셨기 때문입니까.
문수사리보살이 말하였다.

"나는 바다 한가운데에서 《묘법연화경》만을 설하였지 다른 경전은 설하지 않았다."

지적보살이 물었다.

"이 경전은 매우 깊고 미묘하여 세상에서 만나보기 어렵고 다른 어느 경전보다 훌륭합니다. 이 보배로운 경전을 숭배하고 존경해서 더없이 완전한 '깨달음'에 이

른 자가 과연 있나이까."

문수사리보살이 대답하였다.

"양가의 아들이여, 물론 있도다. 사갈라 용왕 딸은 이제 겨우 여덟 살이지만 총명하고 예민하고 최고의 지혜를 갖고 있으며 신체·언어·마음의 소행이 완전무결하여, 많은 여래가 말씀하신 음성의 의미를 깊이 깨닫고, 구도자가 갖춰야 할 기억력을 지녔으므로 이 세상에 존재하는 만물과 산 것에게 온 마음을 쏟는 수천의 명상을 한순간에 이루었느니라. 그는 '깨달음'을 얻고자 하는 마음을 한시도 버리지 않았으며, 크고 넓은 서원(誓願)을 품고 모든 이에게 그 자신을 대할 때와 똑같은 애정을 쏟았으니, 공덕을 발휘할 수 있었을 뿐만 아니라 그에 부족함이 없었도다. 그는 매우 깨끗한 빛깔의 연꽃과 같은 얼굴에 언제나 미소를 띠고, 몹시 자애로운 마음을 지니며 입으로는 자비로운 말을 하였느니라. 그에게는 완전한 '깨달음'을 갖게 될 능력이 있느니라."

大智德勇健　　化度無量衆　　今此諸大會　　及我皆已見

演暢實相義　　開闡一乘法　　廣導諸衆生　　令速成菩提

文殊師利言 我於海中 唯常宣說 妙法華經 智積 問文殊師利言 此經甚深微妙 諸經中寶 世所希有 頗有衆生 勤加精進 修行此經 速得佛不 文殊師利言 有 娑竭羅龍王女 年始八歲 智慧利根 善知衆生 諸根行業 得陀羅尼 諸佛所說 甚深秘藏 悉能受持 深入禪定 了達諸法 於利那頃 發菩提心 得不退轉 辯才無礙 慈念衆生 猶如赤子 功德具足 心念口演 微妙廣大 慈悲仁讓 志意和雅 能至菩提.

크신 지혜 크신 위덕 위대하신 용맹으로

무량 중생 교화하심 나와 대중 보았나니

실상(實相)의 뜻 연설하고 1승법을 열어 보여

인도한 많은 중생 보리 이뤄 주셨도다.

문수사리가 말하였다.

"나는 바다 가운데서 오직 《묘법연화경》만을 설하였나이다."

지적보살이 또 문수사리에게 물었다.

"그 경이 매우 깊고 미묘하여 여러 경전 가운데 보배이며, 세상에 희유하다니 중생들이 만일 부지런히 정진하고 이 경전을 수행하면 빨리 성불할 수 있나이까."

문수사리가 대답하였다.

"사리가 용왕에게 한 딸이 있으니, 나이 겨우 여덟 살이나 지혜가 있어 영리하고 중생의 모든 근기와 행업을 잘 알며 다라니를 얻고, 여러 부처님께서 설하신 매우 깊고 비밀한 법장을 다 수지하였다. 또한 선정에 깊이 들어 모든 법을 통달하며, 찰나 사이에 보리심을 내어 물러남이 없는 법을 얻었으며, 변재가 걸림이 없고 중생을 어린아이처럼 사랑하고 공덕을 구족하였다. 마음으로 생각하고 입으로 연설함이 미묘하고 광대하여 자비롭고 어질며 그 뜻이 부드러워 능히 보리의 지위에 이르렀나이다."

구도자 지적보살이 말하였다.

"저는 뵈었으나, 존엄하신 석가모니여래께서 '깨달음'을 달성하려고 노력하는 보살이었을 적에 수없이 복덕 있는 소행을 하시고, 더구나 몇천 겁 동안 오로지 성불을 위하여 힘쓰고 한 번도 마음이 꺾인 일이 없으셨나이다. 삼천대천세계에서 중생의 행복을 위하여 그분께서 스스로 몸을 버리지 않은 땅은 촌토(寸土)도 없었나이다. 그런 다음에 '깨달음'을 이루셨나이다. 그러므로, 저 사갈라 용왕 딸이 찰나 사이에 더없이 완전한 '깨달음'을 이룰 수 있게 되었음을 누가 믿겠나이까."

그때 사갈라 용왕 딸이 부처님 앞에 서 있는 것이 보였다. 그는 세존께 머리를 조아려 예배하고 한 구석에 앉아 다음의 게송으로 아뢰었다.

복덕 있는 소행과 심원한 덕행을 달성하여 부처님은 모든 곳에 빛을 비추시리이다.

부처님의 미묘한 몸은 32가지 길상으로 장식되어 있나이다.

부처님은 80가지 복상(福相)을 다 갖추시어 모든 중생이 우러러 공경하고,

모든 중생이 모여 의지하는 분, 마치 사람이 모이는 도시의 시장(市場) 같나이다.

제가 바란 대로 저는 '깨달음'을 이루었나이다. 여래는 제게 증인이십니다.

고뇌를 해탈시키는 크나큰 가르침을 저는 교화하여 보이겠나이다.

智積菩薩言 我見釋迦如來 於無量劫 難行苦行 積功累德 求菩提道 未曾止息 觀三千

大千世界 乃至無有 如芥子許 非是菩薩 捨身命處 爲衆生故 然後乃得 成菩提道 不信

此女 於須臾頃 便成正覺 言論未訖 時龍王女 忽現於前 頭面禮敬 却住一面 以偈讚曰

深達罪福相	遍照於十方	微妙淨法身	具相三十二
以八十種好	用莊嚴法身	天人所戴仰	龍神咸恭敬
一切衆生類	無不宗奉者	又聞成菩提	唯佛當證知
我闡大乘教	度脫苦衆生		

지적보살이 다시 말하였다.

"내가 보니 석가모니불께서는 한량없는 겁 동안 어렵고 괴로운 수행을 하시고 많은 공덕을 쌓아, 보리의 도를 구하시되 일찍이 쉰 일이 없으며, 삼천대천세계를 볼 때 아무리 작은 겨자씨만한 땅이라도 이 보살이 신명을 버리지 아니한 곳이 없으니, 이것은 중생을 위한 때문이라. 이렇게 하신 뒤에 보리의 도를 이루었거늘 이제 용녀가 잠깐 동안에 정각을 이루었다는 것은 잘 믿어지지 않나이다."

그 말이 채 끝나기도 전에 용녀가 홀연히 앞에 나타나 머리 숙여 경례하고 한쪽에 물러나 있더니 게송으로 찬탄하였다.

죄와 복을 통달하여 온 세상을 두루 보고

미묘한 청정 법신 32상 갖췄으며

80가지 좋은 상호로 법신을 장엄하니

하늘 인간 우러러보고 용과 귀신 공경하며

일체 세간 중생 한결같은 마음으로

미묘하고 높은 이를 정성껏 받드나니

보리를 이루는 일 부처님만 아시리라.

나도 대승을 펴서 고뇌 중생 제도하리.

그때 장로 샤리 푸트라(사리불)가 사갈라 용왕 딸에게 이렇게 말하였다.

"양가의 딸이여, 그대가 '깨달음'을 달성할 뜻을 가지고 끊임없이 힘써, 헤아릴 수 없을 만큼의 이지(理智)를 가졌다 하더라도, 완전한 '깨달음'은 참으로 달성하기 어려우리라. 양가의 딸이여, 부녀자가 분발하고 노력하는 마음의 꺾임 없이, 몇 백몇천 겁 동안 복덕 있는 소행을 하여, 육바라밀을 완성하였다 하더라도, 오늘에 이르기까지 부처님의 경계는 얻지 못하였느니라. 왜냐하면 부녀자는 오늘에 이르기까지 다섯 가지 지위를 얻은 적이 없느니라. 다섯 가지란 무엇인가. 첫째 브라흐만(범천) 지위이고, 둘째는 인드라(제석천) 지위이며, 셋째는 사대왕(四大王) 지위요, 넷째는 전륜성왕 지위이고, 다섯째는 끊임없는 보살 지위이니라."

그러자 그때 사갈라 용왕 딸은 하나의 보배구슬을 가지고 있었다. 그 값어치는 삼천대천세계 가치에 상당하는 것이었다. 사갈라 용왕 딸은 이 보배구슬을 세존에게 바쳤다. 세존께서는 그의 마음씨를 귀엽게 여겨 그것을 기꺼이 받아들이셨다. 그러자 사갈라 용왕 딸은 지적보살과 사리불에게 이렇게 말하였다.

"저는 보배구슬을 세존께 공양하였는데 세존께서 그것을 재빨리 받아들이셨을까요, 받아들이지 않으셨을까요."

사리불이 말하였다.

"그대는 그것을 빨리 세존에게 공양하고 세존께서는 그것을 빨리 받아들이셨느니라."

사갈라 용왕 딸이 말하였다.

"사리불 존자이시여, 혹시 제가 큰 신통력을 가지고 있었다고 하면, 세존께서 이 보배구슬을 가납하시기보다도 한결 더 빨리 완전한 '깨달음'에 도달하셨으리다. 그리고 이 보배구슬 받을 분은 없으리다."

時舍利弗 語龍女言 汝謂不久 得無上道 是事難信 所以者何 女身垢穢 非是法器 云何能得 無上菩提 佛道懸曠 經無量劫 勤苦積行 具修諸度 然後乃成 又女人身 猶有五障 一者不得 作梵天王 二者帝釋 三者魔王 四者轉輪聖王 五者佛身 云何女身 速得成佛 爾時龍女 有一寶珠 價直 三千大千世界 持以上佛 佛卽受之 龍女 謂智積菩薩 尊者舍利弗言 我獻寶珠 世尊納受 是事疾不 答言 甚疾 女言 以汝神力 觀我成佛 復速於此.

그때 사리불이 용녀에게 말하였다.

"네가 오래지 않아 위없이 높은 도를 얻겠다고 말하지만 그런 일은 믿을 수 없다. 왜냐하면 여자의 몸은 때 묻고 깨끗하지 못하므로 법의 그릇이 아니기 때문이다. 그런데 어떻게 위없는 도를 능히 얻을 수 있다고 말하는가. 부처님의 도는 멀기 때문에 한량없는 겁 동안 부지런히 고행을 쌓고 모든 법도를 닦아 갖춘 뒤에 이루어지는 것이요, 또한 여자의 다섯 가지 장애가 있으니, 그 첫째는 범천왕이 될 수 없는 것이요, 둘째는 제석(帝釋)이며, 셋째는 마왕이요, 넷째는 전륜성왕이요, 다섯째는 불신(佛身)이니, 어떻게 여자의 몸으로 빨리 성불할 수 있다고 하느냐."

그때 용녀에게 한 보배구슬이 있으니 그 값은 삼천대천세계와 같았다. 그것을 부처님께 받들어 올리니 부처님께서 곧 받으시거늘, 용녀가 지적보살과 존자 사리불에게 말하였다.

"내가 지금 보배구슬을 세존께 받들어 올리니 곧 받으셨거늘 이 일이 빠르지 않나이까."

그들이 빠르다고 대답하니 용녀가 다시 말하였다.

"여러분은 신통력으로써 성불하는 것을 보시오. 이보다 더 빠를 것이나이다."

그때 사갈라 용왕 딸은 세상 모든 사람이 보는 앞에서, 또한 사리불 앞에서 자신의 여성 성기가 사라지고 남자 성기가 생겨 스스로 보살이 되었음을 보여 주었다. 그때 그는 남쪽으로 갔다. 그래서 남쪽에 있는 뷔마라(무구(無垢)) 세계에 머물며 칠보로 만든 보리수 밑에 앉아 스스로 '깨달음'을 이루어 부처님이 되고, 32가지 길상과 80가지 복상(福相)을 다 갖추어 광명의 세계를 비추며 가르침을 설하는 모습을 보였다. 이 사바 세계에 있는 중생은 모두 하늘과 용 등의 팔부중(八部衆 : 불법을 지키는 여덟 신장. 곧 하늘(天), 용, 야차, 건달바, 아수라, 가루라, 긴나라, 마후라가)과, 인간과 귀령들에게 공경을 받고 가르침을 설하는 그 여래의 모습을 보았다. 여래가 설하는 가르침을 들은 중생은 모두 더없이 완전한 '깨달음'을 구하며 되돌아가는 일은 없었다. 그리고 그 무구세계와 이 사바 세계는 6가지로 진동하였다. 그리고 존엄한 석가모니여래에게 모여든 삼천 중생은, 이 세상에 존재하는 것은 모두 생기기도 하고 없어지기도 하는 것은 없다는 진리(무생법인(無生法忍))를 터득하였다. 그리고 삼천 중생은 더없는 완전한 '깨달음'을 달성하리라는 예언을 받게 되었다.

그래서 위대한 뜻을 가진 지적보살과 사리불 존자는 입을 다물었다.

當時衆會 皆見龍女 忽然之間 變成男子 具菩薩行 卽往南方 無垢世界 坐寶蓮華 成等正覺 三十二相 八十種好 普爲十方一切衆生 演說妙法 爾時娑婆世界 菩薩聲聞 天龍八部 人與非人 皆遙見彼 龍女成佛 普爲時會 人天說法 心大歡喜 悉遙敬禮 無量衆生 聞法解悟 得不退轉 無量衆生 得受道記 無垢世界 六反震動 娑婆世界 三千衆生 住不退地 三千衆生 發菩提心 而得受記 智積菩薩 及舍利弗 一切衆會 默然信受.

그때 모인 대중이 모두 용녀를 보니, 홀연지간에 남자 몸으로 변하여 보살행을 갖추고, 남방의 청정한 세계에 가서 보배 연꽃에 앉아 등정각을 이루었다. 그러자 32상과 여든 가지 좋은 모양을 갖추어, 시방의 온갖 중생을 위하여 미묘한 법을 널리 연설하고 있었다.

그때 사바 세계의 보살·성문·하늘·용의 8부와 인간과 인간 아닌 것들은 그 용녀가 성불하여 그때 모인 하늘과 인간 대중에게 설법하는 것을 멀리서 보고 마음이 크게 환희하여 모두 멀리서 경례하며, 또 한량없는 중생은 법문을 듣고 깨달아 물러나지 아니하였다. 또 어떤 무량 중생은 도의 수기를 받으니, 그 청정한 세계는 여섯 가지로 진동하며, 사바 세계의 3천 대중은 물러나지 않는 지위에 머물러 있으며, 또 3천 대중은 보리심을 내어 수기를 얻으며, 지적보살과 사리불과 거기에 모인 모든 대중은 아무 말 없이 받아 믿었다.

이상으로 성스러운 《올바른 가르침의 백련》이라는 경설에서 '보탑이 나타나다' 제11장은 끝난다.

12. 끊임없는 노력
권지품 제13

그때 위대한 뜻을 가진 바이샤쟈 라쟈(약왕(藥王)) 보살과 마하 푸라티바나(대요설(大樂說)) 보살은, 2백만 명의 보살들에게 둘러싸여 세존 앞에서 이렇게 맹세하였다.

"이 일에 관하여는 세존께서 염려하지 마옵소서. 세존이시여, 저희는 여래가 입적하신 뒤에도 중생에게 이 경설을 가르치고 선양하겠나이다. 또 세존이시여, 그 시대에는 선근이 적고 오만하여 이익과 세상에서 칭찬받기를 기대하고, 악덕의 뿌리가 퍼지며, 자제심이 없고 신앙하려고도 아니하고, 너무나 신심이 없고, 마음이 악한 무리가 판치게 되리다. 그러나 저희는 인내심을 보이며 그 시대에도 이 경전을 지시하든가, 신봉하든가, 가르치든가, 베껴 쓰든가, 우러러 공경하든가, 공양하든가 하오리다. 또 저희는 몸과 생명을 바치더라도, 세존이시여, 이 경전을 선양하겠나이다. 세존이시여, 염려하지 마옵소서."

그때 그 회중 가운데 수행 중이든가 수행을 마친 5백 명의 비구들이 세존께 이렇게 아뢰었다.

"세존이시여, 설사 다른 세계에 있더라도 저희 역시 이 경설을 선양하는 일에 힘쓰겠나이다."

妙法蓮華經勸持品第十三

爾時藥王菩薩摩訶薩 及大樂說菩薩摩訶薩 與二萬菩薩眷屬俱 皆於佛前 作是誓言

唯願世尊 不以爲慮 我等於佛滅後 當奉持讀誦 說此經典 後惡世衆生 善根轉少 多增上

慢 貪利供養 增不善根 遠離解脫 雖難可敎化 我等當起大忍力 讀誦此經 持說書寫 種

種供養 不惜身命 爾時衆中 五百阿羅漢 得受記者 白佛言 世尊 我等 亦自誓願 於異國

土 廣說此經.

묘법연화경 권지품 제13

그때 약왕보살마하살과 대요설보살마하살이 2만 보살의 권속들과 더불어 부처님 앞에 나와 이렇게 맹세하였다.

"오직 원하옵나니 세존이시여, 염려하지 마시옵소서. 부처님께서 열반하신 뒤에는 저희가 이 경전을 마땅히 받들어 읽고 외우며 설하겠나이다. 뒤에 악한 세상에 중생들의 선근이 적어지고 뛰어난 체하는 마음이 많아져 이익 있는 공양을 탐내어 좋지 못한 근기가 점점 많아지고, 해탈을 멀리하여 교화하기 어려울지라도 저희가 반드시 잘 참는 힘을 크게 내어, 이 법화경을 읽고 외우며 쓰고 갖가지로 공양하여, 몸과 목숨을 아끼지 않겠나이다."

그때 수기를 받은 5백 아라한이 부처님께 여쭈었다.

"세존이시여, 저희 또한 다른 국토에까지 이 경을 널리 설법할 것을 스스로 서원하나이다."

또 세존의 제자로 세존으로부터 더없이 완전한 '깨달음'을 달성한다는 예언을 들은 수행 중 또는 수행을 마친 8천 명의 비구들까지, 세존을 향하여 합장하고 세존께 이와 같이 아뢰었다.

"세존께서는 걱정하지 마옵소서. 저희는 여래께서 입적하신 뒤에도 이 경설을 선양하오리다. 그것은 왜냐하면 이 사바 세계에 있는 자들은 오만하고 공덕이 적어 항상 악한 마음을 가지고 남을 해롭게 하려 하고, 태어나면서부터 정직하지 못하기 때문이옵니다."

그때 세존의 이모인 마하 프라쟈파티 가우타미(교담미(憍曇彌) : 석가 종족인 구담족의 여성이란 뜻)는, 수행 중 또는 수행을 마친 6천 명의 비구니들과 함께 자리에서 일어나, 세존을 향하여 합장하고 세존을 우러러보며 서 있었다. 세존께서는 그때 교담미에게 말씀하셨다.

"교담미여, 무슨 까닭에 그대는 낙담하여 선 채로 여래를 쳐다보고 있는 것이오?"

"저는 아직 세존으로부터, 더없는 완전한 '깨달음'을 달성한다는, 이름도 거명되지 않았고, 예언도 듣지 못하였나이다."

復有學無學 八千人 得受記者 從座而起 合掌向佛 作是誓言 世尊 我等亦當 於他國土 廣說此經 所以者何 是娑婆國中 人多弊惡 懷增上慢 功德淺薄 瞋濁諂曲 心不實故 爾時佛姨母摩訶波闍波提比丘尼 與學無學比丘尼 六千人俱 從座而起 一心合掌 瞻仰尊顔 目不暫捨 於時世尊 告憍曇彌 何故憂色 而視如來 汝心將無謂 我不說汝名 授阿耨多羅三藐三菩提記耶.

이때 수기를 받은 8천의 배우는 이와 다 배운 이가 자리에서 일어나, 부처님을 향하여 합장하고 이런 맹세를 하였다.

"세존이시여, 저희 또한 다른 나라에까지 가서 이 경전을 설법하겠나이다. 왜냐하면 사바세계의 인간들은 퇴폐하고 악하고 뛰어난 체하는 마음만 품어, 그 공덕이 얕고 성내기를 잘하고 마음이 흐리며, 아첨하고 진실하지 못한 까닭이나이다."

그때 부처님의 이모인 마하파사파제(摩訶波闍波帝) 비구니는 아직 배우는 이와 다 배운 비구니 6천 명과 더불어 자리에서 일어나 일심으로 합장하고 부처님 존안을 우러러보되, 눈을 잠깐도 깜박이지 아니하였다. 이때 세존께서 교담미(憍曇彌 ; 마하파사파제)를 보시고 말씀하시었다.

"너는 어찌하여 근심스러운 얼굴로 여래를 보느냐. 네 생각에, 내가 네 이름을 들어 아눗타라삼약삼보디의 수기를 주지 않을까 걱정하고 있구나. 교담미야, 내가 이미 모든 성문들에게 모두 수기를 주었느니라.

"그러나 교담미여, 모든 회중에게 예언한 것으로 그대도 예언을 받은 것이외다. 그리고 그대는 이다음에 삼십팔 천만억 부처님들한테서 그들을 우러러 공경하고 경모하며, 공양하고 찬탄·예찬하는, 위대한 뜻을 가진 보살이 되어 가르침을 설하는 사람이 되리다. 수행 중이거나 수행을 마친 비구니 중에서 이 6천 명의 비구니도 그대와 함께 이런 여래한테서 보살이 되어 가르침을 설하는 자가 되리다. 이렇게 하여 그런 연후에 보살로서의 수행을 끝내고, 사르봐 삿트봐 프리야다르샤나(일체중생희견(一切衆生喜見))라는 여래가 되어 이 세상에 나타나리다. 그리고 완전한 학식과 훌륭한 소행을 가지고 더없는 행복에 도달하여, 가장 세상을 잘 알고 인간을 훈련하는 조교사이자, 신들과 인간의 교사이고 부처님이며 세존이 되리다. 그리고 일체중생희견 여래는 이들 6천 명의 보살이 차례차례 예언을 되풀이하여 더없이 완전한 '깨달음'을 달성한다고 예언하리다."

그때 장로 라후라의 어머니 야수다라(耶輸陀羅) 비구니는 이렇게 생각하였다.

"세존은 아직 내 이름은 들먹이지도 않는구나."

그러자 세존께서는 야수다라 비구니가 마음속으로 생각한 것을 아시고 이렇게 말씀하셨다.

"야수다라여, 그대에게 이르노라. 그대 역시 십 천만억의 부처님들 밑에서 그들을 우러러 공경하고, 경모하며, 공양하고, 찬탄·예찬하는, 위대한 뜻을 가진 보살이 되어 가르침을 설하는 자가 되리라. 그리고 보살로서의 수행을 차례차례 완성하여 바드라(선국(善國)) 세계에서, 라슈미 샤타사하스라 파리푸르나 드봐쟈(구족천만광상(具足千萬光相))라는 여래가 되어 이 세상에 나타날 것이니라. 그대는 지혜와 덕행을 구비한 선서(善逝)이며, 세상을 잘 아는 더 위없는 이이며, 신과 인간의 교사이며, 부처님인 세존이 되리라. 그리고 이 여래의 수명은 헤아릴 수 없이 장수할 것이니라."

그때 6천 명의 비구니를 거느린 교담미와 4천 명의 비구니를 거느린 야수다라는, 세존으로부터 친히 더없이 완전한 '깨달음'을 완성한다는 자기에 대한 예언을 듣고, 불가사의한 생각과 기이한 상념에 사로잡혀 게송으로 다음과 같이 아뢰었다.

憍曇彌 我先總說 一切聲聞 皆已授記 今汝欲知記者 將來之世 當於六萬八千億 諸佛

法中 爲大法師 及六千學無學比丘尼 俱爲法師 汝如是 漸漸具菩薩道 當得作佛 號一切

衆生喜見如來 應供 正遍知 明行足 善逝 世間解 無上士 調御丈夫 天人師 佛 世尊 憍

曇彌 是一切衆生喜見佛 及六千菩薩 轉次授記 得阿耨多羅三藐三菩提 爾時羅睺羅母

耶輸陀羅比丘尼 作是念 世尊於授記中 獨不說我名 佛告耶輸陀羅 汝於來世 百千萬億

諸佛法中 修菩薩行 爲大法師 漸具佛道 於善國中 當得作佛 號具足千萬光相如來 應供

正遍知 明行足 善逝 世間解 無上士 調御丈夫 天人師 佛 世尊 佛壽無量 阿僧祇劫 爾時摩訶波闍波提比丘尼 及耶輸陀羅比丘尼 幷其眷屬 皆大歡喜 得未曾有 卽於佛前 而說偈言

이제 네가 수기를 원한다면, 너는 장차 오는 세상 6만 8천억의 부처님 법 가운데서 큰 법사가 될 것이며, 아직 배우는 이와 다 배운 6천의 비구니도 모두 함께 법사가 되리라. 네가 이와 같이 점점 보살도를 갖추어 성불하면, 그 이름은 일체중생희견(一切衆生喜見)여래·응공·정변지·명행족·선서·세간해·무상사·조어장부·천인사·불 세존이리라. 교담미(마하파사파제)야, 이 일체중생희견불과 6천 보살이 차례로 수기를 하여 아뇩타라삼약삼보디를 얻으리라.”

그때 나후라의 어머니 야수다라(耶輸陀羅)비구니는 생각하기를 ‘세존께서 수기를 주면서, 내 이름만 말하지 아니하는구나!’ 하니, 부처님께서 그 뜻을 아시고 야수다라에게 말씀하시었다.

“너는 오는 세상 백천만억의 많은 부처님 법 가운데서 보살행을 닦고, 큰 법사가 되며 점점 부처님의 도를 갖추어 훌륭한 국토에서 성불하리라. 또한 그 이름은 구족천만광상(具足千萬光相)여래·응공·정변지·명행족·선서·세간해·무상사·조어장부·천인사·불 세존이리라. 그 부처님의 수명은 한량없이 긴 아승지겁이니라.”

그때 마하파사파제비구니와 야수다라비구니며, 그 권속이 모두 크게 기뻐하여 일찍이 없던 귀중함을 얻고, 곧 부처님 앞에 나아가 게송으로 말하였다.

세존은 우리의 지도자요 선도자이시고 이 세상의 교사이십니다.

인간과 신으로부터 공양받으시고 위로를 베푸시나이다. 보호자시여, 우리는 오늘 참으로 기쁘옵니다.

그리고 비구니들은 이 게송을 외운 다음 세존께 이렇게 아뢰었다.

“세존이시여, 저희도 여래께서 입적하신 다음에 설사 다른 세계에 있게 되더라도 이 경설을 선양하는 데 힘쓰겠나이다”라고.

그래서 세존은 기억력을 가지고 굽힘 없이 가르침의 법륜을 줄기차게 돌리는 팔십 천만억의 보살들을 바라보셨다. 그 순간에 이 보살들은 자리에서 일어나 세존을 향하여 합장하고 이렇게 생각하였다.

'세존께서 이 경설을 선양하도록 우리에게 명하시려나.'

그렇게 생각한 그들은 당황하여 서로 의견을 나누었다.

"여러분, 세존께서 장차 이 경전을 선양하도록 명하신다면 우리는 어떻게 해야 할까요."

그때 이 양가의 아들들은 세존에 대하여 존경하는 마음에서, 또 그들 자신의 전세에서 한 수행과 서원에 의하여 세존 앞에서 사자가 포효하듯이 우렁찬 소리로 아뢰었다.

"세존이시여, 여래께서 입적하신 다음의 미래에는, 저희가 널리 시방으로 가서 세존의 위광에 의하여, 이 경전을 모든 중생에게 베껴 쓰도록 하고 독송하게 하고 항상 회상하도록 선양하겠나이다. 그리고 세존께서는 설사 다른 세계에 계시더라도 저희를 지켜 주소서."

그래서 그들 보살들은 다 함께 소리를 모아 게송으로 다음과 같이 아뢰었다.

世尊導士　　安隱天人　　我等聞記　　心安具足

諸比丘尼 說是偈已 白佛言 世尊 我等亦能於他方國土 廣宣此經 爾時世尊 視八十萬億那由他 諸菩薩摩訶薩 是諸菩薩 皆是阿惟越致 轉不退法輪 得諸陀羅尼 卽從座起 至於佛前 一心合掌 而作是念 若世尊 告勅我等 持說此經者 當如佛敎 廣宣斯法 復作是念 佛今默然 不見告勅 我當云何 時諸菩薩 敬順佛意 幷欲自滿本願 便於佛前 作師子吼 而發誓言 世尊 我等於如來滅後 周旋往返十方世界 能令衆生 書寫此經 受持讀誦 解說其義 如法修行 正憶念 皆是佛之威力 唯願世尊 在於他方 遙見守護 卽時諸菩薩 俱同發聲 而說偈言

거룩하신 세존께서 도사가 되어 하늘 인간 많은 중생 편안하게 하니

우리들도 이제는 수기를 받아 마음에 편안함을 구족하도다.

여러 비구니는 이 게송을 다 마치고 부처님께 여쭈었다.

"세존이시여, 저희 또한 다른 나라에 가서 이 경을 널리 설하겠나이다."

그때 세존께서 80만억 나유타 많은 보살마하살을 굽어 보시었다. 그 보살들은 모두 아비발치(不退轉)로써 물러나지 않는 법륜을 굴리며, 여러 가지 다라니를 얻었다. 그들은 그때 자리에서 일어나 부처님 앞에 나아가 한마음으로 합장하고 생각하기를 '만일 세존께서 우리들에게 이 법화경 설할 것을 분부하신다면 우리들도 부처님의 가르침같이 이 법을 널리 설하리로다' 하며, 다시 '지금 부처님께서 침묵하시고 분부가 없으시니, 우리들은 어찌해야 좋은가' 하고 생각하였다.

이때 여러 보살이 부처님 뜻을 잘 공경하고 순종하며, 아울러 스스로 자기 본디 소원을 만족하려고, 부처님 앞에 나와 사자후로써 맹세하였다.

"세존이시여, 저희도 여래께서 열반하신 뒤에는, 온 세계를 두루 다니며 중생들로 하여금 이 법화경을 쓰게 하고 받아 지녀 읽고 외우게 하며, 그 뜻을 해설하고 법과 같이 수행해서 바르게 생각하고 알게 하겠나이다. 이것은 모두 부처님의 위덕이오니 오직 원하옵건대 세존께서는 다른 나라에 계실지라도 멀리서 보시고 보호하여 주시옵소서."

바로 그때 여러 보살이 같은 소리로 모두 함께 게송으로 말하였다.

세존이시여, 염려하지 마옵소서. 여래께서 입적하신 다음의 아주 험악한 세태에서도

저희는 그때 이 최고의 경전을 선양하오리다.

비난하며 욕을 퍼붓고 위협하며 또 몽둥이를 휘두르는

어리석은 무리의 모든 박해를 지도자시여, 저희는 참고 견디겠나이다.

어리석은 이성(理性)의 무리, 부정직한 무리, 마음이 흉악한 무리, 어리석고 교만한 무리,

얻을 수 없는 것을 얻었다고 생각하는 자는 다음의 무서운 세상에

'숲속에 살며 누더기를 걸치고 나는 고행을 하였노라'고

어리석게도 그렇게 말하리다.

좋은 음식이 그리워 마음을 빼앗기고 재가의 중생에게 가르침을 설한 자가, 육신통(六神通)을 얻은 사람(부처님)처럼 공경을 받게 되리다.

무서운 마음을 품은 사악한 무리, 집과 재산만 생각하는 무리,

우리가 수행하는 숲의 은신처에 들어와 우리에게 욕을 퍼붓고 비방하는 무리,
이득과 남에게 공격받는 일만 생각하는 무리는 우리를 모함하여
'이런 비구들은 외도(外道)나 같다' 하며 자기네 지혜를 과시하리다.
'이익과 남으로부터 존경받기 위하여 스스로 여러 경전을 편술하여
모여든 사람들 한가운데서 설한다'고 우리를 비방할 것이옵니다.

唯願不爲慮	於佛滅度後	恐怖惡世中	我等當廣說
有諸無智人	惡口罵詈等	及加刀杖者	我等皆當忍
惡世中比丘	邪智心諂曲	未得謂爲得	我慢心充滿
或有阿練若	納衣在空閑	自謂行眞道	輕賤人間者
貪著利養故	與白衣說法	爲世所恭敬	如六通羅漢
是人懷惡心	常念世俗事	假名阿練若	好出我等過
而作如是言	此諸比丘等	爲貪利養故	說外道論議
自作此經典	誑惑世間人	爲求名聞故	分別於是經
常在大衆中	欲毀我等故	向國王大臣	婆羅門居士

부처님 열반하신 뒤 두렵고 악한 세상
저희가 설법하려니 염려하지 마옵소서.
어리석은 여러 중생 나쁜 말로 욕을 하고
칼 막대로 때리어도 저희는 참으리다.
악한 세상 비구니는 삿된 지혜 마음 굽어
못 얻고도 얻은 채 아만심이 가득하며
고요한 데 있으면서 누더기옷 걸쳐 입고
참된도 행한다며 다른 사람 업신여겨
이익만을 탐착하며 속인 위해 설법하고
세상에서 받는 공경 6신통의 나한 같네
이런 사람 악심 품어 세속일만 생각하고
좋은 도량 이름 빌어 남의 허물 끌어내며

이런 말을 하느니라. 저기 모든 비구는

이익만을 탐착하여 외도학설 연구하고

스스로 경전 지어 세상 인간 현혹하며

이름 명예 구하므로 이 경 해설 하는구나

대중 가운데 있으면서 우리를 훼방하려

국왕과 여러 대신 바라문과 거사들.

국왕들에게, 왕자들에게, 혹은 또 왕의 대신들에게,

바라문들, 또 장자들, 혹은 다른 종교의 비구들에게,

우리가 외도하는 말을 늘어놓는다고 우리를 비난하리다.

위대한 선인(仙人 : 부처님)들을 공경하는 마음으로 우리는 그 모든 것을 참고 견디겠나이다.

아무리 사악한 생각을 가진 자가 우리를 경멸하더라도

그때 '이런 자도 성불할 수 있는 것이다'라고,

우리는 어떤 경우에도 참고 견디리다. 세태의 타락이라는 무섭고 엄청난 공포를 당할 적에

야차의 모습을 한 많은 비구가 우리를 매도하리다.

세상의 주인(부처님)에 대한 존경심을 가지고 이 세상에서

우리는 어렵고 힘든 일을 참고 견디겠나이다.

인내의 갑옷을 입고 우리는 이 경전을 세상에 널리 퍼지도록 하리다.

부처님이시여, 우리는 몸도 생명도 아끼지 않으리다.

여래께서 맡기신 일을 받들어 우리는 '깨달음'을 구하나이다.

다음 세상에는 무지하면서도 깊고 미묘한 뜻이 담긴 말을,

어떤 사악한 비구들이 말하는지 세존께서는 알고 계시리다.

절에서 쫓겨나고 갖가지 억울한 욕설을 듣더라도

우리는 불평하지 않고 얼굴을 찌푸리면서도 몇 번이고 모든 것을 참으리다.

세존께서 입적하신 뒤에는 부처님의 명령을 생각해 내어

우리는 자신감을 가지고 회중 한가운데에서 이 경전을 설하리다.

도시이든 마을이든 이 세상에서 이 경전을 찾는 사람이 있다면, 우리는 그 어느 곳이라도 가서, 지도자시여,

여래께서 맡기신 일을 그 사람에게 설하겠나이다.

여래의 명령을, 이 세상의 왕자시여, 우리는 수행하리다. 위대한 선인이시여, 여래께서는 염려하지 마옵소서. 안심하고, 마음 놓으소서.

세상을 빛나게 하시는 이여, 우리는 시방에서 모두 모여와서

진실한 말씀 설하리다. 우리의 의향을 잘 아옵소서.

及餘比丘衆	誹謗說我惡	謂是邪見人	說外道論議
我等敬佛故	悉忍是諸惡	爲斯所輕言	汝等皆是佛
如此經慢言	皆當忍受之	濁劫惡世中	多有諸恐怖
惡鬼入其身	罵詈毀辱我	我等敬信佛	當著忍辱鎧
爲說是經故	忍此諸難事	我不愛身命	但惜無上道
我等於來世	護持佛所囑	世尊自當知	濁世惡比丘
不知佛方便	隨宜所說法	惡口而顰蹙	數數見擯出
遠離於塔寺	如是等衆惡	念佛告勅故	皆當忍是事
諸聚落城邑	其有求法者	我皆到其所	說佛所囑法
我是世尊使	處衆無所畏	我當善說法	願佛安隱住
我於世尊前	諸來十方佛	發如是誓言	佛自知我心

다른 비구 대중들께 우리를 비방하는 말

'저들은 삿된 인간 외도학설 설한다'고 하나

부처님 공경하는 우리 이런 악을 다 참으며

'너희들이 부처이다' 빈정대며 말하여도

부처님 믿는 우리 그 사납고 못된 짓을

싫다 않고 견디며 다 받아 참으리라.

흐린 겁 악한 세상 두려움이 많으며

악한 귀신 몸에 들어 꾸짖고 욕해도

부처님 믿는 우리 인욕의 갑옷 입고

법화경을 설법하려 어려운 일 다 참으며

몸과 목숨 아끼지 않고 위없는 도 구하여서

앞으로 오는 세상 부처님 법 보호하리

세존께선 아시리라. 탁한 세상 악한 비구

부처님 방편 따라 법 설함을 제 모르고

악한 말로 빈축하며 자주자주 절간에서

멀리멀리 내쫓아도 부처님 믿는 우리

내리신 분부 생각하고 이러한 모든 고통

사납게 시달려도 모두모두 참으리다.

시골이나 도시에서 법 구하는 이 있으면

저희가 찾아가서 부처님 법 설하리다

세존의 사자 된 우리 두려움 하나 없이

설법을 잘하리니. 편안하게 머무소서

온 세계 부처님과 세존 앞에 제가 나와

이런 맹세 하옵나니 저희 마음 아옵소서.

이상으로 성스러운 《올바른 가르침의 백련》이라는 경설에서 '끊임없는 노력' 제 12장은 끝난다.

13. 안락한 생활
안락행품 제14

그때 가르침의 후계자가 된 만쥬 슈리(문수사리(文殊師利))는 세존에 이렇게 아뢰었다.

"세존이시여, 가장 어려운 일을, 이 보살들은 세존께 대한 존경심 때문에 참고 견디었나이다. 세존이시여, 이 보살들이 어떻게 해야 이 경설을 여래가 입적하신 다음에 선양할 수 있겠나이까."

이 말을 듣고 세존께서는 문수사리에게 이와 같이 말씀하셨다.

"문수사리여, 여래가 입적한 뒤에 보살은 네 가지 행법(行法)을 기초로 하여 이 경설을 선양해야 하느니라. 네 가지 행법이란 무엇인가. 이 세상에서는, 여래가 입적한 뒤에는, 보살은 행복과 교제의 범위를 기초로 하여 이 경설을 선양해야 하느니라. 어떻게 하면 보살이 행동과 교제의 범위를 기초로 하여 행동하는 자가 될 수 있는가. 보살이 인내심이 강하고 마음이 평정하며, 마음을 진정시키는 근거를 터득하여 마음에 두려움이 없고 질투하는 마음이 없을 때 그렇게 되느니라.

妙法蓮華經安樂行品第十四

爾時文殊師利法王子 菩薩摩訶薩 白佛言 世尊 是諸菩薩 甚爲難有 敬順佛故 發大誓願 於後惡世 護持讀說是法華經 世尊 菩薩摩訶薩 於後惡世 云何能說是經 佛告文殊師利 若菩薩摩訶薩 於後惡世 欲說是經 當安住四法 一者安住菩薩行處 及親近處 能爲衆生 演說是經 文殊師利 云何名菩薩摩訶薩行處 若菩薩摩訶薩 住忍辱地 柔和善順 而不卒暴 心亦不驚.

묘법연화경 안락행품 제14

그때 문수사리 법왕자 보살마하살이 부처님께 여쭈었다.

"세존이시여, 이 여러 보살은 있기가 매우 어렵나이다. 이들은 부처님을 공경하고 순종하므로 큰 서원을 세워, 뒤에 오는 악한 세상에 이 《법화경》을 받아 지녀 읽고 외우리니, 세존이시여, 이런 보살마하살은 뒤에 오는 악한 세상에 이 경을 어떻게 설하겠나이까."

부처님께서 문수사리에게 대답하시었다.

"만일 보살마하살이 뒤에 오는 악한 세상에 이 경을 설법하려면, 네 가지 법에 편안히 머물러 중생을 위하여 이 경을 연설할지니라.

문수사리여, 어떤 것을 보살마하살의 행할 곳이라 하느냐. 보살마하살은 인욕의 지위에 머물러, 부드럽게 화하고 선(善)에 순종하여 포악하지 아니하고 마음에 놀라지 말 것이니라.

또, 보살이 어떤 대상에게도 마음이 끌리지 않고, 그런 것의 고유한 특징을 있는 그대로 관찰할 때 그렇게 되느니라. 이런 것에 의혹을 품는다든가, 잘못된 차별을 하지 않는다든가 하는 것이 보살의 행동이니라. 보살의 교제 범위란 무엇인가. 보살은 왕과 친근하여서는 안 되고, 왕자나 왕의 대신·시종들에게도 친근하면 안 되느니라. 또 이교도나 고행자·탁발승·아지봐카(사명외도(邪命外道)) 교도·닐그란타(쟈이나교(敎)) 교도들, 시서(詩書)나 논서(論書)에 전념하는 자들에게도 친근하면 안 되느니라. 또 로카야타(순세외도(順世外道))파의 사람들이나 주문(呪文)의 신봉자들, 세속에 밝은 사람들에게도 친근하면 안 되느니라. 또 이런 사람들과 친하게 지내면 안 되느니라.

또 챤다라(전다라(旃陀羅). 최하위 천민) 같은 천민에게도, 돼지고기 업자나 새고기 업자들과도, 사냥꾼·도살업자·연예인·사기꾼들과도, 또 격투기하는 자들과도 가까이하면 안 되고, 다른 사람들이 모이는 오락장이나 유곽에도 가면 안 되느니라. 또 이런 자들이 가까이 올 적에는, 그때마다 가르침을 설하고 담담하게 말하는 것 말고는, 그들과 친해지면 안 되느니라. 또 성문의 수레를 찾는 비구·비구니·우바새·우바이에게도 친근하면 안 되고, 그들과 허물없이 지내면 안 되느니라.

又復於法 無所行 而觀諸法如實相 亦不行不分別 是名菩薩摩訶薩行處 云何名菩薩

摩訶薩親近處 菩薩摩訶薩 不親近 國王王子 大臣 官長 不親近 諸外道 梵志 尼揵子

等 及造世俗文筆 讚詠外書 及路伽耶陀 逆路伽耶陀者 亦不親近 諸有兇戲 相扠 相撲

及那羅等 種種變現之戲 又不親近旃陀羅 及畜豬羊雞狗 畋獵漁捕 諸惡律儀 如是人等

或時來者 則爲說法 無所希望.

또다시 법에 행하는 바가 없어야 하며, 모든 법을 실상과 같이 관찰하여 행하지도 말고 분별하지도 말 것이니, 이것이 바로 보살마하살이 행할 곳이니라.

그러면 보살마하살이 친근할 곳은 어떤 것인가. 보살마하살은 국왕과 왕자·대신과 관리들을 친근하지 말 것이며, 여러 외도에 범지(梵志)와 니건자(尼揵子)들과 세속의 문필과 찬탄하여 읊는 외서를 짓는 이와 노가야타(路伽耶陀)와 역(逆)노가야타들을 친근하지 말 것이며, 또한 여러 가지 흉악한 희롱과 서로 치고 겨루는 것과 위험한 기술 등의 갖가지 변덕스러운 장난을 친근하지 말 것이며, 또는 전다라(旃陀羅)와 돼지·양·닭·개 등을 기르는 이와 사냥하고 물고기를 잡는 등의 여러 가지 악업에 종사하는 이들을 친근하지 말 것이며, 만일 이런 사람이 찾아오거든 그를 위하여 설법하되 아무것도 바라지 말 것이니라.

또 그들이 가까이 올 적에는 그때마다 가르침을 설하고, 담담하게 말하는 것 말고는 복도에서나 방안에서나 그들과 대등한 교제를 하지 말 것이니라. 문수사리야, 이것이 보살의 교제 범위이니라.

더욱이 또, 문수사리여, 보살은 부녀자의 환심을 살 만한 동기를 무엇인가 잡아 가르침을 설하는 일이 있으면 안 되고, 또 부녀자를 끊임없이 보려고 하면 안 되느니라. 또 대가(大家)에게 가까이하면 안 되고, 소녀나 처녀나 신부(新婦)와 끊임없이 말을 하려고 생각한다든가, 그녀들과 인사를 나누든가 하면 안 되느니라. 또 불완전한 남자에게 설법한다든가 가까이하여 깊이 친하지 말며, 또 일심으로 여래를 염불하는 경우는 다르지만 음식을 얻기 위해 혼자 남의 집에 들어가면 안 되느니라.

혹시 부녀자를 위하여 설법하는 경우가 있더라도 너무 열중하여 가르침을 설하면 안 되느니라. 설법하는 경우 치아를 드러내 보이지 말라. 하물며 마음의 움직임을 얼굴에 나타내면 안 되느니라. 또 어린 비구니나 비구와 비구니, 젊은 남녀에게 관심을 가지면 안 되고, 그들과 친하다든가 수다를 떨면 안 되느니라. 또 운둔생활을 중시하면 안 되고 끊임없이 숨어서 명상에 전념하면 안 되느니라. 문수사리여, 이것이 보살의 첫째 교제의 범위이니라.

又不親近求聲聞 比丘 比丘尼 優婆塞 優婆夷 亦不問訊 若於房中 若經行處 若在講堂中 不共住止 或時來者 隨宜說法 無所希求 文殊師利 又菩薩摩訶薩 不應於女人身取能生欲想相 而爲說法 亦不樂見 若入他家 不與小女 處女寡女等共語 亦復不近 五種不男之人 以爲親厚 不獨入他家 若有因緣 須獨入時 但一心念佛 若爲女人說法 不露齒笑 不現胸臆 乃至爲法 猶不親厚 況復餘事 不樂畜年少弟子 沙彌小兒 亦不樂與同師常好坐禪 在於閑處 修攝其心 文殊師利 是名初親近處.

또 성문을 구하는 비구·비구니·우바새·우바이를 친근하지 말 것이며, 또는 문안하지도 말며, 만약 방 안에서나 거닐 때나 강당에서도 함께 하지 말며, 혹 그들이 찾아오거든 근기를 따라 설법하되 바라는 일이 없어야 하느니라.

문수사리여, 또 보살마하살은 여인에 대하여 욕심의 생각을 내어 설법하지 말고, 또 보기를 즐겨하지도 말며, 만일 남의 집에 들어가더라도 젊은 여자나 처녀·과부와 같이 말하지 말며, 또 다섯 가지 남자답지 못한 사람과 깊이 친하지 말며, 혼자 다른 사람의 집에 들어가지 말고, 만일 인연이 있어 꼭 들어갈 경우에는 오직 일념으로 부처님을 생각하라. 만일 여인을 위하여 설법하려거든 치아를 드러내어 웃지 말고, 가슴을 헤쳐 보이지 말며, 법을 위해서라도 오히려 친하지 못하거늘, 하물며 다른 일이야 말할 것이 있느냐. 나이 어린 제자나 사미나 어린아이를 기르지 말고, 또한 한 스승을 함께 섬기기를 즐기지 말며, 항상 앉아 참선하기를 좋아하되 한적한 곳에 있으면서 그 마음을 잘 닦고 다스릴지니, 문수사리여, 이런 것이 첫째 친근할 곳이니라.

그리고 또 문수사리여, 보살은 이 세상에 존재하는 일체의 것이 바르게 놓여 거꾸로 놓이지 않고, 있는 그대로 놓여 움직여지지 않고, 흔들리지 않고, 뒤집히지 않고, 굴러가지 않는 것을 보고, 그것을 '공(空)'이라고 보느니라. 곧 그것들은 있는 그대로 놓여 있어도 그 본질은 허공과 같은 것이고, 설명할 수도 말로 표현할 수도 없고, 생겨난 것도 아니고 존재하는 것도 아니며, 변해 가는 것도 아니고 변해 가지 않는 것도 아니며, 존재하는 것도 아니고 존재하지 않는 것도 아니며, 말로 표현할 수 없다고는 하지만 장애가 없는 장소에 있어 지각의 잘못에서 생긴 것이라고 보느니라. 보살은 항상 이 세상에 존재하는 모든 것을 이렇게 보고 사느니라. 이 상태로 살면, 보살은 그 교제의 범위 안에 있느니라. 문수사리여, 이것이 둘째의 교제 범위이니라."

그때 세존께서 이 뜻을 거듭 펴시려고 게송으로 다음과 같이 말씀하시었다.

復次菩薩摩訶薩 觀一切法空 如實相 不顚倒 不動 不退 不轉 如虛空 無所有性 一切語言道斷 不生 不出 不起 無名 無相 實無所有 無量 無邊 無礙 無障 但以因緣有 從顚倒生 故說常樂 觀如是法相 是名菩薩摩訶薩 第二親近處 爾時世尊 欲重宣此義 而說偈言

또 보살마하살은 모든 법이 빈(空) 것을 참모습과 같이 관찰하여 뒤바뀌지 말고 흔들리지도 말고 물러나지도 말지니라. 빈 허공과 같아 성품이 있는 것이 아니니, 모든 말의 길이 끊어져 생기지도 않고 나오지도 않고 일어나지도 아니하며, 이름도 없고 모양도 소유도 헤아림도 끝도 없으며, 걸림도 없고 막힐 것도 없으나, 다만 인연에 의해 서 있는 것이며 거꾸로 된 생각 때문에 생기는 것이라고 설하느니라. 항상 이와 같이 법의 진실한 모양을 관찰하면 이것이 곧 보살마하살이 둘째 친근할 곳이니라."

그때 세존께서 이 뜻을 거듭 펴시려고 게송으로 말씀하시었다.

여래가 입적한 뒤에 무서운 세태에서 마음의 두려움 없이, 자신감을 가지고 이 경전을 세상에 널리 펴려고 하는 보살들은

행동과 교제의 범위를 잘 지켜야 하느니라. 함부로 사람을 사귀지 말고 청정히 해야 하느니라.

왕자들이나 왕들과 친하게 지내는 것을 항상 피해야 하느니라.

또 왕의 신하인 무리에게 친하면 안 되느니라.

챤다라 등의 천민이나 불완전한 남자들이나

신앙이 다른 무리와도 친근하면 안 되느니라.

교만한 무리를 따라다니면 안 되느니라.

계율에 걸려 아가마(아함(阿含))에 의존하는 자들,

스스로 아라한이라 자처하는 비구들, 파계한 비구들을 피하여라.

늘 웃으면서 말하는 비구니를 피하여라.

천한 짓에 깊이 빠진 우바이들을 피하여라.

현세에서 '깨달음'의 경지를 열심히 구하는 우바이들이라도

이런 우바이들과 친하게 지내면 안 되느니라. 이것이 보살의 행동이 되어야 하느니라.

가까이 와서 최고의 '깨달음'을 구하며 가르침에 대하여 묻는 자가 있다면,

항상 냉정하게, 두려운 마음 없이, 아무것에도 구애받지 말고, 그 사람에게 법을 설할지니라.

부녀자나 불능자들과 친하게 지내면 안 되느니라.

또 양가(良家)나 대가(大家)에서는 부인이나 딸들을 멀리하여라.

비유컨대 교묘한 질문이나 그럴싸하게 묻는 말에도 그들과 인사를 나누면 안 되느니라.

돼지고기나 양고기를 파는 자들과 친하게 지내면 안 되느니라.

若有菩薩	於後惡世	無怖畏心	欲說是經
應入行處	及親近處	常離國王	及國王子
大臣官長	兇險戲者	及栴陀羅	外道梵志
亦不親近	增上慢人	貪著小乘	三藏學者
破戒比丘	名字羅漢	及比丘尼	好戲笑者
深著五欲	求現滅度	諸優婆夷	皆勿親近
若是人等	以好心來	到菩薩所	爲聞佛道
菩薩則以	無所畏心	不懷希望	而爲說法

寡女處女　　及諸不男　　皆勿親近　　以爲親厚
亦莫親近　　屠兒魁膾　　畋獵漁捕　　爲利殺害

만일 어떤 보살 뒤에 오는 악한 세상에
두려움 없는 마음으로 이 경전 설하려면
보살로서 행할 곳과 친근할 곳 잘 들지니
국왕이나 왕자들과 큰 신하와 고관대작
흉한 장난 하는 이와 전다라 외도 범지
이처럼 속된 것들 항상 그를 멀리하며
아상(我相) 많은 인간이나 소승에 탐착하는
삼장의 학자들도 친근하지 말 것이며
계를 파한 비구들과 이름뿐인 아라한들
잘 웃으며 희롱하는 그 모든 비구니와
오욕락에 탐착한 채 현세에서 열반도를
구하려는 우바이들 친근하지 말지니라.
만일 이런 사람 좋은 마음 가지고서
보살처소 찾아와서 부처님법 묻거든
중생을 구하려는 두려움 없는 마음으로
바라는 것 하나 없이 법을 설해 주며
과부거나 처녀거나 남자답지 못한 이도
모두 다 친근 말고 깊은 정을 주지 말며
짐승을 도살하고 사냥하고 고기 잡아
살생으로 이익 보는 그런 이를 친근 말라.

식용으로 수많은 짐승을 죽이는 무리, 식육 판매를 업으로 하는 자들과 친하
면 안 되느니라.
갈보집 주인과 친하지 말지니라.
예인(藝人)이나 사기꾼이나 격투기하는 자들, 그밖의 그런 부류의 자들과 사귀

면 안 되느니라.

매춘부들, 그밖의 쾌락을 파는 사람들의 뒤를 쫓아다니면 안 되느니라.

그들과 인사하는 것은 언제 어떤 경우에도 피해야 하느니라.

현자는 부녀자에게 법 설할 적에 그 방에 혼자 들어가면 안 되느니라.

또 웃는 얼굴을 보이지 말 것이니라.

음식 공양을 받으러 두세 번 마을로 갈 때도

다른 비구와 동행할 것이니라. 아니면 염불해야 하느니라.

이것이 내가 제시하는 첫째 행동과 교제 범위이니라.

옳은 이지(理智)를 가진 사람들은 여기에 따르고, 이와 같은 경전을 믿고 생활하느니라.

그 경우에 뒤떨어진다든가 뛰어나다든가 중질 정도라든가 하는 것은 문제가 되지 않고

변해 가는 것이나 변하지 않는 것이나, 또 존재하는 것에나 존재하지 않았던 것에나

언제 어떤 경우라도 그것을 걱정하면 안 되느니라.

냉정한 사람은 상대가 여자라고 하여도 특별한 행동을 하지 아니하고

상대가 남자라고 생각하는 몸가짐을 하면 안 되느니라.

販肉自活	衒賣女色	如是之人	皆勿親近
兇險相撲	種種嬉戲	諸婬女等	盡勿親近
莫獨屛處	爲女說法	若說法時	無得戲笑
入里乞食	將一比丘	若無比丘	一心念佛
是則名爲	行處近處	以此二處	能安樂說
又復不行	上中下法	有爲無爲	實不實法
亦不分別	是男是女	不得諸法	不知不見
是則名爲	菩薩行處	一切諸法	空無所有

고기 팔아 먹고 살며 여색 팔아 살아가는

그런 이도 친근 말며 흉악하게 서로 치고

가지가지 유희하고 희롱하여 노는 이와

음탕한 여자들을 모두 다 친근 말며

홀로 있으면서 여인 위해 설법 말고

만일 설법 하려거든 희롱하여 웃지 말며

마을에서 걸식할 때 한 비구와 같이하고

만일 홀로 가게 되면 일심으로 염불하며

이러한 모든 일이 행할 곳과 친근할 곳

이 두 곳에 잘 들어서 편안하게 설하여라.

상·중·하의 여러 법과 유위(有爲) 무위(無爲) 행하지 말고

참되거나 거짓된 법 그 법도 또한 행치 말며

이건 남자 이건 여자 분별도 하지 말고

여러 법을 얻었다고 아는 체도 하지 말며

본 체도 말 것이니 이와 같이 모든 것을

일러서 하는 말이 보살들이 행할 곳

여러 가지 온갖 법은 본래부터 빈 것이라

이 세상에 존재하는 모든 것은 생기지 않는 것을
본질로 하기 때문에 그것을 찾아도 발견할 수 없는 것이니라.
이것이 보살들이 언제 어느 경우에도 알고 있어야 하는 행동이라 할 것이니라.
그들의 교제 범위는 어떻게 해야 할 것인가, 내가 일러 주는 것을 잘 들으라.
이 세상에 존재하는 이런 것은 실재(實在)하지 않는 것이고
생기지 않는 것, 태어나지 않는 것이라고 설하였다.
그런 것은 본체가 없고 움직임도 없으나 항상 실재한다.
이것이 현자들의 교제 범위라고 하느니라.
 의식의 전도(轉倒)에 의하여 유(有)와 무(無)를, 또 실재와 비실재를 잘못 생각
하여, 일어나지 않고 생기지 않았던 것을 생겨서 실재한다고 거꾸로 생각하였느
니라.

보살은 마음을 집중하여 명상하며 항상 수미산같이 움직이지 않고

이런 상태에 있으면서 일체의 것이,

마치 허공과 같은 것임을 분별해야 하느니라.

항상 허공처럼 핵심이 없고 동요가 없으며 환상을 떠나,

이런 것이 이 세상에 존재하는 것은 항상 존재하느니라.

이것이 현자들의 교제 범위라고 할 것이니라.

내가 입적할 때 비구들은 나의 좋은 행장(行狀)을 꾸준히 지키도록 하여라.

이 경전을 세상에 널리 퍼지게 하여라.

마음이 위축되면 안 되느니라.

현자는 마음을 똑바로 제어하고 은둔할 곳에 들어가 명상에 전념하여

이 세상에 존재하는 모든 것을 완전히 변별하고,

명상에서 일어나면 곧 두려움 없이 법을 설하도록 하라.

이 세상에서 왕은 그를 보호하고 왕자들은 그의 가르침을 들으리라.

다른 장자나 바라문들은 모두 그를 에워싸고 앉으리라.

無有常住	亦無起滅	是名智者	所親近處
顚倒分別	諸法有無	是實非實	是生非生
在於閑處	修攝其心	安住不動	如須彌山
觀一切法	皆無所有	猶如虛空	無有堅固
不生不出	不動不退	常住一相	是名近處
若有比丘	於我滅後	入是行處	及親近處
說斯經時	無有怯弱	菩薩有時	入於靜室
以正憶念	隨義觀法	從禪定起	爲諸國王
王子臣民	婆羅門等	開化演暢	說斯經典
其心安隱	無有怯弱	文殊師利	是名菩薩
安住初法	能於後世	說法華經	

일어남도 없지만 멸하지도 않나니

지혜 있는 이들은 여기에 친근하리.

여러 법이 있다 없다 또는 진실 아니라며

생과 멸을 따지는 건 뒤바뀐 분별이니

고요한 데 있으면서 마음을 잘 다스리고

흔들림 아주 없이 편안하게 머무르되

수미산과 같이하여 보살행을 보일지라.

모든 법 모두 빈 것 본래부터 없는지라

빈 허공 같으므로 견고함도 없으며

오는 것도 가는 것도 움직임도 물러남도 모두 없어

한 모양에 머무름이 그 바로 친근한 곳

만일 어떤 비구 내가 멸도한 후

행할 곳과 친근할 듯 부지런히 잘 들어서

이 경전 설할 때는 비겁하고 연약한 맘

두려운 그런 생각 하나도 없으리라.

보살이 어느 때 고요한 방 들어가서

곧고 바른 생각으로 뜻을 따라 법을 보고

선정에서 일어나면 국왕과 왕자들과

여러 신하 많은 백성 바라문을 위하여

이 경전 설해 주며 열어서 교화하면

그 마음이 안온하여 두려움이 없으려니

문수사리보살이여 이를 일러 하는 말

모든 보살 법 가운데 편안히 머무를 곳

이런 곳에 잘 들어서 뒤에 오는 세상에서

미묘한 《법화경》을 능히 넓게 설하리라.

"또 문수사리여, 보살로서 여래가 입적한 다음 올바른 가르침이 쇠잔하게 된 최후의 5백 년 동안에, 이 경설을 세상에 널리 퍼지도록 하려는 사람은 안락한 생활을 보내게 될 것이니라. 그리고 그는 안락한 생활을 보내면서 체득한 가르침이든 또는 책에 적혀 있는 가르침이든 그는 법을 설하리라. 그리고 법을 설할 적에는 심하게 남을 비난하지 말고, 또 법을 설하는 다른 비구들의 욕을 하지 말 것이며, 또 성문의 법륜에 오른 다른 비구들의 이름을 들어 비방하지 않고 매도하지 않으며, 그들을 적대시하면 안 되느니라.

왜냐하면 그가 안락한 생활을 하고 있기 때문이니라. 그는 가르침을 들으려고 모여든 사람들을 받아들여, 친밀감을 담아 법을 설할 것이니라. 성문의 법륜에 오른 자로부터 질문을 받더라도 논쟁하는 일 없이 그는 대답해야 하느니라. 더욱이 진정으로 부처님의 지혜를 깨달은 그대로 대답해야 하느니라."

그때 세존께서는 게송으로 다음과 같이 말씀하시었다.

又文殊師利 如來滅後 於末法中 欲說是經 應住安樂行 若口宣說 若讀經時 不樂說人 及經典過 亦不輕慢 諸餘法師 不說他人 好惡長短 於聲聞人 亦不稱名 說其過惡 亦不稱名 讚歎其美 又亦不生 怨嫌之心 善修如是 安樂心故 諸有聽者 不逆其意 有所難問 不以小乘法答 但以大乘 而爲解說 令得一切種智 爾時世尊 欲重宣此義 而說偈言

"또 문수사리여, 여래 열반한 후 말법 가운데 이 경을 설법하려면 반드시 안락한 행에 머물러야 하느니라. 만일 입으로 이 법화경을 설할 때나 읽을 때 사람들과 더불어 경전의 허물을 말하지 말라. 또는 다른 법사를 가벼이 여겨 빈정대거나 다른 사람의 좋고 나쁜 장단점을 말하지 말며, 성문의 이름을 들어 그의 허물을 말하지 말고, 또는 그를 칭찬하지도 말며, 원망이나 싫어하는 마음을 품지 말라.

이와 같이 안락의 마음을 잘 닦으면 설법을 듣는 이들이 그의 뜻을 거역하지 아니하며, 혹 어려운 질문을 받더라도 소승법으로 대답하지 말고, 오직 대승법으로 해설하여 일체종지를 얻게 하여라."

그때 세존께서 이 뜻을 거듭 펴시려고 게송으로 말씀하시었다.

총명한 사람에게는 깨끗하고 쾌적한 높은 자리가 마련되리니
그 자리에 편하게 앉아 안락한 마음으로 법 설할 것이니라.
그는 특히 훌륭한 물감으로 잘 물들인 붉은색의 깨끗한 옷 입고

또 검정색 내의에 넉넉한 웃옷 입고, 발을 깨끗이 씻고 얼굴과 머리에 향유 바르고

다채로운 은세공의 조각이 새겨진, 발판 있는 자리에 앉아

가르침 설하는 자리에 열성적인 사람들 모여올 적에

비구와 비구니들에게 많은 즐거운 이야기를 들려주는 것이니라.

우바새들에게, 또 우바이들에게, 또 왕들에게, 왕자들에게

현자는 항상 그들을 적대시하지 않고 내용이 풍부한 재미있는 이야기를 들려주는 것이니라.

질문받을 때는 질문한 사람에게 어울리는 의미를 가르쳐 보여야 하느니라.

그것을 듣고 들은 자가 '깨달음'을 얻을 수 있도록 그 의미가 내포한 까닭을 보여 주어야 하느니라.

그리고 나태한 마음을 피해야 하며 따분한 기분이 일어나지 않도록 해야 하느니라.

菩薩常樂	安隱說法	於淸淨地	而施床座
以油塗身	澡浴塵穢	著新淨衣	內外俱淨
安處法座	隨問爲說	若有比丘	及比丘尼
諸優婆塞	及優婆夷	國王王子	群臣士民
以微妙義	和顏爲說	若有難問	隨義而答
因緣譬喩	敷演分別	以是方便	皆使發心
漸漸增益	入於佛道	除嬾惰意	及懈怠想

보살은 항상 즐겨 조용하게 설법하되

맑고 깨끗한 땅 법 자리에 앉으시며

기름을 몸에 발라 먼지와 때를 씻고

깨끗하온 새옷 입어 안과 밖을 맑게 하고

법 자리 편히 앉아 묻는 대로 설법하며

만일 어떤 비구들과 비구니와 남자신도

여자신도와 국왕들과 왕자들과 여러 신하

백성들께 미묘한 뜻 부드럽게 설해 주며

어렵게 물어 와도 뜻을 따라 대답하되

인연이나 비유들로 자세하고 설해 주어

이런 방편으로써 모두 다 발심시켜

이익이 점점 많아 부처님 도 들게 하며

게으르게 하는 일 게으름 못 피우게 하며

현자는 모든 불평불만을 버리고 주위의 사람들에게 자비로운 힘을 발휘해야 하느니라.

현인은 몇천만억이라는 비유담을 구사하여 낮이고 밤이고 최고의 가르침을 설하느니라.

모인 회중을 기쁘게 만족시켜 그들로부터 어떠한 요구도 없도록 해야 하느니라.

딱딱하고 부드러운 음식, 그밖의 음식물, 의복 또는 이불, 의약품 등등

그런 것을 생각하면 안 되느니라. 또, 회중에게 무엇이나 바라면 안 되느니라.

그러지 않고 총명한 사람은 항상

'나는 부처가 되고 싶다. 이들 역시 마찬가지이니라.

이와 같이, 모든 사람의 안락에 기초가 되는 올바른 가르침을,

이 세상에서 행복을 위하여 나는 설하리라' 하는 생각을 가져야 하느니라.

내가 입적한 다음에 질투하는 마음이 없이 이 가르침을 세상에 널리 퍼지게 하는 비구에게는

고뇌도, 장애도, 슬픔이나 불평도 전혀 없을 것이니라.

아무도 그를 협박할 수 없고 또 욕설이나 꾸짖는 일이 없을 것이니라.

또 그는 결코 쫓겨나는 일도 없을 것이니라.

그는 인내하는 힘을 마음의 의지로 삼기 때문이니라.

내가 말한 대로 사는 생활, 이와 같이 안락하게 사는 현자에게는

몇백천만의 수많은 미덕이 있느니라.

그것은 몇백 겁 동안 세어도 그것을 다 말할 수 없느니라.

離諸憂惱　　慈心說法　　晝夜常說　　無上道敎
以諸因緣　　無量譬喩　　開示衆生　　咸令歡喜
衣服臥具　　飮食醫藥　　而於其中　　無所希望
但一心念　　說法因緣　　願成佛道　　令衆亦爾
是則大利　　安樂供養　　我滅度後　　若有比丘
能演說斯　　妙法華經　　心無嫉恚　　諸惱障礙
亦無憂愁　　及罵詈者　　又無怖畏　　加刀杖等
亦無擯出　　安住忍故　　智者如是　　善修其心
能住安樂　　如我上說　　其人功德　　千萬億劫
算數譬喩　　說不能盡

근심 걱정 떨쳐 주고 자비롭게 설법하며

위없는 도 가르치기 낮도 밤도 없으려니

여러 가지 인연과 한량없는 비유들로

중생들을 깨쳐주어 기쁘게 하여 주며

의복이나 침구들 음식들과 의약들을

그 가운데 하나라도 바라지 말 것이며

일심으로 생각하여 인연을 설법하며

부처님 도 이룩하고 중생들도 성불하게 하면

이런 것이 큰 이익 안락한 공양이니라.

내가 열반한 후 만일 어떤 비구

이 법화경을 능히 잘 설법하면

성내는 일 질투의 맘 번뇌 장애 하나 없고

근심 걱정 마찬가지 꾸짖는 이도 없으며

두려움도 없어지고 칼이나 막대기로

내쫓는 이 없는 것은 인욕 중에 머무름이라.

지혜 있는 사람이면 이와 같이 마음 닦고

안락하게 머물기를 위에 말함 같이 하면

그 사람이 얻는 공덕 천만억의 오랜 겁에

산수로나 비유로도 헤아릴 수 없느니라.

"또 문수사리여, 여래가 입적한 훗날 올바른 가르침이 멸한 최후의 말세에도 불구하고, 이 경전을 세상에 널리 퍼지게 하는 보살이 있다면, 이 보살은 질투심도 속이려는 마음도 없고, 또 교활하지 않고, 더욱이 보살의 법륜에 오른 다른 사람들을 욕하지 않고, 그들을 비방한다든가 매도하지 않으리라. 또 다른 비구·비구니·우바새·우바이 중에서 성문의 법륜에 오른 자들 혹은 연각의 법륜에 오른 자들, 또는 보살의 법륜에 오른 자들의 마음에 혼란을 일으키는 일은 없으리라.

'양가의 아들들이여, 너희들은 더없이 완전한 깨달음에서 멀리 떨어져 있느니라. 너희들은 거기에 도달하지 못한 것을 잘 알고 있느니라. 너희들은 매우 방종한 생활을 하는 사람들이니라. 그래서는 부처님의 지혜를 깨닫지 못하느니라.'

이처럼 보살의 법륜에 오른 누군가의 마음을 교란할 말은 하지 않느니라. 그리고 그는 가르침에 관한 다툼을 좋아하지 않고, 또 가르침에 관하여 다투지 않고, 모든 사람에 대하여 자비로운 힘을 버리는 일이 없느니라. 그는 모든 여래를 자기의 아버지로 생각하고 모든 보살을 자기의 교사로 생각하느니라. 그리고 이 세상의 시방에 보살이 있으면, 그는 끊임없이 그들에게 간원하여 그들을 우러러 공경하고 예배하느니라. 더구나 그는 가르침을 설함에 있어 과부족이 없고, 가르침의 어느 부분에나 평등한 애정을 기울이느니라. 하물며 이 경설을 선양하면서 가르침에 대한 애정이라고 해도 누군가를 특히 편애하는 일은 없느니라.

문수사리여, 이 제3의 특성을 구비한 보살은, 여래가 입적한 다음 올바른 가르침이 멸할 최후의 세태가 되었을 때도, 이 경전을 선양하는 데 즐겁게 사귀고 살며, 남을 해롭게 하지 않고 이 경설을 선양하느니라. 그리고 가르침을 널리 펼 적에는 동료가 있고, 또 그의 가르침을 듣는 사람들이 나타나는 것이니라. 그리고 그들은 그가 이 경설을 설하는 것을 듣고 그 말을 믿으며, 거기에 의지하고 마음에 새겨 이해함과 동시에, 이 경설을 베껴 쓰고 또 한 권의 책으로서 우러러 공경하고 경모하며 공양할 것이니라."

세존께서는 이렇게 말씀하시고 나서 부처님은 교사로서 다른 말씀을 하시었다.

又文殊師利 菩薩摩訶薩 於後末世 法欲滅時 受持讀誦 斯經典者 無懷嫉妬 諂誑之
心 亦勿輕罵 學佛道者 求其長短 若比丘 比丘尼 優婆塞 優婆夷 求聲聞者 求辟支佛者
求菩薩道者 無得惱之 令其疑悔 語其人言 汝等去道甚遠 終不能得 一切種智 所以者何
汝是放逸之人 於道懈怠故 又亦不應 戲論諸法 有所諍競 當於一切衆生 起大悲想 於
諸如來 起慈父想 於諸菩薩 起大師想 於十方諸大菩薩 常應深心 恭敬禮拜 於一切衆
生 平等說法 以順法故 不多不少 乃至深愛法者 亦不爲多說 文殊師利 是菩薩摩訶薩
於後末世 法欲滅時 有成就 是第三安樂行者 說是法時 無能惱亂 得好同學 共讀誦是
經 亦得大衆 而來聽受 聽已能持 持已能誦 誦已能說 說已能書 若使人書 供養經卷 恭
敬尊重讚歎 爾時世尊 欲重宣此義 而說偈言

"또 문수사리여, 보살마하살이 말세에 법이 없어지려 할 때, 이 경전을 받아 가지고
외우고 읽는 이를 질투하거나 아첨하는 마음을 품지 말고, 또 부처님의 도 배우는 이
를 경솔하게 욕하거나 그 잘하고 못하는 것을 말하지 말라. 만일 비구·비구니·남자신
도·여자신도로서 성문을 구하는 이나 벽지불을 구하는 이 또는 보살도를 구하는 이
의 마음을 시끄럽게 교란해 그들로 하여금 의심하고 후회토록 하면서 '너희들은 도에
게 거리가 매우 멀어 마침내 온갖 지혜를 얻지 못하리라. 왜냐하면 너희들은 게으른
사람들로 도에 대해 방일하기 때문이라'는 말을 하지 말며 또는 모든 법을 희롱하여
말하지 말고 다투지도 말라.

오직 모든 중생에게 자비로운 생각을 일으키는 것이며, 모든 여래에게 자비로운 아
버지라는 생각을 일으키며, 모든 보살에게는 큰 스승이라는 생각을 일으켜 시방에 있
는 여러 보살에게 깊은 마음으로 공경하고 예배하며, 모든 중생을 위하여 평등하게
설법하리니, 법에 따라서 적게도 하지 말고 많이 하지도 말며, 법을 깊이 사랑하는 이
에게도 역시 많이 설하지 말라.

문수사리여, 이 보살 가운데 뒷세상의 말세에 법이 없어지려 할 때 이 제3의 안락행
을 성취한 이가 이 법을 설할 적에는 어지럽고 시끄러움이 없으며, 같이 배우는 이를

잘 만나 이 법화경을 같이 읽고 외우며, 또한 대중들이 와서 듣고 받아 가지며, 받아서는 외우며, 외우고는 설하고, 설하고는 능히 쓰며, 또는 다른 사람을 시켜 쓰기도 하고 경전에 공양하고 공경하며 존중하고 찬탄하리라.”

그때 세존께서 이 뜻을 거듭 펴시려고 게송으로 말씀하시었다.

설하는 자는 남을 속이는 마음이나 교만한 생각을, 더욱이 교활한 마음도 남김없이 버려야 하느니라.

이 경전을 세상에 널리 펴고자 하는 현자는 진정으로 질투하면 안 되느니라.

누군가의 욕을 하면 안 되느니라. 다른 견해를 말하여 다투면 안 되느니라.

‘그대는 더없는 부처님의 지혜를 얻지 못하리라’고,

다른 사람의 마음을 교란하는 기회를 만들면 안 되느니라.

저 부처님의 아들은 언제나 진실하고 온화하며 참을성이 강하니라.

그리고 이 경전을 두 번이고 세 번이고 세상에 널리 펴도록 하여라. 그의 마음은 결코 꺾이지 않느니라.

보살들은 세상 사람들을 가엾이 여겨 온 세상으로 세간을 돌아다니느니라.

‘이런 모든 사람은 나의 스승이다’라고 현자는 그들에게 가르쳐야 하느니라.

인간의 최고인 부처님을 회상하여 항상 부처님을 아버지로 생각하여라.

우쭐한 마음을 모두 버릴 때 그에게는 아무 장애도 없느니라.

이와 같은 가르침 들을 때 현자는 그것을 지켜야 하느니라.

안락하게 살기로 마음을 정한 사람은 몇천만의 사람으로부터 충분한 보호를 받게 될 것이니라.

若欲說是經	當捨嫉恚慢	諂誑邪僞心	常修質直行
不輕蔑於人	亦不戱論法	不令他疑悔	云汝不得佛
是佛子說法	常柔和能忍	慈悲於一切	不生懈怠心
十方大菩薩	愍衆故行道	應生恭敬心	是則我大師
於諸佛世尊	生無上父想	破於憍慢心	說法無障礙
第三法如是	智者應守護	一心安樂行	無量衆所敬

만일 이 경 설하려면 성내고 질투하며

아첨하고 거짓된 맘 모두 버려 선행 닦고

다른 사람 경멸 말고 또한 법을 희롱 말며

의심하게 하지 말고 성불 못 한다 하지 말며

이런 불자 설법하면 부드럽게 항상 참고

모든 중생 자비롭게 게으른 맘 없애주며

시방의 큰 보살들 중생 위해 도 행하면

공경하는 마음 내어 대법사라 생각하며

부처님 세존들을 아버지같이 생각하여

교만한 맘 깨뜨리어 장애 없이 설법하며

제3의 법 이러하니 지혜 있는 이 수호하여

일심으로 안락 행하면 중생 공경 받느니라.

"그리고 또 문수사리여, 여래가 입적한 다음 올바른 가르침이 멸하는 최후의 세태에서도 이 경설을 믿고자 하는 보살은, 재가(在家) 사람들이나 출가한 사람들과는 멀리 떨어져 살아야 하고, 또 자비스러운 생활을 보내야 하느니라. '깨달음'을 얻고자 하는 마음을 가진 모든 사람에게는, 열렬한 염원을 일으키도록 해야 하고, 그는 또 이렇게 생각해야 하느니라.

'이런 사람들은 실로 태어나면서부터 이지가 둔한 사람들이다. 그들은 여래가 교묘한 방편으로서 말하는 의미심장하고 미묘한 말을 알아듣지 못하여 알지 못하고 깨닫지 못하며, 묻지도 않고 믿지도 않고 적극적인 관심을 보이지 않느니라. 더구나 이런 사람들은 이 교설을 이해하지 못하여 깨달을 수 없느니라. 그러나 내가 더없이 완전한 '깨달음'을 깨달았을 때, 누가 어디에 있더라도 나는 그 사람을 신통력에 의하여 믿게 하고 신앙시키며 이해시켜서, 더없이 완전한 '깨달음'을 달성할 수 있도록 제도할 것이니라.'

문수사리여, 이 제4의 특성을 구비한 보살은, 여래가 입적한 다음 이 경설을 선양할 적에 다른 사람에게 방해를 받지 않고, 비구·비구니·우바새·우바이·왕·왕자·대신·고문관·시민·시골 사람·바라문·장자(長者)들로부터 우러러 공경을 받고 공양받을 것이니라. 또 공중을 달리는 신들은 두터운 신앙심을 품고 가르침을 듣기 위하여 그의 뒤를 쫓을 것이니라.

또 천자(天子)들도 항상 두터운 신앙심을 품고 그의 뒤를 쫓아, 그가 마을로 갈 때나 사원에 있을 때나 그를 수호할 것이니라. 그들은 가르침을 듣고자 하여 밤이나 낮이나 가까이 와서 그의 해설을 기뻐하고 그것에 만족할 것이니라. 왜냐하면 이 경설은 모든 부처님에 의하여 가호를 받고 있기 때문이니라. 과거·미래·현재의 여래에 의하여 이 경설은 언제나 보호되고 있느니라. 문수사리여, 많은 세계에서, 이 경설의 이름과 평판을 듣기는 드문 일이고 그것을 설하는 소리를 듣기도 희귀할 것이니라.

又文殊師利 菩薩摩訶薩 於後末世 法欲滅時 有持是法華經者 於在家出家人中 生大慈心 於非菩薩人中 生大悲心 應作是念 如是之人 則爲大失 如來方便 隨宜說法 不聞不知不覺 不問不信不解 其人雖不問 不信不解是經 我得阿耨多羅三藐三菩提時 隨在何地 以神通力 智慧力 引之令得 住是法中 文殊師利 是菩薩摩訶薩 於如來滅後 有成就 此第四法者 說是法時 無有過失 常爲比丘 比丘尼 優婆塞 優婆夷 國王 王子 大臣人民 婆羅門 居士等 供養恭敬 尊重讚歎 虛空諸天 爲聽法故 亦常隨侍 若在聚落城邑空閑林中 有人來欲難問者 諸天晝夜 常爲法故 而衛護之 能令聽者 皆得歡喜 所以者何此經是一切 過去 未來 現在 諸佛神力 所護故 文殊師利 是法華經 於無量國中 乃至名字 不可得聞 何況得見 受持讀誦.

"또 문수사리여, 보살마하살이 뒷세상의 말세법이 없어지려 할 때, 이 《법화경》을 받아 가지면 집에 사는 사람이나 출가한 사람이나 큰 자비의 마음을 내고, 보살이 아닌 사람이라도 큰 자비의 마음을 내면서 이렇게 생각하라.

'이런 사람들은 큰 것을 잃게 되나니, 여래께서 방편으로 뜻을 따라 설법하심을 듣지도 못하고 알지도 못하며, 깨닫지도 못하고 묻지도 아니하며, 믿지도 않고 이해하지도 못하는구나! 그 사람들이 비록 묻지도 않고 믿지도 아니하며, 이 경을 이해하지 못하더라도 내가 위없이 높고 바른 깨달음을 얻을 때는 어느 곳에 있든지 따라가서 신통력과 지혜의 힘으로 이 중생들을 이끌어서 이 법 가운데 머무르게 하리라.'

문수사리여, 이 보살마하살이 여래가 열반한 후 이 제4의 법을 성취한 이는 이 법을 설할 때 잘못이 없으리라.

항상 비구·비구니·남자신도·여자신도·국왕·왕자·신하·국민·바라문·거사 등이 그를 위하여 공양하고 공경하며, 존중하고 찬탄하며, 허공의 여러 하늘은 법을 듣기 위하여 항상 따라다니며 모시리라. 만일 농촌이나 도시나 고요한 산림 속에 있을 때 사람들이 찾아와서 어려운 질문을 하게 되면, 모든 하늘이 항상 법을 위하여 밤낮으로 지키고 보호하여 듣는 이로 하여금 모두 기쁘게 하리라. 왜냐하면 이 경은 과거·미래·현재의 모든 부처님께서 신통력으로 보호하시기 때문이니라.

문수사리여, 이 《법화경》은 한량없이 많은 나라에서도 이름도 얻어 듣기가 어렵거든, 하물며 얻어 보고 받아 지니며 읽고 외우는 것이야 말할 것이 있겠느냐.

이를테면 무력에 의하여 패왕이 된 왕이 무력으로써 자신의 왕국을 정복한다. 그러자 그에게 대립하는 적국의 왕들이 그와 교전한다. 그런데 무력에 의하여 패왕이 된 이 왕에게 여러 종류의 병사가 있어서 그들이 적과 싸운다. 왕은 싸우고 있는 병사들을 보고, 이 병사들의 무용을 기뻐하고 만족하여 그들에게 은상(恩賞)을 준다. 이를테면 마을이라든가 봉토를 주고, 도시라든가 집터를 준다. 혹은 의복을 보내고, 옷감·손발 장식품·목걸이·귀고리·금실·진주 목걸이·황금·금화·진주·유리·수정·산호를 준다든가, 코끼리·말·전차·보병·남녀 노예를 준다든가, 수레나 가마를 하사하기도 한다. 그러나 머리 장식인 보배구슬은 아무에게도 주지 않는다. 왜냐하면 머리를 장식하는 보배구슬이야말로 국왕의 머리에만 쓰는 것이기 때문이다. 만일 왕이 머리 장식인 보배구슬을 누군가에게 준다고 하면, 왕의 사군(四軍)에 속한 자들이 이상하다고 생각할 것이니라.

이와 같이 여래는 바로 가르침의 지배자이고 가르침의 왕자이며, 스스로 완력과 복덕의 힘으로 정복한 삼계(三界)에서, 법에 따라 올바르게 통치할 것이니라. 흉악한 악마가 그가 다스리는 삼계를 습격한다고 하자. 그러면 여래의 기품 있는 전사들이 악마와 싸우리라. 그때 가르침의 지배자요 가르침의 왕자인 여래는 이들 기품 있는 전사들이 분전하는 광경을 보고, 모여 있는 네 종류의 회중들을 기쁘게 하기 위해 몇백천이라는 갖가지 경전을 설하리라. 그리고 그들에게 '깨달음'

의 경계라고 하는 위대한 도성(都城)을 주어 '깨달음'의 경지에 의하여 그들의 마음을 매료하는데, 이 경설은 결코 설하지 않았느니라.

文殊師利 譬如强力 轉輪聖王 欲以威勢 降伏諸國 而諸小王 不順其命 時轉輪王 起種種兵 而往討伐 王見兵衆 戰有功者 卽大歡喜 隨功賞賜 或與田宅 聚落城邑 或與衣服嚴身之具 或與種種珍寶 金 銀 琉璃 硨磲 碼磩 珊瑚 琥珀 象馬車乘 奴婢人民 唯髻中明珠 不以與之 所以者何 獨王頂上 有此一珠 若以與之 王諸眷屬 必大驚怪 文殊師利 如來亦復如是 以禪定智慧力 得法國土 王於三界 而諸魔王 不肯順伏 如來賢聖諸將 與之共戰 其有功者 心亦歡喜 於四衆中 爲說諸經 令其心悅.

문수사리여, 비유하면 힘센 전륜성왕이 그 위세로써 여러 나라를 항복시키려 할 때 작은 나라의 모든 왕이 그 명령을 거역하면, 전륜성왕은 많은 군사를 일으켜 토벌하느니라. 왕이 군사 중에서 싸움에 공이 있는 이를 보고 크게 기뻐하며 그 공을 따라 상을 주되, 혹은 논밭을 주며 혹은 집이나 촌락·도시를 주며, 혹은 의복이나 장신구를 주고, 혹은 여러 가지 진귀한 보물인 금·은·유리·자거·마노·산호·호박·코끼리·말·수레·노비·백성들을 주지마는, 오직 머릿속에 있는 밝은 구슬만은 주지 않느니라. 왜냐하면 이 구슬은 세상에 왕의 이마에 있는 단 하나뿐이기 때문이니라. 만일 이것을 주면 왕과 그 권속은 반드시 매우 놀라고 이상하게 여기느니라.

문수사리여, 여래께서도 또한 이와 마찬가지로 선정과 지혜의 힘으로 법의 국토를 얻어 삼계의 왕이 되었으나, 여러 마왕이 순종치 않고 거역하면 여래의 장군인 성인들이 그들과 함께 싸우되, 공이 있는 이를 보면 여래의 마음이 매우 기뻐서 4부 대중 가운데서 여러 경을 설해서 그 마음을 기쁘게 해 주리라.

그 경우 문수에 비유컨대 무력으로 패왕이 된 그 왕은, 이 전사들이 매우 용기를 발휘하여 분전하는 것에 놀라 다음에는 자기의 모든 재산을 줄 뿐만 아니라, 마침내는 머리 장식인 보배구슬마저 주었기 때문에 세상 사람들은 그것을 믿지 않고 너무나 놀랐느니라. 왕의 머리 장식 보배구슬은 오래오래 소중하게 왕의 머리에 장식되었느니라. 이처럼 문수사리여, 가르침의 왕자로서 여래가 삼계에서 올바른 가르침으로 통치하고 있을 때, 성문들이나 보살들이 오온마(五蘊魔 : 4마(魔)의 하나. 여러 가지 장애를 받는 것을 뜻함)나 번뇌마(煩惱魔 : 4마의 하나. 몸과 마음을 혼란시키는 방해)와 분전하는 것을 보았느니라.

더구나 이 악마들과 싸우면서 크나큰 용기를 발휘하여, 그들이 탐욕과 증오심과 어리석음을 다 멸하고 삼계의 모든 결박으로부터 탈출하여 일체의 악마를 격멸한 것을 보고, 여래는 그때 매우 만족하여 이 기품 있는 전사들에게, 어리석은 모든 세상에서는 환영받지 못하고 믿지도 않으며, 더구나 아직 논한 적도 없고 설하는 일도 없다는 이 경설을 설하였느니라. 모든 사람에게 승인이 되도록, 여래는 위대한 머리 장식의 최고인 보배구슬을 제자들에게 선물하였느니라.

왜냐하면 문수사리여, 이것은 여래들의 가장 훌륭한 설법이고 최고의 설법이기 때문이니라. 그리고 모든 경설 중에서 이 경설이 가장 심오한 것인데도 아직 어리석은 세상에서 환영받지 못하고 있느니라. 여래는 그것을 오늘 주셨느니라. 그것은 마치 무력으로 패왕이 된 왕이 오랫동안 소중히 하던 머리 장식의 보배구슬을 전사들에게 준 것과 마찬가지로, 여래도 진정 오랫동안 소중히 하시던 비전(秘傳)의 가르침을, 모든 경설 중에서 최고의 것으로 여래들이 알아야 할 이 경설을 오늘 선양하신 것이니라'고.”

그때 세존께서는 그 의의를 더 설명하려고 게송으로 다음과 같이 말씀하시었다.

賜以禪定 解脫 無漏根力 諸法之財 又復賜與 涅槃之城 言得滅度 引導其心 令皆歡喜 以不爲說 是法華經 文殊師利 如轉輪王 見諸兵衆 有大功者 心甚歡喜 以此難信之珠 久在髻中 不妄與人 而今與之 如來亦復如是 於三界中 爲大法王 以法敎化 一切衆生 見賢聖軍 與五陰魔 煩惱魔 死魔共戰 有大功勳 滅三毒 出三界 破魔網 爾時如來 亦大歡喜 此法華經 能令衆生 至一切智 一切世間 多怨難信 先所未說 而今說之 文殊師利 此法華經 是諸如來 第一之說 於諸說中 最爲甚深 末後賜與 如彼强力之王 久護明珠 今乃與之 文殊師利 此法華經 諸佛如來 秘密之藏 於諸經中 最在其上 長夜守護 不妄宣說 始於今日 乃與汝等 而敷演之 爾時世尊 欲重宣此義 而說偈言

선정과 해탈과 번뇌 없음과 근력의 법을 주며, 또 열반을 주어 멸도라는 말로 그 마음을 인도해서 모두 기쁘게 하지만 아직 이 《법화경》은 설하지 않느니라.

문수사리여, 전륜성왕이 병사들 가운데 공이 있는 이들을 보고 그 마음이 매우 기뻐서 이 믿기 어려운 구슬을 오랫동안 머릿속에 감추어 함부로 사람들에게 주지 않다가 이제야 그것을 주는 것처럼, 여래께서도 또한 이와 같아 삼계 가운데 큰 법왕이 되어 바른 법으로 모든 중생을 교화하니, 성인의 장군들이 오음의 마군과 번뇌의 마군과 죽음의 마군들과 함께 싸워 큰 공이 있는 것을 보고, 또 3독을 멸하고 삼계에서 벗어나 마군들의 그물을 깨뜨리는 것을 보고, 그때 여래께서 크게 기뻐하며 중생으로 하여금 모든 지혜에 이르게 하는 《법화경》을, 그동안 온갖 세간의 원망이 많고 믿지 않아서 먼저 설하지 못한 것을 이제야 설하느니라.

문수사리여, 이 《법화경》은 모든 여래의 으뜸가는 설법이니라. 모든 설법 가운데 그 뜻이 매우 깊으므로 제일 나중에 설해 주는 것은 저 힘센 왕이 밝은 구슬을 오래도록 가지고 있다가 이제야 주는 것과 같으니라.

문수사리여, 이 《법화경》은 여러 부처님 여래께서 비밀히 감추어 두었던 법장으로 모든 경전 가운데 가장 위에 있으므로 오래도록 잘 지키고 간직하여 사람들에게 함부로 설해 주지 않다가 이제야 처음으로 너희들에게 연설하느니라.”

그때 세존께서 이 뜻을 거듭 펴시려고 게송으로 말씀하시었다.

자비의 힘을 항상 보이며 모든 중생을 언제나 불쌍히 여겨
부처님들이 설한 훌륭한 경전, 이 가르침을 세상에 널리 펴야 하느니라.
여래가 입적한 다음에 보살은 재가자이든 출가자이든,
모든 사람에게 자비의 힘을 보여 주어라.
“그들이 가르침을 듣고 그것을 버리지 않도록.
내가 ‘깨달음’을 얻어 여래의 자리에 안주하게 되었을 때,
그들을 제도할 것이니라. 방편을 써서 그들에게 이 최고의 ‘깨달음’을 설하여
듣게 하라”고.
비유하면 무력으로 패왕이 된 왕이 전사들에게 갖가지 선물을 주었다고 하자.
그는 황금을 주고 코끼리·말·전차(戰車)·보병·도시·마을 들을 만족하여 하사

하리라.

그는 기뻐서 누군가에게 손 장식품이나 은·황금줄을 줄 것이니라.

그는 또 진주·보주를, 나패(螺貝)·수정·산호를, 그리고 여러 노예를 주리라.

그러나 그 왕은 누군가 전사의 한 사람이 최고의 무공을 세웠을 때 경탄하여, '장하도다, 장하도다'라고 하면서 왕관을 벗어 보배구슬 줄 것이니라.

그와 마찬가지로 부처이며 가르침의 왕자인 나는 인내의 힘을 가지고 이지(理智)를 풍부하게 쌓아서

세상의 행복을 기원하는 연민의 정으로 가르침에 의하여 일체의 세상을 통치할 것이니라.

중생이 박해당하는 것을 보고 나는 몇천만억의 교법(敎法) 설할 것이니라.

이 세상에서 번뇌를 멸하고 청정하게 된 사람들의 용기를 알고

몇백천만의 경설을 설하는 가르침의 왕자이며 위대한 의사인 나는,

중생이 '깨달음'에 이르는 힘을 가지고 있다는 것을 아는 현자로서,

머리를 장식하는 보배구슬과 같이 이 경전 설할 것이니라.

이 세상에서 최후인 이 경전을 나는 말할 것이니라.

常行忍辱	哀愍一切	乃能演說	佛所讚經
後末世時	持此經者	於家出家	及非菩薩
應生慈悲	斯等不聞	不信是經	則爲大失
我得佛道	以諸方便	爲說此法	令住其中
譬如强力	轉輪之王	兵戰有功	賞賜諸物
象馬車乘	嚴身之具	及諸田宅	聚落城邑
或與衣服	種種珍寶	奴婢財物	歡喜賜與
如有勇健	能爲難事	王解髻中	明珠賜之
如來亦爾	爲諸法王	忍辱大力	智慧寶藏
以大慈悲	如法化世	見一切人	受諸苦惱
欲求解脫	與諸魔戰	爲是衆生	說種種法
以大方便	說此諸經	旣知衆生	得其力已

末後乃爲　　說是法華　　如王解髻　　明珠與之

인욕 항상 행하여서 모든 중생 불쌍히 여겨
부처님이 찬탄하신 이 경전을 설법하라.
오는 세상 말세에 이 경전 가지는 이
재가자나 출가자나 보살이 아니라도
자비한 맘 낼지니 많은 중생 이 경전을
듣지 않고 믿지 못해 큰 이익을 잃지마는
내가 불도 이루어서 여러 가지 방편으로
이 경전 설법하여 그 가운데 있게 하리.
비유하여 말하노니 힘이 강한 전륜성왕
싸움에 공 있는 이 여러 가지 상을 주되
코끼리·말·수레며 몸에 걸칠 장신구와
많은 논밭·집들이며 촌락·성읍 떼어 주고
혹은 입을 옷가지와 여러 가지 귀한 보배
노비와 재물들을 기쁘도록 나눠 주며
용감하게 잘 싸우고 어려운 일 능히 하면
머릿속에 감춘 구슬 풀어내어 상 주듯이
부처님도 이와 같이 모든 법의 왕이 되어
인욕하는 큰 힘과 지혜로운 보물 창고
큰 자비의 마음으로 법과 같이 교화하되
모든 중생이 여러 고통 받음 보고
해탈법을 구하려고 마군과 싸움 보며
이런 중생 위하느라 갖가지 법 설하므로
큰 방편을 잘 써서 여러 경전 설해 주며
중생들이 힘 얻은 것 여래께서 아시고는
맨 나중에 그를 위해 《법화경》을 설하시니
전륜성왕 머리 풀고 밝은 구슬 줌과 같네.

이것은 나의 모든 경전 중에서 최고의 것이고

내가 소중히 여겨 아직 설한 적이 없는 것이니라.

그것을 지금 설하리니 모두 들어보아라.

내가 입적할 때 더 위없는 최고의 '깨달음' 구하여

나를 위해 노력하는 사람들이 지켜야 할 네 가지 특성은 이와 같으니라.

그에게는 슬픔도 없고, 장애도 없고, 추한 데도 없고 질병도 없느니라.

그의 피부는 검지 않고 그는 또 좁고 더러운 거리에서 사는 일도 없느니라.

위대한 선인은 항상 온화한 얼굴로 여래인 것처럼 공양을 받아 마땅하리라.

그리고 젊은 천자들이 항상 그를 호종하리라.

그의 몸에는 무기나 독이나 또 몽둥이나 흙덩어리도 맞지 않을 것이니라.

그를 매도하는 말을 지껄이는 입은 곧 막히게 될 것이니라.

내가 입적할 때 이 경전을 신봉하는 자는 이 세상에서 인간의 친족이 되어 광명을 발하는 대지를 방랑하고, 몇천만의 많은 인간을 위하여 암흑을 제거할 것이니라.

그는 꿈속에서 부처님의 모습을 보리라.

또 비구들과 비구니들도 볼 것이니라.

또 사자좌에 앉은 자기를 보리라.

많은 바큇살이 있는 가르침을 세상에 널리 펴도록 하여라.

此經爲尊	衆經中上	我常守護	不妄開示
今正是時	爲汝等說	我滅度後	求佛道者
欲得安隱	演說斯經	應當親近	如是四法
讀是經者	常無憂惱	又無病通	顔色鮮白
不生貧窮	卑賤醜陋	衆生樂見	如慕賢聖
天諸童子	以爲給使	刀杖不加	毒不能害
若人惡罵	口則閉塞	遊行無畏	如師子王
智慧光明	如日之照	若於夢中	但見妙事
見諸如來	坐師子座	諸比丘衆	圍繞說法

이 경은 존귀하여 경전 중에 으뜸이라
내가 항상 수호하여 말해 주지 않았으나
지금은 때가 되어 너희에게 설하노라.
내가 열반한 후 부처님 도 구하는 이
편안하게《법화경》을 설하고자 하거들랑
이와 같은 네 가지 법 친근해야 하느니라.
《법화경》읽는 이는 근심 걱정 항상 없고
병과 고통 전혀 없이 얼굴빛이 아름답고
비천하고 추잡하며 빈궁하게 나지 않고
중생들이 즐겨하여 어진 성인 보듯 하며
하늘나라 여러 동자 따라와서 시중들고
칼 막대로 못 해치고 독약도 못 죽이며
만일 누가 욕을 하면 그 입이 막혀지고
두려움 없기로는 사자왕과 같으며
지혜의 밝은 광명 햇빛과 같으니라.
꿈꾸는 가운데 미묘한 일 보게 되니
모든 부처 여래께서 사자좌에 앉으시어
비구 대중 둘러싸여 설법하심 보게 되리.

갠지스강의 모래알 수같이 많은 종류의 신(神)들과
야차와 아수라와 용들 모두가,
합장하고 있는 것을 꿈속에서 보고, 그는 그들에게 최고의 가르침 설하리라.
몇천만의 인간에게 가르침을 설하는 여래의 모습을
몇천의 광명을 쏘고 상쾌한 음성으로 가르침 설하는
금빛 보호자(부처님)의 모습을 그는 꿈속에서 보리라.
그는 인간 최고의 성자를 찬탄하면서 합장하고 거기에 서 있으리라.
위대한 의사인 부처님은 네 종류의 회중에게 최고의 가르침 설하시리라.
그는 가르침을 듣고 기뻐서 마음에 환희가 생겨 공양할 것이니라.

그는 빨리 되돌아옴이 없는 지혜에 도달하여

꿈속에서 보살이 교화를 위하여 취할 수 있는 기억력을 얻으리라.

부처님은 그가 바라는 뜻을 알고 그가 부처님 자리에 도달하게 된다고 예언하시리라.

"양가의 아들이여, 너는 미래에 더없이 좋고 상서로운 지혜에 도달할 것이니라. 너희 국토는 광대하리라.

또 나와 마찬가지로 네 종류의 회중이 있을 것이니라.

그들은 합장하고 공경하며, 광대하고 고뇌가 없는 가르침을 너에게 듣게 될 것이니라."

다시 그는 산속 동굴에서 가르침을 명상하는 자신의 모습을 보게 되리라.

又見龍神	阿修羅等	數如恒沙	恭敬合掌
自見其身	而爲說法	又見諸佛	身相金色
放無量光	照於一切	以梵音聲	演說諸法
佛爲四衆	說無上法	見身處中	合掌讚佛
聞法歡喜	而爲供養	得陀羅尼	證不退智
佛知其心	深入佛道	卽爲授記	成最正覺
汝善男子	當於來世	得無量智	佛之大道
國土嚴淨	廣大無比	亦有四衆	合掌聽法
又見自身	在山林中	修習善法	證諸實相

항하 모래 같은 수의 용과 귀신 아수라들

그 모두가 일심으로 공경하고 합장하면

그 몸들을 위하여 설법함도 또한 보며

또한 보면 부처님들 그 몸이 금빛이라

한량없는 광명 놓아 모든 것을 비추시며

맑은 음성 범음으로 설법함을 또한 보며

부처님이 대중 위해 위없는 법 설할 적에

자기 몸이 그 가운데 있는 것을 발견하고

일심으로 합장하여 부처님을 찬탄하고

법을 듣고 기뻐하여 받들어 공양하며

다라니 또한 얻어 불퇴 지혜 증득하며

부처님 도 깊이 든 것 그 마음 아신 부처

앞으로 오는 세상 위없이 가장 높은

정각을 이루리라. 수기 주며 하시는 말

'너희들 선남자는 앞으로 오는 세상

한량없이 밝은 지혜 부처님의 큰 도 얻고

국토는 청정하여 비할 데 없이 광대하며

4부대중 합장하여 그 불법을 들으리라.'

스스로 자신들이 산림 속에 들어가서

좋은 법을 닦고 익혀 참모습을 증득하네.

가르침을 명상하고 가르침의 본질에 도달하여 마음의 안정을 얻고,
그는 부처님을 볼 것이니라.
꿈속에서 백 가지 복덕 있는 상을 구비한 사람(부처님)을 보고
그는 가르침을 들으리라.
그 가르침 듣고 그것을 그는 회중에게 선양하리라.
그의 꿈은 참으로 이와 같았느니라.
꿈속에서조차도 그는 왕국이나 후궁이나 또 친족 등을 모두 버리고
모든 쾌락도 버리고 출가하여 '깨달음'의 도량에 가까워질 것이니라.
'깨달음'을 희구하는 그는 나무 밑에 있는 사자좌에 앉아 이레를 지나고 나서
여래의 지혜에 이르게 되느니라.
그리고 '깨달음'을 얻은 그는 나무 밑에 있는 사자좌에서 일어나
고뇌 없는 청정한 법바퀴를 굴렸느니라.
그는 몇천만억 겁이라는 생각할 수도 없을 만큼 오랫동안,
네 종류의 회중에게 가르침을 설하여 보였느니라.

고뇌 없는 가르침을 세상에 널리 펴서 몇천만이라는 많은 인간에게 뭔가를 불
어넣은 다음

기름 떨어진 등불같이 그는 사라졌느니라. 그의 꿈은 이와 같았느니라.

여래가 입적한 다음 내가 잘 설하여 보인 최고의 가르침인 이 경전을 세상에
널리 펴는 자는,

언제나 한없이 많은 칭찬받을 것이니라.

深入禪定	見十方佛	諸佛身金色	百福相莊嚴
聞法爲人說	常有是好夢	又夢作國王	捨宮殿眷屬
及上妙五欲	行詣於道場	在菩提樹下	而處師子座
求道過七日	得諸佛之智	成無上道已	起而轉法輪
爲四衆說法	經千萬億劫	說無漏妙法	度無量衆生
後當入涅槃	如煙盡燈滅		

선정에 깊이 들어 시방 계신 부처님을

친견함도 또한 보니 부처님 몸 금빛이라.

백복으로 장엄한 상 그 많은 부처님

법을 듣고 대중 위해 설법하는 꿈이 있네.

꿈속에도 국왕되어 궁전과 권속들과

가장 묘한 오욕락을 하나 없이 다 버리고

도량을 찾아가서 보리수나무 아래

사자좌에 높이 앉아 부처님 도 구할 적에

7일간을 지나서 불지혜 모두 얻고

위없는 도 이루어 법륜을 잘 굴리며

4부대중 위하여 법을 설하는 일

천만억 겁 지나도록 무루 묘법 설하여서

무량 중생 제도하고 열반에 들 적에는

등불이 다 꺼지고 연기마저 없으려니

뒤에 오는 악한 세상 으뜸가는 법(법화경) 설하면

이런 사람 얻는 이익 공덕 또한 이 같노라.

이상으로 성스러운 《올바른 가르침의 백련》이라는 경설에서 '안락한 생활' 제
13장은 끝난다.

14. 땅속에서 솟아나는 보살들
종지용출품 제15

그때 다른 세계에서 몰려온 보살 중에서 여덟 갠지스강의 모래알 수와 같이 많은 보살은 둥그렇게 모인 회중 가운데서 일어섰다. 그들은 세존을 향하여 합장하고 예배드린 다음 세존께 이렇게 아뢰었다.

"만일 세존께서 허락해 주신다면, 저희도 여래께서 입적하신 후에 저 사바 세계에서 이 경설을 널리 떨쳐 독송하고 베껴 쓰며 공양하오리다. 또 이 경설에 전념하겠나이다. 그러므로 세존께서는 저희에게도 이 경설을 설하도록 허락하여 주소서."

그래서 세존은 보살들에게 이렇게 말씀하시었다.

"양가의 아들들이여, 너희는 왜 이 일을 까다롭게 생각하고 있느냐. 이 세상의, 나에게 속한 사바 세계에서 60 갠지스강의 모래알 수같이 많은 몇천만억이라는 보살이 오직 한 보살의 수행자가 되었느니라. 이처럼 보살 중에서 60 갠지스강의 모래알 수같이 많은 몇천만억의 보살 한 사람 한 사람에게, 마치 똑같은 수의 보살이 수행하고 있으므로, 그들은 내가 입적한 다음에 이 경설을 굳게 믿어 독송하고 널리 떨칠 것이니라."

妙法蓮華經從地涌出品第十五

爾時他方國土 諸來菩薩摩訶薩 過八恒河沙數 於大衆中 起立合掌作禮 而白佛言 世尊 若聽我等 於佛滅後 在此娑婆世界 勤加精進 護持讀誦 書寫供養 是經典者 當於此土 而廣說之 爾時佛告 諸菩薩摩訶薩衆 止善男子 不須汝等 護持此經 所以者何 我娑婆世界 自有六萬 恒河沙等 菩薩摩訶薩 一一菩薩 各有六萬 恒河沙眷屬 是諸人等 能於我滅後 護持讀誦 廣說此經.

묘법연화경 종지용출품 제15

그때 타방 국토에서 온 여러 보살마하살이 8항하의 모래알 수보다 많더니, 그들이 대중 가운데서 일어나 합장 예배하고 부처님께 여쭈었다.

"만일 저희에게 부처님께서 입적하신 후 이 사바 세계에 있으면서 부지런히 정진하고 보호하며, 이 경전을 받아 읽고 외우며 쓰며 공양할 것을 허락하여 주시면, 마땅히 이 국토에서 널리 설하겠나이다."

그때 부처님께서 여러 보살마하살에게 말씀하시었다.

"그만두어라, 선남자야. 너희들이 이 경전을 받들어 가지기를 바라지 않나니, 왜냐하면 내 사바 세계에는 6만 항하의 모래 같은 보살마하살이 있으되, 그 하나하나의 보살들이 가각 6만 항하의 모래 같은 권속을 가지고 있어, 이 모든 사람이 내가 입적한 후에는 이 경을 받아 보호하고 읽고 외우며 널리 설하기 때문이니라."

세존께서 이 말씀을 하시자마자 이 사바 세계는 온통 주위 일대가 균열이 생기고 벌어지더니, 그 벌어진 틈새에서 몇천만억이라는 보살이 솟아 나왔다. 그들은 몸빛이 금빛이고, 위대한 인물이 갖추어야 할 32가지 길상(吉相)을 구비하고 있었다. 그들은 이 대지 밑에 있는 중공(中空)의 세계에 머물면서 이 사바 세계에 가까워지고 있었다. 그러다가 세존의 이와 같은 음성을 듣고 대지 밑에서 나오게 된 것이다. 이 보살들 한 사람 한 사람은 60 갠지스강의 모래알 수와 같이 많은 보살을 수행자로 데리고 있는, 제자 집단을 가진 사람으로, 제자 집단의 위대한 통솔자요 지도자였다. 이와 같은 제자 집단의 통솔자이며 지도자인 보살 중에서, 60 갠지스강의 모래알 수와 같은 몇천만억의 보살들이, 이 사바 세계의 대지가 갈라진 틈새에서 뛰어나왔던 것이다. 하물며 50 갠지스강의 모래알 수와 같은 보살을 거느린 보살들이 있었던 것은 말할 것도 없다. 또, 40 갠지스강의 모래알 수와 같은 보살을 거느린 보살들이 있었던 것도 말할 나위가 없다. 그리고 30, 20, 10, 5, 4, 3, 2, 1, 절반, 4분의 1, 6분의 1, 8분의 1, 10분의 1, 20분의 1, 30분의 1, 40분의 1, 50분의 1, 100분의 1, 1천분의 1, 10만분의 1, 1천만분의 1, 이렇게 갠지스강의 모래알 수와 같은 보살을 거느린 보살들도 있었다. 또 몇천만억이라는 많은 보살을 거느린 보살들은 말할 것도 없고, 1천만 명, 10만 명, 1천 명, 5백 명, 4백 명, 3백 명, 2백 명, 1백 명, 50명, 40명, 30명, 20명, 10명, 5명, 4명, 3명, 2명의 보살을 거느린 보살도 있었다. 단 한 명의 따르는 자를 데리고 온 보살들도 있었고, 따르는 자 없이 혼자 사는 보살들도 있었다. 이 사바 세계에서 대지가 갈라진 틈새로부터 뛰어나온 보살들의 수는 계산할 수도, 비교할 수도 없고, 비유할 수도 없었다. 그들은 나타날 때마다 공중에 멈춘 채, 그 안에는 고결한 다보(多寶)여래가 입적하여 존엄한 석가모니여래와 함께 사자좌에 앉아 있는 대보탑에 가까워졌다.

佛說是時 娑婆世界 三千大千國土 地皆震裂 而於其中 有無量千萬億 菩薩摩訶薩 同時涌出 是諸菩薩 身皆金色 三十二相 無量光明 先盡在 娑婆世界之下 此界虛空中住 是諸菩薩 聞釋迦牟尼佛 所說音聲 從下發來 一一菩薩 皆是大衆 唱導之首 各將六萬 恒河沙眷屬 況將五萬 四萬 三萬 二萬 一萬 恒河沙等眷屬者 況復乃至 一恒河沙 半恒河沙 四分之一 乃至千萬億 那由他分之一 況復千萬億 那由他眷屬 況復億萬眷屬 況復千萬 百萬 乃至一萬 況復一千 一百 乃至一十 況復將五 四 三 二 一 弟子者 況復單己 樂遠離行 如是等比 無量無邊 算數譬喻 所不能知.

부처님께서 이를 설하실 때 사바 세계 삼천대천 국토의 땅이 다 진동하면서 열리더니 그 가운데에 한량없는 천만억 보살마하살이 동시에 솟아 나오되, 그 보살들의 몸은 모두 금빛으로 32상을 갖추었으며, 한량없이 밝은 광명이 있었다. 이 보살들은 사바 세계의 아래 허공 가운데 머물러 있다가 석가모니불께서 설법하시는 음성을 듣고 아래로부터 솟아오른 것이다.

그 하나하나의 보살들은 모두 이 대중을 이끄는 이들로서, 각각 6만 항하 모래 수의 권속을 거느리고 있으며, 5만·4만·3만·2만·1만 내지 한 항하의 모래 같은 수나 반 항하의 모래 같은 수 또는 4분의 1항하의 모래 같은 수의 권속을 거느리며, 천만억 나유타 분의 1이나 또는 천만억 나유타 권속 또는 억만의 권속을 거느리며 또는 천만 내지 백만 1만 또는 1천이나 1백으로부터 10 또는 5·4·3·2·1의 제자를 거느리고 있었다. 번거로움을 멀리 여의고 홀몸으로 행하기를 즐기는 사람도 한량없고 가없어, 숫자나 비유로는 그 수를 능히 헤아릴 수 없었다.

그리고 두 여래에게 머리를 조아려 발을 받들어 예배하고, 또 존엄한 석가모니 여래 자신의 몸으로 만들어진 여래의 모든 분신에게도 예배하였다. 이 분신들은 널리 온 세상의 여러 세계에서 모여들어, 갖가지 보배나무 밑에 있는 사자좌에 앉아 있었다. 이런 모두에게 몇십만 번이나 예배하고 나서, 여래들의 주위를 오른쪽으로 돌며 온갖 찬탄의 말로 찬양하고, 그것이 끝나자 한 구석에 앉아 존엄한 석가모니여래와 고결한 다보여래를 향하여 공손하게 경배를 드렸다.

그때 대지에서 뛰어나온 보살들이 여래에게 예배하고 온갖 찬탄의 말로 찬양하고 있는 동안에, 만(滿) 50소겁(小劫 : 1소겁은 8만 살부터 100년에 한 살씩 줄어 10살이 되기까지, 또는 10살에서 100년에 한 살씩 늘어 8만 살이 되기까지의 동안)이 지나갔다. 그리고 이 50소겁 동안 존엄한 석가모니여래는 침묵하고 계셨다. 또 네 종류의 회중도 이 50소겁 동안 침묵을 이어갔다. 세존께서 이처럼 신통력을 발휘하셨기 때문에 네 종류의 회중은 2만 50겁이라는 긴 시간을 겨우 오후뿐인 반나절로 느꼈다. 그리고 이 사바 세계가 몇십만의 허공에 끌어안겨 거기에 보살이 충만하여 있는 것이 보였다.

그런데 이 보살 대집단의 도사(導師)로서 네 명의 보살이 있었다. 즉 뷔시슈타 챠리투라(상행(上行))와 아난다 챠리투라(무변행(無邊行))와 뷔슛댜 챠리투라(정행(淨行))와 수푸라티슈티타 챠리투라(안립행(安立行)) 네 사람이다. 이 네 명의 보살이 보살 대집단의 으뜸 지도자였는데, 그들은 이 대집단의 선두에 서서 세존을 향하여 합장하고 세존께 이렇게 아뢰었다.

"세존께서는 무사하고 안락하게 지내시나이까. 세존이시여, 제도받는 자들 거동이 훌륭하고, 이해를 잘하여 지도하기 쉽고 교화하기 쉬워, 세존을 괴롭혀 드리는 일은 없나이까."

그런 다음 이 네 명의 보살은 세존께 다음과 같이 게송으로 아뢰었다.

是諸菩薩 從地出已 各詣虛空 七寶妙塔 多寶如來 釋迦牟尼佛所 到已向二世尊 頭面

禮足 及至諸寶樹下 師子座上佛所 亦皆作禮 右繞三匝 合掌恭敬 以諸菩薩 種種讚法

而以讚歎 住在一面 欣樂瞻仰 於二世尊 是諸菩薩摩訶薩 從初涌出 以諸菩薩 種種讚

法 而讚於佛 如是時間 經五十小劫 是時釋迦牟尼佛 默然而坐 及諸四衆 亦皆默然 五十

小劫 佛神力故 令諸大衆 謂如半日 爾時四衆 亦以佛神力故 見諸菩薩 遍滿無量 百千萬
億 國土虛空 是菩薩衆中 有四導師 一名上行 二名無邊行 三名淨行 四名安立行 是四
菩薩 於其衆中 最爲上首 唱導之師 在大衆前 各共合掌 觀釋迦牟尼佛 而問訊言 世尊
少病少惱 安樂行不 所應度者 受敎易不 不令世尊 生疲勞耶 爾時四大菩薩 而說偈言

이 여러 보살이 땅으로부터 솟아나와 허공의 칠보탑에 계신 다보여래와 석가모니불
계신 데에 찾아가 두 세존께 머리 숙여 예배하며, 또한 여러 보배나무 아래 사자좌에
계신 부처님께도 예배하고 오른쪽으로 세 번 돌고는 합장하고 공경하며, 여러 보살이
하는 가지가지 찬탄하는 법으로써 찬탄하고, 한쪽으로 물러나 기쁜 마음으로 두 세
존을 우러러보며, 이와 같은 보살마하살이 땅에서 솟아나서 모든 보살의 가지가지 찬
탄하는 법으로 부처님을 찬탄하니, 이러한 시간이 50소겁을 지나거늘, 그때 석가모니
불께서도 잠자코 말없이 앉아 계시니, 여러 4부 대중 또한 잠자코 앉아 50소겁을 지났
지만, 부처님의 신통력으로 모든 대중도 한나절과 같이 생각되었다.

그때 4부 대중들은 부처님의 신통력으로 한량없는 백천만억 나라의 허공에 가득
한 많은 보살을 보았다. 이 보살 대중 가운데 네 도사가 있으니, 그 첫째 이름은 상행
(上行)이요, 둘째 이름은 무변행(無邊行)이며, 셋째 이름은 정행(淨行)이요, 넷째 이름은
안립행(安立行)으로, 이 네 보살은 그 대중 가운데 우두머리로서 그들을 창도하는 법
사였는데, 대중 앞에 나와 각각 합장하여 석가모니불을 우러러보며 문안드리었다.

"세존이시여, 병도 없고 고통도 없으시며 안락하게 행하시나이까. 제도 받은 이들은
가르침을 잘 받고, 세존으로 하여금 피로하게 하지나 않았나이까."

그때 네 큰 보살께서 게송으로 말하였다.

세존께옵서 안락하게 지내시나이까. 이 세상의 주인이시여, 세상을 비추시는
이여,

존체 무탈하시나이까. 고뇌 없으신 이여,

여래께 속한 자들 거동이 훌륭하고, 지도하기 쉽고, 교화하기 쉽나이까.

부처님께서 가르침을 설하실 때, 괴롭혀 드리는 일은 없나이까.

그때 세존께서는 보살 대집단의 도사인 네 명의 보살에게 다음과 같이 말씀하

시었다.

"그러하니라, 양가의 아들들이여. 나는 매우 건강하고 무탈하니라. 또 나에게 속한 중생들은 거동이 훌륭하고 이해력이 좋아 지도·교화하기 쉽고, 내가 교화하고 있는 동안에 나를 괴롭히는 일은 없었느니라. 왜냐하면 나에게 속한 이들 중생은 전세에 모든 부처님 밑에서 이미 준비를 다 하였기 때문에, 부처님을 보기만 하여도 또 가르침을 듣기만 하여도, 나에게 심취하여 부처님의 지혜를 이해하고 거기에 몰두하느니라. 성문의 단계 또는 연각의 단계에서 부처님께 공양을 드린 중생에게, 참으로 내가 부처님의 가르침과 지혜를 이해시켜 또 최고의 의의를 듣도록 하느니라."

그때 이들 보살들은 다음의 두 게송을 아뢰었다.

世尊安樂　　少病少惱　　敎化衆生　　得無疲倦

又諸衆生　　受化易不　　不令世尊　　生疲勞耶

爾時世尊 於菩薩大衆中 而作是言 如是如是 諸善男子 如來安樂 少病少惱 諸衆生等 易可化度 無有疲勞 所以者何 是諸衆生 世世已來 常受我化 亦於過去諸佛 恭敬尊重 種諸善根 此諸衆生 始見我身 聞我所說 卽皆信受 入如來慧 除先修習 學小乘者 如是 之人 我今亦令 得聞是經 入於佛慧 爾時諸大菩薩 而說偈言

　　세존께서 안락하사 병도 없고 고통도 없으시며

　　중생 교화하시느라 피로함이 없으시며

　　또한 여러 중생 교화 잘 받아서

　　세존으로 하여금 피로하게 하지나 않았나이까.

그때 세존께서 보살 대중들에게 말씀하시었다.

"이와 같으니라. 여러 착한 남자야. 여래는 안락하여 병도 없고 고통도 없으며, 여러 중생도 교화가 잘 되어 피로함이 없나니, 왜냐하면 이 여러 중생은 오랜 세상으로부터 나의 교화 항상 받았으며, 또한 과거에 많은 부처님을 공경하고 존중하여 여러 착한 근본을 심은 까닭이니라. 이 여러 중생이 처음에 내 몸을 보고 나의 설법 듣고 모두 믿고 받아서, 여래의 지혜에 들어가니, 먼저 배우고 익힌 소승은 제외하느니라. 그러므로 이런 사람을 내가 이 법화경을 설법하여 부처님 지혜에 들게 하리라.”

그때 여러 큰 보살이 게송으로 말하였다.

장하고 장하시도다, 위대한 영웅이시여.

여래에게 속한 중생의 거동이 훌륭하고, 지도하기 쉽고, 교화하기 쉽다 하시니 저희는 기쁘나이다.

그들은 여래의 심오한 지혜를 듣고

거기에 심취하여 그것을 이해하나이다. 지도자시여.

이 말을 듣고 세존께서는 보살 대집단의 도사인 네 명의 보살에게 칭찬의 말씀을 하시었다.

“양가의 아들들이여. 너희들이 여래를 찬양하는 것은 마땅히 좋은 일이니라”고.

그러자 그때 위대한 뜻을 가진 미륵보살과, 여덟의 갠지스강 모래알 수와 같은 몇천만억의 다른 보살들은 이렇게 생각하였다.

‘보살 대집단이 대지의 갈라진 틈새에서 뛰어나와 세존 앞에 서서 세존을 우러러 공경하고 경모하며, 찬탄·공양하고 세존을 예배한 것은, 예전에는 일찍이 본 적도 없고 들은 적도 없다. 이 보살들은 어디에서 왔을까’라고.

그때 위대한 뜻을 가진 미륵보살이 자기의 의혹을 알고, 또 갠지스강의 모래알 수같이 많은 몇천만억의 보살이 마음의 갈피를 못 잡고 있는 것을 알아, 합장하고 게송을 읊어 그 의의를 세존에게 물었다.

善哉善哉　　大雄世尊　　諸衆生等　　易可化度

能問諸佛　　甚深智慧　　聞已信行　　我等隨喜

於時世尊 讚歎上首 諸大菩薩 善哉善哉 善男子 汝等能於如來 發隨喜心 爾時彌勒

菩薩 及八千恒河沙 諸菩薩衆 皆作是念 我等 從昔已來 不見不聞 如是大菩薩摩訶薩衆

從地涌出 住世尊前 合掌供養 問訊如來 時彌勒菩薩摩訶薩 知八千恒河沙 諸菩薩等 心

之所念 幷欲自決所疑 合掌向佛 以偈問曰

거룩하고 거룩하신 큰 영웅이신 세존께서
많은 그 중생 가히 쉽게 제도하며
매우 깊은 부처 지혜 부처님께 묻는 그들
듣고는 믿어 행하니 저희 또한 기쁘나이다.

그때 세존께서 우두머리 되는 여러 큰 보살을 찬탄하시었다.
“착하고 훌륭하도다! 선남자들이여. 너희들이 능히 여래를 따라 기쁜 마음을 일으키는구나!”
그때 미륵보살과 8천 항하의 모래 같은 많은 보살이 생각하였다.
‘우리들은 지금껏 이렇게 많은 보살마하살이 땅으로부터 솟아나와, 세존 앞에 머물며 합장하고 공양하고 문안드리는 것을 보지도 못했고 듣지도 못하였도다.’
이때 미륵보살마하살은 8천 항하의 모래알 같이 많은 보살이 마음속에 생각하는 것을 알고, 아울러 자기 의심도 끊고자, 부처님께 합장하고 게송으로 물었다.

몇천·몇백만·몇천만이라는 한없이 많은 수의 보살을,
아직껏 예전에는 본 적이 없나이다. 부처님이시여, 그 까닭을 설하여 주소서.
이 위대한 신통력을 가진 이들은 어디에서, 과연 또 어떻게
여기에 왔나이까. 위대한 모습을 한 그들은 어디에서 왔나이까.
그들은 모두 위대한 선인으로, 평온하고 전세의 기억을 가진
보기에도 아름다운 모습이옵니다. 그들은 어디에서 왔나이까.
부처님이시여, 현명한 보살 한 사람 한 사람에게
갠지스강의 모래알 수같이 헤아려 알 수도 없을 만큼의 수반자가 있나이다.
명성 높은 보살에게, 60 갠지스강 모래알 수와 같은 수반자가 넘쳐 있나이다.
그들은 모두 ‘깨달음’을 얻고자 힘쓰고 있나이다.
이와 같은 용사들, 사람들을 이끌고 제도하는 이들의
수반자 수는 갠지스강 모래알 수의 60배나 되나이다.
50 또는 40 또는 30의 갠지스강 모래알 수와 같은
한없이 많은 수의 수반자를 데려온 다른 보살들은 더 많사옵니다.

20의 갠지스강 모래알 수와 같은 수반자를 데려온 보살은 도처에 있나이다.

10 또는 다섯 갠지스강 모래알 수와 같은 수반자를 데려온 보살은 더욱 많사옵니다.

부처님의 아들이며 제도자인 이들 한 사람 한 사람의 수반자는 이렇게 많나이다.

이와 같은 사람들은 오늘 어디에서 왔나이까, 지도자이시여.

넷, 셋 또는 두 배의 갠지스강 모래알 수와 같은 수반자가

한 사람 한 사람의 보살을 따라왔는데 그들은 모두 제자이고 친구이옵니다.

더구나 다른 사람은 한결 더 많은 수반자가 있나이다.

그 수는 너무 많아 몇천만억 겁 동안 세어도 다 셀 수 없나이다.

용사이며 제도자인 보살들의 수반자는 갠지스강의 절반

3분의 1 또는 10분의 1, 20분의 일의 갠지스강 모래알 수와 같나이다.

또 다른 사람은 한결 더 많은 수반자가 있나이다.

그 한 사람 한 사람을 셀 때

몇백천만 겁 동안 세어도 그 수는 알 수 없나이다.

또 다른 사람은 한결 더 한없이 많은 수반자를 데리고 있나이다.

1천만, 그리고 1천만, 그리고 1천만, 또 1천만의 절반인 수반자가 있나이다.

더욱이 다른 위대한 선인들은 계산을 초월할 정도로 있나이다.

모든 보살은 위대한 이지(理智)를 가지고 엄숙하게 안좌하고 있나이다.

1천 명의 수반자, 또 1백 명, 50명의 수반자를 가진 보살도 있나이다.

이런 용사들의 수는 알 수 없나이다.

혼자 다니는 사람들, 또 혼자 마음의 평정을 찾은 사람들

그들도 오늘 여기에 모였으며 그 수는 전혀 알 수 없나이다.

어떤 사람이 갠지스강의 모래알 수와 같은 겁 동안

손에 산가지를 들고 세어도 그 끝까지는 결코 셀 수 없나이다.

無量千萬億　　大衆諸菩薩　　昔所未曾見　　願兩足尊說

是從何所來　　以何因緣集　　巨身大神通　　智慧叵思議

其志念堅固　　有大忍辱力　　衆生所樂見　　爲從何所來

一一諸菩薩　　所將諸眷屬　　其數無有量　　如恒河沙等

或有大菩薩　　將六萬恒沙　　如是諸大衆　　一心求佛道

是諸大師等　　六萬恒河沙　　俱來供養佛　　及護持是經

將五萬恒沙　　其數過於是　　四萬及三萬　　二萬至一萬

一千一百等　　乃至一恒沙　　半及三四分　　億萬分之一

千萬那由他　　萬億諸弟子　　乃至於半億　　其數復過上

百萬至一萬　　一千及一百　　五十與一十　　乃至三二一

單己無眷屬　　樂於獨處者　　俱來至佛所　　其數轉過上

如是諸大衆　　若人行籌數　　過於恒沙劫　　猶不能盡知

한량없는 천만억 이렇게 많은 보살은

옛적에는 일찍이 보지도 못한 일이오니

양가지 흡족하시고 높으신 분 설해 주소서.

어디에서 오셨으며 모인 인연 무엇인가.

크신 몸에 큰 신통력 지혜 또한 불가사의

그 뜻이 견고하고 인욕의 힘 크게 있어

중생 보기 즐거우니 어디에서 왔나이까.

하나하나 보살들이 거느린 그 권속

항하의 모래같아 헤아릴 수 없으며

혹은 큰 보살은 6만 항하사 거느리니

이렇게 많은 대중 일심으로 도 구하며

6만의 항하 모래 이 많은 대사가

부처님께 공양하고 이 경 받아 지니며

5만 항하사 거느린 이 그 수는 더 많아서

4만이나 3만이나 2만 내지 1만이며

1천이나 1백이요 내지 1항하사의

반 분이나 3·4분 억만 분의 1이며

천만의 나유타며 만억의 여러 제자

거느린 반억이 그 수보다 더 많고

백만 내지 1만이며 1천 내지 1백과

50에서 10을 지나 3·2·1을 거느리며

권속 없이 홀몸으로 다니기를 즐겨하여

부처님 앞에 나온 수도 그보다 더 많으니

이처럼 많은 대중 숫자로 헤아리려

항하사 겁 다해도 능히 알지 못한다네.

고결한 마음을 가진, 용기 있는 제도자이며

또 용사인 모든 보살은 어디에서 생겼나이까.

누가 그들에게 가르침을 설하였나이까.

누가 그들을 '깨달음' 구하는 자로 하였나이까.

그들은 누구의 가르침과 훈계를 기뻐하나이까. 그들은 누구의 가르침을 신봉하나이까.

널리 사방의 모든 대지를 깨고

위대한 이지와 신통력을 가진 총명한 그들은 지상으로 뛰어나왔나이다.

확고한 자신을 가지고 지상으로 뛰어나온 보살들에 의하여

선인이여, 이 대지는 도처에 갈라진 틈새가 생겨 산산조각이 되었나이다.

진정 이런 보살들을 저희는 아직껏 일찍이 본 적이 없나이다.

여래의 아들 한 사람으로 저희는 보지 않았나이다.

지금 느닷없이 이 사람들을 보았나이다. 선인이시여, 그들의 행적을 저희에게 일러 주소서.

몇천의 보살들, 또 몇백몇백만의 보살들

그 모든 자는 열렬히 염원하며 부처님을 우러러보나이다.

거룩하고 위대한 분이시여, 비길 데 없는 분이시여,

집착심이 없는 분이시여, 저희에게 말씀하여 주소서.

자신 있는 용사인 이 보살들은 어디에서 왔나이까.

是諸大威德　　精進菩薩衆　　誰爲其說法　　敎化而成就

從誰初發心　　稱揚何佛法　　受持行誰經　　修習何佛道

如是諸菩薩　　神通大智力　　四方地震裂　　皆從中涌出

世尊我昔來　　未曾見是事　　願說其所從　　國土之名號

我常遊諸國　　未曾見是衆　　我於此衆中　　乃不識一人

忽然從地出　　願說其因緣　　今此之大會　　無量百千億

是諸菩薩等　　皆欲知此事　　是諸菩薩衆　　本末之因緣

無量德世尊　　惟願決衆疑

이와 같이 많은 위엄과 덕 정진하는 보살 대중

어느 누가 설법해서 교화 성취했으며

누구 따라 발심하고 어느 불법 찬양하며

누구 경전 받아 지녀 어떤 불도 익혔을까.

이처럼 많은 보살 신통력과 큰 지혜로

사방의 땅 진통시켜 그 속에서 나왔으니

옛날부터 이런 일은 못 보던 희유한 일

그들이 온 국토의 이름 설해 주옵소서.

모든 나라 다녔으나 이런 대중 처음 보며

더구나 대중 속에 아는 이가 하나 없어

홀연히 솟은 인연 원하오니 설하소서.

지금 여기 큰 모임에 한량없는 백천만억

이 많은 보살도 한결같은 마음으로

이런 일은 무엇인가 알기를 원하오니

이 많은 보살 대중 처음과 끝의 인연들을

무량 은덕 세존께서 오직 원하오니

대중의 의심을 끊게 하여 주옵소서.

또 그때 존엄한 샤키야 무늬(석가모니(釋迦牟尼))여래의 분신으로서 만들어진 다른 여러 나라의 중생에게 가르침을 설하고 있던 여래들은, 몇천만억이나 되는 다른 여러 세계로부터 존엄한 석가모니여래의 주변으로 모여 와서, 팔방에 있는 보배나무 밑의 보옥 사자좌에 앉아 가부좌하고 있었다. 이 여래들 한 사람 한 사람에게 따르는 자들도, 보살 대집단이 대지가 갈라진 틈새에서 뛰어나와 허공으로 퍼져 가는 것을 보고, 불가사의한 생각이 들어 그들이 각기 따라다니는 여래에게 이렇게 물었다.

"세존이시여, 셀 수도 헤아릴 수도 없을 만큼 저렇게 많은 보살은 어디에서 왔나이까."

이 말을 들은 여래들은 각기 자기를 따라온 자들에게 이렇게 말했다.

"양가의 아들들이여, 조금만 기다려라. 저 위대한 뜻을 가진 미륵보살은 존엄하신 석가모니의 뒤를 이어, 더없이 완전한 '깨달음'에 도달한다는 예언을 들었느니라. 그는 석가모니여래에게 그 까닭을 물었느니라. 그래서 세존께서는 그것을 설명하시리라. 너희들은 그것을 들으면 되느니라"고.

세존께서는 그때 위대한 뜻을 가진 미륵보살에게 이렇게 말씀하시었다.

"좋은 질문이야, 좋아. 아지타(아일다(阿逸多))여, 그대가 이런 큰 일을 묻다니."

그래서 세존께서는 보살 집단의 모두에게 말씀하시었다.

"따라서, 양가의 아들들이여, 너희들 보살 집단은 모두 경건해야 하느니라. 오로지 마음을 하나로 하여 확고한 신념을 가져야 하느니라. 여래는 곧 여래의 지혜를 보여 여래의 걸출한 특성, 여래의 행위, 여래의 유희, 여래의 수훈, 여래의 장거(壯擧)를 널리 떨치리라."

그때 세존께서는 게송으로 다음과 같이 말씀하시었다.

爾時釋迦牟尼 分身諸佛 從無量千萬億 他方國土來者 在於八方 諸寶樹下 師子座上
結跏趺坐 其佛侍者 各各見 是菩薩大衆 於三千大千世界四方 從地涌出 住於虛空 各白
其佛言 世尊 此諸無量無邊阿僧祇 菩薩大衆 從何所來 爾時諸佛 各告侍者 諸善男子
且待須臾 有菩薩摩訶薩 名曰彌勒 釋迦牟尼佛 之所受記 次後作佛 已問斯事 佛今答之
汝等自當 因是得聞
爾時釋迦牟尼佛 告彌勒菩薩 善哉善哉 阿逸多 乃能問佛 如是大事 汝等當共一心 被

精進鎧 發堅固意 如來今欲 顯發宣示 諸佛智慧 諸佛自在神通之力 諸佛師子奮迅之力 諸佛威猛 大勢之力 爾時世尊 欲重宣此義 而說偈言

그때 석가모니불의 분신이신 여러 부처님이 한량없는 천만억의 다른 방위의 국토에서 찾아와 여덟 방위의 모든 보리수 아래에 놓인 사자좌 위에 가부좌하여 앉으시니, 그 시자들도 각각 많은 보살 대중이 삼천대천세계의 땅으로부터 솟아나와 허공에 머무르심을 보고, 각기 그 부처님께 여쭈었다.

"세존이시여, 이 헤아릴 수 없고 가없이 많은 아승지의 보살 대중이 어디에서 왔나이까."

그때 모든 부처님께서 각각 사자들에게 말씀하시었다.

"모든 착한 남자야, 잠깐만 기다려라. 보살마하살이 있으니, 이름이 가로되 미륵이니라. 석가모니불께서 수기를 주신 바이니 다음에 성불하리라. 그 보살이 이 일을 이미 물었으니, 석가모니 부처께서 대답하실 것이므로 너희들도 자연히 듣게 되리라."

그때 석가모니 부처께서 미륵보살에게 말씀하시었다.

"착하고 착하다! 아일다여. 네가 어찌 이렇게 큰 일을 물었느냐. 너희들은 일심으로 정진하여 견고한 뜻을 일으킬지니라. 여래는 이제 모든 부처님의 사리에 밝은 지혜와 마음대로 되는 신통력과 모든 부처님의 빠르고 원만한 힘과 용맹한 위덕과 큰 세력을 나타내어 일으켜 펴 보이려 하느니라.

그때 세존께서 이 뜻을 거듭 펴시려고 게송으로 말씀하시었다.

너희들은 모두 경건하여라, 양가의 아들들이여. 나는 거짓 없는 소리를 들려 주리라.

현자들은 결코 실망하지 말라. 여래들의 지혜는 사고(思考)를 초월한 것이니라.

전세의 기억을 가진 너희들은 모두 만족하고 마음을 통일하여 안주해야 하느니라.

여래들도 희유하여 아직 들은 적이 없는

가르침을 오늘 들을 것이니라.

결코 의혹을 품지 말라. 나는 너희 모두를 차분하게 하리라.

지도자인 나는 거짓 없는 말을 할 것이니라.

나의 지혜는 결코 다 세지 못하리라.

부처님이 깨달은 심오한 가르침은 사색을 초월하여 그것을 재는 표준이 없느니라.

그 가르침을 오늘 나는 세상에 널리 펴려 하니라.

그런 것이 어떻고 어떠한가를 너희들은 잘 들어 보아라.

세존께서는 게송으로 이렇게 설하시고 위대한 뜻 가진 미륵보살에게 이르셨다.

"아일다여, 너희들에게 이르노라. 이 보살들의 수는 헤아릴 수도 셀 수도 없고, 다른 것과 비교할 수도 없고, 어림잡을 수도 없느니라. 너희들은 아직껏 일찍이 본 적이 없는 그들이지만, 그들은 지금 대지가 갈라진 틈새에서 나왔느니라. 나는 이 보살들 모두가 이 사바 세계에서 더없이 완전한 '깨달음'에 도달하도록 그들을 고무하여 분발시키고, 투지가 샘솟아 그 마음을 갖게 하였느니라. 양가의 아들들이여, 나는 그들이 이 부처님의 가르침에 도달하도록 그들을 제도하여 결심하게 하고 전념·확신하게 하며, 이해하고 각오하도록 교화하였느니라.

當精進一心	我欲說此事	勿得有疑悔	佛智叵思議
汝今出信力	住於忍善中	昔所未聞法	今皆當得聞
我今安慰汝	勿得懷疑懼	佛無不實語	智慧不可量
所得第一法	甚深叵分別	如是今當說	汝等一心聽

爾時世尊 說此偈已 告彌勒菩薩 我今於此大衆 宣告汝等 阿逸多 是諸大菩薩摩訶薩 無量無數 阿僧祇 從地涌出 汝等昔所未見者 我於是 娑婆世界 得阿耨多羅三藐三菩提 已 敎化示導 是諸菩薩 調伏其心 令發道意 此諸菩薩 皆於是 娑婆世界之下 此界虛空 中住 於諸經典 讀誦通利 思惟分別 正憶念

마땅히 한마음으로 정진하라 이 일을 설하리니

의심도 품지 말라 부처님 지혜는 불사의라

너는 이제 믿음 내어 참고 착한 가운데 머물러서

일찍이 못 듣던 법 모두 마땅히 들으리라.

내 너희 편안토록 위로하니 의심하고 두려워 하지 말라.

부처 말씀 진실되고 지혜 또한 한량없어

얻은 바 제일의 법 심히 깊어 분별하기 어려울새

이제 바로 말하리니 너희 모두 한마음으로 잘 들으라.

그때 세존께서 이 게송을 다 말씀하시고 미륵보살에게 또 말씀하시었다.

"내가 이 대중 가운데서 너희들에게 말하노라. 아일다여, 이 한량없고 가없는 아승지의 모든 큰 보살마하살이 땅에서 솟아 나왔으니, 너희들이 일찍이 보지 못한 자이니라. 내가 이 사바 세계에서 아눗타라삼약삼보디를 얻어, 이 많은 보살 가르쳐 교화하여, 보여서 인도하여, 그 마음을 고르게 굴복시켜, 도의 뜻을 일으키게 하였느니라. 이 모든 보살은 모두 이 사바 세계의 아래 이 경계 허공 가운데 머무르며, 모든 경전 읽고 외워 통리했으며, 깊이 헤아리고 분별하여 바르게 기억하고 생각하였느니라.

또 이 보살들은 이 사바 세계의 대지 밑에 있는 중공(中空) 세계의 경계 지역에 살고 있느니라. 이 양가의 아들들은, 이 가르침을 독송하여 교시하는 것을 생각함과 동시에 근본적으로 마음으로 이해하려 전념하며, 고독을 즐기고 교제를 기뻐하지 않으며, 안일을 탐하지 않고 용기를 발휘하고 있느니라. 이 양가의 아들들은 은거를 좋아하고 즐기느니라. 또 그들은 사교를 싫어하고 신들이나 인간 가까이 살지 않느니라. 그들은 숲속에서 가르침을 즐기고 부처님의 지혜에 몰두하느니라."

그때 세존께서는 게송으로 다음과 같이 말씀하셨다.

이 보살들의 수는 헤아릴 수도 생각할 수도 없고,

그것을 셀 기준도 없느니라.

그들은 신통력을 갖추고 이지와 학식을 구비하여

부처님의 지혜에 따라 몇천만 겁 동안 수행하였느니라.

나는 그들 모두를 '깨달음'에 도달할 수 있도록 제도하였느니라.

그리고 그들은 내 국토에 살고 있느니라.

나는 그들 모두를 제도하였고 이 보살들은 내 아들이니라.

그들은 모두 청정한 숲속에 마음이 기울고 항상 사람이 붐비는 곳을 피하느니라.

그들 내 아들들은 내 최고의 수행을 모방하여 세간에서 떨어져 사느니라.

이 용사들은 이 국토의 하부에 있는 허공계(虛空界)의 경계 지역에 사느니라.

阿逸多 是諸善男子等 不樂在衆 多有所說 常樂靜處 勤行精進 未曾休息 亦不依止人 天而住 常樂深智 無有障礙 亦常樂於 諸佛之法 一心精進 求無上慧 爾時世尊 欲重宣 此義 而說偈言

阿逸汝當知	是諸大菩薩	從無數劫來	修習佛智慧
悉是我所化	令發大道心	此等是我子	依止是世界
常行頭陀事	志樂於靜處	捨大衆憒鬧	不樂多所說
如是諸子等	學習我道法	晝夜常精進	爲求佛道故
在娑婆世界	下方空中住	志念力堅固	常勤求智慧

아일다여, 이 모든 착한 남자는 대중 속에서 많이 설하기를 즐겨하지 않고, 항상 고요한 곳을 즐겨 부지런히 정진하되, 일찍 쉰 일이 없으며, 또한 인간이나 하늘에 의지하여 머물지 않고, 항상 깊은 지혜를 즐겨 막히고 걸리는 것이 있음이 없으며, 또 항상 모든 부처님의 법을 즐겨 한마음으로 정진해서 위없는 지혜를 구하느니라."

그때 세존께서 이 뜻을 거듭 펴시려고 게송으로 말씀하시었다.

아일다여, 너는 마땅히 알라, 이 모든 큰 보살

수없는 겁 동안에 불지혜를 익혔으며

모두 나의 교화로써 도의 마음 내게 하니

그들 모두 내 아들이니, 이 세계에 머물면서

두타 일 행하고, 뜻은 고요한 것을 즐기어

대중들의 시끄러움 피해서 다 버리며

말 많은 것을 즐기지 않는 이같이 모든 아들

나의 큰 도법을 배우고 익히며,

밤낮없이 정진하여 부처님 도 구하므로

사바 세계 아래 방위의 허공 가운데 머물러 있느니라.

뜻과 생각 견고하여 사리에 밝은 지혜 항상 구하며

이들은 가장 훌륭한 '깨달음'에 이르고자 밤낮없이 힘쓰며 게으름이 없느니라.

전세의 기억 가진 그들은 모든 용기 발휘하여

헤아릴 수 없는 이지의 힘을 확신하고 있느니라.

그들은 모두 눈부시게 빛난, 내 아들이라는 자신을 가지고 가르침 설하느니라.

내가 가야성 보리수 밑에서 이 최고의 '깨달음' 얻어

더없는 가르침의 법륜 굴려 이 세상 모든 자에게

최고의 '깨달음'에 달하도록 제도하였느니라.

내 이 말은 고뇌 없는 진실이니라. 그것을 듣고 모두 나를 믿어라.

이와 같이 나는 훨씬 이전에 최고의 '깨달음'을 얻었느니라.

그리고 나는 모든 자를 제도하였느니라,

그때 위대한 뜻을 가진 미륵보살과 몇천억이라는 엄청난 보살들은, 불가사의하게 생각함과 동시에 괴이하게 여겨 이런 생각을 품었다.

'세존께서 이 세상에 머무르신 시간이 짧았는데, 어떻게 그동안에 셀 수도 없을 만큼 많은 보살을, 더없이 완전한 '깨달음'에 도달하도록 고무하여 제도하셨을까.'

그래서 위대한 뜻을 가진 미륵보살이 세존께 이렇게 아뢰었다.

"어떻게 하여, 세존이시여, 여래는 왕자로 이 세상에 태어나셨으나, 석가족의 도읍인 가야성을 나오셔서 거기에서 별로 멀지 않은 곳에서 '깨달음' 자리의 가장 높은 데에 오르시어, 더없이 완전한 '깨달음'에 도달하셨나이까.

더구나 그 기간은 40여 년밖에 안 되나이다. 따라서 이처럼 짧은 시간 동안에 어떻게 하여 여래께서는 헤아릴 수도 없을 만큼 많은 여래의 행위를 수행하시고, 여래의 걸출한 특성을 보이시며, 여래의 장한 거동을 발휘하셨나이까. 이 보살의 집단 사람들은, 짧은 시간 동안에 세존께 의하여 더없이 완전한 '깨달음'에 도달하도록 고무되고 제도되었으니, 세존이시여, 이 보살 집단에 있는 자들의 수는 몇 천만억 겁 동안 그 수를 세어 보아도 끝이 없을 만큼 많사옵니다. 이처럼 세존이시여, 이들 보살 수는 셀 수도 없으나, 그들은 오랫동안 순결을 지키고 수행하여 몇십만이라는 많은 부처님 밑에서 공덕을 쌓고 몇십만 겁 후에 완전히 그 목적을 달성하였나이다.

비유하자면 세존이시여, 한 청년이 있다고 합시다. 원기발랄한 젊은이로 머리는 검고 최고로 젊은 모습을 갖추고 있는, 태어난 지 25년이 되었다고 합시다. 그가 백 살이나 된 사람들을 아들이라고 소개하며

"양가의 아들들이여, 이 사람들은 내 아들이오."

라고 말하였다 합시다. 또 이 백 살이나 된 사람들도 젊은이를 가리키며 이렇게 말하였다고 합시다.

"이분은 나를 낳아 주신 아버지이십니다."

說種種妙法	其心無所畏	我於伽耶城	菩提樹下坐
得成最正覺	轉無上法輪	爾乃敎化之	令初發道心
今皆住不退	悉當得成佛	我今說實語	汝等一心信
我從久遠來	敎化是等衆		

爾時彌勒菩薩摩訶薩 及無數諸菩薩等 心生疑惑 怪未曾有 而作是念 云何世尊 於少時間 敎化如是 無量無邊 阿僧祇 諸大菩薩 令住阿耨多羅三藐三菩提 卽白佛言 世尊 如來爲太子時 出於釋宮 去伽耶城不遠 坐於道場 得成阿耨多羅三藐三菩提 從是已來 始過四十餘年 世尊云何 於此少時 大作佛事 以佛勢力 以佛功德 敎化如是 無量大菩薩衆 當成阿耨多羅三藐三菩提 世尊 此大菩薩衆 假使有人 於千萬億劫 數不能盡 不得其邊 斯等久遠已來 於無量無邊諸佛所 殖諸善根 成就菩薩道 常修梵行 世尊 如此之事 世所難信 譬如有人 色美髮黑 年二十五 指百歲人 言是我子 其百歲人 亦指年少 言是我父 生育我等 是事難信.

가지가지 묘한 법 설하되, 두려움 없이 구하며
가야성의 보리수 아래 가장 바른 깨달음 내가 이뤄

위없는 법륜 굴리어서 이 모두를 교화하고

처음으로 도의 마음 일으키게 하였나니

물러나지 않는 지위 머물면서 성불 모두 얻으리니

내가 진실 말하노라. 너희들은 한마음으로 믿을지니

옛날부터 이 대중을 내가 교화 다 했노라.

그때 미륵보살마하살과 수없는 모든 보살이 마음이 의심하여 미혹함 내시고 일찍이 없었던 괴이한 일이라 여기고 이렇게 생각하였다.

'세존께서는, 어떻게 그 짧은 시간에 이 한량없고 가없이 많은 아승지 보살을 교화하여 아뇩타라삼약삼보디에 머물도록 하셨을까.'

그리고 곧 부처님께 여쭈었다.

"세존이시여, 여래께서 태자로 계실 때 석씨 왕성을 나오시어 가야성 가까운 도량에 앉아, 아뇩타라삼약삼보디를 이루시고, 그때로부터 지금까지 겨우 40여 년이온데, 세존께서는 어떻게 이 짧은 기간에 큰 부처님 일을 하셨나이까. 부처님의 세력과 부처님의 공덕으로 이처럼 한량없이 많은 보살을 가르치고 교화하여 아뇩타라삼약삼보디를 얻도록 하셨나이까.

세존이시여, 이 많은 보살을 가령 어떤 사람이 천만억 겁을 두고 헤아릴지라도 능히 다하지 못하며, 그 가를 얻지도 못하오리다. 이와 같은 보살들이 오랜 옛날부터 한량없고 가없는 여러 부처님 계신 데서, 많은 착한 근본을 심고 보살 도를 성취했으며, 항상 깨끗한 행을 닦았다고 말씀하시지만, 이런 일은 세상에서 믿기 어렵나이다.

세존이시여, 이 일을 비유하면, 얼굴이 아름답고 머리가 검은 스물다섯 되는 젊은이가 백 살 된 노인을 가리켜 '이는 나의 아들이다'라 하고, 그 백 살 노인도 또한 젊은이를 가리켜 '이분은 나를 낳은 아버지다'라 하면, 이런 일은 믿기 어려웁나이다.

세존이시여, 이 사람의 말은 믿을 수 없어 세간에서도 신용하지 않나이다. 이처럼 최근에 더없이 완전한 '깨달음'에 도달하신 세존과, 몇천만억 겁 동안 순결을 지켜 수행하고 오랫동안 부처님의 지혜를 얻으려고 의도하여 몇십만이라는 명상에 의하여 안락을 달성한 다음, 거기에서 일어서는데 교묘하고 위대한 신통력에 의해 '깨달음'에 이르는 준비를 완료하고 있어, 부처님의 자리에 관한 충분한 지식이 있고 여래의 모든 가르침을 널리 펴는데 솜씨가 좋아 세간의 경이·경탄의 대상이며, 위대한 용기와 위력을 구비한, 헤아릴 수도 없을 만큼 많은 보살과의 관계는, 바로 앞에서 말한 25세 청년과 백 살 된 사람들의 관계와 마찬가지나이다. 더구나 세존께서는 이렇게 말씀하셨나이다.

"나는 처음부터 그들이 부처님의 자리에 이를 수 있도록 그들을 고무하고 분발시켜 교화시킴으로써 그 기를 일으키게 하였느니라"고.

또, "더없이 완전한 '깨달음'을 깨달은 나는 모든 용기를 발휘하는 장하고 큰 일을 성취하였느니라"라고도 말씀하셨나이다. 그러나 세존이시여,

"여래는 거짓이 없는 말을 하느니라"고 하셨지만 저희는 어떻게 여래의 마음을 믿겠나이까. 여래야말로 그 의미를 알고 계시리다. 보살들도 새로운 법륜에 오를 때는 불안감을 가지리다. 이와 같은 이유 때문에 여래가 입적하신 다음에 이 경설을 들어도, 그들은 거기에 의지하지 않고 그것을 믿지 않으며, 또 신심의 의향을 보이지 않으리다. 이래서 그들은 가르침을 손상하고 멸망시키는 행위를 하는 자가 되리다. 그래서 저희가 이 가르침에 의혹을 품지 않도록, 또 미래에 양가의 아들들이든 양가의 딸들이든, 보살의 법륜에 오를 때 이 가르침을 듣고 의념을 가지지 않도록 그 의의를 교시하여 주시기를 바라나이다"라고.

그때 위대한 뜻을 가진 미륵보살이 다음과 같은 게송으로 세존께 아뢰었다.

佛亦如是 得道已來 其實未久 而此大衆 諸菩薩等 已於無量千萬億劫 爲佛道故 勤行精進 善入出住 無量百千萬億三昧 得大神通 久修梵行 善能次第 習諸善法 巧於問答 人中之寶 一切世間 甚爲希有 今日世尊 方云得佛道時 初令發心 敎化示導 令向阿耨多羅三藐三菩提 世尊 得佛未久 乃能作此 大功德事 我等雖復信佛 隨宜所說 佛所出言 未曾虛妄 佛所知者 皆悉通達 然諸新發意菩薩 於佛滅後 若聞是語 或不信受 而起破法 罪業因緣 唯然世尊 願爲解說 除我等疑 及未來世 諸善男子 聞此事已 亦不生疑 爾時彌勒菩薩 欲重宣此義 而說偈言

부처님께서도 또한 이와 같이 도를 이루신 지 그 실은 오래지 않지만, 이 모든 보살은 한량없는 천만억 겁 동안 부처님 도를 위하여 부지런히 정진하고 한량없는 백천

만억 삼매에 잘 들고 나며 머물러서, 큰 신통을 얻고 오래 깨끗한 행을 닦아 능히 차례대로 잘 배우고, 좋은 법을 익혀서 문답에 훌륭하여 인간 가운데 보배이니, 일체 세간에 매우 드무나이다. 오늘 세존께서 이르시기를 "부처님이 도를 얻었을 때 처음으로 마음을 일으켜 가르쳐 인도하여 아눗타라삼약삼보디로 향하도록 하였다"고 하시지만, 세존께서 성불하신 지가 오래되지 않는데 능히 이렇게 큰 공덕을 이루셨나이까.

저희는 부처님께서 알맞게 설하신 법이나 또 부처님께서 하시는 말씀은 모두 허망함이 없다고 믿사오며, 부처님께서 아실 바를 모두 다 통달하였음을 믿사옵니다. 그러나 새로 발심한 보살들은 부처님께서 멸도하신 뒤에, 만일 이 법을 들으면 혹 믿지 않고 받지 않아 법을 깨뜨릴 죄업의 인연을 일으킬까 두렵나이다. 원하옵나니 세존이시여, 해설하여 주시어 저희의 의심 풀어 주시고, 아울러 미래 세상에 많은 착한 남자가 이 일을 듣더라도 의심 내지 않게 하옵소서."

그때 미륵보살이 이 뜻을 거듭 펴시려고 게송으로 말씀하시었다.

여래께서 옛적에 석가족의 고향에서 태어나 거기에서 출가하여

가야라는 도성 가까이 있는 보리수 밑에서 '깨달음'에 도달한 지 시간이 얼마 되지 않았나이다. 세상의 주인이시여.

그리고 몇천만 겁 동안 수행하여 자신에 넘친 고귀한 보살의 대집단이 있나이다.

그들은 신통력의 위력에 안주하여 동요하는 법이 없고,

충분히 교화된 이지(理智)의 위력에 통달하여 있나이다.

물에 오염되지 않은 연화(蓮華)처럼 세속에 물들지 않은 그들은 대지를 깨고 오늘 여기에 모였나이다.

그들은 모두 합장하고 당당한 태도로 앉아

전세의 기억을 가진, 세상의 패왕(覇王 : 부처님)의 아들이나이다.

이 보살들이 어떻게 이와 같은 기이한 일을 믿겠습니까.

의념을 깨끗이 씻어 버릴 이유를 설하여 주소서. 그리고 그 의미를 있는 그대로 교시하소서.

비유하면 이 세상에 한 사나이가 있는데, 검은 머리에 원기 발랄한 젊은이라고

합시다.

태어난 지 20년이나 그보다 조금 더 나이 먹은 사람이
백 살이나 된 사람을 내 아들이라고 소개한다고 합시다.

佛昔從釋種	出家近伽耶	坐於菩提樹	爾來尙未久
此諸佛子等	其數不可量	久已行佛道	住於神通力
善學菩薩道	不染世間法	如蓮華在水	從地而涌出
皆起恭敬心	住於世尊前	是事難思議	云何而可信
佛得道甚近	所成就甚多	願爲除衆疑	如實分別說
譬如少壯人	年始二十五	示人百歲子	髮白而面皺

부처님께서 오랜 옛날 석씨 왕성 출가하여
가야성 가까운 곳 보리수 아래 앉으시니
그렇게 짧은 세월 교화한 여러 불자
한량없고 가없어 그 수는 가히 헤아리지 못하나이다.
불도 오래 행한 그들 신통력에 머무르며
보살 도를 잘 배워 세간법에 물들지 아니하는 것이
연꽃이 물에 있음과 같고 땅에서 솟아 나와
모두 공경하는 마음 일으켜 세존 앞에 머무나니
이런 일은 생각으로 논하기 어렵나니 어찌 우리 믿으리까.
부처님 도 이루신지 몹시 가까운데
성취한 일 많으시니 세존께 원하오니
많은 의심 버리도록 진실하게 분별하여 말씀하소서.
비유하면 스물다섯 나이 젊은 청년이
백 살에 주름 많은 백발노인 가리키며,

그 노인은 주름이 깊고 백발이 성성한데 그 청년을 나를 낳은 아버지라고 한
다 합시다.

이 늙은이를 젊은이의 아들이라니 세상의 보호자시여, 누가 그런 말을 믿겠나이까.

마치 그와 같이, 세존이시여, 전세의 기억을 가지고 이지(理智)에 의하여 자신(自信)이 있으며

몇천만억 겁 동안 충분히 교화된 총명한 보살이 있다고 하여도,

저희에게는 믿기지 않나이다.

그들은 모두 냉정하고 이지에 의해 재기가 넘치며 매력이 있어 아름답고

가르침에 관한 문답에 자신이 있어, 세상의 지도자(부처님)들에게 칭찬받고 있나이다.

남과 어울리기가 싫어 숲속에서 살며, 허공계에 있으면서 항상 무욕이나이다.

부처님의 아들들은 이런 부처님 자리를 희구하여 용기를 내나이다.

세상의 지도자가 입적할 때 어떻게 그것을 받겠나이까.

세상의 보호자시여, 직접 그 까닭을 듣고 저희는 의념이 사라졌나이다.

보살들이 이 점에 대하여 의심하고 불행에 떨어지면 안 되나이다.

세존이시여, 이 보살들이 어떻게 하여 교화가 되었는지 있는 그대로 설명하여 주소서.

是等我所生	子亦說是父	父少而子老	擧世所不信
世尊亦如是	得道來甚近	是諸菩薩等	志固無怯弱
從無量劫來	而行菩薩道	巧於難問答	其心無所畏
忍辱心決定	端正有威德	十方佛所讚	善能分別說
不樂在人衆	常好在禪定	爲求佛道故	於下空中住
我等從佛聞	於此事無疑	願佛爲未來	演說令開解
若有於此經	生疑不信者	卽當墮惡道	願今爲解說
是無量菩薩	云何於少時	敎化令發心	而住不退地

저 사람은 나의 아들 아들 또한 아비라니

아비 젊고 자식 늙었으니 세상 누가 믿으리까.

세존 또한 이와 같아 도 이룬 지 심히 가까운데
이에 모든 보살은 뜻이 굳어, 겁나고 약함 없으며
한량없는 옛날부터 보살 도를 행하여서
문답에도 교묘하니 두려운 맘 하나 없고
욕되는 것을 참는 맘 결정되어 단정하고 위덕 있어
시방 부처 찬탄받고 능히 분별하여 잘 설하며
시끄러운 중생 피해 선정에 있기를 항상 즐겨하며
부처님 도 구하려고 허공계에 머무나이다.
저희는 부처 말씀 복종하여 듣자옵고 의심 다시 없사오나
바라건대, 미래 중생 위해서 설하여 주옵소서.
만일에 이 경전을 의심하여 안 믿는 이
삼악도에 떨어지리니 자세하게 설하소서.
그토록 짧은 세월 한량없이 많은 보살
어떻게 교화하여 물러나지 않는 지위에 머물게 했나이까.

이상으로 성스러운 《올바른 가르침의 백련》이라는 경설에서 '땅속에서 솟아나는 보살들' 제14장은 끝난다.

15. 여래 수명의 길이
여래수량품 제16

그때 세존께서 모든 보살에게 말씀하셨다.

"양가의 아들들이여, 내가 하는 말을 들어라. 나를 믿어라. 여래의 진실한 말을 믿어라."

다시 세존께서는 모든 보살에게 말씀하셨다.

"양가의 아들들이여, 내가 하는 말을 들어라. 나를 믿어라. 여래의 진실한 말을 믿어라."

세 번째로 다시 보살들에게 말씀하셨다.

"양가의 아들들이여, 내가 하는 말을 들어라. 나를 믿어라. 여래의 진실한 말을 믿어라."

그래서 모든 보살은 위대한 뜻을 품은 마이트레야(미륵)보살을 선두로, 서서 합장하며 세존께 이렇게 말씀드렸다.

"세존께서는 그 까닭을 말씀해 주십시오. 저희는 여래의 말씀을 믿사옵니다."

다시 모든 보살은 세존께 두 번째 아뢰었다.

"세존께서는 그 까닭을 말씀해 주십시오. 저희는 여래의 말씀을 믿사옵니다."

다시 세 번째로 모든 보살은 세존께 아뢰었다.

"세존께서는 그 까닭을 말씀해 주십시오. 저희는 여래의 말씀을 믿사옵니다."

그래서 세존은 이들 보살이 세 번까지 간청한 것을 알고 그들에게 말씀하시었다.

妙法蓮華經如來壽量品第十六

爾時佛告諸菩薩 及一切大衆 諸善男子 汝等當信解 如來誠諦之語 復告大衆 汝等當

信解 如來誠諦之語 又復告諸大衆 汝等當信解 如來誠諦之語 是時菩薩大衆 彌勒爲首 合掌白佛言 世尊 唯願說之 我等當信受佛語 如是三白已 復言 唯願說之 我等當信受佛 語 爾時世尊 知諸菩薩 三請不止 而告之言.

묘법연화경 여래수량품 제16

그때 부처님께서는 모든 보살과 일체 대중에게 말씀하시었다.

"양가의 아들들이여, 너희들은 반드시 여래께서 진실하게 밝히는 말씀을 믿고 이해하라."

다시 대중에게 말씀하시었다.

"너희들은 반드시 여래께서 진실하게 밝히는 말씀을 믿고 이해하라."

또다시 부처님은 모든 대중에게 거듭 말씀하시었다.

"너희들은 반드시 여래께서 진실하게 밝히는 말씀을 믿고 이해하라."

이때 그 보살 대중 가운데 미륵보살이 우두머리가 되어 합장하고 부처님께 여쭈었다.

"세존이시여, 원하옵노니 설하여 주옵소서. 저희는 반드시 부처님의 말씀 믿고 받으오리다." 이렇게 세 번이나 아뢰고, 다시 말씀하시되,

"세존이시여, 설하여 주시면 저희는 반드시 부처님의 말씀을 믿고 받으오리다."

그때 세존께서 모든 보살이 세 번이나 청하여 그치지 않은 것을 알고 이를 일러서 말씀하시었다.

"그 까닭을 말할 테니 그대들은 들으라. 내가 신통한 힘을 지니고 있는 것에 대해 천신들이나 인간·아수라 그리고 세간에 있는 모든 중생은 샤키야 무니(석가모니)가 샤키야(석가)족의 궁을 나와 출가 후 가야성의 보리수 아래에서 처음 깨달음을 얻었다'고 생각하고 있지만, 그렇게 생각해서는 안 된다. 내가 더할 나위없는 바른 깨달음을 얻은 지는 벌써 수천만억 겁이 지났다.

선남자들이여, 예를 들면 여기 어떤 사람이 이 세상에 태어나 오십천만억이라는 많은 세계에 있는 흙 속에서 한 개의 티끌을 집어 들고 동쪽으로 오십천만억의 무수한 세계를 지난 뒤, 그 티끌 한 개를 손에서 버린다고 하자. 이런 식으로

해서 몇천만억 겁이 걸려 모든 세계의 흙을 다 버렸다고 하자. 그대들은 그 일을 어떻게 생각하는가? 누가 그 세계의 수를 계산하거나 측정하거나 비교할 수가 있겠는가?”

이렇게 세존이 말하였을 때 그 말을 듣고 위대한 뜻을 가진 미륵보살과 모든 보살은 이렇게 말하였다.

“세존이시여, 그 세계의 대지 흙먼지 수를 헤아릴 수도 없고 생각도 미치지 않사옵니다. 성스러운 지혜를 갖춘 성문이나 독각들조차 그것을 생각하거나 헤아리거나 짐작할 수 없사옵니다. 세존이시여, 저희처럼 불퇴전의 경지에 있는 보살들도 헤아릴 수가 없사옵니다.”

이 말을 들으신 세존께서는 그 보살들에게 다음과 같이 말씀하시었다.

“양가의 아들들이여, 그대들에게 진실을 알리겠다. 제아무리 많은 세계가 있다고 해도 그 남자가 흙 티끌을 버린 세계 혹은 버리지 않았던 세계, 그 몇천만억의 모든 세계 속에 제아무리 많은 티끌이 있다고 해도 그 수는 내가 깨닫고 난 뒤의 몇천만억 겁 정도로 많지는 않다. 그때부터 나는 이 사바 세계와 다른 몇천만억의 세계에서 중생들을 가르쳐 왔다.

선남자들이여, 그러는 동안 나는 디판 카라(연등)여래를 비롯한 여러 여래를 칭찬하였다. 그리고 그 여래들의 완전한 ‘깨달음’을 위해 나는 교묘한 수단을 써서 실제적인 수단을 만들어 낸 것이다. 그러나 또 여래는 계속해서 나타나는 중생들에게 능력과 정진 노력에 우열의 다름이 있는 것을 아시고, 각자에게 자신의 이름을 말하여 각자에게 자신이 완전한 열반에 드는 시기를 알리고, 여러 가르침을 말하여 중생들을 만족시켰다.

汝等諦聽 如來祕密 神通之力 一切世間 天人 及阿修羅 皆謂今釋迦牟尼佛 出釋氏宮 去伽耶城不遠 坐於道場 得阿耨多羅三藐三菩提 然善男子 我實成佛已來 無量無邊 百千萬億 那由他劫 譬如五百千萬億 那由他 阿僧祇 三千大千世界 假使有人 抹爲微塵 過於東方 五百千萬億 那由他 阿僧祇國 乃下一塵 如是東行 盡是微塵 諸善男子 於意云何 是諸世界 可得思惟校計 知其數不 彌勒菩薩等 俱白佛言 世尊 是諸世界 無量無邊 非算數所知 亦非心力所及 一切聲聞 辟支佛 以無漏智 不能思惟 知其限數 我等

住 阿毘跋致地 於是事中 亦所不達 世尊 如是諸世界 無量無邊 爾時佛告 大菩薩衆 諸善男子 今當分明 宣語汝等 是諸世界 若著微塵 及不著者 盡以爲塵 一塵一劫 我成佛已來 復過於此 百千萬億 那由他 阿僧祇劫 自從是來 我常在此 娑婆世界 說法敎化 亦於餘處 百千萬億 那由他 阿僧祇國 導利衆生 諸善男子 於是中間 我說燃燈佛等 又復言其入於涅槃 如是皆以 方便分別 諸善男子 若有衆生 來至我所 我以佛眼 觀其信等 諸根利鈍 隨所應度 處處自說 名字不同 年紀大小 亦復現言 當入涅槃 又以種種方便 說微妙法 能令衆生 發歡喜心.

"너희들은 여래의 비밀한 신통력을 자세히 들으라. 일체 세간의 하늘과 인간 그리고 아수라들은 모두, 석가모니 부처님께서 석씨 왕성을 나와 가야성 가까운 도량에 앉아 아눗타라삼약삼보디를 얻었다고 생각하지만, 그러나 선남자들아, 내가 성불한 지는 한량없고 가없는 백천만억 나유타 겁이 지났느니라. 비유하면, 오백천만억 나유타 아승지 삼천대천세계를 어떤 사람이 모두 가는 티끌로 만들어 그것을 가지고 동방으로 오백천만억 나유타 아승지 세계를 지날 때마다 한 티끌씩을 떨어뜨림과 같으니라. 이렇게 동방으로 가면서 그 많은 티끌이 다했다면 모든 선남자여, 너희들의 생각은 어떠하냐. 이처럼 많은 세계를 사유하고 헤아려서 그 수를 알 수 있겠느냐"

미륵보살들이 함께 부처님께 여쭈었다.

"세존이시여, 그 모든 세계는 한량없고 가없어 산수로도 알 수 없고, 생각으로도 알 수 없나이다. 또 일체 성문과 벽지불이 미혹이 없는 지혜로 깊이 생각하더라도 그 한계의 수를 알 수 없으며, 저희가 물러나지 아니하는 지위에 머물지라도, 이런 일은 알 수 없사오니, 세존이시여, 이와 같이 모든 세계는 한량없고 가이없나이다."

그때 부처님께서 보살 대중에게 말씀하시었다.

"모든 선남자여, 이제 너희에게 분명히 말하겠노라. 만일 티끌을 떨어뜨린 국토나 그렇지 않은 국토를 다 합하여 티끌로 만들고 그 하나하나의 티끌을 1겁이라 하여도, 내가 성불한 지는 이보다 백천만억 나유타 아승지겁이 더 오래니라.

그로부터 나는 항상 이 사바 세계에 있으면서 설법하여 교화했고, 또 다른 백천만억 나유타 아승지 국토에서도 중생을 인도하여 이롭게 하였느니라. 모든 선남자여, 나는 한량없는 과거로부터 무한한 미래에 이르기까지 살아 있지만, 이 중간에서 내가 연등부처라고 하는 등 여러 가지 이름의 부처님으로 이 세상에 출현하였음을 설하였고, 또 그가 열반에 들었다고 설하였으나, 이와 같은 것은 모두 방편으로써 그렇게 설명한 것이니라.

모든 선남자여, 만일 어떤 중생이 나를 찾아오면, 나는 부처의 눈으로 그의 신심과 모든 근기의 날카롭고 둔함을 보아, 제도할 바를 따라 곳곳에서 설하되, 부처님의 이름이 같지 않게 하며, 또 부처님의 수명에 대해서도 길고 짧음이 있는 것처럼 설하였으므로 연대가 많고 적으며, 또 부처님의 수명이 다하여 열반에 든다고 말하기도 하고, 또 가지가지 방편으로 미묘한 법을 설하여, 중생으로 하여금 능히 기뻐하고 즐거워하는 마음을 일으키게 하였느니라.

그 가운데에서 착한 근본이 부족하고 번뇌가 많고 서로 다르게 믿고 따르는 중생들에게는, '비구들이여, 나는 젊어서 출가하여 이윽고 더할 나위없이 완전한 '깨달음'을 얻었다'고 말한다. 여래가 훨씬 이전에 깨달았다고 말하는 것도 '나는 얼마 전에 깨달음을 얻었다'고 말하는 것도 중생들을 성숙시켜 깨달음으로 이끌기 위해서이다. 그 모든 법문은 중생을 교화하기 위해 방편으로 말하여진 것이다. 여래는 중생들을 교화하기 위해 자신의 모습을 보이기도 하고, 타인의 모습을 보이기도 한다. 또 여래는 자신을 비유하여 말하기도 하고 혹은 타인의 예를 들어 말하기도 한다. 여래가 그동안 무엇을 말하더라도 여래가 말한 모든 법문은 진리이며 거짓은 없다.

왜냐하면 여래는 삼계(三界)를 그대로 보기 때문이다. 여래는 삼계를, 태어나지 않고 죽지 않고, 변화하지도 않고 생기지지 않고, 윤회하지 않고 열반하지 않고, 진실도 아니며 허망도 아니며, 있는 것도 아니며 없는 것도 아니며, 이런 방법도 아니며 다른 방법도 아니며, 허위도 아니며 진리도 아닌 있는 그대로 보기 때문이다. 여래는 어리석은 범부들이 보는 대로 삼계를 보지 않는다. 여래는 이런 도리에 대해 있는 그대로 말하므로, 여래가 어떤 말을 하더라도 그것은 모두 진리이지 허위가 아니다. 그리고 또 온갖 일에 종사하고 여러 가지 의도를 가지고 각기 양심의 판단에 따라 행동하는 사람들에게 착한 근본이 생기도록 여러 가지 법문을 말하는 것이다.

諸善男子 如來見諸衆生 樂於小法 德薄垢重者 爲是人說 我少出家 得阿耨多羅三藐
三菩提 然我實成佛已來 久遠若斯 但以方便 敎化衆生 令入佛道 作如是說 諸善男子
如來所演經典 皆爲度脫衆生 或說己身 或說他身 或示己身 或示他身 或示己事 或示他
事 諸所言說 皆實不虛 所以者何 如來如實知見 三界之相 無有生死 若退若出 亦無在世
及滅度者 非實非虛 非如非異 不如三界 見於三界 如斯之事 如來明見 無有錯謬 以諸
衆生 有種種性 種種欲 種種行 種種憶想 分別故 欲令生諸善根 以若干因緣 譬喻言辭
種種說法 所作佛事 未曾暫廢.

선남자들이여, 여래는 모든 중생이 작은 법을 즐겨 덕이 엷고, 업장이 무거운 것을
보시고, 이런 사람을 위하여 "나는 젊어서 출가하여 아눗타라삼약삼보디를 얻었다"고
말하였느니라. 그러나 내가 성불한 지는 이와 같이 오래고 멀지만, 다만 방편으로 중
생을 교화하여 부처님 도에 들게 하려고 이렇게 말하였느니라.

모든 선남자여, 여래가 설한 경전은 다 중생을 제도하기 위한 것이니, 또는 자기의
몸을 설하거나 남의 몸을 설하며, 또는 자기의 몸을 보이거나 남의 몸을 보이며, 또는
자기의 일을 보이거나 남의 일을 보이나니, 설하시는 모든 말씀은 다 허망함이 없느니
라. 왜냐하면, 여래는 삼계의 모습을 참답게 알고 보아, 나고 죽음에 물러나거나 나옴
이 없으며, 또 세상에 있거나 멸도함도 없으니, 진실도 아니고 허망함도 아니며, 같지
도 않고 다르지도 아니하며, 삼계를 삼계 같지 않게 보나니, 이런 일을 여래는 밝게 보
아 그릇됨이 없건만, 모든 중생이 다만 가지가지 성품과 가지가지 욕망과 가지가지 행
과 가지가지 기억하고 생각하는 분별이 있으므로, 모든 착한 근본을 내게 하려고 여
러 가지 인연과 비유와 이야기로 가지가지 법을 설하며, 부처님의 일을 하되 일찍이 쉬
어 본 일이 없느니라.

선남자들이여, 여래는 여래가 해야 할 일을 한다. 여래는 먼 과거에 깨달음을
얻어 무한한 수명을 지니고 항상 존재하는 것이다. 여래는 입멸하지 않고 중생을
교화하기 위해 완전한 열반을 나타내 보이는 것이다. 그러나 선남자들이여, 나의
과거의 보살로서의 수행은 아직도 완성되어 있지 않으며, 수명의 길이도 다하지
는 않았다. 내 수명이 다할 때까지는 지금도 수천만억 겁의 두 배나 있는 것이다.

따라서 지금도 나는 아직 완전한 열반에 들지 않고, 나는 '완전한 열반의 경지에 든다'고 알리는 것이다. 그것은 중생들을 교화하기 위한 방편이다. 즉 내가 금방 열반에 들지 않고 아주 오랫동안 이 세상에 있기 때문에 중생들은 나를 언제나 만날 수 있으므로 착한 근본을 심지도 않고 복덕을 잃고 빈궁해지거나 애욕에 빠지고, 장님이 되거나 잘못된 견해의 그물에 덮여, '여래는 언제나 계시다'고 생각하거나, 또 언제든지 여래를 쉽게 만날 수 있다고 생각하거나, '우리들은 여래의 근처에 있다'고 생각해서 삼계를 벗어나기 위한 정진 노력을 하지 않는 일이 없도록 하기 위해서이다. 이런 까닭에 여래는 교묘한 방편으로 이와 같은 중생들에게 '비구들이여, 여래가 이 세상에 나타나는 것은 참 쉬운 일이 아니다'라고 말한 것이다. 왜냐하면 그 중생들은 수천만억 겁이 지나더라도 여래를 볼 수 있거나 볼 수 없거나 하기 때문이다.

선남자들이여, 그래서 나는 그것을 근거로 해서 여래가 이 세상에 나타나는 것은 쉬운 일이 아니라고 말하는 것이다. 그러면 중생들은 여래의 출현에 대해 경이로운 마음과 비탄의 마음을 품을 것이며, 여래를 보지 않았기 때문에 여래 만나기를 갈망할 것이다.

如是我成佛已來 甚大久遠 壽命無量 阿僧祇劫 常住不滅 諸善男子 我本行菩薩道 所成壽命 今猶未盡 復倍上數 然今非實滅度 而便唱言 當取滅度 如來以是方便 敎化衆生 所以者何 若佛久住於世 薄德之人 不種善根 貧窮下賤 貪著五欲 入於憶想 妄見網中 若見如來 常在不滅 便起憍恣 而懷厭怠 不能生於 難遭之想 恭敬之心 是故如來 以方便說 比丘當知 諸佛出世 難可値遇 所以者何 諸薄德人 過無量百千萬億劫 或有見佛 或不見者 以此事故 我作是言 諸比丘 如來難可得見 斯衆生等 聞如是語 必當生於 難遭之想 心懷戀慕 渴仰於佛 便種善根 是故如來 雖不實滅 而言滅度

이와 같이 나는 성불한 지가 매우 오래되었으며, 수명도 한량없는 아승지겁에 항상 머물러 있어 멸하지 않느니라.

선남자들이여, 내가 본래 보살 도를 행하여 이룬 수명은 매우 길어서 지금도 아직 다하지 못하였으며, 다시 위에서 말한 수명의 배나 되느니라. 나는 그대들에게 내가 잠시 뒤에 열반할 것이라고 말하지만 그러나 이것은 참 열반이 아니요, 여래는 이런 방편으로 중생을 교화하느니라.

왜냐하면, 만일 여래가 이 세상에 오래 머물 것을 말하면, 박덕한 사람들은 착한 근본을 심지 않아 빈궁하고 천하며, 5욕에 탐착하여 생각하는 것들이 허망한 견해의 그물에 걸리게 될 것이며, 만일 여래께서 열반하지 않고 항상 계심을 보면, 교만한 마음을 일으키어 실증을 내고 게으름을 피워, 능히 만나기 어렵다는 생각과 공경하는 마음을 내지 아니하므로 여래께서는 방편으로써 설하느니라.

비구들이여, 마땅히 알라. 모든 부처님께서 이 세상에 출현하심을 만나기는 매우 어려우니라. 왜냐하면, 이런 일을 보지 못한 때문이니, 모든 비구여, 여래를 만나보기가 어렵다고 하면, 중생들이 이 말을 듣고, 부처님 만나기가 어렵다는 생각을 내어, 마음에 연모하는 생각을 품고, 부처님을 간절하게 그리워하여 곧 착한 근본을 심으리라. 그러므로 여래는 비록 열반하지 않지만 열반한다고 말하느니라.

이렇게 해서 여래가 가르친 것을 마음에 간직하여 길러진 선근은 그들에게 오랫동안 이익과 행복과 안락을 가져다줄 것이다. 이런 것을 고려해서 여래는 완전한 열반에 드는 일 없이, 중생들을 교화할 목적으로 '완전한 열반에 들어간다'고 알리는 것이다. 선남자들이여, 이것이 여래 교도하는 방법이며, 그것은 거짓말이 아니다.

선남자들이여, 예를 들면 학문도 있고 머리도 좋고 현명하며 모든 병을 낫게 하는 명의가 한 사람 있다고 하자. 그 의사에게는 10명, 20명, 30명, 40명, 50명 또는 100명의 많은 자식이 있다고 하자. 그런데 그 의사는 외국에 있고, 그의 자식들은 독약에 중독되어 괴로워하며 몸부림친다고 하자. 그때 아버지인 의사가 외국에서 돌아왔다고 하자. 어떤 아들은 독약 때문에 괴로워하다 정신착란을 일으키고, 또 어떤 아들은 아직 정상이라고 하자. 그들은 모두 고통에 시달리면서도 아버지를 보고 기뻐서 이렇게 말한다고 하자.

"아버지, 어서 오세요. 무사히 잘 돌아오셨습니까? 저희를 이 독약으로부터 구해 주세요. 아버지, 저희의 목숨을 구해 주세요."

그래서 의사는 자식들이 고통 속에서 괴로워 몸부림치는 것을 보고 색과 향과 맛이 뛰어난 아주 잘 듣는 약을 만들어 돌절구에 넣어 부순 다음, 아들에게 주며 이렇게 말했다고 하자. "아들아, 색과 향과 맛이 좋은 이 약을 먹어라. 이 약을 먹으면 당장 해독되고 기분이 좋아져 건강을 되찾게 될 것이다!"

又善男子 諸佛如來 法皆如是 爲度衆生 皆實不虛 譬如良醫 智慧聰達 明練方藥 善治衆病 其人多諸子息 若十二十 乃至百數 以有事緣 遠至餘國 諸子於後 飮他毒藥 藥發悶亂 宛轉于地 是時其父 還來歸家 諸子飮毒 或失本心 或不失者 遙見其父 皆大歡喜 拜跪問訊 善安隱歸 我等愚癡 誤服毒藥 願見救療 更賜壽命 父見子等 苦惱如是 依諸經方 求好藥草 色香美味 皆悉具足 擣篩和合 與子令服 而作是言 此大良藥 色香美味 皆悉具足 汝等可服 速除苦惱 無復衆患 其諸子中 不失心者 見此良藥 色香俱好 卽便服之 病盡除愈.

또 선남자들이여, 모든 부처님 여래의 법이 다 이와 같아, 중생을 제도하기 위하여 모두 진실이요 허망함이 없느니라. 비유하면, 어떤 의사가 지혜 총명하고 통달하여 좋은 처방과 좋은 약을 만들어 여러 가지 병을 잘 치료했느니라. 그 사람에게는 자식이 많아, 열 스물 내지 백 명에 이르렀다. 아버지가 볼 일이 있어서 다른 나라에 간 뒤, 여러 아이들은 독약을 잘못 마시고 약기운이 번져서 정신이 어지러워 땅에 쓰러져 있었다. 이때 그 아버지가 집에 돌아오니, 여러 아이가 독약을 마시고 본심을 잃기도 하고, 또는 아직 본심만은 잃지 않은 이도 있었다.

멀리서 아버지가 오는 것을 보고 다 크게 환희하여 무릎 꿇고 절하면서 말하는 것이었다. "무사히 다녀 오셨나이까. 저희가 어리석어 독약을 잘못 마셨사오니 구원하시어 다시 생명을 얻도록 하여 주옵소서."

아버지는 자식들의 고통이 이와 같음을 보고, 여러 가지 처방으로 좋은 약초의 빛과 향과 맛을 다 갖추어 절구에 찧고 체로 쳐서 아이들에게 먹이면서 "이것은 좋은 약이다. 빛과 향과 맛을 아주 잘 맞추었으니 너희들이 먹으면 그 고통이 빨리 낫고 다시는 다른 병에 걸리지 않으리라" 하였다. 그 가운데 본심을 잃지 아니한 자식은 그 약이 빛과 향이 갖추어 있음을 보고 좋아하면서, 곧 이 약을 먹어 병이 나았다.

그의 자식 가운데 정상인 아들은 약의 색깔을 보고 냄새를 맡고 맛을 조금 본 다음 바로 먹을 것이며, 그로 인해 고통에서 완전히 해방될 것이다. 그러나 그의 자식 중 정신착란을 일으킨 아들은 아버지가 무사히 돌아왔다고 기쁘게 맞이하긴 하였지만, 약을 먹지는 않을 것이다. 왜냐하면 그는 정신착란 때문에 약의 색깔은 물론 향기나 맛도 좋지 않게 느끼기 때문이다. 의사는 이렇게 생각할 것이다. '이 아들은 독약 때문에 정신착란이 되었다. 약은 먹지 않으려 하지만, 나를 기쁘게 맞이해 주었다. 나는 교묘한 방편으로 이 아이로 하여금 약을 먹도록 해야겠다.'

그래서 그 의사는 이렇게 말했다고 하자. "아이들아, 나는 나이를 먹어 죽을 때가 얼마 남지 않았다. 그러나 너희들은 슬퍼하거나 낙담해서는 안 된다. 너희들에게 약을 줄 테니 먹고 싶을 때 먹도록 하여라."

그는 교묘한 수단을 써서 이와 같이 자식들에게 지시를 하고는 타국으로 나갔다. 그 후 아버지는 그곳에서 죽고 자식들은 아버지가 돌아가셨다는 소식을 들었다고 하자. 그러면 자식들은 슬픈 나머지 통곡할 것이다.

"아버지이며 우리를 보호하고 자애를 베풀어 준 유일한 분이셨는데 돌아가시고 말았다. 이제 우리를 보호해 줄 사람은 아무도 없다."

그들은 의지할 곳 없는 자신들을 돌이켜보고 아주 슬퍼할 것이다. 그리고 되풀이해서 슬퍼하고 있는 동안에 그들은 제정신을 되찾아 좋은 색깔과 향과 맛을 갖춘 약을 색깔도 향기도 맛도 있는 것이라고 알아차릴 것이다. 그리하여 그들은 그 약을 먹을 것이다. 약을 먹고 자식들의 병이 나은 것을 알고, 그 의사는 다시 자식들 앞에 나타날 것이다. 이것을 어떻게 생각하는가. 선남자들이여. 그 의사가 교묘한 방편으로 거짓말했다고 해서 비난을 하겠는가?"

보살들이 답했다.

"세존이시여, 그런 일은 없을 것이옵니다."

세존께서 말씀하시었다.

"양가의 아들들이여, 그와 마찬가지로 나 역시 위없는 바른 깨달음을 얻고 난 뒤 몇천만억의 헤아릴 수 없는 겁이 지났으나, 중생들을 교화하기 위해 교묘한 방편을 사용한 것으로, 그 점에 대해 내 말에 거짓이 없는 것이니라."

세존께서는 이 뜻을 강조하기 위해 다음과 같은 게송을 읊었다.

餘失心者 見其父來 雖亦歡喜問訊 求索治病 然與其藥 而不肯服 所以者何 毒氣深入 失本心故 於此 好色香藥 而謂不美 父作是念 此子可愍 爲毒所中 心皆顚倒 雖見我喜 求索救療 如是好藥 而不肯服 我今當設方便 令服此藥 卽作是言 汝等當知 我今衰老 死時已至 是好良藥 今留在此 汝可取服 勿憂不差 作是敎已 復至他國 遣使還告 汝父已死 是時諸子 聞父背喪 心大憂惱 而作是念 若父在者 慈愍我等 能見救護 今者捨我 遠喪他國 自惟孤露 無復恃怙 常懷悲感 心遂醒悟 乃知此藥 色味香美 卽取服之 毒病皆愈 其父聞子 悉已得差 尋便來歸 咸使見之 諸善男子 於意云何 頗有人 能說此良醫 虛妄罪不 不也世尊 佛言我亦如是 成佛已來 無量無邊 百千萬億 那由他 阿僧祇劫 爲衆生故 以方便力 言當滅度 亦無有能 如法說我 虛妄過者 爾時世尊 欲重宣此義 而說偈言

본심을 잃은 아이들은 아버지가 오는 것을 보고 비록 환희하고 문안드리며 병 치료를 원했으나, 그 약은 먹지 않았으니, 왜냐하면 독기가 깊이 들어 그 본심을 잃은 때문으로, 이같이 좋은 빛과 향으로 갖춘 약을 좋지 않게 생각하였느니라.

그때 아버지는 생각하였다. '이 아이들이 참으로 불쌍하구나! 독약의 중독으로 마음이 다 뒤집혀 나를 보고 기뻐하며 병 치료를 원하지만, 이렇게 좋은 약을 먹지 않으니, 내가 이제 방편을 베풀어 이 약을 먹게 하리라.'

그리고 이와 같이 말하였느니라. "너희들은 마땅히 알라. 내 이제 늙고 쇠약하여 죽게 되었거늘, 이 좋은 약을 여기에 남겨 둘 것이니 이것을 먹되, 병이 낫지 않을까 근심하지 말라."

이런 교훈을 해 놓고 다시 다른 나라에 가서, 본국의 아이들에게 인편을 보내어 그대들의 아버지는 이미 죽었다고 말하게 하였느니라. 이때 그 자식들은 아버지가 세상 떠났다는 소식을 듣고, 크게 슬퍼서 생각하기를 '만일 아버지가 계시면 우리들을 불쌍히 여기고 사랑하여 구원해서 보호하시련만, 이제 우리를 버리고 멀리 타국에서 세상을 떠나셨으니 우리는 외롭구나! 이제는 다시 모실 수도 없도다' 하며, 항상 슬픔에 잠겨 지내다가 마침내 마음이 깨어나, 이 약 색깔과 맛과 향기가 좋은 것을 알고, 곧

먹으니 독한 병이 다 나았느니라. 그 아버지는 아이들이 약을 먹고 다 나았다는 소식
을 듣고, 다시 돌아와서 모두에게 보이게 하였느니라.

모든 선남자여, 너희들 생각에는 어떠하냐. 누가 이 의사를 허망한 죄가 있다고 말
할 수 있겠느냐.”

“그렇지 않나이다, 세존이시여.”

부처님께서 말씀하시었다.

“나도 또한 이와 같아, 성불한 지는 한량없고 가없는 백천만억 나유타 아승지겁이지
만, 중생을 위하여 방편의 힘으로 ‘마땅히 열반한다’고 말하였으나, 능히 법과 같이 설
하였으므로, 나를 허망하여 허물이 있다고 하지 않으리라.”

그때 세존께서 이 뜻을 거듭 펴시고자 게송으로 말씀하시었다.

생각을 초월한, 헤아릴 수 없는 백천만억 겁 전에 그 길이는 아직 알려져 있지
않지만,

그때 나는 최고의 깨달음에 이르러 그 후 나는 줄곧 가르침을 말하고 있다.

많은 보살을 격려해서 부처님의 지혜로 이끌고

많은 겁 동안 수많은 중생을 최고의 깨달음으로 이끌어 성숙시켰다.

‘깨달음’의 경지를 보이고 중생들을 교화하기 위해 나는 교묘한 수단을 말한다.

그리고 그때 나는 ‘깨달음’의 경지에 들어가는 일 없이 이 세상에 가르침을 널
리 펼치는 것이다.

나는 내가 가진 신비로운 힘에 의해 이곳에 있는데

정신이 착란된 어리석은 사람들은 내가 여기 있는데도 나를 보지 못한다.

그 경우 나는 영묘(靈妙)한 힘에 의해서 나 자신의 모습을 나타내어 모든 사람
에게 가호(加護)를 내리는 것이다.

사람들은 이성이 전도되어 어리석으며 내가 거기에 서 있는 데도 불구하고 나
를 보는 일이 없다.

그들은 내 몸이 완전히 사멸했다고 생각하고 내 유골에 온갖 공양을 올린다.

나를 보지 않고도 갈망이 생겨 그로 인해 그들의 마음은 정상이 된다.

이 세상 사람들이 정상으로 돌아와 부드럽고 온화해져 애욕을 떠났을 때

나는 제자 무리를 모아 여기 그리드라 쿠타(영취산)에 내 모습을 나타낸다.

그리고 그 후 나는 그들에게 이렇게 말한다.

'그때 이 세상에서 나는 열반에 든 것이 아니다.

비구들이여, 그것은 나의 교묘한 수단이다.

나는 되풀이해서 인간 세계에 있는 것이다.'

다른 나라 사람들로부터 숭상받았을 때는 나는 그들에게도 최고의 가르침을 펼친다.

너희들은 내 말을 믿지 않고 이 세상의 옹호자는 입멸했다고 믿는다.

나는 중생들이 괴로워하고 있는 것을 본다.

그러나 나는 그때 모습은 나타내지 않는다.

여하한, 나를 보고 싶다고 갈망하라. 갈망하는 사람들에게 나는 올바른 가르침을 펼치리라.

나의 신비로운 힘은 언제나 이러하다. 수천만억의 사고를 초월한 겁 동안 그리고 다른 수천만의 침상(寢床)이 있다 해도 이 영취산에서 움직이는 일이 없다.

自我得佛來	所經諸劫數	無量百千萬	億載阿僧祇
常說法敎化	無數億衆生	令入於佛道	爾來無量劫
爲度衆生故	方便現涅槃	而實不滅度	常住此說法
我常住於此	以諸神通力	令顚倒衆生	雖近而不見
衆見我滅度	廣供養舍利	咸皆懷戀慕	而生渴仰心
衆生旣信伏	質直意柔軟	一心欲見佛	不自惜身命
時我及衆僧	俱出靈鷲山	我時語衆生	常在此不滅
以方便力故	現有滅不滅	餘國有衆生	恭敬信樂者
我復於彼中	爲說無上法	汝等不聞此	但謂我滅度
我見諸衆生	沒在於苦海	故不爲現身	令其生渴仰
因其心戀慕	乃出爲說法	神通力如是	於阿僧祇劫

나 스스로 성불하여 지나온 그 겁 수는

한량없는 백천만억 아승지가 되느니라.
설법으로 한량없는 만억 중생 교화하여
부처님 도 듣게 하니 그 또한 무량한 겁
중생 제도 위하여 방편으로 열반을 말하지만
실은 열반하지 않고 항상 이 법 설법하니
항상 이곳 머물러 여러 가지 신통으로
어리석은 중생에겐 가까워도 안 보인다.
나의 열반 보는 대중 사리에 공양하며
연모의 정 그리면서 그리운 맘 다시 내어
중생들이 모두 믿고 뜻이 곧고 부드러워
신명을 다 바쳐서 부처 뵙기를 원하면
그때 많은 승려와 내가 영취산에 함께 나와
중생들께 말하기를 나는 항상 불멸하여
이곳에 머물지만 방편의 힘 까닭으로써
열반하고 불멸함을 나타내 보이니라.
다른 나라 중생들도 공경하여 믿는 자 있으면
내가 다시 그 가운데 위없는 법을 설하게 되니
너희들은 듣지 못해 내가 멸도했다고 생각한다.
내가 보니 여러 중생 고통 속에 빠졌구나.
그러므로 은신하여 그리운 맘 내게 하고
연모의 정 일으키면 나타나서 설법하리.
신통력이 이와 같아 아승지겁 오랜 세월

이들 사람들이 이 세계를 보고 불타고 있다고 느낄 때도
나의 이 땅에는 신과 인간으로 넘친다.
거기에는 수천만의 놀이동산과 누각, 궁전이 있어서
그것에게는 여러 가지 오락과 애욕의 즐거움이 있고
국토는 보석으로 된 산들과 과실이 열린 수목으로 장식되어 있다.

하늘에서는 천신들이 악기를 울리면서 만다라 꽃비를 내린다.

꽃비는 나와 제자들에게 쏟아지고 또 '깨달음'을 구해 노력하는 다른 현자들에게도 쏟아진다.

나의 국토는 언제나 이런 상태인 것이다. 그러나 다른 사람들은

이 국토가 겁화에 타오르고 있다고 생각할 것이다. 그들은 이 세상이 매우 무섭고 비참하고 많은 슬픔이 산재하고 있다고 볼 것이다.

수천만 겁 동안 그들은 내 이름을 듣지 못하고 또 여래들의 이름을 듣지도 못하고

나의 가르침에 대해서, 나를 따르는 집단에 대해서 듣는 일은 없다. 악업의 업보는 이런 것이다.

그러나 이 인간 세계에 마음이 온화하고 친절한 사람이 나타났을 때,

그들은 이 세상에 태어나자마자 맑은 업으로 가르침을 세상에 펼치고 있는 나를 보는 것이다.

그러나 나는 여태껏 그들에게 나의 이와 같은 무한한 행위를 이야기한 적이 없다.

따라서 나는 오랫동안 그들의 눈에 띄었다. 그럼에도 불구하고
'부처를 만나기 어렵다'고 말한다.

常在靈鷲山	及餘諸住處	衆生見劫盡	大火所燒時
我此土安隱	天人常充滿	園林諸堂閣	種種寶莊嚴
寶樹多華菓	衆生所遊樂	諸天擊天鼓	常作衆伎樂
雨曼陀羅華	散佛及大衆	我淨土不毀	而衆見燒盡
憂怖諸苦惱	如是悉充滿	是諸罪衆生	以惡業因緣
過阿僧祇劫	不聞三寶名	諸有修功德	柔和質直者
則皆見我身	在此而說法	或時爲此衆	說佛壽無量
久乃見佛者	爲說佛難値		

영취산과 다른 곳에 머물러 있으려니

중생이 겁 다하여 큰불에 탈 때도

나의 땅은 안온하여 하늘 인간 충만하고

동산 수풀과 모든 집은 보배로써 꾸며져 치장되고

보배나무 꽃과 과실이 많아 중생들이 즐겨 놀며

하늘은 하늘북을 쳐서 여러 기악 연주하고

부처님과 대중에게 만다라꽃 꽃비내리네.

나의 정토 안 헐리건만 중생들은 불에 타서

근심 고통 가득함을 여기에서 다 보노라.

죄가 많은 이런 중생 악업의 인연으로

아승지겁 지나도록 삼보 이름 못 듣고

여러 공덕 잘 닦아 부드럽고 정직한 이는

내 몸이 여기 있으면서 설법함을 보느니라.

이런 중생 위하여서 어느 때는 말하기를

부처 수명 길고 멀어 무량하다 하지마는

부처님을 오랜만에 만나 뵈온 사람에겐

부처님은 희유하여 만나기가 어렵다고 설하느니라.

내 지혜의 힘은 빛나고 나의 수명도 길고 한계는 없다.

무한한 겁 사이를 이어간다. 나는 전생의 소행을 다해서 이 수명을 얻은 것이다.

현자들이여, 이 점에 대해 의심해서는 안 된다. 의심하는 마음을 모두 버려라.

나는 이 참된 진실을 말한다. 이 말은 언제 어떤 때도 결코 거짓이 아니다.

자기가 살아 있는데도 죽었다고 말해도

판단력이 있는 사람은 의사를 거짓말쟁이라고 비난하지 않을 것이다.

나는 세상의 아버지, 스스로 존재하여 모든 인간의 옹호자이신 의사이다.

어리석은 자들의 의식이 전도되어 판단력을 잃었다는 것을 알고

열반하지 않고 열반한 것으로 보이게 하는 것이다.

그것은 왜 그런가. 나는 항상 모습을 나타냄으로써 이성이 없고 무지한 삶들

은, 믿지 않게 되고 애욕에 눈이 어두워 쾌락 때문에 불행한 처지에 이를 것이다.
그러나 나는 끊임없이 세상 사람들의 이런저런 행위를 알고

'어떻게 해서 그들을 깨달음으로 이끌 것인가. 어떻게 해서 그들에게 부처의 가
르침을 얻게 할 것인가' 하고 생각해서 세상 사람들에게 각기 이야기하는 것이다.

我智力如是	慧光照無量	壽命無數劫	久修業所得
汝等有智者	勿於此生疑	當斷令永盡	佛語實不虛
如醫善方便	治狂子故實	在而言死	無能說虛妄
我亦爲世父	救諸苦患者	爲凡夫顚倒	實在而言滅
以常見我故	而生憍恣心	放逸著五欲	墮於惡道中
我常知衆生	行道不行道	隨所應可度	爲說種種法
每自作是意	以何令衆生	得入無上慧	速成就佛身

나의 지혜 이와 같아 광명 또한 무량하고
수명 또한 끝없으니 오래 닦은 업이니라.
너희들 지혜 있는 자는 의심 내어 품지 말고
죄업 영영 끊을지니 부처 말씀 진실이라.
의사가 좋은 방편으로 미친 자식 구원하려
거짓말로 죽는 일이 허망함이 아니듯이
나도 또한 이와 같아 뭇 고통을 구하려고
뒤바뀐 범부 위해 거짓 열반 말하나니
나를 항상 보게 되면 교만 방자한 마음 내어
오욕에 깊이 집착하여 악도 중에 떨어지리.
나는 항상 중생 보아 행하는 도 모두 알고
제도할 바 근기 따라 갖가지로 설법하며
매양 하는 이런 생각 '어떻게 하면 저 중생을
위없는 지혜 들게 하여 빨리 성불시킬 건가.'

이상으로 성스러운 《올바른 가르침의 백련》이라는 경설에서 '여래 수명의 길이'
제15장은 끝난다.

16. 복덕의 구분
분별공덕품 제17

이 '여래의 수명의 길이'에 관한 해설이 말하여지고 있는 동안에 이루 헤아릴 수 없는 중생이 이익을 얻었다.

그때 세존께서는 위대한 뜻을 가진 마이트레야(미륵)보살에게 말씀하셨다.

"미륵이여, 이 '여래의 수명의 길이'에 관한 경설이 말하여지고 있는 동안에 68의 갠지스강의 모래알 수와 같은 수천만억의 보살들이, 이 세상에 존재하는 것은 나지도 없어지지도 않는다는 진리(無生法忍)를 얻기에 이르렀다.

나아가 그 천 배의 위대한 뜻을 가진 보살들은 위대한 뜻을 가진 보살이 가져야 할 기억력을 얻었다.

또, 일천 세계 대지의 매우 미세한 티끌 수와 같은 위대한 뜻을 가진 보살들은 이 경설을 듣고 막힘없이 능란하게 변론하는 재능을 얻었다.

또, 이천 세계 대지의 매우 미세한 티끌 수와 같은 위대한 뜻을 가진 보살들은 이 경설을 듣고 수천만억 회나 돌아가는 염력(念力)을 얻었다.

또, 삼천 세계 대지의 매우 미세한 티끌 수와 같은 위대한 뜻을 가진 보살들은 이 경설을 듣고 거침없이 가르침의 수레를 굴렸다.

妙法蓮華經分別功德品第十七

爾時大會 聞佛說 壽命劫數 長遠如是 無量無邊 阿僧祇衆生 得大饒益 於時世尊 告

彌勒菩薩摩訶薩 阿逸多 我說是如來 壽命長遠時 六百八十萬億 那由他 恒河沙衆生 得

無生法忍 復有千倍 菩薩摩訶薩 得聞持陀羅尼門 復有一世界 微塵數菩薩摩訶薩 得樂

說無礙辯才 復有一世界 微塵數菩薩摩訶薩 得百千萬億 無量旋陀羅尼 復有三千大千

世界 微塵數菩薩摩訶薩 能轉不退法輪

그때 모임에서 부처님의 수명의 겁수가 길고 먼 것이 이와 같다는 것을 듣고 한량 없고 가없는 아승지의 중생이 큰 이익을 얻었다.

이때 세존께서 미륵보살에게 말씀하시었다.

"아일다여, 내가 여래의 수명이 끝없이 길고 멀다고 말할 때, 육백팔십만억 나유타 항하 모래 수 같은 중생이 무생법인(無生法忍, 나지도 없어지지도 않는 참된 법을 깨달아 알고 편안히 머물러 움직이지 않음)을 얻었으며, 또 그 천 배의 보살마하살은 문지다라니 (聞持陀羅尼, 듣고 가져서 잊어버리지 않는 다라니문)를 얻었고, 또 일 세계 티끌 같은 수 의 보살마하살은 말 잘하고 걸림이 없는 변재를 얻었으며, 또 일 세계 티끌 같은 수의 보살마하살은 백천만억 한량없는 선다라니(旋陀羅尼, 막힘없이 법에 들어오게 하는 것이 마음대로 되어 법을 설하는 다라니)를 얻었고, 또 삼천대천세계 티끌 같은 수의 보살마 하살은 물러남이 없는 법륜을 능히 굴리느니라.

또, 중천세계 대지의 매우 미세한 먼지 같은 수의 위대한 뜻을 가진 보살들은 이 경설을 듣고 때 묻지 않은 빛나는 법륜을 굴렸다.

또, 소천세계 대지의 매우 미세한 티끌 수와 같은 위대한 뜻을 가진 보살들은 이 경설을 듣고 여덟 번 거듭 태어난 뒤 더없이 완전한 '깨달음'에 이르렀다.

또, 4대주(四大洲)의 매우 미세한 티끌 수와 같은 위대한 뜻을 가진 보살들은 이 경설을 듣고 네 번 거듭 태어난 뒤 더없이 완전한 '깨달음'에 이르렀다.

또, 세 개 4대주의 매우 미세한 티끌 수와 같은 위대한 뜻을 가진 보살들은 이 경설을 듣고 세 번 거듭 태어난 뒤 더없이 완전한 '깨달음'에 이르렀다.

또, 두 개 4대주의 매우 미세한 티끌 수와 같은 위대한 뜻을 가진 보살들은 이 경설을 듣고 두 번 거듭 태어난 뒤 더없이 완전한 '깨달음'에 이르렀다.

또 한 개 4대주의 매우 미세한 티끌 수와 같은 위대한 뜻을 가진 보살들은 이 경설을 듣고 또 한 번 거듭 태어난 후에 더없이 완전한 '깨달음'에 이르렀다.

또, 여덟 개의 삼천대천세계의 매우 미세한 티끌 수와 같은 위대한 뜻을 가진 보살들은 이 경설을 듣고 더없이 완전한 '깨달음'에 이르고 싶다는 마음을 일으켰 다."

復有二千中國土 微塵數菩薩摩訶薩 能轉淸淨法輪 復有小千國土 微塵數菩薩摩訶薩 八生當得 阿耨多羅三藐三菩提 復有四四天下 微塵數菩薩摩訶薩 四生當得 阿耨多羅三藐三菩提 復有三四天下 微塵數菩薩摩訶薩 三生當得 阿耨多羅三藐三菩提 復有二四天下 微塵數菩薩摩訶薩 二生當得 阿耨多羅三藐三菩提 復有一四天下 微塵數菩薩摩訶薩 一生當得 阿耨多羅三藐三菩提 復有八世界 微塵數衆生 皆發阿耨多羅三藐三菩提心.

또 이천 중국토의 티끌 같은 수의 보살마하살은 청정한 법륜을 능히 굴리고, 소천 국토의 티끌 같은 수의 보살마하살은 여덟 번 태어나 아눗타라삼약삼보디를 얻으며, 또다시 사 사천하의 티끌 같은 수의 보살마하살은 네 번 태어나 아눗타라삼약삼보디를 얻으며, 또 삼 사천하의 티끌 같은 수의 보살마하살은 세 번 태어나 아눗타라삼약삼보디를 얻으며, 또 이 사천하의 티끌 같은 수의 보살마하살은 두 번 태어나 아눗타라삼약삼보디를 얻으며, 또다시 한 사천하의 티끌 같은 수의 보살마하살은 한 번 태어나 아눗타라삼약삼보디를 얻으며, 또한 팔 세계의 티끌 같은 수의 중생들도 아눗타라삼약삼보디의 마음을 일으켰느니라.”

세존께서 이들 위대한 뜻을 가진 보살들이 가르침을 직접 이해한 일과 그 근거를 말하여 보이자마자, 하늘에서 만다라꽃과 마하 만다라꽃의 꽃비가 내렸다. 그리고 수천만억 세계의 수천만억 부처들이 거기에 모여 보리수 아래에 있는 사자좌에 앉아 있었는데, 그들 위에도 꽃비가 내렸다. 또 꽃비는, 완전히 ‘깨달음’에 도달한 석가여래와 완전한 ‘깨달음’에 도달한 후 입적하여 사자좌에 앉은 아라한의 다보여래 위에도 쏟아졌다. 또 모든 보살의 집단과 사부대중에게도 내렸다. 또, 천상의 가루전단과 침향가루가 하늘에서 내려왔고, 높은 하늘에서는 즐겁고 듣기 좋은 굵은 북소리가 두드리지도 않았는데 울려 퍼졌다. 또 수천수백의 천상의 흰 천이 하늘에서 떨어졌다. 또 목걸이·보석 목걸이·진주 목걸이·보옥·보석·큰 보석이 하늘 높이, 모든 방향으로 남김없이 걸렸다. 또 여기저기에 최고급 향을 피우는 보석으로 만든 향로가 수천 개나 저절로 돌아다녔다. 또 여래 한 사람 한 사람에게 위대한 뜻을 가진 보살들이 받쳐주는 보석으로 만든 우산이 범천의 세계에 이르기까지 하늘 높이 연이어 있었다. 또한 이와 마찬가지로 측정할 수도 헤아릴 수도 없는 수천만억의 부처에게 위대한 뜻을 가진 보살들이 받쳐주는 보석 우산 줄이 범천 세계에 이르기까지 하늘 높이 이어졌다. 그들은 각기 부처를 기리는 진정한 시를 읊어 부처를 칭송하였다.

위대한 뜻을 가진 미륵보살은 다음과 같은 게송을 읊었다.

佛說是諸菩薩摩訶薩 得大法利時 於虛空中 雨曼陀羅華 摩詞曼陀羅華 以散無量

百千萬億 寶樹下 師子座上諸佛 幷散七寶塔中 師子座上 釋迦牟尼佛 及久滅度 多寶如

來 亦散一切諸大菩薩 及四部衆 又雨細抹 栴檀沈水香等 於虛空中 天鼓自鳴 妙聲深遠

又雨千種天衣 垂諸瓔珞 眞珠瓔珞 摩尼珠瓔珞 如意珠瓔珞 遍於九方 衆寶香爐 燒無價

香 自然周至 供養大會 一一佛上 有諸菩薩 執持幡蓋 次第而上 至于梵天 是諸菩薩 以

妙音聲 歌無量頌 讚歎諸佛 爾時彌勒菩薩 從座而起 偏袒右肩 合掌向佛 而說偈言

부처님께서 이 많은 보살마하살이 큰 법의 이익을 얻었다고 말씀하실 때, 만다라꽃과 마하만다라꽃을 내려서 한량없는 백천만억 보리수 아래 사자좌에 앉아 계신 여러 부처님 위에 뿌렸으며, 칠보탑 속의 사자좌에 앉으신 석가모니불과, 열반하신 지 오래된 다보여래의 위에도 뿌렸으며, 또한 모든 큰 보살대중과 4부 대중에게도 뿌렸다.

또 가루로 된 전단향과 침수향을 비 내리듯 뿌리며, 허공에서는 하늘북이 스스로 울려 미묘한 소리가 멀리까지 들리며, 또는 천 가지나 만 가지나 되는 하늘옷이 비 오듯 내리고, 또 모든 진주영락과 마니주영락과 여의주영락 등을 9방에 두루 드리웠으며, 많은 보배 향로에는 값으로 따질 수 없는 좋은 향을 피워, 모임의 모든 이에게 공양하고, 낱낱 부처님 위에는 보살들이 번개(깃발)를 들고 차례로 올라가 범천까지 이어졌으며, 이 많은 보살이 미묘한 음성으로 한량없는 게송을 노래 불러 모든 부처님을 찬탄하였다.

그때 미륵보살이 자리에서 일어나 오른쪽 어깨를 드러내고, 부처님을 향하여 합장하고 게송으로 말하였다.

부처님께서 말씀하신 가르침은 불가사의하다. 우리는 이제까지 들은 일이 없었다.

　지도자(부처)들의 위대함은 얼마나 큰가. 그들의 수명 길이도 또한 무한하다.

　부처님께서 친히 나누어 주시는 가르침을 지금 이처럼 듣고

　세상의 지도자(부처)의 친아들인 수천만억의 사람들은 기쁨에 넘쳐 있다.

　어떤 사람들은 최고의 '깨달음'에 이르러 되돌아가는 일이 없고

　어떤 사람은 기억력을 유지하여 안주하고

　어떤 사람들은 막힘없는 변론의 재능을 얻고, 수천만억의 사람들은 생각하는 힘을 얻었다.

　국토의 흙먼지 수와 같은 다른 사람들은 뛰어난 부처님의 지혜에 도달하고

　또 어떤 사람은 무한('깨달음'의 경지)을 바라며 여덟 번 다시 태어나 부처가 될 것이다.

佛說希有法	昔所未曾聞	世尊有大力	壽命不可量
無數諸佛子	聞世尊分別	說得法利者	歡喜充遍身
或住不退地	或得陀羅尼	或無礙樂說	萬億旋總持
或有大千界	微塵數菩薩	各各皆能轉	不退之法輪
復有中千界	微塵數菩薩	各各皆能轉	淸淨之法輪
復有小千界	微塵數菩薩	餘各八生在	當得成佛道

　부처님께 설하신 법 다시 없이 희유하여

　저희가 옛날에는 일찍이 못 듣더니

　세존의 힘 크시고 그 수명 무량하며

　한량없이 많은 제자 세존께서 분별하사

　법의 이익 크게 얻어 불도에 잘 들었다니

　그 말씀 들은 저희 기쁨 가득하나이다.

　혹은 물러나지 않는 지위 얻고 다라니를 얻으며

　걸림 없는 요설(樂說)이나 만억의 총지(摠持)를 얻으며

　대천의 많은 세계 티끌 같은 보살들은

물러나지 않는 큰 법륜을 능히 모두 굴리며

다시 중천세계 티끌 수의 보살들

청정한 법륜을 능히 모두 잘 굴리며

또한 소천세계 티끌 같은 보살들은

각각 여덟 번 태어남에 있어 부처님 도 이루니라.

어떤 사람은 네 번 다시 태어나서 또 다른 사람은 세 번 또는 두 번 다시 태어나서

지도자의 이 가르침을 듣고 최고의 목적을 바라고 '깨달음'을 이룰 것이다.

어떤 사람은 한 번 다시 태어나서 다음 생애에는 모든 것을 아는 자(부처)가 될 것이다.

이것이야말로 지도자의 수명이 이와 같다는 것을 듣고 얻은 청정한 과보이다.

가르침을 듣고 뛰어난 '깨달음'에 도달하고자 하는 마음을 일으킨 수천만 중생들은

여덟 개 국토의 티끌처럼 그 수는 세어도 셀 수 없을 정도로 많다.

부처님의 국토를 밝히는 위대한 성선(聖仙, 부처)들이 행한 소행은 이와 같다.

그 국토는 무한하고 끝이 없으며 공계(空界)와 마찬가지로 그 넓이를 헤아릴 수 없다.

수천만억의 많은 천자는 만다라꽃 꽃비를 내렸다.

제석천과 범천, 또 갠지스강의 모래알 수만큼

많은 사람은 수천만억의 국토로부터 왔다.

그들은 전단의 향기로운 분말과 침향가루를 뿌리면서

새처럼 공중을 날아 제식 규정에 따라 부처들에게 뿌린다.

하늘 높이, 북은 두드리지 않아도 듣기 좋은 소리를 내고

수천만억의 천상의 흰 천이 날아 내려와서 부처님들 주위를 펄럭이며 난다.

復有四三二　　如此四天下　　微塵諸菩薩　　隨數生成佛

或一四天下　　微塵數菩薩　　餘有一生在　　當成一切智

如是等衆生	聞佛壽長遠	得無量無漏	淸淨之果報
復有八世界	微塵數衆生	聞佛說壽命	皆發無上心
世尊說無量	不可思議法	多有所饒益	如虛空無邊
雨天曼陀羅	摩訶曼陀羅	釋梵如恒沙	無數佛土來
雨栴檀沈水	繽紛而亂墜	如鳥飛空下	供散於諸佛
天鼓虛空中	自然出妙聲	天衣千萬種	旋轉而來下

또다시 넷·셋·둘의 이와 같은 사천하

티끌같이 많은 보살 그 수대로 부처 이룰 것이며,

또는 일 사천하의 티끌 같은 보살들도

남은 일생에서 일체 지혜를 이루오리다.

이처럼 많은 중생 부처 수명 길고 먼 것을 듣고

번뇌 없고 무량한 청정 과보 얻었으며,

또한 여덟 세계 티끌 같은 무수한 중생들도

부처 수명 설하심 듣고 위없는 마음 냈나이다.

세존께서 설하신 법 한량없고 생각으로 논의하기 어렵나니

많은 중생 준 이익이 허공같이 끝이 없고

하늘에서 만다라와 마하만다라를 비 오듯 하며,

항하사 같은 제석 범천 곳곳에서 찾아오며

전단 침수 향가루 분분하게 날리기를

나는 새와 같이하여 모든 부처 공양하며

하늘에는 하늘북이 묘한 소리 절로 내고

천만억의 하늘옷이 둥글둥글 나부끼며 내려오네.

더없이 값비싼 향을 피우는 보석 향로가 수천만 개,
세상의 제왕이자 구제자이신 부처님의 공양을 위해 이곳저곳 어디든 저절로
움직이며 돌아다닌다.
보석으로 만든 큰 우산을 수천만억 개 한없고 무수히

수많은 현명한 보살이 범천 세계에 이르기까지 받쳐 들고 있다.

부처님의 아들들은 기쁜 마음으로 인드라 신전의 깃발과 함께

세상의 지도자(부처)들의 아름다운 기를 세워 수천 편의 시로써 그들을 칭송한다.

지금 이들 지도자는 이와 같이 소행이 뛰어나고 불가사의하고 화려하다.

모든 중생은 여래의 수명 길이가 무한하다는 것을 알고 모두 기뻐하였다.

지도자들의 소리는 사방으로 울려 퍼지고 그 이익은 광대하다.

수천만억의 사람들은 부처님의 영묘한 수단에 만족하여 '깨달음'을 구하는 마음을 일으켰다.

세존께서는 위대한 뜻을 가진 미륵보살에게 말씀하셨다.

"미륵이여, 이 '여래 수명의 길이'에 관한 경설이 설해지는 동안에 중생들은 '이 경설로 양가의 아들딸들은 얼마나 많은 복덕을 얻었으랴' 하며 '깨달음'을 구하려는 의지를 다지고, 그것을 달성하고자 하는 강한 뜻을 품거나 이 경설을 믿었다. 그것을 잘 듣고 깊이 마음에 새기라. 내 그들이 복덕을 얻는 순서를 말하리라. 그것은 이러하다. 양가의 아들딸들이 더없이 완전한 '깨달음'을 갈망하여 팔천만억 겁 동안 최고의 완전한 상태(바라밀)에 이르기 위한 다섯 가지 행위를 실천했다고 하자. 즉 지혜를 제외한 보시와 지계(持戒)와 인욕(忍辱)과 정진과 선정(禪定)이다. 그리고 미륵이여, 양가의 아들딸들이 이 '여래 수명의 길이'의 경설을 듣고 '깨달음'을 구하려는 결의를 다지고, 그것을 달성하고자 하는 강한 뜻을 품거나 이 경설을 믿게 된 경우를 생각해 보라. 이 경우에 얻을 수 있는 복덕과 공덕의 축적에 비한다면, 팔천만억 겁에 걸쳐 다섯 가지 실천의 결과로 얻어지는 복덕과 공덕의 축적은 백 배나 뒤떨어진다. 전자는 후자에 비하여 천 배, 십만 배, 백만 배, 1천만 배, 1억 배나 뒤지며, 두 경우의 우열은 계량할 수도, 배율로 따져볼 수도, 계산할 수도, 비교·대조할 수도 없다. 미륵이여, 이러한 복덕을 쌓은 양가의 아들딸들은 더없이 완전한 '깨달음'을 얻고, 이후 뒤로 퇴보하는 일이 없다."

세존께서는 이와 같은 게송을 읊으셨다.

衆寶妙香爐　　燒無價之香　　自然悉周遍　　供養諸世尊

其大菩薩衆　　執七寶幡蓋　　高妙萬億種　　次第至梵天

一一諸佛前　　寶幢懸勝幡　　亦以千萬偈　　歌詠諸如來

如是種種事　　昔所未曾有　　聞佛壽無量　　一切皆歡喜

佛名聞十方　　廣饒益衆生　　一切具善根　　以助無上心

爾時 佛告 彌勒菩薩摩訶薩 阿逸多 其有衆生 聞佛壽命 長遠如是 乃至能生 一念信解 所得功德 無有限量 若有善男子 善女人 爲阿耨多羅藐三菩提故 於八十萬憶 那由他劫 行五波羅蜜 檀波羅蜜 尸羅波羅蜜 羼提波羅蜜 毗梨耶波羅蜜 禪波羅蜜 除般若波羅蜜 以是功德 比前功德 百分千分 百千萬億分 不及其一 乃至算數譬喻 所不能知 若善男子 善女人 有如是功德 於阿耨多羅三藐三菩提退者 無有是處 爾時世尊 欲重宣此義 而說偈言

많은 보배 향로 값도 모를 향을 피워

두루두루 향기로워 모든 세존 공양하며

그 많은 보살 대중 높고 묘한 만억 가지

칠보로 된 번과 천개 들고 차례차례 범천에 오르며

하나하나 모든 부처 앞엔 보배 당에 승리의 번 두루 달고

또한 천만 가지 게송으로 모든 여래께 찬탄 노래하며

이러한 갖가지 일 예전에 일찍이 있어 본 적 없어

무량한 부처 수명 듣고 모두 기뻐하나이다.

부처 이름 온 세상에 들려 많은 중생 이익되니

일체의 착한 근본 갖추어 위없는 맘 돕나이다.

그때 부처님께서 미륵보살마하살에게 말씀하시었다.

"아일다여, 어떤 중생이 부처님의 수명이 이와 같이 길고 먼 것을 듣고, 능히 일념으로 믿고 이해하면, 얻는 바의 공덕이 한량없으리라. 만일 착한 남자 착한 여인이 아늑타라삼약삼보디를 위하여 80만억 나유타 겁 동안 5바라밀인 단(檀, 보시)바라밀·시라(尸羅, 지계)바라밀·찬제(羼提, 인욕)바라밀·비리야(毗梨耶, 정진)바라밀·선(禪, 선정)바라

밀만을 행하고 반야(般若, 지혜)바라밀은 제외하나니, 이 공덕을 앞에서 말한 공덕과 비유하면, 백분이나 천분이나 백천만억분의 1에도 미치지 못하며, 숫자로나 비유로도 능히 알 수 없느니라. 만일 이러한 공덕이 있는 착한 남자·착한 여인은 아늑타라삼약삼보디에서 물러나지 않느니라."

그때 세존께서 이 뜻을 거듭 펴시려고 게송으로 말씀하시었다.

이 지혜, 더할 나위 없는 부처의 지혜를 바라며
이 세상에서 다섯 가지 실천에 전념하며 사는 사람이
팔천만억 겁을 채우는 동안 되풀이하고 되풀이하여
부처들이나 성문(聲聞)들에게 보시를 계속하며
단단한 음식, 부드러운 음식, 마실 것, 옷, 침구 등으로
독각(獨覺)들과 수천만 보살들을 만족시키고
그들을 예배하기 위하여 이 세상에 집과 절,
그리고 산책할 수 있는 아름다운 놀이동산을 만드는 등
온갖 훌륭한 선물을 하고
몇천만억 겁 동안 보시를 계속하여 '깨달음'에 전념한다고 하자.
부처의 지혜를 얻기 위하여 완전히 '깨달음'에 도달한 자가 제시하고
현자가 찬탄한 청정한 계율을, 그가 끊임없이 지킨다고 하자.
또한 누군가가 극기의 대지에 단단히 서서 태연하게 전세(前世)의 다짐을 생각하고
온갖 욕설과 비방을 참고 견디며 마음이 흔들리는 일이 없다고 하자.
자만에 빠져 자기가 진리를 체득했다고 생각하는 무리의
비난과 악담을, 부처의 지혜를 얻기 위하여 참고 견딘다고 하자.
또한 누군가가 언제나 오로지 수행에 전념하며 전세의 다짐을 굳게 새기고,
몇천만 겁 동안 다른 일에 마음을 빼앗기지 않고 미혹되지 않는다고 하자.
또한 누군가가 숲에서 살고 방랑 생활을 하며
무기력과 게으름을 피하여 몇천만 겁 동안 수행한다고 하자.
또한 누군가가 마음을 가라앉히고 삼매를 즐기는 위대한 사상가가 되어

8천억 겁을 채우는 동안 삼매를 계속한다고 하자.

若人求佛慧	於八十萬億	那由他劫數	行五波羅蜜
於是諸劫中	布施供養佛	及緣覺弟子	幷諸菩薩衆
珍異之飮食	上服與臥具	㫋檀立精舍	以園林莊嚴
如是等布施	種種皆微妙	盡此諸劫數	以廻向佛道
若復持禁戒	淸淨無缺漏	求於無上道	諸佛之所歎
若復行忍辱	住於調柔地	設衆惡來加	其心不傾動
諸有得法者	懷於增上慢	爲此所輕惱	如是亦能忍
若復勤精進	志念常堅固	於無量億劫	一心不懈息
又於無數劫	住於空閑處	若坐若經行	除睡常攝心
以是因緣故	能生諸禪定	八十億萬劫	安住心不亂

만일 어떤 사람 부처 지혜 구할 적에

80만억 나유타 겁을 5바라밀 행하되

이 많은 겁 동안 부처님과 연각 제자와

모든 보살 대중에게 좋은 의복·좋은 음식

아름다운 침구들과 전단으로 지은 정사

장엄한 동산들을 보시하고 공양하며,

가지가지 미묘함을 이와 같이 보시하기를

이 모든 겁 다 채워서 불도에 향하게 하고

또는 청정한 계 지녀 결핍됨 하나 없어

위없는 도 구하므로 여러 부처 찬탄받고

또는 인욕을 다시 행해 부드러운 지위에 머물러서

많은 악을 가하여도 그 마음이 움직이지 않으며

삿된 법에 걸린 이가 증상만을 품어서

경망하게 빈정대도 이를 능히 참으며

부지런히 정진하여 뜻과 생각 견고하고

한량없는 억 겁에 게을러 쉬지 않고
수없이 오랜 겁에 한가한 데 머물러서
혹은 앉고 혹은 거닐며 자지 않고 마음 닦아
이런 인연 때문으로 모든 선정 생기어서
80억만 겁에 마음 편히 머무른다.

한 용자가 '나는 일체를 아는 사람이 될 것'이라며
좌선의 실천에 전념하고 삼매를 통한 최상의 '깨달음'을 희망한다고 하자.
지금까지 열거하며 찬탄한 사람들이 몇천만억 겁 동안
이 소행을 실행할 때 그들에게 복덕이 있으리라.
여자든 남자든 나의 수명 길이를 듣고
한순간이라도 믿는다면 그 복덕은 무한하다.
의혹과 불안 그리고 잘못된 사고를 버리고, 짧은 순간이라도
'깨달음'을 향한 뜻을 품는다면, 그러한 과보를 얻을 것이다.
몇천만 겁 동안 수행을 계속해 온 보살들은 나의 수명이
상상할 수 없을 정도로 긴 것을 들어도 놀라지 않는다.
그리고 머리를 조아리며 예배하고, '나도 그렇게 되어
미래에는 수천만 생명 있는 것들을 구하리라.'
석가족의 사자(獅子)이자 위대한 성선, 우리의 주인이신 석가세존처럼
'깨달음'의 단상에 앉아 사자후를 외치리라.
나 또한 미래에는 육체를 가진 모든 존재로부터 존경받으며
'깨달음'의 단상에 앉아 이 긴 수명을 나타내 보이리라 하고 생각할 것이다.
강한 의지를 갖추고 부처의 신성한 말씀을 마음에 굳게 새기는 사람들은
깊고 미묘한 뜻이 담긴 말을 터득하고 의심하지 않는다.

持此一心福	願求無上道	我得一切智	盡諸禪定際
是人於百千	萬億劫數中	行此諸功德	如上之所說
有善男女等	聞我說壽命	乃至一念信	其福過於彼

若人悉無有　　一切諸疑悔　　深心須臾信　　其福爲如此
其有諸菩薩　　無量劫行道　　聞我說壽命　　是則能信受
如是諸人等　　頂受此經典　　願我於未來　　長壽度衆生
如今日世尊　　諸釋中之王　　道場師子吼　　說法無所畏
我等未來世　　一切所尊敬　　坐於道場時　　說壽亦如是
若有深心者　　清淨而質直　　多聞能總持　　隨義解佛語
如是之人等　　於此無有疑

이와 같은 복을 가져 위없는 도 구하며

일체 지혜를 내가 얻어 모든 선정 다 하리라.

이와 같이 많은 사람 백천만억 겁 가운데

행한 여러 공덕 위에 말한 것과 같거늘

착한 남자·착한 여인이 나의 수명 설함 듣고

한마음으로 다 믿으면 그 복이 더 많나니

만일 어떤 사람 의심 하나 내지 않고

깊이 마음으로 잠깐 믿더라도 그 복이 이 같노라.

그 모든 보살이 무량한 겁 도 닦다가

나의 수명 설함 듣고 이를 받아 믿는다면

이와 같은 모든 사람 이 경전 받들어서

미래에 중생 제도 오래도록 하기를

오늘날의 세존처럼 도량에 나가시어

사자후로 설법하되 두려움이 없으리니

저희도 미래세에 일체의 존경받아

도량에서 하늘 설법 그 수명도 같기를 원해

마음 깊이 믿는 이가 청정하고 정직하여

많이 듣고 능히 가져 부처 말씀 이해하면

앞으로 오는 세상 부처 같은 수명으로

두려움과 의심 없어 모든 설법 잘하리라.

"또한 미륵이여, 이 '여래 수명의 길이'에 대한 경설을 듣고, 그것을 이해하고, 그것에 강한 뜻을 나타내고, 몰두하고 깨닫는 자는 우리가 도저히 헤아릴 수 없을 정도로 부처의 지혜로 이끄는 복덕을 쌓을 것이다. 하물며 이러한 경설을 듣고 그것을 가르치거나 독송하거나 기억하거나 또는 스스로 쓰거나 책으로 된 것을 옮겨 적게 하는 사람, 꽃·향목·향료·화환·도향(塗香)·향분·옷·우산·깃발 등을 올리고 식물성 기름 등(燈), 동물성 기름 등, 향유 등을 밝히고 그것을 존경하고 우러르고 숭배하고 공양하며, 또한 사람들에게 공경하게 하는 사람이 부처의 지혜로 이끄는 복덕을 더욱 많이 쌓는 것은 말할 것도 없다.

그리고 미륵이여, 양가의 자식들이 이 '여래 수명의 길이'에 대한 경설을 듣고 강한 의지로 자신의 뜻을 나타낼 때, 그 강한 의지를 가진 사람은, 영취산(靈鷲山)으로 가서 가르침을 설하고 보살들에게 둘러싸여 그들로부터 존경받고 성문들 한가운데에 있는 나를 볼 수 있음을 알아야 한다. 또한 유리로 된 지면이 평평하고, 황금실로 8개의 꽃잎에 연결되고, 보리수가 울창하고 화려한 나의 영토인 이 사바 세계를 볼 것이다. 또한 거기서 보살들이 누각에 앉아 있는 것을 볼 것이다. 미륵이여, 이것이 강한 의지로 뜻을 나타낸 양가의 아들딸들의 강한 의지의 특색임을 알아야 한다. 그러나 또한 미륵이여, 나는 여래가 완전히 열반에 달했을 때 이 경설을 듣고 그것을 버리지 않고 칭송하는 양가의 아들딸들을, 강한 의지로 뜻을 나타낸 자라고 말하는 것이다. 하물며 그것을 기억하고 독송하는 사람은 말할 것도 없다. 이 경설을 책으로 만들어 어깨에 짊어진 사람은, 여래를 어깨에 짊어진 것과 같다.

又阿逸多 若有聞佛壽命長遠 解其言趣 是人所得功德 無有限量 能起 如來 無上之 慧 何況廣聞是經 若敎人聞 若自持 若敎人持 若自書 若敎人書 若以華香瓔珞 幢幡繒 蓋 香油蘇燈 供養經卷 是人功德 無量無邊 能生一切種智 阿逸多 若善男子 善女人 聞 我說 壽命長遠 深心信解 則爲見佛 常在耆闍崛山 共大菩薩 諸聲聞衆 圍繞說法 又見 此娑婆世界 其地琉璃 坦然平正 閻浮檀金 以界八道 寶樹行列 諸臺樓觀 皆悉寶成 其 菩薩衆 咸處其中 若有能如是觀者 當知是爲 深信解相 又復如來滅後 若聞是經 而不 毀呰 起隨喜心 當知已爲 深信解相 何況 讀誦受持之者 斯人則爲 頂戴如來.

"또 아일다여, 만일 부처님 수명이 길고 멀다함을 듣고 그 말뜻을 이해하면, 이런 사람이 얻는 공덕은 한량없어 능히 여래의 더없는 지혜를 일으키거늘, 하물며 이 경을 듣고 널리 사람에게 가르치고 스스로 가지며 사람에게 가르쳐 가지게 하고, 스스로 쓰며 혹은 다른 사람에게 쓰도록 하고, 꽃과 향과 영락과 당번과 증개 그리고 향유와 차조기등으로 경권에 공양하면, 이런 사람의 공덕은 한량없고 끝이 없어 능히 가지가지 지혜를 내지 않겠느냐.

아일다여, 만일 착한 남자·착한 여인이 내 수명이 길고 멀다함을 듣고, 깊은 마음으로 믿고 이해하면, 이는 곧 부처님께서 항상 기사굴산(영취산)에 계시어 큰 보살과 여러 성문들에게 둘러싸여 설법하시는 것을 보게 되리라. 또 이 사바 세계의 땅이 유리로 되어 평탄하고 곧고 바르며, 염부단금으로 여덟 갈래 길을 경계로 하며 보배나무가 늘어서 있고, 모든 누각이 다 보배로 이루어지고, 보살 대중들이 그 가운데 있는 것을 볼 것이니, 만일 이런 것을 보는 이는 깊이 믿고 잘 이해하는 형상인 줄을 마땅히 알라. 또다시 여래 열반한 뒤, 이 경을 듣고 또 이를 헐뜯고 비방하지 않으며, 따라 기뻐하는 마음을 알라. 하물며 받아 지녀 읽고 외우는 것이야 말할 것이 있겠느냐. 이런 이는 곧 여래를 머리 위에 받드는 것과 같으니라.

미륵이여, 이러한 양가의 아들딸들은 나를 위하여 탑을 세우고 절을 세울 필요가 없으며, 승려들에게 병자를 고치기 위한 약이나 다른 도구 등을 보시할 필요도 없다. 그것은 어째서인가. 그 양가의 아들딸들은 나의 사리를 예배하기 위하여 높이가 범천 세계에 달하고 넓이도 그에 못지않으며, 그 주변에 우산을 둘러치고 탑 꼭대기에는 깃발을 세우고, 지붕에는 풍경과 등롱을 단 칠보로 된 사리공양탑을 세우고, 이들 사리탑에 천상계와 인간계의 온갖 것을 공양하여 모셨기 때문이다. 그들은 꽃·향목·향료·화환·도향·향분·옷·우산·기 등을 올리고, 가지가지 상쾌하게 울리는 크고 작은 북을 울리고, 온갖 노랫소리와 악기소리를 울리며, 셀 수 없이 많은 종류의 노래와 춤으로 헤아릴 수 없는 수천만억 겁 동안 예배할 것이다.

미륵이여, 내가 완전한 열반에 든 뒤 이 경설을 기억하고 독송하고 쓰고 설명하여, 그는 넓고 크고 높이 솟은 붉은 전단으로 된 절을 세운 것이다. 그 절에는

32개의 높은 누각이 있다. 8층 건물에 천 명의 승려가 살고, 정원과 꽃이 있고 산책하기 적당한 숲이 있고, 침상과 좌구를 갖추었으며 단단하거나 무른 온갖 음식, 병자를 위한 약품 및 그 밖의 생필품이 그득하며, 가지가지 오락이 갖추어져 있다. 게다가 이들 절의 수는 너무 많아서 이루 헤아릴 수 없다. 백, 천, 십만, 천만, 십억, 백억, 일천억, 일조나 된다. 그것들은 나의 눈앞에서 승려들에게 제공되고, 나에 의해 누리는 것이라고 보아야 한다.

미륵이여, 이러한 까닭으로 나는 여래가 완전히 열반에 든 뒤 이 경설을 기억하고 독송하고 가르치고 쓰고 남에게 쓰게 하는 사람은, 내가 완전히 열반에 든 뒤에는 사리탑을 세울 필요도 없고 승려들에게 공양할 필요도 없다고 말하는 것이다. 하물며 이 경설을 기억하고, 보시로 수행을 완성하고, 지계·인욕·정진·선정·지혜로 수행을 완수하는 양가의 아들딸들이, 부처의 지혜로 이끄는 복덕을 헤아릴 수도, 계산할 수도 없을 정도로 무한하게 얻는다는 것은, 이제 와서 말할 가치도 없는 일이다. 그것은 마치 미륵이여, 천계가 동·남·서·북·상·하로, 또 그 중앙으로 무한한 것처럼, 이 경설을 기억하고 독송하고 가르치고 쓰고 남에게 쓰게 하는 양가의 아들딸들은, 부처의 지혜로 이끄는 복덕을, 헤아릴 수도 계산할 수도 없을 만큼 얻을 것이다.

阿逸多 是善男子 善女人 不須爲我 復起塔寺 及作僧坊 以四事 供養衆僧 所以者何 是善男子 善女人 受持讀誦 是經典者 爲已起塔 造立僧坊 供養衆僧 則爲以佛舍利 起七寶塔 高廣漸小 至于梵天 懸諸幡蓋 及衆寶鈴 華香瓔珞 抹香 塗香 燒香 衆鼓伎樂 簫笛箜篌 種種舞戲 以妙音聲 歌唄讚頌 則爲己於 無量千萬億劫 作是供養已 阿逸多 若我滅後 聞是經典 有能受持 若自書 若敎人書 則爲起立僧坊 以赤旃檀 作諸殿堂 三十有二 高八多羅樹 高廣嚴好 百千比丘 於其中止 園林浴池 經行禪窟 衣服飮食 床褥湯藥 一切樂具 充滿其中 如是僧坊 堂閣 若干 百千萬億 其數無量 以此現前 供養於我 及比丘僧 是故 我說 如來滅後 若有受持讀誦 爲他人說 若自書 若敎人書 供養經卷 不須復起塔寺 及造僧坊 供養衆僧 況復有人 能持是經 兼行布施 持戒 忍辱 精進一心 智慧 其德最勝 無量無邊 譬如虛空 東西南北 四維上下 無量無邊 是人功德 亦復如是 無量無邊 疾至一切種智.

미륵이여, 이와 같은 선남자·선여인은 나를 위하여 탑이나 절을 일으키며 승방을 새로 짓는 등의 네 가지 일을 하지 아니하여도 무방하리니, 왜냐하면 이 선남자·선여 인이 이 경전을 받아 지녀 읽고 외우면, 이미 탑을 일으키고 승방을 세워 스님들에게 공양하게 되기 때문이니라. 이는 곧 불사리로써 칠보탑을 세우되, 높이와 넓이가 점점 작아져 그 꼭대기는 범천에 이르고 그 탑에 여러 가지 번개와 보배 방울을 달며, 꽃과 향과 영락·말향·소향·도향과 여러 가지 춤과 기악과 피리 젓대의 미묘한 음성으로 노 래 불러 찬탄하며 한량없는 천만억 겁에 공양함과 같으니라.

미륵이여, 내가 멸도한 후, 이 경전을 듣고 능히 받아 지니어 스스로 쓰거나 또는 다른 사람을 시켜 쓰면, 이는 곧 승방을 세워 일으킴이니, 붉은 전단향 나무로 서른두 칸의 전당을 지으며, 그 전당의 높이는 8다라수로 높고 넓어 장엄하고 좋으며, 백천 비구들이 그 가운데 머무르고 좋은 동산과 목욕할 연못과 경행할 선실(禪室)이 있으 며, 의복·음식·침구·탕약과 모든 오락 기구가 그 안에 가득하며, 이와 같은 승방 당각 이 백천만억으로 그 수가 한량없으니, 이로써 나와 비구승들에게 공양함이 되느니라.

그러므로 내가 말하기를, 여래께서 열반한 후 만일 이 경전을 받아 지녀 읽고 외우 고 다른 사람을 시켜 쓰고 경전에 공양하면, 탑과 절을 일으키며 승방을 지어 스님들 께 공양하지 아니하여도 좋으니라. 하물며 이 경을 능히 가지고 보시·지계·인욕·정진· 선정 지혜를 행하면 그 덕이야 말할 것이 있느냐.

그 공덕은 가장 수승하여 한량없고 가없으니, 비유하면 허공의 동·서·남·북과 4유· 상·하가 한량없는 것과 같아 일체종지에 빨리 이르게 되리라.

그 사람은 여래의 사당을 모시는 일에 전념할 것이다. 여래의 제자들을 찬미할 것이다. 또한 위대한 뜻 가진 보살들의 수천만억의 미덕을 칭송하고, 그것을 다른 사람들에게 가르칠 것이다. 인욕으로 수행을 완수할 것이다. 계율을 지킬 것이다. 선한 성품을 지니고, 안락하게 공동생활을 하며, 인내심이 강하고 평정을 유지할 것이다. 남을 선망하지 않으며 마음에 노여움과 악의가 없고, 전세의 기억을 지니 고 노력하는 자가 될 것이다. 용기를 가지고 언제나 수행에 몰두할 것이다. 또한 부처의 가르침을 희구하여 홀로 은거하며 명상할 것이다. 질문에 답하는 데 뛰어 나 수천만억의 질문에 답할 수 있을 것이다.

미륵이여, 만일 누군가 위대한 뜻을 지닌 보살이 여래가 완전한 열반에 든 뒤에 이 경설을 기억한다면, 그에게는 내가 이제까지 거론하며 찬미한 공덕이 있을 것이다. 미륵이여, 그 양가의 아들딸들은 '깨달음'의 단상으로 나아가는 자이며, '깨달음'을 얻기 위하여 보리수 아래로 향하는 자임을 알아야 한다. 미륵이여, 그 양가의 아들딸들이 서거나 앉거나 산책하는 곳에 여래를 모시는 사당이 세워져야 하며, '이것은 여래의 사리탑이다'라고 천신들과 세간 사람들은 말해야 한다."

세존께서는 이러한 게송을 읊으시었다.

若人讀誦 受持是經 爲他人說 若自書 若敎人書 復能起塔 及造僧坊 供養讚歎 聲聞
衆僧 亦以百千萬億 讚歎之法 讚歎菩薩功德 又爲他人 種種因緣 隨義解說 此法華經
復能淸淨持戒 與柔和者 而共同止 忍辱無瞋 志念堅固 常貴坐禪 得諸深定 精進勇猛
攝諸善法 利根智慧 善答問難 阿逸多 若我滅後 諸善南子 善女人 受持讀誦 是經典者
復有如是 諸善功德 當知 是人 已趣道場 近阿耨多羅三藐三菩提 坐道樹下 阿逸多 是
善男子 善女人 若坐若立 若行處 此中 便應起塔 一切天人 皆應供養 如佛之塔 爾時世
尊 欲重宣此義 而說偈言

만일 어떤 사람이 이 경을 받아 지녀 읽고 외우고, 다른 사람에게 설하고 스스로 쓰며 또는 다른 사람을 시켜 쓰기도 하고, 또 탑과 절을 일으키고 승방을 지으며 그 것으로 성문과 스님들께 공양하며, 또 백천만억의 찬탄하는 법으로써 보살의 공덕을 찬탄하느니라. 또 다른 사람을 위하여 가지가지 인연으로 이 《법화경》의 뜻을 해설하며, 또다시 맑고 깨끗한 계율을 굳게 지키고 부드럽고 화평한 사람들과 함께 머무르며, 인욕하여 성내지 않고 뜻과 생각이 굳으며, 좌선을 항상 귀하게 생각하여 여러 가지 깊은 선정에 들며, 정진을 용맹하게 하여 여러 가지 선법을 잘 다스리며, 영리한 지혜로 어려운 질문에도 잘 대답하느니라. 미륵이여, 이러한 여러 선남자·선여인은 그 공덕으로 이미 도량에 나아가 아눗타라삼약삼보디에 가까워 보리수 아래 앉은 것과 같으니라.

미륵이여, 이 선남자·선여인이 앉고 서며 경행하는 곳에는 응당 탑을 일으켜 세우고 일체의 하늘이나 인간이 모두 부처님의 탑과 같이 공양할지니라."

그때 세존께서 이 뜻을 거듭 펴시려고 게송으로 말씀하시었다.

인간의 지도자(부처)가 열반에 들었을 때 이 경전을 굳게 믿는 이가 있으면,
내가 거듭 말한 무한한 복덕이 있을 것이다.
그 사람은 내게 공양하고 나를 위하여 보석으로 된 화려한
보기에도 아름답고 훌륭한 사리탑을 세운 것이다.
그 탑은 범천 세계에 이를 정도로 높고 넓고 호화롭고 장쾌하며,
우산이 줄지어 늘어서고 깃발이 나부낀다.
비단 띠를 두른 작은 방울 소리는 우리 귀를 즐겁게 하고,
바람에 흔들리며 울리는 방울은 부처의 사리 사이에서 밝게 빛난다.
꽃·향료·도향을 올리고, 음악을 연주하고, 의복을 갖추고,
큰북을 계속 울리면서 거행한 그들의 공양은 위대하다.
그 사리에 대하여 연주된 음악이 감미롭게 귀에 울리고,
그 주변에는 향유 등불이 밝혀져 있다.
이 경전을 고이 지니고 이 타락한 세상에서 사람들을 가르치는 이는,
나에게 이러한 수많은 공양을 무한하게 올린 것이다.
32개의 높은 다락이 있고 높은 8층 건물의,
수천만 개의 전단(栴檀)으로 된 훌륭한 절을 세운 것이다.
그곳에는 침상과 좌구가 갖추어져 있고, 단단하고 무른 음식이 언제나 마련되
어 있으며,
아름다운 깔개가 깔려 있고, 수천 개의 승방이 있다.
그곳에는 꽃밭이 있는 정원과 산책길이 있으며,
다양한 형태의 화려하고 많은 도구도 있다.
지도자(부처)가 열반에 들었을 때 이 경전을 고이 지닌 사람은,
내 앞에서 승려들에게 온갖 공양한 것과 같다.

若我滅度後　　能奉持此經　　斯人福無量　　如上之所說
是則爲具足　　一切諸供養　　以舍利起塔　　七寶而莊嚴

表刹甚高廣　　漸小至梵天　　寶鈴千萬億　　風動出妙音
又於無量劫　　而供養此塔　　華香諸瓔珞　　天衣衆伎樂
燃香油蘇燈　　周匝常照明　　惡世法末時　　能持是經者
則爲已如上　　具足諸供養　　若能持此經　　則如佛現在
以牛頭栴檀　　起僧坊供養　　堂有三十二　　高八多羅樹
上饌妙衣服　　床臥皆具足　　百千衆住處　　園林諸浴池
經行及禪窟　　種種皆嚴好

내가 만일 열반한 후 이 경 받아 가지면

이런 사람 받는 복은 위에 말함 같아서

일체의 여러 공양 모두 다 갖춤이니

사리로 탑을 세워 칠보로 장엄하며

높고 넓은 그 표찰 범천까지 이르고

천만억 보배 방울 바람에 잘 울리며

한량없이 오랜 겁 이 탑에 공양하되

꽃과 향과 영락들과 하늘옷과 기악으로 하며

향유등과 소등으로 두루 밝게 비치며

앞으로 오는 악한 세상 법이 끝나는 때

능히 이 경 가지면 위에서 이미 말한

여러 가지 공양을 모두 구족하느니라.

만일 이 경 가지면 부처님 계실 때

우두전단 향나무로 승방 지어 공양하고

서른두 칸 좋은 전당 높이는 8다라수며

좋은 음식 좋은 의복 침구들을 다 갖추며

백천 대중 거처하며 꽃동산과 연못들과

거닐면서 명상할 곳 참선하는 선방들을

아름답게 장엄하여 공양함과 같으니라.

확고한 뜻을 품은 자가 있다 한들,

이 경전을 독송하고 쓰는 사람은 더 많은 복덕을 얻으리라.

어떤 사람이 잘 설명된 이 경전을 옮겨 써서 책으로 만들어

그 책을 향료·화환·도향으로 공양한다고 하자.

그리고 향유 등불을 언제나 밝히고,

만개한 홍백의 연꽃과 참파카(향기 있는 노란 꽃을 피운다) 꽃다발을 공양한다고 하자.

책에 이러한 공양하는 사람은

많은 복덕 받을지니 그 양은 이루 헤아릴 수 없다.

마치 시방으로 하늘이 무한한 것처럼

이 사람이 얻는 복덕은 언제나 이러하다.

하물며 인내하고 마음을 다스려 안정하고

계율을 지키며 명상하고, 은거생활하는 사람은 말할 필요도 없다.

마음에 분노가 없고, 악의가 없고, 여래 모시는 사당을 공경하고,

승려들에게는 언제나 머리를 숙이고, 자만하지 않고 또한 나태하지 않은 사람도 마찬가지이다.

지혜가 있고, 현명하고, 질문받아도 화내지 않으며

생명 있는 것들에게 연민을 갖고, 그들에게 합당한 가르침을 펴는 사람이 있다고 하자.

이러한 사람이 이 경전을 고이 지닌다고 한다면

그가 얻는 복덕은 이루 가늠할 수 없다.

만약 누군가가 이 경전을 고이 지니고 가르침 펴는 사람을 본다면

그는 그 사람을 공경할 것이다.

'이 사람은 여래이다'라고 확신하고 그 두 발에 절하고

천상의 꽃 뿌리고 천상의 옷으로 감쌀 것이다.

이 사람을 보고 사람들은 생각할 것이다. '이 사람은 보리수 밑으로 나아가, 천신들을 비롯한 세상 사람들을 위하여 더할 나위 없이

축복받은 깨달음을 얻을 것이다'라고.

이러한 현인이 어느 산책길에 있든, 어디에 앉아 있든

또한 현자가 어디에 누워 있든, 이 경전을 한 구절이라도 읊는 곳에

그곳에 사람들은 최고의 사람(부처)을 위하여 아름답고 훌륭한 탑을 만들라.

또한 세상의 존경받는 지도자 부처를 그곳에서 공양하라.

이 대지의 지점은 내가 기꺼이 받아들인 곳, 나는 스스로 그곳을 산책하고, 또한 그곳에 앉으며, 그 부처의 아들이 있는 곳에 내가 머물 것이다.

若有信解心	受持讀誦書	若復敎人書	及供養經卷
散華香抹香	以須曼瞻蔔	阿提目多伽	薰油常燃之
如是供養者	得無量功德	如虛空無邊	其福亦如是
況復持此經	兼布施持戒	忍辱樂禪定	不瞋不惡口
恭敬於塔廟	謙下諸比丘	遠離自高心	常思惟智慧
有問難不瞋	隨順爲解說	若能行是行	功德不可量
若見此法師	成就如是德	應以天華散	天衣覆其身
頭面接足禮	生心如佛想	又應作是念	不久詣道場
得無漏無爲	廣利諸人天	其所住止處	經行若坐臥
乃至說一偈	是中應起塔	莊嚴令妙好	種種以供養
佛子住此地	則是佛受用	常在於其中	經行及坐臥

믿고 이해한 마음으로 이 경 받아 읽고 외며

남을 시켜 쓰게 하고 경전에 공양하며

꽃과 향을 뿌리거나 수만·첨복·아제목다

기름으로 불을 밝혀 이런 공양하는 이는

한량없이 얻는 공덕 빈 허공과 같나니

끝이 없이 많은 복 이런 줄을 알지니라.

또한 이 경 가져 보시 지계 인욕과

선정을 즐거하고 성내는 일 전혀 없어

악한 말도 하지 않고 탑묘에 공경하며

비구들께 겸손하여 자만심을 멀리하며

지혜로 항상 생각 어렵게 물어 와도

성 안 내고 순하게 해설하여 주리니

이런 행을 닦는 사람 그 공덕이 한없으니

이런 공덕 성취한 큰 법사를 보거든

하늘 꽃 뿌려 주고 하늘 옷 입혀 주며

부처님 뵈온 듯이 머리 숙여 예배하고

이와 같이 생각하라. '도량에 빨리 나가

무루무위(無漏無爲) 법 얻어 천상 인간 이익 주리.'

그 법사가 머무는 곳 거닐거나 앉고 누워

한 게송만 설하여도 이 가운데 탑 세울새

미묘하고 아름다운 여러 가지 보배로

장엄하고 장식하여 갖가지로 공양할지니

이런 경지 머문 불자 부처 수용하심이니

그 가운데 항상 계셔 앉고 눕고 거니시네.

이상으로 상서로운 《올바른 가르침의 백련》이라는 경설에서 '복덕의 구분' 제16 장은 끝난다.

17. 참맘으로 귀의하는 일의 복덕
수희공덕품 제18

위대한 뜻을 가진 마이트레야(미륵)보살은 세존께 이렇게 말하였다.

"세존이시여, 양가의 아들이나 딸들이 이 경설의 가르침을 듣고 진정으로 귀의한다면, 그들은 어떠한 복덕을 얻습니까?"

위대한 뜻을 가진 미륵보살은 이러한 게송을 읊었다.

위대한 용사(부처)가 열반에 들 때 이 경전을 들은 사람이
진정으로 귀의한다면 얼마나 큰 복이 있으리까?

그러자 세존께서 위대한 뜻을 가진 미륵보살에게 말씀하시었다.

"미륵이여, 여래가 완전한 '깨달음'의 경지에 든 뒤, 양가의 아들딸들이, 이 경전이 가르치고 설명하는 것을 듣고, 비구이든 비구니이든, 신자이든, 판단력이 뛰어난 사람이든, 소년이든 소녀이든, 그것을 듣고 진정으로 귀의할 마음을 갖게 되었다고 하자. 그리고 그들이 가르침을 듣고 일어나서, 그것을 전하기 위하여 어딘가로 나선다고 하자. 절로 가고, 집으로 돌아가고, 숲이나 거리, 마을이나 촌락을 향하여 그 이유와 근거를 설명하고, 가르침을 듣고 이해한 대로 상대의 능력에 맞춰 다른 사람들에게 알린다고 하자. 어머니나 아버지나 친척이 그것을 듣고 진정으로 귀의할 마음을 일으키고, 다른 사람이 만족하며 귀의할 마음을 일으켰다고 하자. 그중에서 또 누군가가 귀의할 마음을 일으켜 다시 다른 사람에게 전한다고 하자. 그 사람도 이 가르침을 듣고 진정으로 귀의할 마음을 일으킨다. 이렇게 차례로 50명까지 이어졌다고 하자. 미륵이여, 이 50번째 사봄까지가 순차적으로 진정 귀의할 마음을 가진 이라면, 내 그가 양가의 아들이든 딸이든 진정으로 귀의

한 결과로 얻는 복덕을 설명하리니, 그것을 잘 듣고 분명히 기억하라.

妙法蓮華經隨喜功德品第十八

爾時彌勒菩薩摩訶薩 白佛言 世尊 若有善男子 善女人 聞是法華經 隨喜者 得幾所福 而說偈言

世尊滅度後　　其有聞是經　　若能隨喜者　　爲得幾所福

爾時佛告 彌勒菩薩摩訶薩 阿逸多 如來滅後 若比丘 比丘尼 優婆塞 優婆夷 及餘智者 若長若幼 聞是經 隨喜已 從法會出 至於餘處 若在僧坊 若空閑地 若城邑巷陌 聚落田里 如其所聞 爲父母宗親 善友知識 隨力演說 是諸人等 聞已隨喜 復行轉敎 餘人聞已 亦隨喜轉敎 如是展轉 至第五十 阿逸多 其第五十 善男子 善女人 隨喜功德 我今說之 汝當善聽.

묘법연화경 수희공덕품 제18

그때 미륵보살마하살이 부처님께 여쭈었다.

"세존이시여, 만일 어떤 선남자·선여인이 이 《법화경》 말씀을 듣고 따라 기뻐한다면, 그 얻는 복이 얼마나 되나이까."

다시 게송으로 말하였다.

세존께서 멸도한 뒤 이 경전 받아 들고

능히 따라 기뻐하면 얻는 복이 얼마리까.

그때 부처님께서 미륵보살마하살에게 말씀하시었다.

"미륵이여, 여래 멸도한 후 만일 비구·비구니·우바새·우바이, 그리고 지혜 있는 이의 어른이거나 혹은 어린이가 이 경을 듣고 따라 기뻐하며 법회에서 나와 다른 곳에 이르되 혹은 승방이거나 혹은 한적한 곳이거나 혹은 성읍·촌락 어느 곳에서나 그 들은 바와 같이 부모와 친척과 친한 친구와 지식 있는 이를 위하여 능력에 따라 설하였느니라. 그 많은 사람이 듣고 따라 기뻐하며, 그들이 또 다른 이들에게 전하여 가르치고 그 가르침 받은 이들이 듣고 따라 기뻐하며, 또 전하여 가르치며, 이렇게 전전하여 제50번까지 이르면, 미륵이여, 그 50번째의 선남자·선여인이 따라 기뻐한 공덕을 내 이제 말하리니 너희들은 마땅히 잘 들으라.

그것은 이러하다, 미륵이여. 40만 아승지의 세계에 살며 여섯 가지 운명을 걷는 이들, 난생이든 태생이든, 습기에서 태어난 것이든 자연히 생겨난 것이든, 형태가 있는 것이든 없는 것이든, 양심이 있든 없든, 삼매에 들어간 것이든 아니든, 다리가 있는 것이든 없는 것이든, 또는 두 개, 네 개, 여러 개를 가지고 있는 것이든 모든 중생이 이 중생계에 함께 모여 있다고 하자.

그때 한 남자가 이 세상에 태어나, 중생의 복덕과 이익을 바라며 모든 중생에게 그들이 바라고 즐기고 좋아하는 온갖 쾌락·오락·위안·향락의 도구를 준다고 하자. 그는 또한 중생 각자에게 그들을 기쁘게 하고 즐겁게 하고 위로하기 위하여 금·은·보옥·진주·유리·나패(螺貝)·수정·산호·마차·우차·코끼리 수레·누각·궁전 등을 잠부 드비파(염부제(閻浮提). 4대주의 하나로 수미산 남쪽에 있는 대륙)에 흘러넘칠 정도로 준다고 하자. 미륵이여, 이렇게 그 남자가 시주로서, 대시주로서 꼬박 80년 동안 보시한다고 하자.

'나는 이들을 기쁘게 하고, 즐겁게 하고, 행복하게 살도록 했다. 그러나 그들은 지금 80세가 되어 주름이 늘고 백발이 되고 나이 먹고 늙고 쇠약해져 죽음을 바라보고 있다. 그러므로 나는 그들을 여래가 말씀하신 깨달음의 길로 이끌어 가르쳐야겠다.'

그래서 그 남자는 이 모든 중생에게 가르침을 주어 여래가 말씀하신 깨달음의 길로 들게 하고, 그것을 이해시킬 것이다. 이들은 그의 가르침을 듣고 순식간에 모두 '가르침의 대열에 든 자'가 되어, '딱 한 번 더 이 세상에 윤회하는 자'가 되고, '두 번 다시 이 세상에 생을 받지 않는 자'가 되는 과보를 받을 것이며, 나아가서는 이 세상의 더러움을 없애고, 명상에 전념하여 명상의 대가가 되어 여덟 가지 해탈을 명상하는 아라한이 될 것이다.

미륵이여, 너는 어떻게 생각하느냐. 그 남자는 시주로서, 대시주로서, 그 결과 헤아릴 수 없을 정도로 많은 복덕을 얻겠느냐?"

若四百萬億 阿僧祇世界 六趣四生衆生 卵生 胎生 濕生 化生 若有形 無形 有想 無
想 非有想 非無想 無足 二足 四足 多足 如是等在 衆生數者 有人求福 隨其所欲 娛樂
之具 皆給與之 一一衆生 與滿閻浮提 金 銀 瑠璃 硨磲碼磖 珊瑚 琥珀 諸妙珍寶 及象
馬車乘 七寶所成 宮殿樓閣等 是大施主 如是布施 滿八十年已 而作是念 我已施衆生
娛樂之具 隨意所欲 然此衆生 皆已衰老 年過八十 髮白面皺 將死不久 我當以佛法 而
訓導之 卽集此衆生 宣布法化 示敎利喜 一時皆得 須陀洹道 斯陀含道 阿那含道 阿羅
漢道 盡諸有漏 於深禪定 皆得自在 具八解脫 於汝意云何 是大施主 所得功德 寧爲多
不.

만일, 4백만억 아승지 세계의 6취(趣) 4생(生)의 중생인 난생(卵生)·태생(胎生)·습생
(濕生)·화생(化生)과 모양이 있는 것과, 모양이 없는 것과, 생각이 있는 것과 생각이 없
는 것과, 비유상(非有想)과 비무상(非無想)과, 발이 없는 것과 두 발을 가진 것과, 네 발
가진 것과 다리가 많은 것 등의 많은 수의 중생에게, 어떤 사람이 복을 구하려고 그들
이 원하는 바를 따라 오락 도구를 모두 나누어 주되, 그 하나하나 중생에게 염부제에
가득한 금·은·유리·자거·마노·산호·호박의 여러 가지 아름답고 진귀한 보물과 코끼리·
말·수레와 칠보로 만든 궁전과 누각 등을 주고, 이 큰 시주가 이와 같은 보시를 80년
동안 다 마치고는 생각하기를,

'내가 이미 중생에게 오락 도구를 그들의 뜻에 따라 주었으나, 이 중생들이 다 노쇠
하고 나아가 80이 지나 머리는 희고 얼굴은 주름이 많으니 오래잖아 죽으리라. 내가
그들을 불법으로 가르쳐 인도하리라' 하였다.

곧 그 중생들을 모아 선포하여 법으로 교화하며 가르쳐 보이고, 이롭고 기쁘게 하
며 일시에 다 수다원(須陀洹)의 도와, 사다함(斯陀含)의 도와, 아나함(阿那含)의 도와,
아라한(阿羅漢)의 도를 얻게 하여, 여러 가지 번뇌를 다하게 하고, 선정에 깊이 들어 자
재로움을 다 얻고 8해탈을 갖추게 했다면, 너의 뜻에는 어떠하냐. 이 큰 시주가 얻은
바 공덕이 어찌 적다고 하겠느냐."

세존께서 이렇게 물으시자, 위대한 뜻을 가진 미륵보살은 세존께 대답했다.
"세존이시여, 그러합니다. 부처님이시여, 말씀하신 대로입니다. 어떻든 그 사람은

시주로서, 대시주로서 많은 복을 얻을 것입니다. 그는 그렇게 많은 사람에게 행복을 위해 필요한 온갖 것을 주었기 때문입니다. 하물며 그들을 아라한의 경지에까지 이르게 하는 경우는 말할 것도 없습니다."

이 말을 듣고 세존은 위대한 뜻을 가진 미륵보살에게 이렇게 말씀하시었다.

"내 너에게 알려주겠다, 미륵이여. 시주이자 대시주인 그 사람은, 40만 아승지의 세계에서 모든 중생이 행복한 생활을 누리는 데 필요한 것을 충족시키고, 그들을 아라한의 경지로 이르게 하여 복덕을 얻을 것이다. 한편 차례로 가르침을 전해 들은 50번째 남자가, 가르침을 들음으로써 이 경설에서 한 구절이라도 듣고 진심으로 귀의할 마음을 일으켰다고 하자. 이 남자가 진정으로 귀의할 마음을 일으킴으로써 생기는 복덕과, 그 시주이자 대시주인 사람이 보시로써 아라한의 경지에 이르게 하여 생기는 복덕을 보면, 차례로 가르침을 전해 들은 50번째 사람이 경설을 한 구절이라도 듣고 진심으로 귀의할 마음을 일으킨 경우가 훨씬 더 크다. 미륵이여, 진정으로 귀의할 마음을 일으킨 사람의 복덕이나 선근(善根)에 비하면, 보시로 아라한에 이르게 한 전자의 복덕은 그 백분의 1, 아니 천분의 1에도, 10만분의 1에도, 1천만분의 1에도, 1억분의 1에도, 10억분의 1에도, 백억분의 1에도 1천억분의 1에도 미치지 못하며, 헤아릴 수도, 가늠할 수도, 짐작할 수도, 비교·대조할 수도 없다. 차례로 가르침을 듣고 전하여 50번째에 이른 경우에도, 이 50번째 남자가 경설을 단 한 구절이라도 듣고 진심으로 귀의할 마음을 일으키면, 헤아릴 수도 가늠할 수도 없는 복덕을 얻는다. 하물며 미륵이여, 내 앞에서 직접 이 경설을 듣고 진정으로 귀의할 마음을 일으킨 사람은 말할 필요도 없다. '그의 복덕은 더더욱 헤아릴 수 없을 정도로 큰' 것이다.

또한 미륵이여, 이 경설을 듣기 위하여 양가의 자식들이 자신의 집을 나와 절로 간다고 하자. 그가 그곳에 가서 선 채로 또는 앉아서 이 경설을 아주 잠깐이라도 듣는다고 하자. 그 사람은 그것만으로 복덕을 쌓는 것이며, 현재의 생애를 마치고 환생하여 다음 생애에서 다시 자기의 육체를 얻었을 때, 수레를 소유한 자가 될 것이며, 우차·마차·코끼리 수레·가마·황소가 끄는 탈것·암소가 끄는 탈것·천상의 수레를 가진 자가 될 것이다. 또한 만약 그가 가르침을 들을 때 아주 잠깐이라도 앉아서 이 경설을 듣거나 또는 다른 사람을 앉게 하거나 다른 사람에게 자리를 양보하거나 하면, 그는 이 복덕으로 인해 제석천의 자리·범천의 자리·전 륜왕의 사자좌에 앉을 수 있는 존재가 될 것이다.

彌勒白佛言 世尊 是人功德甚多 無量無邊 若是施主 但施衆生 一切樂具 功德無量 何況令得 阿羅漢果 佛告彌勒 我今分明語汝 是人以一切 樂具施於四百萬億 阿僧祇世 界 六趣衆生 又令得阿羅漢果 所得功德 不如 是第五十人 聞法華經一偈 隨喜功德 百 分 千分 百千萬億分 不及其一 乃至算數譬喻 所不能持 阿逸多 如是第五十人 展轉聞法 華經 隨喜功德 尙無量無邊 阿僧祇 何況最初 於會中聞 而隨喜者 其福復勝 無量無邊 阿僧祇 不可得比 又阿逸多 若人爲是經故 往詣僧坊 若坐若立 須臾聽受 緣是功德 轉 身所生 得好上妙 象馬車乘 珍寶輦與 及乘天宮 若復有人 於講法處坐 更有人來 勸令坐 聽 若分座令坐 是人功德 轉身 得帝釋坐處 若法王坐處 若轉輪聖王 所坐之處.

미륵이 부처님께 여쭈었다.

"세존이시여, 이 사람의 공덕은 매우 많아 한량없고 가없나이다. 만일 이 시주가 중 생들에게 다만 일체 오락 기구만을 보시하더라도 공덕이 한량없거늘 하물며 아라한 과를 얻게 하였으니 말할 것이 있나이까."

부처님께서 미륵에게 말씀하시었다.

"내가 이제 너희들에게 분명히 말하리라. 이 사람이 오락 기구로써 4백만억 아승지 세계의 6취 중생들에게 주며, 또 아라한 과를 얻게 하였어도, 그가 얻은 공덕은 제50 째의 사람이 《법화경》의 한 게송을 듣고 따라 기뻐한 공덕의 백분·천분 내지 백천만 억분의 1만도 못하니, 산수나 비유로도 능히 알지 못하리라.

미륵이여, 이와 같이 제50째의 사람이 전전히 《법화경》을 듣고 따라 기뻐한 공덕이 한량없고 가없는 아승지와 같거늘, 하물며 최초의 대회에서 듣고 따라 기뻐한 이야 말할 것이 있겠느냐. 그 사람의 복은 더욱 많아 한량없고 가없는 아승지로 가히 비유 할 수가 없느니라.

또 미륵이여, 만일 어떤 사람이 이 경을 위하여 승방에 나가 혹은 앉거나 서서 잠깐 만 들을지라도 이 인연 공덕으로 몸을 바꾸어 다시 태어나면 좋고 아름다운 코끼리나 말의 수레를 타며 또는 진귀한 보배의 연을 타고 천궁에 오르리라. 또 어떤 사람이 법을 강하는 곳에 앉아 있다가 다른 사람이 오면 권하여 앉아 듣게 하며, 자리를 나누어 앉게 하면, 이 사람의 공덕은 몸을 바꾸어 태어날 때, 제석천이 앉는 자리거나 혹은 범천왕이 앉는 자리거나 혹은 전륜성왕이 앉는 자리에 앉게 되리라.

또한 미륵이여, 어떤 양가의 아들딸들이 다른 이에게 '너는 '올바른 가르침의 백련'이라는 경설을 들어라' 하고 말하고, 상대가 이 권유에 따라 잠깐이라도 경설을 듣는다면, 말한 사람은 권유라는 선근을 쌓았기 때문에, 기억력을 얻은 보살들과 만날 수 있다. 그는 우둔하지 않고 날카로운 감각을 지니고, 이지를 갖춘 사람이 되고, 수백수천의 생애를 거듭하는 동안에도 입에서 악취가 나거나, 몸에서 악취가 나는 사람이 되지 않는다. 또한 혀와 입에 병이 나는 일도 없다. 이가 검어지거나 들쑥날쑥하거나 누렇게 되거나 치열이 고르지 않거나 빠지거나 구부러지거나 하지 않는다. 또한 입술이 처지거나 안으로 굽거나 밖으로 튀어나오거나 찢어지거나 비틀어지거나 검어지거나 일그러지지 않는다. 또한 코가 납작해지거나 휘어지지도 않는다. 얼굴이 길어지거나 일그러지거나 검어지거나 남에게 불쾌감을 주지 않는다. 미륵이여, 그의 혀와 이와 입술은 우아하고 아름다우며, 코는 높고 얼굴은 둥글고 눈썹은 올곧으며 얼굴에는 기품이 넘친다. 그는 인간으로서 완전한 특징을 갖추었다. 그는 또한 여래로부터 훈계와 충고를 받고, 빨리 존귀하신 부처님들과 만날 수 있다. 미륵이여, 설령 단 한 사람에게라도 가르침을 듣도록 권하면 얼마나 큰 복덕을 얻는지 보라. 하물며 가르침을 공손하게 듣고 독송하고 가르치는 이는 말할 것도 없느니라."

세존께서는 이러한 게송을 읊으셨다.

阿逸多 若復有人 語餘人言 有經名法華 可共往聽 卽受其教 乃至須臾間聞 是人功德
轉身得與 陀羅尼菩薩 共生一處 利根智慧 百千萬世 終不瘖瘂 口氣不臭 舌常無病 口亦
無病 齒不垢黑 不黃不疎 亦不缺落 不差不曲 脣不下垂 亦不褰縮 不麤澁 不瘡疹 亦不
缺壞 亦不喎斜 不厚不大 亦不黧黑 無諸可惡 鼻不匾 亦不曲戾 面色不黑 亦不狹長 亦
不窊曲 無有一切不可喜相 脣舌牙齒 悉皆嚴好 鼻修高直 面貌圓滿 眉高而長 額廣平正
人相具足 世世所生 見佛聞法 信受敎誨 阿逸多 汝且觀是 勸於一人 令往聽法 功德如此

何況一心 聽說讀誦 而於大衆 爲人分別 如說修行 爾時世尊 欲重宣此義 而說偈言

미륵이여, 다시 어떤 사람이 다른 사람에게 말하기를, 《법화경》이라 이름하는 경이 있으니 우리 함께 가서 듣자 해서, 곧 그 말을 듣고 잠깐만 듣게 하여도, 이 사람의 공덕은 몸을 바꾸어 태어날 때 다라니보살과 한곳에 나게 되며, 근기가 영리하고 지혜가 있으며, 백천만 세에 벙어리가 되지 않고 입에서 추한 냄새가 나지 아니하며, 혀는 항상 병이 없고 입도 또한 병 없으며, 이빨에 때가 묻거나 검어지지 아니하며, 누렇지도 않고 성글지도 아니하며, 빠지지도 않고 굽거나 덧니가 없으며, 입술이 아래로 처지지도 않고 위로 걷어 올리지도 아니하며, 거칠거나 부스럼이 나지 않으며, 또는 언청이나 비뚤어지지도 아니하며, 두껍거나 너무 크지도 않고, 또한 검지도 아니하고 여러 가지 악한 것이 없으며, 코는 납작하지도 않고 비뚤어지거나 굽지 않으며, 얼굴색은 검지 않고 좁고 길지도 않으며, 푹 들어가거나 비뚤어지지도 아니하며, 이처럼 나쁜 상이 하나 없으며, 입술·혀·이빨이 보기에 다 좋으며, 코는 높고 곧으며 얼굴이 원만하며, 눈썹은 높고 길며, 이마는 넓고 평정하여, 인간의 모든 모양이 잘 구족하며, 세세생생에 나는 곳마다 부처님을 친견하여 법을 듣고 그 가르침을 믿고 받으리라.

미륵이여, 한 사람만 권하여 법을 듣게 한 공덕도 이와 같거늘, 어찌 하물며 일심으로 듣고 설하고 읽고 외우며 대중에서 사람을 위하여 분별하고 설함과 같이 수행하는 것이야 말할 것이 있겠느냐.”

그때 세존께서 이 뜻을 거듭 펴시려고 게송으로 말씀하시었다.

차례로 가르침을 들은 50번째 사람이 이 경전의 한 구절을 듣고
진정으로 귀의할 마음을 지니고 만족했을 때 그 복덕이 얼마나 큰지를 들어라.
내가 일찍이 예로 제시한 몇천만억의 사람들에게
언제나 보시하는 남자가 그들 모두를 80년 동안 만족시켰다고 하자.
그는 그들이 늙어 주름이 생기고 머리가 하얗게 된 것을 보고
‘아아, 아아, 이 무슨 일인가. 모든 중생은 속고 있다.
그러므로 나는 지금 가르침으로 그들을 깨우쳐야 한다.’
그는 그들에게 이 세상의 가르침을 설명하고 ‘깨달음’의 경지를 설명했다.

'모든 존재는 물거품이나 아지랑이와 같다. 어서 모든 존재의 속박에서 벗어나라.'

若人於法會	得聞是經典	乃至於一偈	隨喜爲他說
如是展轉教	至于第五十	最後人獲福	今當分別之
如有大施主	供給無量衆	具滿八十歲	隨意之所欲
見彼衰老相	髮白而面皺	齒疎形枯竭	念其死不久
我今應當教	令得於道果	卽爲方便說	涅槃眞實法
世皆不牢固	如水沫泡焰	汝等咸應當	疾生厭離心

어떤 이가 법회에서 이 경을 듣고 기뻐하고
그 가운데 한 게송을 타인 위해 설해 주며
이와 같이 전전하여 50번째 이르거든
맨 나중에 얻는 복을 이제 내가 분별하리.
어떤 큰 시주가 한량없이 보시하되
80년 긴 세월을 뜻에 따라 나눠 주고
그 중생들 노쇠하여 백발 되고 주름 잡혀
바싹 마른 모양 보고 곧 죽을 일 생각하여
그들을 가르쳐서 도의 결과 얻게 하려
방편으로 곧 설하는 열반의 진실한 법
'세상은 다 물거품 연기같이 허망하니
그대들은 모두 다 싫은 맘을 빨리 내라.'

그들 모든 중생은 시주(施主)로부터 직접 가르침을 듣고
그 즉시 이 세상의 더러움을 버리고 마지막 육체를 지닌 아라한의 경지에 이르렀다.
이 사람보다도, 차례로 이어져 온 한 구절을 듣고 진정으로 귀의할 마음을 지닌 사람의 복덕은 더욱 많다.

전자의 복덕은 아무리 많아도 후자의 털끝에도 미치지 못한다.

차례로 이어져 내려온 가르침을 한 구절이라도 들음으로써 그 사람의 복덕은 이처럼 많고 하물며 내게 친히 들은 자의 복덕은 이루 말할 수 없다.

한 사람에게라도 '가거라, 가르침을 들어라. 몇천만억 겁이 지나도 이 경전은 얻기 어려우니라' 하고 권했을 때

그에게 권유받은 이가 이 경전을 아주 짧은 순간이라도 듣는다면

그 가르침의 과보는 이러하다. 그 사람은 입병에 시달리지 않는다.

그 사람의 혀는 아프지 않고 그의 이는 빠지지 않는다.

또한 검어지거나 누렇게 되거나 들쑥날쑥하지도 않고

입술은 추해지지 않는다.

諸人聞是法	皆得阿羅漢	具足六神通	三明八解脫
最後第五十	聞一偈隨喜	是人福勝彼	不可爲譬喩
如是展轉聞	其福尙無量	何況於法會	初聞隨喜者
若有勸一人	將引聽法華	言此經深妙	千萬劫難遇
卽修敎往聽	乃至須臾聞	斯人之福報	今當分別說
世世無口患	齒不疎黃黑	脣不厚褰缺	無有可惡相

이 법 들은 여러 사람 아라한을 다 얻으며

여섯 신통 삼명(三明)과 8해탈 갖추어도

최후의 50번째 한 게송 얻어듣고

따라서 기뻐하면 이 사람 얻는 복은

먼저 말한 시주보다 한량없이 더 많아

비유하여 말할 수가 가없느니라.

이와 같이 전전해도 한량없는 복이거늘

법회 나가 처음 듣고 따라 기뻐함이랴.

만일 어떤 이가 한 사람 권하여

《법화경》 듣게 하되 '이 경은 깊고 묘해

천만억 겁 지내어도 만나 보기 어렵다'고

그들에게 일러주어 잠깐만 듣게 해도

이런 사람 얻는 복 내가 이제 말하리라.

세세에 입병 없고 이빨은 성글지 않으며

누렇거나 검지 않고 입술은 두껍지 않으며

안 거칠고 깨끗하여 나쁜 상이 전혀 없다.

그의 얼굴은 일그러지거나 홀쭉해지거나 길어지지 않고 코는 납작해지지 않는다.

이처럼 그의 이마도, 이도, 입술도, 얼굴도 보기 좋게 정돈되어 있다.

그의 용모는 사람들에게 호감 주며 그의 입은 악취 내뿜는 일이 없다.

그의 얼굴에서는 언제나 연꽃 같은 향기가 난다.

현자가 집을 나와 그 경전을 듣기 위하여 절로 가서 그 가르침 들을 때,

그 마음이 만족스러운 자의 과보는 이러하다.

그의 몸은 매우 청초하고, 그는 마차를 타고 달린다.

그는 보옥으로 만들어진 코끼리가 끄는 높은 수레를 타고 다닌다.

그는 많은 사람이 둘러멘 장식된 가마를 탈 수 있다.

가르침 듣기 위해 절로 갔을 때의, 그 훌륭한 과보는 이러하다.

그는 자신의 선행으로 인해 청중 속에 앉아 있어도,

샤크라(제석천) 자리, 브라흐만(범천) 자리, 또한 왕의 자리에 앉은 자가 될 것이다.

舌不乾黑短	鼻高修且直	額廣而平正	面目悉端嚴
爲人所喜見	口氣無臭穢	優鉢華之香	常從其口出
若故詣僧坊	欲廳法華經	須臾聞歡喜	今當說其福
後生天人中	得妙象馬車	珍寶之輦輿	及乘天宮殿
若於講法處	勸人坐聽經	是福因緣得	釋梵轉輪座
何況一心聽	解說其義趣	如說而修行	其福不可限

혀는 또한 마르거나 검거나 짧지 않고

미끈하고 높은 코 곧고 또한 바르며

이마는 평정하고 얼굴 모양 단정하여

사람들이 즐겨 보고 추한 냄새 없는 입

우담발라꽃 좋은 향기 그 속에서 항상 나며

만일 승방에 가서 《법화경》 설법을

잠깐 듣고 환희하면 그런 사람 받는 복

내가 이제 마땅히 너희에게 말하리니

뒤에 오는 뒷세상 하늘 인간 그 가운데

아름다운 코끼리나 잘생긴 말 수레

진귀하고 미묘한 보배 수레 타고

환희한 맘 가득하여 하늘 궁전 오르며

법 설하는 곳에 나가 다른 사람 권하여

앉아 이 경 듣게 하면 이런 복 인연으로

제석 범천 전륜성왕 높은 자리 얻거늘

하물며 일심으로 그 경 받아 들고

미묘하고 깊은 뜻 아주 잘 해석하고

들은 대로 수행하면 받는 복이 한량없노라.

이상으로 상서로운 《올바른 가르침의 백련》이라는 경설에서 '참맘으로 귀의하는 일의 복덕' 제17장은 끝난다.

18. 가르침을 펴는 자가 받는 은혜
법사공덕품 제19

세존께서 위대한 뜻 가진 사타타 사미타뷰크타(상정진(常精進))보살에게 말씀하시었다.

"양가의 자식들이여, 누군가가 이 경설을 기억하거나 독송하거나 남에게 가르치거나 쓰면, 그는 8백 개 눈의 덕성과 천2백 개 귀의 덕성과 8백 개 코의 덕성과 천2백 개 혀의 덕성을 얻을 것이다. 또한 8백 개 몸의 덕성을 얻을 것이며, 천2백 개 마음의 덕성을 얻을 것이다. 이 수많은 몇백의 덕성으로 인해 여섯 가지 감각은 완전히 청정해질 것이다. 그는 이처럼 눈의 감각이 완전히 청정하므로, 부모로부터 받은 자연 그대로의 육안으로, 아래로는 아뷔치(아비(阿鼻))지옥부터 위로는 유정천(有頂天)에 이르기까지 산과 숲과 황무지가 있는 삼천대천세계의 안팎을 두루 볼 수 있을 것이다. 그 모든 것을 자연 그대로의 육안으로 볼 것이며, 그곳에 생존하는 중생을 보고, 그들의 선악 행위가 어떠한 과보를 야기하고 있는가를 알 것이다."

세존께서는 이러한 게송을 읊으셨다.

妙法蓮華經法師功德品第十九

爾時佛告 常精進菩薩摩訶薩 若善男子 善女人 受持是法華經 若讀 若誦 若解說 若書寫 是人當得 八百眼功德 千二百耳功德 八百鼻功德 千二百舌功德 八百身功德 千二百意功德 以是功德 莊嚴六根 皆令淸淨 是善男子 善女人 父母所生 淸淨肉眼 見於三千大千世界 內外所有 山林河海 下至阿鼻地獄 上至有頂 亦見其中 一切衆生 及業因緣 果報生處 悉見悉知 爾時世尊 欲重宣此義 而說偈言

묘법연화경 법사공덕품 제19

그때 부처님께서 상정진(常精進) 보살마하살에게 말씀하시었다.

"만일 선남자·선여인이 이 《법화경》을 받아 지녀 읽고 외우거나 해설하고 옮겨 쓰면, 이런 사람은 8백 코의 공덕과 1천2백 귀의 공덕과, 8백 몸의 공덕과 1천2백 뜻의 공덕을 얻으리니, 이 공덕으로 6근(根)을 장엄하여 다 청정하리라. 이 선남자·선여인은 부모 소생의 청정한 육안으로 삼천대천세계의 안팎에 있는 산과 숲과 강과 바다를 다 보되, 아래로는 아비지옥, 위로는 유정천에까지 이르며, 또한 그 가운데 일체 중생을 다 보고 아울러 업의 인연과 과보로 나는 곳을 다 보아 알리라."

그때 세존께서 이 뜻을 거듭 펴시려고 게송으로 말씀하시었다.

두려움 없이 청중에게 이 경전을 설하고
망설임 없이 가르치는 사람의 덕성을 설명하리니 들어라.
그의 눈에는 모두 8백의 덕성이 있으니,
따라서 그의 눈은 더러움이 없고 청아하며 탁하지 않다.
부모로부터 받은 육안으로 산 있고 숲 있고
황무지 있는 이 세계를 두루 볼 수 있을 것이다.
수메루(수미산) 산과 챠크라봐다(철위산(鐵圍山)) 산을 보고,
다른 산과 계곡, 그리고 대해도 본다.
아래로는 아비지옥에 이르기까지, 위로는 유정천까지,
용자는 그 모든 것을 본다. 그의 육안은 바로 이와 같다.
그러나 그는 아직 천안(天眼)을 얻지 못했으며 생기지도 않았지만,
그의 육안이 닿는 범위는 이처럼 넓다.

若於大衆中	以無所畏心	說是法華經	汝聽其功德
是人得八百	功德殊勝眼	爾時莊嚴故	其目甚清淨
父母所生眼	悉見三千界	內外彌樓山	須彌及鐵圍
幷諸餘山林	大海江河水	下至阿鼻獄	上至有頂天
其中諸衆生	一切皆悉見	雖未得天眼	肉眼力如是

만일 대중 가운데 두려움 없는 마음으로
이 《법화경》 설하면 그 공덕을 잘 들으라.
이 사람은 8백 공덕 뛰어난 눈 얻어서
이로써 장엄하니 그 눈 매우 청정하며
부모 소생 육안으로 삼천세계 안팎의
미루산과 수미산 그리고 철위산과
아울러 숲과 바다 큰 바다와 큰 강물
그 모두 다 보니 아래로는 아비지옥
위로는 유정천까지 그 가운데 여러 중생
일체를 다 보나니 비록 하늘 눈은
가히 얻지 못했으나 부모 소생 육안으로
보는 힘이 이 같음을 너희들은 바로 알라.

"또한 상정진이여, 양가의 아들딸 가운데 이 경설을 듣고 남에게 들려주는 사람은 천2백 개 귀의 덕성을 갖춘 자이다. 삼천대천세계에는, 아래로 아비지옥에 이르고 위로는 유정천에 이르기까지 안팎을 불문하고 가지가지 소리가 울려 퍼진다. 코끼리 울부짖는 소리, 말·낙타·소·산양의 울음소리, 사람들의 목소리, 수레 소리, 우는 소리와 한탄하는 소리와 두려워하는 소리, 나패(螺貝) 소리, 방울 소리, 크고 작은 북소리, 놀이 소리, 노랫소리, 춤추는 소리, 현악기 소리, 타악기 소리, 여자·남자·소년·소녀의 소리, 신심어린 소리와 신심 없는 소리, 행복한 소리와 불행한 소리, 어리석은 이의 소리와 성인의 소리, 쾌활한 소리와 침울한 소리, 신·용·야차·나찰·건달바·아수라·가루다·긴나라·마후라가의 소리, 인간이나 인간 아닌 것들의 소리, 불·바람·물소리, 촌락과 도시의 소음, 승려·성문·독각·여래의 소리이다. 이 삼천대천세계의 안팎에 어떤 소리가 얼마나 울려 퍼지든, 그는 그러한 소리를 전부 자연 그대로의 완전히 청정한 귀의 감각으로 듣는다. 더욱이 그는 이 세상의 중생이 저마다 내뱉는 소리를 식별하고 구별할 수 있음에도 불구하고, 그 모든 소리에 청각이 압도되는 일은 없다.
　상정진이여, 그 위대한 뜻을 가진 보살이 얻은 청각은 이러하나, 아직 천상의 귀를 가진 것은 아니다."

세존께서는 이렇게 말씀하셨다. 그리고 스승이신 부처님께서는 다른 말씀을 하시었다.

復此常精進 若善男子 善女人 受持此經 若讀若誦 若解說 若書寫 得千二百耳功德 爾時淸淨耳 聞三千大千世界 下至阿鼻地獄 上至有頂 其中內外 種種所有 語言音聲 象聲 馬聲 牛聲 車聲 啼哭聲 愁歎聲 螺聲 鼓聲 鐘聲 鈴聲 笑聲 語聲 男聲 女聲 童子聲 童女聲 法聲 非法聲 苦聲 樂聲 凡夫聲 聖人聲 喜聲 不喜聲 天聲 龍聲 夜叉聲 乾闥婆聲 阿修羅聲 迦樓羅聲 緊那羅聲 摩睺羅伽聲 火聲 水聲 風聲 地獄聲 畜生聲 餓鬼聲 比丘聲 比丘尼聲 聲聞聲 辟支佛聲 菩薩聲 佛聲 以要言之 三千大千世界中 一切內外 所有諸聲 雖未得天耳 以父母所生 淸淨常耳 皆悉聞知 如是分別 種種音聲 而不壞耳根 爾時世尊 欲重宣此義 而說偈言

"또 상정진아, 만일 어떤 선남자·선여인이 이 경 받아 지녀 읽고 외우거나 해설하고 옮겨 쓰면, 이런 사람은 1천2백 귀의 공덕을 얻으리니, 이 청정한 귀로 삼천대천세계의 아비지옥에서 유정천에 이르기까지 그 안팎에 있는 가지가지 음성과 소리를 들으리라. 코끼리·말·소·수레의 소리를 들으며, 우는 소리와 탄식하는 소리며, 바라치고 북치는 소리며, 종소리와 방울 소리, 또 웃는 소리와 말소리를 다 들으며, 남자 소리와 여자 소리며 사내아이와 계집아이들의 소리며, 법의 소리와 법 아닌 소리며, 괴로운 소리와 즐거운 소리며, 범부의 소리와 성인의 소리며, 기쁜 소리와 기쁘지 않은 소리며, 하늘에서 나는 소리와 용의 소리며, 야차와 건달바의 소리며, 아수라와 가루라의 소리며, 긴나라와 마후라가의 소리며, 불타는 소리, 물 흐르는 소리, 바람 부는 소리며, 지옥과 축생과 아귀들의 소리며, 비구와 비구니의 소리며, 성문과 벽지불의 소리며, 보살과 부처님의 소리를 다 분별하여 들으리라. 다시 요약하면, 삼천대천세계의 안팎에 있는 일체의 소리를 비록 하늘 귀를 못 얻었더라도 부모 소생의 청정한 귀로 다 들어 아나니, 이렇게 가지가지 소리를 분별하여 들어도 이근(耳根)은 파괴되지 않느니라."

그때 세존께서 이 뜻을 거듭 펴시려고 게송으로 말씀하시었다.

그 사람의 청각은 청정하고 둔하지 않고, 더구나 자연 그대로이다.

그는 이 세계의 가지가지 소리를 빠짐없이 듣는다.

그는 코끼리·말·수레·소·산양·양의 소리를 구분한다.

또한 큰 소리를 내는 북과 바라 소리도

비파와 대나무 피리와 발라키(현악기의 한 가지) 소리도 구분한다.

그는 부드럽고 명랑한 노랫소리를 듣고, 귀가 예민하여 잘못 듣는 일이 없다.

수천만 인간이 어디서 어떤 말을 하든

그는 그 소리를 듣고 구분할 수 있다.

그는 또한 신들의 소리를 언제나 구분하고, 그들의 부드럽고 청명한 노랫소리도 들을 수 있다.

그는 남자와 여자, 소년과 소녀의 소리도 구분한다.

그는 산속의 협곡에 사는 가릉빈가(꿩과 비슷한 새로 노랫소리가 매우 아름답다), 뻐꾸기, 공작, 꿩 등의 새가 감미롭게 우는 소리도 구분한다.

지옥에서 고통받는 자들이 내지르는 비통한 절규도

또한 아귀가 먹을 것을 구하지 못해 괴로워하며 울부짖는 소리도 그는 듣는다.

큰 바다에 사는 아수라들이 내는 가지가지 소리도, 그 가르침을 펴는 사람은 이 세상에 머문 채로

그 소리를 알아듣고, 그 소리에 압도되지 않는다.

축생의 태내에서 서로 이야기하고 어떠한 소리를 내든,

그는 이 세상에 머문 채로 그러한 다양한 소리를 구분한다.

父母所生耳	淸淨無濁穢	以此常耳聞	三千世界聲
象馬車牛聲	鐘鈴螺鼓聲	琴瑟箜篌聲	簫笛之音聲
淸淨好歌聲	聽之而不著	無數種人聲	聞悉能解了
又聞諸天聲	微妙之歌音	及聞男女聲	童子童女聲
山川險谷中	迦陵頻伽聲	命命等諸鳥	悉聞其音聲
地獄衆苦痛	種種楚毒聲	餓鬼飢渴逼	求索飮食聲
諸阿修羅等	居在大海邊	自共言語時	出于大音聲

如是說法者　　安住於此間　　遙聞是衆聲　　而不壞耳根
十方世界中　　禽獸鳴相呼　　其說法之人　　於此悉聞之

이 경전 받아 지녀 독송하고 설법하면
부모님께 받은 그 귀 청정하고 흐리잖아
이런 귀로 삼천세계 나는 소리 다 듣되
코끼리·말·수레·소와 종과 방울·북 소리며
가야금과 비파 퉁소 피리 부는 소리들과
청정한 노랫소리 듣고 집착 아니하며
무수한 사람 소리 다 듣고 알아내고
여러 하늘 묘한 음악 그 소리도 다 들으며
남자 소리·여자 소리 동자(童子)와 동녀 소리
산천의 깊은 계곡 가릉빈가(迦陵頻伽) 소리와
여러 가지 새의 울음 그 소리를 다 듣고
지옥에서 받는 고통 그 소리도 다 들으며
배고픈 아귀들이 먹을 것 찾는 소리
많고 많은 아수라 바닷가에 모여 가서
서로 주고받는 말 그 큰 소리들을
《법화경》 설하는 이 여기 편히 머물면서
그런 소리 다 들어도 귀의 능력 완전하며
시방 세계 가운데 금수들이 우는 소리
설법하는 그 사람은 여기에서 모두 듣네.

브라흐만(범천(梵天)) 세계에 사는 신들과 유정천에 사는 아바스봐라천(광음천(光音天))들은
서로 부르며 소리를 낸다. 그는 그 모든 것을 남김없이 알아듣는다.
부처님들의 가르침 따라 출가하여 이 세상에서 경전 독송하고
청중에게 가르침 펴는 승려들 목소리도 그는 언제나 듣는다.

보살들이 이 세계에서 서로 경전 독송하고

또한 많은 가르침 합송할 때 그들 각각의 소리를 그는 구분한다.

인간을 깨달음으로 이끄는 존엄하신 부처님이, 청중에게 빼어난 가르침을 전할 때

그 소리 겨우 한 순간 들은 것만으로 보살은 이 경전 기억한다.

안팎을 불문하고 아래로는 아비지옥, 위로는 유정천까지의

이 삼천국토에 있는 모든 중생이 내는 많은 소리를 그는 구분한다.

그의 귀는 닫혀 있지 않으며, 이 세상의 모든 중생의 소리를 듣는다.

그는 여섯 가지 감각을 가지고 각각의 대상을 안다.

그의 청각은 자연 그대로이다.

그는 천이(天耳)를 얻기 위하여 노력하지 않았으며, 그 청각은 태어난 그대로의 상태이다.

두려움 없이 이 경전을 기억하는 사람의 덕성은 실로 이와 같다.

其諸梵天上	光音及遍淨	乃至有頂天	言語之音聲
法師住於此	悉皆得聞之	一切比丘衆	及諸比丘尼
若讀誦經典	若爲他人說	法師住於此	悉皆得聞之
復有諸菩薩	讀誦於經法	若爲他人說	撰集解其義
如是諸音聲	悉皆得聞之	諸佛大聖尊	敎化衆生者
於諸大會中	演說微妙法	持此法華者	悉皆得聞之
三千大千界	內外諸音聲	下至阿鼻獄	上至有頂天
皆聞其音聲	而不壞耳根	其耳聰利故	悉能分別知
持是法華者	雖未得天耳	但用所生耳	功德已如是

그 여러 범천 세계 광음천(光音天)과 변정천(遍淨天)

유정천서 하는 말 여러 가지 소리를

여기 머문 법사가 모두 얻어듣고

일체 비구들과 많은 비구니

경전 읽고 외우며 타인 위해 설하는 말

법사 여기 머물면서 그 소리 다 듣고

또다시 여러 보살 경법 읽고 외우며

타인 위해 설하고 그 뜻을 말하는

이와 같은 여러 음성 모두 다 잘 들으며

부처님 대 성존이 많은 대중 가운데서

중생 교화하느라고 묘한 법 연설하거든

이《법화경》가지는 이 그 말씀을 다 들으며

삼천대천세계 안팎의 모든 음성

아비지옥 아래에서 유정천 위에까지

그 가운데 나는 소리 빠짐없이 다 들어도

그 귀는 총명하여 이근(耳根)이 성장하므로

모든 소리 능히 듣고 분별하여 아느니라.

《법화경》가진 이 하늘 귀는 못 얻고

부모 주신 귀일망정 그 공덕이 이렇노라.

"다음으로 상정진이여, 위대한 뜻 가진 보살 가운데 이 경전 기억하고 설명하고 독송하고 쓰는 이의 후각은 8백의 덕성을 갖추었으며 청정하다. 이 삼천대천세계에는 안팎을 불문하고 온갖 냄새, 즉 악취와 향기 또는 각종 상쾌한 냄새가 있는데, 그는 그 모든 것을 이 청정한 후각으로 맡을 수 있다. 또한 자티카·말리카·찬파카·파탈라 등의 꽃향기를 맡는다. 그는 물속에서 생기는 꽃의 온갖 향기를 맡는다. 그는 청련과 홍련과 수련과 백련의 향기를 맡고, 각종 수목의 꽃과 과일 향기를 맡는다. 그는 단향과 곽엽향(藿葉香)과 영릉향(零陵香)과 침향의 방향을 맡는다. 갖가지 향을 섞은 수백수천의 혼합향의 향기를, 그는 한 곳에 있으면서 맡을 수 있다. 그는 중생들의 온갖 냄새도 맡는다. 코끼리·말·소·양과 그 밖의 다른 동물의 냄새를 맡고, 축생의 태내에 있는 온갖 생물 체취도 맡는다. 그는 남녀의 체취를 맡는다. 소년과 소녀의 체취도 맡는다. 그는 먼 곳에 있어도 풀·관목·수목의 냄새를 맡는다. 그는 냄새를 있는 그대로 맡지만, 그 냄새로 후각이 마비되거나 교란되는 일은 없다. 그는 이처럼 여기 앉은 채로 신들의 냄새까지 맡는다. 파리쟈타카나무꽃, 코뷔다라나무꽃, 만다라꽃, 마하 만다라꽃, 만쥬샤카꽃, 마하 만쥬샤카꽃 같은 천상의 꽃냄새도 맡는다. 천상의 침향과 단향가루의 냄새를 맡는다. 수백수천의 가지가지 천상의 꽃이 뒤섞인 냄새도 맡을 수 있다.

　　復此常精進 若善男子 善女人 受持是經 若讀 若誦 若解說 若書寫 成就八百鼻功德 爾時淸淨鼻根 聞於三千大千世界 上下內外 種種諸香 須曼那華香 闍提華香 末利華香 瞻蔔華香 波羅羅華香 赤蓮華香 靑蓮華香 白蓮華香 華樹香 菓樹香 栴檀香 沈水香 多摩羅跋香 多伽羅香 及千萬種和香 若抹若丸 若塗香 持是經者 於此間住 悉能分別 又復別知 衆生之香 象香馬香 牛羊等香 男香女香 童子香 童女香 及草木叢林香 若近若遠 所有諸香 悉皆得聞 分別不錯 持是經者 雖住於此 亦聞天上 諸天之香 波利質多羅 拘鞞陀羅樹香 及曼陀羅華香 摩訶曼陀羅華香 曼殊沙華香 摩訶曼殊沙華香 栴檀沈水 種種抹香 諸雜華香 如是等天香 和合所出之香 無不聞知.

"다시 상정진아, 만일 선남자·선여인이 이 경 받아 지녀 읽고 외우거나 해설하고 옮겨 쓰면 백 가지 코의 공덕을 성취하느니라. 이 청정한 비근(鼻根)으로 삼천대천세계의 위와 아래 그리고 안과 밖의 여러 가지 많은 향기를 맡느니라. 수만나꽃 향기, 붉은 연꽃 향기, 푸른 연꽃 향기, 흰 연꽃 향기, 꽃나무 향기며 과일나무 향기며, 전단향·침수향·다마라발향·다가라향과 천만 가지 조합한 향이며, 혹은 가루향과 둥근 향과 바르는 향의 미묘한 향기를, 이 경전을 가진 이는 여기에 머물면서 다 맡고 분별하여 알아내리라. 또 중생들의 냄새를 맡되 코끼리·말·소·양 등의 냄새며, 남자·여자·사내아이·계집아이의 냄새를 맡고, 멀고 가까운 풀과 나무와 숲의 여러 가지 냄새를 다 맡아 분별하되 착오가 없느니라. 이 경을 가진 이가 비록 이 세계에 머물러 있지만 또한 천상의 모든 하늘 냄새를 맡으니 바라질다라와 구비다라나무의 향기며, 만다라꽃·마하만다라꽃·만수사꽃·마하만수사꽃의 향기며, 전단향·침수향 그리고 가지가지의 가루향과 여러 가지 꽃의 향기가 화합하여 풍겨 나오는 모든 하늘의 냄새나 향기를 맡아서 알지 못하는 것이 없느니라.

또한 그것들의 이름을 알고 있다. 그는 천자(天子)의 체취를 맡는다. 신들의 제왕인 샤크라(제석천(帝釋天))의 체취를 맡는다. 더욱이 제석천이 봐이쟈얀타 궁전에서 유흥을 즐기고 있을 때도, 수다르마 회당(도리천선법 강당)에서 33천 신들에게 가르침을 펴고 있을 때도, 유원지에 놀러 나가 있을 때도 그는 알고 있다. 또한 다른 사람들의 고유한 체취를 맡는다. 신들의 딸들과 처첩의 체취도 맡고, 신들의 아들과 딸들의 체취도 맡을 수 있다. 그리고 그는 그러한 냄새에 의해 후각이 상하는 일이 없다. 마찬가지로 그는 유정천(有頂天)에 태어난 자들의 체취도 맡을 수 있고, 범천의 종자들, 천자들, 대범천들의 체취도 맡을 수 있다. 신들 무리의 체취도 그는 맡을 수 있다. 성문과 독각과 보살과 여래의 체취도 맡는다. 여래의 좌석 냄새도 맡는다. 그리고 완전한 '깨달음'에 이른 아라한의 여래들이 머물고 있는 곳을 발견할 수 있다. 그의 후각은 이러저러한 온갖 냄새로 인해 상하거나 방해받거나 고통받지 않고, 남들이 원하면 이러저러한 냄새를 그들에게도 설명할 수가 있으며, 그의 기억은 무뎌지지 않는다.”

그리고 세존께서는 이러한 게송을 읊으시었다.

又聞諸天身香 釋提桓因 在勝殿上 五欲娛樂 嬉戲時香 若在妙法堂上 爲忉利諸天 說法時香 若於諸園 遊戲時香 及餘天等 男女身香 皆悉遙聞 如是展轉 乃至梵世 上至 有頂 諸天身香 亦皆聞之 幷聞諸天 所燒之香 及聲聞香 辟支佛香 菩薩香 諸佛身香 亦 皆遙聞 知其所在 雖聞此香 然於鼻根 不壞不錯 若欲分別 爲他人說 憶念不謬 爾時世 尊 欲重宣此義 而說偈言

또 천인들의 냄새를 맡으리니, 석제환인이 좋은 궁전에서 오욕락을 즐겨 유희하는 때의 냄새며, 혹은 훌륭한 법당에서 도리천(忉利天)을 위하여 설법할 때 풍기는 향기, 여러 동산을 유희할 때 풍기는 향기와, 다른 나라의 남녀들 몸에서 나는 냄새를 멀리서 다 맡되, 이와 같이 전전하여 범천에 이르고, 또 위로는 유정천의 모든 천인 냄새를 맡으며, 아울러 여러 하늘에서 태우는 향의 향기를 다 맡고, 성문과 벽지불 보산과 부처님의 몸에서 풍기는 향기를 멀리서도 잘 맡아 그 처소를 잘 아느니라. 이와 같이 많은 냄새를 맡을지라도 비근(鼻根)은 파괴되지도 않고 착오도 없나니, 만일 분별하여 다른 사람을 위해 설하려 하면 그 생각과 기억이 틀림이 없으리라.”

　그때 세존께서 이 뜻을 거듭 펴시려고 게송으로 말씀하시었다.

그의 후각은 청정하여 이 세상에 있는 모든

향기롭거나 악취 나는 다양한 많은 냄새를 구분한다.

자티카나 말리카의 꽃향기, 곽엽향과 전단의 향기,

영릉향과 침향, 가지가지 꽃과 과일 향기를 맡는다.

또한 이 세상 중생의 냄새를 알고, 멀리 있는 남녀의 체취를 구분하며

소년과 소녀들이 있는 곳을 그는 냄새로 안다.

그는 왕과 패왕, 황제, 지방 태수를

왕자 및 대신, 후궁의 처첩들을

그들의 냄새로 알 수 있다.

그들이 좋아하는 각종 보석, 대지에 묻힌 어떠한 광물도

부인들이 애용하는 보석도 그 보살은 냄새로 안다.

여자들의 몸을 장식하는 화려한 보석도, 옷도

목걸이도, 화장품도 그 보살은 냄새로 안다.

이 우수한 경전을 기억하는 현자는 여자가 서 있는지

앉아 있는지, 자고 있는지 또는 애욕의 쾌락에 빠져 있는지

신통력을 가지고 있는지, 그 모든 것을 후각의 힘으로 안다.

향유의 방향을, 여러 가지 꽃과 과일 냄새를

그는 단 한 번 가 보고도, 각각의 토지에 있는 냄새를 맡고 그 장소를 안다.

산속 골짜기에 많은 전단이 꽃을 달고 있는 것을

또한 그곳에 사는 사람들 모두를 현자는 냄새로 식별한다.

철위산에 사는 이와 바다 한가운데 사는 이들,

대지의 한가운데에 사는 이들, 그 모두를 현자는 냄새로 식별한다.

是人鼻淸淨　　於此世界中　　若香若臭物　　種種悉聞知

須曼那闍提　　多摩羅栴檀　　沈水及桂香　　種種華果香

及知衆生香　　男子女人香　　說法者遠住　　聞香知所在
大勢轉輪王　　小轉輪及子　　群臣諸宮人　　聞香知所在
身所著珍寶　　及地中寶藏　　轉輪王寶女　　聞香知所在
諸人嚴身具　　衣服及瓔珞　　種種所塗香　　聞香知其身
諸天若行坐　　遊戲及神變　　持是法華者　　聞香悉能持
諸樹華果實　　及蘇油香氣　　持經者住此　　悉知其所在
諸山深嶮處　　栴檀樹華敷　　衆生在中者　　聞香悉能持
鐵圍山大海　　地中諸衆生　　持經者聞香　　悉知其所在

이런 사람 청정한 코 이 세계 가운데의
향기롭고 추한 냄새 갖가지로 다 맡으며
수만나향 사제꽃향 다마라향 전단향과
침수향과 계향들과 과일 향기 다 맡으며
남자 여자 중생들의 온갖 냄새 또한 맡고
설법자는 멀리서도 그 처소를 알아내며
대전륜왕 소전륜왕 그 아들과 여러 군신
궁인이 있는 곳을 냄새 맡고 알아낸다.
몸에 지닌 귀한 보배 땅속에 든 보물이나
전륜왕의 궁녀들을 냄새 맡고 알아내며
여러 사람 장신구와 의복이나 영락이며
갖가지로 바른 향을 냄새 맡고 알아내며
하늘이 걷거나 앉아서 유희하고 신통함을
《법화경》 가진 이는 냄새로 알아내고
여러 가지 꽃과 과일 모든 기름 향기를
경 가진 이 여기에서 그 있는 곳 모두 알며
깊은 산골 험한 계곡 전단향의 꽃이 피면
그 가운데 있는 중생 냄새 맡고 알아내며
철위산과 큰 바다와 땅속의 여러 중생

법 가진 이 냄새 맡고 그 있는 곳 알아낸다.

신들과 아수라들을, 또한 아수라들의 딸을 그는 식별한다.

아수라들의 오락과 애욕의 쾌락을 안다. 그의 후각 힘은 실로 이와 같다.

사자와 호랑이, 코끼리와 용, 물소와 소 및 들소들

숲에 사는 모든 네발짐승의 서식처를 그는 냄새로 안다.

임신한 부인의 태아가 남아인지 여아인지,

또한 그 태아가 죽었는지 살았는지, 그는 냄새를 통해 태내에 있는 것을 안다.

그는 여자가 임신해 있는 것을 알고, 유산할지 아닐지를 식별하며

이 부인이 고통 없이 복스러운 아들을 얻는지 아닌지도 식별한다.

그는 남자들의 다양한 성격 차이를 식별하고

각 성격에 따른 냄새를 구분한다.

정열적인 사람과 악의를 품은 사람,

위선자와 마음이 평정한 사람의 냄새를 구분한다.

땅속에 묻혀 있는 금은과 온갖 보물, 청동상자 안에 들어 있는

황금의 냄새를 그 보살은 맡을 수 있다.

목걸이, 구슬, 진주, 값비싼 온갖 보석,

가치를 매길 수 없을 정도로 눈부신 그 모든 것을 그는 냄새로 안다.

그 현자는 이 세상에 있으면서, 천상의 신들 사이에 있는 꽃,

만다라꽃과 만쥬샤카꽃을, 파리쟈타카나무꽃을 냄새로 안다.

천상의 탈 것이 어떻게 생기고 누구의 것인지, 호화롭고 장쾌한 것, 초라한 것, 평범한 것,

화려한 것이 어디에 있는지를, 그는 이 자리에 앉은 채 후각의 힘으로 구분한다.

그는 또한 천상의 낙원을, 수다르마 회당과 봐이쟈얀타 궁전에 있는 신들을 안다.

또한 장엄하고 아름다운 누각에 올라 유희를 즐기는 천자들도 안다.

그는 이 자리에서 천자들의 냄새를 맡고, 그 냄새를 통해 그들을 식별한다.

阿修羅男女　　　及其諸眷屬　　　鬪諍遊戲時　　　聞香皆能持
曠野險隘處　　　師子象虎狼　　　野牛水牛等　　　聞香知所在
若有懷姙者　　　未辯其男女　　　無根及非人　　　聞香悉能持
以聞香力故　　　知其初懷姙　　　成就不成就　　　安樂産福子
以聞香力故　　　知男女所念　　　染欲癡恚心　　　亦知修善者
地中衆伏藏　　　金銀諸珍寶　　　銅器之所盛　　　聞香悉能持
種種諸瓔珞　　　無能識其價　　　聞香知貴賤　　　出處及所在
天上諸華等　　　曼陀曼殊沙　　　波利質多樹　　　聞香悉能知
天上諸宮殿　　　上中下差別　　　衆寶華莊嚴　　　聞香悉能知
天園林勝殿　　　諸觀妙法堂　　　在中而娛樂　　　聞香悉能知

아수라의 남자 여자 그 여러 권속이

투쟁하고 유희함을 냄새 맡고 알아내며

거칠고 넓은 광야 사자·코끼리·호랑이·이리

들소나 물소들 있는 곳을 맡아 알고

뱃속에 든 어린애가 남아인가 여아인가

바보인가 온전한가 냄새 맡아 알아내며

냄새 맡는 이런 힘은 처음에 잉태한 몸

성취 또는 불성취와 복자인가 알아내며

냄새 맡는 이런 힘은 남녀들이 생각하는

속되고 성내는 일 닦는 선을 알아내며

땅속에 감추어진 금과 은과 많은 보배

구리로 만든 물건 냄새 맡아 알아내며

가지가지 많은 영락 그 값을 모르더라도

귀하고 천한 것과 그 처소를 냄새 맡고

천상의 그 많은 꽃 만다라꽃 만수사꽃

바리질다 나무들도 냄새 맡아 알아내며

천상의 여러 궁전 상·중·하의 여러 차별

보배꽃의 장엄함을 냄새 맡아 알아내며
하늘 동산 좋은 궁전 미묘한 법당에서
노래하고 유희함을 냄새로 맡아 아네.

그들이 어디서 일을 하고 어디에 서 있고
어디서 듣고 어디로 가는지를 안다.
많은 꽃으로 몸을 장식하고 화환과 온갖 장신구로 치장한 천녀들이
어디서 놀고 어디로 가는지, 그 보살은 냄새로 안다.
위로는 유정천에 이르기까지 공중을 수레로 달리는 신들,
범천, 대범천이 어디에서 명상 들고
명상에서 깼는지를, 그는 지상에 머문 채 냄새로 안다.
아직 본 적도 없는 광음천의 천자들을 냄새로 알아보고
그들이 태어나고 죽는 것을 지상에서 안다.
이 경전을 고이 지닌 보살들의 후각은 이와 같다.
부처의 가르침 아래 정진하는 비구들,
가르침 펴고 경전 독송 즐기는 비구들, 그 모두를 이 보살은 안다.
부처의 아들인 성문들 가운데 누가 나무 밑에 항시 머물러 있는지도
어디에 이러저러한 비구가 있는지도
현자는 냄새로 그 모든 것을 안다.
전세의 기억 지니고, 명상에 잠기고, 가르침 펴고 경전 독송을 언제나 즐기는
보살들이 청중에게 가르침 펴는 것을 그 보살은 냄새로 안다.
자비로운 위대한 성선(聖仙)인 부처가 어느 쪽에서 가르침을 펴든
성문들의 존경받는 그야말로 이 세상의 주인임을 그는 냄새 통해 안다.
가르침을 듣고 마음에 기쁨 느끼는 청중들을
그곳에 부처를 둘러싸고 모인 회중 모두를, 그 보살은 여기에 앉은 채로 안다.
그의 후각 힘은 이러하다. 그러나 그는 천상의 후각을 얻은 것이 아니다.
그것은 더러움 없는 천상의 후각에 선행하는 것이다.

諸天若聽法	或受五欲時	來往行坐臥	聞香悉能知
天女所著衣	好華香莊嚴	周旋遊戲時	聞香悉能知
如是展轉上	乃至於梵天	入禪出禪者	聞香悉能知
光音遍淨天	乃至于有頂	初生及退沒	聞香悉能知
諸比丘衆等	於法常精進	若坐若經行	及讀誦經典
或在林樹下	專精而坐禪	持經者聞香	悉知其所在
菩薩志堅固	坐禪若讀誦	或爲人說法	聞香悉能知
在在方世尊	一切所恭敬	愍衆而說法	聞香悉能知
衆生在佛前	聞經皆歡喜	如法而修行	聞香悉能知
雖未得菩薩	無漏法生鼻	而是持經者	先得此鼻相

여러 하늘 법 듣고 혹은 5욕 받을 때
오며 가며 눕는 일 냄새로 모두 알고
천녀들이 입은 옷에 꽃과 향을 장엄하고
두루 돌며 즐겨 놀 때 냄새 맡고 모두 알며
이와 같이 전전하여 범천 세계 올라가서
선정에 들고나옴 냄새 맡아 알아내며
광음천과 변정천과 유정천에 이르러서
처음 나고 없어짐을 냄새 맡아 알아내며
많은 비구 대중이 법에 항상 정진하여
앉거나 경행하고 경전 읽고 외우며
혹은 숲속 나무 아래 전심으로 좌선함을
경 가진 이 냄새 맡아 있는 곳을 알아내고
보살들 뜻이 굳어 좌선하고 독송하며
인간 위해 설법함을 냄새 맡아 알아내며
방방곡곡 계신 세존 일체 공경 받으면서
중생 위해 설법함을 냄새 맡아 알아내며
부처 앞에 있는 중생 이 경 듣고 환희하며

법과 같이 수행함을 냄새 맡아 알아내니
　보살의 번뇌 없는 법의 코가 아니라도
　이 경전 갖는 이의 코 공덕은 이렇노라.

"다음으로 상정진이여, 양가의 자녀 가운데 이 경설을 마음에 새기고, 가르치고, 설명하고, 쓰는 사람은 천2백 개 혀의 덕성 갖춘 미각을 얻을 것이다. 그가 이러한 미각을 통해 이런저런 맛을 느낄 때, 그 모든 맛은 빼어난 천상의 풍미를 띨 것이다. 어떠한 것을 맛보아도 맛없지 않고, 맛있게 느껴질 것이다. 맛이 없는 것도 그의 미각에 닿으면 훌륭한 천상의 풍미를 지닌다. 그리고 그가 회중 한가운데에서 가르침 펴면, 중생들은 온갖 감각기관을 충족하고, 흡족해하며 큰 기쁨 얻을 것이다. 차분하고 부드러우면서도 힘 있는 그의 감미로운 목소리, 사람의 마음 꿰뚫는 아름다운 목소리가 울려 퍼질 것이다. 그 목소리 듣고, 이 세상에 존재하는 이들은 만족하고 기뻐할 것이다. 그가 누구에게 가르침 펴든, 그의 차분하고 부드럽고 감미로운 목소리 들으면, 신들조차 '그를 만나 그를 숭상하고, 그에게 봉사하고, 가르침 듣기 위해 그의 곁으로 다가가야 한다'고 생각할 것이다.

제석천도, 범천도, 범천의 종자들도, 천자들도 '그를 만나 그를 숭상하고 그에게 봉사하고 가르침 듣기 위하여 그의 곁으로 다가가야 한다'고 생각할 것이다. 용과 용의 딸들, 아수라와 아수라의 딸들, 가루라와 가루라의 딸들, 긴나라와 긴나라의 딸들, 마후라가와 마후라가의 딸들, 야차와 야차의 딸들, 피샤차와 피샤차의 딸들도 '그를 만나 그를 숭상하고 그에게 봉사하고 가르침 듣기 위하여 그의 곁으로 다가가야 한다'고 생각할 것이다. 그리고 그들은 그를 숭상하고, 스승으로 모시고, 존경하고, 공양하고, 찬미하고 예찬할 것이다. 비구와 비구니와 남녀 신자들도 그를 만나기를 바랄 것이다. 왕들도, 왕자들도, 대신들도, 왕의 고문관들도 그를 만나기를 바랄 것이다. 황제도, 칠보를 갖춘 전륜왕도, 왕태자, 대신, 후궁의 처첩들과 시녀들도 다 함께 그를 만나기를 바라고 그를 숭상하고 공경하고자 할 것이다. 그 가르침 펴는 자는 온화하게 여래의 말씀을 그대로 따르며 가르침을 펼 것이다. 다른 바라문과 가장(家長)도, 도시와 시골 사람들도 수명이 다할 때까지 그 가르침을 펴는 사람을 언제나 영원히 따를 것이다. 여래의 제자들도 그와 만나기를 바랄 것이다. 그 양가의 아들딸들이 어느 방향에 있든, 그는 거기서 여래의 얼굴 뵙고 가르침을 펼 것이며, 부처님의 가르침을 담는 그릇이 될 것이다. 이처럼 가르침 펴는 감미롭고 힘 있는 그의 목소리가 도처에서 울려 퍼질 것이다."

세존께서는 그때 이러한 게송을 읊으시었다.

復此常精進 若善男子 善女人 受持是經 若讀 若誦 若解說 若書寫 得千二百舌功德 若好若醜 若美不美 及諸苦澁物 在其舌根 皆變成上味 如天甘露 無不美者 若以舌根 於大衆中 有所演說 出深妙聲 能入其心 皆令歡喜快樂 又諸天子天女 釋梵諸天 聞是 深妙音聲 有所演說 言論次第 皆悉來聽 及諸龍龍女 夜叉夜叉女 乾闥婆 乾闥婆女 阿 修羅 阿修羅女 迦樓羅 迦樓羅女 緊那羅 緊那羅女 摩睺羅伽 摩睺羅伽女 爲聽法故 皆 來親近 恭敬供養 及比丘 比丘尼 優婆塞 優婆夷 國王 王子 群臣 眷屬 小轉輪王 大轉 輪王 七寶千子 內外眷屬 乘其宮殿 俱來聽法 爾時菩薩 善說法故 婆羅門 居士 國內人 民 盡其形壽 隨侍供養 又諸聲聞 辟支佛 菩薩 諸佛 常樂見之 是人所在方面 諸佛皆向 其處說法 悉能受持 一切佛法 又能出於 深妙法音 爾時世尊 欲重宣此義 而說偈言

"또 상정진아, 만일 선남자·선여인이 이 경 받아 지녀, 읽고 외우거나 해설하고 옮겨 쓰면 천2백 혀의 공덕을 얻으리니, 만일 좋은 것이나 나쁜 것이나 또 맛이 있고 없는 것과 여러 가지 쓰고 떫은 것이 그 혀에 닿으면 다 좋은 맛으로 변하여 하늘의 감로수와 같이 달고 맛있게 되느니라.

만일 이런 혀로 대중 가운데서 연설하면 깊고 미묘한 음성이 생겨 듣는 이의 마음이 다 환희하고 쾌락하게 되리라. 또 여러 하늘의 천자와 천녀와, 제석과 범천의 여러 하늘이 이런 깊고 미묘한 음성으로 연설하고, 순서 있게 하는 설법을 다 와서 들으며, 또 여러 용과 용녀·야차·야차녀·건달바·건달바녀·아수라·아수라녀·가루라·가루라녀·긴나라·긴나라녀·마후라가·마후라가녀가 법을 듣기 위하여 다 와서 친근하고 공경하고 공경하며, 그리고 비구·비구니·우바새·우바이·국왕·왕자·군신들의 권속이며 소전륜왕·대전륜왕과 칠보천자(七寶千子)의 내외 권속이 각각 그들의 궁전을 타고 법 들으러 오리라.

　이때 보살이 법 잘 설하기 때문에 바라문과 거사와 나라 안의 인민이 그 수명이 다 하도록 모시고 따르며 공양하리라. 또 여러 성문과 벽지불과 보살과 부처님이 항상 즐겨 보며, 이 사람이 있는 곳에는 여러 부처님께서 그를 향하여 설법하면, 그는 일체 부처님 법 능히 다 받아 가져 깊고 미묘한 법의 음성을 내리라."

　그때 세존께서 이 뜻을 거듭 펴시려고 게송으로 말씀하시었다.

그의 미각은 뛰어나 결코 불쾌한 맛을 느끼는 일이 없다.
그의 미각에 닿는 순간 그 어떠한 맛도
천상의 풍미를 지니며 이 세상의 것이 아니게 된다.
그는 부드러운 목소리로 온화하게 말한다. 그 목소리는 감미롭고 듣기 좋으며 매력적이다.
그는 언제나 회중들 한가운데에서 아름답고 저력 있는 목소리로 말한다.
그가 수천만억 가지 예를 들면서 가르침을 펴는 것을 들은 사람은
그 자리에서 최고의 기쁨 느끼고 그에게 헤아릴 수 없는 공양할 것이다.
신들도, 용과 아수라와 야차들도 언제나 그를 만나기를 바라고
공손하게 가르침 듣는다. 그에게는 이러한 덕성이 모두 갖추어져 있다.
그가 원하면 세상 모든 곳에 목소리를 울리게 할 수 있다.
그의 목소리는 청명하고 차분하고 부드럽고 저력이 있고 매우 아름답다.
대지의 주인인 전륜왕은 처자와 함께 그에게 공양하기를 원하고
합장하고 다가가 시종 그의 가르침에 귀 기울일 것이다.
야크샤(야차)와 나가(용)와 간다르봐(건달바)의 무리, 피샤챠(비사사(毘舍闍). 악귀의 일종)와 피샤치카(악귀의일종) 무리도
언제나 그를 따르며 그를 숭상하고 공경하고 공양 올릴 것이다.
브라흐만(범천)조차도 그의 충실한 종자이며, 마헤슈봐라(대자재천(大自在天))과 이슈봐라(자재천) 천자도
제석천도, 또 다른 천자들도, 수많은 천녀도 그에게 다가간다.
세상에 대하여 자비로운 부처님도 제자들과 함께 그의 목소리 듣고
그의 얼굴 보기 위하여 언제나 그를 보호하고, 그의 가르침에 만족한다.

是人舌根淨　　終不受惡味　　其有所食噉　　悉皆成甘露
以深淨妙聲　　於大衆說法　　以諸因緣喻　　引導衆生心
聞者皆歡喜　　設諸上供養　　諸天龍夜叉　　及阿修羅等이
皆以恭敬心　　而共來聽法　　是說法之人　　若欲以妙音
遍滿三千界　　隨意卽能至　　大小轉輪王　　及千子眷屬
合掌恭敬心　　常來聽受法　　諸天龍夜叉　　羅刹毗舍闍
亦以歡喜心　　常樂來供養　　梵天王魔王　　自在大自在
如是諸天衆　　常來至其所　　諸佛及弟子　　聞其說法音
常念而守護　　或時爲現身

이런 사람 청정한 혀 나쁜 맛 받지 않고
먹고 씹는 모든 것 감로 맛 되느니라.
깊고 묘한 음성으로 대중 위해 설법하며
여러 가지 인연 비유 중생 맘 인도하거든
모두 듣고 환희하여 좋은 공양 올리고
여러 하늘 용과 야차 아수라와 모든 것
공경하는 마음으로 함께 와서 법 듣고
이런 설법하는 일 미묘한 음성으로
삼천세계 채우려면 그 뜻이 곧 이뤄지고
크고 작은 전륜성왕 그리고 천자 권속
공경한 맘 합장하여 항상 와서 법 들으며
여러 하늘 용과 야차 나찰이나 비사사도
마음들이 환희하여 항상 즐겨 공양하며
범천왕과 마왕들과 자재천과 대자재천
이와 같은 하늘 중생 미묘한 그 음성을
얻어듣기 즐겨하여 그곳 찾아 항상 오고
여러 불자 부처님 그 설법 들으시면
생각하여 수호하며 몸 나타내 보이나니.

"다음으로 상정진이여, 위대한 뜻 가진 보살 가운데 이 경설 마음에 새기고 독송하고 설명하여 가르치고 쓰는 이는, 8백 신체의 덕성 얻을 것이다. 그의 몸은 완전히 청정하고, 피부색은 잘 닦인 유리 같아서 보는 사람의 눈을 즐겁게 한다. 이 완전히 청정한 육체로 그는 삼천대천세계를 볼 것이다. 그리고 이 삼천대천세계에서 사라지거나 나타나거나, 열등하거나 뛰어나거나, 색이 좋거나 나쁘거나, 행복하거나 불행한 이들을, 또한 철위산(鐵圍山)과 대철위산, 산중의 산인 수미산과 대수미산에 사는 이들을, 또한 아비지옥부터 유정천 사이에 사는 이들, 그들 전부를 그는 자신의 육체로 볼 것이다. 또한 이 온 우주에 사는 모든 성문과 독각·보살·여래, 또한 가르침을 펴는 여래, 이러한 여래를 모시는 자, 이 모든 중생을 그는 볼 것이다. 그것은 그가 그들의 육체를 얻었기 때문이다. 이 또한 그의 육체가 완전히 청정한 까닭이다."

여기서 세존은 이러한 게송을 읊으시었다.

復次常精進 若善男子 善女人 受持是經 若讀 若誦 若解說 若書寫 得八百身功德 得清淨身 如淨瑠璃 衆生喜見 其身淨故 三千大千世界衆生 生時死時 上下好醜 生善處惡處 悉於中現 及鐵圍山 大鐵圍山 彌樓山 摩訶彌樓山等諸山王 及其中衆生 悉於中現 下至阿鼻地獄 上至有頂 所有及衆生 悉於中現 辟支佛 菩薩 諸佛說法 皆於身中 現其色像 爾時世尊 欲重宣此義 而說偈言

"다시 상정진아, 만일 선남자·선여인이 이 경 받아 지녀 읽고 외우거나 해설하고 옮겨 쓰면 8백 몸의 공덕을 얻느니라. 이런 사람이 얻는 청정한 몸은 깨끗하기가 유리와 같아, 중생들이 그 몸 보기 즐겨하며, 또한 그 몸이 청정하므로 삼천대천세계 중생들이 나고 죽는 때와 상하의 좋고 나쁜 것과 악한 곳과 선한 곳에 태어나는 일이 다 그 가운데 나타나느니라.

또 철위산과 대철위산과 수미산과 마하수미산 등 여러 산과 그 가운데 있는 중생이 몸 가운데 다 나타나며, 아래로는 아비지옥에서 위로는 유정천까지의 많은 중생이 그 가운데 나타나느니라. 혹은 성문과 벽지불과 보살과 여러 부처님께서 설법하는 것이 다 그 몸 가운데 색과 모양으로 나타나느니라."

그때 세존께서 이 뜻을 거듭 펴시려고 게송으로 말씀하시었다.

그의 몸은 마치 잘 닦인 유리로 만들어진 것처럼 완전히 청정하다.

이 우수한 경전을 마음에 새기는 이는, 그를 보는 사람들의 눈을 즐겁게 한다.

마치 거울에 모습이 비치는 것처럼 이 세계는 그의 몸에 나타난다.

그는 그것들을 스스로 볼 수 있으나 다른 이들은 볼 수 없다.

그의 몸이 완전히 청정함은 바로 이와 같다.

이 세상에 있는 인간과 신 또는 아수라,

지옥과 아귀도와 축생의 태내에 사는 이들은 그의 몸에 그 모습을 드러낸다.

유정천까지의 허공계에 있는 신들의 궁전·바위산·철위산·히말라야 산·수미산·대수미산의 전체 모습도 전부 그의 몸에 나타난다.

그는 또한 제자들을 거느린 부처님들과 부처님의 다른 아들들을 자신의 몸에서 본다.

또한 각각의 장소에 머물며 제자들에게 가르침을 펴는 보살들을 본다.

그의 몸의 청정함은 이와 같으며, 거기에 모든 세계가 나타난다.

그러나 그는 아직 천상의 육체를 얻은 것이 아니다.

그의 태어난 그대로의 몸이 이러한 것이다.

若持法華經	其身甚清淨	如彼淨瑠璃	衆生皆喜見
又如淨明鏡	悉見諸色像	菩薩於淨身	皆見世所有
唯獨自明了	餘人所不見	三千世界中	一切諸群萌
天人阿修羅	地獄鬼畜生	如是諸色像	皆於身中現
諸天等宮殿	乃至於有頂	鐵圍及彌樓	摩訶彌樓山
諸大海水等	皆於身中現	諸佛及聲聞	佛子菩薩等
若獨若在衆	說法悉皆現	雖未得無漏	法性之妙身
以清淨常體	一切於中現		

《법화경》을 수지한 이 그 몸이 청정하기

유리같이 깨끗하니 중생 보고 기뻐하네.

깨끗하고 맑은 거울 여러 색상 비치듯이

청정 미묘 보살 몸에 세상 것을 모두 보니

혼자서만 밝게 알 뿐 다른 사람 볼 수 없네.

삼천세계 그 가운데 일체의 모든 중생

하늘·인간·아수라 지옥·아귀·축생의

이와 같은 여러 색상 그 몸에 나타나며

하늘 궁전 유정천과 철위산과 수미산

큰 수미산과 큰 바다 그 몸 안에 나타나며

여러 부처 성문과 불자와 보살이

혼자거나 대중 속에 설법함이 나타나며

무루법성(無漏法性) 미묘한 몸 비록 얻지 못했으나

청정한 그 몸 안에 일체가 나타나네.

"다음으로 상정진이여, 위대한 뜻 가진 보살 가운데 여래가 완전한 열반에 들었을 때, 이 경설 마음에 새기고 가르침 펴고 설명하고 쓰고 독송하는 이는 천2백의 마음 작용의 덕성 갖추며, 그의 마음 감각은 완전히 청정할 것이다. 그는 이 완전히 청정한 마음 감각으로 인하여 게송을 단 한 구절만 들어도 많은 뜻을 알게 된다. 그는 이 게송의 뜻을 깨닫고, 그것에 기초하여 1개월은 물론 4개월, 1년 동안 가르침을 펼 것이다. 또한 어떠한 가르침을 펴든 그는 그 모두를 기억하고 잊는 일이 없다. 어떠한 세속적 말이나 통속적인 말을 해도, 주문을 외워도, 그는 그러한 모든 것을 가르침의 체계와 조화시킬 것이다. 이 삼천대천세계에 사는 이들 가운데 누가 얼마나 오랫동안 여섯 가지 운명을 거치며 생사의 회전(윤회)에 빠지든, 그는 이들의 마음과 행위와 행동을 알 것이다. 또한 그들의 불안과 잘못된 생각과 망상을 이해하고 분별할 것이다. 그는 신성한 지혜를 얻지는 못했지만, 그의 마음 감각은 이처럼 완전히 청정할 것이다. 가르침의 해설을 충분히 알고 나서 가르침을 펼 것이며, 그 가르침은 모두 진실한 것이다. 그는 여래가 이야기한 모든 것을 말하고, 전세의 부처가 경전에서 설한 모든 것을 말할 것이다."

세존께서는 이와 같은 게송을 읊으시었다.

復次常精進 若善男子 善女人 如來滅後 受持是經 若讀 若誦 若解說 若書寫 得
千二百意功德 以是淸淨意根 乃至聞一偈一句 通達無量無邊之義 解是義已 能演說一
句一偈 至於一月 四月 乃至一歲 諸所說法 隨其義趣 皆與實相 不相違背 若說俗間經
書 治世語言 資生業等 皆順正法 三千大千世界六趣衆生 心之所行 心所動作 心所戱論
皆悉知之 雖未得 無漏智慧 而其意根 淸淨如此 是人有所思惟 籌量言說 皆是佛法 無不
眞實 亦是先佛 經中所說 爾時世尊 欲重宣此義 而說偈言

"다시 상정진아, 만일 선남자·선여인이 여래 멸도한 후 이 경 받아 지녀 읽고 외우며,
해설하고 옮겨 쓰면 1천2백 뜻의 공덕을 얻느니라. 이 청정한 의근(意根)으로 한 게송
이나 한 구절만을 들어도 한량없고 가이없는 뜻에 통달하여 알며, 그 한 구절이나 한
게송을 능히 연설하되 한 달 내지 넉 달 또는 일 년 동안을 하리라. 그가 설하는 모든
법이 그 뜻을 따르되 다 실상과 같이 서로 위배되지 아니하며, 혹은 속세의 경서나 세
상을 다스리는 언어나 학설, 생활하는 방법을 설할지라도 다 정법에 순하게 되리라. 삼
천대천세계 6취 중생이 마음으로 행하는 바와 마음에 동작하는 바와 마음으로 논하
는 바를 다 아나니, 비록 무루의 지혜는 얻지 못했으나 그 의근이 이와 같이 청정하므
로 이 사람이 사유함과 헤아리고 말하는 바가 다 불법으로 진실치 아니함이 없으며,
또한 이것은 이미 부처님의 경 가운데서 설하신 바이니라."
그때 세존께서 이 뜻을 거듭 펴시려고 게송으로 말씀하시었다.

그의 마음 감각은 순수하고 명민하고 청정하고 탁하지 않다.
그는 그것으로 저열한 가르침과 뛰어난 가르침,
그리고 중간 정도의 다양한 가르침을 식별한다.
게송을 한 구절만 들어도 현자는 그 수많은 의미를 안다.
그리고 그는 4개월이라도, 1년이라도 언제나 그 진실한 뜻과 상식적인 해석을
풀어낸다.
안팎을 불문하고 이 세계에 사는 존재들,

신, 인간과 아수라와 야차, 용, 축생의 태내에 깃든 것들,

여섯 가지 운명 속에서 사는 중생들이 무엇을 생각하든,

현자는 그 모두를 순식간에 안다.

이것이 이 경전을 마음에 새기는 자가 받는 은혜이다.

백 가지 복덕의 상서로운 모습을 갖추신 부처님이 모든 세계에 가르침을 설하신

그 청정한 목소리를 듣고, 그 역시 부처님이 말씀하시는 목소리를 얻는다.

그는 수많은 우수한 가르침을 마음에 새기고, 언제나 그것을 다양하게 가르친다.

더구나 그는 당황하지 않는다. 이것이 이 경전을 마음에 새기는 자가 받는 은혜이다.

그는 모든 것의 상호관계 및 특이점을 숙지하고

또한 그 뜻과 여러 가지 해설을 이해하고, 그것을 알고 있는 대로 말한다.

아주 오랜 옛날에 전세의 스승(부처)들이 오랫동안 말씀해 오신 경전을,

그 가르침을 그는 두려워하지 않고 청중 한가운데서 언제나 설한다.

이 경전을 마음에 새기고 독송하는 이의 마음 감각은 실로 이러하다.

그러나 그는 아직 자유자재의 지혜를 얻은 것이 아니지만

그가 지니는 마음 감각은 그것에 선행하는 것이다.

이 부처의 경전을 마음에 새기고, 수천만의 해설에 숙달하고

모든 중생에게 가르침 펴는 이는 스승의 경지에 있다.

是人意淸淨	明利無濁穢	以此妙意根	知上中下法
乃至聞一偈	通達無量義	次第如法說	月四月至歲
是世界內外	一切諸衆生	若天龍及人	夜叉鬼神等
其在六趣中	所念若干種	持法華之報	一時皆悉知
十方無數佛	百福莊嚴相	爲衆生說法	悉聞能受持
思惟無量義	說法亦無量	終始不忘錯	以持法華故
悉知諸法相	隨義識次第	達名字語言	如所知演說

此人有所說　　皆是先佛法　　以演此法故　　於衆無所畏

持法華經者　　意根淨若斯　　雖未得無漏　　先有如是相

是人持此經　　安住希有地　　爲一切衆生　　歡喜而愛敬

能以千萬種　　善巧之語言　　分別而說法　　持法華經故

이런 사람 청정한 뜻 영리하고 흐리잖아

미묘한 이 의근으로 상·중·하 법을 알고

한 게송만 듣더라도 무량한 뜻 통달하며

법과 같이 설법하되 한 달·넉 달·일 년이며

이 세계 안과 밖의 일체 중생 모든 사람

하늘 용과 인간들과 야차와 여러 귀신

6취 중에 있는 것들 마음으로 생각함을

《법화경》 가진 공덕 일시에 다 알며

백복으로 장엄한 시방의 수 없는 부처

중생 위해 설법하거든 받아 능히 들으며

무량한 뜻 생각하고 한량없이 설법하며

시종 착오 없는 것은 《법화경》을 가진 까닭

법의 모양 다 알고 뜻에 따라 차례 알며

명자(名子) 언어 통달하며 아는 바를 연설하며

이런 사람 하는 설법 모두 다 불법이니

이 법 연설함으로써 두려움이 없느니라.

《법화경》을 가진 사람 맑은 뜻이 이와 같아

비록 무루 못 얻어도 이런 모양 갖추니라.

이 사람 이 경 가져 희유 경지 머물러서

일체 중생 위하면 환희하고 공경하며

착하고도 교묘한 천만 가지 언어로써

분별하여 설법함은 《법화경》을 지닌 공덕.

이상으로 상서로운 《올바른 가르침의 백련》이라는 경설에서 '가르침을 펴는 자가 받는 은혜' 제18장은 끝난다.

19. 언제나 경멸받은 남자
상불경보살품 제20

그때 세존께서는 위대한 뜻을 가진 마하 스타마 프라프타(득대세)보살에게 말씀하셨다.

"득대세(得大勢)여, 지금까지 말한 것과는 반대로 이러한 경설 버리는 이들이 어떻게 되는지를 알아야 한다. 이 경설 신봉하는 비구와 비구니와 남녀 신자들을 비웃고 욕하며, 그들에게 악의적으로 냉혹한 말 퍼붓는 이들에게는 말로 이루 표현할 수 없을 만큼의 좋지 않은 결과가 따를 것이다. 그러나 이 경전 기억하고, 독송하고, 가르치고, 남에게 알리고, 자세히 설명하는 사람들에게는 내가 이미 말한 바와 같은 바람직한 결과가 있을 것이다. 또한 눈·귀·코·혀·몸·뜻 등 육근(六根)은 완전히 청정해질 것이다.

득대세여, 옛날, 이루 헤아릴 수도 없는 아득한 옛날, 그리고 그보다도 훨씬 이전에 비슈마 가르지타 스봐라 라쟈(위음왕(威音王))라는 여래께서 이 세상에 나타나셨다. 이 여래는 뷔니루보가(이쇠(離衰))라는 겁의 마하 산바봐(대성(大成))라는 세계에서 완전한 학식과 뛰어난 소행을 갖추고, 더할 나위 없는 행복에 도달하고, 세간을 가장 잘 알며, 인간을 이끄는 분이시자 신들 및 인간의 스승이고, 부처님이고, 세존이셨다.

이 여래는 대성 세계에서 신과 인간과 아수라를 포함한 세간 사람들을 상대로 가르침을 펼치셨다. 성문들에게는 4개의 신성한 진리를 중심으로, 연기(緣起)로부터 시작하여 생·로·병·사·근심·비탄·고뇌·실망·당황을 극복하고 마침내 '깨달음'의 경지에 도달하는 가르침을 설하셨다. 위대한 뜻을 가진 보살들에게는 육바라밀과 관련하여, 더할 나위 없이 완전한 '깨달음'에서 시작하여 여래의 지혜에 이르러 완성되는 가르침을 설하셨다.

이 여래 수명의 길이는 40개의 갠지스강의 모래알 수와 같은 수천만억 겁이었다. 이 여래가 열반에 드신 뒤, 잠부 드비파(염부제(閻浮提))의 매우 미세한 티끌 수와 같은 수천만억 겁 동안 올바른 가르침(正法)이 존속했다. 4대주의 매우 미세한 티끌 수와 같은 수천만억 겁 동안 올바른 가르침을 모방한 가르침(像法)이 존속했다.

득대세여, 이 대성 세계에서 존엄하신 위음왕여래가 열반에 드시고, 올바른 가르침을 모방한 가르침이 소멸했을 때, 또 다른 위음왕여래가 나타나셨다. 이 여래도 완전한 학식과 뛰어난 소행을 갖추고, 더할 나위 없는 행복에 도달하고, 세간을 가장 잘 알며, 인간을 이끄는 분이시자, 신들 및 인간의 스승이고, 부처님이고, 세존이셨다. 이렇게 차례로 20천만억의 위음왕여래가 이 대성 세계에 나타나셨다.

妙法蓮華經常不輕菩薩品第二十

爾時佛告 得大勢菩薩摩訶薩 汝今當知 若比丘 比丘尼 優婆塞 優婆夷 持法華經者 若有惡口 罵詈誹謗 獲大罪報 如前所說 其所得功德 如向所說 眼耳鼻舌身意淸淨 得大勢 乃往古昔 過無量無邊 不可思議 阿僧祇劫 有佛名威音王 如來 應供 正遍知 明行足 善逝 世間解 無上士 調御丈夫 天人師 佛 世尊 劫名離衰 國名大成 其威音王佛 於彼世中 爲天人阿修羅說法 爲求聲聞者 說應四諦法 度生老病死 究竟涅槃 爲求辟支佛 說應十二因緣法 爲諸菩薩 因阿耨多羅三藐三菩提 說應六波羅蜜法 究竟佛慧 得大勢 是威音王佛 壽四十萬億 那由他恒河沙劫 正法住世劫數 如一閻浮提微塵 像法住世劫數 如四天下微塵 其佛饒益衆生已 然後滅度 正法像法 滅盡之後 於此國土 復有佛出 亦號威音王如來 應供 正遍知 明行足 善逝 世間解 無上士 調御丈夫 天人師 佛 世尊 如是次第 有二萬億佛 皆同一號.

묘법연화경 상불경보살품 제20

그때 부처님께서 대세지(득대세) 보살마하살에게 말씀하시었다.

"너는 이제 마땅히 알라. 만일 비구·비구니·우바새·우바이 중에서 《법화경》 가진 이를 어떤 사람이 악한 말로 욕하고 비방하면 얻는 큰 죄보가 앞에서 말한 바와 같고,

그 얻는 공덕은 이제 말하는 바와 같이 눈·귀·코·혀·몸·뜻이 다 청정하리라.

득대세야, 한량없고 가이없는 불가사의 아승지 겁을 지난 오랜 옛날에 부처님이 계셨으니, 이름은 위음왕(威音王)여래·응공·정변지·명핵족·선서·세간해·무상사·조어장부·천인사·불세존이며, 겁의 이름은 이쇠(離衰)요, 나라의 이름은 대성(大成)이었느니라. 그 위음왕불께서 그 세상 가운데 하늘·인간·아수라들에게 설법하되 성문을 구하는 이에게는 4제법(諦法)을 설하여 생·로·병·사를 제도하고 마침내 열반하게 하시며, 벽지불을 구하는 이에게는 12인연법을 설해 주시고, 여러 보살에게는 아눗타라삼약삼보디를 인하여 육바라밀 법을 설해 주시어 마침내 부처님 지혜에 들게 하셨느니라.

득대세야, 이 위음왕불의 수명은 40만억 나유타 항하 모래 수와 같은 겁이며, 정법(正法)이 세상에 머무는 겁 수는 1염부제의 작은 티끌과 같고, 상법(像法) 세상 겁 수는 4천하의 작은 티끌과 같으니, 그 부처님은 중생을 이익있게 한 뒤에 멸도하셨고, 정법과 상법이 다 멸진한 뒤에도 그 국토에 다시 부처님이 나시니, 또한 이름이 위음왕여래·응공·정변지·명행족·선서·세간해·무상사·조어장부·천인사·불세존이었느니라. 이와 같은 차례로 똑같은 이름의 부처님이 2만억이나 계셨느니라.

그때 이 모든 위음왕여래의 최초 여래는 완전한 학식과……(중략)……부처님이고, 세존이셨다. 그 세존이 열반에 든 뒤, 올바른 가르침이 소멸하고, 올바른 가르침을 모방한 가르침이 소멸하기 시작하여 그 가르침이 오만한 비구들에게 공격받고 있을 때, 사다 파리브타(상불경(常不輕))라는 보살이 있었다. 어떤 연유로 이 보살이 상불경('언제나 경멸받은 남자'라는 뜻)이라 불리는가 하면, 그가 비구이든 비구니이든 남자 신자이든 여자 신자이든, 만나는 사람마다 다가가서 이렇게 말하기 때문이다.

'신사 여러분, 나는 당신들을 경멸하지 않습니다. 그것은 왜냐하면, 당신들이 모두 보살 수행을 하면 완전한 깨달음에 도달한 아라한여래가 될 것이기 때문입니다.'

득대세여, 이처럼 이 보살은 비구이면서도 가르침을 펴지 않고, 경문을 외지도 않고, 만나는 사람마다, 비록 그 사람이 멀리 있어도 그는 다가가서 이렇게 말을 걸고, 상대가 누구든 이렇게 말했다.

'숙녀 여러분, 나는 당신들을 경멸하지 않습니다. 왜냐하면 당신들이 모두 보살 수행을 하면 완전한 깨달음에 도달한 아라한여래가 될 것이기 때문입니다.'

득대세여, 이 위대한 뜻을 가진 보살은, 상대를 불문하고 아무에게나 이렇게 말을 건다. 이 말을 들은 이는 모두 화내며 그에게 악의를 품게 될 뿐만 아니라 불쾌감을 드러내며 비난하고 욕한다.

'왜 이 남자는 묻지도 않았는데 우리에게 경멸하지 않는다고 말하는 것일까. 보살인 주제에 우리가 더없이 완전한 깨달음에 도달할 것이라고 예언하는 것은 분수를 모르는 짓이며, 자기 자신을 깔보고 업신여기는 짓이다. 우리는 그러한 거짓 예언 따위는 원하지 않는다.'

이리하여 이 위대한 뜻을 가진 보살이 비난과 욕을 들으면서 많은 세월이 흘렀다. 그러나 그는 누구에게도 화내지 않고 악의를 품지 않았다. 그에게서 이러한 말을 들은 사람은 그에게 흙덩이와 몽둥이를 던졌지만, 그는 멀리서 그들을 향해 큰 소리로

'나는 당신들을 경멸하지 않습니다.'

하고 말했다. 그에게서 계속 그 말을 들은 교만한 비구와 비구니와 남녀 신자들은 그에게 상불경이라는 이름을 붙였다.

最初威音王如來 旣已滅度 正法滅後 於像法中 增上慢比丘 有大勢力 爾時有一菩薩 比丘 名常不輕 得大勢 以何因緣 名常不輕 是比丘 凡有所見 若比丘比丘尼 優婆塞 優婆夷 皆悉禮拜讚歎 而作是言 我深敬汝等 不敢輕慢 所以者何 汝等皆行菩薩道 當得作佛 而是比丘 不專讀誦經典 但行禮拜 乃至遠見四衆 亦復故往 禮拜讚歎 而作是言 我不敢輕於汝等 汝等皆當作佛故 四衆之中 有生瞋恚 心不淨者 惡口罵詈言 是無智比丘 從何所來 自言我不輕汝 而與我等授記 當得作佛 我等不用 如是虛妄授記 如此經歷多年 常被罵詈 不生瞋恚 常作是言 汝當作佛 說是語時 衆人或以 杖木瓦石 而打擲之 避走遠住 猶高聲唱言 我不敢輕於汝 汝等皆當作佛 以其常作是語故 增上慢比丘 比丘尼 優婆塞 優婆夷 號之爲常不輕.

최초의 위음왕여래께서 멸도하시고 정법이 멸진한 뒤 상법 가운데 증상만의 비구

가 큰 세력을 가졌더니, 그때 상불경이라는 한 보살 비구가 있었느니라.

득대세야, 무슨 인연으로 그를 상불경이라 이름하는지를 아느냐. 이 비구는 보는 바의 비구·비구니·우바새·우바이를 모두 다 예배하고 찬탄하며 말하기를 '나는 그대들을 깊이 공경하고 경만하게 찬탄하며 말하기를 '나는 그대들을 깊이 공경하고 경만하게 생각하지 않나니, 왜냐하면 그대들은 모두 보살 도를 행하여 반드시 성불하기 때문이니라'라고 하였느니라.

그 비구는 경전을 읽지도 않고 외우지도 아니하며 다만 예배만 행하였느니라. 멀리서 4부 대중을 볼지라도 또한 쫓아가서 예배하고 찬탄하여 하는 말이 '나는 그대들을 경만하게 생각하지 않나니, 그대들은 다 반드시 성불하기 때문이니라' 하였느니라. 4부 대중 가운데 진심을 내어 마음이 맑지 못한 사람들이 악한 말로 꾸짖고 욕하기를 '이 어리석고 무지한 비구야, 너는 어디서 와서 우리들을 경만히 생각하지 않는다고 하며, 또 반드시 성불하리라 수기까지 하느냐. 우리들은 이처럼 허망한 수기는 받지 않겠노라' 하니, 이렇게 여러 해 동안을 두루 돌아다니며 항상 비웃음과 욕을 들을지라도 진심을 내지 않고 '그대들은 반드시 성불하리라'고 말하였느니라.

그가 이런 말을 할 때 여러 사람이 혹은 막대기나 기와, 돌로 때리면 멀리 피해 달아나며, 오히려 큰 소리로 외치기를 '나는 그대들을 경만하게 생각하지 않나니 그대들은 모두 다 성불하리라' 하였느니라.

그가 항상 이런 말을 하고 다녔으므로 증상만의 비구·비구니·우바새·우바이들은 '상불경'이라 불렀느니라.

그런데 이 위대한 뜻을 가진 상불경보살은 죽음이 다가왔을 때, 이《올바른 가르침의 백련》이라는 경설을 들었다. 존엄하신 위음왕여래가 20천만억의 20배의 게송으로 이 경설을 읊으신 것이었다. 상불경보살은 죽음이 임박해 있음에도 불구하고 하늘에서 들려오는 목소리로 이 경설을 들었다. 누군가가 말한 하늘로부터의 소리를 듣고, 그는 이 경설을 곧바로 이해하고 앞에서 말한 육근청정(六根清淨)을 얻었다. 그는 육근청정을 얻고, 그 뒤 20천만억 년의 세월 동안 자신의 수명을 지속시켜 이《올바른 가르침의 백련》이라는 경설을 선양했다. 그리고 일찍이 그가 '나는 당신들을 경멸하지 않는다'고 말을 건, 그에게 상불경이라는 이름을 붙인 교만한 사람들은, 비구이든 비구니이든 남녀 신자이든 모두 그의 뛰어난 신통력과 상상력과 지혜의 힘의 위력을 알고 그로부터 가르침 듣기 위하여 모두 그의 수행자가 되었다. 그는 이 모든 사람을 고무하여, 다른 수천만억의 사람들과 함께 더할 나위 없이 완전한 '깨달음'에 이르게 하였다.

또한 득대세여, 그 위대한 뜻을 가진 보살은 다시 태어난 뒤, 완전한 '깨달음'에 이른 아라한인 챤드라 스봐라 라쟈(월음왕(月音王))라는 20천만억의 같은 이름을 가진 여래들에게 이 경설을 선양하고, 그들 모두를 기쁘게 하였다. 또한 그 뒤 그는 이 전세의 선근에 의하여, 완전한 '깨달음'에 이른 아라한인 둔두비 스봐라 라쟈(태고음왕(太鼓音王))라는 20천만억의 여래들에게 한 사람씩 차례로, 그리고 그들 여래를 따르는 네 부류의 회중에게 이 《올바른 가르침의 백련》이라는 경설을 선양하여 그들을 기쁘게 하였다. 또한 메가 스봐라 라쟈(운음왕(雲音王))라는……(중략)……그들을 기쁘게 하였다. 그동안 계속 그는 육근청정이었다.

그 위대한 뜻을 가진 상불경보살은 수천만억의 많은 여래와 다른 부처님들을 숭상 공경하고, 스승으로 받들고, 공양하고 예찬하여 그들 모두에게 이 《올바른 가르침의 백련》이라는 경설을 선양하여 그들을 기쁘게 하였다. 그들을 기쁘게 함으로써 이 전세의 선근이 완전히 성숙하여, 그는 더할 나위 없이 완전한 '깨달음'에 도달했다.

是比丘 臨欲終時 於虛空中 具聞威音王佛 先所說法華經 二十千萬億偈 悉能受持 即得如上 眼根清淨 耳鼻舌身意根清淨 得是六根清淨已 更增壽命 二百萬億 那由他歲 廣爲人說 是法華經 於是增上慢四衆 比丘 比丘尼 優婆塞 優婆夷 輕賤是人 爲作不輕名者 見其得大神通力 樂說辯力 大善寂力 聞其所說 皆信伏隨從 是菩薩 復化千萬億衆 令住阿耨多羅三藐三菩提 命終之後 得値二千億佛 皆號日月燈明 於其法中 說是法華經 以是因緣 復値二千億佛 同號雲自在燈王 於此諸佛法中 受持讀誦 爲諸四衆 說此經典 故 得是常眼清淨 耳鼻舌身意 諸根清淨 於四衆中說法 心無所畏 得大勢 是常不輕菩薩 摩訶薩 供養如是 若干諸佛 恭敬尊重讚歎 種諸善根 於後復値 千萬億佛 亦於諸佛法 中 說是經典 功德成就 當得作佛.

이 비구가 임종할 때 위음왕불께 먼저 설하신 바 있는 《법화경》의 20천만억 게송을 허공으로부터 들어 다 주지하고, 곧 위에서 말한 것과 같이 눈·귀·코·혀·몸·뜻이 청정하고 이 6근의 청정함을 얻고는 다시 2백만억 나유타 세(歲)의 수명을 더 얻어 많은 사람을 위하여 이 《법화경》을 설하였느니라. 이때 그를 천대하고 경멸하여 상불경이라 부르던 비구·비구니·우바새·우바이의 4부 대중들이 이 큰 신통력과 요설 변재력과 큰 선적력(善寂力)을 보며 그가 설하는 바를 듣고는 다 믿고 따라 순종하니, 이 보살은 다시 천만억 중생을 교화하여 아눗타라삼약삼보디에 머물도록 하였느니라. 그가 수명을 다한 뒤에는 2천억의 부처님을 친견하니 그 부처님들의 이름이 다 같이 일월등명(日月燈明)이며, 그 법 가운데 이 《법화경》을 설하고 그 인연으로 다시 2천억의 부처님을 친견하니 또한 운자재등왕불(雲自在燈王佛)이었으며, 이 여러 부처님 법 가운데서도 이 경전을 받아 지녀 읽고 외우며 여러 4부 대중을 위해 설한 까닭에 항상 눈이 청정하고 귀·코·혀·몸·뜻의 근기가 청정하며, 4부 대중 가운데서 설법하더라도 마음에 두려움이 없었느니라.

득대세야, 이 상불경보살마하살이 이처럼 많은 부처님께 공양하고 공경하며 존중하고 찬탄하여 여러 선근을 심었으며, 수명을 다한 뒤에는 천만억의 부처님을 친견하여 여러 부처님 법 가운데서 이 경전을 설하고 공덕을 성취하여 성불하였느니라.

그런데 득대세여, 그때의 위대한 뜻을 가진 상불경보살과, 존엄하신 위음왕여래의 가르침을 지키면서 비구와 비구니, 남녀 신자들로부터 가는 곳마다 '언제나 경멸'당했으나 나중에 많은 여래를 기쁘게 한 상불경이 다른 사람이라는 의혹이 있을 수 있다. 그러나 그리 생각해서는 안 된다. 그것은 어째서인가. 득대세여, 내가 바로 그때의 위대한 뜻을 가진 상불경보살이었기 때문이다. 내가 일찍이 이 경설을 배우지 않았더라면, 또한 그것을 기억하지 않았더라면, 나는 이처럼 빠르게 더없이 완전한 '깨달음'에 도달하지 못했을 것이다. 내가 전세의 여래들로부터 친히 이 경설을 배우고 그것을 기억하고 독송하고 가르쳤기 때문에, 이렇게 나는 더할 나위 없이 완전한 '깨달음'에 도달한 것이다. 그 상불경보살은 세존의 가르침을 지키고, 수백 명의 비구와 비구니와 남녀 신자들에게 '나는 당신들을 경멸하지 않습니다. 당신들은 모두 보살 수행을 하면 완전한 '깨달음'에 도달하여 여래가 될 것이기 때문입니다' 하고 말을 걸어서 이 경설의 가르침을 펼친 것이다. 이 보살에게 악의를 품은 사람들은 2백만억 겁 동안 여래를 보지 못했고, 가르침이나 제자라는 말도 듣지 못했다. 그리고 1만 겁 동안 아비지옥에서 어마어마한 고통을 받았다. 그들은 모두 그 뒤에 이 업의 번뇌에서 완전히 해방되었고, 그 보살에 의하여 더없이 완전한 '깨달음'에 이를 정도로 성숙하였다.

그런데 득대세여, 이때 그 위대한 뜻을 가진 보살에게 소리치고 그를 비웃은 이들이 누구였는지 의혹을 가질 수 있다. 그것은 지금 이 회중 속에 있는 바드라파라(발타바라(跋陀婆羅))를 비롯한 5백 명의 보살들, 싱하 챤드라(사자월(獅子月))를 비롯한 5백 명의 비구니들, 스가타 체타나(사불(思弗))를 비롯한 5백 명의 여자 신도들인데, 지금은 그들 모두 더없이 완전한 '깨달음'을 향한 불퇴전의 자리에 있다. 이처럼 이 매우 중요한 경설을 기억하고 독송하고 가르치는 일은, 위대한 뜻을 가진 보살들이 더할 나위 없이 완전한 '깨달음'에 도달하기 위한 끌그물이 된다. 따라서 득대세여, 여래가 열반에 든 뒤에는 위대한 뜻을 가진 보살들은 이 경설을 언제나 기억하고 독송하고 가르치고 선양해야 한다."

그때 세존께서는 다음의 게송을 읊으시었다.

得大勢 於意云何 爾時常不輕菩薩 豈異人乎 則我身是 若我於宿世 不受持讀誦此經
爲他人說者 不能疾得 阿耨多羅三藐三菩提 我於先佛所 受持讀誦此經 爲人說故 疾
得阿耨多羅三藐三菩提 得大勢 彼時四衆 比丘 比丘尼 優婆塞 優婆夷 以瞋恚意 輕賤
我故 二百億劫 常不值佛 不聞法 不見僧 千劫於阿鼻地獄 受大苦惱 畢是罪已 復遇常
不輕菩薩 敎化阿耨多羅三藐三菩提 得大勢 於汝意云何 爾時四衆 常輕是菩薩者 豈異
人乎 今此會中 跋陀婆羅等 五百菩薩 獅子月等 五百比丘尼 思弗等 五百優婆塞 皆於阿
耨多羅三藐三菩提 不退轉者是 得大勢 當知是法華經 大饒益 諸菩薩摩訶薩 能令至於
阿耨多羅三藐三菩提 是故諸菩薩摩訶薩 於如來滅後 常應受持 讀誦 解說 書寫是經
爾時世尊 欲重宣此義 而說偈言

득대세야, 너의 생각은 어떠하냐. 그때의 상불경 비구가 어찌 다른 사람이겠느냐. 그 사람이 바로 내 몸이었느니라. 만일 숙세에 내가 이 경전 받아 지녀 읽고 외우며 다른 사람을 위해 설하지 아니하였다면 나는 아눗타라삼약삼보디를 빨리 못 얻었을 것이라. 내가 앞에 계신 부처님들로부터 이 경전을 받아 지녀 읽고 외우며 다른 사람을 위하여 설하였기 때문에, 아눗타라삼약삼보디를 이렇게 빨리 얻은 것이니라.

득대세야, 그때 4부의 대중인 비구·비구니·우바새·우바이들은 진심을 내어 나를 경멸했기 때문에 2백억 겁 동안에도 부처님 한 번 못 만나 뵙고, 법을 못 들었으며, 또한 스님도 보지 못했으며, 천 겁 동안을 아비지옥 속에서 큰 고통을 받고, 그 죄보가 다한 뒤에는 다시 상불경보살의 교화로 아눗타라삼약삼보디를 얻게 되었느니라.

득대세야, 너의 생각은 어떠하냐. 그때 상불경보살을 항상 경멸한 이들이 어찌 다른 사람이랴. 이 대회 가운데 있는 발타바라(跋陀婆羅) 등 5백 보살과 우바새로서 다 아눗타라삼약삼보디에서 물러나지 않는 이들이니라. 득대세야, 마땅히 알라. 이《법화경》은 여러 보살마하살을 크게 이롭게 하고 아눗타라삼약삼보디에 이르게 하나니, 그러므로 보살마하살은 여래께서 멸도한 뒤에는 이 경전을 받아 지녀 읽고 외우며 해설하고 옮겨 쓸지니라."

그때 세존께서는 이 뜻을 거듭 펴시려고 게송으로 말씀하시었다.

부처님인 위음왕이 계시던 옛 세상을 나는 떠올린다.
그는 위대한 위광을 지니시고 인간과 신들로부터 공양받는,
인간과 신들과 야차와 나찰들의 지도자이셨다.
이 부처님이 열반에 드신 뒤 올바른 가르침은 멸망의 길을 걸었다.
그때 상불경이라는 비구 보살이 있었다.
그때 그는 사견(邪見)을 믿는 다른 비구와 비구들에게 다가가서,
"나는 여러분을 경멸하는 마음은 터럭만큼도 없다.
최고의 깨달음을 위하여 수행하라."
언제나 이렇게 말을 걸고 그들의 비난과 경멸을 참았다.
죽음이 가까워졌을 때 그는 이 경전을 들었다.
그때 그 현자는 죽지 않고 긴 수명을 얻어
그 지도자(부처)의 가르침을 지키고, 이 경전을 세상에 널리 알렸다.
사교(邪敎)를 믿는 많은 이는 모두 그에 의하여 '깨달음'에 도달할 수 있는 존재

로 성숙했다.

이후 그 보살은 다시 태어나 수천만억의 부처님을 기쁘게 하였다.

차례로 행한 복덕에 의하여 그 부처의 아들은 언제나

이 경전을 세상에 퍼뜨리고 마침내 '깨달음'에 도달했다.

그때의 그가 바로 샤키야 무니(석가모니), 즉 나였다.

過去有佛	號威音王	神智無量	將導一切
天人龍神	所共供養	是佛滅後	法欲盡時
有一菩薩	名常不輕	時諸四衆	計著於法
不輕菩薩	往到其所	而語之言	我不輕汝
汝等行道	皆當作佛	諸人聞已	輕毀罵詈
不輕菩薩	能忍受之	其罪畢已	臨命終時
得聞此經	六根淸淨	神通力故	增益壽命
復爲諸人	廣說是經	諸著法衆	皆蒙菩薩
敎化成就	令住佛道	不輕命終	値無數佛
說是經故	得無量福	漸具功德	疾成佛道

지난 세상 한 부처님 그 이름이 위음왕불

신통 지혜 무량하여 일체 중생 인도하고

하늘·인간·용과 귀신 정성스러운 공양받고

이 부처님 멸도하여 법 또한 다할 때

보살 한 분 계셨으니 이름하여 상불경

그때 4부 대중 법마다 집착하거늘

상불경 그 보살이 곳곳마다 찾아가서

말하여 이르는 말 '그대 경멸 않나니

도 행하는 그대들도 모두 다 성불하리.'

이 말 들은 여러 사람 비방하고 욕을 해도

상불경 그 보살은 능히 받아 다 참으며

숙세의 죄 다한 후 임종할 때 이르러서

이 경전 얻어들어 6근이 청정하고

신통력을 갖추므로 수명 또한 더했노라.

다시 중생 위하여 이 경 널리 설하니

법에 걸린 뭇 중생들 그 보살의 교화로

빠짐없이 성취하여 부처님 도 다 이루며

그 보살은 임종한 후 많은 부처 만나 뵙고

이 경전을 설한 인연 무량한 복 받아서

공덕을 점점 갖춰 성불 빨리했느니라.

그때 사교를 믿고 있던 비구와 비구니, 남자 신자 또한 여자 신자에 이르기까지, 모두 '깨달음'에 이를 수 있다고 그 현자는 선언했다.

그리고 그들은 수천만의 많은 부처님을 보았다.

지금 내 앞에 있는 5백 명보다 적지 않은 비구, 비구니들,

또한 여신도들이 그들이다.

나는 이 모든 이에게 최고의 가르침을 설명하였고

그들은 모두 나로 인해 성숙하였다.

내가 열반에 들면 이들 모든 용사가

이 최고의 경전을 고이 지닐 것이다.

수천만 겁이라는 상상할 수 없을 정도로 오랜 시간 동안, 이러한 가르침이 설해진 적은 없었다.

수천만억의 부처님이 계셨지만, 그들은 이 경전을 세상에 널리 알리지 않았다.

그러니 부처님께서 스스로 말씀하신 이 가르침을 들어서

내가 열반에 든 뒤 거듭 그를 기쁘게 해드리고, 이 세상에 이 경전을 널리 알리리라.

彼時不輕　　卽我身是　　時四部衆　　著法之者

聞不輕言　　汝當作佛　　以是因緣　　値無數佛

此會菩薩　　　五百之衆　　　幷及四部　　　清信士女
今於我前　　　聽法者是　　　我於前世　　　勸是諸人
聽受斯經　　　第一之法　　　開示敎人　　　令住涅槃
世世受持　　　如是經典　　　億億萬劫　　　至不可議
時乃得聞　　　是法華經　　　億億萬劫　　　至不可議
諸佛世尊　　　時說是經　　　是故行者　　　於佛滅後
聞如是經　　　勿生疑惑　　　應當一心　　　廣說此經
世世值佛　　　疾成佛道

그때의 상불경은 바로 나의 몸이었고
상불경을 경멸하던 법에 걸린 대중들은
내가 준 성불 수기 모두 받은 인연으로
한량없고 가이없는 부처님을 만나 뵈온
이 가운데 5백 보살 청신사와 청신녀도
나의 앞에 지금 와서 법을 듣는 이들이라.
나는 지난 세상에서 많은 사람 권하여서
제일 되는 이 가르침 듣고 받게 하였으며
보이고 가르쳐서 열반에 잘 머물러
세세에 이 경전을 수지토록 하였으며
억만 겁 오랜 세월 불가사의 얻게 하려
항상 이 법 듣게 하고 열어 뵈고 가르치며
천만이나 억만 겁 불가사의 이르도록
여러 부처 세존께서 항상 이 경 설하시니
그러므로 도 닦는 이 부처님 멸도 후에
이 경전을 얻어듣고 의혹된 맘 내지 말며
한결같은 마음으로 이 경전 설법하면
세세생생 부처 만나 성불 빨리 이루리라.

이상으로 상서로운 《올바른 가르침의 백련》이라는 경설에서 '언제나 경멸받은 남자' 제19장은 끝난다.

20. 여래의 신통력 발휘
여래신력품 제21

대지의 틈새에서 나온, 삼천대천세계의 매우 미세한 티끌 수와 같은 수천만억의 보살들은 모두 세존을 향하여 합장하고 이렇게 말했다.

"세존이시여, 우리는 여래께서 열반에 드신 뒤에는, 세존의 국토인 곳은 어디든, 모든 불토에서, 세존께서 열반에 드시는 모든 곳에서 이 경설을 널리 펼칠 것입니다. 세존이시여, 우리는 기억하고 독송하고 가르치고 설명하고 쓰기 위하여 이 우수한 경설을 원하고 있습니다."

그때 이 사바 세계에 사는 만쥬 슈리(문수사리)를 비롯한 수천만억의 보살들과 비구·비구니·남녀 신자·신·용·야차·건달바·아수라·가루라·긴나라·마후라가·인간과 인간 아닌 것들, 그리고 갠지스강의 모래알처럼 많은 위대한 뜻을 가진 보살들이 세존께 이렇게 말했다.

"우리도 또한 육체를 숨기고 공중에서 목소리를 낼 것입니다. 그리고 선근을 심지 않은 이들에게 선근을 심게 할 것입니다."

그러자 세존께서는 대지의 틈새에서 나온, 제자들을 거느린 위대한 지도자이자 스승인, 위대한 뜻을 가진 보살의 한 사람으로 그중에서 가장 뛰어난 뷔시슈타 챠리투라(상행)라는 이에게 말씀하셨다.

"훌륭하다, 훌륭하구나, 상행보살(上行菩薩)이여. 그대들은 이 경설을 위하여 그리하도록 하라. 그대들은 여래에 의하여 더없는 최고의 '깨달음'에 이르도록 성숙해 있다."

그때 존엄하신 샤키야 무니(석가모니)여래와, 열반에 들어 완전한 '깨달음'에 도달한 아라한인 존엄하신 프라부타 라트나(다보)여래께서는 탑의 한가운데에 있는 사자좌에 앉아 있었다. 두 분 다 미소를 띠고, 입을 벌려 혀를 내밀었다. 그 혀는 범천 세계에까지 이르렀으며, 이 두 개의 혀에서 수천만억의 많은 빛이 뿜어져 나왔다. 그 빛 하나하나에서 황금색 몸과 32의 위대한 인간의 길상(吉相)을 지니고 연꽃 속의 사자좌에 앉은 수천만억의 많은 보살이 나타났다. 그리고 이들 보살들은 사방팔방의 수백수천의 세계로 가서, 공중에 머문 채로 가르침을 펼쳤다.

완전한 '깨달음'에 도달한 아라한인 존엄하신 석가여래와, 완전한 '깨달음'에 도달한 다보여래가 혀로 신통력의 기적을 나타낸 것처럼, 완전한 '깨달음'에 도달한 모든 여래가 수천만억의 다른 세계로부터 모여와, 보옥의 보리수 밑에서 각자 사자좌에 앉은 채 혀로 신통력의 기적을 보였다.

완전한 '깨달음'에 도달한 존엄하신 석가여래와, 완전한 '깨달음'에 이른 모든 여래는 수십만 년 동안 신통력을 발휘했다.

이어서 수십만 년이 지나자, 완전한 '깨달음'에 도달한 이 여래들은 혀를 다시 집어넣고, 순식간에 그리고 동시에 모두 사자의 기침 소리를 내고 손가락을 퉁기는 소리를 냈다. 이 커다란 기침 소리와 손가락을 퉁기는 소리로 사방의 수천만억의 불토가 지진을 일으키고 심하게 진동했다.

妙法蓮華經如來神力品第二十一

爾時千世界 微塵等 菩薩摩訶薩 從地涌出者 皆於佛前 一心合掌 瞻仰尊顔 而白佛言 世尊 我等於佛滅後 世尊分身 所在國土 滅度之處 當廣說此經 所以者何 我等亦自欲得 是眞淨大法 受持 讀誦 解說 書寫 而供養之 爾時世尊 於文殊師利等 無量百千萬億舊住娑婆世界 菩薩摩訶薩 及諸比丘 比丘尼 優婆塞 優婆夷 天 龍 夜叉 乾闥婆 阿修羅迦樓羅 緊那羅 摩睺羅伽 人非人等 一切衆前 現大神力 出廣長舌 上至梵世 一切毛孔放於無量 無數色光 皆悉遍照 十方世界 衆寶樹下 師子座上諸佛 亦復如是 出廣長舌放無量光 釋迦牟尼佛 及寶樹下諸佛 現神力時 滿百千歲 然後還攝舌相 一時謦欬 俱共彈指 是二音聲 遍至十方 諸佛世界 地皆六種震動.

묘법연화경 여래신력품 제21

그때 땅에서 솟아 나온 천 세계의 티끌 수 같은 보살마하살이 모두 부처님 앞에서 일심으로 합장하고 부처님 존안을 우러러보며 여쭈었다.

"세존이시여, 저희는 부처님께서 열반하신 뒤 세존의 분신들이 있다가 멸도하신 곳에 가서 이 경을 설하오리다. 왜냐하면, 저희도 이 진실되고 청정한 큰 법을 얻어 받아서 읽고 외우며, 해설하고 옮겨 쓰며, 이를 공양하려는 때문이나이다."

그때 세존께서 오래 전부터 머물러 있던 문수사리 등 한량없는 백천만억의 보살마하살과 여러 비구·비구니·우바새·우바이와, 하늘·용·야차·건달바·아수라·가루라·긴나라·마후라가·사람인 듯 아닌 듯한 것 등의 온갖 중생들 앞에서 큰 신통력을 나타내시었다. 넓고 긴 혀를 내시니 위로는 범천까지 이르며, 일체의 털 구멍에서는 한량없이 많은 광명이 나타나 시방 세계를 두루 비추며, 또한 보배나무 아래의 사자좌에 앉으신 많은 부처님께서도 그와 같은 넓고 긴 혀를 내시어 광명을 놓으시었다. 이렇게 석가모니불과 보배나무 아래 계신 많은 부처님은 백천 년 동안 신통력을 내신 뒤에야 다시 혀를 거두시며, 이때 큰기침을 하시며 함께 손가락을 튕기시니, 이 두 가지 소리가 시방의 부처님 세계에 두루하게 들려 땅이 여섯 가지로 진동하였다.

그리고 이 모든 불토에 있는 모든 중생, 신·용·야차·건달바·아수라·가루라·긴나라·마후라가·인간과 인간 아닌 것은 부처님의 위력으로, 그곳에 있으면서 이 사바 세계를 볼 수 있었다. 또한 수천만억의 모든 여래가 보옥의 보리수 밑에서 각각 사자좌에 앉아 있는 것도 보고, 석가여래께서 다보여래와 함께 그 보옥으로 만들어진 거대한 탑 속의 사자좌에 앉아 계신 것과 그 주위에 모인 비구·비구니·남녀 신자들도 보았다. 그들은 그 모습을 보고 경탄하고 기이하게 여기며, 이러한 기적을 본 것을 크게 기뻐하였다. 그리고 그들은 공중으로부터 이러한 소리를 들었다.

"벗이여, 수천만억의 셀 수 없는 세계를 지난 저편에 사바라 불리는 세계가 있고, 그곳에는 완전한 '깨달음'에 도달하신 석가모니라는 존엄하신 여래가 계시다. 그분은 지금 보살들을 훈계하고, 모든 부처가 지녀야 할 광대한 가르침을 소상히 풀이한 《올바른 가르침의 백련》이라는 최고의 경전을, 위대한 뜻을 가진 보살들에게 경설하고 계시다. 그대들은 그것을 진심으로 환영하라. 그리고 완전한 '깨달음'에 도달한 그 존엄하신 석가여래와 다보여래를 경배하라."

그러자 중생들은 공중에서 울리는 소리를 듣고, 그 자리에서 합장하고 이렇게 말했다.

"완전한 '깨달음'에 도달한 존엄하신 석가여래께 예배 올립니다."

그리고 존엄하신 석가여래와 다보여래에게 공양하기 위하여, 또 그《올바른 가르침의 백련》이라는 경설에 공양하기 위하여, 그들은 가지가지 꽃과 향목·향료·화환·도향(塗香)·향분·옷·우산·깃발을 사바 세계를 향하여 던지고, 각종 화장품과 장식품, 목걸이·보옥·보석 등을 던졌다. 그러자 이 꽃·향목·향료·화환·도향·향분·옷·우산·깃발·목걸이·보옥·보석 등은 사바 세계와 다른 수천만억의 세계에 앉아 있는 여래들의 머리 위에, 커다란 꽃우산이 되어 공중 곳곳에 나타났다.

其中衆生 天 龍 夜叉 乾闥婆 阿修羅 迦樓羅 緊那羅 摩睺羅伽 人非人等 以佛神力故 皆見此娑婆世界 無量無邊 百千萬億 衆寶樹下 師子座上諸佛 及見釋迦牟尼佛 共多寶如來 在寶塔中 坐師子座 又見無量無邊 百千萬億 菩薩摩訶薩 及諸四衆 恭敬圍繞 釋迦牟尼佛 旣見是已 皆大歡喜 得未曾有 卽時諸天 於虛空中 高聲唱言 過此無量無邊 百千萬億 阿僧祇世界 有國名娑婆 是中有佛 名釋迦牟尼 今爲諸菩薩摩訶薩 說大乘經 名妙法蓮華 敎菩薩法 佛所護念 汝等當深心隨喜 亦當禮拜供養 釋迦牟尼佛 彼諸衆生 聞虛空中聲已 合掌向娑婆世界 作如是言 南無釋迦牟尼佛 南無釋迦牟尼佛 以種種華香 瓔珞幡蓋 及諸嚴身之具 珍寶妙物 皆共遙散 娑婆世界 所散諸物 從十方來 譬如雲集 變成寶帳 遍覆此間 諸佛之上 于時十方世界 通達無礙 如一佛土.

그 가운데 하늘·용·야차·건달바·아수라·가루라·긴나라·마후라가·사람인 듯 아닌 듯한 중생들이 부처님의 신통력으로 보배나무 아래의 사자좌에 앉으신 한량없고 가이없는 백천만억의 여러 부처님과 석가모니불께서 다보여래와 함께 보배탑 안의 사자좌에 앉아 계신 것을 이 사바 세계에서 다 보며, 또 한량없고 가이없는 백천만억의 보살마하살과 여러 4부 대중이 석가모니불을 둘러싸고 공경함을 보고 다 크게 환희하여 미증유를 얻었다.

그때 모든 하늘의 허공중에서 큰 소리가 났다.

'이 한량없고 가이없는 백천만억 아승지의 세계를 세계에 계신 부처님은 석가모니불이라고 하느니라. 지금 그 부처님께서 여러 보살마하살을 위하여 대승경을 설하시

니 《묘법연화경》으로, 보살을 가르치는 법이며 부처님께서 생각하시는 바이니, 그대들
은 마음 깊이 따라 기뻐하고 또한 마땅히 예배 공양할지니라.'

　그때 여러 중생이 허공중에서 들리는 이 소리를 듣고 사바 세계를 향하여 합장하
고 '나무석가모니불, 나무석가모니불' 하고 부르며, 가지가지 꽃과 향과 영락과 번개와
그리고 많은 장신구인 진귀하고 아름다운 보물들을 다 함께 사바 세계에 뿌렸다. 그
뿌려진 여러 가지 물건은 구름처럼 시방에서 몰려와서 변하여 보배 장막으로 이 세상
의 부처님들 위를 덮으니, 이때 시방 세계는 통달하여 걸림 없는 것이 하나의 불국토
와 같았다.

　세존께서는 뷔시슈타 상행보살을 비롯한 이 위대한 뜻을 가진 보살들에게 말
씀하셨다.

"양가의 자제들이여, 완전한 '깨달음'에 도달한 여래들의 위력은 이루 상상할
수 없을 정도이다. 나는 수천만억 겁의 오랜 세월 동안 이 경설을 전하기 위하여
그 속에 설명되어 있는 수많은 가르침을 비롯하여 이 경설에서 얻는 많은 은혜를
설파할 것이다. 그러나 이 경설을 계속 설파해도 그 공덕의 대안(對岸)에 도달하
는 일은 없을 것이다. 양가의 자제들이여, 나는 이 경설 속에서 부처님의 모든 가
르침, 부처님의 모든 존엄, 부처님의 모든 신비, 부처님의 모든 심원한 입장을 요
약하여 나타냈다. 그러니 양가의 자제들이여, 여래가 열반에 든 뒤에는 그대들이
이 경전을 공경하여 기억하고, 가르치고 쓰고 독송하고 설명하고 생각하고 공양
해야 한다. 양가의 자제여, 어디든 이 설교가 독송되거나 해설되거나 가르치거나
베껴 쓰거나, 생각되거나, 이야기되거나, 음송되거나 책으로 만들어져 놓인 곳에
는, 그곳이 낙원이든, 절이든, 집이든, 숲이든, 도시든, 나무 밑동이든, 누각이든, 암
자든, 동굴이든, 그 장소에 여래를 위한 사당이 세워져야 할 것이다. 그것은 어째
서인가. 이 장소가 모든 여래의 진정한 보리좌임을 알고, 그곳에서 아라한인 모든
여래가 더없이 완전한 '깨달음'에 도달했음을 알아야 하기 때문이다. 또한 이 장소
에서 모든 여래에 의하여 가르침의 바퀴가 돌았으며, 여기서 모든 여래가 열반에
드셨음을 알아야 하기 때문이다.

　세존께서는 이러한 게송을 읊으셨다.

爾時佛告 上行等菩薩大衆 諸佛神力 如是無量無邊 不可思議 若我以是神力 於無量 無邊 百千萬億 阿僧祇劫 爲囑累故 說此經功德 猶不能盡 以要言之 如來一切所有之法 如來一切自在神力 如來一切秘要之藏 如來一切甚深之事 皆於此經 宣示顯說 是故汝 等 於如來滅後 應當一心 受持 讀誦 解說 書寫 如說修行 所在國土 若有受持 讀誦 解 說 書寫 如說修行 若經卷所住之處 若於園中 若於林中 若於樹下 若於僧坊 若白衣舍 若在殿堂 若山谷曠野 是中皆應 起塔供養 所以者何 當知是處 即是道場 諸佛於此 阿 耨多羅三藐三菩提 諸佛於此 轉於法輪 諸佛於此 而般涅槃 爾時世尊 欲重宣此義 而 說偈言

그때 부처님께서 상행(上行) 등 많은 보살 대중에게 말씀하시었다.

"모든 부처님의 신통력은 이와 같이 한량없고 가이없으며 또한 불가사의하니라. 만일 내가 이 신통력으로 하여 이 경의 공덕을 설할지라도 오히려 그를 다하지 못하리라. 그러므로 중요한 것만을 말하면, 여래의 일체 법과 여래의 일체 자재한 신통력과 여래의 일체 비밀스러운 법장과 여래의 일체 깊은 일을 이《법화경》에서 선설하여 펴 보이었느니라. 그러므로 너희들은 여래께서 멸도하신 뒤 일심으로 받아 가지고 읽고 외우며, 해설하고 옮겨 쓰며 설함과 같이 수행할지니, 너희들이 있는 국토에서 받아 가지고 읽고 외우며 해설하고 옮겨 쓰며 설함과 같이 수행하라.

이《법화경》이 머무는 곳이 혹은 동산이거나 숲속이거나 나무 아래이거나 승방이거나 서민의 집이거나 전각이거나 산골이거나 들판일지라도 응당 그곳에 탑을 세우고 공양할지니라. 왜냐하면 이곳은 모두 도량으로 여러 부처님께서 이곳에서 아눗타라 삼약삼보디를 얻으시며, 또 여러 부처님께서 이곳에서 법륜을 굴리시며, 또 여러 부처님께서 이곳에서 열반하시기 때문이니라."

그때 세존께서 이 뜻을 거듭 펴시려고 게송으로 말씀하시었다.

모든 중생을 기쁘게 하기 위하여 무한한 눈을 갖고, 신통력을 보이고,
초자연의 지혜에 안주하고, 세간의 이익을 바라는 이(부처)들의
가르침의 본질은 이루 상상할 수 없을 정도이다.
그들은 수천의 광명을 내뿜으며 혀를 온 세계로 내뻗치었다.

이 신통력을 본 사람들은 경탄했고, 그들은 모두

최고의 '깨달음'을 추구하는 마음을 일으켰다.

부처님들은 일제히 기침하고, 손가락을 퉁기는 소리를 낸다.

그들은 이 소리를 온 세계에, 시방의 모든 세계에 울리게 한다.

은혜롭고 자비로우신 부처님들은, '어떻게 하면 부처가 열반에 든 뒤 중생들이 기뻐하며 이 경전을 고이 지닐 것인가' 하고,

여러 가지 기적의 공덕을 보인다.

세간의 지도자(부처)들이 열반에 들었을 때, 이 최고의 경전을 고이 지니는

부처님의 아들들을 수천만억 겁 동안 칭찬한다고 해도

하늘의 여러 방향처럼 그들의 공덕은 끝이 없다.

이 뛰어난 경전을 언제나 고이 지니는 사람들의 공덕은 이루 상상할 수 없다.

그들은 나와 다른 모든 지도자를 보았다. 또한 세간의 지도자가 열반에 든 것도 보았다.

모든 보살, 네 부류의 회중도 그는 보았다.

諸佛救世者	住於大神通	爲悅衆生故	現無量神力
舌相至梵天	身放無數光	爲求佛道者	現此希有事
諸佛謦欬聲	及彈指之聲	周聞十方國	地皆六種動
以佛滅度後	能持是經故	諸佛皆歡喜	現無量神力
囑累是經故	讚美受持者	於無量劫中	猶故不能盡
是人之功德	無邊無有窮	如十方虛空	不可得邊際
能持是經者	則爲已見我	亦見多寶佛	及諸分身者
又見我今日	敎化諸菩薩		

큰 신통력 머무시는 부처님 세존께서

중생을 기쁘게 하려 무량 신통 나타내니

혀는 길어 범천까지 몸에 놓은 밝은 광명

부처님 도 구하는 이 그를 위해 나타내며

　　그때 나는 기침 소리 손가락 또 튕기시니

　　시방의 모든 세계 6종으로 진동하며

　　부처님 멸도한 뒤 이 경 능히 가지므로

　　여러 부처 환희하사 무량 신통 나타내며

　　이 경 부촉 위하므로 경 가진 이 찬탄하되

　　무량한 겁 다하여도 다하지 못하리니

　　이런 사람 얻는 공덕 끝이 없고 다함 없어

　　시방 세계 허공 같아 끝간 데를 알 수 없네.

　　《법화경》 가진 이는 나의 몸을 보게 되고

　　다보여래 부처님과 여러 분신(分身) 보게 되며

　　내가 오늘 교화하는 많은 보살 보게 되네.

그는 이 경전을 고이 지니고

지금 여기서 나를 기쁘게 하고

또한 모든 지도자를 기쁘게 하였다.

또한 열반에 든 부처님의 왕(다보여래)을, 시방의 다른 부처들을 기쁘게 하였다.

이 경전을 고이 지니는 자는 시방에 있는 미래 및 과거의

온갖 부처를 모두 보고 그들에게 공양했다.

진실의 가르침인 이 경전을 고이 지니는 자는, 보리좌에서 깨달은

인간 최고자(부처)의 신비로운 지혜를 재빨리 이해할 것이다.

그의 이해 속도는 무한하며, 바람처럼 무엇에도 방해받지 않는다.

이 걸출한 경전을 고이 지니는 자는, 경전과 그 뜻을 설명할 수 있다.

지도자들이 말한 가지가지 경전의 미묘한 뜻과 그 관계를 언제나 소상히 알고,

지도자가 열반에 든 뒤에도, 그는 여러 경전의 진실한 뜻을 안다.

그는 달처럼 태양처럼 빛난다. 그는 세상을 비추어 기쁘게 하는 사람이다.

그는 대지를 활보하며, 여기저기에서 많은 보살을 격려한다.

따라서 현명한 보살들은 이 세상에서 이러한 은혜를 듣고

내가 열반에 든 뒤에 이 경전을 고이 지니고, 반드시 '깨달음'에 이를 것이다.

能持是經者　　令我及分身　　滅度多寶佛　　一切皆歡喜
十方現在佛　　幷過去未來　　亦見亦供養　　亦令得歡喜
諸佛坐道場　　所得秘要法　　能持是經者　　不久亦當得
能持是經者　　於諸法之義　　名字及言辭　　樂說無窮盡
如風於空中　　一切無障碍　　於如來滅後　　知佛所說經
因緣及次第　　隨義如實說　　如日月光明　　能除諸幽冥
斯人行世間　　能滅衆生闇　　敎無量菩薩　　畢竟住一乘
是故有智者　　聞此功德利　　於我滅度後　　應受持斯經
是人於佛道　　決定無有疑

이 경전 갖는 이는 나와 또 나의 분신
멸도하신 다보불과 일체를 환희하게 하며
시방에 계신 부처 과거·미래 부처님께
친근하고 공양하며 환희토록 하게 하고
부처님이 도량에서 얻으신 비밀스러운 법
이 경전 갖는 이는 멀지 않아 얻어 보며
또한 이 경 갖는 이 여러 법의 묘한 뜻과
명자들과 언사들을 무궁하게 설하기를
허공중의 바람같이 걸림 하나 없느니라.
여래 멸도하신 후에 부처님 설하신 경
인연과 차례 알아 뜻 따라 설법하되
해와 달의 밝은 광명 온갖 어둠 걷혀내듯
이런 사람 행하는 일 중생 어둠 없애주어
무량 보살 가르쳐서 1승에 머물게 해
이러므로 지혜론 이 공덕 이익 받아서
내가 멸도한 후 이 경전 가질지니
이런 사람 불도에 의심 없이 들리라.

이상으로 상서로운 《올바른 가르침의 백련》이라는 경설에서 '여래의 신통력 발휘' 제20장은 끝난다.

27. 사람들 마음에 법을 배달하다
촉루품 제22

※산스크리트어 원전과 《묘법연화경》 제22 이하의 대응에 혼란이 있으므로 산스크리트어 원전 번역을 《묘법연화경》과 대응하도록 수록하였음.

완전한 '깨달음'에 도달한 거룩한 샤키야 무니(석가모니)여래께서는 법좌에서 일어나 모든 보살을 모아놓고 신통력의 발휘를 완성한 오른손으로 그들의 오른손을 잡고 이렇게 말씀하셨다.

"양가의 자제들이여, 나, 수천만억 겁이라는 헤아릴 수 없는 옛날에 내가 도달한 더할 나위 없는 '깨달음'을 그대들의 손에 위임하고자 한다. 그것이 널리 퍼져서 세상에 유포되도록, 양가의 자제들이여, 그대들은 노력하라."

두 번, 세 번, 석가여래께서는 오른손으로 보살들 전원의 오른손을 잡고 이와 같이 말씀하셨다.

"나는, 양가의 자제들이여, 수천만억 겁이라고 하는 헤아릴 수 없는 옛날에 내가 도달한 더할 나위 없는 '깨달음'을 그대들의 손에 위임하고자 한다. 양가의 자제들이여, 그대들은 그것을 받아 잘 간직하고 독송하고 이해하여, 교시하고 설명하여 이 세상의 모든 중생에게 들려주어야 한다. 양가의 자제들이여, 나는 아무 것도 아까워하지 않으며 또 집착하지 않는다. 나는 자신(自信)을 가지고 부처의 지혜를 건네주고, 여래의 지혜와 자연히 태어난 자(부처)의 지혜를 건네 주리라. 나는 위대한 증여자이다. 양가의 자제들이여, 양가의 자제들이여, 그대들도 또한 나를 본받아야 한다. 그대들도 아끼지 말고 모여드는 양가의 자제들에게 여래의 지혜를 보여 주고 효과적인 수단으로 이 경설을 들려주어야 한다. 그리고 신앙심이 없는 자들로 하여금 이 경설을 믿도록 하여라. 이와 같이 해서 그대들은, 양가의 자제들이여, 여래에게 은혜를 갚는 자가 될 것이다."

妙法蓮華經囑累品第二十二

爾時釋迦牟尼佛 從法座起 現大神力 以右手摩 無量菩薩摩訶薩頂 而作是言 我於無量 百千萬億 阿僧祇劫 修習是難得 阿耨多羅三藐三菩提法 今以付囑汝等 汝等應當一心 流布此法 廣令增益 如是三摩 諸菩薩摩訶薩頂 而作是言 我於無量 百千萬億 阿僧祇劫 修習是難得 阿耨多羅三藐三菩提法 今以付囑汝等 汝等當受持讀誦 廣宣此法 令一切衆生 普得聞知 所以者何 如來有大慈悲 無諸慳悋 亦無所畏 能與衆生 佛之智慧 如來智慧 自然智慧 如來是一切衆生 之大施主 汝等亦應隨學 如來之法 勿生慳悋 於未來世 若有善男子 善女人 信如來智慧者 當爲演說 此法華經 使得聞知 爲令其人 得佛慧故 若有衆生 不信受者 當於如來 餘深法中 示敎利喜 汝等若能如是 則爲已報 諸佛之恩.

묘법연화경 촉루품 제22

그때 석가모니불께서 법의 자리에서 일어나 큰 신통력을 나타내어, 오른손으로 한량없이 많은 보살마하살의 머리를 어루만지고 이렇게 말씀하시었다.

"내가 한량없는 백천만억 아승지 겁에 이 얻기 어려운 아눗타라삼약삼보디 법을 닦고 익혀 지금 너희들에게 부촉하나니, 너희들은 응당 일심으로 이 법을 널리 펴서 이롭게 하여라."

그 보살들의 머리를 세 번이나 어루만지고 다시 이렇게 말씀하시었다.

"나는 한량없고 가없는 백천만억 아승지 겁에 이 얻기 어려운 아눗타라삼약삼보디를 닦고 익혀 지금 너희들에게 부촉하나니, 너희들은 이 법을 받아 지녀 읽고 외우며 널리 선설하여 일체 중생으로 하여금 듣게 하고 알게 할지니라. 왜냐하면, 여래는 큰 자비가 있어 무엇이나 아끼고 인색함이 없어 두려울 바가 없고, 또 중생들에게 부처님의 지혜와 여래의 지혜와 자연의 지혜를 능히 주시기 때문이니라. 여래는 일체 중생의 큰 시주(施主)이시니, 여래의 법을 따라 배우되 아끼거나 인색한 마음을 내지 말지니라. 앞으로 오는 세상에 만일 양가의 자제자·선여인이 있어 여래의 지혜를 믿는 이에게는 이 《법화경》을 마땅히 연설해 주어, 얻어듣게 하고 알게 할 것이니, 그 사람으로

하여금 부처님 지혜를 얻게 하려 하기 때문이니라. 또 만일 어떤 중생이 믿지 않고 받지 않으면 여래의 다른 깊고 미묘한 법 가운데서 보이고 가르쳐 이익되고 기쁘게 할지니라. 만일 너희들이 이와 같이 하면 이것이 곧 여러 부처님의 은혜를 갚는 것이니라.”

완전한 ‘깨달음’에 도달한 세존인 석가여래가 한 이 말을 듣고, 위대한 뜻을 품은 보살들은 큰 기쁨과 즐거움에 싸여 커다란 존경의 마음을 일으켜 완전한 ‘깨달음’에 도달한 석가여래를 향하여 몸을 굽히고, 머리를 깊이 숙여 합장하여, 모두가 한목소리로 완전한 ‘깨달음’에 도달한 석가여래에게 이렇게 말하였다.

“세존이시여, 우리는 여래께서 말씀하신 대로 하겠습니다. 그리고 모든 여래의 말씀에 따라 그것을 완전히 준수하겠습니다. 세존께서는 아무쪼록 걱정하지 마시고 안심하시기를 바랍니다.”

두 번, 세 번, 보살들은 입을 모아 이렇게 말하였다.

“세존께서는 걱정하지 말고 편히 지내십시오. 우리는 세존의 명령하신 대로 하겠습니다, 그리고 모든 여래의 명령을 따라 그것을 완전히 지키겠습니다.”

그때 완전한 ‘깨달음’에 도달한 석가여래께서는 완전히 ‘깨달음’에 도달한 아라한인 다른 세계에서 모여든 모든 여래에게 돌아가서 편히 지내라고 말씀하셨다. “완전한 ‘깨달음’에 도달한 아라한인 여래들은 안락하게 지낼지어다” 하고.

그리고 완전한 ‘깨달음’에 도달한 아라한인 저 거룩한 다보여래의 보석탑을 애초의 장소에 재건하고, 완전한 ‘깨달음’에 도달한 아라한인 그 여래에게도 안락하게 지내라고 말씀하셨다.

세존께서 이와 같이 말씀하시자, 다른 세계에서 모인, 보석으로 만든 보리수 아래 사자좌에 앉아 있던, 완전한 ‘깨달음’에 도달한 아라한인, 측정할 수도 헤아릴 수도 없이 많은 여래도, 또 완전한 ‘깨달음’에 도달한 아라한 다보여래도, 상행여래를 비롯한 보살 전원도, 또 대지의 틈새에서 나타난 헤아릴 수 없을 정도의 위대한 뜻을 가진 보살들도, 위대한 제자들도, 네 종류의 대중들도, 신·인간·아수라·건달바가 함께 사는 온 세상도 열광하며 세존이 한 말을 찬탄하였다.

時諸菩薩摩訶薩 聞佛作是說已 皆大歡喜 遍滿其身 益加恭敬 曲躬低頭 合掌向佛

俱發聲言 如世尊勅 當具奉行 唯然世尊 願不有慮 諸菩薩摩訶薩衆 如是三反 俱發聲言 如世尊勅 當具奉行 唯然世尊 願不有慮 爾時釋迦牟尼佛 令十方來 諸分身佛 各還本土 而作是言 諸佛 各隨所安 多寶佛塔 還可如故 說是語時 十方無量 分身諸佛 坐寶樹下 師子座上者 及多寶佛 幷上行等 無邊阿僧祇 菩薩大衆 舍利弗等 聲聞四衆 及一切世間 天人阿修羅等 聞佛所說 皆大歡喜.

그때 여러 보살마하살이 부처님께서 이와 같이 말씀하시는 것을 듣고 몸 가득히 기쁨이 차서 더욱 공경하고 허리를 굽히고 머리를 숙여 예배하며 부처님을 향하여 합장하고 다 같이 여쭈었다.

"세존께서 분부하신 바와 같이 마땅히 갖추고 받들어 행하겠사오니, 원컨대 세존이시여, 걱정하지 마옵소서."

여러 보살마하살 대중이 이와 같은 말을 세 번이나 반복하였다.

"세존이시여, 세존께서 교칙하신 바와 같이, 마땅히 갖추고 받들어 행하겠사오니 원컨대 세존이시여, 걱정하지 마시옵소서."

그때 석가모니불께서 시방에서 오신 여러 분신 부처님들을 각각 본국에 돌아가도록 하며 이런 말씀을 하시었다.

이상으로 상서로운 《올바른 가르침의 백련》이라는 경설에서 '사람들 마음에 법을 배달하다' 제27장은 끝난다.

22. 약왕보살 전세 인연
약왕보살본사품 제23

그런데 위대한 뜻을 가진 나크샤트라 라쟈 산크스미타 아비쥬냐(수왕화(宿王華)) 보살이 세존에게 다음과 같이 말씀드렸다.

"세존이시여, 무엇 때문에 위대한 뜻을 가진 바이샤쟈 라쟈(약왕)보살은 수천만 억의 곤란이 있는데도 이 사바 세계에 머물고 있는 것이옵니까? 완전한 '깨달음'에 도달하신 아라한의 여래이신 세존께서는 그것을 잘 가르쳐 주십시오. 저 위대한 뜻을 가진 보살 바이샤쟈 라쟈의 수행을 가르쳐 주시는 것만으로도 그것을 들은 천신·용·야차·건달바·아수라·가루라·긴나라·마후라가·인간이나 귀령(鬼靈)들, 다른 세계에서 온 위대한 뜻을 가진 보살들, 또 이들 위대한 제자들은 그것을 듣고 기뻐하고 만족할 것입니다."

그래서 세존께서는 위대한 뜻을 가진 수왕화보살의 뜻을 알고 그에게 이와 같이 말씀하셨다.

"옛날에, 양가의 자제들이여, 갠지스강의 모래알 수와도 같은 먼 옛날에, 바로 그 옛날에, 챤드라 스루야 뷔마라 프라바사 슈리(일월정명덕(日月淨明德))여래라고 하는 완전한 '깨달음'을 이룩한 아라한 여래가 이 세상에 나타났다. 이 여래는 완전한 학식과 뛰어난 소행을 갖추고, 더할 나위 없는 행복에 도달하였고 세상을 가장 잘 아는 사람이자 인간을 훈련하는 조교사(調敎師)이며, 신들과 인간의 교사이고 부처이자 세존이었다. 그런데 수왕화여, 이 완전한 '깨달음'을 이룩한 아라한인 존귀한 일월정명덕여래에게는 8억이라고 하는 위대한 뜻을 가진 보살 대집단이 있었고, 또 72 갠지스강의 모래 수와도 같은 제자들이 모여들고 있었다. 그 영역에는 여성의 모습은 없으며, 또 이 부처의 국토에는 지옥·축생·아귀·아수라와 같은 무리는 없고, 평탄하고 아름다워 손바닥 같았다. 또 그 국토의 지면은 천상의 유리로 되어 있었고, 보배나무와 전단으로 장식되어 있었으며, 나무에서 나무로 둘러친 보배구슬로 된 그물이 흔들거렸으며, 또 그 나무에는 천이나 끈이 늘어져 있고, 보배로 된 향로에 향이 피워져 있었다. 그리고 모든 보배나무에는 보배정자가 하나씩 있었으며, 그 나무와 나무 사이는 화살 사정거리였다. 이 모든 보배나무 아래에는 보살과 성문들이 앉아 있었으며, 모든 보배정자 위에는 수백 수천만의 하늘이 있어 천자들이 앉아서 완전한 '깨달음'에 도달한 일월정명덕여래를 공양하기 위해, 현악기와 타악기를 합주하고 있었다.

妙法蓮華經藥王菩薩本事品第二十三

爾時宿王華菩薩 白佛言 世尊藥王菩薩 云何遊於 娑婆世界 世尊 是藥王菩薩 有若干 百千萬億 那由他 難行苦行 善哉世尊 願少解說 諸天 龍神夜叉 乾闥婆 阿修羅 迦樓羅 緊那羅 摩睺羅加 人非人等 又他國土 諸來菩薩 及此聲聞衆 聞皆歡喜 爾時佛告 宿王 華菩薩 乃往過去 無量恒河沙劫 有佛 號日月淨明德如來 應供 正遍知 明行足 善逝 世 間解 無上士 調御丈夫 天人師 佛 世尊 其佛有八十億 大菩薩摩訶薩 七十二恒河沙 大 聲聞衆 佛壽四萬二千劫 菩薩壽命亦等 彼國無有女人 地獄 餓鬼 畜生 阿修羅等 及以 諸難 地平如掌 瑠璃所成 寶樹莊嚴 寶帳覆上 垂寶華幡 寶瓶香爐 周遍國界 七寶爲臺 一樹一臺 其樹去臺 盡一箭道 此諸寶樹 皆有菩薩聲聞 而坐其下 齊寶臺上 各有百億諸 天 作天伎樂 歌歎於佛 以爲供養.

묘법연화경 약왕보살본사품 제23

그때 수왕화보살이 부처님께 여쭈었다.

"세존이시여, 약왕보살은 어찌하여 이 사바 세계에 노시나이까. 이 약왕보살은 백천 만억 나유타의 어려운 고행을 수행했나이까. 거룩하신 세존이시여, 원하오니 간략히 설하여 주옵소서. 여러 하늘·용·야차·건달바·아수라·가루라·긴나라·마후라가·사람 인 듯 아닌 듯한 것들과 다른 국토에서 온 여러 보살과 이 성문 대중들이 들으면 다 기뻐하오리다."

그때 부처님께서는 수왕화보살에게 말씀하시었다.

"지난 과거 한량없는 항하의 모래 수 같은 겁에 부처님이 계셨으니, 이름은 일월정명덕여래·응공·정변지·명행족·선서·세간해·무상사·조어장부·천인사·불세존이었느니라.
그 부처님께서는 80억의 많은 보살마하살이 있었으며, 또한 72 항하의 모래 같은 수
의 성문 대중이 있었으며, 부처님의 수명은 4만 2천 겁이요, 보살의 수명도 또한 같았
으며, 그 국토에는 여자와 지옥과 아귀와 축생과 아수라 등과 여러 가지 어려운 일이
없었느니라.

땅은 손바닥처럼 평평하여 유리로 이루어지고 보배나무로 장엄되었으며, 보배 장
막을 위에 덮어 보배꽃의 번개를 드리우고, 보배의 병과 향로가 나라에 두루하였으며,
보배로 만든 좌대가 한 나무에 한 개씩 있으니 그 나무들의 거리는 화살 한 개 사이
라. 이 보배나무 아래에는 보살과 성문이 다 앉아 있고, 또 보배 좌대 위에는 백억이나
되는 여러 하늘이 하늘 음악을 울리고 노래로 부처님을 찬탄하며 공양하였느니라.

그리고 그 세존께서는 이 '바른 가르침의 백련'이라는 경설을 위대한 뜻을 가
진 사르봐 삿트봐 프리야다르샤나(일체중생희견(一切衆生喜見))보살을 중심으로 하
여 걸출한 제자들과 위대한 뜻을 가진 보살들에게 경설을 상세히 해명하셨다.
그런데 수왕화여, 완전한 '깨달음'에 도달한 아라한인, 저 존귀한 일월정명덕여
래 수명의 길이는 4만 2천 겁이었는데, 위대한 뜻을 가진 보살과 걸출한 제자들
의 수명 길이도 또한 같았다. 저 위대한 뜻을 가진 일체중생희견보살은, 이 세존
의 말에 따라 어려운 수행에 전념하고 있었다. 그는 1만 2천 년 동안 각지를 돌아
다니며 수행을 계속하였으며, 비상한 용기를 불러일으켜 심신통일 수행(요가)에
전념하였다. 그는 이 1만 2천 년이 경과했을 때, 현일체색신(現一切色身)이라고 하
는 삼매를 얻었다. 저 위대한 뜻을 가진 일체중생희견보살은 그 삼매를 얻자마자
만족하고 마음에 환희가 생겨 이렇게 생각하였다.
'내가 현일체색신삼매를 얻은 것은 이 《올바른 가르침의 백련》이라고 하는 경
설 덕분이다.'
그때 저 위대한 뜻을 가진 일체중생희견보살은 또 이와 같이 생각하였다.
'그러니 일월정명덕여래와 '바른 가르침의 백련'이라는 경설에 공양해야겠다.'
그때 그는 그 삼매에 들어갔다. 그 위대한 뜻을 가진 일체중생희견보살이 삼매
로 들자마자, 머리 위 높은 공중에서 만다라꽃과 마하 만다라꽃의 큰 꽃비가 내

렸다. 또 칼라 아누사린(안식향(安息香)) 전단(栴檀)의 구름이 만들어지고, 우라가사라(전단의한 종류) 전단의 비가 내렸다. 수왕화여, 향료의 참다운 성질은 이와 같은 것으로 그 1카르샤(무게 단위. 약 18g)의 가치는 이 사바 세계와 맞먹을 정도로 값진 것이다.

수왕화여, 저 위대한 뜻을 가진 일체중생희견보살은 마음을 굳게 결심하고 충분한 자각을 하고 그 삼매로부터 깨어나, 깨어난 후에 이렇게 생각하였다.

'이와 같이 신통력으로 기적을 나타낸다고 해도 세존에 대한 공양은 되지 못한다. 자기 육체를 버림으로써 공양하는 것보다 더 좋은 일은 없다.'

수왕화여, 그래서 저 위대한 뜻을 가진 일체중생희견보살은 그때 심향(沈香)·유향(乳香)·훈육향(薰陸香)의 수지(樹脂)를 먹고 또 찬파카꽃의 기름을 마셨다. 이렇게 해서 수왕화여, 그 위대한 뜻을 가진 일체중생희견보살은 그때 심향이나 유향, 훈육향의 수지를 계속 먹고 또 찬파카꽃의 기름을 계속 마셔 12년이 지났다. 여기에서 수왕화여, 일체중생희견보살은 12년이 지난 후에 자기 몸을 천상의 옷으로 싸서 향유에 적시고 굳은 결심을 하였다. 그는 결심을 한 후, 여래와 《올바른 가르침의 백련》이라는 경설에 공양하기 위해 자기 몸에 불을 붙였다.

그런데 수왕화여, 저 위대한 뜻을 가진 일체중생희견보살이 몸을 등불로 만든 불꽃은 80 갠지스강의 모래알 수와 동일한 세계를 환하게 비추었다. 그리고 이들 세계에서 80 갠지스강의 모래알 수와 동일한 존귀한 부처들이 모두 그의 행위를 상찬하고 갈채를 보냈다.

爾時彼佛 爲一切衆生喜見菩薩 及衆菩薩 諸聲聞衆 說法華經 是一切衆生喜見菩薩 樂習苦行 於日月淨明德佛法中 精進經行 一心求佛 滿萬二千歲已 得現一切色身三昧 得此三昧已 心大歡喜 卽作念言 我得現一切色身三昧 皆是得聞 法華經力 我今當供養 日月淨明德佛 及法華經 卽時入是三昧 於虛空中 雨曼陀羅華 摩訶曼陀羅華 細抹堅黑 栴檀 滿虛空中 如雲而下 又雨海此岸 栴檀之香 此香六銖 價直娑婆世界 以供養佛 作 是供養已 從三昧起 而自念言 我雖以神力 供養於佛 不如以身供養 卽服諸香 栴檀薰陸 兜樓婆 畢力迦 沈水 膠香 又飮瞻蔔 諸華香油 滿千二百歲已 香油塗身 於日月淨明德佛 前 以天寶衣 而自纏身 灌諸香油 以神通力願 而自然身 光明遍照 八十億恒河沙世界 其

그때 그 부처님께서는 일체중생희견보살과 또 다른 보살 대중 그리고 성문 대중들을 위하여 《법화경》을 설하였느니라. 이 일체중생희견보살이 고행을 즐겨 익히고 일월정명덕불의 법 가운데서 정진하고 수행하여 1만 2천 년 동안을 일심으로 부처님을 구하더니, 마침내 현일체색신삼매를 얻었느니라. 이 삼매를 얻은 일체중생희견보살은 마음이 크게 환희하여 생각하기를 '내가 이 현일체색신삼매를 얻은 것은 다 이 《법화경》을 들은 힘 때문이니라. 나는 이제 일월정명덕불과 《법화경》에 마땅히 공양하리라' 하고, 즉시 이 삼매에 들어가 허공 가운데 만다라꽃, 마하만다라꽃, 가늘고 검은 전단향을 가득하게 구름처럼 내리며 또는 해차안전단향을 비 오듯 내리니, 이 향은 6주가 되는데 그 값은 사바 세계와 같으니라.

이러한 공양을 마치고 삼매에서 일어나 스스로 생각하기를 '내가 비록 신통력으로 부처님께 공양하였으나, 몸으로써 공양하는 것만 같지 못하리라' 하고, 곧 여러 가지 전단·훈육·도루바의 향과 필력가·침수·교향들을 먹고, 또 1천2백 년 동안 첨복 등의 꽃 향유를 마시며, 또 몸에 바르고 일월정명덕불 앞에서 하늘보배 옷으로 스스로 몸을 감고 거기에 향유를 부어 적신 뒤 신통력의 발원으로써 몸을 태우니, 그 광명이 80억 항하의 모래 같은 세계를 두루 비추었느니라. 그때 그 세계 부처님들께서 동시에 찬탄하시었느니라.

"잘했다, 잘했다, 양가의 자제여. 그대는 실로 훌륭하다. 이것이야말로 위대한 뜻을 가진 보살들이 발휘할 수 있는 참다운 용기이며, 여래에 대한 참된 공양이며, 가르침에 대한 참된 공양이다. 꽃·향목·향료·화환·도향·분향·의복·우산·기·깃발에 의한 공양도, 그 밖의 훌륭한 물건의 공양도, 또 우라가사라 전단향의 공양도 이에는 미치지 못한다. 양가의 아들이여, 이것은 최고의 보시로, 왕위를 버리고 하는 보시도, 사랑스러운 자식이나 아내를 버리고 하는 보시도 여기에는 미치지 못한다. 양가의 아들이여, 자신의 몸을 희사하는 일은 가르침에 대한 최고이자 최선의 공양이다."

이렇게 해서, 수왕화여, 이들 존귀한 부처님들께서는 이렇게 말씀하신 뒤 침묵하셨다.

그런데 수왕화여, 저 일체중생희견보살의 육체는 계속 불타서 1천2백 년 동안 꺼지지 않았다. 1천2백 년이 지나자 그 불은 가라앉았다. 그런데 수왕화여, 저 위대한 뜻을 가진 일체중생희견보살은 이와 같이 여래와 가르침에 공양하여, 거기에서 다시 태어나 완전한 '깨달음'에 도달한 아라한인 저 존귀한 일월정명덕여래의 말에 따라서 비마라다타의 왕가에 자신의 업으로 다시 태어났으며, 태어날 때 결가부좌를 하고 있었다. 그 위대한 뜻을 가진 일체중생희견보살은 태어나자마자 부모에게 시송(詩頌)으로 말하였다.

여기는 저의 편력 수행의 장소,
훌륭하신 왕이시여
저는 거기에 살아서 삼매를 얻었습니다.
굳게 용기를 불러일으켜 사랑하는 몸을 버리고
저는 위대한 계행(戒行)을 완수한 것입니다.

그런데 수왕화여, 저 위대한 뜻을 가진 일체중생희견보살은 이 시송을 말한 뒤, 이어서 부모에게 이와 같이 말하였다.

"어머니, 아버지. 완전한 '깨달음'에 도달한 아라한인 저 존귀한 일월정명덕여래께서는 지금도 이 세상에서 가르침을 펴고 계십니다. 저는 그 여래께 공양을 올려, 모든 음성에 정통하는 다라니를 획득하여 8천만억 송(頌)의 1천만 배의 시송으로, 또 칸카라(건가라(甄迦羅). 엄청나게 큰 숫자 단위) 배(倍), 비바라(빈바라(頻婆羅). 엄청나게 큰 숫자 단위) 배 및 아크쇼비야(아촉바(阿閦婆). 엄청나게 큰 숫자 단위) 배의 시송으로 이 경설을 그 세존으로부터 친히 들었습니다. 그러니 어머니, 아버지. 저는 그 세존께로 가고 싶습니다. 거기에 가서 다시 그 세존께 공양하고 싶습니다."

善哉善哉 善男子 是眞精進 是名眞法 供養如來 若以華香瓔珞 燒香抹香塗香 天繒幡
蓋 及海此岸 栴檀之香 如是等 種種諸物供養 所不能及 假使國城 妻子布施 亦所不及
善男子 是名第一之施 於諸施中 最尊最上 以法供養 諸如來故 作是語已 而各默然 其身

火燃 千二百歲 過是以後 其身乃盡 一切衆生喜見菩薩 作如是法供養已 命終之後 復生
日月淨明德佛國中 於淨德王家 結跏趺坐 忽然化生 卽爲其父 而說偈言

　　大王今當知　　　我經行彼處　　　卽時得一切　　　現諸身三昧
　　勤行大精進　　　捨所愛之身　　　供養於世尊　　　爲求無上慧
　　說是偈已 而白父言 日月淨明德佛 今故現在 我先供養佛已 得解一切衆生 語言陀羅
尼 復聞是法華經 八百千萬億那由他 甄迦羅頻婆羅 阿閦婆等偈 大王 我今當還 供養此
佛.

　'착하고 착하다! 선남자야, 이것이 참된 정진이니라. 또한 이것이 여래께 드리는 참된
공이니라. 만일 꽃과 향과 영락·서향·말향·도향이나 하늘 비단으로 된 번개와 해차안
전단향, 이와 같은 여러 가지 물건을 공양하더라도 능히 이에 미치지 못할 것이며, 혹
은 국토나 처자를 보시하더라도 또한 이에 미치지 못하느니라. 선남자야, 이것을 제1의
보시라 하나니, 여러 가지 보시 중에 가장 높은 보시가 되는 것은 법으로써 모든 여래
를 공양하기 위해서이니라.'
　이런 말씀들을 하시고는 모두 잠자코 계셨느니라. 그 몸이 1천2백 년 동안을 타니
이와 같이 일체중생회견보살이 몸을 다 태워 법 공양을 마친 후, 다시 일월정명덕불의
국토 가운데 정덕(淨德) 왕가에 가부를 틀고 화생하여 게송으로 그의 아버지께 말하
였느니라.

　　대왕이신 아버지여 마땅히 아옵소서. 나는 저 땅에서 오래도록 경행하여
　　현일체색신삼매를 잘 얻었으며 그 삼매에 또한 들었나이다.
　　부지런히 큰 정진 행하려는 듯 아끼던 내 몸까지 언뜻 버리고
　　거룩하신 세존께 공양하여 위없는 큰 도를 이뤘나이다.

　이 게송을 다 마치고 아버지께 또 말하였느니라.
　'일월정명덕불이 아직도 계시나니 나는 먼저 공양을 마치고 해일체중생어언다라니
(解一切衆生語言陀羅尼)를 얻고, 다시 이 《법화경》의 8백 천만억 나유타인 견가라·빈바
라·아촉바 등의 게송을 들으려니 대왕이시여, 나는 지금 돌아가 이 부처님께 공양하

려 하나이다'고.

그래서 수왕화여, 저 위대한 뜻을 가진 일체중생희견보살은 7타라(다라(多羅). 길이 단위. 그러나 수치는 불명) 높이만큼 공중을 올라가 칠보 누각 위에 결가부좌해서 세존께로 다가섰다. 그는 세존 곁으로 가자 세존의 두 발을 머리에 얹고 예배하고 세존 주위를 오른쪽으로 일곱 번 돈 다음 세존을 향해 합장 예배하며 시송으로 찬미하였다.

> 더러움 없는 얼굴을 가지신 분이여,
> 왕이여, 현자여,
> 당신의 광명은 사방에 빛나고 있사옵니다.
> 부처여, 나는 당신께 최고의 공양을 올리고,
> 당신을 다시 뵙기 위해
> 여기로 왔사옵니다.

수왕화여, 저 위대한 뜻을 가진 일체중생희견보살은 그때 이 시송을 읊고 완전한 '깨달음'에 도달한 아라한인 저 존귀한 일월정명덕여래께 이렇게 말하였다.
"세존이시여, 당신께서는 아직도 이 세상에 계시군요."
그러자 수왕화여, 완전한 '깨달음'에 도달한 아라한인 저 존귀한 일월정명덕여래께서는 그 위대한 뜻을 가진 일체중생희견보살에게 이렇게 말씀하셨다.
"양가의 자제여, 내가 완전한 열반에 들 때가 되었다. 양가의 자제여, 내 생명이 다할 때가 되었다. 그러니 그대는 가서 내가 완전한 열반에 들 수 있도록 침구를 갖추어라. 나는 완전히 평안의 경지에 들 것이다."
그래서 수왕화여, 저 존귀한 일월정명덕여래는 저 위대한 뜻을 가진 일체중생희견보살에게 이와 같이 말하였다.
"양가의 아들이여, 나는 이 가르침을 너에게 맡기리라. 또, 이들 위대한 뜻을 가진 보살들을, 또 이들 제자를, 또 이 부처의 '깨달음'을, 이 세상을, 이들 보배로 된 궁전을, 보배나무를, 나의 시종인 천자들을 그대에게 맡기리라. 또 내가 완전히 열반에 든 뒤에는 나의 사리를 그대에게 맡기리라. 그대는 나의 사리에 열심히 공양하고, 그것을 분배해서 수많은 탑을 세워야 한다."

수왕화여, 완전한 '깨달음'에 도달한 아라한인 그 존엄하신 일월정명덕여래는 위대한 뜻을 가진 일체중생희견보살에게 이렇게 말씀하시고 그날 밤 가장 늦은 시간에 무여열반(無餘涅槃)에 드셨다.

白已卽坐 七寶之臺 上昇虛空 高七多羅樹 往到佛所 頭面禮足 合十指爪 以偈讚佛

容顏甚奇妙　　光明照十方　　我適曾供養　　今復還親近

爾時一切衆生喜見菩薩 說是偈已 而白佛言 世尊 世尊猶故在世 爾時日月淨明德佛告一切衆生喜見菩薩 善男子 我涅槃時到 滅盡時至 汝可安施牀座 我於今夜 當般涅槃又勅一切衆生喜見菩薩 善男子 我以佛法 囑累於汝 及諸菩薩 大弟子 幷阿耨多羅三藐三菩提法 亦以三千大千七寶世界 諸寶樹寶臺 及給侍諸天 悉付於汝 我滅度後 所有舍利 亦付囑汝 當令流布 廣說供養 應起若干千塔 如是日月淨明德佛 勅一切衆生喜見菩薩已 於夜後分 入於涅槃.

이 말을 마치고 7보의 좌대에 앉아 허공으로 오르니 그 높이가 7다라수나 되었느니라. 부처님 계신 데에 가서는 머리 숙여 예배하고 열 손가락을 모아 합장하며 게송으로 찬탄하였느니라.

존안이 기묘하고 아름다운 세존께서 시방으로 두루하게 광명을 놓으시니
오랜 옛날 일찍이 공양하였지만 지금 다시 와서 친근하나이다.

그때 일체중생희견보살이 이 게송을 다 마치고 부처님께 여쭙기를, '세존이시여 세존께서 아직도 계시나이까' 했느니라. 그때 일월정명덕불이 일체중생희견보살에게 말씀하셨느니라.

'선남자야, 나는 열반할 때가 이르렀으며 멸도할 때가 이르렀노라. 너는 자리를 편안히 펴라. 나는 오늘 밤 열반에 들리라' 하시고 또 일체중생희견보살에게 분부하시기를 '선남자야, 내가 부처님의 법으로써 모든 보살과 큰 제자와 너에게 아눗타라삼약삼보

디의 법을 부촉하노라.

또 삼천대천 칠보의 세계와 여러 보배나무의 좌대와 시봉하는 여러 하늘을 다 너에게 부촉하며, 내가 멸도한 후 있을 사리도 또한 너에게 부촉하나니, 그것을 잘 유포하고 널리 공양토록 하며, 약간의 천탑을 일으킬지니라' 하시고는 일월정명덕불께서 그날 밤중에 열반에 드셨느니라.

수왕화여, 그 위대한 뜻을 가진 일체중생희견보살은 존엄하신 일월정명덕여래께서 완전한 평안의 경지에 든 것을 보고, 우라가사라 전단(오락가전단(烏洛迦栴檀). 전단나무의 일종. 오락가는 뱀 이름)을 쌓아 올려 여래의 육체를 화장하였다. 여래의 몸이 다 타고 불길이 가라앉자, 그는 거기서 사리를 수습하고 울부짖으며 슬픔에 잠겼다.

수왕화여, 그 위대한 뜻을 가진 일체중생희견보살은 울부짖으며 슬퍼한 뒤, 8만 4천 개의 칠보병을 만들게 하여 그 안에 여래의 사리를 넣고, 8만 4천 개의 칠보탑을 세워 모시게 하였다. 그 탑은 범천 세계에 달할 정도로 높으며, 줄지어 늘어선 우산과 천과 방울로 장식되어 있다. 그는 이 탑을 세우게 한 뒤 생각했다.

'나는 그 존엄하신 일월정명덕여래의 사리에 공양했다. 그러나 나는 여래의 사리에 더욱더 훌륭한 공양해야겠다.'

그래서 수왕화여, 그 위대한 뜻을 가진 일체중생희견보살은 모든 보살과 위대한 제자, 천신·용·야차·건달바·아수라·가루라·긴나라·마후라가·인간과 인간 아닌 것의 무리에게 말했다.

"양가의 아들들이여, 그대들은 모두 저 세존의 사리에 공양을 올리겠다는 결의를 하시오."

그리고 수왕화여, 위대한 뜻을 가진 일체중생희견보살은 그때 8만 4천 개의 여래의 사리탑 앞에서 백 가지 복덕으로 빛나는 자기 팔을 태웠다. 그리고 7만 2천 년 동안 계속 태워 여래의 사리탑에 공양했다. 공양하면서 그는 회중 속의 수천만억이라는 셀 수 없을 정도의 제자들을 지도했다. 보살들은 모두 현일체색신삼매를 얻었다.

수왕화여, 모든 보살과 위대한 제자는 그 위대한 뜻을 가진 일체중생희견보살이 불구가 된 것을 보고 눈물 젖은 얼굴로 울부짖고 슬퍼하면서 서로 이렇게 말하였다.

"이 위대한 뜻을 가진 일체중생희견보살은 우리의 스승이자 지도자이시다. 그런 그가 지금 팔을 잃고 불구가 되었다."

爾時一切衆生喜見菩薩 見佛滅度 悲感懊惱 戀慕於佛 卽以海此岸 栴檀爲積 供養佛身 而以燒之 火滅已後 收取舍利 作八萬四千寶瓶 以起八萬四千塔 高三世界 表刹莊嚴 垂諸幡蓋 懸衆寶鈴 爾時一切衆生喜見菩薩 復自念言 我雖作是供養 心猶未足 我今當更 供養舍利 便語諸菩薩大弟子 及天 龍 夜叉等 一切大衆 汝等當一心念 我今供養 日月淨明德佛舍利 作是語已 卽於八萬四千塔前 然百福莊嚴臂 七萬二千歲 而以供養 令無數求聲聞衆 無量阿僧祇人 發阿耨多羅三藐三菩提心 皆使得住 現一切色身三昧 爾時諸菩薩 天人阿修羅等 見其無臂 憂惱悲哀 而作是言 此一切衆生喜見菩薩 是我等師 敎化我者 而今燒臂 身不具足.

그때 일체중생희견보살이 부처님께서 멸도하심을 보고 슬퍼하고 괴로워하며, 부처님을 연모하여 곧 해차안의 전단향을 쌓아 놓고, 그 위에 부처님을 모시고 불태우고, 불이 다 꺼진 뒤에 사리를 거두어 8만 4천의 보배 사리함을 만들고, 8만 4천의 탑을 일으키되, 3세계보다 높고 표찰을 장엄하게 하며, 여러 가지 번개를 드리우고 가지가지 보배 방울을 달았느니라. 그때 일체중생희견보살이 스스로 생각하시기를 '내가 비록 이와 같이 공양하였으나, 마음에 아직 흡족하지 않으니 다시 사리를 공양하리라' 하고 곧 여러 보살과 대제자와 하늘·용·야차 등의 일체 대중에게 말하기를 '그대들은 일심으로 생각하라. 나는 지금 일월정명덕불의 사리를 공양하려 하느니라' 하고, 백복으로 장엄한 팔을 8만 4천 탑 앞에서 태워 7만 2천 년 동안을 공양하고, 무수히 많은 성문을 구하는 대중과 한량없이 많은 아승지 대중에게 아눗타라삼약삼보디의 마음을 내게 하고, 현일체색신삼매를 다 얻어 머물게 하였느니라. 그때 여러 보살과 하늘과 인간·아수라 등이 그 팔이 없어진 것을 보고 걱정하고 슬퍼하며 말하기를 '저 일체중생희견보살은 우리들의 스승으로서 우리들을 교화시키기 위해 이제 팔을 태우셨으니 몸이 구족하지 못하시도다' 하였느니라.

그러자 수왕화여, 그 위대한 뜻을 가진 일체중생희견보살이 보살들과 위대한 제자들, 천자들에게 말하였다.

"양가의 아들들이여, 내가 불구가 된 것을 보고, 그대들은 울부짖거나 슬퍼해서는 안 된다. 양가의 아들들이여, 나는 시방의 무한한 세계에 나타나 머물고 계시는 이 모든 부처님을 증인 삼아 그분들 앞에서 진실한 맹세를 했다. 이 진실과 진실한 말로 인하여, 내가 여래를 공양하기 위하여 내 팔을 버릴 때, 나의 몸은 황금색으로 될 것이다. 이 진실과 진실한 말로 인하여, 나의 팔은 원래대로 되리라. 그리고 대지는 여섯 가지로 진동하라. 공중에 있는 천자들은 큰 꽃비를 뿌리라."

그러자 수왕화여, 그 위대한 뜻을 가진 일체중생희견보살이 이 진실의 맹세를 하자마자, 삼천대천세계는 여섯 가지로 진동하고 하늘 높은 곳에서 꽃비가 내렸다. 또한 그 위대한 뜻을 가진 일체중생희견보살의 팔은 본디대로 되었다. 그것은 이 위대한 뜻을 가진 보살이 지혜의 힘과 복덕의 힘을 갖추고 있었기 때문이다.

수왕화여, 그때의 위대한 뜻을 가진 일체중생희견보살이 누군가 다른 사람일지도 모른다는 의혹을 가질 수도 있다. 그러나 수왕화여, 그대는 그리 생각하여서는 아니 된다. 그것은 어째서인가. 수왕화여, 이 위대한 뜻을 가진 약왕보살이 바로 그때의 위대한 뜻을 가진 일체중생희견보살이었기 때문이다. 수왕화여, 위대한 뜻을 가진 약왕보살은 실로 수천만억이라는 많은 어려운 일을 완수했을 뿐 아니라, 또한 육체를 버리는 공양한 것이다. 수왕화여, 보살의 탈것을 타고 '깨달음'을 지향하는 양가의 아들딸이 이 더없이 완전한 '깨달음'을 바라며 여래의 사당에서 엄지발가락을 태울 때, 또는 한 손가락이나 발가락, 한쪽 다리나 팔을 태울 때, 보살의 탈것을 타고 '깨달음'을 좇는 그 양가의 아들딸이 더욱 많은 복덕을 얻게 된다. 왕국을 희사하고, 사랑하는 처자를 희사하고, 숲·바다·산·샘·강·늪·연못·놀이동산과 함께 삼천대천세계를 희사하는 일로도, 이렇게 많은 복덕은 얻을 수 없다. 또한 수왕화여, 보살의 탈것을 타고 '깨달음'을 좇는 양가의 아들딸이 삼천대천세계를 칠보로 가득 채우고, 모든 부처와 보살과 성문과 독각들에게 시주한다고 해도, 이 양가의 아들딸은 《올바른 가르침의 백련》이라는 경설에서 4구(句)로 된 게송의 한 구절이라도 기억하는 양가의 아들딸만큼 복덕을 얻을 수는 없다.

이 《올바른 가르침의 백련》을 한 구절이라도 기억하는 자의 복덕은 더한층 많으며, 이 삼천대천세계를 칠보로 가득 채우고 모든 부처와 위대한 뜻을 가진 보살과 성문과 독각들에게 보시하는 자들도 이에는 까마득히 미치지 못한다.

于時一切衆生喜見菩薩 於大衆中 立此誓言 我捨兩臂 必當得佛 金色之身 若實不虛 令我兩臂 還復如故 作是誓已 自然還復 由斯菩薩 福德智慧 淳厚所致 當爾之時 三千大千世界 六種震動 天雨寶華 一切人天 得未曾有 佛告宿王華菩薩 於汝意云何 一切衆生喜見菩薩 豈異人乎 今藥王菩薩是也 其所捨身布施 如是無量 百千萬億 那由他數 宿王華 若有發心 欲得阿耨多羅三藐三菩提者 能然手指 乃至足一指 供養佛塔 勝以國城妻子 及三千大千國土 山林河池 諸珍寶物 而供養者 若復有人 以七寶滿 三千大千世界 供養於佛 及大菩薩 辟支佛 阿羅漢 是人所得功德 不如受持 此法華經 乃至一四句偈 其福最多.

이때 일체중생희견보살은 대중 가운데 이렇게 맹세했느니라. '나는 이 두 팔을 버렸으니 이제 반드시 부처님의 금색의 몸을 얻으리라. 만일 나의 이런 일이 참되고 헛되지 아니하면 나의 이 두 팔은 옛날처럼 회복되리라.'

이 맹세를 마친 뒤 과연 두 팔이 옛날처럼 회복되니, 이것은 이 보살의 복덕과 지혜가 두터운 까닭이니라. 그때 삼천대천세계가 6종으로 진동하고 하늘에서는 보배꽃이 비오듯 내리며, 모든 하늘과 인간은 미증유를 얻었느니라."

부처님께서 수왕화보살에게 말씀하시었다.

"수왕화야, 너의 생각은 어떠하냐. 일체중생희견보살이 어찌 다른 사람이겠느냐. 지금의 약왕보살이 바로 그이니라. 그가 이렇게 몸을 버려 보시한 것은 이와 같이 한량없는 백천만억 나유타 수이니라. 수왕화야, 만일 발심하여 아눗타라삼약삼보디를 얻으려면 손가락이나 발가락 하나를 태워서 부처님의 탑에 공양할지니, 이렇게 하면 국토나 처자 또는 삼천 국토의 산·숲·하천·못 등과 여러 가지 보배나 진귀한 물건으로 공양하는 것보다 나으니라. 또 어떤 사람이 칠보를 삼천대천세계에 가득 채워 부처님과 큰 보살과 벽지불과 아라한에게 공양할지라도 이 사람이 얻는 공덕은 《법화경》의

4귀의 게송 하나를 받아 가져 얻는 복만 못하느니라.

그것은 실로 수왕화여, 마치 대해가 모든 샘·강·늪 가운데 으뜸인 것과 같다.
바로 그렇듯이, 수왕화여, 여래가 말씀하신 모든 경전 가운데 이《올바른 가르침
의 백련》이라는 경설은 으뜸이다.

또한 그것은 실로, 수왕화여, 마치 칼라 산과 철위산과 대철위산 가운데, 산중
의 왕 수미산이 으뜸인 것과 같다. 바로 그렇듯이, 수왕화여, 이《올바른 가르침의
백련》이라는 경설은 여래가 말씀하신 모든 경전 가운데 으뜸이다.

또한 그것은 실로, 수왕화여, 모든 별 가운데 최고의 빛을 내는 달이 으뜸인
것과 같다. 바로 그렇듯이, 수왕화여, 여래가 말씀하신 모든 경전 가운데 이《올
바른 가르침의 백련》이라는 경설은 수천만억의 달보다도 뛰어난 최고의 빛을 갖
는 것이다.

또한 그것은 실로, 수왕화여, 태양이 모든 암흑을 좇아내는 것처럼, 이《올바른
가르침의 백련》이라는 경설은 모든 불선(不善)의 암흑을 몰아낸다.

또한 그것은 실로, 수왕화여, 제석천이 33천 신들의 왕인 것과 같다. 바로 그렇
듯이, 수왕화여, 이《올바른 가르침의 백련》이라는 경설은 여래가 말씀하신 모든
경전의 왕인 것이다.

그것은 실로, 수왕화여, 사바 세계의 주인 범천이 그를 따르는 모든 신의 왕이
며, 범천 세계에서 아버지 역할을 하고 있는 것과 같다. 바로 그렇듯이, 수왕화여,
이《올바른 가르침의 백련》이라는 경설은 이 세상 중생의, 수학 중이거나 수학을
완료한 모든 제자의, 독각(獨覺)들의, 또한 위대한 뜻을 가진 보살의 탈것을 타고
'깨달음'을 좇는 사람들의 아버지 역할을 하고 있는 것이다.

그것은 실로, 수왕화여, 가르침의 물결을 탄 이들과 다시 한번 더 이 세상에 태
어나는 이들, 이 세상에 두 번 다시 돌아오지 않는 이들, 아라한이나 독각이 모든
어리석은 이들이나 보통사람보다 뛰어난 것과 같다. 바로 이렇듯이, 이《올바른 가
르침의 백련》이라는 경설은 여래가 말씀하신 모든 경전보다도 우수하고, 그것을
능가하고, 그것들 가운데 으뜸임을 알아야 한다. 수왕화여, 실로 이 경전의 왕을
수지하는 사람들은 다른 사람들의 우두머리임을 알아야 한다.

그것은 실로, 수왕화여, 위대한 뜻을 가진 보살이 모든 성문과 독각들보다도 뛰어나다고 알려져 있는 것과 같다. 바로 이렇듯이, 이《올바른 가르침의 백련》이라는 경설은 여래가 말씀하신 모든 경전보다도 우수하다고 여겨지고 있다.

宿王華 譬如一切 川流江河 諸水之中 海爲第一 此法華經 亦復如是 於諸如來 所說經中 最爲深大 又如土山黑山 小鐵圍山 大鐵圍山 及十寶山 衆山之中 須彌山 爲第一 此法華經 亦復如是 於諸經中 最爲其上 又如衆星之中 月天子 最爲第一 此法華經 亦復如是 於千萬億種 諸經法中 最爲照明 又如日天子 能除諸闇 此經亦復如是 能破一切 不善之闇 又如諸小王中 轉輪聖王最爲第一 此經亦復如是 於衆經中 最爲其尊 又如帝釋 於三十三千中王 此經亦復如是 諸經中王 又如大梵天王 一切衆生之父 此經 亦復如是 一切賢聖學無學 及發菩薩心者之父 又如一切凡夫人中 須陀洹 斯陀含 阿那含 阿羅漢 辟支佛爲第一 此經亦復如是 一切如來所說 若菩薩所說 若聲聞所說 諸經法中 最爲第一 有能受持是經典者 亦復如是 於一切衆生 亦爲第一 一切聲聞 辟支佛中 菩薩爲第一 此經亦復如是 於一切諸經法中 最爲第一 如佛爲諸法王 此經亦復如是 諸經中王.

수왕화야, 비유하면 모든 냇물이나 강물 등의 여러 가지 물 가운데서 바다가 제일이듯이, 이《법화경》도 또한 마찬가지로 모든 여래께서 설법하신 경전 가운데 그 뜻이 가장 깊고 가장 위가 되어 제일이니라. 또 토산(土山)·흑산(黑山)·소철위산·대철위산과 10보산(寶山) 등의 여러 산 가운데 수미산이 제일이듯이 이《법화경》도 또한 마찬가지로 여러 경전 가운데 제일이니라. 또 뭇 별 가운데 달이 제일이듯이 이《법화경》도 또한 마찬가지로 여러 경전 가운데 가장 밝게 비추이느니라. 또 태양이 모든 어둠을 제거하듯 이 경도 마찬가지로 일체의 착하지 못한 어둠을 제거하느니라. 또 여러 소왕(小王) 가운데 전륜성왕이 제일이듯이 이 경도 마찬가지로 일체 현성(賢聖)과 아직 배우는 이나 다 배운 이, 그리고 보살의 마음을 낸 사람들의 아버지가 되느니라.

또 모든 범부 가운데 수다원·수다함·아나함·아라한·벽지불이 제일이듯 이 경도 마찬가지로 일체 여래와 보살과 성문들의 설법인 여러 경전 가운데서 제일이니라. 또한 이 경을 수지한 이도 이와 같이 일체 중생 가운데 제일이니라. 또 일체 성문이나 벽지불 가운데 보살이 제일이듯이 이 경도 마찬가지로 일체 경전 가운데 제일이니라. 부

처님께서 모든 법의 왕이 되듯이 이 경도 또한 마찬가지로 여러 경 가운데 왕이 되느
니라.

　그것은 실로, 수왕화여, 여래가 성문과 독각과 위대한 뜻을 가진 보살들의 제
왕인 것과 같다. 바로 그렇듯이, 이《올바른 가르침의 백련》이라는 경설은 위대한
뜻을 가진 보살들의 탈것을 타고 '깨달음'을 좇는 이들에게 있어서는 여래이다. 또
한 수왕화여, 이《올바른 가르침의 백련》은 이 세상에 존재하는 모두를 온갖 공
포에서 구하고, 모든 고뇌에서 해방하는 것이다. 그것은 물을 마시고 싶은 사람
들에게는 연못과 같고, 추위에 떠는 사람들에게는 불과 같고, 알몸인 사람들에
게는 옷과 같고, 대상(隊商)들에게는 우두머리 상인과 같고, 아들들에게는 어머
니와 같고, 바다를 건너는 사람들에게는 배와 같고, 병자들에게는 의사와 같고,
암흑에 묻힌 이들에게는 등불과 같고, 재산을 바라는 이들에게는 보석과 같고,
모든 제후에게는 패왕과 같고, 하천에 있어서는 바다와 같으며, 횃불이 모든 어둠
을 몰아내는 것과 같다. 바로 그러하듯이, 이《올바른 가르침의 백련》이라는 경설
은 모든 고뇌를 해방하고, 모든 병을 근절하고, 윤회의 어마어마한 속박의 좁은
길에서 벗어나게 하는 것이다. 수왕화여, 이《올바른 가르침의 백련》을 듣고, 쓰
고, 남에게 쓰게 하는 사람들 복덕의 끝에 이르는 것은, 부처님의 지혜로도 불가
능하다. 양가의 아들딸이 이 경설을 마음에 품고, 독송하고, 가르치고, 듣고 책으
로 만들어 공경하고, 존중하고, 숭배하고 공양할 때, 꽃·향목·향료·화환·도향·분
향·의복·우산·기·깃발 등을 공양하거나, 음악을 연주하여 옷으로 감싸거나, 합장
하거나, 동물성 기름·향유·참파카꽃의 기름·재스민 기름·파타라꽃의 기름·바루
시카꽃의 기름·나바 말리카꽃의 기름으로 등불을 밝히고 공양할 때, 그가 얻게
되는 복덕은 이처럼 크다.

　宿王華 此經能救 一切衆生者 此經能令 一切衆生 離諸苦惱 此經能大饒益 一切衆

生 充滿其願 如清凉池 能滿一切 諸渴乏者 如寒者得火 如裸者得衣 如商人得主 如子

得母 如渡得船 如病得醫 如暗得燈 如貧得寶 如民得王 如賈客得海 如炬除暗 此法華

經 亦復如是 能令衆生 離一切苦 一切病通 能解一切 生死之縛 若人得聞 此法華經 若

自書 若使人書 所得功德 以佛智慧 籌量多少 不得其邊 若書是經卷 華香瓔珞 燒香抹

香塗香 幡蓋衣服 種種之燈 蘇燈油燈 諸香油燈 薝蔔油燈 須曼那油燈 波羅羅油燈 波

利師迦油燈 那婆摩利油燈供養 所得功德 亦復無量.

   수왕화야, 이 《법화경》은 능히 일체 중생을 구원하며, 이 경은 능히 일체 중생을 크게 이롭게 하여 일체 중생의 소원을 충만하게 하나니, 맑고 시원한 못이 일체의 목마른 사람들을 채워 주는 것과 같으며, 추워 떨던 사람이 불을 얻은 것과 같고, 벗은 이가 옷을 얻은 것과 같으며, 상인이 물건의 주인을 얻은 것과 같고, 아들이 어머니를 만난 것과 같으며, 나루에서 배를 얻은 것과 같고, 병든 이가 의사를 만난 것과 같으며, 어둔 밤에 등불을 만난 것과 같고, 가난한 사람이 보배를 얻은 것과 같으며, 국민들이 현명한 지도자를 만난 것과 같고, 행상이 바다를 얻은 것과 같으며, 밝은 횃불이 어둠을 제거하여 주는 것과 같으니라. 이와 같이 《법화경》은 중생들의 일체 고통과 일체 질병을 여의게 하여 능히 일체 생사 속박에서 해탈하게 하느니라. 그러므로 만일 어떤 사람이 이 《법화경》을 듣고 스스로 쓰거나 만일 다른 사람을 시켜 쓰면, 그 얻는 공덕은 부처님의 지혜로 그 많고 적음을 헤아리어도 그 끝을 알 수 없느니라. 혹은 이 《법화경》을 써서 꽃·향·영락·소향·말향·도향과 번개·의복과 가지가지의 등인 소등·유등·향유등·첨포유등·수만나유등·바라라유등·바리사가유등·나바마리유등으로 공양하더라도 그 얻는 공덕은 또한 한량없느니라.

   또한 수왕화여, 위대한 뜻을 가진 보살의 탈것을 타고 '깨달음'을 좇는 양가의 아들딸이 이 '약왕보살의 전세의 인연'의 장을 듣고, 마음에 새기고, 독송할 때, 그는 많은 복덕을 얻을 것이다. 또한 수왕화여, 만일 여자가 이 경설을 듣고 그것을 이해하고 마음에 새기면, 그에게는 이 세계가 여성으로서의 마지막 생애가 될 것이다. 또한 수왕화여, 어떤 여성이 이 '약왕보살의 전세의 인연'이라는 장을 마지막 50년에 듣고 그것을 배우면, 그는 환생하여 극락에서 태어날 것이다. 그곳에는 완전한 '깨달음'에 도달한 아라한인 그 존엄하신 아미타여래가 위대한 뜻을 가진 보살들에게 둘러싸여 살고 계시다. 그 사람은 그 땅에서는 연꽃 속에 있는 사자좌에 앉아 나타나며, 애욕도 증오도 어리석음도 자만도 질투도 분노도 악의도 그를 해치지 않는다. 그 사람은 그곳에 나타나자마자 다섯 가지 초자연적 힘을 얻을 것이며, 이 세상에 존재하는 것은 나지도 없어지지도 않는다는 진리를 터득할 것이다. 수왕화여, 그는 이 진리를 터득하고, 더욱 위대한 뜻을 가진 보살로서 72의 갠지스강의 모래알 수와 같은 여래를 볼 것이다. 그의 시각은 이처럼 완전히 청정해질 것이며, 이 완전히 청정한 시각으로 존엄하신 부처님들을 볼 것이다. 그리고 존엄하신 부처님들은 그 사람을 찬탄할 것이다.

"장하다, 장하구나, 양가의 아들아. 그대는 잘도 《올바른 가르침의 백련》이라는 경설을 듣고 완전한 '깨달음'에 도달한 아라한인 존엄하신 석가여래의 말씀에 따라 그 가르침을 가르치고, 독송하고, 장려하고, 사색하고, 기억하고, 또 다른 사람들에게 경설하였다. 양가의 아들이여, 그대의 이 복덕은 불로 태울 수도, 물로 흘려보낼 수도 없다. 양가의 아들이여, 그대의 이 복덕은 수천의 부처님조차 발휘할 수 없다. 양가의 아들이여, 그대는 그대를 노리는 악마를 죽이고, 공포의 싸움에서 승리하고, 가시나무와 같은 적을 정복하였다. 그대는 수천 부처님의 가호를 받고 있다. 양가의 아들이여, 여래를 제외하면, 신과 악마와 범천과 사문과 바라문, 그 밖의 생명 있는 것들이 사는 이 세계에서 그대에게 필적하는 이는 없다. 성문이든 독각이든 위대한 뜻을 가진 보살이든, 복덕·이지(理智)·삼매에서 그대를 능가할 수 없다. 수왕화여, 그 사람은 이러한 지혜의 힘을 획득하고 위대한 뜻을 가진 보살이 될 것이다.

宿王華 若有人 聞是藥王菩薩本事品者 亦得無量無邊功德 若有女人 聞是藥王菩薩本事品 能受持者 盡是女身 後不復受 若如來滅後 後五百歲中 若有女人 聞是經典 如說修行 於此命終 卽往安樂世界 阿彌陀佛 大菩薩衆 圍繞住處 生蓮華中 寶座之上 不復爲 貪欲所惱 亦復不爲 瞋恚愚癡所惱 亦復不爲 憍慢嫉妬 諸垢所惱 得菩薩神通 無生法忍 得是人已 眼根淸淨 爾時淸淨眼根 見七百萬二千億那由他 恒河沙等 諸佛如來 是時諸佛 遙共讚言 善哉善哉 善男子 汝能於釋迦牟尼佛法中 受持讀誦 思惟是經 爲他人說 所得福德 無量無邊 火不能燒 水不能漂 汝之功德 千佛共說 不能令盡 汝今已能 破諸魔賊 壞生死軍 諸餘怨敵 皆悉摧滅 善男子 百千諸佛 以神通力 共守護汝 於一切世間 天人之中 無如汝者 唯除如來 其諸聲聞 辟支佛 乃至菩薩 智慧禪定 無有與汝等者.

수왕화야, 만일 어떤 사람이 이 약왕보살의 본사품을 들으면 또한 한량없고 가이없는 공덕을 얻을 것이며, 혹은 어떤 여인이 이 약왕보살의 본사품을 듣고 받아 지니면, 그가 여인의 몸을 마친 뒤에는 다시 여인의 몸으로 태어나지 않으리라. 만일 여래께서 멸도하신 후 5백 년에 이르러 어떤 여인이 이 경전을 듣고 그 설한 바와 같이 수행하면, 그 목숨을 다 마친 뒤에 극락세계의 아미타불은 큰 보살 대중들이 둘러 있는 곳에 가서 연꽃 가운데의 보배 자리에 태어나리라. 그리하여 다시는 탐욕하려는 번뇌가 없고, 성내고 어리석은 번뇌도 없으며, 또한 교만하고 질투하는 여러 가지의 더러운 번뇌가 없으리라. 그러고는 보살의 신통과 무생법인(無生法忍)을 얻어서 눈이 청정해지며, 이 청정한 눈으로 7백만 2천억 나유타 항하의 모래 같은 여러 부처님 여래를 보게 되나니, 이때 여러 부처님이 멀리서 칭찬하시기를 '착하고 착하도다! 선남자야, 너희들이 능히 석가모니불의 법 가운데서 이 경을 받아 지녀 읽고 외우며 사유하여 다른 사람들에게 설해 주면, 그 얻는 바의 복덕은 한량없고 가없어 불도 능히 태우지 못하고 물도 능히 빠뜨릴 수 없느니라. 이러한 공덕은 1천 부처님들이 다 함께 설한다고 할지라도 능히 다 할 수 없으며, 너희들이 이제 여러 마군을 파하여 생사를 벗어나니, 여러 가지 다른 원수는 자연히 멸하느니라.

선남자야, 백천의 여러 부처님께서 신통력으로 항상 너희를 보호해 주시리니, 일체 세간의 하늘과 인간 가운데 너희만한 이가 없느니라. 그리고 여래를 제하고는 여러 성문과 벽지불과 여러 보살의 지혜나 선정도 너의 복덕만한 이가 없느니라'고 하였느니라.

수왕화여, 만약 누군가가 이 '약왕보살의 전세 인연'이라는 장을 듣고 그것을 칭송한다면, 그 사람의 입에서는 연꽃 향기가 날 것이며, 그의 손발에서는 전단 향기가 날 것이다. 또한 이 세상에서 이 경설을 찬탄하는 이에게는 내가 지금 설명한 것과 같은 현세에서의 공덕과 은혜가 있을 것이다. 따라서 수왕화여, 위대한 뜻을 가진 보살 '일체중생희견의 전세 인연'의 장이 마지막 시간이자 마지막 기회인 마지막 50년이 지나는 동안 이 염부제에서 널리 유포되어 소실되지 않도록, 또한 마왕과 마왕의 부하들·천신들·용·야차·건달바·구반다들에게 습격의 기회를 주지 않도록, 나는 그것을 너에게 맡기리라. 그러니 수왕화여, 나는 이 경설을 이 염부제에 널리 베푸는 것이다. 이것은 병에 걸려 괴로워하는 이들에게 약이 될 것이다. 이 경설을 듣는 이는 그 몸에 병이 들지 않고, 늙거나 불시의 죽음이 닥치지도 않을 것이다. 또한 수왕화여, 만약 어떤 위대한 뜻을 가진 보살의 탈것을 타고 '깨달음'을 좇는 사람이 이 우수한 경전을 수지하는 비구를 본다면, 그는 이 비구에게 전단 가루와 연꽃을 뿌리고 이렇게 생각해야 할 것이다.

'이 양가의 아들은 '깨달음'의 자리로 향할 것이다. 풀을 베어 '깨달음'의 단에 깔개를 만들 것이다. 그는 악마와 야차를 정복할 것이다. 이 가르침의 법나팔을 불 것이다. 이 가르침의 북을 울리고, 생사의 큰 바다를 건널 것이다.'

이처럼 수왕화여, 위대한 뜻을 가진 보살의 탈것을 타고 '깨달음'을 좇는 양가의 아들딸은 이 경전을 수지하는 비구를 보고 이처럼 생각하여야 한다. 이리하여 이 사람에게는 여래가 말한 공덕과 은혜가 있을 것이다."

이 '약왕보살의 전세의 인연'이라는 장이 설해지고 있는 동안, 8만 4천의 위대한 뜻을 가진 보살들이 다라니를 온갖 음성으로 외는 능력을 얻었다. 그리고 완전한 '깨달음'에 도달한 아라한인 그 존엄하신 다보여래께서 그것을 칭찬하셨다.

"훌륭하고, 훌륭하다, 수왕화여. 그대는 상상할 수 없을 정도의 미덕을 갖추신 여래께 참 좋은 질문을 하였다."

宿王華 此菩薩 成就如是 功德智慧之力 若有人 聞是藥王菩薩本事品 能隨喜讚善者 是人現世口中 常出青蓮華香 身毛孔中 常出牛頭栴檀之香 所得功德 如上所說 是故宿王華 以此藥王菩薩本事品 囑累於汝 我滅度後 後五百歲中 廣宣流布 於閻浮提 無令斷絶 惡魔魔民 諸天龍夜叉 鳩槃茶等 得其便也 宿王華 汝當以神通之力 守護是經 所以者何 此經則爲 閻浮提人 病之良藥 若人有病 得聞是經 病卽消滅 不老不死 宿王華 汝若見有 受持是經者 應以青蓮華 盛滿抹香 供散其上 散已作是念言 此人不久 必當取草 坐於道場 破諸魔軍 當吹法螺 擊大法鼓 度脫一切衆生 老病死海 是故求佛道者 見有受持是經典人 應當如是 生恭敬心 說是藥王菩薩本事品時 八萬四千菩薩 得解一切衆生 語言陀羅尼 多寶如來 於寶塔中 讚宿王華菩薩言 善哉善哉 宿王華 汝成就 不可思議功德 乃能問 釋迦牟尼佛 如此之事 利益無量 一切衆生.

수왕화야, 이 보살은 이런 공덕과 지혜의 힘을 성취하였느니라. 만일 어떤 사람이 이 약왕보살의 본사품을 듣고 능히 따라 기뻐하고 거룩하다고 칭찬하면 이 사람은 현세에서 입으로부터 푸른 연꽃 향기가 항상 나고, 몸의 털 구멍에서는 우두전단 향기가 항상 나며, 그 얻는 바의 공덕은 위에서 말한 것과 같으리라.

수왕화야, 그러므로 이 약왕보살의 본사품을 너희에게 부촉하나니, 내가 멸도한 후 5백 년에 이르러 그 세계에서 널리 선포하고 유포해서 끊어지지 않도록 하여라. 그리고 악마와 악마의 권속들과 모든 하늘·용·야차·구반다 등이 이 경을 이용하지 못하게 하여라. 수왕화야, 너는 반드시 신통한 힘으로 이 경을 수호해야 하느니라. 왜냐하면 이 경은 염부제 사람들에게는 좋은 약이 되나니, 만일 어떤 사람이 병에 걸려 고통을 받다가도 이 경만 들으면 병이 곧 나아 늙지도 죽지도 않느니라.

수왕화야, 만일 네가 이 경전 지니는 이를 보거든 푸른 연꽃과 말향을 가득 채워서 그 위에 뿌려 공양하고 이와 같이 생각하여라. '이 사람은 머지 않아 도량에 나가 풀을 깔고 앉아서 여러 마군을 깨뜨리고 법소라를 불고 큰 법북을 둥둥 치며 일체 중생의 늙고 병들어 죽는 고통을 제도하여 해탈하게 하리라'고. 따라서 불도 구하는 이는 이 《법화경》을 받아 가진 이를 보면 마땅히 이와 같이 공경하는 마음을 낼지니라."

이 약왕보살의 본사품을 설하실 때 8만 4천의 보살이 해일체중생 어언다라니를 얻었으며, 보배탑 가운데 계시는 다보여래께서는 수왕화보살을 이렇게 칭찬하시었다.

"착하고 착하도다! 수왕화야, 너는 불가사의의 공덕을 성취하고, 지금 석가모니불께 이러한 일을 물어서 한량없이 많은 중생을 이익 있게 하였느니라."

이상으로 상서로운 《올바른 가르침의 백련》이라는 경설에서 '약왕보살 전세 인연' 제22장은 끝난다.

23. 빛과 소리 묘음보살
묘음보살품 제24

그때 위대한 '깨달음'에 도달한 아라한인 존엄하신 샤키야 무니(석가모니)여래는 32길상의 하나인 미간의 백호에서 빛을 발하셨다. 그 빛은 동방의 18 갠지스강의 모래알 수와 같은 수천만억의 불토를 밝게 비추었다. 그리고 그 18 갠지스강의 모래알 수와 같은 수천만억의 불토 저편에 봐이로챠나 라슈미 프라티만디타(정광장엄(淨光莊嚴))라는 세계가 있다. 그곳에는 완전한 '깨달음'에 도달한 아라한인 카마라다라 뷔마라 나크샤트라 라쟈 산크스미타 아비쥬냐(정화수왕지(淨華宿王智))라는 긴 수명을 가진 여래가 살며, 위대한 뜻을 가진 수많은 보살에게 둘러싸여 그들의 존경을 받으며 가르침을 펴고 계셨다.

완전한 '깨달음'에 도달한 존엄하신 석가여래의 미간 백호에서 나온 빛은, 그때 정광장엄세계를 아주 밝게 비추었다. 그 정광장엄세계에는 가드가다 스봐라(묘음)라는 위대한 뜻을 가진 한 보살이 살고 있었다. 그는 선근을 심어, 완전한 '깨달음'에 도달한 아라한인 많은 여래의 광명의 빛을 이미 보고 있었다. 그 위대한 뜻을 가진 묘음보살은 많은 삼매를 터득하고 있었다. 즉 '깃발 끝에 있는 팔찌',《올바른 가르침의 백련》, '뷔마라가 수여한 것', '성수(星宿)의 왕(달)의 유희', '의지할 곳이 없다', '지혜의 인장(印章)', '월광(月光)', '모든 음성의 교묘함', '모든 복덕의 퇴적(堆積)', '호의적인 여자', '신통력의 시현(示現)', '지혜의 횃불', '장엄한 왕', '무구(無垢)한 광명', '무구한 태(胎)', '물의 편만(遍滿)', '태양의 회전'이라는 삼매를 터득하고 있었다. 요컨대 위대한 뜻을 가진 묘음보살은 갠지스강의 모래알 수와 같은 수천만억의 삼매를 터득하고 있었던 것이다.

妙法蓮華經妙音菩薩品第二十四

爾時釋迦牟尼佛 放大人相 肉髻光明 及放眉間 白毫相光 遍照東方 百八萬億 那由他 恒河沙等 諸佛世界 過是數已 有世界 名淨光莊嚴 其國有佛 號淨華宿王智如來 應供 正 遍知 明行足 善逝 世間解 無上士 調御丈夫 天人師 佛 世尊 爲無量無邊 菩薩大衆 恭 敬圍繞 而爲說法 釋迦牟尼佛 白毫光明 遍照其國 爾時一切 淨光莊嚴國中 有一菩薩 名曰妙音 久已植衆德本 供養親近 無量百千萬億諸佛 而悉成就 甚深智慧 得妙幢相三 昧 法華三昧 淨德三昧 宿王戲三昧 無緣三昧 智印三昧 解一切衆生語言三昧 集一切功 德三昧 清淨三昧 神通遊戲三昧 慧炬三昧 莊嚴王三昧 淨光明三昧 淨藏三昧 不共三 昧 日旋三昧 得如是等 百千萬億 恒河沙等 諸大三昧.

묘법연화경 묘음보살품 제24

그때 석가모니불께서 대인상(大人相)의 육계광명(肉髻光明)을 놓으시고, 또 미간의 백호상(白毫相) 광명을 놓아 동방으로 백 8만억 나유타 항하의 모래 같은 여러 부처님 세계를 비추시었다.

이와 같은 수를 지나서 한 세계가 있으니, 그 이름이 정광장엄(淨光莊嚴)이요, 그 나라에 또한 부처님이 계시니 이름은 정화수왕지(淨華宿王智)여래·응공·정변지·명행족·선서·세간해·무상사·조어장부·천인사·불세존이며, 한량없고 가없는 보살 대중들이 그 부처님을 공경하여 둘러섰고, 부처님께서는 이들을 위하여 설법하시니, 석가모니불의 백호광명이 그 국토를 두루 비추시었다.

그때 일체정광장엄 국토 가운데 묘음이라 하는 한 보살이 있으니, 오랜 옛날부터 많은 덕의 근본을 심어서, 한량없는 백천만억 부처님을 친근하여 매우 깊은 지혜를 성취하였다. 그리고 묘당상삼매(妙幢相三昧)·법화삼매(法華三昧)·정덕삼매(淨德三昧)·수왕희삼매(宿王戲三昧)·무연삼매(無緣三昧)·지인삼매(智印三昧)·해일체중생어언삼매(解一切衆生語言三昧)·집일체공덕삼매(集一切功德三昧)·청정삼매(清淨三昧)·신통유희삼매(神通遊戲三昧)·혜거삼매(慧炬三昧)·장엄왕삼매(莊嚴王三昧)·정광명삼매(淨光明三昧)·정장삼매(淨藏三昧)·불공삼매(不共三昧)·일선삼매(日旋三昧) 등의 백천만억 항하의 모래 같은 여러 가지 삼매를 얻었다.

그 빛은 위대한 뜻을 가진 묘음보살의 몸에 닿았다.

그러자 위대한 뜻을 가진 묘음보살은 자리에서 일어나 한쪽 어깨를 벗고 오른 무릎을 땅에 대고 세존이 있는 곳을 향하여 합장하고, 완전한 '깨달음'에 도달한 아라한인 존엄하신 정화수왕지여래께 이렇게 말했다.

"세존이시여, 저는 완전한 '깨달음'에 도달한 아라한인 그 존엄하신 석가여래를 뵙고 예배하고 섬기기 위하여, 또한 가르침의 후계자인 만쥬 슈리(문수사리)보살을 만나기 위하여, 또 바이샤쟈 라쟈(약왕)보살, 프라다나 슈라(용시)보살, 나크샤트라 라쟈 산크스미타 아비쥬냐(수왕화)보살, 뷔시슈타 챠리트라(상행)보살, 뷰하 라쟈(장엄왕)보살, 바이샤쟈 라쟈 사무트가타(약상)보살을 만나기 위해 사바 세계로 가겠습니다."

그때 완전한 '깨달음'에 도달한 아라한인 존엄하신 정화수왕지여래는 위대한 뜻을 가진 묘음보살에게 이렇게 말씀하셨다.

"양가의 아들이여, 그대는 사바 세계로 가서 그 세계를 업신여기는 마음을 가져서는 안 된다. 양가의 아들이여, 그 세계는 높낮이가 있고, 진흙으로 되어 있고, 칼라산으로 둘러싸여 있으며, 도랑은 오수로 가득 차 있다. 게다가 완전한 '깨달음'에 도달하여 세상의 존경을 받는 그 존엄하신 석가여래와 위대한 뜻을 가진 보살들은 키가 작다. 그러나 양가의 아들이여, 그대는 420만 요자나의 몸을 가지고 있고, 나 또한 680만 요자나의 몸을 가지고 있다. 또한 양가의 아들이여, 그대는 미목이 수려하고, 용자가 단정하고 아름다우며, 피부색은 최고로 청정한 연꽃색을 띠고 있고, 수백수천의 복덕이 풍부하게 빛을 발하고 있다. 그러니 양가의 아들이여, 그대는 지금 사바 세계로 가더라도 여래와 위대한 뜻을 가진 보살들과 그 불토에 대하여 경멸하는 마음을 결코 일으켜서는 아니된다."

위대한 뜻을 가진 묘음보살은 이 말씀을 듣고 완전한 '깨달음'에 도달한 아라한인 존엄하신 정화수왕지여래께 이렇게 말했다.

"여래께서 말씀하신 대로 따르겠습니다. 세존이시여, 저는 여래의 가호와 여래의 위력과 여래의 초자연적 힘의 발현과 여래의 장엄과 여래의 걸출한 지혜에 의하여 저 사바 세계로 가는 것입니다."

釋迦牟尼佛 光照其身 卽白淨華宿王智佛言 世尊 我當往詣 娑婆世界 禮拜親近供養 釋迦牟尼佛 及見文殊師利法王子菩薩 藥王菩薩 勇施菩薩 宿王華菩薩 上行意菩薩 莊嚴王菩薩 藥上菩薩 爾時淨華宿王智佛 告妙音菩薩 汝莫輕彼國 生下劣想 善男子 彼娑婆世界 高下不平 土石諸山 穢惡充滿 佛身卑小 諸菩薩衆 其形亦小 而汝身 四萬二千由旬 我身 六百八十萬由旬 汝身第一端正 百千萬福光明殊妙 是故汝王 莫輕彼國 若佛菩薩 及國土 生下劣想 妙音菩薩 白其佛言 世尊 我今詣娑婆世界 皆是如來之力 如來神通遊戲 如來功德 智慧莊嚴.

석가모니불의 광명이 그 몸에 비치니 곧 정화수왕지불에게 여쭈었다.

"세존이시여, 제가 마땅히 사바 세계에 가서 석가모니불께 예배 친근하고 공양하며, 문수사리 법왕자보살과 약왕보살과 용시(勇施)보살과 수왕화보살과 상행의(上行意)보살과 장엄왕보살과 약상(藥上)보살을 친견하겠나이다."

정화수왕지불께서 묘음보살에게 말씀하시었다.

"너는 저 국토를 가볍게, 그리고 하열하다고 생각하지 말라. 선남자야, 저 사바 세계는 높은 곳과 낮은 곳이 있어 평탄치 않으며, 흙과 돌의 여러 산이 있고 더러움이 충만하며, 부처님의 몸은 아주 작고 많은 보살도 그 모양이 또한 작으니라. 그러나 너의 몸은 4만 2천 유순이요, 나의 몸은 6백8십만 유순이니, 너의 몸은 제일 단정하고 백천만의 복이 구족하고 광명 또한 특수하지만, 너는 저 세계에 가서 그 국토를 가벼이하거나 또는 부처님과 보살들을 하열하다고 생각하지 말라."

묘음보살이 그 부처님께 여쭈었다.

"세존이시여, 제가 지금 사바 세계에 가는 것은 모두 이 여래의 큰 힘이며, 여래의 신통유희이며, 여래의 공덕이요, 여래의 지혜와 장엄이나이다."

그리고 위대한 뜻을 가진 묘음보살은 그 불토에서 떠나지도 않고 또 그 자리에서 일어서지도 않은 채 그러한 삼매에 들었다. 묘음보살이 그 삼매에 들자마자 이 사바 세계의 영취산에 있는 여래의 법좌 앞에 8만 4천 개의 연꽃이 나타났다. 그 연꽃은 황금 줄기와 은으로 된 잎에, 꽃은 킹슈카(견숙가수(甄叔迦樹). 붉은색 꽃이 핌) 색이었다.

가르침의 후계자인 문수사리는 이 연꽃의 눈부신 광경이 나타난 것을 보고, 완전한 '깨달음'에 도달한 세존 석가여래에게 이렇게 말했다.

"세존이시여, 이것은 무슨 징조입니까? 황금 줄기와 은으로 된 잎에 꽃잎은 킹슈카색인, 이 8만 4천 개의 연꽃은 무슨 연유로 나타난 것입니까?"

이 말을 듣고 세존은 문수사리에게 이렇게 말씀하셨다.

"문수사리여, 이것은 완전한 '깨달음'에 도달한 아라한인 존엄하신 정화수왕지여래의 정광장엄세계라는 동방의 불토에서, 위대한 뜻을 가진 묘음보살이 그를 둘러싸고 모시는 8만 4천 명의 보살들과 더불어 나를 만나고 예배하고 섬기기 위하여, 그리고 《올바른 가르침의 백련》이라는 경설을 듣기 위하여 이 사바 세계로 오는 것이다."

그러자 가르침의 후계자인 문수사리가 세존께 다시 이렇게 물었다.

"세존이시여, 그 양가의 아들은 어떠한 선근을 거듭 쌓았기에 이 특별한 은혜를 얻은 것이옵니까? 또한 세존이시여, 그 보살은 어떠한 삼매에 들어 수행한 것이옵니까? 세존이시여, 저희는 그 삼매를 듣고 싶습니다. 그리고 세존이시여, 저희는 그 삼매에 들어 수행하고 싶습니다. 또한 세존이시여, 저희는 그 위대한 뜻을 가진 보살을 보고 싶습니다. 그 보살은 어떠한 얼굴색을 하고 있고, 어떠한 모습이고, 어떠한 특징을 지니며, 어떠한 태도로 어떠한 행동을 하는지 알고 싶습니다. 그러니 세존이시여, 여래께서는 그 위대한 뜻을 가진 보살이 신호에 이끌려 이 사바 세계로 올 수 있도록 신호를 보내 주시옵소서."

그래서 완전한 '깨달음'에 도달한 아라한인 존엄하신 석가여래께서, 완전한 열반에 든 그 존엄하신 다보여래께 이렇게 말씀하셨다.

"세존께서는 위대한 뜻을 가진 묘음보살이 이 사바 세계로 올 수 있도록 신호를 보내 주십시오."

그러자 완전한 '깨달음'에 도달하여 열반에 든 존엄하신 다보여래는, 위대한 뜻을 가진 문수보살을 인도하기 위하여 이러한 신호를 보냈다.

"양가의 아들이여, 이 사바 세계로 오너라. 가르침의 후계자인 문수사리가 그대 만나기를 고대하고 있느니라."

於是妙音菩薩 不起于座 身不動搖 而入三昧 以三昧力 於耆闍崛山 去法座不遠 化作
八萬四千 衆寶蓮華 閻浮檀金爲莖 白銀爲葉 金剛爲鬚 甄叔迦寶 以爲其臺 爾時文殊師
利法王子 見是蓮華 而白佛言 世尊 是何因緣 先現此瑞 有若干千萬蓮華 閻浮檀金爲
莖 白銀爲葉 金剛爲鬚 甄叔迦寶以爲其臺 爾時釋迦牟尼佛 告文殊師利 是妙音菩薩摩
訶薩 欲從淨華宿王智佛國 與八萬四千 菩薩圍繞 而來至此 娑婆世界 供養 親近 禮拜
於我 亦欲供養 聽法華經 文殊師利 白佛言 世尊 是菩薩種何善本 修何功德 而能有是
大神通力 行何三昧 願爲我等 說是三昧名字 我等亦欲 勤修行之 行此三昧 乃能見是菩
薩 色相大小 威儀進止 惟願世尊 以神通力 彼菩薩來 令我得見 爾時釋迦牟尼佛 告文
殊師利 此久滅度 多寶如來 當爲汝等 而現其相 時多寶佛 告彼菩薩 善男子來 文殊師
利法王子 欲見汝身.

묘음보살이 자리에서 일어나지도 아니하고 몸을 동요하지도 아니하며, 삼매에 들어
그 힘으로써 기사굴산에서 가까운 법좌에다 8만 4천의 여러 가지 보배 연꽃을 변화
로 만드니, 줄기는 염부단금으로 되고, 잎은 백은(白銀)으로 되었으며, 꽃술은 금강이
요, 꽃받침은 견숙가보(甄叔迦寶)로 되어 있었다.

그때 문수사리 법왕자가 이 연꽃을 보고 부처님께 여쭈었다.

"세존이시여, 지금 저 상서는 무슨 인연이나이까. 천만 가지 연꽃 줄기는 염부단금이
고, 잎은 백은이며, 꽃술은 금강이고 그 꽃받침은 견숙가보이나이다."

그때 석가모니불이 문수사리에게 말씀하시었다.

"묘음보살마하살이 정화수왕지불의 국토에서 6만 4천의 보살들에게 둘러싸여 이
사바 세계에 와서 나를 공양하고 친근하며 예배하고, 《법화경》을 들으려 하느니라."

문수사리가 다시 부처님께 여쭈었다.

"세존이시여, 이 보살은 무슨 선한 근본을 심었으며, 무슨 공덕을 닦아 이렇게 큰 신
통력이 있으며, 또 무슨 삼매를 행하나이까. 원하옵노니, 저희를 위하여 이 삼매의 이
름을 말씀하옵소서. 저희도 이런 삼매를 닦고 행하려 하오며, 그러고는 그 보살의 색
상(色相)의 크고 작음과 위의와 나가고 머물음을 보려 하나이다. 원하옵노니, 세존께
서 신통력으로 저 보살이 오는 것을 저희도 볼 수 있게 하옵소서."

그때 석가모니불께서 문수사리에게 말씀하시었다.

“여기 오래 전에 멸도하신 다보여래께서 마땅히 너희들을 위하여 그의 모양을 나타 내어 보여 주시리라.”

그러자 다보불께서 저 보살에게 말씀하시었다.

“선남자야, 어서 오너라. 문수사리 법왕자가 너 보기를 원하노라.”

그러자 위대한 뜻을 가진 묘음보살은, 완전한 ‘깨달음’에 도달한 아라한인 존엄하신 정화수왕지여래의 두 발에 머리를 대고 예배하고 그 주위를 오른쪽으로 세 번 돈 다음, 그를 둘러싸고 모시는 8만 4천 명의 보살들과 함께 그 정광장엄세계에서 모습을 감추더니, 국토를 진동시키고 연꽃을 뿌리고 수천만억의 악기를 연주하면서 이 사바 세계에 도착했다. 그의 눈은 푸른 연꽃을 닮았고, 몸은 황금색으로 빛나며 수백수천의 복상(福相)으로 장식되어 있었다. 그의 아름다움은 눈부시게 빛났고, 손발에는 가지가지 길상이 갖추어져 있어 화려했으며, 몸은 나라연천(那羅延天 : 하늘에 있는 역사(力士) 이름. 힘 세기가 코끼리의 백만 배)처럼 단단했다. 그는 칠보탑 위에 올라, 보살들에게 둘러싸여 7타라(다라(多羅). 길이의 단위)의 상공을 가로질러 왔다.

그는 사바 세계에 와서, 산중의 왕인 영취산에 가까워지자, 탑에서 내려와 수백천금과 맞먹는 진주목걸이를 손에 들고 세존이 있는 곳으로 다가왔다. 그는 다가와서 세존의 두 발에 머리를 대고 예배하고, 세존의 둘레를 오른쪽으로 7번 돌고 나서 그 진주목걸이를 세존께 공양하기 위해 내밀었다. 그리고 목걸이를 세존께 드리자 이렇게 말했다.

“완전한 ‘깨달음’에 도달한 아라한인 존엄하신 정화수왕지여래께서는 세존께서 무병 무탈하신지, 매일의 생활은 어떠하신지, 평안하게 지내시는지 물으셨습니다. 그리고 그 세존께서는 또 이렇게 말씀하셨습니다.

‘세존이시여, 당신께서는 만사가 순조로워 부자유가 없고 몸 상태도 좋으시겠지요. 당신을 따르는 이들은 예의 바르고 당신의 가르침을 잘 따르며 바로잡기 쉬운지요? 또한 그들의 몸은 청정한지요? 그들은 지나친 열정에 사로잡혀 증오로 움직이거나 어리석음에 져서 행동하거나 하지는 않습니까? 세존이시여, 그들은 질투에 눈이 멀거나, 악의를 품거나, 부모의 은혜를 잊거나, 사문과 바라문을 경멸하거나, 잘못된 사견(邪見)을 믿거나, 마음의 평정을 잃거나, 감관을 잘 보호하지 못하거나 하진 않습니까? 세존이시여, 그 사람들은 틈을 노리는 악마를 무찔렀습니까? 세존이시여, 완전한 '깨달음'에 도달한 아라한인 다보여래께서는 완전한 열반에 드신 뒤 가르침을 듣기 위하여 사바 세계로 오셔서 칠보탑 안에 앉아 계시는지요?'

그 세존께서는 완전한 깨달음에 도달한 아라한인 석가세존께 이처럼 안부를 물으셨습니다. 세존이시여, 완전한 '깨달음'에 도달한 아라한인 존엄하신 다보여래께서는 모든 일이 순조롭고 평안하신지요? 다보여래께서는 이 사바 세계에 오래 머물고 계시는지요?

于時妙音菩薩 於彼國沒 與八萬四千菩薩 俱共發來 所經諸國 六種震動 皆悉雨於七寶華 百千天樂 不鼓自鳴 是菩薩 目如廣大 靑蓮華葉 正使和合 百千萬月 其面貌端正 復過於此 身眞金色 無量百千 功德莊嚴 威德熾盛 光明照曜 諸相具足 如那羅延 堅固之身 入七寶臺 上昇虛空 去地七多羅樹 諸菩薩衆 恭敬圍繞 而來詣此 娑婆世界 耆闍堀山 到已 下七寶臺 以價直百千瓔珞 持至釋迦牟尼佛所 頭面禮足 奉上瓔珞而白佛言 世尊 淨華宿王智佛 問訊世尊 少病少惱 起居輕利 安樂行不 四大調和不 世事可忍不 衆生易度不 無多貪欲 瞋恚 愚癡 嫉妬 慳慢不 無不孝父母 不敬沙門 邪見 不善心 不攝五情不 世尊 衆生能降伏 諸魔怨不 久滅度多寶如來 在七寶塔中 來聽法不 又問訊多寶如來 安隱少惱 堪忍久住不.

그때 묘음보살이 저 나라에서 8만 4천의 보살과 함께 오니, 지나는 여러 나라는 여섯 가지로 진동하고 칠보 연꽃이 비 오듯이 내리며, 백천 가지 하늘 기악과 북이 자연히 울려 퍼졌다. 이 보살은 눈이 광대하기가 푸른 연꽃잎과 같아서 백천만 개 달을 합한 것보다 그 얼굴이 더 단정하고, 진금색의 몸은 한량없는 백천의 공덕으로 장엄되어 위덕이 치성하고, 광명이 아주 밝게 비치며, 여러 가지 모양을 갖추어서 나라연(那羅延)의 견고한 몸과 같았다. 칠보 좌대에 앉아 허공에 오르니 그 높이가 7다라수며, 여러 보살 대중이 공경하여 둘러싸서 이 사바 세계에 찾아올새, 기사굴산에 이르러 칠보 좌대에서 일어나 내려서 석가모니불께 머리 숙여 예배하고 백천만 냥이나 되는 영락을 받들어 올리며 부처님께 여쭈었다.

"세존이시여, 정화수왕지불께서 세존께 문안드리기를, '조그만 병도 조그만 고뇌도 없으시며, 기거가 자유로우시고 안락하게 행하시나이까. 4대가 잘 조화되나이까. 세상 일을 가히 참을 수 있으며, 중생을 쉽게 제도하시나이까. 탐욕과 성냄과 어리석음과 질투와 인색함과 교만함은 많지 않나이까. 삿된 견해나 착하지 못한 마음으로 오욕에 빠지는 일은 없나이까. 중생이 모든 마군이나 원수를 능히 항복 받으나이까. 또 이미 멸도하신 다보여래께서 칠보탑과 함께 법을 들으시러 오시나이까' 하시며, 또한 다보여래께도 문안하여 '조그만 고뇌도 없으시고 안온하시어, 참고 견디어 오래 머무르시나이까' 하였나이다.

세존이시여, 우리도 완전한 '깨달음'에 도달한 아라한인 다보여래의 사리를 보고 싶습니다. 그러하오니 세존이시여, 그 존엄하신 다보여래의 사리를 저희에게 보여 주시옵소서."

그러자 완전한 '깨달음'에 도달한 아라한인 존엄하신 석가여래는, 완전한 '깨달음'에 도달하여 완전히 열반에 든 다보여래에게 이렇게 말씀하셨다.

"세존이시여, 이 위대한 뜻을 가진 묘음보살이 완전한 '깨달음'에 도달하여 열반에 드신 다보여래를 뵙고 싶어합니다."

그러자 완전한 '깨달음'에 도달한 아라한인 존엄하신 다보여래께서는, 위대한 뜻을 가진 묘음보살에게 이렇게 말씀하셨다.

"좋다, 좋아, 양가의 아들이여. 그대는 완전한 '깨달음'에 도달한 아라한인 존엄하신 석가여래를 만나고 또 이 《올바른 가르침의 백련》이라는 경설을 듣기 위하여, 또 가르침의 후계자인 문수사리를 만나기 위하여 이 사바 세계에 참으로 잘 왔도다."

그때 위대한 뜻을 가진 파드마 슈리(화덕(華德))보살이 세존께 이렇게 말했다.

"세존이시여, 위대한 뜻을 가진 묘음보살은 일찍이 어느 여래의 곁에서 어떠한 선근을 심었나이까?"

그러자 완전한 '깨달음'에 도달한 아라한인 존엄하신 석가여래는, 위대한 뜻을 가진 화덕보살에게 이렇게 말씀하셨다.

"옛날, 양가의 자제여, 헤아릴 수도 추측할 수도 없는 먼 무량 겁의 옛날에 완전한 '깨달음'에 도달한 아라한인 메가 둔두비 스와라 라쟈(운뢰음왕(雲雷音王))라는 여래가 이 세상에 나타나셨다. 이 여래는 프리야 다르샤나(희견(喜見))라는 겁에, 사르봐르파 산다르샤나(현일체세간(現一切世間))라는 세계에서, 완전한 학식과 우수한 소행을 갖추고 더할 나위 없는 행복에 도달했으며, 세간을 가장 잘 아는 분이고, 인간을 훈련하는 조교사이고, 천신 및 인간의 스승이고, 부처이고 세존이셨다.

양가의 아들이여, 완전한 '깨달음'에 도달한 아라한인 그 존엄하신 운뢰음왕여래를 위하여, 위대한 뜻을 가진 묘음보살은 수백수천의 악기를 연주하고 1백20만 년 동안 공양하였다. 그리고 8만 4천 개의 칠보 그릇을 헌상했다. 그런 까닭으로 운뢰음왕여래의 말씀에 의하여, 위대한 뜻을 가진 묘음보살은 지금 이와 같은 영광을 얻은 것이다. 그런데 그때 그 존엄하신 운뢰음왕여래를 공양한 위대한 뜻을 가진 묘음보살이, 지금 이 사바 세계에 나타난 묘음보살과는 다른 사람일지도 모른다는 의심이 생길 수 있다. 그러나 양가의 아들이여, 그와 같이 생각해서는 안 된다. 그것은 어째서인가. 양가의 아들이여, 지금 여기에 나타난 묘음보살이야말로 완전한 '깨달음'에 도달한 아라한인 존엄하신 운뢰음왕여래에게 8만 4천 개의 칠보 그릇을 헌상하여 공양한 위대한 뜻을 가진 묘음보살이기 때문이다. 이처럼 묘음보살은 많은 부처님을 섬기고, 부처님의 시중을 들고, 수백천의 많은 부처님 밑에서 선근을 심고 부처가 될 준비를 갖추었다. 위대한 뜻을 가진 묘음보살은 일찍이 갠지스강의 모래알 수와 같은 존엄하신 부처님들을 뵈었다. 화덕이여, 그대는 위대한 뜻을 가진 묘음보살의 모습을 보고 있느냐?"

世尊 我今欲見 多寶佛身 唯願世尊 示我令見 爾時釋迦牟尼佛 語多寶佛 是妙音菩薩 欲得相見 時多寶佛 告妙音言 善哉善哉 汝能爲供養 釋迦牟尼佛 及聽法華經 幷見文殊 師利等 故來至此 爾時華德菩薩 白佛言 世尊 是妙音菩薩 種何善根 修何功德 有是神 力 佛告華德菩薩 過去有佛 名雲雷音王 多陀阿伽度 阿羅訶 三藐三佛陀 國名現一切世 間 劫名喜見 妙音菩薩 於萬二千歲 以十萬種伎樂 供養雲雷音王佛 幷奉上 八萬四千七 寶鉢 爾時因緣果報 今生淨華宿王智佛國 有是神力 華德 於汝意云何 爾時雲雷音王佛 所 妙音菩薩 伎樂供養 奉上寶器者 豈異人乎 今此妙音菩薩摩訶薩是 華德 是妙音菩

薩 已曾供養親近 無量諸佛 久植德本 又値恒河沙等 百千萬億那由他佛.

　　세존이시여, 제가 지금 다보불의 몸을 뵙고자 하오니 세존께서는 그 부처님을 친견하도록 해 주옵소서.”

　　그때 석가모니불께서 다보불께 말씀하시었다.

“여기 묘음보살이 친견코자 하나이다.”

　　다보불께서 묘음보살에게 말씀하시었다.

“착하고 착하도다! 네가 능히 석가모니불을 공양하고 《법화경》을 들으며, 문수사리 등의 보살을 만나려고 여기에 왔구나!”

　　화덕보살이 그때 부처님께 여쭈었다.

“세존이시여, 이 묘음보살은 어떤 선근을 심었으며, 무슨 공덕을 닦아서 이런 신통력이 있나이까.”

　　부처님께서 화덕보살에게 말씀하시었다.

“과거에 부처님이 계시었으니, 이름이 운뢰음왕 다타아가도·아라하·삼약삼부타이었으며, 나라 이름을 현일체세간이요, 겁의 이름은 희견(喜見)이었으니, 묘음보살이 1만 2천 년 동안을 10만 가지 기악으로 운뢰음왕불께 공양하고 아울러 8만 4천 칠보의 바리를 받들어 올린 인연의 과보로써 지금 정화수왕지불의 국토에 나고 이런 신통한 힘을 얻었느니라.

　　화덕아, 네 생각은 어떠하냐. 그때 운뢰음왕불 계신 곳에서 기악으로 공양하고 보배 그릇을 받들어 올린 묘음보살이 어찌 다른 사람이겠느냐. 바로 이 묘음보살마하살이었느니라.

　　화덕아, 이 묘음보살이 일찍이 한량없는 여러 부처님을 공양하고 친근하여 오래도록 덕의 근본을 심었으며, 또한 항하의 모래같이 많은 백천만억 나유타 부처님을 만나 뵈었느니라.

화덕이 말했다.

“세존이시여, 보고 있습니다. 부처님이시여, 저는 보고 있습니다.”

세존께서 말씀하셨다.

"화덕이여, 이 위대한 뜻을 가진 묘음보살은 다양한 모습으로 이 《올바른 가르침의 백련》이라는 경설을 설하였다. 즉 어떤 곳에서는 범천 모습으로, 어떤 곳에서는 루드라(베다신(神)으로폭풍신(暴風神)) 모습으로, 어떤 곳에서는 제석천 모습으로, 어떤 곳에서는 장군 모습으로, 어떤 곳에서는 봐이슈라봐나(비사문천(毘沙門天)) 모습으로, 어떤 곳에서는 전륜성왕 모습으로, 어떤 곳에서는 제후 모습으로, 어떤 곳에서는 거상(巨商) 모습으로, 어떤 곳에서는 가장(家長) 모습으로, 어떤 곳에서는 시민 모습으로, 어떤 곳에서는 바라문 모습으로 이 《올바른 가르침의 백련》을 설하였다. 또한 묘음보살은 어떤 곳에서는 비구 모습으로, 어떤 곳에서는 비구니 모습으로, 어떤 곳에서는 남자 신도 모습으로, 어떤 곳에서는 여자 신도 모습으로, 어떤 곳에서는 거상의 아내 모습으로, 어떤 곳에서는 가장의 아내 모습으로, 어떤 곳에서는 시민의 아내 모습으로, 어떤 곳에서는 소년 모습으로, 어떤 곳에서는 소녀 모습으로 이 《올바른 가르침의 백련》이라는 경설을 설하였다. 위대한 뜻을 가진 묘음보살은 이와 같은 많은 모습을 하고 《올바른 가르침의 백련》이라는 경설을 중생들을 위하여 설하였다.

또한 어떤 사람에게는 야차 모습으로 《올바른 가르침의 백련》이라는 경설을 중생을 위하여 설하였다. 어떤 사람에게는 아수라 모습으로, 어떤 사람에게는 가루라 모습으로, 어떤 사람에게는 긴나라 모습으로, 어떤 사람에게는 마후라가 모습으로, 위대한 뜻을 가진 묘음보살은 이 《올바른 가르침의 백련》을 설하였다. 또한 묘음보살은 지옥·축생계·야마(염마(閻魔). 명계의 지배자)의 세계 등 난소(難所 : 8난(八難))에 태어난 이들에게조차 이 경설을 설하고 그들을 구제했다. 또한 여성의 모습을 빌려 나타나 후궁 한가운데에 있는 사람들에게까지 이 《올바른 가르침의 백련》이라는 경설을 설했다. 이 사바 세계에 있는 이들에게도 가르침을 설했다. 더욱이 화덕이여, 위대한 뜻을 가진 묘음보살은 사바 세계에 태어난 이들의 구제자이다. 이 사바 세계에서 이와 같은 수많은 모습을 나타내어 《올바른 가르침의 백련》을 사람들에게 설할 것이다. 더욱이 이 뛰어난 이에게는 신통력이 사라지는 일도 없고 지혜가 감소하는 일도 없다.

양가의 아들이여, 위대한 뜻을 가진 묘음보살은 이처럼 수많은 지혜의 발휘로 인해 이 사바 세계에 알려져 있다. 또한 갠지스강의 모래알 수와 같은 다른 세계에서도, 보살이 지도해야 할 이들에게는 보살 모습으로 가르침을 설한다. 성문이 지도해야 할 이들에게는 성문 모습으로, 독각이 지도해야 할 이들에게는 독각 모습으로, 여래가 지도해야 할 이들에게는 여래 모습으로 가르침을 설한다. 또한 여래의 사리로 지도해야 할 이들에게는 여래의 사리를 나타내 보인다. 그뿐만 아니라 완전한 열반으로 지도해야 할 이들에게는 완전한 열반에 든 자신을 나타내 보인다. 이처럼 화덕이여, 위대한 뜻을 가진 묘음보살은 지혜의 힘을 갖추고 있다."

華德 汝但見妙音菩薩 其身在此 而是菩薩 現種種身 處處爲諸衆生 說是經典 或現梵王身 或現帝釋身 或現自在天身 或現大自在天身 或現天大將軍身 或現毘沙門天王身 或現轉輪聖王身 或現諸小王身 或現長者身 或現居士身 或現宰官身 或現婆羅門身或現比丘 比丘尼 優婆塞 優婆夷身 或現長者 居士 婦女身 或現宰官婦女身 或現婆羅門婦女身 或現童男童女身 或現天龍 夜叉 乾闥婆 阿修羅 迦樓羅 緊那羅 摩睺羅伽 人非人等身 而說是經 諸有地獄 餓鬼 畜生 及衆難處 皆能救濟 乃至 於王後宮 變爲女身而說是經 華德 是妙音菩薩 能救護娑婆世界 諸衆生者 是妙音菩薩 如是種種變化現身在此娑婆國土 爲諸衆生 說是經典 於神通變化智慧 無所損減 是菩薩 以若干智慧 明照娑婆世界 令一切衆生 各得所知 於十方恒河沙世界中 亦復如是 若應以聲聞形 得度者 現聲聞形 而爲說法 應以辟支佛形 得度者 現辟支佛形 而爲說法 應以菩薩形 得度者 現菩薩形 而爲說法 應以佛形 得度者 卽現佛形 而爲說法 如是種種 隨所應度者 而爲現形 乃至應以滅度 而得度者 示現滅度 華德 妙音菩薩摩訶薩 成就大神通 智慧之力 其事如是.

화덕아, 너는 다만 묘음보살의 그 몸이 여기에만 있다고 보느냐. 이 보살은 가지가지 몸을 곳곳에서 나타내어 여러 중생을 위하여 이 《법화경》을 설법하느니라. 범왕의 몸을 나타내거나 제석천의 몸을 나타내며, 혹은 자재천의 몸을 나타내거나 대자재천의 몸을 나타내며, 혹은 천대장군(天大將軍)의 몸을 나타내거나 비사문천왕(毘沙門天王)의 몸을 나타내며, 혹은 전륜성왕의 몸, 여러 소왕의 몸, 장자의 몸, 거사의 몸, 관리의 몸, 바라문의 몸, 비구·비구니·우바새·우바이의 몸으로 나타내기도 하며, 또는 장자·거사 부인의 몸으로도 나타내며, 혹은 관리 부인의 몸, 바라문 부인의 몸, 동남동녀의 몸으로 나타내며, 혹은 하늘·용·야차·건달바·아수라·가루라·긴나라·마후라가·사람인 듯 아닌 듯한 것 등의 몸으로 나타나 이 경전을 설하며, 여러 지옥·아귀·축생들과 여러 후궁에서 여자의 몸으로 변하여 이 경전을 설하느니라.

화덕아, 이 묘음보살은 능히 사바 세계의 모든 중생을 구호하느니라. 이 묘음보살이 이와 같이 가지가지 변화로 몸을 나타내어, 이 사바 세계에서 중생들을 위하여 이 경전을 설법하지만 그 신통력이나 지혜는 조금도 감소되지 않느니라. 이 보살이 약간의 지혜로 이 사바세계를 두루 밝게 비춰 일체 중생들로 하여금 각각 알게 하며, 시방의 항하 모래 같은 세계 가운데서도 역시 이와 같이 하느니라.

만일 성문의 몸으로써 제도할 이에게는 성문 모습을 나타내어 설법하고, 벽지불의 몸으로써 제도할 이에게는 벽지불의 모습을 나타내어 설법하며, 보살의 몸으로써 제도할 이에게는 보살 모습을 나타내어 설법하고, 부처님의 모습으로써 제도할 이에게는 부처님 모습을 나타내어 설법하나니, 이와 같이 가지가지 제도할 바를 따라 그 모습을 나타내고, 멸도로써 제도할 이에게는 멸도를 나타내어 보이느니라. 화덕아, 묘음보살마하살이 성취한 큰 신통력과 지혜의 힘은 이와 같으니라.”

그때 위대한 뜻을 가진 화덕보살이 세존께 이렇게 물었다.

“세존이시여, 이 위대한 뜻을 가진 묘음보살은 선근을 심으신 분입니다. 세존이시여, 저 묘음보살은 삼매에 전념하여 중생을 지도했다고 하는데, 그 삼매는 어떠한 것입니까?”

이 말을 듣고 완전한 ‘깨달음’에 도달한 아라한인 존엄하신 석가여래는, 위대한 뜻을 가진 화덕보살에게 이렇게 말씀하셨다.

“양가의 아들이여, 그것은 현일체색신(現一切色身)이라는 삼매이다. 묘음보살은 이 삼매에 전념하여 중생들에게 이루 헤아릴 수 없는 이익을 주었다.”

이 ‘묘음보살’의 장이 설해지는 동안, 위대한 뜻을 가진 묘음보살과 함께 8만 4천 명의 보살들이 이 사바 세계로 와서 모두 현일체색신이라는 삼매를 얻었다. 그리고 이 사바 세계에 있는 현일체색신삼매를 얻은 위대한 뜻을 가진 보살의 수는 도저히 헤아릴 수 없을 정도였다.

위대한 뜻을 가진 묘음보살은 완전한 ‘깨달음’에 도달한 아라한인 존엄하신 석가여래와 완전한 '깨달음'에 도달한 아라한인 다보여래의 사리탑에 막대한 가지 가지 공양을 올리고, 다시 칠보탑에 올라 국토를 뒤흔들고 연꽃을 뿌리고 수천만 억의 악기를 연주하면서, 그를 둘러싸고 모시는 8만 4천 명의 보살들과 함께 다시 자신의 불토로 돌아갔다. 돌아가서, 완전한 '깨달음'에 도달한 아라한인 존엄하신 정화수왕지여래께 이렇게 말했다.

"세존이시여, 저는 사바 세계 사람들을 이롭게 하였습니다. 또한 완전한 '깨달음'에 도달한 아라한인 존엄하신 다보여래의 사리탑을 보고 예배했습니다. 또한 존엄하신 석가여래를 뵙고 예배했습니다. 또한 가르침의 후계자인 문수사리와도 만났습니다. 또한 용감하게 정진할 힘과 속도를 얻은 위대한 뜻을 가진 약왕보살 도 만났고, 위대한 뜻을 가진 용시보살도 만났습니다. 그리고 8만 4천의 보살들 은 현일체색신삼매를 얻었습니다."

위대한 뜻을 가진 묘음보살의 사바 세계 왕복을 서술한 이 장이 설해지고 있 는 동안, 4만 2천 명의 보살들은 이 세상에 존재하는 것은 생하지도 멸하지도 않 는다는 진리를 터득하게 되었다. 또한 위대한 뜻을 가진 화덕보살은 《올바른 가 르침의 백련》이라는 삼매를 얻었다.

爾時華德菩薩 白佛言 世尊 是妙音菩薩 深種善根 世尊 是菩薩 住何三昧 而能如是 在所變現 度脫衆生 佛告華德菩薩 善男子 其三昧 名現一切色身 妙音菩薩 住是三昧 中 能如是饒益 無量衆生 說是妙音菩薩品時 與妙音菩薩俱來者 八萬四千人 皆得現一 切色身三昧 此娑婆世界 無量菩薩 亦得是三昧 及陀羅尼 爾時妙音菩薩摩訶薩 供養釋 迦牟尼佛 及多寶佛塔已 還歸本土 所經諸國 六種震動 雨寶蓮華 作百千萬億 種種伎樂 既到本國 與八萬四千 菩薩圍繞 至淨華宿王智佛所 白佛言 世尊 我到娑婆世界 饒益衆 生 見釋迦牟尼佛 及見多寶佛塔 禮拜供養 又見文殊師利法王子菩薩 及見藥王菩薩 得 勤精進力菩薩 勇施菩薩等 亦令是八萬四千菩薩 得現一切色身三昧 說是妙音菩薩 來 往品時 四萬二千天子 得無生法忍 華德菩薩 得法華三昧.

그때 화덕보살이 부처님께 여쭈었다.

"세존이시여, 이 묘음보살은 깊은 선근을 심었나이다. 이 보살은 어떤 삼매에 머물렀기에 능히 이와 같은 변화를 나타내어 중생을 제도하여 해탈시키나이까.”

부처님께서 화덕보살에게 말씀하시었다.

“선남자야, 그 삼매의 이름은 현일체색신으로, 묘음보살은 이 삼매 중에 머물러 능히 한량없는 중생을 이롭게 하였느니라.”

이 묘음보살품을 설하실 때, 묘음보살과 같이 왔던 8만 4천 명이 다 현일체색신삼매를 얻고, 또한 이 시바세계의 한량없는 보살들도 모두 이 삼매와 다라니를 얻었다.

이때 묘음보살마하살이 석가모니불과 다보불탑에 공양을 마치고 본국으로 다시 돌아갈 때, 그가 지나는 여러 국토는 여섯 가지로 진동하고 보배 연꽃이 비 오듯 내리며 백천만억 갖가지 기악이 울렸다.

본국에 이르러서는 8만 4천의 보살에 둘러싸여 그들과 함께 정화수왕지불 계신 데로 나아가 부처님께 여쭈었다.

“세존이시여, 제가 사바 세계에 가서 중생을 이롭게 하고 석가모니불과 다보불탑을 친견하였으며, 또 예배하고 공양함을 마치며, 문수사리법왕자보살·약왕보살·득근정진력(得勤精進力)보살·용시보살 등을 만나 뵈었으며, 또 이 8만 4천 보살들로 하여금 모두 현일체색신삼매를 얻게 하였나이다.”

이 묘음보살의 내왕품을 설할 때 4만 2천 천자들이 무생법인(無生法忍)을 얻고, 화덕보살은 법화삼매를 얻었다.

이상으로 상서로운 《올바른 가르침의 백련》이라는 경설에서 ‘빛과 소리 묘음보살’ 제23장은 끝난다.

24. 온갖 방향으로 얼굴을 돌리는 부처
관세음보살보문품 제25

그때 위대한 뜻을 가진 아크샤야 마티(무진의(無盡意))보살은 자리에서 일어나 한쪽 어깨를 벗고, 오른 무릎을 땅에 대고, 세존을 향하여 합장하고 이렇게 말했다.

"세존이시여, 무슨 이유로 위대한 뜻을 가진 아봐로키테슈봐라(관세음)보살은 관세음이라고 불리옵니까?"

이 말을 듣고 세존은 무진의보살에게 다음과 같이 말씀하셨다.

"이 세상에서 수천만억의 인간이 어떠한 고뇌를 겪고 있더라도, 만약 그들이 위대한 뜻을 가진 관세음보살의 이름을 듣는다면 모두 그 고뇌 덩어리에서 해방될 것이다. 또한 위대한 뜻을 가진 관세음보살의 이름을 마음에 새기고 있는 사람은, 비록 큰 불구덩이 속에 떨어지더라도 모두 위대한 뜻을 가진 관세음보살의 위광에 의하여 그 불구덩이에서 구출될 것이다. 또한 인간이 강물에 떠내려가더라도, 위대한 뜻을 가진 관세음보살을 큰 소리로 부른다면 어떠한 강에서든 곧바로 얕은 여울을 발견할 것이다. 또한 수천만억의 사람들이 금은보석·진주·금강석·유리·나패·마노·산호·비취·호박·붉은 진주 등을 배에 싣고 출항하여 망망대해를 항해하다가 계절풍에 떠밀려 나찰녀(羅刹女 : 사람 고기를 즐겨 먹는 여자 귀신)가 사는 섬에 표류했다고 하더라도, 그들 가운데 오직 한 사람이라도 위대한 뜻을 가진 관세음보살을 큰 소리로 부른다면 그들 모두는 그 나찰녀의 섬에서 벗어날 수 있을 것이다. 바로 이러한 이유 때문에, 위대한 뜻을 가진 관세음보살은 관세음이라 불리는 것이다.

만약 어떤 사람이 처형되려는 순간, 위대한 뜻을 가진 관세음보살을 큰 소리로 부른다면 망나니들의 칼은 부러질 것이다. 또한 만일 이 삼천대천세계에 야차(악

귀의일종)나 나찰(악귀의일종)이 가득하다 하더라도, 위대한 뜻을 가진 관세음보살의
이름을 들으면 그 흉악한 마음을 가진 무리도 우리를 악의에 찬 눈으로 볼 수 없
을 것이다.

妙法蓮華經觀世音菩薩普門品第二十五

爾時無盡意菩薩 卽從座起 偏袒右肩 合掌向佛 而作是言 世尊 觀世音菩薩 以何因緣
名觀世音 佛告無盡意菩薩 善男子 若有無量 百千萬億衆生 受諸苦惱 聞是觀世音菩薩
一心稱名 觀世音菩薩 卽時觀其音聲 皆得解脫 若有持是 觀世音菩薩名者 設入大火 火
不能燒 由是菩薩 威神力故 若爲大水所漂 稱其名號 卽得淺處 若有百千萬億衆生 爲求
金 銀 瑠璃 硨磲 瑪瑙 珊瑚 琥珀 眞珠等寶 入於大海 假使黑風 吹其船舫 飄墮羅刹鬼
國 其中若有 乃至一人 稱觀世音菩薩名者 是諸人等 皆得解脫 羅刹之難 以是因緣 名
觀世音 若復有人 臨當被害 稱觀世音菩薩名者 彼所執刀杖 尋段段壞 而得解脫 若三千
大千國土 滿中夜叉羅刹 欲來惱人 聞其稱觀世音菩薩名者 是諸惡鬼 尚不能以 惡眼視
之 況復加害.

묘법연화경 관세음보살보문품 제25

그때 무진의보살이 자리에서 일어나 오른쪽 어깨를 벗어 드러내고 부처님을 향하
여 합장하고 여쭈었다.

"세존이시여, 관세음보살은 무슨 인연으로 관세음이라고 하나이까."

부처님께서 무진의보살에게 말씀하시었다.

"선남자야, 만일 한량없는 백천만억 중생이 여러 가지 고뇌를 받을 때 이 관세음보
살의 이름을 듣고 일심으로 그 이름을 부르면 관세음보살이 곧 그 음성을 듣고 모두
해탈하게 되느니라.

만일 어떤 이가 이 관세음보살 이름을 받들면, 그는 혹시 큰 불 속에 들어가더라도
불이 그를 태우지 못할 것이니, 이것은 관세음보살의 위신력 때문이며, 혹은 큰물에
떠내려가게 되더라도 그 이름을 부르면 곧 얕은 곳에 이르게 되며, 혹은 백천만억 중
생이 금·은·유리·자거·마노·산호·호박·진주 같은 보배를 구하려고 큰 바다에 들어갔
을 때, 가령 폭풍이 일어 그들의 배가 나찰귀들의 나라에 포착되었을지라도 그 가운

데 만일 한 사람이 관세음보살의 이름을 부르면, 여러 사람이 다 나찰의 난으로부터 벗어날 수 있으리니, 이러한 인연으로 관세음이라 이름하느니라.

또 어떤 사람이 만일 해를 당하게 되었을지라도 관세음보살 이름을 부르면, 그들이 가진 칼이나 막대기가 곧 조각조각 부러져 능히 벗어날 수 있으며, 혹은 삼천대천 국토에 가득한 야차·나찰들이 와서 사람들을 괴롭히려 하더라도, 관세음보살 이름만 부르면 여러 아귀가 악한 눈으로 보지도 못하겠거늘, 하물며 어찌 해칠 수 있겠느냐.

또한 죄 있는 경우든 죄 없는 경우든 누군가가 나무칼을 쓰고 쇠고랑이나 쇠사슬에 묶여 있다 하더라도, 그 위대한 뜻을 가진 관세음보살의 이름을 들으면 그 즉시 나무칼과 쇠고랑과 쇠사슬은 풀릴 것이다. 위대한 뜻을 가진 관세음보살의 위광은 실로 이와 같다.

양가의 아들이여, 이 삼천대천세계에 악한이나 적이나 도적이나 무기를 손에 든 무리가 차고 넘치는데, 한 대상(隊商) 우두머리가 무리를 이끌고 가치를 매길 수 없을 만큼 귀중한 보물을 가지고 여행한다고 하자. 그들이 여행하는 도중에 무기를 든 도적이나 악한이나 적을 만났다고 하자. 그리고 도적들을 보고 두려움에 떨고 당황하여 어쩔 줄 몰라 하며 자기들 힘으로는 도저히 손쓸 방도가 없음을 절감했다고 하자. 그때 우두머리가 그들에게 '다들 두려워할 것 없다. 우리에게 평안을 주시는 위대한 뜻을 가진 관세음보살을 입을 모아 다 함께 부르자. 그러면 우리는 즉시 도적이나 적에 대한 공포에서 벗어날 수 있다'고 말했다고 하자. 그래서 대상 전원이 입을 모아 위대한 뜻을 가진 관세음보살을 불렀다고 하자.

"우리에게 평안을 주시는 위대한 뜻을 가진 관세음보살을 우러러 받들고 또 우러러 받드나이다."

이렇게 외치자마자 그 대상들은 온갖 공포에서 완전히 해방될 것이다. 위대한 뜻을 가진 관세음보살의 위광은 실로 이러하다.

애욕에 허우적대는 중생이라도 위대한 뜻을 가진 관세음보살을 숭상하고 공경하면 애욕의 마음은 사라진다. 증오에 빠진 중생이라도 위대한 뜻을 가진 관세음보살을 숭상하고 공경하면 증오의 마음은 사라진다. 어리석은 짓을 하는 무리라도 위대한 뜻을 가진 관세음보살을 숭상하고 공경하면 어리석음은 사라진다. 이처럼 위대한 뜻을 가진 관세음보살은 위대한 신통력을 지닌 분이다.

設復有人 若有罪 若無罪 杻械枷鎖 檢繫其身 稱觀世音菩薩名者 皆悉斷壞 卽得解脫 若三千大千國土 滿中怨賊 有一商主 將諸商人 齎持重寶 經過險路 其中一人 作是唱言 諸善男子 勿得恐怖 汝等應當 一心稱觀世音菩薩名號 是菩薩 能以無畏 施於衆生 汝等若稱名者 於此怨賊 當得解脫 衆商人聞 俱發聲言 南無觀世音菩薩 稱其名故卽得解脫 無盡意 觀世音菩薩摩訶薩 威神之力 巍巍如是 若有衆生 多於婬欲 常念恭敬 觀世音菩薩 便得離欲 若多瞋恚 常念恭敬 觀世音菩薩 便得離瞋 若多愚癡 常念恭敬觀世音菩薩 便得離癡 無盡意 觀世音菩薩 有如是等 大威神力 多所饒益 是故衆生 常應心念.

또 어떤 사람이 죄가 있거나 죄가 없거나 쇠고랑이 손발에 채워지고 몸이 묶였을지라도, 관세음보살 이름만 부르면 이것들이 다 끊어지고 풀어져 곧 벗어나리라.

만일 또 삼천대천 국토에 원적(怨賊)이 가득한 속을 한 상인의 우두머리가 여러 상인을 이끌고 귀중한 보물을 가진 채 험한 길을 지나갈 때, 그중에 한 사람이 말하기를 '여러 선남자여, 무서워하지 말고 두려워하지 말라. 그대들은 진심으로 관세음보살의 이름을 부를지니라. 이 보살이 능히 중생들의 두려움을 없애 주리니, 그대들이 이 이름을 부르면 이 원적들을 무사히 벗어나리라' 하고, 이에 여러 상인이 이 말을 듣고 모두 소리를 내어 '나무관세음보살' 하면 곧 그 난을 벗어나리라.

무진의야, 관세음보살마하살의 위신력이 이처럼 훌륭하니라.

또 만일 중생이 음욕이 많더라도 관세음보살을 항상 생각하고 공경하면, 곧 음욕을 여의게 되느니라. 또 만일 어떤 중생이 성내는 마음이 많더라도 관세음보살을 생각하고 공경하면 곧 성내는 마음을 여의게 되느니라. 또 만일 어떤 중생이 어리석음이 많더라도 관세음보살을 항상 생각하고 공경하면 곧 어리석은 마음을 여의게 되느니라.

무진의야, 관세음보살이 이런 위신력으로 이롭게 함이 많으니 중생은 마땅히 마음으로 항상 생각할지니라.

또한 아들 낳기를 바라는 여성이 위대한 뜻을 가진 관세음보살을 숭상하고 공경하면, 용모 단정하고 고상하고 우아한 아들이 태어날 것이다. 더욱이 그 아들은 아들로서의 미덕을 지니고, 많은 사람에게 사랑받고, 사람의 마음을 사로잡으며 선근을 심는 아들일 것이다. 또한 딸을 바라는 여성에게는 용모가 아름답고 고상하고 우아한 딸이 태어날 것이다. 더욱이 그는 연꽃과 같은 더없이 청아한 용모를 지니고, 딸로서의 미덕을 갖추고, 많은 사람에게 사랑받고, 사람의 마음을 사로잡으며, 선근을 심는 딸일 것이다. 위대한 뜻을 가진 관세음보살의 위광은 실로 이와 같다.

또한 위대한 뜻을 가진 관세음보살을 숭상하고 공경하는 사람, 또 그 이름을 마음에 새기는 사람은 좋은 결과를 얻을 것이다. 그리고 위대한 뜻을 가진 관세음보살을 숭상하고 공경하고 그 이름을 마음에 새기는 사람, 또한 62 갠지스강의 모래알 수와 같은 많은 존엄하신 부처님들을 숭상하고 공경하며 그 이름을 마음에 새기는 사람, 또한 아무리 많은 존엄하신 부처님들이 살고 계시더라도 이들 부처님들에게 옷과 바리때와 침구와 좌구와 의약품 같은 생활필수품을 공양하는 사람도 좋은 결과를 얻을 것이다. 이때 이처럼 기특한 양가의 아들딸은 그로 인하여 얼마나 많은 복덕을 쌓을 수 있다고 보느냐?”

이 말을 듣고 위대한 뜻을 가진 무진의보살이 세존께 말했다.

“세존이시여, 참으로 많습니다. 부처님이시여, 참으로 많을 것입니다. 그 양가의 아들딸은 그 일로 인하여 참으로 많은 복덕을 쌓을 것입니다.”

세존께서 말씀하셨다.

“양가의 아들이여, 그처럼 많은 존엄하신 부처님을 숭상하고 공경하여 쌓은 복덕과, 위대한 뜻을 가진 관세음보살에게 한 번이라도 숭상하고 공경하는 행위를 하고 그 이름을 마음에 새겨서 쌓는 복덕은, 둘 다 똑같이 증감이 없고 또한 우열도 없다. 그리고 62 갠지스강의 모래알 수와 같은 많은 존엄하신 부처님들을 숭상하고 공경하며 그 이름을 마음에 지니고 있는 사람과, 위대한 뜻을 지닌 관세음보살을 숭상하고 공경하며 그 이름을 마음에 지니는 사람이 얻는 복덕의 양은 수천만억 겁을 노력해도 쉽게 멸망시킬 수 없다. 이와 같이 위대한 뜻을 가진 관세음보살의 이름을 마음에 지님으로써 얻는 복덕은 이루 헤아릴 수 없을 정도로 많다."

이때 위대한 뜻을 가진 무진의보살은 세존께 이렇게 말했다.

"세존이시여, 어찌하여 위대한 뜻을 가진 관세음보살은 이 사바 세계를 편력하는 것입니까? 무엇 때문에 인간들에게 가르침을 설하는 것입니까? 또한 위대한 뜻을 가진 관세음보살의 절묘한 수단은 어느 범위까지 미칩니까?"

若有女人 設欲求男 禮拜供養 觀世音菩薩 便生福德智慧之男 設欲求女 便生端正有相之女 宿植德本 衆人愛敬 無盡意 觀世音菩薩 有如是力 若有衆生 恭敬禮拜 觀世音菩薩 福不唐捐 是故衆生 皆應受持 觀世音菩薩名號 無盡意 若有人受持 六十二億 恒河沙菩薩名字 復盡形 供養飲食衣服 臥具醫藥 於汝意云何 是善男子 善女人 功德多不 無盡意言 甚多世尊 佛言若復有人 受持觀世音菩薩名號 乃至一時 禮拜供養 是二人福 正等無異 於百千萬億劫 不可窮盡 無盡意 受持觀世音菩薩名號 得如是 無量無邊 福德之利 無盡意菩薩 白佛言 世尊 觀世音菩薩 云何遊此娑婆世界 云何而爲衆生說法 方便之力 其事云何.

또 만일 어떤 여인이 아들 낳기를 원하여 관세음보살을 예배하고 공경하면 곧 복덕과 지혜가 있는 아들을 낳게 되고, 만일 딸 낳기를 원한다면 곧 단정하고 아름다운 모양을 갖춘 딸을 낳게 되리니, 덕의 근본을 잘 심었으므로 여러 사람의 사랑과 존경을 받으리라.

무진의야, 관세음보살의 힘이 이와 같으니라.

만일 또 중생이 관세음보살을 공경하고 예배하면 복이 헛되이 버려지지 않으리니, 그러므로 중생이 모두 관세음보살의 이름을 받들어야 하느니라.

무진의야, 만일 어떤 사람이 62억 항하의 모래 같은 보살의 이름을 받들어 목숨이 다하도록 음식과 의복·침구와 의약 등으로 공양한다면 너의 생각에는 어떻겠느냐. 이 선남자·선여인의 공덕이 얼마나 많겠느냐."

무진의가 대답하였다.

"매우 많겠나이다, 세존이시여."

부처님께서 다시 말씀하시었다.

"만일 어떤 사람이 관세음보살의 이름을 받들어 한때만이라도 예배하고 공양하면, 이 두 사람의 복이 똑같아서 조금도 다를 바 없으며, 백천만억 겁에 이르도록 헤아려도 다할 수가 없으리라. 무진의야, 관세음보살의 이름을 수지하면 이와 같이 한량없고 가없는 복덕의 이익을 얻느니라."

무진의보살이 부처님께 여쭈었다.

"세존이시여, 관세음보살은 어떻게 이 사바 세계에서 노니시며, 어떻게 중생을 위하여 설법하시며, 방편의 힘으로 하시는 그 일은 어떠하나이까."

이 말을 듣고 세존께서는 위대한 뜻을 가진 무진의보살에게 이렇게 말씀하셨다.

"위대한 뜻을 가진 관세음보살이 부처님의 모습으로 사람들에게 가르침을 펴는 세계도 있는가 하면, 관세음이 보살의 모습으로 가르침을 펴는 세계도 있다. 관세음보살은 어떤 사람들에게는 독각(獨覺)의 모습으로 가르침을 펴고, 어떤 사람들에게는 성문의 모습으로 가르침을 편다. 어떤 사람들에게는 브라흐만(범천)이나 샤크라(제석) 모습으로 가르침을 펴기도 한다. 또한 어떤 사람들에게는 간다르봐(건달바) 모습으로 가르침을 편다. 야크샤(야차)가 지도할 수 있는 이들에게는 야차 모습으로 가르침을 펴고, 이슈봐라(자재천)이 지도할 수 있는 이들에게는 자재천 모습으로, 마헤슈봐라(대자재천)가 지도할 수 있는 이들에게는 대자재천 모습으로 가르침을 편다. 전륜성왕이 지도할 수 있는 이들에게는 전륜성왕 모습으로 가르침을 편다. 피샤차(비사사(毘舍闍). 악귀(惡鬼)의 일종)가 지도할 수 있는 이들에게는 비사사 모습으로 가르침을 편다. 봐이슈라봐나(비사문(毘沙門))가 지도할 수 있는 이들에게는 비사문 모습으로 가르침을 편다. 장군(將軍)이 지도할 수 있는 이들에게는 장군 모습으로 가르침을 펴고, 바라문이 지도할 수 있는 이들에게는 바라문 모습으로 가르침을 편다. 봐자라 파니(집금강신(執金剛神))가 지도할 수 있는 이들에게는 집금강신 모습으로 가르침을 편다.

佛告無盡意菩薩 善男子 若有國土衆生 應以佛身 得度者 觀世音菩薩 卽現佛身 而爲說法 應以辟支佛身 得度者 卽現辟支佛身 而爲說法 應以聲聞身 得度者 卽現聲聞身

而爲說法 應以梵王身 得度者 卽現梵王身 而爲說法 應以帝釋身 得度者 卽現帝釋身 而爲說法 應以自在天身 得度者 卽現自在天身 而爲說法 應以大自在天身 得度者 卽現大自在天身 而爲說法 應以天大將軍身 得度者 卽現天大將軍身 而爲說法 應以毗沙門身 得度者 卽現毗沙門身 而爲說法 應以小王身 得度者 卽現小王身 而爲說法 應以長者身 得度者 卽現長者身 而爲說法 應以居士身 得度者 卽現居士身 而爲說法 應以宰官身 得度者 卽現宰官身 而爲說法 應以婆羅門身 得度者 卽現婆羅門身 而爲說法 應以比丘 比丘尼 優婆塞 優婆夷身 得度者 卽現比丘 比丘尼 優婆塞 優婆夷身 而爲說法 應以長者 居士 宰官 婆羅門婦女身 得度者 卽現婦女身 而爲說法 應以童男童女身 得度者 卽現童男童女身 而爲說法 應以天 龍 夜叉 乾闥婆 阿修羅 迦樓羅 緊那羅 摩睺羅伽 人非人等身 得度者 卽皆現之 而爲說法 應以執金剛神 得度者 卽現執金剛神 而爲說法 無盡意 是觀世音菩薩 成就如是功德 以種種形 遊諸國土 度脫衆生.

부처님께서 무진의보살에게 말씀하시었다.

"선남자야, 어떤 나라의 중생을 부처 몸으로 제도할 이에게는 관세음보살이 곧 부처의 몸을 나타내어 설법하며, 벽지불의 몸으로써 제도할 이에게는 벽지불 몸을 나타내어 설법하며, 성문의 몸으로 제도할 이에게는 성문 몸을 나타내어 설법하며, 범왕 몸으로써 제도할 이에게는 범왕 몸을 나타내어 설법하며, 제석천 몸으로써 제도할 이에게는 제석천 몸을 나타내어 설법하며, 자재천(自在天)의 몸으로써 제도할 이에게는 자재천 몸을 나타내어 설법하며, 대(大)자재천의 몸으로써 제도할 이에게는 대자재천 몸을 나타내어 설법하며, 천대장군(天大將軍)의 몸으로써 제도할 이에게는 천대장군 몸을 나타내어 설법하며, 비사문(毘沙門)의 몸으로써 제도할 이에게는 비사문 몸을 나타내어 설법하며, 소왕(小王)의 몸으로써 제도할 이에게는 곧 소왕 몸을 나타내어 설법하며, 장자의 몸으로써 제도할 이에게는 장자 몸을 곧 나타내어 설법하며, 거사의 몸으로써 제도할 이에게는 곧 거사 몸을 나타내어 설법하며, 관리의 몸으로써 제도할 이에게는 곧 관리 몸을 나타내어 설법하며, 바라문의 몸으로써 제도할 이에게는 곧 바라문 몸을 나타내어 설법하며, 비구·비구니·우바새·우바이의 몸을 나타내어 설법하며, 장자·거사·관리·바라문의 부녀의 몸으로써 제도할 이에게는 그 부녀 몸을 나타내어 설법하며, 동남(童男)·동녀의 몸으로써 제도할 이에게는 동남·동녀 몸을 나타내어 설법하며, 하늘·용·야차·건달바·아수라·가루라·긴나라·마후라가·사람인 듯 아닌 듯한 것 등의 몸으로써 제도할 이에게는 모두 그 몸을 나타내어 설법하며, 집금강신(執金剛神)으로써 제도할 이에게는 곧 집금강신을 나타내어 설법하나니, 무진의야, 이 관세음보살은 이러한 공덕을 성취하여 가지가지 형상으로 여러 국토에 노니시며, 중생을 제도하여 해탈하게 하느니라.

이처럼 양가의 아들이여, 위대한 뜻을 가진 관세음보살은 상상할 수 없을 만큼의 능력을 갖추고 있다. 그러니 지금 그대들은 위대한 뜻을 가진 관세음보살을 공양하라. 그 위대한 뜻을 가진 관세음보살은 두려움에 떠는 이들을 안심시킨다. 이런 이유로, 그는 이 사바 세계에서 아바얀 다다(시무외자(施無畏者))라고 불린다.”

그때 위대한 뜻을 가진 무진의보살은 이렇게 말했다.

“세존이시여, 위대한 뜻을 가진 관세음보살에게 진심으로 귀의하고 공양을 올리겠습니다.”

세존께서 말씀하셨다.

“양가의 아들이여, 지금이 바로 알맞은 때라고 그대가 생각한다면 그리 하도록 하라.”

그때 위대한 뜻을 가진 무진의보살은 수백수천의 금과 맞먹는 진주목걸이를 벗어 위대한 뜻을 가진 관세음보살에게 공양하였다.

“뛰어난 위장부여, 내가 직접 바치는 이 공물을 받아 주십시오.”

그러나 그는 그것을 받지 않았다.

그러자 위대한 뜻을 가진 무진의보살이 위대한 뜻을 가진 관세음보살에게 이렇게 말했다.

“양가의 아들이여, 우리에게 자비를 베푸시어 이 진주목걸이를 받아 주십시오.”

그러자 위대한 뜻을 가진 관세음보살은 위대한 뜻을 가진 무진의보살에게 자비를 베풀고, 또 4중(四衆)과 천신·용·야차 등의 8부중(八部衆) 및 인간과 귀령들을 불쌍히 여겨, 위대한 뜻을 가진 무진의보살로부터 몸소 진주목걸이를 받았다. 그리고 그것을 둘로 나누어 하나는 존엄하신 석가모니부처께 바치고, 다른 하나는 완전한 ‘깨달음’에 도달한 아라한인 존엄하신 다보여래의 보배탑에 바쳤다.

위대한 뜻을 가진 관세음보살은 이러한 기적을 보이면서 이 사바 세계를 편력하였다.

그때 세존께서는 이런 게송을 읊으셨다.

是故汝等 應當一心 供養觀世音菩薩 是觀世音菩薩摩訶薩 於怖畏急難之中 能施無畏 是故此娑婆世界 皆號之爲 施無畏者 無盡意菩薩 白佛言 世尊 我今當供養 觀世音菩薩 卽解頸 衆寶珠瓔珞 價直百千兩金 而以與之 作是言 仁者 受此法施 珍寶瓔珞 時觀世音菩薩 不肯受之 無盡意 復白觀世音菩薩言 仁者 愍我等故 受此瓔珞 爾時佛告觀世音菩薩 當愍此無盡意菩薩 及四衆 天 龍 夜叉 乾闥婆 阿修羅 迦樓羅 緊那羅 摩睺羅伽 人非人等故 受是瓔珞 卽時觀世音菩薩 愍諸四衆 及於天 龍 人非人等 受其瓔珞 分作二分 一分奉釋迦牟尼佛 一分奉多寶佛塔 無盡意 觀世音菩薩 有如是自在神力 遊於娑婆世界 爾時無盡意菩薩 以偈問曰

그러므로 너희들은 일심으로 관세음보살을 공양할지니라. 이 관세음보살마하살이 두렵고 급한 환난 가운데 능히 두려움을 없애 주므로, 이 사바 세계에서는 모두 일컬어 '두려움을 없게 해 주는 이'라고 하느니라."

무진의보살이 부처님께 여쭈었다.

"세존이시여, 제가 이제 관세음보살을 공양하겠나이다."

그러고는 목에 걸었던 백천 냥이나 되는 보배구슬과 영락을 풀어, 받들어 올리며 또 여쭈었다.

"어지신이여, 법으로써 드리는 이 보배구슬과 영락을 받아 주옵소서."

그때 관세음보살이 이를 받지 않거늘, 무진의는 다시 관세음보살께 여쭈었다.

"어지신이여, 저희를 불쌍히 여기시어 이 영락을 받아 주옵소서."

그때 부처님께서 관세음보살에게 말씀하시었다.

"여기 이 무진의보살과 4부 대중과 하늘·용·야차·건달바·아수라·가루라·긴나라·마후라가·사람인 듯 아닌 듯한 것들을 불쌍히 여겨 그 영락을 받으라."

곧 관세음보살이 4부 대중과 하늘·용과 그리고 사람인 듯 아닌 듯한 것들을 불쌍히 여기시어 그 영락을 받으시더니, 둘로 나누어 한몫은 석가모니불께 바치고, 남은 한몫은 다보불탑에 바치었다.

"무진의야, 관세음보살은 이처럼 자유로운 신통력을 가지고 사바 세계에 노니느니라."

그때 무진의보살이 게송으로 물었다.

무진의보살이 나에게, '화려한 기(旗)의 주인이시여,

무슨 까닭으로 이 부처님의 아들이 관세음이라 불리옵니까?'

하고 그 뜻과 이유를 물었다.

그 질문의 이유를 헤아리고, 서원(誓願)의 바다인 관세음에 대하여

화려한 기의 주인인 나는 무진의에게

'관세음의 수행을 들어라' 하고 말했다.

수백 겁이라는 상상할 수 없이 긴 시간 동안

수천만억의 많은 부처의 곁에서 그가 어떻게 서원을 청정하게 했는지,

내가 설명하리니 들어라.

그동안 그의 이름을 듣고, 그를 알현하고, 또 그를 마음속으로 생각하면,

이 세상에서 그는 인간들의 모든 고뇌와 번민을 소멸시키며, 결코 실패하지 않
는다.

악의를 품은 이가 누군가를 죽이고자 불구덩이 속으로 떠민다 하더라도

관세음을 마음속으로 생각하면 물을 끼얹은 것처럼 불은 꺼질 것이다.

바다의 가파른 곳이나 용·마카라(바다괴물의 한 가지) 같은 괴물 소굴로 떨어지더
라도

관세음을 마음속으로 생각하면 바다 속으로 가라앉는 일은 결코 없다.

악의를 품은 이가 누군가를 죽이고자 수미산 절벽에서 밀어뜨리더라도,

관세음을 마음속으로 생각하면 태양처럼 허공에 머문다.

살해하기 위하여 누군가가 금강으로 된 산의 큰 돌을 머리에 던지더라도

관세음을 마음으로 생각하면 터럭 한 올도 다치지 않는다.

검(劍)을 손에 들고 위해를 가하려는 적의 무리에 둘러싸여도

관세음을 마음속으로 생각하면 즉시 그들은 자비롭게 된다.

世尊妙相具　　我今重問彼　　佛子何因緣　　名爲觀世音

具足妙相尊　　偈答無盡意　　汝聽觀音行　　善應諸方所

弘誓深如海　　歷劫不思議　　侍多千億佛　　發大淸淨願

我爲汝略說　　聞名及見身　　心念不空過　　能滅諸有苦

假使興害意　　推落大火坑　　念彼觀音力　　火坑變成池

或漂流巨海　　龍魚諸鬼難　　念彼觀音力　　波浪不能沒

或在須彌峯　　爲人所推墮　　念彼觀音力　　如日虛空住

或被惡人逐　　墮落金剛山　　念彼觀音力　　不能損一毛

或値怨賊擾　　各執刀加害　　念彼觀音力　　咸卽起慈心

미묘한 상(相) 갖추신 세존시이여, 이제 다시 저 일을 묻자옵노니

불자는 그 무슨 인연으로 관세음이라 부르나이까.

미묘한 상 갖추신 세존께서 게송으로 무진의에게 대답하시되

곳곳마다 알맞게 응하여 나타나는 관음(觀音)의 모든 행을 잘 들으라.

그 보살의 큰 서원 바다와 같아 헤아릴 수 없이 긴 세월 동안

천억의 부처님 모시고 받들며 크고 청정한 원을 세우니

내 이제 그것들을 간략히 말하리니 이름을 듣거나

마음으로 생각함이 헛되지 않으면 능히 모든 고통 멸하리라.

가령 해치려는 사람에게 떠밀려 큰 불구덩이에 떨어진대도

관음을 염하는 그 힘으로 불구덩이 변하여 연못이 되고

만일 큰 바다에 표류되어서 용과 귀신 물고기의 난을 만나도

관음을 염하는 그 힘으로 파도가 능히 삼킬 수 없으며

수미산의 봉우리에서 사람에게 떠밀려 떨어진대도

관음을 염하는 그 힘으로 허공에 머무는 해같이 되며

악인에게 쫓기어 금강산에 떨어진대도

관음을 염하는 그 힘으로 털끝 하나 다치지 않으며

원한의 도적을 만나 칼 들고 달려와 해치려 해도

관음을 염하는 그 힘으로 도적들 마음 돌려 자비로워진다.

형리의 손에 넘겨져 처형을 눈앞에 두더라도

관세음을 마음속으로 생각하면 그 검(劍)은 산산이 부서진다.

나무나 쇠로 된 족쇄를 차고 동아줄에 묶이더라도

관세음을 마음속으로 생각하면 사슬은 즉시 풀린다.

주문·주술·약초·인간에게 달라붙는 귀령, 송장에 달라붙는 귀신 등 인간의 몸을 파괴하는 것은,

관세음을 마음속으로 생각하면 그것을 사용한 당사자에게 돌아갈 것이다.

우리의 체력을 빼앗는 야차나 용이나 아수라,

인간에게 달라붙는 귀령이나 나찰들에게 둘러싸여 있어도

관세음을 마음속으로 생각하면 터럭 한 올 다치지 않는다.

날카로운 이빨과 발톱을 지닌 사나운 맹수에 둘러싸여도

관세음을 마음속으로 생각하면 그들은 즉시 사방으로 도망갈 것이다.

불꽃을 토해내는 무시무시한, 눈에 독을 품은 뱀에 둘러싸여도

그때 관세음을 마음속으로 생각하면 그것들의 독은 즉시 사라진다.

구름 사이로 번개와 비를 뿌리며 세찬 뇌우가 덮쳐오더라도

관세음을 마음속으로 생각하면 뇌우는 그 즉시 잠잠해진다.

수백의 고뇌에 짓눌리고 많은 고민에 시달리는 사람을 보고,

뛰어난 지혜의 힘을 지닌 그는 그들을 헤아려, 신들과 함께 사는 세계에서 구제자가 된다.

신통력을 깊이 연구하고, 광대한 지혜와 그 발휘 수단이 뛰어난 그는

이 세상의 시방 곳곳에 모습을 드러내고

온갖 국토에서 빠짐없이 모습을 나타낸다.

고통과 곤궁의 공포에 휩싸여, 지옥·축생계·야마 세계에 있는 인간들의

탄생·노쇠·병의 괴로움은 점차 소멸한다.

或遭王難苦　　臨刑欲壽終　　念彼觀音力　　刀尋段段壞

或囚禁枷鎖　　手足被杻械　　念彼觀音力　　釋然得解脫

呪詛諸毒藥	所欲害身者	念彼觀音力	還著於本人
或遇惡羅刹	毒龍諸鬼等	念彼觀音力	時悉不敢害
若惡獸圍繞	利牙爪可怖	念彼觀音力	疾走無邊方
蚖蛇及蝮蠍	氣毒蓮華然	念彼觀音力	尋聲自廻去
雲雷鼓掣電	降雹澍大雨	念彼觀音力	應時得消散
衆生被困厄	無量苦逼身	觀音妙智力	能救世間苦
具足神通力	廣修智方便	十方諸國土	無刹不現身
種種諸惡趣	地獄鬼畜生	生老病死苦	以漸悉令滅

법에 잘못 걸려 형벌을 받아 죽게 되더라도

관음을 염하는 그 힘으로 칼이 조각조각 끊어지며

감옥 속에 갇혀 있어서 손발이 형틀에 묶였더라도

관음을 염하는 그 힘으로 그것들의 풀림을 받을 것이며

저주와 여러 가지 독약으로 몸을 해치려고 할 때도

관음을 염하는 그 힘으로 본인에게 그 화가 돌아가며

악한 나찰 독룡(毒龍)들과 여러 귀신을 만날지라도

관음을 염하는 그 힘으로 감히 모두 해치지 못하며

사나운 짐승들이 둘러싸 이빨과 발톱이 무섭더라도

관음을 염하는 그 힘으로 사방으로 뿔뿔이 달아나며

여러 가지 사나운 독사들이 독기가 불꽃처럼 성할지라도

관음을 염하는 그 힘으로 그 소리에 스스로 달아나며

구름과 천둥이 번개를 치고 큰비와 우박이 쏟아져도

관음을 염하는 그 힘으로 그때 곧 사라지며

뭇 중생이 곤액(困厄)을 입어 한량없는 고통을 받을지라도

관음의 미묘한 지혜의 힘이 능히 세상 고통 구하느니라.

신통한 힘 구족하고 지혜의 방편 널리 닦아

시방의 여러 국토 몸을 나타내지 않는 곳 없으며

가지가지 악한 갈래 지옥·아귀·축생들의

생로병사 모든 고통 점차로 멸해 주느니라.

빛나는 눈을 지닌 이여, 인자한 눈을 지닌 이여, 이지와 지혜가 두드러진 눈을 지닌 이여.

자비의 눈을 지니고, 청정한 눈을 지닌 이여. 아름다운 얼굴과 아름다운 눈을 지닌 사랑스러운 이여.

더러움 없고 탁하지 않은 빛나는 이여. 어둠 없는 지혜를 가진 이여, 태양의 빛을 지닌 이여.

꺼지지 않는 등불의 빛을 지닌 이여, 그대는 밝게 빛나 이 세상을 비춘다.

연민의 덕을 지니고, 자애롭고, 뛰어난 덕과 자비의 마음을 지닌 큰 구름 같은 이여.

그대는 인간들의 번뇌 불을 끄고 감로와 같은 가르침의 비를 뿌린다.

다툴 때, 논쟁·격투를 할 때, 싸움터에서 커다란 위험에 노출되었을 때,

관세음을 마음속으로 생각하면 흉악한 적군은 즉시 퇴각하리라.

그는 천둥이나 큰북처럼, 대해처럼 울려 퍼지는

범천과 같은 아름다운 음성을 지녔다. 관세음은

음악의 깊은 뜻을 궁구했으며, 언제나 마음속으로 불러야 할 분이다.

청정한 존재인 관세음을 그대는 마음에 두고 생각하라.

마음에 두고 생각하라. 결코 의심해서는 아니 된다. 죽음·불운·고난을 마주했을 때

그는 구제자이자 비호자이며 마지막 피난처이다.

모든 덕을 완성하고, 모든 인간을 자비의 눈으로 보고,

덕의 화신이자 덕의 대해인 관세음을 예배하라.

그는 세상 사람들에게 연민을 베풀고 미래의 부처님이 될 것이다.

온갖 고뇌와 공포와 근심을 멸하는 관세음을 나는 경배한다.

로케슈봐라 라쟈(세자재왕(世自在王))를 지도자로 모시는

다르마카라(법장(法藏))비구는 세간의 공양을 받으며 수백 겁이라는 오랜 세월 동안 수행하여

때 묻지 않은 최상의 '깨달음'에 도달하여 아미타바(무량광(無量光))여래가 되었다.

관세음은 무량광여래의 오른쪽 또는 왼쪽 옆에 서서

그 부처님께 계속 부채질하여, 환상에 가까운 모든 국토에 부처님의 향을 공양했다.

서쪽에 행복의 광맥인 때 묻지 않은 극락세계가 있다.

그곳에 지금 무량광여래는 인간의 마부로서 살고 계시다.

그곳에서는 여자는 태어나지 않고, 성교의 습관도 전혀 없다.

때묻지 않은 부처님의 친아들들은 그곳에서 저절로 생겨나 연꽃 속에 앉는다.

그 무량광여래는 때묻지 않고 편안한 연꽃 속에서

사자좌에 앉아 샬라왕(비슈누 교도가 신성시하는 샬라 마을의 왕)처럼 빛나신다.

그는 또한 이 세상의 지도자로서, 삼계에서 그에 필적하는 이는 없다. 나는 그 부처님을 찬탄하고

'하루빨리 복덕을 쌓아 그대와 같은 가장 뛰어난 인간(부처)이 되고 싶다'고 기도한다.

그때 위대한 뜻을 가진 다라닌다라(지지(持地))보살이 자리에서 일어나 한쪽 어깨를 드러내고, 오른 무릎을 땅에 대고, 세존을 향하여 합장하고 이렇게 말했다.

"세존이시여, 이 위대한 뜻을 가진 관세음보살에 대한 경설을 듣고, 위대한 뜻을 가진 관세음보살의 기적을 가르치는 '사만타 무카(보문(普門))'라는 관세음의 변화무상한 기적을 기록한 장을 아는 중생은 크게 선근을 쌓은 이일 것입니다."

세존께서 이 '보문'의 장(章)을 설하는 동안에, 그곳에 모여 있던 8만 4천 명의 회중은 비할 바 없고 더할 나위 없이 완전한 '깨달음'에 도달하고자 하는 마음을 일으켰다.

眞觀淸淨觀	廣大智慧觀	悲觀及慈觀	常願常瞻仰
無垢淸淨光	慧日破諸闇	能伏災風火	普明照世間
悲體戒雷震	慈意妙大雲	澍甘露法雨	滅除煩惱燄

諍訟經官處　　怖畏軍陣中　　念彼觀音力　　衆怨悉退散

妙音觀世音　　梵音海潮音　　勝彼世間音　　是故須常念

念念勿生疑　　觀世音淨聖　　於苦惱死厄　　能爲作依怙

具一切功德　　慈眼示衆生　　福聚海無量　　是故應頂禮

爾時持地菩薩 卽從座起 前白佛言 世尊 若有衆生 聞是觀世音菩薩品 自在之業 普門 示現 神通力者 當知是人 功德不少 佛說是普門品時 衆中八萬四千衆生 皆發無等等 阿耨多羅三藐三菩提心

진관(眞觀)이며 청정관(淸淨觀) 넓고 큰 지혜관(智慧觀)이며

비관(悲觀)과 자관(慈觀)이니 항상 우러러볼 것이며

때 없어 청정한 빛 지혜의 태양 어둠을 제하나니

재앙의 풍화(風火) 능히 이겨 널리 밝게 세상을 비추느니라.

자비의 계(戒)는 우레의 진동 자비로운 마음은 큰 구름이라

감로의 법비를 내려 번뇌의 타는 불길 멸해 주며

쟁송(諍訟)으로 관청에 가거나 두려운 진중에 있을지라도

관음을 염하는 그 힘으로 모든 원수가 흩어지리라.

묘음과 관세음과 범음(梵音)과 해조음(海潮音)이

저 세간음(世間音)보다 나으니 그러므로 항상 생각하여

의심일랑 잠깐도 하지 말라 관세음 청정한 성인은

고뇌와 죽음과 곤액들을 능히 믿고 또한 의지한 바라.

일체의 여러 공덕 두루 갖추어 자비로운 눈으로 중생을 보며

그 복이 바다처럼 한량없으니 그러므로 마땅히 정례(頂禮)할지니라.

그때 지지보살(持地菩薩)이 자리에서 일어나 부처님 앞에 나아가 여쭈었다.

"세존이시여, 만일 중생이 이 관세음보살 보문품의 자유로운 업(業)과 널리 보이고 나타내는 신통력을 듣는다면, 그 사람의 공덕은 적지 않겠나이다."

부처님께서 이 〈보문품〉을 설하실 때, 대중 가운데 8만 4천 중생이 모두 비할 바 없이 평등한 아뇩타라삼먁삼보디의 마음을 내었다.

이상으로 상서로운 《올바른 가르침의 백련》이라는 경설에서 관세음의 기적을 설한 '온갖 방향으로 얼굴을 돌리는 부처' 제24장은 끝난다.

21. 생명 있는 말씀 주문
다라니품 제26

한편 위대한 뜻을 가진 바이샤쟈 라쟈(약왕)보살은 자리에서 일어나 한쪽 어깨를 벗고 오른 무릎을 땅에 대고, 세존을 향하여 합장하고 이렇게 말했다.

"세존이시여, 양가의 자녀가 이 《올바른 가르침의 백련》이라는 경설을 마음속에 간직하거나 책으로 만들어 수지한다면 얼마나 큰 복덕을 얻습니까?"

이 물음에 세존께서는 위대한 뜻을 가진 약왕보살에게 이렇게 말했다.

"약왕이여, 만약 양가의 자녀가 80의 갠지스강의 모래알 수와 같은 수천만억의 여래들을 공경하고 존경하고 숭상하고 공양한다면, 약왕이여, 그대는 그 양가의 자녀가 그로 인해 많은 복덕을 얻으리라고 생각하느냐?"

위대한 뜻을 가진 약왕보살이 말했다.

"세존이시여, 그 복덕은 많습니다. 부처님이시여, 참으로 많사옵니다."

세존께서 말씀하셨다.

"그대에게 말하겠다, 약왕이여. 그대에게 알려 주겠다. 만약 어떤 양가의 자녀가 이 《올바른 가르침의 백련》이라는 경설에서 4구(句)로 된 게송의 한 구절이라도 마음에 새기고 독송하고 이해하고 또 수행을 통해 완성시키면, 약왕이여, 그 양가의 아들딸은 그로 인해 더욱 많은 복덕을 얻으리라."

妙法蓮華經陀羅尼品第二十六

爾時藥王菩薩 卽從座起 偏袒右肩 合掌向佛 而白佛言 世尊 若善男子 善女人 有能

受持 法華經者 若讀誦通利 若書寫經卷 得幾所福 佛告藥王 若有善男子善女人 供養

八百萬億那由他 恒河沙等諸佛 於汝意云何 其所得福 寧爲多不 甚多世尊 佛言 若善男

子善女人 能於是經 乃至受持 一四句偈 讀誦解義 如說修行 功德甚多.

그때 약왕보살이 자리에서 일어나 오른쪽 어깨를 벗어 드러내고 부처님을 향하여 합장하고 여쭈었다.

"세존이시여, 만일 선남자·선여인이 《법화경》을 받아 지녀 읽고 외우며 영리하게 통달하거나 혹은 그 경전을 옮겨 쓰면 얼마만한 복을 얻나이까."

부처님께서 약왕보살에게 말씀하시었다.

"만일 어떤 선남자·선여인이 8백만억 나유타 항하의 모래 같은 많은 부처님을 공양하였다면 너의 생각은 어떠하냐. 그 사람이 얻는 복이 어찌 많지 않겠느냐."

약왕보살이 대답하였다.

"매우 많겠나이다, 세존이시여."

부처님께서 다시 말씀하시었다.

"만일 어떤 선남자 선여인이 이 경을 능히 수지하여 네 줄의 게송 하나라도 읽고 외우며, 해설하고 설한 바와 같이 수행하면 고 공덕이 매우 많느니라."

그때 위대한 뜻을 가진 약왕보살은 세존께 이렇게 말했다.

"세존이시여, 저희는 이 《올바른 가르침의 백련》을 마음속에 간직하든, 책으로 지니든, 이것을 수지하는 양가의 자녀들을 보호하고 방위하고 비호하기 위하여 주문을 주겠습니다. 그것은 다음과 같습니다.

아녜, 마녜, 마네, 마마네, 칫테, 챠리테, 사메, 사미타, 뷔샨테, 무크테, 무크타 타메, 사메, 아뷔샤메, 사마사메, 쟈에, 크샤에, 아크샤에, 아크시네, 샨테, 사미 테, 다라니, 아로카 바셰, 프라티아뷔크샤니, 니디르, 아비안타라 니뷔슈테, 아비 안타라 파리슛디, 무트크레, 무트크레, 아라데, 파라데, 스 칸크시, 아사마 사메, 붓다 뷔로키테, 다르마 파리크시테, 상가 니르고샤니, 니르고니, 바야바야 뷔쇼 다니, 만트레, 만트라크샤야테, 루테, 루타 카우샤루에, 아크샤에, 아크샤야 바 나타에, 밧크레, 바로다, 아마누야나타에, 스바하.

爾時藥王菩薩 白佛言世尊 我今當與說法者 陀羅尼呪 以守護之 卽說呪曰安爾一 摩

爾二 摩禰三 摩摩禰四 旨隷五 遮梨第六 賒咩七 賒履多瑋八 羶帝九 目帝十 目多履十一 沙履十二 阿瑋娑履十三 桑履十四 沙履十五 叉裔十六 阿叉裔十七 阿耆膩十八 羶帝十九 賒履二十 陀羅尼二十一 阿盧伽婆娑簸蔗毗叉膩二十二 禰毗剃二十三 阿便哆邏禰履剃二十四 阿亶哆波隷輸地二十五 漚究隷二十六 牟究隷二十七 阿羅隷二十八 波羅隷二十九 首迦差三十 阿三磨三履三十一 佛馱毗吉利袟帝三十二 達磨波利差帝三十三 僧伽涅瞿沙禰三十四 婆舍婆舍輸地三十五 曼哆邏三十六 曼哆羅叉夜多三十七 郵樓哆郵樓哆三十八 憍舍略三十九 惡叉邏四十 惡叉冶多冶四十一 阿婆盧四十二 阿摩若那多夜四十三.

그때 약왕보살이 부처님께 여쭈었다.

"세존이시여, 제가 이제 설법하는 이에게 다라니주(陀羅尼呪)를 주어 수호하겠나이다."

그리고 곧 주문을 말하였다.

아녜 마녜 마네 마마네 칫테 차리테 사메 사미타 비산테 묵테 묵타타메 사메 아비샤메 사마사메 쟈에 크사에 아크시에 아크시네 샨테 사미테 다라니 아로카 바셰 프라티아베크샤니 니디르 아비안타라 니비슈테 아비안타라 파리슛디 무트크레 무트크레 아라데 파라데 스칸크시 아사마 사메 붓다 비로키테 다르마 파리크시테 상가 니르고샤니 니르고니 바야바야 비쇼다니 만트레 만트라크샤야테 루테 루타 카우사루에 아크샤예 아크샤야 바나타에 밧크레 바로다 아마누야나타에 스바하.

세존이시여, 이 주문은 62 갠지스강의 모래알 수와도 같이 많고 존엄하신 부처님들께서 말씀하신 것입니다. 이러한 가르침을 펴는 사람들과 이 최고의 경전을 공격하는 자는 이들 모든 부처님께 적의를 품은 이들입니다."

그러자 세존께서는 위대한 뜻을 가진 약왕보살에게 칭찬의 말씀을 내리셨다.

"그러하다, 바로 그러하다, 약왕이여. 이 주문은 이 세상에 존재하는 이들에 대한 자비에서 널리 알린 것으로서, 그들의 복리에 도움이 되었다. 또한 그들을 보호하고 방위하고 비호할 수 있었다."

그때 위대한 뜻을 가진 프라다나 슈라(용시(勇施))보살이 세존께 이렇게 말했다. "세존이시여, 저 역시 이처럼 가르침을 펴는 사람들을 위하여, 그들의 약점을 찾아 습격의 기회를 노리는 무리가 그 기회를 얻지 못하도록 주문을 주겠습니다. 야크샤(야차(夜叉))든 라크샤사(나찰(羅刹))이든 푸타나(부단나(富單那))든 마술사든 쿰반다(구반다(鳩槃茶))든 프레타(아귀(餓鬼))든, 그들의 약점을 찾아 습격할 기회를 찾지 못하게 하기 위해서입니다."

그때 위대한 뜻을 가진 용시보살은 이런 주문을 말했다. 그것은 다음과 같다.

주바레, 마하 주바레, 웃케, 툿케, 뭇케, 아데, 아다바티, 누리티에, 누리티야바티, 잇티니, 빗티니, 칫티니, 누리티야니, 누리티야바티, 스바하.

"세존이시여, 이 주문은 갠지스강의 모래알 수와도 같은 여래들께서 설하시고 기뻐하신 것입니다. 이 주문을 외는 사람들을 공격하는 자는 이 모든 여래에게 적의를 가진 자입니다."

世尊 是陀羅尼神呪 六十二億 恒河沙等 諸佛所說 若有侵毀 此法師者 則爲侵毀 是諸佛已 時釋迦牟尼佛 讚藥王菩薩言 善哉善哉 藥王 汝愍念擁護 此法師故 說是陀羅尼 於諸衆生 多所饒益 爾時勇施菩薩 白佛言 世尊 我亦爲擁護 讀誦受持 法華經者 說陀羅尼 若此法師 得是陀羅尼 若夜叉 若羅刹 若富單那 若吉蔗 若鳩槃茶 若餓鬼等 伺求其短 無能得便 卽於佛前 而說呪曰 痤隸一 摩訶痤隸二 郁枳三 目枳四 阿隸五 阿羅婆第六 涅隸第七 涅隸多婆第八 伊緻柅九 韋緻柅十 旨緻柅十一 涅隸墀柅十二 涅犂墀婆底十三 世尊 是陀羅尼神呪 恒河沙等 諸佛所說 亦皆隨喜 若有侵毀 此法師者 則爲侵毀 是諸佛已.

"세존이시여, 이 다라니 신주는 62억 항하의 모래 같은 부처님께서 설하신 바이니, 만일 누구든지 이 법사를 침해하거나 훼방하면, 곧 이 여러 부처님을 침해하고 훼방하는 것이 되나이다."

이때 석가모니불께서 약왕보살을 칭찬하며 말씀하시었다.

“착하고 착하도다. 약왕아, 네가 그 법사를 불쌍히 생각하여 옹호하려고 이 다라니를 설했으니, 많은 중생이 이익을 얻으리라.”

그때 용시(勇施)보살이 또 부처님께 여쭈었다.

“세존이시여, 저도 또한 《법화경》을 읽고 외우며 받아 지니는 이를 옹호하기 위하여 다라니를 설하리니, 만일 이 법사가 이 다라니를 얻으면, 야차나 나찰 혹은 부단나(富單那)·길자(吉蔗)·구반다·아귀 등이 그의 허물을 찾아내려 하더라도 능히 얻지 못하리다.”

하고, 곧 부처님 앞에 나아가 주문을 설하였다.

주바레 마하 주바레 웃케 툿케 뭇케 아데 아다바티 누리티에 누리티야바티 잇티니 빗티니 칫티니 누리티야니 누리티야바티 스바하.

“세존이시여, 이 다라니 신주는 항하의 모래 수 같은 여러 부처님께서 설하신 것이고 역시 모두 따라 기뻐하셨나니, 만일 이 법사를 침해하고 훼방하면, 곧 이 여러 부처님을 침해하고 훼방하는 것이 되오리다.”

그때 봐이슈라봐나(비사문천왕(毘沙門天王))이 세존께 이렇게 말했다.

“세존이시여, 저도 또한 이러한 가르침을 설하는 사람들의 이익과 행복을 위하여, 그들에 대한 자비의 마음에서 그들을 보호하고 비호하기 위하여 주문을 주겠습니다. 그것은 다음과 같습니다.

앗테, 탓테, 낫테, 봐낫테, 아나데, 나디, 크나디, 스바하

이 주문으로, 세존이시여, 저는 1백 요자나(유순(由旬). 거리 단위. 황소수레의 하루 여정)의 범위에 걸쳐 이러한 가르침을 펴는 사람들을 보호하겠습니다. 이로 인해 이 최고의 경전을 수지하는 양가의 자녀들은 보호받을 것이며 행복한 생활을 누릴 것입니다.”

그때 뷔루다카(증장천왕(增長天王))도 그 회중 속에 있었는데, 앉아 있는 그의 둘

레를 수천만억의 구반다들이 둘러싸고 시중들고 있었다. 그는 자리에서 일어나 한쪽 어깨를 벗고 세존을 향하여 합장하고 이렇게 말했다.

"세존이시여, 저도 많은 사람의 이익을 위하여, 또한 이미 말했듯이 가르침을 설하고 최고의 경전을 수지하는 이러한 사람들을 보호하고 방위하고 비호하기 위하여 주문을 설하겠습니다. 그것은 다음과 같습니다.

아가네, 가네, 가우리, 간다리, 챤다리, 마탕기, 풋카시, 상크레, 부루사리, 시시, 스바하.

이 주문은, 세존이시여, 4억 2천만 부처님들이 말씀하신 것입니다. 가르침을 펴는 이 사람들을 습격하는 이는, 이 모든 부처님에게 적의를 품은 무리입니다."

爾時毗沙門天王護世者 白佛言 世尊 我亦爲愍念衆生 擁護此法師故 說是陀羅尼 卽 說呪曰 阿犂1那犂2兎那犂3阿那盧4那履5拘那履6 世尊 以是神呪 擁護法師 我亦自當 擁護持是經者 令百由旬內 無諸衰患 爾時持國天王 在此會中 與千萬億 那由他 乾闥婆 衆 恭敬圍繞 前詣佛所 合掌白佛言 世尊 我亦以陀羅尼神呪 擁護法華經者 卽說呪曰 阿伽禰1伽禰2瞿利3乾陀利4栴陀利5摩蹬耆6常求利7浮樓莎柅8頞底9 世尊 是陀羅尼神 呪 四十二億 諸佛所說 若有侵毁 此法師者 則爲侵毁 是諸佛已.

그때 비사문천왕 호세자(毘沙門天王護世者)가 부처님께 여쭈었다.

"세존이시여, 저도 또한 중생을 불쌍히 여겨 법사를 옹호하기 위해 이 다라니를 설하겠나이다."

하고 곧 주문을 설하였다.

"앗테 탓테 낫테 봐낫테 아나데 나디 크나디 스바하.

세존이시여, 이 신주로써 법사를 옹호하고, 저도 또한 이 경 가진 이를 옹호하여, 여러 가지 쇠함과 환난을 1백 유순 내에 없애오리다."

그때 지국천왕(持國天王)이 이 대회의 가운데 있다가, 천만억 나유타 건달바 들에게 둘러싸여 부처님 앞에 나아가 합장하고 여쭈었다.

"세존이시여, 저도 또한 다라니 신주로써 《법화경》 가진 이를 옹호하리다."

하고, 곧 주문을 설하였다.

"아가네 가네 가우리 간다리 챤다리 마탕기 풋카시 상크레 부루사리 시시 스바하.

세존이시여, 이 다라니 신주는 42억의 많은 부처님께서 설하신 바이니, 만일 이 법사를 침해하고 훼방하면, 곧 이 많은 부처님을 침해하고 훼방함이 되오리다."

그때 ①란바(남바(藍婆)), ②뷔란바(비남바(毘藍婆)), ③쿠타 단티(곡치(曲齒)), ④프슈파 단티(화치(華齒)), ⑤마쿠타 단티(흑치(黑齒)), ⑥케시니(다발(多髮)), ⑦라크샤시야 챠라(무염족(無厭足)), ⑧마라 다리(지영락(持瓔珞)), ⑨쿤티(고제(皐帝)), ⑩사르봐 삿트봐 오죠하리(탈일체중생정기(奪一切衆生精氣)), ⑪하리티라는 이름의 나찰녀들은 모두 아들이나 권솔들을 데리고 있었는데, 그들은 세존께로 다가가 입을 모아 이렇게 말했다.

"세존이시여, 저희도 최고의 경전을 수지하고 가르침을 펴는 사람들을 위하여, 그들의 약점을 찾아 습격의 기회를 노리는 무리가 기회를 얻지 못하도록, 그들을 보호하고 방위하고 비호하여, 그들이 안락한 생활을 할 수 있도록 할 것입니다."

그리고 나찰녀들은 모두 이구동성으로 합창하며 세존께 이러한 주문을 보냈다. 그것은 다음과 같다.

이티 메, 이티 메, 이티 메, 이티 메, 이티 메, 니메, 니메, 니메, 니메, 니메, 루혜, 루혜, 루혜, 루혜 루혜, 스투혜, 스투혜, 스투혜, 스투혜, 스투혜, 스바하.

"그 가르침을 펴는 이들의 머리 위에서, 어떠한 것들도 그들을 번뇌하게 하지 않을 것입니다. 야크샤(야차)든, 라크샤사(나찰)든, 프레타(아귀)든, 피샤차든, 푸타나(부단나)든, 마술사든, 베타다(비다라(毘陀羅))든, 쿰반다(건타(犍馱))든, 스타브다든, 우마라카든, 우스타라카든, 아파스마라카(아발마라(阿跋摩羅))든, 야크샤 마술사든, 귀령 마술사든, 인간 마술사든, 하루·이틀·사흘·나흘 동안 열병을 일으키는 병마든, 내려가지 않는 열이나 불규칙한 열을 일으키는 병마든, 아니면 꿈속으로 들어가 여자·남자·소년·소녀의 모습으로 망상에 시달리게 하는 것이든, 그것이 그 가르침을 펴는 이들에게 들리는 일은 없을 것입니다."

그때 그 나찰녀들은 이구동성으로 일제히 합창으로 세존께 다음과 같은 게송을 읊었다.

爾時有羅利女等 一名藍婆 二名毗藍婆 三名曲齒 四名華齒 五名黑齒 六名多髮 七名無厭足 八名持瓔珞 九名皐諦 十名奪一切衆生精氣 是十羅利女 與鬼子母 幷其子 及眷屬 俱詣佛所 同聲白佛言 世尊 我等亦欲擁護 讀誦受持 法華經者 除其衰患 若有伺求法師短者 令不得便 卽於佛前 而說呪曰 伊提履一 伊提泯二 伊提履三 阿提履四 伊提履五 泥履六 泥履七 泥履八 泥履九 泥履十 樓醯十一 樓醯十二 樓醯十三 樓醯十四 多醯十五 多醯十六 多醯十七 兜醯十八 樓醯十九 寧上我頭上 莫惱於法師 若夜叉 若羅刹 若餓鬼 若富單那 若吉蔗 若毗陀羅 若犍馱 若烏摩勒伽 若阿跋摩羅 若夜叉吉蔗 若人吉蔗 若熱病 若一日 若二日 若三日 若四日 若至七日 若常熱病 若男形 若女形 若童男形 若童女形 乃至夢中 亦復莫惱 卽於佛前 而說偈言

그때 또 나찰녀(羅利女)들이 있었으니, 첫째 이름은 남바(藍婆), 둘째 이름은 비남바(毘藍婆)이며, 셋째 이름은 곡치(曲齒)이고, 넷째 이름은 화치(華齒)이며, 다섯째 이름은 흑치(黑齒)이고, 여섯째 이름은 다발(多髮)이며, 일곱째 이름은 무염족(無厭足)이고, 여덟째 이름은 지영락(持瓔珞)이며, 아홉째 이름은 고제(皐帝)이고, 열째 이름은 탈일체중생정기(奪一切衆生精氣)였다.

이 열 명의 나찰녀는 귀자모(鬼子母)와 아울러 그 아들의 권속들과 함께 부처님 앞으로 나아가 다같이 여쭈었다.

"세존이시여, 저희 또한 《법화경》을 읽고 외우며 받아 지니는 이를 위하여 옹호하고, 그의 쇠함과 환난을 없애 주오리다. 만일 어떤 이가 이 법사의 허물을 찾아내려 하여도 능히 얻지 못하오리다."

하고 곧 주문을 설하였다.

"이제리 이제민 이제리 아제리 이제리 니리 니리 니리 니리 니리 루혜 루혜 루혜 루혜 다혜 다혜 다혜 도혜 루혜.

차라리 나의 머리 위에 오를지언정 법사를 괴롭히지 말라. 혹은 야차이거나 나찰·

아귀·부단나·길자·비다라(毘陀羅)·건타(犍馱)·오마륵가(烏摩勒伽)·아발마라(阿跋摩羅)·야차길자·인길자(人吉蔗)·열병(熱病)으로써 하루·이틀·사흘·나흘 내지 7일 동안, 앓는 열병이거나 항상 앓는 열병으로써 남자의 형상이나 여자의 형상, 혹은 남자아이의 형상이나 여자아이의 형상들로 앓는 열병들은 꿈에라도 괴롭히지 말라.”

그리고 곧 부처님 앞에서 게송으로 말하였다.

이 주문을 듣고 가르침 펴는 사람을 습격하는 이는
아르자카(7개의 꽃잎을 가진 꽃) 꽃의 봉오리처럼 그 머리가 일곱 갈래로 갈라질 것이다.
어머니 죽인 자가 가는 길, 아버지 죽인 자의 길,
가르침 펴는 사람을 습격하는 이는, 그 길을 걸을 것이다.
참깨 찧는 사람들이 가는 길, 참기름 짜는 사람들이 가는 길,
가르침 펴는 사람을 습격하는 이는, 그 길을 걸을 것이다.
무게 속이는 사람들이 가는 길, 양(量)을 속이는 사람들이 가는 길,
가르침 펴는 사람을 습격하는 이는, 그 길을 걸을 것이다.

이렇게 말한 뒤 고제를 비롯한 나찰녀들은 세존께 이렇게 말했다.

“세존이시여, 저희는 가르침 펴는 사람들을 보호하겠습니다. 그들의 생활을 안락하게 하고, 공격을 물리치고, 독을 풀도록 하겠습니다.”

나찰녀들이 이렇게 말하자 세존께서는 그들에게 이렇게 말씀하셨다.

“훌륭하다, 훌륭하다, 자매들이여. 그대들은 이 경설의 이름만을 기억하고 가르침을 펴는 사람들까지도 보호하고 방위하고 비호해 준다. 하물며 이 경설을 완전히 그대로 수지하는 사람들은 말할 필요도 없다. 또한 책으로 된 이 경설을 공경하고, 꽃·향목·향료·화환·도향·분향·옷·우산·기·깃발로, 또는 식물성 기름으로 밝힌 등불로, 동물성 기름의 등불로, 향유의 등불로, 찬파카꽃·봐르시카꽃·청련·재스민 기름으로 밝힌 등불 등 다양한 수백수천의 공양으로 이 경전을 공경하고 숭배하는 사람들을, 쿤티여, 그대와 그대의 권솔이 보호하여야 한다.”

또한 이 ‘주문’의 장이 설해지고 있는 동안에 6만 8천의 생명 있는 이들은, 이

세상에 존재하는 것은 생하지도 멸하지도 않는다는 진리를 터득했다.

若不順我呪　　惱亂說法者　　頭破作七分　　如阿梨樹枝

如殺父母罪　　亦如壓油殃　　斗秤欺誑人　　調達破僧罪

犯此法師者　　當獲如是殃

諸羅刹女 說此偈已 白佛言世尊 我等亦當 身自擁護 受持讀誦 修行是經者 令得安隱 離諸衰患 消衆毒藥 佛告諸羅刹女 善哉善哉 汝等但能 擁護受持法華經者 福不可量 何況擁護具足受持 供養經卷 華香瓔珞 抹香塗香燒香 幡蓋伎樂 燃種種燈 蘇燈油燈 諸香油燈 蘇摩那華油燈 瞻葍華油燈 婆師迦華油燈 優鉢羅華油燈 如是等百千種 供養者 皐帝汝等及眷屬 應當擁護 如是法師 說是陀羅尼品時 六萬八千人 得無生法忍.

만일 나의 주문 순종치 않고 설법하는 이를 괴롭게 하면

아리수(阿梨樹) 나무의 가지처럼 머리통을 일곱으로 쪼개 버리며

부모를 죽인 원수와 같이 기름 짜듯이 주리를 틀며

말이나 저울 눈을 속인 사람과 조달(調達)이 화합승을 깨뜨림같이

그에게 내리는 죄 한량없어 다시없는 고통을 받을 것이니

누구라도 이 법사를 해치는 이는 마땅히 이런 재앙 얻으리라.

여러 나찰녀가 이 게송을 다 마치고 부처님께 여쭈었다.

"세존이시여, 저희 또한 이 경을 받아 지녀, 읽고 외우며 수행하는 이를 안온하게 하고, 여러 가지 쇠함과 환난을 여의게 하며, 많은 독약을 없애 주겠나이다."

부처님께서 여러 나찰녀에게 말씀하시었다.

"착하고 착하도다! 너희들이 다만 《법화경》의 이름만을 받아 가지는 이를 옹호할지라도 그 복이 헤아릴 수 없거늘, 하물며 어찌 갖추어 받아 지니고 경전에 공양하기를 꽃·향·영락·말향·도향·소향·번개·기악이며, 가지가지 등불을 켜되 소등·유등과 여러 가지 향유등인 소마나화유등·첨포화유등·바사가화유등·우발라화유등 같은 백천 가지로 공양하는 이야 말할 것이 있느냐.

고제야, 너희들과 너희 권속들은 응당 법사를 이와 같이 옹호할지니라."

이 다라니품을 설할 때 6만 8천 인이 모두 무생법인(無生法忍)을 얻었다.

이상으로 상서로운 《올바른 가르침의 백련》이라는 경설에서 '생명 있는 말씀 주문' 제21장은 끝난다.

25. 묘장엄왕 전세 인연
묘장엄왕본사품 제27

세존께서 모든 보살에게 말씀하셨다.

"양가의 아들들이여, 일찍이 헤아릴 수도 측정할 수도 없는 오랜 겁의 옛날에, 쟈라다라 가르지카 고샤 스스봐라 나크샤트라 라쟈 산크스미타 아비쥬나(운뢰음수왕화지(雲雷音宿王華智))라는 완전한 '깨달음'에 도달한 아라한인 여래께서 이 세상에 나타나셨다. 이 여래께서는 프리야 다르샤나(희견(喜見))라는 겁의 봐이로챠나 라슈미 프라티만디타(광명장엄(光明莊嚴))이라는 세계에서, 완전한 학식과 우수한 소행을 갖추고 더할 나위 없는 행복에 도달했으며, 세간을 가장 잘 알고, 인간을 훈련하는 조교사이고, 신(神)들 및 인간의 스승이고, 부처이고, 세존이셨다.

그런데 양가의 아들들이여, 그 운뢰음수왕화지여래의 가르침을 받는 슈바 뷰하(묘장엄(妙莊嚴))라는 왕이 있었다. 양가의 아들들이여, 이 묘장엄왕에게는 뷔마라 다타(정덕(淨德))라는 비가 있었다. 또한 이 묘장엄왕에게 두 아들이 있었는데, 하나는 뷔마라 가루바(정장(淨藏))라는 이름이고, 하나는 뷔마라 네트라(정안(淨眼))라는 이름이었다. 이 두 왕자는 신통력과 이지를 지니고 복덕과 지혜를 갖추었으며, 보살 수행에 전념하고 있었다. 즉 보시의 완성과 지계·인욕·정진·선정·지혜의 완성, 절묘한 수단의 완성에 전념하고, 인간에게 안락을 주고, 인간의 고뇌를 제거해 주고, 인간이 즐거워하는 것을 보고 기뻐하며, 남에 대한 애증의 마음이 없고, '깨달음'에 도달하기 위한 37가지 실천에 전념하며, 그 모든 것에 깊이 통달해 있었다. 또한 그들은 뷔마라(정(淨))삼매, 나크샤트라 라쟈 아디트야(일성수(日星宿))삼매, 뷔마라 니르바사(정광(淨光))삼매, 뷔마라 바사(정색(淨色))삼매, 아란카라 슈바(장장엄(長莊嚴))삼매, 마하 테죠 가루바(대위덕장(大威德藏))삼매에도 깊이 통달해 있었다.

妙法蓮華經妙莊嚴王本事品第二十七

爾時佛告諸大衆 乃往古世 過無量無邊 不可思議阿僧祇劫 有佛名雲雷音宿王華智

多陀阿伽度 阿羅呵 三藐三佛陀 國名光明莊嚴 劫名喜見 彼佛法中有王 名妙莊嚴 其王

夫人 名曰淨德 有二子 一名淨藏 二名淨眼 是二子 有大神力 福德智慧 久修菩薩 所行

之道 所謂檀波羅蜜 尸羅波羅蜜 羼提波羅蜜 毗梨耶波羅蜜 禪波羅蜜 般若波羅蜜 方

便波羅蜜 慈悲喜捨 乃至三十七品助道法 皆悉明了通達 又得菩薩淨三昧 日星宿三昧

淨光三昧 淨色三昧 淨照明三昧 長莊嚴三昧 大威德藏三昧 於此三昧 亦悉通達.

묘법연화경 묘장엄왕본사품 제27

그때 부처님께서 모든 대중에게 말씀하시었다.

"지난 과거 한량없고 가없어 헤아릴 수도 없는 아승지 겁에 부처님이 계시었으니, 그 이름은 운뢰음수왕화지(雲雷音宿王華智) 다타아가도·아라하·삼약삼부타이다. 나라 이름은 광명장엄(光明莊嚴)이여, 겁의 이름은 희견(喜見)이었느니라.

그 부처님 법 가운데 묘장엄(妙莊嚴)이라고 하는 한 왕이 있었으니, 그 왕의 부인 이름은 정덕(淨德)이며, 또 두 아들이 있었으니, 하나는 정장(淨藏)이요, 또 다른 하나는 정안(淨眼)이었느니라. 이 두 아들은 큰 신통력과 복덕과 지혜가 있었으니, 이것은 오래도록 보살의 행을 닦은 까닭이니라.

이른바, 단바라밀(檀波羅密)·시라(尸羅)바라밀·찬제(羼提)바라밀·비리야(毘梨耶)바라밀·선(禪)바라밀·반야(般若)바라밀·방편(方便)바라밀과 자·비·희·사(慈悲喜捨)와 37품의 조도법(助道法)을 모두 잘 통달하였느니라. 또 보살의 정삼매(淨三昧)·일성수(日星宿)삼매·정광(淨光)삼매·정색(淨色)삼매·정조명(淨照明)삼매·장장엄(長莊嚴)삼매·대위덕장(大威德藏)삼매 등 이러한 삼매에 또한 잘 통달하였느니라.

그때 세존께서 중생들을 불쌍히 여기고 묘장엄왕을 동정하시어, 이《올바른 가르침의 백련》이라는 경설을 설하셨다. 그러자 정장과 정안 왕자는 자신들의 친어머니에게로 가서 열 손가락을 맞춰 합장한 뒤 어머니에게 이렇게 말했다.

"어머니, 완전한 '깨달음'에 도달하신 아라한인 그 존엄하신 운뢰음수왕화지여래를 뵙고 숭상하고 공경하고 모시기 위하여 그분께로 가십시다. 완전한 '깨달음'

에 도달하신 아라한인 그 존엄하신 운뢰음수왕화지여래께서는, 천신을 포함한 세간 사람들 앞에서 《올바른 가르침의 백련》이라는 경설을 자세히 풀이하고 계십니다. 그것을 듣기 위하여 가십시다."

양가의 아들들이여, 이 말을 듣고 정덕왕비는 정장과 정안 왕자에게 이렇게 말했다.

"젊은 왕자들아, 아버지인 묘장엄왕은 바라문들에게 호의를 가지고 계시다. 그러니 너희들은 그 여래를 뵈러 갈 수 없느니라."

그러자 정장과 정안 왕자는 열 손가락을 맞추어 합장하고 자신들의 친어머니에게 이렇게 말했다.

"잘못된 사견(邪見)을 믿는 집에 태어났다고는 하나, 저희는 또한 정의로운 왕의 아들입니다."

정덕왕비가 두 왕자에게 이렇게 말했다.

"젊은 왕자들아. 그러하다, 바로 그러하다. 너희가 아버지인 묘장엄왕이 사견에 현혹되어 있는 것을 딱하게 여긴다면 무언가 기적을 보여라. 그러면 부왕은 너희들에게 호의를 가지고 만족하여 우리가 완전한 '깨달음'에 도달한 아라한인 그 존엄하신 운뢰음수왕화지여래 곁으로 가는 것을 허락하실 것이다."

양가의 아들들이여, 그래서 정장 왕자와 정안 왕자는 그때 7다라수(多羅樹 : 열대지방에 나는 20여 m 높이의나무. 높이를 나타내는 단위로 씀) 높이의 공중으로 올라가, 아버지인 묘장엄왕을 위하여 부처님이 허락하신 기적을 일으켰다. 공중으로 올라간 두 사람은 침상을 준비하고, 공중을 걸어 다니고, 공중에 먼지를 일으키고, 공중에서 하반신으로 물을 뿌리고 상반신으로 화염을 뿜어냈다. 또한 상반신으로 물을 뿌리고 하반신으로 화염을 뿜어냈다. 두 사람은 하늘에서 커졌다가 작아졌다. 또한 작아졌다가 커졌다. 두 사람은 공중에서 모습을 감추었다가 대지에 나타나고, 대지에 나타난 뒤에 또다시 공중에서 모습을 보였다. 양가의 아들들이여, 두 왕자가 이와 같은 신통력을 보이자, 그들의 아버지 묘장엄왕은 발심하였다.

爾時彼佛 欲引導 妙莊嚴王 及愍念衆生故 說是法華經 時淨藏淨眼二子 到其母所 合十指爪掌白言 願母往詣 雲雷音宿王華智佛所 我等亦當 侍從親近 供養禮拜 所以者何

此佛於一切 天人衆中 說法華經 宜應聽受 母告子言 汝父信受外道 深著婆羅門法 汝等
應往白父 與共俱去 淨藏淨眼 合十指爪掌白母 我等是法王子 而生此邪見家 母告子言
汝等當憂念汝父 爲現神變 若得見者 心必清淨 或聽我等 往至佛所 於是二子 念其父故
踊在虛空 高七多羅樹 現種種神變 於虛空中 行住坐臥 身上出水 身下出火 身下出水 身
上出火 或現大身 滿虛空中 而復現小 小復現大 於空中滅 忽然在地 入地如水 履水如
地 現如是等 種種神變 令其父王 心淨信解.

그때 그 부처님께서 묘장엄왕을 인도하여 또한 중생을 불쌍히 생각하시어 이《법
화경》을 설하시었느니라. 그러자 정장과 정안 두 아들은 그들의 어머니한테 나아가 열
손가락을 모아 합장하고 말하기를

'원하옵노니 어머니이시여, 운뢰음수왕화지불 계신 데로 가시옵소서. 저희 또한 모
시고 따라가서 친근하고 공양하며 예배하오리다. 왜냐하면, 그 부처님께서 지금 모든
하늘과 인간들에게《법화경》을 설하시니, 그를 듣고 받으려는 때문이나이다' 하니, 어
머니가 아들에게 대답하여 '너희 아버지는 외도(外道)를 믿고 받아 바라문법에 깊이
탐착하셨으니 너희들은 응당 아버지께 말씀드려 함께 갈지어다' 하였느니라.

이에 정장과 정안이 열 손가락을 모아 합장하고 그들의 어머니에게 말하기를 '저희
는 법왕의 아들이거늘 어찌하여 이 삿된 집에 태어났나이까' 하니, 어머니가 아들에게
'너희들은 마땅히 너의 아버지를 생각하고 위하여 신통 변화를 나타낼지니, 만일 아버
지께서 보시면 마음이 반드시 청정하여 혹 우리들을 부처님 계신 데에 가도록 허락하
시리라'고 대답하였느니라.

이때 두 아들이 그 아버지를 생각하여 허공으로 솟아오르니, 높이가 7다라수로써
가지가지 신통 변화를 나타내었느니라. 허공중에서 걷고 머무르며, 앉고 누우며, 상반
신에서는 물을 뿜어내고 하반신에서는 불을 뿜어내며, 또는 하반신에서 물을 뿜어내
고 상반신에서 불을 뿜어내기도 하고, 혹은 몸을 크게 하여 허공을 가득차게 하고, 다
시 그 몸을 작게 하였다가 작아진 몸을 또다시 크게도 하며, 공중에서 없어져 홀연히
땅에 서기도 하고, 혹은 물속에 들어가듯 땅속에 들어가기도 하며, 또는 물 위를 땅
위에서 걷는 것처럼 잘 걷는 등, 이러한 가지가지 신통 변화를 나타내어 그 아버지로
하여금 마음이 청정하여 이해하게 하려고 하였느니라.

양가의 아들들이여, 묘장엄왕은 두 왕자가 신통력을 보이자 기뻐하고 만족하면서 열 손가락을 모아 합장하고 두 왕자에게 이렇게 물었다.

"젊은 왕자들아, 너희들의 스승이 누구시냐? 너희들은 누구의 제자이냐?"

그러자 두 왕자는 묘장엄왕에게 이렇게 말했다.

"대왕이시여, 완전한 '깨달음'에 도달한 아라한인 존엄하신 운뢰음수왕화지여래가 출현하시어 지금 이 세상에 머물고 계신데, 그 여래께서는 보옥으로 된 보리수 아래 가르침의 자리에 앉으시어 신들을 포함한 세간 사람들 앞에서 《올바른 가르침의 백련》이라는 경설을 상세히 설하시었습니다. 대왕이시여, 그 여래가 저희의 스승이시고, 저희는 그 여래의 제자이옵니다."

그러자 양가의 아들들이여, 묘장엄왕이 두 왕자에게 이렇게 말했다.

"아들들아, 너희들의 스승을 뵈러 가자. 우리도 그 세존의 곁으로 가자."

그러자 두 왕자는 공중에서 내려와 자신들의 친어머니에게로 다가가서 열손가락을 모아 합장하고, 어머니에게 이렇게 말했다.

"어머니, 저희는 아버지를 더없이 완전한 '깨달음'으로 이끌었습니다. 저희는 아버지에게 스승으로서의 일을 완수하였습니다. 그러하오니 지금 저희를 보내 주십시오. 저희는 그 세존의 곁으로 가고 싶습니다."

양가의 아들들이여, 정장 왕자와 정안 왕자는 그때 자신들의 친어머니에게 두 게송을 읊었다.

지금이야말로 출가하여 집 없는 생활을 시작하는 것을 허락해 주십시오.

참으로 저희는 출가하기를 원합니다. 여래는 진정 뵙기 어려운 분입니다.

우담발라(優曇跋羅 : 3천 년에 한 번 꽃이 핀다는 상상의 식물)가 피는 것처럼, 부처님과는 참으로 만나기 어렵습니다.

그 세존의 곁으로 가서 출가하고 싶습니다. 좋은 기회는 좀처럼 얻기 힘듭니다.

時父見子 神力如是 心大歡喜 得未曾有 合掌向子言 汝等師爲是誰 誰之弟子 二子白

言 大王 彼雲雷音宿王華智佛 今在七寶菩提樹下 法座上坐 於一切世間 天人衆中 廣說

法華經 是我等師 我是弟子 父語子言 我今亦欲 見汝等師 可共俱往 於是二子 從空中下

到其母所 合掌白母 父王今已信解 堪任發阿耨多羅三藐三菩提心 我等爲父 已作佛事
願母見聽 於彼佛所 出家修道 爾時二子 欲重宣其意 以偈白母

　願母放我等　　出家作沙門　　諸佛甚難値　　我等隨佛學

　如優曇鉢華　　値佛復難是　　脫諸難亦難　　願聽我出家

　　그때 아버지는 아들의 이러한 신통력을 보고 마음이 크게 환희하여 미증유를 얻고
는, 아들을 향하여 합장하고 말하기를 '너희들의 스승은 누구이시며 또한 누구의 제
자이냐' 하니, 두 아들이 대답하기를 '대왕이신 아버지시여, 저 운뢰음수왕화지불께서
지금 칠보의 보리나무 아래, 법의 자리에 앉으셔서 모든 세간 하늘과 인간을 위하여
널리 《법화경》을 설하시니, 이분이 곧 저희의 스승이요, 저희는 또한 그분의 제자이나
이다' 하므로, 그 아버지가 다시 아들에게 말하기를 '나도 이제 너희 스승을 만나 뵙고
자 하니 나와 함께 가자' 하였느니라.
　　그때 두 아들은 공중에서 내려와 그들의 어머니에게 나아가 합장하고 말하기를 '부
왕께서 이제 믿고 이해하여 아눗타라삼약삼보디의 마음을 내셨나이다. 저희가 아버
지를 위하여 이런 부처님의 일을 하였으니, 원컨대 어머니께서는 저희가 저 부처님 계
신 데에 가서 출가하여 수도하도록 허락하여 주옵소서' 하였느니라.
　　그때 두 아들이 그 뜻을 다시 펴려고 게송으로 말하였느니라.

　　원컨대 어머니는 저희가 출가하여 사문으로 수도토록 허락하여 주옵소서.
　　부처님 만나 뵙기 매우 어렵나니 저희가 찾아가서 따라 배우리다.
　　오랜 겁에 한 번 피는 우담발라보다 부처님 세상 출현 그 더욱 어려우며
　　여러 가지 많은 환난 해탈키도 어렵나니 원컨대 저희의 출가 허락하옵소서.

정덕왕비가 말했다.
"지금 나는 너희를 보내겠다. 두 아들아, 자, 가도록 하여라.
　우리도 출가할 것이다. 여래와는 참으로 만나기 어려우니까."

양가의 아들들이여, 그러자 두 왕자는 이 두 게송을 읊은 뒤 어머니와 아버지

에게 이렇게 말했다.

"어머니, 아버지, 저희와 함께 완전한 '깨달음'에 도달한 아라한인 존엄하신 운뢰음수왕화지여래의 곁으로 가서, 그 세존을 뵙고, 숭상하고 공경하고, 모시며, 가르침을 들으십시다. 그것은 왜냐하면, 어머니, 아버지, 부처님의 출현은 우담발라꽃이 피는 것처럼 드물며, 대해에 있는 멍에에 거북이 머리를 넣는 것처럼 드문 일이기 때문입니다. 어머니, 아버지, 존엄하신 부처님의 출현은 아주 드문 일입니다. 어머니, 아버지, 그러므로 우리가 이러한 경설의 가르침을 받아 태어난 것은 최고의 복덕의 결과입니다. 어머니, 아버지, 가게 해 주십시오. 저희는 완전한 '깨달음'에 도달한 아라한인 그 존엄하신 운뢰음수왕화지여래의 곁으로 가서 출가하고 싶습니다. 어머니, 아버지, 여래들을 뵙기란 참으로 어려운 일입니다. 지금의 기회, 이러한 가르침의 왕은 매우 얻기 힘듭니다. 이러한 호기는 좀처럼 얻기 힘듭니다."

그런데 양가의 아들들이여, 이때 그 묘장엄왕의 후궁에서 8만 4천 명의 처첩들이 《올바른 가르침의 백련》이라는 경설을 받아들이는 그릇이 되었다. 정안 왕자는 이 경설에 따라 수행하고, 정장 왕자는 수천만억 겁이라는 오랜 세월 동안 '이 세상에 존재하는 모든 이가 모든 죄악을 버리도록' 사르봐 사트봐 파파 쟈하나 (이제악취(離諸惡趣))삼매를 수행했다. 그리고 이 두 왕자의 어머니인 정덕왕비는 모든 부처님께서 설하신 것과 그 가르침의 깊은 뜻을 깨달았다.

양가의 아들들이여, 묘장엄왕은 모든 권솔과 시종과 함께 두 왕자에 의해 부처님의 가르침으로 들어와 발심하고 성숙되었다. 그리고 정덕왕비도 모든 권솔과 시종들과 함께, 또 묘장엄왕의 두 왕자도 4만 2천 명의 사람들, 후궁의 처첩들이나 대신들과 함께 다같이 한마음으로 완전한 '깨달음'에 도달한 아라한인 존엄하신 운뢰음수왕화지여래에게 다가가, 그 세존의 두 발에 머리를 대고 예배하고, 세존의 주위를 오른쪽으로 세 번 돈 뒤 회중 사이에 앉았다.

母卽告言 聽汝出家 所以者何 佛難値故 於是二子 白父母言 善哉父母 願時往詣 雲雷

音宿王華智佛所 親覲供養 所以者何 佛難得値 如優曇鉢羅華 又如一眼之龜 値浮木孔

而我等宿福深厚 生値佛法 是故父母 當聽我等 令得出家 所以者何 諸佛難値 時亦難遇

彼時妙莊嚴王 後宮八萬四千人 皆悉堪任 受持是法華經 淨眼菩薩 於法華三昧 久已通

達 淨藏菩薩 已於無量 百千萬億劫 通達離諸惡趣三昧 欲令一切衆生 離諸惡趣故 其

王夫人 得諸佛集三昧 能知諸佛 秘密之藏 二子如是以方便力 善化其父 令心信解 好樂

佛法 於是妙莊嚴王 與羣臣眷屬俱 淨德夫人 與後宮婇女眷屬俱 其王二子 與四萬二千人

俱 一時共詣佛所 到已頭面禮足 繞佛三帀 却住一面.

그때 어머니는 두 아들에게 '너희들의 출가를 허락하노라. 왜냐하면 부처님을 만나
뵙기가 매우 어렵기 때문이니라'고 하니, 이에 두 아들이 부모님께 말하기를 '거룩하시
도다 부모님이시여, 원하옵노니 운뢰음수왕화지불 계신 데에 가시어 친근하고 공양하
옵소서. 왜냐하면 부처님께서 이 세상에 출현하심이 우담발라 피듯 어렵사오며, 또는
외눈의 거북이 바다에 뜬 나무의 구멍을 만난 것과 같나이다. 저희는 숙세에 복이 두
터워 부처님의 법을 만났나이다. 그러므로 부모님께서 마땅히 저희를 출가하도록 하
옵소서. 여러 부처님을 만나 뵙기가 매우 어렵나이다' 하였느니라.

그때 묘장엄왕 후궁의 8만 4천 인이 모두 다 이《법화경》을 받아 가졌으며, 정안보
살은 법화삼매에 오래 머물러 통달하고, 정장보살은 이미 한량없는 백천만억 겁에 이
제악취삼매(離諸惡趣三昧)를 통달해서, 일체 중생들로 하여금 여러 가지 악한 것을 여
의게 했으며, 그 왕의 부인은 제불집삼매(諸佛集三昧)를 얻어 여러 부처님의 비밀한 법
장을 알았느니라.

두 아들의 이러한 방편의 힘은 그 아버지를 잘 교화하여 부처님 법을 마음으로 믿
어 이해하게 하고 즐겨 기쁘게 하였느니라. 이에 묘장엄왕은 여러 신하와 그 권속, 그
리고 정덕부인은 후궁의 채녀(婇女)와 그 권속들과 함께하고, 그 두 왕자는 4만 2천 명
과 함께하여 부처님 계신 데에 다 같이 나아가 머리 숙여 예배하고 부처님 주위를 세
번이나 돌고 한쪽에 물러나 있었느니라.

그때 양가의 아들들이여, 완전한 '깨달음'에 도달한 아라한인 저 존엄하신 운
뢰음수왕화지여래께서는 묘장엄왕이 처자·권솔·시종들을 데리고 다가온 것을
보시고, 경설로 그들에게 가르침을 하사하시어 그들의 마음을 격려하고 기쁘게
하셨다. 그러자, 양가의 아들들이여, 묘장엄왕은 그 세존의 경설을 듣고 기뻐하

고 만족하여 동생에게 왕위를 넘겨주고 물러난 뒤, 아들과 권솔과 시종들과 함께, 또한 정덕왕비도 모든 시녀를 데리고, 또한 4만 2천 명을 거느린 두 왕자도 모두 한마음이 되어 완전한 '깨달음'에 도달한 아라한인 존엄하신 운뢰음수왕화지여래의 말씀에 의해 신심을 일으켜, 집을 나와 출가 생활에 들어갔다. 그리고 출가한 뒤 묘장엄왕은 시종들과 함께 온 마음으로 이 《올바른 가르침의 백련》이라는 경설을 생각하고 숙려하고 통찰하며 8만 4천 년을 보냈다.

爾時彼佛 爲王說法 示教利喜 王大歡悅 爾時妙莊嚴王 及其夫人 解頸眞珠纓絡 價值百千 以散佛上 於虛空中 化成四柱寶大 臺中有大寶牀 敷百千萬天衣 其上有佛 結跏趺坐 放大光明 爾時妙莊嚴王 作是念 佛身希有 端嚴殊特 成就第一微妙之色 時雲雷音宿王華智佛 告四衆言 汝等見是 妙莊嚴王 於我前合掌立不 此王於我法中 作比丘 精勤修習 助佛道法 當得作佛 號娑羅樹王 國名大光 劫名大高王 其娑羅樹王佛 有無量菩薩衆 及無量聲聞 其國平正 功德如是.

그러자 운뢰음수왕화지불께서 왕을 위하여 설법하시어, 가르쳐 보이고 이롭게 하시니, 왕이 크게 환희하였느니라.

그때 묘장엄왕과 그 부인이 백천만 냥이나 되는 진주영락을 목에서 풀어 부처님께 받들어 올리니, 그것이 공중에서 화하여 네 기둥의 보배좌대가 되고, 그 가운데 백천만의 하늘 옷이 덮인 방석이 있으며, 그 위에 부처님이 가부좌를 틀고 앉으시어 큰 광명을 놓으셨느니라.

그때 묘장엄왕이 생각하기를 '부처님의 몸은 희유하시고 단정하고 장엄하기가 특별하시어 제일 미묘하신 색을 성취하셨도다' 하니, 이때 운뢰음수왕화지불께서 4부 대중에게 이렇게 말씀하셨느니라.

'너희들은 이 묘장엄왕이 지금 내 앞에서 합장하고 서 있는 것을 보느냐. 이 왕은 내 법 가운데서 비구가 되어 부지런히 정진하고 수행하며 부처님 법을 돕다가 마땅히 성불하리니, 그 이름은 사라수왕(娑羅樹王)이고, 그 나라의 이름은 대광(大光)이며, 겁의 이름은 대고왕(大高王)이리라.

그 사라수왕불의 국토에는 한량없는 보살대중과 한량없는 성문들이 있으며 나라의 땅은 평평하리니, 그 공덕이 이와 같으리라'고 하였느니라.

묘장엄왕은 8만 4천 년이 지나자 사르봐 그나 아란카라 뷰하(일체정공덕장엄(一切淨功德莊嚴))삼매를 얻었다. 그리고 이 삼매를 얻자마자 곧바로 그는 공중으로 7 다라수 높이까지 올랐다. 그리고 그 묘장엄왕은 공중에 머문 채로 완전한 '깨달음'에 도달한 아라한인 저 존엄하신 운뢰음수왕화지여래에게 이렇게 말했다.

"세존이시여, 저의 이 두 아들은 제 스승입니다. 왜냐하면 그 두 사람이 신통력을 보임으로써 저는 커다란 사견(邪見)에서 전향(轉向)했으며, 여래의 가르침에 안주하고 성숙했으며, 인도받고, 그리고 여래를 뵐 수 있게 되었습니다. 세존이시여, 저의 이 두 아들은 저의 좋은 벗으로서, 저의 전세의 선근을 생각나게 해 주기 위해 제 아들로 태어난 것입니다."

이 말을 듣고 완전한 '깨달음'에 도달한 아라한인 존엄하신 운뢰음수왕화지여래는 묘장엄왕에게 이렇게 말씀하셨다.

"대왕이여, 그대가 말한 대로다. 참으로 대왕이여, 양가의 자녀가 선근을 심으면, 그들이 어떠한 생을 받고 어떠한 운명에 처하고 어떠한 처지에서 자라고 어떠한 집에서 태어나더라도 스승 역할을 해 주는 좋은 벗을 쉽게 만나게 된다. 그들 좋은 벗은 더없이 완전한 '깨달음'에 도달하도록 가르치고 이끌고 성숙하게 해 준다. 그리고 대왕이여, 여래와 만나도록 격려해 주는 이가 좋은 벗으로 인정받는 일은 참으로 훌륭한 운명이 아닌가. 대왕이여, 그대는 이 두 왕자를 보고 있는가?"

왕이 말했다.

"세존이시여, 저는 보고 있습니다. 부처님이시여, 보고 있습니다."

세존께서 말씀하셨다.

"대왕이여, 이 두 왕자는 65 갠지스강의 모래알 수와 같은 완전한 '깨달음'에 도달한 아라한인 여래들에게 친히 공양을 올릴 것이며, 또한 모든 중생을 불쌍히 여겨 잘못된 사견을 품은 중생이 올바른 가르침을 얻고자 하는 용기를 발휘할 수 있도록 이《올바른 가르침의 백련》이라는 경설을 수지할 것이다."

其王卽時 以國付弟 與夫人二子 幷諸眷屬 於佛法中 出家修道 王出家已 於八萬四千
歲 常勤精進 修行妙法華經 過是已後 得一切淨功德莊嚴三昧 卽昇虛空 高七多羅樹 而
白佛言 世尊 此我二子 已作佛事 以神通變化 轉我邪心 令得安住 於佛法中 得見世尊
此二子者 是我善知識 爲欲發起 宿世善根 饒益我故 來生我家 爾時雲雷音宿王華智佛
告妙莊嚴王言 如是如是 如汝所言 若善男子 善女人 種善根故 世世得善知識 其善知識
能作佛事 示敎利喜 令入阿耨多羅三藐三菩提 大王當知 善知識者 是大因緣 所謂化導
令得見佛 發阿耨多羅三藐三菩提心 大王汝見 此二子不 此二子 已曾供養 六十五百千萬
億 那由他 恒河沙諸佛 親近恭敬 於諸佛所 受持法華經 愍念邪見衆生 令住正見.

그 묘장엄왕은 즉시 나라를 아우에게 맡기고 부인과 두 아들, 그리고 여러 권속과
부처님 법 가운데 출가하여 수도하였느니라. 출가해서 8만 4천 년 동안 항상 정진하여
《묘법연화경》을 수행하고 일체정공덕장엄삼매(一切淨功德莊嚴三昧)를 얻더니, 허공으
로 7다라수를 솟아올라 부처님께 여쭈었느니라.

'세존이시여, 저희 두 아들이 이미 부처님 일을 하여 신통한 변화로 저의 삿된 마음
을 돌려서, 부처님 법 가운데 편안히 머물게 하고 세존을 또한 만나 뵙게 했으니, 이
두 아들은 저의 좋은 친구로서 숙세에 심었던 선근을 다시 일으켜, 저를 이롭게 하려
고 저의 왕가에 태어났나이다.'

그때 운뢰음수왕화지불께서 묘장엄왕에게 말씀하시기를, '그와 같으니라. 네가 말
한 것과 똑같으니라. 만일 선남자·선여인이 세계에 선근을 심어 좋은 친구를 만나게
되면, 그 친구가 능히 부처님의 일을 보이고 가르치며 이롭게 하여 아눗타라삼약삼보
디에 들도록 하느니라.

대왕이여, 마땅히 알라. 이 좋은 친구는 그 큰 인연으로 중생을 교화하고 인도하
여 부처님을 만나 뵙게 하며, 또한 아눗타라삼약삼보디의 마음을 내게 하느니라. 대왕
이여, 너는 이 두 아들을 보느냐. 이 두 아들은 일찍이 65백 천만억 나유타 황하의 모
래 수 같은 많은 부처님을 공양하고 친근하고 공경했으며, 여러 부처님이 계신 곳에서
《법화경》을 수지하고 삿된 견해에 빠진 중생들을 불쌍히 여겨, 바른 견해에 들어 머물
도록 하였느니라' 하였느니라.

양가의 아들들이여, 그 묘장엄왕은 하늘에서 내려와 열 손가락을 모아 합장하고, 완전한 '깨달음'에 도달한 아라한인 저 존엄하신 운뢰음수왕화지여래에게 이렇게 말했다.

"세존이시여, 완전한 '깨달음'에 도달한 아라한인 여래께서 그 머리에 육계(肉髻 : 부처의 정수리에 상투처럼돌기한 살의 혹. 32상의 하나)가 빛나고, 더러움 없는 눈을 지니고, 미간에 달이나 나패처럼 백호가 빛나고, 입 안에는 가지런한 이가 빛나고, 빔바(빈바(頻婆). 사과처럼빨간 열매가 여는 식물) 열매와 같은 입술을 지니고, 매력적인 눈빛을 지닌 세존이자 부처님인 것은, 여래가 어떠한 지혜를 갖추고 계시기 때문인지 가르쳐 주십시오."

양가의 아들들이여, 그 묘장엄왕은 이처럼 많은 미덕을 말하여 완전한 '깨달음'에 도달한 아라한인 저 존엄하신 운뢰음수왕화지여래를 찬양하고, 또한 수천만억의 다른 미덕을 말하여 그 세존을 찬탄한 뒤 이렇게 말했다.

"참으로 드문 일입니다, 세존이시여. 여래의 이 가르침은 매우 가치가 높으며, 여래께서 설하신 가르침에 의한 지도는 상상할 수 없을 정도의 미덕을 지니고 있고, 또한 여래의 교훈은 잘 규정되어 있습니다. 세존이시여, 오늘부터 저희는 두 번 다시 자기 마음의 노예가 되지 않겠습니다. 또한 두 번 다시 사견(邪見)의 포로가 되지 않겠으며, 두 번 다시 분노에 휩쓸리지 않고, 두 번 다시 나쁜 마음을 먹지 않겠습니다. 세존이시여, 이처럼 많은 좋지 않은 성질을 갖고 있지만 저는 세존의 곁을 떠나지 않을 것입니다."

妙莊嚴王 卽從虛空中下 而白佛言 世尊 如來甚希有 以功德智慧故 頂上肉髻 光明顯照 其眼長廣 而紺靑色 眉間毫相 白如珂月 齒白齊密 常有光明 脣色赤好 如頻婆果 爾時妙莊嚴王 讚歎佛如是等 無量百千萬億功德已 於如來前 一心合掌 復白佛言 世尊 未曾有也 如來之法 具足成就 不可思議 微妙功德 敎戒所行 安隱快善 我從今日 不復自隨心行 不生邪見 憍慢瞋恚 諸惡之心 說是語已 禮佛而出.

그때 묘장엄왕은 즉시 허공에서 내려와 세존께 말하기를 '세존이시여, 여래께서는 매우 희유하시어, 공덕과 지혜를 가지신 까닭으로 이마 위에 육계의 광명을 놓아 밝게 비추시며, 그 눈은 길고 넓으시고 산뜻한 남색이며, 미간의 백호상은 구슬이 모여서 된 달과 같으며, 이(齒)는 희고 치밀하여 광명이 있고, 입술 색은 알맞게 붉어 빈바(頻婆) 열매와 같나이다' 하며, 한량없는 백천만억 공덕을 찬탄하고는, 부처님 앞에서 일심으로 합장하고 다시 그 부처님께 여쭙기를 '세존이시여, 미증유이시옵니다. 여래의 법은 헤아릴 수 없는 미묘한 공덕을 구족하고 성취하시어, 그 가르치는 계를 행하면 안온하고 쾌락하오리다. 저는 이제부터 다시는 제 마음대로 행하지 않고 또한 삿된 견해와 교만한 마음과 성내는 일 등 여러 가지 악한 마음을 내지 않겠나이다' 하고 부처님께 예배하며 물러났느니라."

그 왕은 완전한 '깨달음'에 도달한 아라한인 존엄하신 운뢰음수왕화지여래의 두 발에 머리를 대고 예배한 뒤, 공중으로 올라가 거기에 머물렀다. 그리고 묘장엄왕과 정덕왕비는 수백수천 금의 가치가 있는 진주목걸이를 세존의 머리 위의 공중으로 던졌다. 그 진주목걸이가 공중에 던져진 순간, 그것은 네 개의 기둥이 있고 균형이 잘 잡힌 아름다운 사각 탑이 되어 세존의 머리 위에 머물렀다. 그리고 그 탑 안에는 온갖 수백수천의 천이 덮인 의자가 나타났고, 그 의자에는 결가부좌하고 앉은 여래의 모습이 보였다. 그러자 묘장엄왕은 이렇게 생각했다.

'참으로, 저렇게 훌륭하고 아름답고 가장 청정한 연꽃의 상을 가진 여래의 모습이 탑 한가운데에 보이는 것은, 부처님의 지혜가 위대한 위력을 지녔으며, 여래는 상상할 수 없을 정도의 미덕을 갖추고 있기 때문임이 틀림없다.'

그때 존엄하신 운뢰음수왕화지여래께서 4중을 향해 말씀하셨다.

"비구들이여, 그대들은 공중에 머물며 사자의 포효를 지르고 있는 묘장엄왕을 보고 있는가?"

비구들이 말했다.

"세존이시여, 저희는 보고 있습니다."

※이 부분은 구마라습(鳩摩羅什)이 옮긴 《묘법연화경》에 역문이 없다. 산스크리트 원전의 구어역(口語譯)을 실었다.

세존께서 말씀하셨다.

"비구들이여, 저것은 묘장엄왕이다. 그 왕은 내 가르침을 받고 비구가 된 뒤 완전한 '깨달음'에 도달한 아라한인 샤렌드라 라쟈(사라수왕(娑羅樹王))라는 여래가 되어 세상에 나타날 것이다. 이 여래는 뷔스티루나 봐티(대광(大光))라는 세계에서 완전한 학식과 우수한 소행을 갖추고, 더할 나위 없는 행복에 도달하고, 세간을 가장 잘 알고, 인간을 훈련하는 조교사이고, 신들 및 인간의 스승이고, 부처이고 세존이 될 것이다. 그리고 그 겁은 아뷰드가타 라쟈(대고왕(大高王))라 불릴 것이다. 더욱이 비구들이여, 완전한 '깨달음'에 도달한 아라한인 그 사라수왕여래에게는 헤아릴 수 없을 정도의 위대한 뜻을 가진 보살들과 성문들이 따를 것이다. 또한 그 대광세계는 손바닥처럼 평평하고, 유리로 만들어졌을 것이다. 그는 이처럼 완전한 '깨달음'에 도달한 아라한, 생각할 수 없을 정도로 위대한 여래가 될 것이다.

그런데 이렇게 말하면, 양가의 아들들이여, 그때의 묘장엄이라는 왕은 다른 사람이 아닐까 하고, 그대들은 의심하고 수상하게 생각할지도 모른다. 그러나, 양가의 아들들이여, 그대들은 그렇게 생각해서는 안 된다. 그것은 왜냐하면 지금 여기에 있는 화덕(華德)이라는 위대한 뜻을 가진 보살이 바로 그때의 묘장엄왕이었기 때문이다.

또한, 양가의 아들이여, 그대들은 그때의 정덕왕비가 다른 사람이 아닐까 하고 의심하고 수상하게 생각할지도 모른다. 그러나 양가의 아들이여, 그렇게 생각해서는 안 된다. 왜냐하면 지금 여기에 있는 봐이로챠나 라슈미 프라티만디타 두봐쟈 라쟈(광조장엄상(光照莊嚴相))라는 위대한 뜻을 가진 보살이 바로 그때의 정덕왕비였기 때문이다. 그는 묘장엄왕과 중생들을 불쌍히 여겨 묘장엄왕의 왕비가 된 것이다.

또 그대들은 그때의 두 왕자는 다른 사람이 아닐까 하는 의혹을 품고 수상히 여길지도 모른다. 그러나 양가의 아들들이여, 그대들은 그렇게 생각해서는 안 된다. 그것은 왜냐하면 지금 여기에 있는 약왕과 약상보살이 바로 그때의 묘장엄왕의 두 왕자였기 때문이다. 이처럼, 양가의 아들들이여, 위대한 뜻을 가진 약왕과 약상보살은 상상할 수 없을 만큼의 공덕을 갖추고 있고, 수천만억의 많은 부처님 곁에서 선근을 심었다. 뛰어난 장부(丈夫)인 두 사람은 또한 상상할 수 없을 정도의 특색을 지니고 있다. 그리고 이 두 뛰어난 장부의 이름을 기억하는 사람들은 모두 신들을 포함한 세간에서 존경받는 사람이 될 것이다.”

이 '전세 인연'이라는 장이 설해지고 있을 때, 8만 4천의 사람들은 온갖 것을 보는 눈이 청정해지고 더러움 없고 탁하지 않은 것이 되었다.

佛告大衆 於意云何 妙莊嚴王 豈異人乎 今華德菩薩是 其淨德夫人 今佛前 光照 莊嚴相菩薩是 哀愍妙莊嚴王 及諸眷屬故 於彼中生 其二子者 今藥王菩薩 藥上菩薩是 是藥王藥上菩薩 成就如此 諸大功德 已於無量 百千萬億諸佛所 殖衆德本 成就不可思議 諸善功德 若有人識 是二菩薩名字者 一切世間 諸天人民 亦應禮拜 佛說是妙莊嚴王 本事品時 八萬四千人 遠塵離垢 於諸法中 得法眼淨.

부처님께서 대중에게 말씀하시었다.

“너희들 생각에는 어떠하냐. 묘장엄왕이 어찌 다른 사람이겠느냐. 지금의 화덕보살이 바로 그 몸이요, 정덕부인은 지금 내 앞에 있는 광조장엄상(光照莊嚴相)보살이 바로 그이니라. 묘장엄왕과 그 여러 권속을 불쌍히 여겨 그 가운데 태어났던 두 아들은 지금의 약왕보살과 약상보살이 바로 그이니라. 이 약왕·약상보살이 이와 같은 큰 공덕을 성취하고 한량없는 백천만억 여러 부처님 계신 데서 여러 가지 덕의 근본을 심어, 헤아릴 수 없는 많은 착한 공덕을 성취했으니, 만일 어떤 이가 이 두 보살의 이름만 들어도 모든 세간과 모든 하늘과 인간이 응당 예배하리라.’

부처님께서 이 묘장엄왕의 본사품을 설하실 때, 8만 4천 명이 더러운 마음과 몸을 여의고, 여러 법 가운데서 청정한 법의 눈을 얻었다.

이상으로 상서로운 《올바른 가르침의 백련》이라는 경설에서 '묘장엄왕 전세 인연' 제25장은 끝난다.

26. 보현보살의 격려
보현보살권발품 제28

그때 위대한 뜻을 가진 사만다 바드라(보현(普賢))보살은, 동방에서 헤아릴 수 없을 정도로 많은 위대한 뜻을 가진 보살에게 둘러싸여 공경받고 있었다. 그리고 국토가 진동하고 연꽃비가 내리고 수천만억의 악기가 연주되는 속에서, 보살의 위대한 위력, 위대한 기적, 위대한 신통력, 위대한 위엄, 위대한 집중력, 위대한 광명을 보이고, 또한 보살이 타는 큰 수레에 타고 보살의 위대한 길조를 보이고 있었다. 위대한 뜻을 가진 보현보살은 신·용·야차·건달바·아수라·가루라·긴나라·마후라가 및 그 밖의 인간과 귀령들을 거느리고, 이처럼 상상할 수 없을 정도의 신통력을 보이면서 이 사바 세계에 도착했다. 그는 산의 왕인 영취산으로 가서 세존께로 다가가 세존의 두 발에 머리를 대고 예배하고, 세존의 둘레를 오른쪽으로 7번 돈 뒤 이렇게 말했다.

"세존이시여, 저는 저 존엄하신 라트나 테죠뷰드가타 라쟈(보위덕상왕(寶威德上王)) 여래의 불국토에서 왔습니다. 왜냐하면, 세존이시여, 여기 사바 세계에서 이《올바른 가르침의 백련》이라는 경설을 설하신다는 말을 들었기 때문입니다. 저는 그것을 존엄하신 석가여래로부터 친히 듣기 위해 왔습니다. 또한 세존이시여, 이 수백 수천의 많은 수행자도 이《올바른 가르침의 백련》이라는 경설을 듣기 위하여 온 것입니다. 그러하오니, 세존이시여, 부디 완전한 '깨달음'에 도달한 아라한인 여래께서는 이《올바른 가르침의 백련》이라는 경설을 이 위대한 뜻을 가진 보살들을 위하여 자세히 가르쳐 주십시오."

妙法蓮華經普賢菩薩勸發品第二十八

爾時普賢菩薩 以自在神通力 威德名聞 與大菩薩無量無邊 不可稱數 從東方來 所經

諸國 普皆震動 雨寶蓮華 作無量百千萬億 種種伎樂 又與無數諸天 龍 夜叉 乾闥婆 阿修羅 迦樓羅 緊那羅 摩睺羅伽 人非人等 大衆圍繞 各現威德 神通之力 到娑婆世界 耆闍崛山中 頭面禮釋迦牟尼佛 右繞七帀 白佛言 世尊 我於寶威德上王佛國 遙聞此娑婆世界 說法華經 與無量無邊 百千萬億 諸菩薩衆 共來聽受 唯願世尊 當爲說之 若善男子 善女人 於如來滅後 云何能得 是法華經.

묘법연화경 보현보살권발품 제28

그때 자재한 신통력과 위덕이 널리 알려진 보현(普賢)보살이 한량없고 가없어 헤아릴 수도 없는 큰 보살들과 함께 동방으로부터 오는데, 지나는 국토마다 크게 진동하고 보배의 연꽃이 비 오듯하며, 한량없는 백천만억 가지 많은 기악이 울렸으며, 또 무수한 여러 하늘·용·야차·건달바·아수라·가루라·긴나라·마후라가·사람인 듯 아닌 듯한 것들의 많은 대중이 둘러싸며, 각각 위덕과 신통력을 나타내어 사바 세계의 기사굴산 중에 이르러서는, 석가모니불께 머리 숙여 예배하고 오른쪽으로 일곱 번이나 돌더니 부처님께 여쭈었다.

"세존이시여, 저는 보위덕상왕불(寶威德上王佛)의 국토에 있다가 이 사바 세계에서 《법화경》 설하시는 것을 멀리서 듣고, 한량없고 가없는 백천만억 여러 보살과 함께 설법을 들으러 왔사오니, 원컨대 세존께서는 마땅히 설하여 주옵소서. 선남자·선여인들이 여래 멸도하신 후에는 어떻게 해야 이 《법화경》을 얻을 수 있겠나이까."

이 말을 듣고 세존께서는 위대한 뜻을 가진 보현보살에게 이렇게 말씀하셨다.
"양가의 아들이여, 이 위대한 뜻을 가진 보살들은 요약한 말을 이해하는 이들이다. 이 《올바른 가르침의 백련》이라는 경설은 불순물 없는 진실한 것이니 더할 나위 없다."
그 수행자들이 말했다.
"세존이시여, 그러하옵니다. 부처님이시여, 바로 그러하옵니다."
그때 그 회중 속에는 비구·비구니·남자 신자·여자 신자들이 모여 있었는데, 그들을 《올바른 가르침의 백련》에 안주시키기 위하여 세존은 위대한 뜻을 가진 보현보살에게 이렇게 말씀하셨다.

"양가의 아들이여, 네 가지 특질을 몸에 지닌 여성은 이《올바른 가르침의 백련》이라는 경설을 손에 넣을 수 있다. 그 네 가지란 바로 많은 존엄하신 부처님의 가호를 받는 것이다. 또한 선근을 심은 이가 되는 것이다. 또한 '깨달음'에 도달하기로 결정된 이가 되는 것이다. 또한 모든 중생을 완전히 구제하기 위하여 더없이 완전한 '깨달음'을 얻으리라고 결심하는 것이다. 양가의 아들이여, 이러한 네 가지 특질을 지닌 여성은 이《올바른 가르침의 백련》이라는 경설을 손에 넣게 될 것이다."

그러자 위대한 뜻을 가진 보현보살이 세존께 이렇게 말했다.

"세존이시여, 저는 마지막 시기인 최후의 5백 년이 지나는 동안 이 최고의 경전을 수지하는 비구들을 보호할 것입니다. 이 설교자들의 약점이나 결점을 노리는 이가 모습을 드러내지 않도록, 또한 악마의 아들들이나 마계(魔界)의 천자(天子)들, 악마의 딸들, 악마의 권속들, 나아가 악마를 섬기는 무리가 모습을 드러내지 못하도록 힘쓸 것입니다. 또한 그들이 안온한 생활을 할 수 있도록, 그들에 대한 공격을 막고 그들을 덮치는 독을 물리칠 것입니다. 천자들이나 야차들, 프레타(아귀), 푸타나(부단나(富單那). 동방을 수호한다는 귀신), 마술사나 사체(死體)에 달라붙는 악귀들이 그 설교자의 약점이나 결점을 찾아 모습을 나타내지 않도록 할 것입니다. 세존이시여, 저는 그 설교자를 끊임없이, 쉬지 않고 지킬 것입니다.

佛告普賢菩薩 若善男子 善女人 成就四法 於如來滅後 當得是法華經 一者爲諸佛護

念 二者植衆德本 三者入正定聚 四者發救一切衆生之心 善男子 善女人 如是成就四法

於如來滅後 必得是經 爾時普賢菩薩 白佛言 世尊 於後五百歲 濁惡世中 其有受持 是

經典者 我當守護 除其衰患 令得安隱 使無伺求 得其便者 若魔 若魔子 若魔女 若魔民

若爲磨所著者 若夜叉 若羅刹 若鳩槃茶 若毗舍闍 若吉蔗 若富單那 若韋陀羅等 諸惱

人者 皆不得便.

부처님께서 보현보살에게 대답하시었다.

"만일 선남자·선여인이 다음의 네 가지 법을 성취하면 여래 멸도하신 뒤에도 마땅히 이《법화경》을 얻으리라. 그 첫째는 부처님께 보호하고 생각하시는 바가 있어야 하며, 둘째는 여러 가지 덕의 근본을 심어야 하고, 셋째는 정정취(正定趣)에 들어야 하며, 넷째는 일체 중생을 구원하려는 마음을 내야 하느니라.

선남자·선여인이 이 네 가지 법을 성취하면, 여래께서 멸도하신 뒤에 반드시 이 경전을 얻으리라."

그때 보현보살이 다시 부처님께 여쭈었다.

"세존이시여, 훗날 흐리고 악한 세상에서 이 경전을 수지한 이가 있으면, 제가 마땅히 수호하여 그 쇠함과 환난을 없애 주어 안온하게 하고, 혹 누가 그의 잘못을 찾으려 해도 그 흠을 찾지 못하게 하오리다. 마군이나 마군들의 아들, 마녀나 마녀의 무리, 마가 들린 사람이나 야차·나찰·구반다·비사사(毘舍闍)·길자·부란나·위다라(韋陀羅) 등의 사람을 괴롭히는 것들이 모두 그 흠을 찾지 못하게 하오리다.

그리고 설교자가 이 경설을 설하는 일에 전념하고 마음에 새기면서 편력할 때에는, 세존이시여, 저는 상아가 여섯 개인 흰 코끼리를 타고 보살들에게 둘러싸여 그 설교자의 옆을 따라, 경설을 수지하기 위하여 그 설교자가 나아가는 곳으로 향할 것입니다.

또한 그 설교자가 이 경설을 전념하여 마음에 새기면서 한 구절 한 자라도 틀리는 일이 있을 때는, 저는 상아가 여섯 개인 흰 코끼리를 타고 그 설교자 앞에 나타나 이 경설을 한 구절 한 자도 빠짐없이 읊어 줄 것입니다. 그러면 그 설교자는 내 모습을 보고, 이 경설을 한 구절 한 자도 빠짐없이 나에게서 직접 들음으로써, 기뻐하고 만족하고 열중하여 마음에 환희를 품고, 나아가 다시 이 경설을 배울 용기를 일으킬 것입니다. 또한 내 모습을 보는 즉시 삼매를 얻을 것이며, 다라니야봐루타(선(旋))다라니, 코티 샤타사하스라봐루타(백천만억선(百千萬億旋))다라니, 사루봐 루타 카우샤루야봐루타(법음방편(法音方便))다라니를 얻을 것입니다.

是人若行若立 讀誦此經 我爾時乘 六牙白象王 與大菩薩衆 俱詣其所 而自現身 供養 守護 安慰其心 亦爲供養 法華經故 是人若坐 思惟此經 爾時我復 乘白象王 現其人前 其人若於法華經 有所忘失 一句一偈 我當敎之 與共讀誦 還令通利 爾時受持讀誦 法華 經者 得見我身 甚大歡喜 轉復精進 以見我故 卽得三昧 及陀羅尼 名爲旋陀羅尼 百千萬

億旋陀羅尼 法音方便陀羅尼 得如是等陀羅尼.

　이 사람이 혹은 걷거나 서서 이 경전을 읽고 외우면, 저는 그때 여섯 이빨의 희고 큰 코끼리를 타고 큰 보살들과 함께 그가 있는 곳을 찾아서 스스로 몸을 나타내어, 공양하고 수호하여 그의 마음을 편안하게 위로하고, 또한 《법화경》에도 공양하오리다. 만일 이 사람이 앉아서 이 경을 사유하면, 제가 다시 큰 흰 코끼리를 타고 그 사람 앞에 나타나며, 그 사람이 만일 《법화경》의 한 구절이나 한 게송을 잊게 되면, 제가 마땅히 가르쳐 같이 읽고 외워서 다시 통달하도록 하겠나이다.

　그때 《법화경》을 받아 지녀서 읽고 외우는 이가 나의 몸을 보게 되면, 매우 환희하여 다시 정진할 것이며, 나를 보았으므로 삼매와 다라니를 얻을 것이니, 그 이름은 선다라니(旋陀羅尼)이며, 백천만억 선다라니이며, 법음방편선다라니(法音方便旋陀羅尼) 등의 이러한 다라니를 얻으오리다.

　그리고 세존이시여, 마지막 시기인 최후의 5백 년에 비구·비구니·남자 신자·여자 신자 가운데 이처럼 최고의 경전을 수지하고 옮겨 적고 탐구하고 설하는 이들이, 이 경설을 삼칠일 즉 21일 동안 돌아다니며 그것에 전념한다면, 저는 그들을 위하여 모든 중생이 기뻐하는 저의 모습을 드러낼 것입니다. 그 상아가 여섯 개인 흰 코끼리를 타고 보살들을 이끌고, 21일째에 그 설교자들이 다니는 곳으로 향할 것입니다. 그리고 그곳으로 가서, 그 설교자들을 기쁘게 하고, 그들을 부추기고, 그들을 고무하여 환희를 느끼게 할 것입니다. 그리고 그 설교자들이 누군가에게 정복당하는 일이 없고, 또한 인간 또는 귀령들이 그들을 습격하는 일이 없도록, 또한 어떠한 여자도 그들을 유혹하는 일이 없도록, 저는 그들에게 주문을 줄 것입니다. 저는 그들을 수호하고, 그들에게 안락한 생활을 주고, 그들에 대한 공격을 막고, 그들을 덮치는 독이 퍼지지 않도록 할 것입니다. 세존이시여, 저는 그 설교자들에게 이러한 주문을 내릴 것입니다. 그 주문은 다음과 같습니다.

　아단데, 단다 파티, 단다 아발타니, 단다 크샤레, 단다 수다리, 수다리, 수다라 파티, 붓다 파슈야네, 살바 다라니, 아발타니, 산발타니, 상가 파리크시테, 상가

닐가타니, 다르마 파리크시테, 살바 삿트바 루타 카우샬야 아누가테, 싱하 비크리디테, 아누발테, 발타니, 발타리, 스바하.

世尊 若後世 後五百歲 濁惡世中 比丘 比丘尼 優婆塞 優婆夷 求索者 受持者 讀誦者 書寫者 欲修習是法華經 於三七日中 應一心精進 滿三七日已 我當乘六牙白象 與無量 菩薩 而自圍繞 以一切衆生 所喜見身 現其人前 而爲說法 示教利喜 亦復與其 陀羅尼 呪 得示陀羅尼故 無有非人 能破壞者 亦不爲女人 之所惑亂 我身亦自 常護是人 唯願 世尊 聽我說此陀羅尼 卽於佛前 而說呪曰 阿檀地一檀陀婆地二檀陀婆帝三檀陀鳩舍隷 四檀陀修陀隷五修陀隷六修陀羅婆底七佛馱波羶禰八薩婆陀羅尼阿婆多尼九薩婆婆沙 阿婆多尼十修阿婆多尼十一僧伽婆履叉尼十二僧伽涅伽陀尼十三阿僧祈十四僧伽婆伽 地十五帝隷阿惰僧伽兜略阿羅帝波羅帝十六薩婆僧伽地三摩地伽蘭地十七薩婆達磨修 波利刹帝十八薩婆薩埵樓馱憍舍略阿樓伽地十九辛阿毗吉利地帝二十

　　세존이시여, 훗날 악하고 흐린 세상에 비구·비구니·우바새·우바이로서 이 《법화경》을 수행하고 배우기 위하여 구하는 이나 받아 지니는 이나 외우고 읽는 이는 삼칠일 동안 일심으로 정진할 것이며, 삼칠일 간의 정진이 끝나면 제가 마땅히 여섯 이빨의 흰 코끼리를 타고 한량없는 보살에게 둘러싸여 일체 중생이 기뻐할 몸으로 그 앞에 나타나 그를 위하여 설법하고, 가르쳐 보여 이롭게 하며, 또한 그에게 다라니 주문을 주려니, 이 다라니를 얻었기 때문에 아무도 그를 파괴치 못할 것이오며, 또는 여자에게 유혹되어 뇌란치 않고, 또 제가 항상 그를 보호하겠사오니, 원컨대 세존께서는 제가 이 다라니 주문을 설하도록 허락하여 주옵소서."

　　그리고 부처님 앞에 곧 나아가 주문을 설하였다.

　　"아단데 단다파티 단다아바루타니 단다쿠사레 단다수다리 수다리 수다라파티 붓다파슈야네 사르바다라니 아바루타니 삼바루타니 상가파리크시테 상가니르가타니 다르마파리쿠시테 사르바삿트바르타카우샤르야아누가테 싱하 비크리디테 아누바르테 바르타니 바르타리 스바하.

세존이시여, 이 주문이 어떤 위대한 뜻을 가진 보살의 귀에 들어가는 것은, 위대한 뜻을 가진 보현보살의 가호 때문임을 알아야 합니다.

그리고 세존이시여, 이 《올바른 가르침의 백련》이라는 경설이 이 염부제에서 유포되고 있는 동안 어떠한 위대한 뜻을 가진 보살들의 손에 맡겨지더라도, 세존이시여, 이들 설교자는 이렇게 알아야 합니다.

'위대한 뜻을 가진 보현보살의 위력과 위광에 의하여 이 경설은 우리의 손에 맡겨졌다. 이 사람들은 위대한 뜻을 가진 보현보살의 소행(보현행)을 몸에 익힌 이가 될 것이며, 많은 부처님의 곁에서 선근을 심은 이가 될 것이며, 여래께서 손으로 머리를 쓰다듬어 주신 이가 될 것이다.'

이 경전을 쓰고 수지하는 사람들은, 세존이시여, 저에게 기쁨을 줄 것입니다. 이 경전을 베껴 쓰는 사람들과 그 뜻을 이해하는 사람들은, 세존이시여, 이 경전을 베껴 쓴 뒤 다시 태어날 때는 33천의 신들의 일원으로 태어나며, 태어나자마자 8만 4천의 천녀(天女)들이 그의 곁으로 다가올 것입니다. 또한 이들은 천관(天冠)을 쓰고 천자(天子)가 되어 천녀들 속에서 지낼 것입니다.

양가의 아들들이여, 이 경설을 옮겨 적을 때의 복덕은 이러합니다. 하물며 이 경전을 가르치고 독송하고 마음에 새기는 이의 복덕은 말할 필요도 없습니다. 그러므로 양가의 아들들이여, 이 《올바른 가르침의 백련》이라는 경설을 우러르고, 심혈을 기울여 정성껏 써야 합니다. 이 경전을 한 자나 한 구절도 빠짐없이 기억하고 쓰는 사람은 수천의 부처님들 손에 맡겨질 것이며, 임종 때는 수천의 부처님이 그 앞에 모습을 나타내실 것입니다. 또한 그는 불행한 처지에 빠지는 일이 없을 것입니다. 또한 환생하여 위대한 뜻을 가진 미륵보살이 사는 도솔천의 신들의 일원으로 태어날 것입니다. 그리고 그곳에서 32가지 빼어난 길상(吉相)을 가진 이가 되어 보살들에게 둘러싸이고 수천만억의 천녀들로부터 존경받으며 가르침을 펼 것입니다. 그러므로 양가의 아들들이여, 현명한 양가의 아들딸은 이 《올바른 가르침의 백련》이라는 경설을 숭상하고 공경하는 마음으로 베껴 쓰고 가르치고 독송하고 마음에 새겨야 합니다. 양가의 아들들이여, 이 경설을 옮겨 적고 가르치고 독송하고 생각하고 마음에 새긴다면 이처럼 헤아릴 수 없는 복덕을 얻을 것입니다.

世尊 若有菩薩 得聞是陀羅尼者 當知普賢 神通之力 若法華經 行閻浮提 有受持者 應作此念 皆是普賢 威神之力 若有受持讀誦 正憶念 解其義趣 如說修行 當知是人 行 普賢行 於無量無邊諸佛所 深種善根 爲諸如來 手摩其頭 若但書寫 是人命終 當生忉利 天上 是時八萬四千天女 作衆伎樂 而來迎之 其人卽著七寶冠 於采女中 娛樂快樂 何況 受持讀誦 正憶念 解其義趣 如說修行 若有人受持讀誦 解其義趣 是人命終 爲千佛授手 令不恐怖 不墮惡趣 卽王兜率天上 彌勒菩薩所 彌勒菩薩 有三十二相 大菩薩衆 所共圍 繞 有百千萬億 天女眷屬 而於衆生 有如是等 功德利益 是故智者 應當一心自書 若使人 書 受持讀誦 正憶念 如說修行.

세존이시여, 만일 보살이 이 다라니를 들으면 그는 이것이 보현의 신통력인 줄을 알 것이며, 만일 이 《법화경》이 사바 세계에서 행하여지고 수지하는 이가 있으면 그는 이 것이 모두 보현의 위신력인 줄을 알 것입니다. 만일 이 경을 받아 지녀 읽고 외우며 바르게 생각하고 그 뜻을 잘 이해하여 설한 바와 같이 수행하면 그 사람은 보현의 행 (行)을 행하여 한량없고 가없는 많은 부처님 계신 데서 선근을 깊이 심었음을 알 것이 오니, 이는 많은 여래께서 자비로운 손으로 그의 머리를 어루만져 주심이 되오리다.

다만 이 경전을 옮겨 쓰기만 하여도 그 사람은 죽어서 도리천(忉利天)에 태어나게 되고, 그곳에 태어날 때는 6만 4천 천사들이 뭇 기악을 연주하며 영접하고, 그 사람은 또 칠보관을 쓴 채 천사들 가운데 즐겨 놀며 쾌락하겠거늘, 하물며 받아 지녀 읽고 외우며, 바르게 생각하고 그 뜻을 잘 이해하며, 설한 바와 같이 수행함이야 더 말할 것이 있겠나이까.

만일 어떤 사람이 이 경전을 받아 지녀 읽고 외우며 그 뜻을 잘 이해하면, 그 사람 은 죽은 후 1천 부처님께서 손을 주어 두렵지 않게 해 주시고, 악한 갈래에 떨어지지 않게 해 주시므로 도솔천(兜率天)의 미륵보살 계신 곳에 태어나오리다.

또한 그 미륵보살은 서른두 모양을 잘 갖추고 큰 보살들에게 둘러싸여 백천만억 많은 천녀(天女)와 그 권속들이 있는 가운데 나오리다. 이와 같은 큰 공덕과 이익이 있 으므로 지혜 있는 이는 응당 일심으로 이 경전을 스스로 쓰거나 다른 이를 시켜 쓰 며, 이 경전을 받아 지녀 읽고 외우며 바르게 생각하여 설한 바와 같이 수행해야 하오 리다.

세존이시여, 따라서 그 현명한 양가의 아들딸은 이 《올바른 가르침의 백련》이라는 경설을 수지해야 합니다. 그러면 그만큼 많은 복덕의 공덕이 그들에게 생길 것입니다. 그러므로 저 역시 이 경설이 저의 가호(加護)로 인하여 이 염부제에 유포되도록, 세존이시여, 그때까지 이 경설을 가호할 것입니다.”

그때 완전한 '깨달음'에 도달한 아라한인 존엄하신 석가여래는 위대한 뜻을 가진 보현보살에게 칭찬의 말씀을 내리셨다.

“훌륭하다, 훌륭하구나, 보현이여. 참으로 그대는 이토록 많은 사람의 안녕과 행복을 위하여 세간 사람들을 동정하고, 크나큰 인간의 이익과 안녕과 행복을 위하여 전념하고, 이처럼 상상할 수 없을 정도의 덕을 갖추고 있다. 그대는 또한, 큰 자비에 전념하는 의지와 상상할 수 없을 정도로 집중된 의욕으로, 직접 그 설교자들을 가호한다. 만약 어떤 양가의 아들딸들이 위대한 뜻을 가진 보현보살의 이름을 기억한다면, 그 사람은 석가여래를 만난 것과 같음을 알아야 한다. 또한 이 《올바른 가르침의 백련》이라는 경설을 존엄한 석가여래로부터 직접 듣고 석가여래를 공양하고 석가여래의 가르침을 설하는 이가 칭찬의 말을 들을 것이다. 그들은 이 경설을 기뻐하며 환영할 것이다. 또한 석가여래가 그들의 머리에 손을 얹을 것이다. 그리고 그들은 존엄하신 석가여래를 웃옷으로 감쌀 것이다. 보현이여, 이들 양가의 아들딸들은 여래의 가르침을 수용한 자들임을 알아야 한다. 그들은 로가야타파(순세외도(順世外道). 유물론을 신봉하는 한 파)의 교의를 기뻐하지 않으며, 또한 시문(詩文)에 몰두하는 사람을 반기지 않을 것이며, 또한 무용수·씨름꾼·격투기꾼·술 빚는 이·양고기 장사·새고기 장사·돼지고기 장사·매음굴 주인을 좋게 생각하지 않을 것이다.

世尊 我今以神通力故 守護是經 於如來滅後 閻浮提內 廣令流布 使不斷絶 爾時釋迦牟尼佛讚言 善哉善哉 普賢 汝能護助是經 令多所衆生 安樂利益 汝已成就 不可思議 功德 深大慈悲 從久遠來 發阿耨多羅三藐三菩提意 而能作是 神通之願 守護是經 我當以神通力 守護能受持 普賢菩薩名者 普賢 若有受持 讀誦 正憶念 修習 書寫 是法華經者 當知是人 則見釋迦牟尼佛 如從佛口 聞此經典 當知是人 供養釋迦牟尼佛 當知是人 佛讚善哉 當知是人 爲釋迦牟尼佛 手摩其頭 當知是人 爲釋迦牟尼佛 衣之所覆 如

是之人 不復貪著世樂 不好外道 經書手筆 亦復不喜 親近其人 及諸惡者 若屠兒 若畜
猪羊雞狗 若獵師 若衒賣女色.

세존이시여, 제가 이제 신통력으로써 이 경전을 수호하여 여래께서 멸도하신 후 사
바 세계 안에서 널리 유포하여 끊어지지 않게 하겠나이다.”

그때 석가모니불께서 보현보살을 칭찬하시며 말씀하시었다.

“착하고 착하도다! 보현아, 네가 능히 이 경전을 보호하고 도와서 많은 중생 안락하
게 하고 이롭게 하겠느냐. 너는 이미 헤아릴 수 없이 많은 공덕을 성취하며 깊고 큰 자
비를 이루고, 오랜 옛날부터 아눗타라삼약삼보디의 뜻을 일으켜, 이 신통의 원으로써
이 경전을 능히 수호하려 하느냐. 나도 또한 신통력으로써 보현보살의 이름을 받아 지
니는 이가 있으면 마땅히 수호해 주리라.

보현아, 만일 어떤 이가 이 《법화경》을 받아 지녀 읽거나 외우거나 바르게 생각하거
나 수행하고 배우거나 옮겨 쓰면, 이는 곧 석가모니불을 만나 뵙고 그로부터 직접 이
경전을 들은 것과 같으리라. 마땅히 알라. 이런 사람은 석가모니불을 공양함이 되며,
또 이 사람은 부처님께서 착하다고 칭찬하심을 받으며, 또한 석가모니불께서 그를 위
하여 손으로 머리를 어루만져 주심이 되느니라. 또 마땅히 알라. 이는 석가모니불께서
옷으로써 덮어 주심이 되느니라. 이런 사람은 세속의 오욕락에 탐착하지 아니하며, 외
도의 경서나 그들이 쓴 글을 좋아하지 아니하고, 또한 여러 가지 악한 사람으로 혹은
백정 혹은 돼지·양·닭·개 등을 기르는 자이거나 혹은 사냥하고 혹은 여색을 파는 이
들과 친근하기를 기뻐하지 아니하리라.

그리고 이러한 최고의 경전을 듣고 쓰고 기억하고 독송하는 것 이외에 그들의
즐거움은 없을 것이다. 그들은 또한 본디 덕을 지닌 자임을 알아야 한다. 그들은
또한 각자의 근본적인 올바른 이념을 가진 자일 것이다. 그들은 또한 자신의 복
덕의 힘을 지닌 자이며, 사람들이 보고 기뻐하는 자일 것이다. 최고의 경전을 수
지하는 비구들은 바로 이렇게 될 것이다. 애욕도, 증오도, 어리석음도, 선망도, 질
투도, 중상도, 자만도, 오만도, 허세도 그들을 해치는 일이 없을 것이다. 보현이여,
이들 설교자들은 자신의 소득에 만족할 것이다. 보현이여, 마지막 시기인 최후의

5백 년이 지나는 동안 이 《올바른 가르침의 백련》이라는 경설을 수지하는 비구를 보는 이는 이러한 생각을 가져야 한다.

'이 양가의 아들은 '깨달음'의 단(壇)으로 향하고, 사람을 타락시키는 악마의 수레를 정복하고, 가르침의 수레바퀴를 돌리고, 가르침의 큰북을 두드리고, 가르침의 소라껍데기를 울리고, 가르침의 비를 내리고, 가르침의 사자좌에 오를 것이다.'

마지막 시기인 최후의 5백 년이 지나는 동안 이 경설을 수지하는 비구들은 탐욕하지 않고, 옷이나 탁발에 욕심부리지 않을 것이다. 그 설교자들은 성실하며, 세 가지 해탈을 얻을 것이다. 그리고 그들은 현세 및 내세의 과보를 달성할 것이다.

是人心意質直 有正憶念 有福德力 是人不爲 三毒所惱 亦不爲嫉妬 我慢 邪慢 增上慢 所惱 是人少欲知足 能修普賢之行 普賢若如來滅後 後五百歲 若有人 見受持讀誦 法華經者 應作是念 此人不久 當詣道場 破諸魔衆 得阿耨多羅三藐三菩提 轉法輪 擊法鼓 吹法螺 雨法雨 當坐天人大衆中 師子法座上 普賢 若於後世 受持讀誦 是經典者 是人不復貪著 衣服臥具 飮食資生之物 所願不虛 亦於現世 得其福報.

또한 이런 사람은 마음과 뜻이 정직하여 바르게 생각하고, 복덕이 있어 3독에 뇌란치 아니하며, 이런 사람은 욕심이 적고 만족할 줄을 알아 능히 보현의 행을 닦으리라.

보현아, 여래가 멸도한 뒤 흐리고 악한 세상에서 어떤 이가 이 《법화경》을 받아 지녀 읽고 외우는 것을 보면 너는 이렇게 생각하여라.

'이 사람은 머지 않아 도량에 나아가서 여러 마군을 깨뜨리고 아눗타라삼약삼보디를 얻게 될 것이며, 법륜을 굴려 법북 치고 법소라 불며 법비 내리고, 마땅히 하늘과 인간 가운데에서 사자의 법자리에 앉게 되리라'고.

보현아, 오는 세상에 만일 이 경전을 받아 지녀 읽고 외우는 이가 있으면, 이 사람은 의복·침구·음식 등의 생활용품을 탐내지 않더라도, 그 소원이 헛되지 않아 현세에서 그 복의 과보를 받으리라.

이러한 최고의 경전을 수지하는 비구들을 현혹시키는 이들은, 장님으로 태어날 것이다. 또한 이러한 최고의 경전을 수지하는 비구들의 악담을 퍼뜨리는 사람은, 현세에서 몸에 나병이 생길 것이다. 이러한 최고의 경전을 옮겨 적는 사람들을 조소하거나 질책하는 이들은, 이가 부러지거나 빠질 것이다. 또한 일그러진 입술과 납작한 코를 갖게 될 것이다. 또한 손발이 뒤바뀌고, 눈이 거꾸로 될 것이다. 몸에서 악취가 나고, 종기나 부스럼, 습진이 온몸을 뒤덮을 것이다. 이러한 최고의 경전을 옮겨 적는 이, 독송하는 이, 수지하는 이, 또한 그것을 가르치는 이들에게 진실과 거짓을 불문하고 불쾌한 말을 들려주는 이들은, 그것이 참으로 무거운 죄를 범하는 것임을 알아야 한다. 그러므로 보현이여, 이 경설을 수지하는 비구들에게는 멀리서도 자리에서 일어나 경의를 표해야 하며, 여래를 공손하게 예배하듯이, 최고의 경전을 수지하는 비구들에게도 그처럼 공손하게 예배해야 한다.”

이 ‘보현보살의 고무’라는 장이 설해지고 있는 동안에, 갠지스강의 모래알 수와도 같은 수천만억의 위대한 뜻을 가진 보살들은 ‘수천만억 번이나 회전한다’는 기억력을 얻었다.

　　若有人 輕毁之言 汝狂人耳 空作是行 終無所獲 如是罪報 當世世無眼 若有供養 讚歎之者 當於今世 得現果報 若復見受持 是經典者 出其過惡 若實若不實 此人現世 得白癩病 若輕笑之者 當世世 牙齒疎缺 醜脣平鼻 手脚繚戾 眼目角睞 身體臭穢 惡瘡膿血 水服短氣 諸惡重病 是故普賢 若見受持 是經典者 當起遠迎 當如敬佛 說是普賢 勸發品時 恒河沙等 無量無邊菩薩 得百千萬億 旋陀羅尼 三千大千世界 微塵等 諸菩薩 具普賢道 佛說是經時 普賢等 諸菩薩 舍利弗等 諸聲聞 及諸天龍 人非人等 一切大會 皆大歡喜 受持佛語 作禮而去.

만일 어떤 사람이 부처님의 법 수행하는 이를 업신여기고 훼방하여 ‘너는 미친 놈이다. 다 이런 수행을 하더라도 헛되어 마침내 얻는 것이 없으리라’ 하면, 그 사람의 죄보는 세세에 눈이 없이 태어날 것이며, 수행하는 이를 찬탄하면 마땅히 현세에서 그 과보를 받으리라.

또 이 경전 수지한 이의 허물과 죄악을 꼬집어 내면, 그것이 사실이거나 아니거나 이런 사람은 현세에서 문둥병을 얻을 것이며, 만일 수행하는 이를 경멸하여 비웃으면 이런 사람은 세세에 어금니가 성글고 빠지며, 입술은 추하고 코는 납짝하며, 손과 다리가 비뚤어지고 눈이 틀어지고 몸에서는 추악한 냄새가 나며, 고약한 부스럼에 피고름이 나고 물이 배에 차서 숨이 가쁘고 기침하는 등 여러 가지 악한 병에 걸리리라.

그러므로 보현아, 만일 이 경전을 받아 가진 이를 보거든 마땅히 일어나 멀리서부터 환영하기를 부처님께 공경하듯이 할지니라."

이 보현보살의 〈권발품〉을 설하실 때 항하의 모래수 같은 한량없고 가없는 보살이 백천만억 선다라니를 얻었으며, 삼천대천세계의 티끌 같은 많은 보살은 보현의 도를 갖추었으며, 또한 부처님께서 이 《법화경》을 설하실 때 보현 등의 많은 보살과 사리불 등의 많은 성문, 그리고 여러 하늘·용과 사람인 듯 아닌 듯한 것 등의 모든 대중이 모두 크게 환희하여 부처님의 말씀을 받아서 예배하고 물러갔다.

이상으로 상서로운 《올바른 가르침의 백련》이라는 경설에서 '보현보살의 격려' 제26장은 끝난다.

법화경이란 무엇인가

인도 산치 제1탑 동쪽 탑문(부분) 인도 민족신앙에 속하는 여신 야크시니(Yakshini)가 불교의 수호신으로서 조각되어 있다.

법화경 첫걸음

불가사의한 힘

법화경은 경전이다. 그런데 '경전'이란 무엇일까?

경전이란 재를 올릴 때 스님이 외우는 주문이라고 할 수도 있다.

그러면 그 주문의 정체는 무엇인가?

액막이굿을 할 때 무당이 '잡신은 물러가라, 온갖 잡신은 다 물러가라'고 외치는 것이라고 할까? 뭔가 나쁜 것을 몰아내고 탈 없이 깨끗하게 해 달라고 신에게 기원하는 것인가. 불교 경전의 경우는 어떨까? 어느 괴상한 승려가 온몸에 경전을 문신하여 신체의 안전을 꾀하였다는 설이 있거니와, 정말 악령이나 그런 액을 없애는 힘이 있는 것일까.

서점에 가보면 서가에 반야심경의 해설서 같은 것이 많이 꽂혀 있다. 반야심경은 베껴 쓰더라도 A4 용지 한 장이면 넉넉할 만큼 짧은 경이다. 그래서인지 반야심경을 가볍게 받아들이는 사람이 많은 것 같다. 우리 주변에서는 휴대용 반야심경이 흔히 눈에 띈다. 호신용 부적처럼 사용되는 것 같다. '호주머니에 하나, 핸드백에도 하나'라는 식으로 말이다.

이처럼 불경이라는 것은 우선 악령을 몰아내고 공간과 시간을 정화하기 위한 주문 같은 것이라고 일반적으로 인식되고 있는 듯하다.

그런데 불교 전문 서점 코너에는 관음경(觀音經)이 반드시 진열되어 있다. 관음이라는 다정한 보살은 다급한 일이 생길 때 '도와주세요' 하고 빌면 금방 도움을 주는 보살이라고 한다. 경찰의 구급차보다도 그 손길이 빠르다는 것이다. 이것은 공연한 소문이 아니고 관음경에 그렇게 나와 있는 것이다. 어떻게 적혀 있는가 한번 보자.

관음의 맹세는 바다처럼 깊나니라. 영겁이라는 상상할 수도 없을 만큼 오랫동안, 관음은 수없이 많은 부처님께 공양하며 맹세를 청정하게 바쳤느니라. 이에 관해 간단히 설명하겠노라. 관음 이름을 듣든가, 모습을 보든가, 마음에 염원한다든가 하며 버티면 온갖 재액이 사라지느니라. 활화산의 분화구에 떨어졌다 하여도 태연하리라. 저 관음의 위력을 믿자마자 물을 뿌린 듯이 불은 꺼지리라.

대양을 배로 가로지를 때, 용이나 괴상한 물고기 등의 습격을 받아도 태연할 것이니라. 저 관음의 위력을 믿자마자 곧 바다의 장애를 벗어나리라.

세계의 최고봉에서 떼밀려 떨어지더라도 당황하지 말지니라. 그 관음의 위력을 믿자마자 태양처럼 공중을 산책할 수 있느니라.

너무나 엄청난 이야기지만 관음경에는 이렇게 나와 있다. 칼과 족쇄가 채워졌다 하더라도 관음의 위력 하나면 풀어진다고 한다. 독살하려 하면 그 짓을 하려는 자가 도리어 독살을 당하게 된다. 짐승의 습격을 받아도 뿌리칠 수 있고 태풍이나 벼락도 해치지 못한다.

이런 약속을 하고 있는 것이 관음경이다. 따라서 이 관음경을 잘 외우고 있으면 어떠한 재액도 가까이 다가올 수 없다는 것이다. 이것을 암기하려면 한문으로 된 경문을 외우는 것도 좋은 방법이다. 앞에서 말한 대목은 한문으로 이렇게 되어 있다.

그 보살의 큰 서원 바다와 같아 헤아릴 수 없이 긴 세월 동안

천억의 부처님 모시고 받들며 크고 청정한 원을 세우니

나 이제 그것들을 간략히 말하리니 이름을 듣거나

마음으로 생각함이 헛되지 않으면 능히 모든 고통 멸하리라.

가령 해치려는 사람에게 떼밀려 큰 불구덩이에 떨어진대도

관음을 외우는 그 힘으로 불구덩이 변하여 연못이 되고

만일 큰 바다에 표류하여서 용과 귀신 물고기의 난과 맞닥뜨려도

관음을 외우는 그 힘으로 파도가 능히 삼킬 수 없으며

수미산의 봉우리에서 사람에게 떼밀려 떨어진대도

관음을 외우는 그 힘으로 허공에 머무는 해같이 되리라.

弘誓深如海	歷劫不思議	侍多千億佛	發大淸淨願
我爲汝略說	聞名及見身	心念不空過	能滅諸有苦
仮使興害意	推落大火坑	念彼觀音力	火坑變成池
或漂流巨海	龍魚諸鬼難	念彼觀音力	波浪不能沒
或在須彌峯	爲人所推墮	念彼觀音力	如日虛空在

한자 원문 관음경을 매일같이 독송하도록 권하였던 것이다. 이렇게 고마운 관음경이지만 이 짧은 관음경을 굳이 하나의 장(章)으로서 받아들인 것이 다름 아닌 법화경이다. 법화경은 모두 28장으로 이루어져 있으며 관세음보살보문품 제25가 바로 관음경이다.

그러고 보면 법화경이란 고마운 책이다. 엄밀히 말하면 '고마운 책'이라기보다도 '고맙다고 사람들이 믿고 있는 책'이다.

여기에서는 법화경의 한 장을 차지한 관음경부터 설명하기 시작하였다. 이런 순서로 해설하여 간다면, 법화경은 그 전체가 이와 같이 불가사의한 힘을 이야기하는 책인가 하는 생각이 들지도 모른다. 그러나 실제는 이처럼 직접적인 주력(呪力)에 관하여 쓴 데는 그렇게 많지 않고, 대부분 석가여래에 관한 이야기나 도덕적 설법 또는 좀 더 이론적인 내용을 담고 있다.

또는 내용이야 어떻든 법화경 전체가 어떤 영험한 힘을 발하고 있음을 받아들이는 그런 점이 있다. '나무아미타불, 나무아미타불' 하고 주문처럼 외울 때 '나무(南無)……'라는 것은 '귀의한다'는 말로 법화경에 대한 신앙고백의 구절이다. 이를 되풀이하여 외움으로써 저절로 법화경에 대한 태도가 명확하게 될 뿐만 아니라, 인간의 신앙을 받는 법화경 쪽에서도 이 갸륵한 반복에 보답하여 우리에게 무엇인가 위력을 발휘하게 될 것이다.

종교적인 구절의 작용 자체는 잘 알려진 그리스도교의 '주의 기도' 같은 것도 마찬가지이다.

하늘에 계신 우리 아버지
아버지의 이름이 거룩히 빛나시며
아버지의 나라가 오시며
아버지의 뜻이 하늘에서와 같이
땅에서도 이루어지소서!
오늘 저희에게 일용할 양식을 주시고
저희에게 잘못한 이를 저희가 용서하오니
저희 죄를 용서하시고
저희를 유혹에 빠지지 않게 하시고 악에서 구하소서.
아멘.

이것은 이 기도를 드리고 있는 인간의 신앙상 결의를 나타낸 것이라고 할 수도 있고, '어쨌든 주여, 오늘 하루도 무사히 지낼 수 있도록 지켜 주소서" 하는 염원을 담은 글이라 할 수도 있다. 가톨릭교도는 로사리오라는 묵주를 굴리면서 '성모 마리아'와 함께를 되풀이하여 이 문구를 외운다.

큰 부자 아버지와 가난한 아들

그런데 법화경은 그야말로 우리 아버지 이야기이다. 법화경에서는 석가 즉 불교의 창시자이며 영원히 불교도의 숭배 대상인 그가 '아버지'로 묘사되어 있다. 여러분은 이런 이야기를 들어본 적이 있는가?

어느 부자의 저택에 갑자기 불이 났다. 문은 하나뿐다. 아이들은 노는 데 정신이 팔려 도망칠 생각이 조금도 없다. 아이들은 화재가 무엇인지도 모른다. 아버지가 한 가지 꾀를 내어 아이들에게 '얘들아, 문밖에 너희들이 좋아하는 양 수레, 사슴 수레, 소 수레 장난감을 다 갖다 놓았다' 하고 외쳤다. 아이들은 앞다투어 문밖으로 뛰쳐나왔다. 그리고 저마다 양 수레, 사슴 수레, 소 수레를 곧 내놓으라고 떼를 쓴다. 아버지는 장난감 수레보다도 훨씬 좋은 진짜 호사스러운 수레를 아이들에게 준다.

사르나트(녹야원)　석가세존이 깨달음을 이룬 뒤 최초로 설법한 곳.

(여기에 함축된 말을 풀어 보면, 아버지는 석가여래를 말한다. 불이 난 집은 이 세상을 가리킨다. 화재를 알지 못한 아이들은, 이 세상의 본질적 모순을 이해하지 못하는 인간들을 가리킨다. 석가여래는 그런 인간들을 제도하기 위하여 다양한 인간들 각자의 성질에 맞추어 갖가지 종류의 해탈 방법을 가르쳐 주었다. 그러나 일단 벗어나고 보면, 다양한 방식은 결국 하나로 귀결한다는 것을 알 수 있다.)

이것이 유명한 '화택(火宅)'의 비유(불타는 집의 우화)'이다. 법화경 비유품 제3에 이 이야기가 나온다. 이것은 그 내용을 요약한 것으로, 실제로는 훨씬 이야기가 길며 석가여래가 제자들에게 한 말로 되어 있다. 요컨대 석가는 이솝처럼 우화를 말하고 있는 것이다. 그리고 그 우화 가운데서 인간들을 노는 데 정신이 팔려 있는 바보 같은 아이들에게, 또 자신은 자애에 넘치는 현명한 부자 아버지에 비유하였다고 할 수 있다.

성서나 법화경이나 인간과 신적 존재의 관계를 아들과 아버지의 관계에 비유하고 있는 것에 주목해야 한다. 성서를 읽는 사람 중에도 법화경에 흥미를 가진 사람이 있고, 또 법화경을 읽는 사람 중에 성서에 흥미를 가진 사람이 있을 것이다.

아버지의 우화를 둘러싸고, 법화경과 성서에는 재미있게 부합되는 대목이 또 하나 있다. 그것은 '큰 부자가 된 아버지와 거지가 된 아들의 비유(가출한 아들의 우화)'이다. '불타는 집의 우화'를 석가여래에게서 듣고, 완전한 깨달음을 이루었다는 제자들이 이제까지 자기들의 뜻이 얕았음을 반성하고 그에 보답하는 우화를 앞서 이야기하였다. 여기에서 자기들 어리석은 제자들은 집을 나가 가난뱅이가 되었지만, 석가는 가출한 아들을 따뜻이 맞이하는 아버지에 비유하고 있다. 그 우화의 줄거리를 잠시 보기로 하자.

아득한 옛날 가출한 소년이 있었다. 빈둥빈둥하는 동안에 완전히 빈궁한 처지가 되고 말았다. 더구나 나이 들어 늙숙해졌다. 어느 날, 집을 나가 거지꼴이 된 아들을 아버지가 보게 되었다. 그런데 아버지는 상당히 출세하였기 때문에 아들은 거기에 있는 아버지를 알아보지 못했다. 그러나 아들을 알아본 아버지는 바보 아들을 맞아들이려고 하였으나, 마음이 비열해진 아들은 부자에게 혹사를 당하는 것이 두려워 거절한다. 그래서 아버지는 이 아들을 오물을 치는 일을 하도록 고용하였다. 서서히 일과 환경에 익숙해지자 '아들'이라고 부르게도 되었다. 아들도 열심히 하여 마침내 그 집의 지배인 자리까지 올라갔다. 그런데 이 아버지가 마침내 이 세상을 떠나는 마당에 이르자, 아버지는 '이 사람은 내가 낳은 아들이다' 하고 세상에 알리고, 막대한 유산을 아들에게 물려준다. 아들은 이 뜻밖의 일에 눈이 휘둥그레져서 '생각도 하지 못한 행운이야'라고 감탄을 한다.

알고 보면, 집을 나간 아들은 곧 우리들 못난 제자이고 아버지는 석가여래이다. 우리는 인생을 멀리 겉돌았던 것이다. 스승은 그 사정을 잘 꿰뚫어 보고 있었다. 그리고 이 어리석은 제자를 교묘하게 잘 인도해 주었다. 오늘이야말로 마치 막대한 유산을 상속받은 날 같지 않은가. 이제까지 우리는 스승의 진정한 뜻을 모르고 있었다.

이 이야기는 석가가 말한 우화가 아니라 제자가 자신의 자리를 낮추어 이야기한 우화이다. 여기에서 흥미로운 것은 인생은 긴 수행의 과정이라는 것이다. 뒷간

치는 일 같은 것부터 시작하는 것은 흔히 있는 수행 모습이다. 아버지가 멀리 우회시킨 배려야말로 얼마나 동양적인가.

실은 이와 비슷한 유형의 우화가 성서에도 나온다. 예수가 말한 '방탕한 아들의 우화'이다. 이 경우는 가출한 아들이 가난해진 다음 스스로 '나는 바보였다'는 것을 깨닫고 아버지에게 돌아와 '아들이라고 할 자격도 없다'고 반성하는 말을 한다. 아버지는 그런 것은 개의치 않고 바보 아들에게 좋은 옷을 입혀 서둘러 연회 준비를 시킨다.

이 아들에게는 형이 있었다. 착실하게 아버지를 모셔 온 형은 변변치도 않은 동생이 사랑받는 것을 보고 버럭 화를 낸다. 아버지는 이것도 상관치 않고 나갔던 아들이 돌아왔으니 얼마나 경사스러운 일이냐 하며 기뻐한다.

이것은 결국 성실한 인간이나 바보 같은 인간이나 하느님(=아버지) 앞에서는 평등하다는 말이 아니겠는가.

불교에는 어딘가 상대적으로 거침없고 자유로운 데가 있는 데 비해, 서양의 전통에는 윤리적이고 논리적인 엄격성이 있다.

그런데 어느 쪽의 우화나 아들과 아버지의 관계에 비유하고 있는 점에서는 같다. 이것은 '인간은 말하자면 아이와 같은 것이다. 아직 어리석고 무지하여 아무에게나 의지하지 않으면 살 수 없다. 그래서 근본적으로 자비와 같은 것을 찾고 있는 것'이라는 본질적 인간관을 반영한 것이라고 생각할 수 있다.

—인간은 자립할 수 없는 존재이다.

바보 아들로서의 인간 존재의 근본적 '무력함'이라는 방향을 연장해 가면, 앞에서 소개한 관음경(법화경 제25장)에서와 같이, '어쨌든 관세음보살님, 제발 즉시 무조건 도와주소서!' 하고 아이처럼 염원하는 마법의 논리에 부닥칠지 모른다.

특히 관음이라고 하면, 동아시아에서는 대개 '어머니'를 연상하는 여성의 이미지가 정착되어 있다. 관음은 여러 모습으로 변신하여 인간을 도와주기 때문에 남자 모습이든 여자 모습이든 상관없으나, 석가가 남자라고 하면 관음은 여자일 것이다. 법화경은 부계와 모계 두 방면에 이미지의 원천을 두고 있다. 특히 서방 세계에서는 '어머니'의 존재로서 예수의 어머니인 마리아가 그 역할을 맡고 있다.

법화경은 언제 씌었나

법화경과 성서를 나란히 보인 것은, 이 두 책이 역사적으로 거의 같은 시대에 만들어진 것이기 때문이다. 그래서 이 장에서는 법화경을 둘러싼 역사적 환경을 간단히 바라보려고 한다.

하지만 느닷없이 '역사'를 끄집어 내더라도, 그것이 지금으로부터 얼마나 먼 옛날이야기인지, 다른 역사적 사건과 어떤 시간적 선후관계에 있는지 머릿속에 곧 약도가 그려지지 않는다는 분도 있을지 모른다. TV 등에서 세계 문화유산 순례 같은 프로그램을 좋아했던 분도, 클레오파트라와 측천무후, 마르코 폴로와 아쇼카 왕, 앙코르와트와 콜로세움, 어느 쪽이 더 오래되었는지 모르는 경우가 많다.

그런 분을 위하여 여기에 아주 간단한 연표를 준비하였다. 좌우 방향으로 네 기둥이 나란히 서 있는 꼴이다. 왼쪽으로부터 유럽, 중동, 인도, 동아시아의 순서로 유라시아 대륙의 네 주요 지역을 나타내고 있다. 세계의 각지에는 갖가지 다양한 지역·사회·문화가 있지만, 대체로 이 네 지역에서 유래한 문화가 '규범'으로서의 힘을 발휘하고 있다. 맨 아래에, 각 지역에서 현재 믿고 있는 대표적인 '종교'를 적어 놓았다. 왼쪽부터 그리스도교, 이슬람교, 힌두교, 불교·유교·도교 순으로 줄지어 놓았다.

이 표는 위가 과거이고 아래가 현재이다. 위에서 아래로 시간이 흐른다.

약도의 제일 아래에 있는 수평선이 서기 2000년 선이다. 우리에게 친근한 '근대사회'라는 것은, 이 연표에는 가장 아래 선의 근방 몇 밀리 정도밖에 되지 않는다. 아래에서 두 번째의 수평선은 서기 1500년 선이다. 대개 1500년과 2000년 사이에 서유럽 세계는 르네상스를 맞이하고 대항해 시대를 거쳐, 테크놀로지·자본주의·민주주의 3파 로터리엔진(회전체에 의한 내연기관)을 개발하여 글로벌 사회의 규범과 규율을 세웠다.

그 위의 난 곧 1000년과 1500년 사이에는 십자군전쟁과 몽고제국의 세계지배가 있었다. 다시 그 위로 500년과 1000년 사이를 보면, 중동의 아라비아반도에서 마호메트가 이슬람교를 개교하였다. 그 조금 전에 중국 천태종의 창시자 지의(智顗)가 법화경을 중심으로 대승불교의 교리를 완성했다.

더 위로 올라가면 서기 원년과 500년 사이에, 서쪽 세계는 그리스도교의 초창

	유럽	중동	인도	동아시아
1000 BC				
		이사야		
500 BC			석가 원시불교의 형성	공자
	소크라테스			
BC/AD		예수 로마제국 그리스도교의 조직화	대승불교의 형성 법화경	한제국
			구라마습	
500 AD		마호메트		지의
1000 AD	중 세			
			몽고제국	
1500 AD	르네상스			
2000 AD	근대화 · 식민지화 · 글로벌화			

중요한 종교 ⇒

그리스도교　힌두교

이슬람교　불교 · 유교 · 도교

유대교

기를 맞이하고 있다. 예수 그리스도라고 하는 '구세주'의 신앙이 급속도로 확장하여 신약성서가 만들어지고, 로마제국에 의한 그리스도교의 공인 등이 있었다. 이와 거의 같은 시기에 법화경이 북서 인도, 지금의 파키스탄 근방에서 처음 만들었다. 이 시대는 '대승불교'라고 하는 종교운동이 인도에서 서역에 걸친 지역에서 번성했다. 법화경은 화엄경과 아미타경과 함께 대승불교의 기본적인 원전으로서 완성된 것이다. 연표 중에 있는 구마라습이라는 서역 사람은, 법화경을 인도말로부터 중국어로 한역(漢譯)한 사람이다.

더 그 전의 옛날로 거슬러 올라가면, 기원전 500년의 선을 보게 된다. 이 선 가까이에서 소크라테스·석가·공자와 같은 현인이 활약하였음을 알 수 있다. 그 외에도 그리스의 7현인이라든가, 히브리의 예언자(구약성서의 예언자)라든가, 페르시아의 조로아스터라든가, 인도의 우파니샤드 철학자라든가, 중국의 제자백가 같은 사람들이 저마다 개성적인 철학을 전개하였다. 그들은 고대의 위대한 지식인으로 그들의 사상을 서서히 지역사회가 받아들이게 됨으로써 마침내 지역적인 권위가 확립되고 세계 각지의 문명에 기본 틀을 잡아 정착하게 되었다.

기원전 1000년 이전의 선사시대 일은, 문자로 남아 있는 증언이 별로 없기 때문에 문화사적으로 확실하게 말할 수가 없다.

연표를 대충 거슬러 올라가 보았다. 법화경의 요점을 정리해 보자.

(1) 법화경 가운데 주인공으로 등장한 석가는, 실은 법화경이 쓰인 시대로부터 대강 700년 전의 인물이라는 것.

(2) 석가와 거의 같은 시대의 사람으로서 공자와 소크라테스 같은 세계의 대현인이 있었다는 것.

(3) 법화경 등이 낳은 대승불교운동과 비슷한 시대에 생긴 일로 서방의 로마제국에서 그리스도교가 탄생하고 있었다.

(4) 법화경은 대체로 인도 북서쪽에서 탄생하였다.

(5) 법화경은 서역 사람인 구마라습에 의하여 중국어로 번역되었다는 것.

(6) 거기에 의거하여 중국 사람인 천태 지의(天台 智顗)가 법화경을 중심으로 한 불교철학을 엮어냄으로써, 중국을 비롯하여 한국, 일본 등 여러 나라에서 훌륭한 불교문화를 이루게 되었다는 것.

＊구마라습이 《묘법연화경》으로 번역
한 것이 오늘날 표준적인 원전이다. 그와
달리 축법호(竺法護)라는 사람이 《정법화
경(正法華經)》이라는 이름으로 번역한 것
이 있다. 이것은 번역한 글이 이해하기 어
려워 별로 읽히지 않았다. 그리고 법화경
의 고대 인도어(산스크리트어. 범어(梵語)) 제
목은 '삿다르마 푼다리카 스토라'였다. '올
바른 법(삿다르마)'＋백련화(白蓮華 : 푼다리
카)＋경(經 : 스토라)으로 풀이할 수 있다. '올
바른 법'이란 부처의 지혜 또는 가르침을
말하고, 하얀 연꽃이란 그 아름다운 형용
사이다. '백련화같이 훌륭한 가르침'이라
는 뜻이다.

계보의 출발점

법화경은 불교 경전이고 불교의 창시
자는 석가이지만, 여기에서 우리가 알고
싶은 것은 석가와 법화경 사이의 7백여

탄생 두 신이 허공에 나타나 나무에 기댄 마
야부인과 석가세존에게 정수(淨水)를 붓는 모
습. 네팔 데오파탄 출토, 네팔 박물관 소장.

년 동안에, 대체 인도에서는 그리고 세계에서는 어떤 일이 일어났는가 하는 것이
다. 이것을 석가 시대와 그 이후 시대로 나누어 살펴보고자 한다.

먼저 석가 시대를 보자. 인간이 농업이라는 것을 발견하여 토지에 매달려 살아
온 지 이미 오랜 세월이 지났다. 그러다가 석가가 살던 무렵에 이르자 즉 기원전
500년쯤 되었을 때 세계 각지에서 새로운 움직임이 눈에 띄게 되었다. 작은 도시
국가들이 나타나 서로 경쟁하고 전쟁하여 차츰 지역적인 농촌 전통을 무너뜨리
기 시작한 것이다.

중국에서는 춘추전국시대를 맞아 도시국가끼리 전쟁을 할 뿐 아니라 제자백
가라고 하는 자유사상가들이 나타나 천하를 두루 돌아다니게 되었다. 인도에서

도 고대 힌두교(바라문교라고 함)의 전통 중에서 우파니샤드 철학자들이 나타나고
또 석가를 포함한 여러 자유사상가가 등장하게 되었다. 그리스에서는 폴리스라
고 하는 도시국가들이 서로 경쟁을 하는 가운데 낡은 습관이 차츰 의심을 받게
되고, 오늘날 '철학'이라고 하는 비판적 사고습관의 원형 같은 것이 머리를 들게
되었다.

요컨대, 마을의 전통에 따르는 것만 가지고는 세상을 수습할 수 없게 된 것이
다. 개인적으로 이것저것을 비판적으로 생각하는 사람들이 여기저기에 나타났다.
그중에는 날카로운 사람, 경박한 사람도 있겠지만 차츰 걸출한 인물의 주위에 지
적인 동아리 같은 것이 생겼다. 석가를 둘러싸고 생겨난 '불교 교단' 원형은 그와
같은 것으로 생각된다.

이런 움직임은 세계 각지에서 볼 수 있었으나 거기에는 이미 문화의 지역차이
라는 것이 뚜렷하게 나타났다. 그리스와 인도와 중국에서 지식인들의 지적활동
을 보아도 거기에는 크게 유파의 차이를 볼 수 있었다.

그리스인의 '철학'은 오늘의 안목으로 보더라도 매우 논리적이고 명석한 것이
었다. 때로는 이해가 되지 않는 추론을 한 것도 있지만 비교적 건실하고 웅변적이
었다.

……나는 그대가 한 말처럼, 변론술에서 생기는 설득이라는 것이 대체 어떤 설
득을 말하고 또 어떤 일에 대한 설득인지 그 점이 더욱더 나에게는 확실하지 않
은 것입니다. 하지만 내가 생각해 보니 그대가 말하려고 한 것은 아마 이런 설득
을 말하고, 또 이런 것에 대한 설득일 것이라는 것은 대충 짐작이 가는 것 같습
니다. 그러나 역시 그대가 변론술에서 생긴 설득이라고 말한 것은, 대체 어떤 설
득의 말이고 또 무엇에 대한 설득인가를 그대에게 물어보기로 했습니다.

이것은 철학자 소크라테스가 현인인 고르기아스에게 '변론술'의 정체가 무엇인
지 토론하지 않겠느냐고 권유하는 장면이다(단 이것은 제자인 플라톤이 자기 책에 묘사
한 내용). 어쩐지 현대의 변호사와 검사가 주고받는 말다툼을 연상시키는 끈질긴
데가 있다. 그리스인은 매우 다변적이었다. 언론의 힘이 전통의 관습을 능가하려

고 했다. 그러나 그 언론의 기
술은 갖가지 지나친 논법을 낳
아 세상을 혼란스럽게 만들기
도 하였다. 정의로운 사람 소
크라테스는 자기의 언론력을
가지고 나쁜 언론을 견제하려
고 힘쓰기도 했다.

중국인의 경우 그리스인보
다도 훨씬 우화적인 토론을 하
였다. 예를 들면 공자의 뒤를
이은 맹자의 말을 수록한 책
《맹자》를 잠시 펼쳐 보자.

고자(告子 : 전국시대 제나라
사상가. 성은 고(告), 이름은 불해
(不害))가 말하였다.

고행 6년 스승의 가르침에 만족할 수 없었던 석가세존은
6~7년에 이르는 가혹한 고행을 시작한다. 시크리 출토, 파
키스탄 라호르 박물관 소장.

"인간의 본성은 마치 물가에 자란 고리버들 같은 것이고, 인의(人義)의 도덕은
그 고리버들을 구부려 만든 기물(器物) 같은 것이다. 그러므로 인간의 본성을
쌓아 인의를 행한다는 것은 고리버들을 구부려 만든 기물 같은 것이다."
맹자는 이것을 반박하여 이렇게 말했다.
"그럼 그대는 고리버들의 본성에 따라 기물을 만드는가. 아니면 고리버들의 본
성을 죽여서 기물을 만드는가. 혹시 고리버들의 본성을 죽여서 기물을 만든다고
하면, 인간의 경우도 역시 본성을 죽여서 인의를 실천한다는 것이 되지 않겠는
가. 천하의 사람들을 빠짐없이 꾀어내 인의의 도덕에 해가 되는 나쁜 일을 끼치
는 것은 틀림없이 그대의 언론일 것이다."

이것도 역시 언론의 나쁜점에 대하여 논한 것이다. 논리적인 그리스인에 비하
면 이야기 진행방식이 어딘지 촌로의 옛날이야기처럼 궁색한 느낌이 든다. 고리버

들은 매우 구부리기가 쉬운 나무인가 보다. 고자는 인간 본성을 별로 높이 평가하지 않았다. 그러니까 손쉽게 구부려 인의를 이루어야 함을 권하고 있다. 이것이 마음에 거슬렸던 맹자는 그대는 인간을 억지로 비틀고 구부려서 그렇게 되는 것이 인간 본성이라고 말하고 싶은 것이 아닌가? 고리버들의 비유 등을 들고나와 남을 속이려 하면 안 된다고 따지고 든 것이다. 물론 성선설(性善說)의 맹자이기에 이런 토론이 가능했을 것이다.

그럼 인도의 석가는 토론이나 논쟁에 대하여 어떻게 말하였을까?

"……집회 중에 논쟁에 참가한 자는 칭찬을 받으려고 머뭇거리고 있다. 그리고 패배하고는 풀이 죽어 논적의 흠을 들춰내고 있는데, 다른 사람에게 공박을 당하면 화를 낸다. 모든 심판자가 그의 주장에 대하여 '그대는 토론에 패배하였다. 논파(論破)를 당했다'라고 하면 논쟁에 진 자는 슬퍼 한탄하고 '그가 나를 지게 하였다'라고 하며 슬피 운다. 이런 논쟁이 여러 수행자 간에 일어나면 이들에게는 득의와 실의가 있기 마련이다. 이것을 보면 논쟁을 그만둬야 한다. 칭찬을 듣는 것 말고는 달리 아무 소용도 없기 때문이다. ……특수한 편견을 고집하여 논쟁하고 '이것만이 진리다'라고 말하는 사람들이 있다면, 그대는 그들에게 말하라—'논쟁이 일어나도 그대와 대항하여 논할 사람은 여기에 없다'라고. '이것을 설하는' 일은 나에게는 없을 것이니라. 모든 사물에 대한 집착을 집착이라고 확실히 알고 온갖 편견에서의 '잘못을' 보며, 고집부리지 않고 성찰하면서 내심의 편안함을 나는 보느니라."

이것은 불경 중에서도 가장 오래된 편에 속하는 《숫타니파타》라는 경에 나오는 말이다. 석가의 방침은 그리스인처럼 논리적인 결말을 뒤쫓아 가려는 것도 아니고, 중국인처럼 순진하게 사회정의를 똑똑히 확인하려는 것도 아니다. 대단히 심리주의적인 것 같다.

석가 쪽에서 가장 중요한 요점은 토론이나 논쟁을 통해 최종적인 인생의 고(苦)를 없애는 것이 아니라, 도리어 고를 늘린다고 여기는 점이다. '석가 쪽 사람들은 수도승의 집단이므로 토론이나 논쟁을 하고 싶지 않은 것은 당연하다'고 생각하는 것이다. 논쟁을 피하려고 하는 '수도승'의 삶의 방식을 정착시킨 것이 석가였기 때문이다.

오늘날 일반적으로 전해 내려온 바에 따르면, 석가의 기본적 메시지는 ①인생의 여러 모습에 '고(苦)'가 있음을 인식할 것, ②고에는 반드시 원인이 있고, ③또한 고의 소멸 가능성도 있으며, ④고를 없애는 쪽으로 실천하는 노하우가 있음을 인식해야 한다는 것이다. 토론·논쟁·연설 그 자체는 이 실천적 노하우에 도움이 되지 않는다. 석가는 그렇게 직관하였다.

석가가 시작한 수행의 생활방식이 인도 각지에 소문으로 퍼져나가고 이는 마침내 중국·한국·일본과 동남아시아로 범위를 넓혀 간다. 그것은 첫째로 석가의 철저한 실천주의가 단순하고 보편성을 가졌기 때문으로 생각된다. 석가가 파악한 '고(苦)'와 '고의 원인', 그리고 '고의 소멸'과 '고를 극복하는 실천'의 의미를 어떻게 파악하는가는 사람에 따라, 사회에 따라, 시대에 따라 변할지도 모른다. 그러나 어쨌든 인생의 어딘가에 초점으로서 '고'라는 것이 문제가 될 때는, 후세 사람으로서는 석가의 메시지를 상기하지 않을 수 없다. 그런 역사적 지위를 석가가 이루어 놓은 것이다.

　　＊고(苦)를 둘러싼 네 얼굴을 '사제(四諦)'라고 한다. 불교 교단은 석가 가르침인 교리상 요점을 넷 또는 다섯, 여섯……으로 통합하는 것을 좋아한다. 또 모든 사물이 서로 의지하는 상관관계를 나타낸 '연기(緣起)'라는 것이 중요 개념이다. 그밖에 '일체개고(一切皆苦 : 세계는 고에 넘쳐 있다)' '제행무상(諸行無常 : 만물은 항상 변화한다)' '제법무아(諸法無我 : 변하지 않는 실체는 없다)' 열반적정(涅盤寂靜 : 고가 없는 상태가 있다)'로 이루어진 사법인(四法印)이라는 핵심의 말도 있다. 역시 석가 본명은 고타마 싯달타이다. 붓다(불타,부처)는 칭호이고, 그 말의 의미는 '깨달은 사람'이다. '석가족 출신의 성자'를 의미하는 샤키야 무니(석가모니)라는 칭호도 있다. 그밖에 '여래'나 '세존'이라는 존칭으로 부르기도 한다.

세계의 대전통의 창시자들에 관해서는 대충 이상으로 소개를 마친다. 요컨대 후세에 뿌리를 캐려고 파고드는 것을 취미로 삼는 사람은 대선배인 소크라테스

를 상기하면 된다. 인간 세상에 대하여 진심으로 예의나 습관을 이것저것 생각하
는 사람은 공자나 맹자를 상기하면 된다. 고(苦)와 고의 상호관계, 고의 근본원인
에 대하여 깊이 생각하려고 하는 사람은 석가를 상기해야 된다.

대승불교의 발흥

옛날부터 연호(年號)가 들어가는 상세한 역사 기록을 남긴 현세적인 중국인과
는 달리 인생의 현실을 눈앞의 세계보다도 눈에 보이지 않는 윤회 쪽으로 느낌을
취하는 상상력 과다의 경향이 있었던 인도인은, 역사 기록을 하는 데는 전혀 무
관심하였으므로 고대 인도의 역사를 재구성하는 것은 대단히 어려운 일이다.

석가의 가르침 계보를 보더라도, 석가가 입적하고 몇백 년이 지나 '대승(大乘)'이
라고 하는 파생적 사상운동이 나왔다는 것은 알지만, 그것이 나오게 된 경위에
대해서는 어딘가 확실하지 않은 부분이 많다.

우리의 눈에 수수께끼처럼 보이는 것은 석가에게로 돌아가자는 원시 교단의
가르침이라는 것이, 고(苦)를 낳은 굴레 또는 인과관계를 풀어 헤치면서 자기의
각성을 지향하려고 하는, 비교적 검소하다고 할까, 합리적이며 납득이 가는 소박
한 사상이었던 것같이 생각된다.

법화경에 따르면, 석가가 기원전 500년 무렵 인도의 가야성 밖에서 깨달음에
도달하여 부처가 되었다는 것은 그 진실을 밝히자면 무한한 과거 전세에 이미 부
처가 되어 있었던 것이라고 한다. 이 '무한한 과거'를 구체적으로 말하면, 5백만 코
티(구지(俱胝). 억이라 번역하고 1천만에 해당한다고 함) 나유타(那由他 : 인도의 수량 단위. 천
만 또는 천억 등 이설이 많음)라는 수의 세계를 구성하는 최소의 티끌이다. 동쪽으로
달려가 5백만 아산케야(아승지(阿僧祇). 무수(無數) 또는 무앙수(無央數))의 세계를 통과
하여 그 티끌 한 개를 떨어뜨린다. 마찬가지로 몇백천 코티 나유타 겁의 오랜 세
월에 걸쳐 한없이 계속 뛰어, 같은 간격으로 티끌을 계속 떨어뜨려 손에 가진 것
이 다 없어지면 도중에 지나온 세계의 수는 생각할 수도 없을 만큼 천문학적인
것이 될 것이다. 그런데 지금 말한 그 전 세계, 즉 티끌을 떨어뜨린 세계 위에 떨
어뜨리지 않은 세계 전체를 더하여 구성하는 티끌의 수는 점점 방대해질 것이다.
그러나 몇백천 코티 나유타라는 수의 세계 티끌 수는 부처가 깨달음을 이룬 이

항마성도
악마는 온갖 수단을 써서 석가세존을 위협하고 유혹하려 하지만, 그때마다 번번이 패퇴한다. 옥좌 앞에는 패배해서 바닥에 나뒹군 마귀들이 보인다. 간다라 출토, 페샤와르 박물관 소장.

래 지나온 몇백천 코티 나유타 겁이라는 기나긴 시간의 수에 비한다면 별것이 아니라는 것이다. 이렇게 무한히 긴 시간이 '무한한 과거'에 맞먹는다는 것이다.

*여기에 몇 번인가 나오는 수 단위는 저마다 '터무니없이 큰 자릿수'라는 이상의 의미는 없을 것 같다. 언뜻 수학적 표현인 것 같지만, 문장으로서 거의 무의미하다고 할 것이다. 더욱이 중국어 번역에서는 '세계'를 '삼천대천세계(三千大千世界)'라고 새겼다. 10의 9 곱하기 세계를 의미하는 것 같다. 이렇게 큰 범위 세계를 부처 혼자 교화한다고 한다. 그 바깥쪽에는 또 다른 삼천대천세계가 있어 저마다 다른 부처가 있는 셈이다.

기원전 무렵에는 '대승(大乘)' 즉 만인을 제도한다는 큰 법륜(法輪)이라고 자칭하는 새로운 사상=실천운동이 일어나게 되었다. 대승불교가 어째서 '큰 수레'인가를 다음과 같이 정리하고 있다.

첫째로, 그것은 '자리이타(自利利他)'를 설명하는 것이다. 종래의 교단은 자기의 구제에만 오로지 마음을 쓰는 것이었다. 여기에 대하여 대승은 남을 이롭게 하는 것이 자기의 이익이라는 교리로 되어 있다.

둘째로, 그것은 '재가·출가'를 망라하는 교리다. 종래의 교단은 출가주의였다.

재가의, 즉 보통 시민에게는 해탈을 위한 길이 준비되어 있지 않았다. 석가가 설한 내용을 알지도 못하지만 교단은 그것을 지키지 않았다. 이에 대하여 대승은 재가인 채로 수행을 할 수 있는 것을 원칙으로 하고 있다.

셋째로, 그것은 '어리석고 현명하고' '선하고 악하고' 양쪽의 모든 사람을 구제하겠다는 큰 포부를 가진 교리다. 한편으로는 엄격한 수행이고, 다른 한편으로는 의지가 약한 사람을 위한 가르침이다. 특히 부처의 자비에 매달려 구원을 받으려는 신앙의 길이다. 법화경에는 석가의 말씀으로서 이렇게 쓰여 있다. '삼계는 모두 나의 것이다. 여기에서 불 속에 있는 중생들은 모두 내 아들이다. 나야말로 모든 사람의 구호자이다.'(비유품 제3. 화택의 우화에 대해 석가가 덧붙인 말)

넷째로, 대승에는 '불신론(佛身論 : 부처는 어떤 존재인가 하는 논의)'이 발달해 있다. 종래의 교단은 석가의 가르침을 지키는 데 힘썼으나, 대승에서는 석가가 몸소 보여 준 부처의 존재에 구제의 힘이 돌아가기 때문에 부처란 어떤 존재인가 하는 분석이 중요하게 되었다.

다섯째로, 대승은 모든 사람이 보살이 될 수 있다고 말한다. 보살이라는 것은 본디 석가의 젊은 시절 호칭이다. 깨달음을 이룬 후에는 부처(깨달은 사람)이지만, 성불하기 전에는 보디사트봐(깨달음을 구하는 사람. 보살)이다. 그래서 대승의 시민조직은 이 보살의 길을 제창하였다. 엄격한 사람이 수행하는 것도 보살의 길이고, 허약한 사람이 부처의 힘을 빌리려고 하는 것도 보살의 길이다.

요컨대 자리이타, 출가재가(出家在家), 강자약자, 자력타력을 포괄한 종합적인 '구제'의 교리가 탄생하였다는 것이다. 역사적으로 보면 이것은 석가 '전래'의 해탈 가르침을 받드는 어쩌면 꽤 폐쇄화된 수행집단 전통과, 일상생활 가운데서 새로운 윤리와 구제의 마력을 요구하는 시민사회의 요구를 짜맞추는 프로그램의 재편성을 꾀한 것이라고 할 수 있다.

 ＊전통 교단의 폐쇄성과 특히 원래 석가에게는 없었다고 여겨지는 여성차별의 심각화에 관한 '불교계 남녀관＝원시불교로부터 법화경에 이르는 성의 평등사상'을 살펴본 문헌도 볼 수 있다.

대승운동가들은 자기들이 석가의 '진정한 가르침'을 실천하고 있다고 생각하였다. 이 정형화에 의하여 역사적 정통성은 확보된 셈이다. 물론 교리적으로도 전래의 가르침에서 유래한 부분이 크다는 것은 확실하다.

대승불교운동의 에너지원으로서는, 우선 세밀화·번잡화한 과정을 끌어안은 정통 교단의 폐쇄성에 대한 반발이 있었고, 또 하나는 시대사조로서 차츰 과장되어 가는 신화적 상상력의 반영도 있었을 것이다. 터무니없는 호언장담을 수반한 신화적 비전은, 역시 기원 전후 차츰 모습을 드러낸 지중해 세계의 그노시스주의(영지주의(靈知主義))에도, 인도반도의 힌두교에도 공통된 것이다.

대승이란 무엇인가? 결국 여기에는 알 수 없는 것이 많다. 범위가 너무나도 크다. 그러나 중요한 것은 대승이라는 범위가 큰 철학적·윤리적·실천적인 노력의 틀이 이루어졌다는 것이다. 그 틀 안에서 모두 저마다 올바른 실천과 생각해 낸 것들을 실행하여 간 것이다.

이것은 마치 그리스도교가 '그리스도란 무엇인가?' 하는 해석의 틀 안에서 갖가지 다양한 구제(救濟)의 신학과 실천을 연구해 가는 그런 정열과 노력의 종합체인 것과 마찬가지이다.

이 대승의 흐름 속에서 반야계(般若系)의 여러 경전, 유마경·화엄경·아미타계의 여러 경전…… 같은 다양하고 새로운 종교 문서가 저작되었으나 그중에서 중요한 한 권의 책이 법화경이다.

법화경을 포함한 대승불교의 기본형에 관하여 잠시 살펴보기로 한다.

자력 구제와 사람들에 대한 봉사

신흥 대승불교의 인식에 따르면 불교에는 '소승(小乘 : 히나야나)'과 '대승(大乘 : 마하야나)' 두 종류가 있다. 소승이라는 것은 전통적 교단, 특히 그 보수적 일파에 대하여 이르는 이름이다. 따라서 소승이라고 불리는 쪽은 스스로 '소승'이라 말하는 일이 없다(서북 인도에서 유력하였던 것은 설일체유부(說一切有部)라고 하는 교파). 여기에서는 대승 쪽의 정리에 따라 소승과 대승 교리를 기본적 전문적으로 개관한다.

먼저 소승의 출가한 수행자이다. 그들을 '성문(聲聞)'이라고 한다. 수도의 담당자로서 석가의 소리를 듣는, 즉 선생의 교육과정을 충실히 소화한다는 의미이다. 교육과정으로서는 전통적으로 석가의 가르침으로 전하여 온 '고(苦)·집(集)·멸(滅)·도(道)'(곧 고가 있다는 것, 고의 원인이 있다는 것, 고의 소멸이 있다는 것, 고의 소멸에 방법론이 있다는 것)라고 하는 '사제(四諦)'가 있다. 이 사제에 따라 갖가지 구체적 수행법을 몸에 배게 함으로써, 성문은 완전히 깨달아 궁극적으로는 '아라한(阿羅漢)'이라고 하는 성인이 될 수 있다.

    ＊사제의 각 요소는 '고' '집' '멸' '도'인데, 그 가운데 고에는 '생(生 : 태어난 괴로움)' '로(老)' '병(病)' '사(死)' '원증회고(怨憎會苦 : 미워하는 자와 만나는 괴로움)' '애별이고(愛別離苦 : 사랑하는 사람과 헤어지는 괴로움)' '구부득고(求不得苦 : 갖고자 하는 것을 얻지 못하는 괴로움)' 오취온고(五取蘊苦 : 생명이 구조적으로 안고 있는 괴로움)'의 팔고(八苦)가 있다고 한다. '도(道)'로서는 근본이해·정신·말씨·행위·생활태도·노력·목적의식·정신통일의 여덟 가지를 올바로 지키는 '팔정도(八正道)'가 있다. 여기서 올바르다고 하는 것은 고행도 쾌락도 아닌 균형이 잡힌 '중도(中道)'를 말한다.

역사적으로 보면 석가의 직접 제자였던 샤리 푸트라(사리불(舍利弗)), 마우드가랴야야나(목건련), 마하 카샤파(마하가섭), 수부티(수보리), 마하 카탸야나(마하가전연), 아니룻다(아나율), 우파리(우바리), 푸트나(부루나), 라후라(나후라), 아난다(아난) 등은 모두 성문이다. 다 역사상의 실재 인물이다. 그리고 석가로부터 몇백 년이 지나 대승불교가 일어난 시대에, 전통적인 출가교단을 고집하였던 수행자들도 이 성문의 길을 걷게 되었다.

교리적으로 소승으로 분류되는 사람들에게는 실은 또 한 종류가 있었다. 그것이 곧 '연각(緣覺)' 또는 '독각(獨覺)'이다. 어떤 인연으로 혼자 깨닫는다 ― 그리고 그것을 아무에게도 가르치지 않는다 ― 는 개인주의적 이미지를 가졌다. 실제로 세상에는 자기 혼자 깨달아, 혼자 그 깨달음을 즐기며 아무에게도 마음을 열지 않고 득의의 미소를 지으며 조용히 죽어가는 사람도 적지 않은 것 같다. 인도의 거리에는 깨달은 성인이 도처에 넘치고 있다. 확실히 '독각'이라고 부를 만한 사람들이 실제로 도처에 있었을 것이다.

법화경 등에는 이런 개인주의자도 역시 석가에게서 '십이인연(十二因緣)' 설을 가

초전법륜
'법륜'이 다섯 비구승에게 처음 전해졌다는 의미에서 '초전법륜'이라 불린다. 세존은 법륜을 전하고, 세존 양옆에는 다섯 비구가 설법을 듣고 있으며, 앞에는 녹야원을 상징하는 사슴 두 마리가 앉아 있다. 시크리 출토, 체디갈 박물관 소장.

르침 받아, 그것을 독자적으로 공부하여 깨닫게 된 것으로 해석하고 있다. 12인연이라는 것은, 탄생이라든가 죽음이라든가 행동이라든가 감각이라든가 인식이라든가 감정이라든가 그런 것이 서로 인과관계를 맺고 있다는 교설이다. 그 일부는 윤회설과도 연관이 되는 듯하며 고대의 세계관을 반영하는 것이다.

＊일단 '12인연'의 구성요소는 '무명(無明 : 근원적인 무지)' '행(行 : 의지 작용)' '식(識 : 인식 작용)' '명색(名色 : 마음과 물질)' '육처(六處 : 감각 기능)' '촉(觸 : 접촉)' '수(受 : 감수 작용)' '애(愛 : 망집)' '취(取 : 집착)' '유(有 : 생존)' '생(生 : 탄생)' '노사(老死 : 늙어 죽음)'의 12가지이다.

소승을 성문과 연각 두 종류로 이루어졌다고 해석하는 것은, 교리상 도식적 정리일 뿐 역사적인 불교 상황은 더 복잡하였을 것이다. 그러나 어쨌든 석가 깨달음의 가르침을 따르는 자 중에서 전통적 출가수행자로서 교단 안에서 살고 있는 것이 성문이고 더 개인주의적인 것이 연각이라고 생각하자. 이들은 어느 쪽이나 자기 구제를 목표로 하고 있어, 원리상으로 일반시민의 제도에는 전혀 관여하지 않든가 또는 그것을 2차적으로 생각했다.

그렇다고 보면 세상 사람들을 구제하기 위하여 마음을 쓰려하는 것이 대승이라고 할 것이다. 소승의 전형적인 수행자가 '성문'이라고 하면 대승의 수행자는 '보살'이다. 그럼 이 보살은 대체 어떤 일을 할까?

이야기는 애당초 석가가 어떤 사람이었는가 하는 데로 거슬러 올라간다. 석가는 어느 날 어느 때 '깨달음'을 얻었다. 그때 석가는 그대로 조용히 있을까 하는 생각을 하였으나, 하늘에서 신들이 내려와 '훌륭한 깨달음이 아깝지 않은가. 제발 세상에 그 가르침을 펴 주시오' 하고 간청하였다. 그래서 타고난 친절심을 발휘하여 우리 석가는 여기저기를 돌아다니면서 친구들까지 '깨달음'을 함께 가지도록 애썼다는 것이다. 그럼 이 친절심은 대체 무엇이었을까?

석가의 가르침은 인생을 '고(苦)'라고 하는 본질에 주목하는 것이지만, 고는 또 모든 것의 상관관계 속에 성립하는 것이기도 하다. 그러므로 고를 벗어난다는 것은, 마이너스의 상관관계를 플러스의 상관관계로 바꾸려는 적극적인 개입을 뜻한다.

그렇다면 인생 '고'를 이루는 내용에는 인간관계·사회관계에서 비롯되는 얽매임 같은 요소가 있다. 따라서 고로부터 해탈과정에는 완전히 개인 심리적 요소뿐만 아니라, 대인적·대사회적 요소가 포함될 것이다. 인간관계 가운데 있는 마이너스 요인에 마음을 씀으로써, 나아가서는 곤궁한 다른 사람에게 봉사함으로써 비로소 고를 종합적으로 벗어날 수 있다고 생각한다.

그렇게 생각한다면, 단지 교육과정으로서 남긴 4제(四諦) 등과 같은 수행프로그램에 '이론만 알고 실제로는 도움이 안 되는' 것만 따라 가지고는 불충분하며, 다른 사람을 제도하기 위해 여기저기 돌아다닌 석가의 실천 자세 그 자체를 스스로 행하지 않고는 석가의 가르침을 완전히 수행하였다고 할 수 없을 것이다.

그런데 석가는 '깨달음'을 이룸으로써 비로소 훌륭한 성자가 된 것이 아니라, 애초에 태어나면서부터 아니 태어나기 전 전세에서부터 훌륭한 분이었다고 전설은 말하고 있다. 요컨대, 석가의 구제자적 봉사정신은 '깨달음' 이전, 탄생 이전부터 본질적으로 갖춰져 있었다는 것이다. 과거에 몇 번이고 환생하여 그때마다 여기저기에서 헌신적으로 활동하였다는 말이다.

깨달은 다음의 석가는 '부처(깨달은 이)'라고 부른다. 깨닫기 전의 석가는—지난 전세도 포함하여—'보디 사트봐(깨달음을 구하는 사람. 보리살타. 보살)'라고 불렀다. 이 보살의 기상과 보살의 봉사정신을 배우는 것이, 대승불교의 제창자들이 생각하는 진정한 수행의 도가 되는 것이다. 따라서 석가의 구제활동을 배우려고 하는 사람들도 자기를 '보살'이라고 부르게 되었던 것이다.

＊보디(깨달음) 사트봐(존재자, 사람)는 '깨달음을 구하는 사람'이라고도, '깨달음을 얻기로 정해져 있는 사람'이라고도, '깨달음을 갖춘 사람'이라고도 해석할 수 있다.

보살도(菩薩道)에 대해서 말한다면 '봉사에 힘쓰자'와 같은 어느 회사의 표어처럼 막연하면 어쩐지 불안하기 때문에, 차차 세밀한 철학적 분석이 베풀어지게 되었다. 방대한 수의 대승불전(大乘佛典)은 모두 이 보살도를 밝히는 데 목표를 둔 것이라고 할 수 있다.

일반적으로 정리된 형태로서는 '육바라밀(六波羅蜜)'이 잘 알려져 있다. 이것은 ①보시(布施 : 깨끗한 마음으로 재물을 아낌없이 베푸는 것), ②지계(持戒 : 깨끗한 생활을 영위하는 것), ③인욕(忍辱 : 온갖 모욕과 번뇌를 참는 것), ④정진(精進 : 불도에 몸을 바치는 일), ⑤선정(禪定 : 정신통일을 갖는 것), ⑥지혜(智慧 : 진리를 밝히고, 깨달음을 구하는 것) 등 여섯 가지 요소를 완성하려고 하는 보살의 노력 목표이다.

＊여섯 번째의 '지혜바라밀'은 '반야바라밀(般若波羅蜜)'이라고도 하며 많은 반야경 전(〈반야심경〉은 그중의 하나)의 주제이기도 하다. '반야밀'은 '완성'을 의미하고 '반야'는 진리를 직관하는 '지혜'를 의미한다. 그래서 지혜인 '공(空)'의 원래의 뜻은 텅 빈 것을 말하며 숫자로 말하면 인도인이 발견한 것으로 유명한 영(零)인 것이다. 이것은 사물이나 심리현상의 일체는 갖가지 요소의 상호의존성 가운데 성립하고 있으므로 실체로서는 텅 빈 것, 집착할 것도 없는 것이라는 깊고 깊은 인식을 나타내고 있다. 〈반야심경〉의 유명한 구절인 '색즉시공(色卽是空)'은 '대개 물질적 현상이라는 것은 모두 실체가 없는 것이다'라고 번역하는 것이다.

여기에서 중요한 것은 마지막의 ⑥지혜바라밀(반야바라밀)이 정확하고 틀림없이 몸에 배어 있지 않으면 다른 무엇을 해도 제구실을 할 수 없다는 것이다. 요컨대 일체의 존재나 현상이나 행위가 '공(空)'이라는 것을 알고 나서 누군가를 돕는 데 힘쓴다면 그것이 보살로서의 봉사(①보시바라밀)가 되는 것이다. 누군가를 도와주고 나서 스스로 '내가 큰 힘이 되었지' 하고 뽐낸다면 결코 그것은 보살이라고 할 수 없다. '아니, 나는 아무 대가도 바라지 않고 도와준 것이야'라고 해 보았자 역시 소용없는 일이다. 아무 속셈 없이 진정한 마음으로 친절을 베풀고 나서 그것을 싹 잊어버려야, 즉 곁에서 보아 산뜻한 봉사가 아니면 보살로서는 낙제인 것이다. 그러나 그런 경우라도 심층 심리적으로는 역시 손익계산을 할지도 모른다.

심층 심리까지는 누구도 책임을 질 수 없다. 이런 데까지 집요하게 추구하는 것이 인도적 완벽주의의 논리가 아닌가 싶다. 이 '반야지혜'라고 하는 것은 어디까지나 천상적(天上的)인 이상(理想) 개념이고 현실로는 누구라도 도저히 실행하기 어려운 목표가 아닐까?

인도 사람들도 이런 완벽주의가 그리 쉽게 달성될 수 있다고는 생각하지 않았던 것 같다. 왜냐하면 보살 수행은 단지 한두 번의 인생을 윤회하는 것만 가지고는 도저히 완성될 수 없다고 생각하게 되었기 때문이다. 몇억 번, 아니 몇억 곱하기 몇억 곱하기……(중략)……몇억 번이라는 거의 무한한 횟수의 환생을 거듭해야 간신히 훌륭한 보살이 될 수 있는 것이다.

그리고 보면 이는 완전히 신화의 세계 같지 않은가?

인도인들이 생각하는 윤회에는 어떤 의미에서 지역적인 필연성 또는 요청이 있었던 것이 아닐까. 결국 한쪽에 너무 높은 목표치라는 것이 있고 다른 쪽에 너무 짧은 범부의 인생이라는 것이 있을 때, 그래도 범부가 이상을 향하여 노력해야 한다고 하면 그 낙차가 큰 만큼 윤회 환생으로 보충할 수밖에 없기 때문이다. 이 승에서의 노력으로는 얼마 안 되는 전진밖에 더 바랄 수 없을 것이다. 그럼에도 불구하고 그 노력을 하찮게 생각하지 않도록 하기 위해서는, 이승의 규모를 훨씬 웃도는 스케일의 윤회, 우주에서의 신화적 인생을 상상하지 않으면 안 된다.

윤회를 생각하지 않은 서양의 그리스도교까지도 중세에는 '연옥(煉獄)'이라는 것을 진지하게 생각했다. 요컨대 인간은 죽은 다음 느닷없이 천국으로 오른다든가 지옥으로 떨어진다든가 하는 것이 아니다. 대체로 범부는 천국에도 지옥에도 가지 못하는 어정쩡한 인생을 살고 있는 셈이다. 그래서 죽은 뒤에 오랫동안 연옥이라는 중간 세계에서 수행을 계속하게 된다(이 세상에서 지은 죄의 '빚을 갚는' 일을 계속한다). 인생은 이승에서의 삶만으로 완성되는 것이 아니다. 이 연옥이야말로 윤회와 비슷한 것 아닐까.

＊육도윤회(六道輪廻) 역시 현대의 우리에게는 잘 모르는 사상이다. 법화경 등에 나오는 윤회는 과거에 2만 번이나 부처를 만났다든가, 정신이 아찔해질 정도로 천문학적 규모의 과거세상 이야기가 나온다. 중생은 단지 윤회할 뿐만 아니라, 천계(天界 : 신들의 세계), 인계(人界), 아수라계(阿修羅界 : 투쟁적인 귀신의 세계), 축생계(畜生界 : 동물의 세계), 아귀계(餓鬼界 : 항상 허기진 영적 세계), 지옥계(地獄界)라는 여섯 종류의 공간을 방황하게 되어 있다.

인간과 같은 신, 신과 같은 보살

법화경 등 대승불교 쪽의 논리로는 수행자는 다음의 유형으로 구별하게 되어 있다.

소승 수행자

성문……출가한 수행자로서 사제(四諦)를 수행하여, 궁극적으로는 아라한이라는 성자가 된다. (연각……12인연을 두루 혼자 깨닫는다)

대승 수행자

보살……사회 전반을 무대로 하여 육바라밀을 수행하여 궁극적으로 부처가 된다.

소승과 대승, 성문과 보살을 대비하여 살펴보자.

소승, 성문의 도(道)라고 하는 것은 구원을 받고자 하는 자가 스스로 노력하면 된다는 논리이기 때문에 구조적으로는 비교적 간단하다. 그러나 대승, 보살도라는 것은 다른 사람과의 상호 의존과 봉사의 관계에 초점을 맞추는 것이므로 이야기가 간단치가 않다. 즉, 스스로 보살이 되어 수행하고 궁극적으로는 부처가 되고 싶다는 갸륵한 사람에게는 자기 궁극목표로서의 '성불(成佛)'과 남을 구제한다는 실천활동이 자기 이중과제가 되는 것이다.

또 '보살 수행이라는 게 그렇게 크게 빗나가서는 안 된다'고 생각하는 일반 범부에게는 그저 자기보다 지위가 높은 존재, 즉 신화적인 능력을 갖춘 대보살이 부처에게 매달려 어떤 의미의 구원을 바라는 것으로 보인다.

'보살'이라는 개념이 기발하다. 우리 보통 범부가 '방황하는 중생'의 극에 있다고 하면, 반대쪽 극에는 완벽한 인식과 실천력을 갖춘 신적 존재로서의 '부처'가 있다. 이 중간에 있는 것이 '보살'로서, 이것은 갖가지 의미에서 중간 위치를 차지하고 있다. 인간 같기도 하고 부처 같기도 한 것이다.

인도인의 윤회를 전제로 사물을 생각하면 단순한 인간도 그냥 인간이 아니다. 전세에 어떤 덕을 쌓았는지를 겉만 보고는 알 수가 없다. 따라서 극단적으로 말하면, 언뜻 단순한 인간으로 보이는 주변 할아버지 할머니가 실은 엄청나게 덕이 높은 보살이었을 가능성도 있다. 사실은 매우 지위가 높지만 중생구제를 위해 일부러 자세를 낮추어 범부로서 살고 있는지도 모른다.

대승운동이라는 것은, 스스로 보살로서 봉사를 하기 위하여 풀뿌리 같은 '세계의 사람들을 힘껏 도와주자'는 운동이다. 그것은 동시에 엄청난 위력을 가진 보살이 어딘가에 숨어 있을지도 모른다고 생각하여 갖가지 초월적인 보살의 신통력을 기대하는 '신이여 도와주소서' 하는 운동이기도 한 것이다. 이런 곡예적인 논리가 인도인의 놀라운 상상력이라고 할까, 불교라는 것의 기묘한 점이 아닌가 생각된다.

＊신적인 보살로서는 관음보살 외에 문수보살, 보현보살, 미륵보살, 지장보살이 유명하다. 문수는 지혜(반야)를 완전히 갖춘 보살이며 반야경전에는 부처를 대신하여 크게 활약한다. 흔히 볼 수 있는 탱화에서 문수보살과 함께 석가 곁에서 모시고 있는 것이 보현보살이다. 화엄경에서 활약하는 것도 보현이다. 미륵보살은 지금으로부터 56억 7천만 년 후에 부처로 나타날 것이라고 한다. 지금은 아직 보살로서 도솔천이라고 하는 천상계에서 대기하고 있다. 지장보살은 지옥을 포함한 육도(六道)를 방문하여 중생제도에 힘쓰는 부드러운 보살이다. 이런 보살들은 모두 신화적 존재이며 역사상 실재했

던 인물은 아니다. 소승의 성문들—사리불·수보리·가섭·아난들이 모두 역사상의 인물인 것과는 대조적이다.

보살이라는 관념은 어쩐지 하나의 상으로 결부시키기가 쉽지 않다. 말하자면 보살은 '어버이' 같은 것이라고 할 수 있지 않을까? 당신은 스스로 '어버이'로서 자식을 구원할 수도 있고, 스스로 아들로서 '어버이'의 구원을 바랄 수도 있다. 이 '어버이'의 자리에 '보살'을 대입하여 생각하면 된다. '자식'은 범부이다. 또는 보살은 '선배' 같은 것인지도 모른다. 후배로 입사하여 선배의 지도를 바라던 사람이 어느덧 자신이 선배가 되어 후배를 지도하는 입장에 서게 되는 것이다. 이 선배를 보살로, 후배를 방황하는 중생으로 자리바꿈해 보면 되지 않을까? 단 윤회적인 대우주의 비전에서 전개되는 선배·후배 관계로 말이다.

그런 까닭에 대승의 논리는 도와주는 자와 도움을 받는 자의 무한한 연쇄와 상호관계가 열린 시스템을 이루고 있는 셈이다. 도움을 받는 자가 언제 도움을 주는 자가 될지 모른다. 이 끝없이 영원한 정점에 선 사람이 곧 부처, 세계 전체의 아버지가 되는 것이다. 세계 전체의 아버지로서 석가의 이미지를 드러낸 것이 곧 법화경이다.

법화경 참뜻

세 가지 오점

앞장에서 개관한 것처럼 고대 인도에서의 대승운동은, 좀 모호한 데가 있는 복잡한 사상과 실천의 종합체이다. 그 담당자들이 실제로 어떤 생활을 하였는지, 오늘날 그것을 확실히 파악하기는 어렵다. 성실한 수행자도 있었을 것이고, 오로지 불탑이나 불상, 경전을 경배하는 방황자도 있었을 것이다. 명상하면서 부처님의 깨달음을 꿈꾸는 자, 허망한 '공(空)'의 이론만 골똘히 생각하는 자, 보살의 수행과정을 가는 자, 의식이나 주문에 관심을 기울이는 자, 그 중간쯤의 행동을 하는 자, 개인주의자, 조직활동가, 줏대없는 기회주의자, 유치한 순수주의자, 부유한 후원자, 막연한 동조자……역사의 안개와 향불의 연기 저쪽에는 수많은 다양한 군상이…….

이렇게 다양성에 넘치는 공간에서 법화경은 대체 어떠한 메시지를 보낸 것일까?

모두 부처가 될 수 있다 —

부처란 불교의 세계관에서 가장 완벽한 인간을 말한다. 누구나 부처가 될 수 있다는 것은, 모든 인간(정확히는 중생, 생물)이 사물의 인식이란 점에서나 또 다른 사람에 대한 자비라는 점에서나 — 그리고 신체적으로나 신통력에서나 — 대승적 맥락에서 생각할 수 있는 가장 이상적인 상태로 이어지는 길이라는 것이다. 하지만 이것은 크게 빗나간 말이 아닐까.

법화경 제20장은 '상불경보살품'이다. 이 장에는 상불경이라는 이름의 별난 행자의 이야기가 쓰여 있다. 그는 만나는 사람마다 누구에게나 '나는 그대를 경멸하지 않는다(=존경한다)'라고 말하였다. 왜냐하면 '누구나 장차 부처가 될 수 있기 때문'이라는 것이다. 그렇게 배포가 큰 덕분에 남들에게 바보 취급을 당하고 돌멩

이 세례도 받았다는 것이다.

단순한 이야기지만 그 속에 법화경이 주장하는 요점이 잘 나타나 있다.

—모든 중생은 성불할 수 있다.

—이것을 주장하는 데에 보살행(菩薩行)으로서의 의미가 있다.

—이런 주장을 하면 박해를 면할 수 없을 것이다.

그리고 첫째의 '성불할 수 있다'는 것은 상대에 대한 경의와 결부된다는 것을 잊으면 안 된다.

설사 모든 중생의 성불이 확정되어 있다고 하더라도 애당초 성불이라는 것은 머나먼 목표이다. 상식적으로 생각하면, 수행 정도에 따라 목표까지 거리의 원근이 정해지는 것이므로, 인간에게는 역시 차별이나 서열이 있음 직한 것이다. 그러나 상불경의 태도에는 그런 차이라는 것을 도외시하는 것 같은 데가 있다. 어쨌든 법화경을 쓴 사람은 인간의 성불이라는 것을 매우 대국적인 안목으로 파악한 것이 아닌가 싶다. '성불할 수 있다'는 것이 개개인에 대한 무차별적인 경의와 결부되는 것은 그 때문일 것이다.

일반적으로 말한다면, 법화경은 차이의 모습보다도 평등한 모습을, 단계적인 것보다는 궁극의 결론을 중시하는 경향이 강하다. 법화경은 모든 사람을—대승불교도이든 소승불교도이든, 열성적인 수행자이든 범부이든—'마땅히 성불할 사람'의 집합 가운데로 모두가 들어가게 된다.

물론 대승 수행자는, 즉 보살이라는 자각을 하고 이타행(利他行)에 힘쓰는 사람은, 원래 궁극적인 성불을 스스로 목표로 삼는다. 그러나 '소승'이라는 교단 사람들에게는 그런 의식이 없다. 그들은 번뇌를 떨쳐 버리고 아라한의 경지를 찾고 있으므로 자기와 부처와 합쳐 일체가 되려는 생각은 하지 않았다. 법화경은 당사자들의 생각과는 상관없이 그들 성문의 성불도 보증하여 준다.

그럼 범부에 대해서는 어떨까. 불탑 예배가 고작이고 수행하고 있을 자질도 여유도 없이 방황하는 일반 시민에 대하여도 법화경은 시원스럽게 목표 달성의 보증을 해 준다.

①법화경의 전반부

<table>
<tr><td>(인간적 규모의 일화와 우화)</td></tr>
<tr><td>성문들의 각성+아버지로서의 석가</td></tr>
</table>

← 독자의 감정이입

이처럼 법화경의 입장은 폭이 매우 넓다.

법화경의 사고는 A를 거쳐 B로, B를 알면 C로, C가 몸에 배면 D로……이와 같이 인생의 세밀한 순서에 구애되지 않는 것이다. A의 단계에서도, B의 단계에서도, C의 단계에서도, D의 단계에서도 항상 작용하고 있는 '보살도의 뜻을 가지고, 성불을 꿈꾸고 있는 의식의 추진력'이라는 것이 있다고 하면, 법화경의 사고는 이 추진력에 주목하는 것이다. 할 수 있는 인간도 할 수 없는 인간도, 하고 싶은 의욕은 마찬가지이다―라고 법화경의 논리에는 이 추진력의 중시, 하고 싶은 의욕 중시라는 성격이 있다.

법화경의 전반부에서 독자는 등장인물인 성문들에게 감정 이입하여, '성불에의 각성'을 뒤따라 체험한다. 성문들은 잇따라 '나도 성불할 수 있다' 하고 환희 소리를 지른다. 또 성문들은 '석가를 우리 바보 아들의 현명한 아버지 같은 존재'라고 한다. 독자는 '그런 것인가?' 하고 읽는다. 이와 같은 이야기는 인간미에 넘친 우화를 섞어 비교적 차분한 말투로 되어 있다. 이것이 자기계발의 제1단계이다.

법화경의 후반부에서 독자는 등장인물인 '지용(地涌)보살'이라는 군상 속에 자기를 포개어, 법화경의 진리를 받들고 가는 것을 인생의 중대사라고 생각하게 된다. 이것이 제2단계인데 여기에는 조금 자세한 설명이 필요하다.

지용보살이라는 것은 글자 그대로 대지에서 솟아 나온 보살이다. 그들은 무한히 아득한 과거에 석가가 가르친 제자들이다. 그것은 곧 석가의 본체는 이 세상의 역사적 시간을 초월하는 존재라는 데 있다. 거의 무한한 과거로부터 또 거의 무한한 미래에 이르기까지, 본질적으로 석가는 언제 어디에나 존재하고 있어 우리들 방황하는 중생을 도와주고 있는 것이다. 석가는 영원한 현역 아버지인 것이다. 이것을 '구원실성(久遠實成)'의 석가라고 한다.

② 법화경의 후반부

<table>
<tr><td colspan="2">(우주 규모의 이상)</td></tr>
<tr><td>대지의 보살군 출현
(지용보살)</td><td>+영원한 아버지 출현
(구원(久遠)의 석가)</td></tr>
</table>

← 독자의 자각과 신앙

그런 까닭에 독자는 발밑에서—즉 대지의 밑바닥, 사회의 저변에서—부글부글 솟아나오는 지용보살을 보고, 그리고 정면으로는 현실의 아버지 모습을 보고 있는 셈이다. 그리고 이 두 가지 꿈과 같은 이상에 끼어 '나도 역시 이 지용보살처럼 법화경의 수행자였던 것이다, 아아, 나에게 영원한 아버지의 모습이 보인다!'라고 생각하게 되는……물론, 이런 우주를 무대로 한 대활극 같은 무대장치가 관객의 감성에 잘 반영되도록 해야 하는 것이겠지만.

독자가 그런 마음을 일으키게 하는 원인도 미리 준비되어 있다.

윤회라고 하는 것, 전세의 지나간 일은 누구나 대개 잊고 있다. 이 기억상실이 함정이다. 나는 전세에 대단히 높은 경지에 이른 보살이 아니었을까? 그런 높은 지위에 있었지만 이 세상의 고뇌에 시달리는 중생에 대한 동정심 때문에, 이런 사건투성이의 귀찮은 세상에 하찮은 중생의 한 사람으로 환생한 것은 아닐까? 법화경에는 이런 '영웅적인 단념', '기억상실' 같은 동기의 복선이 있다. 이와 같은 놀라운 심리가 작용할 때, 그대는 구원을 바라는 자가 아니라 구제를 베풀고 전하는 자가 되는 것이다.

—확실히 나는 지금 생활에 어려움을 겪고 있다. 과연 나에게는 구원의 손길이 필요하다. 그러나 이것은 그야말로 내가 원래 바라던 것이 아닌가. 고(苦)의 한 가운데서 동포에게 희망을 주기 위하여 나는 지금 여기에 있는 것이다(주먹을 불끈 쥐고 벌떡 일어선다).

항상 꼴찌를 하는 학생이 시험 준비에 바쁜 친구한테서 노트를 베껴서 기분이 좋아져 '야아, 이만하면 최고야. 너와 나는 장차 큰 인물이 될 거다!'라고 큰소리를 친다면 상대는 어이가 없을 것이다. 구제받아야 할 자가 분수도 모르기 때문이다.

법화경의 신자 가운데는 어딘가 이런 사람이 있는 게 아닐까. 그렇다면 틀림없이 그것은 법화경의 수사(修辭)에 신화의 회로를 통하여 자기 무대를 끌어올리고 이어서 '친구도, 친구의 친구도 끌어올려 버리려고 하는' 그런 마음까지 일으키게 하는, '자각'과 '신앙'의 동기가 만들어져 있기 때문이 아닐까. 어떻든 대단한 것이다.

이상의 것을 정리하면 이렇게 된다. 법화경의 메시지는

㈀ 통일적 진리로서의 모든 중생의 성불이라는 명제

㈁ 그것을 받드는 보살로서의 자각(구체적 이미지는 지용보살)

㈂ 그것을 보증해 주는 구원의 석가 신앙

이 세 가지로 정리할 수 있다. 이것에 의하여 대승의 기본적 가르침—'자리이타의 공공연한 활동을 통해 모두 손에 손잡고 고(苦)에서 벗어나자'—이 궤도에 오르게 되는 것이다. 이것이 법화경의 위력이고 마음의 나사를 차차 죄어 가는 수사적(修辭的)인 모습이다.

*법화경의 3대 특색은 ①우주의 통일적 진리(일승묘법(一乘妙法)) ②구원의 인격적 생명(영원한 석가) ③현실의 인간적 활동(보살행의 도)으로 요약할 수 있다. 여기에서 일승묘법이란 '모든 중생이 똑같이 부처가 될 수 있다'는 진리를 말한다. 또 보살행의 도(道)의 전형적 주장으로서 '지용보살' '상불경보살' 등을 예로 들고 있다.

또 법화경의 중심사상을 ①일불승(一佛乘)의 사상—누구나 성불할 수 있다는 것 ②구원의 석가 사상—영원한 생명 ③서원(誓願)의 종교—지용보살 사상 ④법화경의 일곱 가지 비유라고 한다.

법화경이 널리 숭배되는 이유로서는 ①독송하면 매우 아름답다 ②이 경을 받아들이면 공덕이 커진다는 믿음 ③부처님의 자비가 잘 나타나 있다 ④웅대한 불신론(佛身論)이 밝혀져 있다 ⑤일승의 교리를 잘 설하고 있다 ⑥성불은 어렵지 않다는 사상이라고 말한다.

법화경의 사상을 한마디로 요약하면 '누구나 부처가 될 수 있다'는 것이다. 이 경우에 누구에게나 있는 잠재적 불타성(佛陀性), 곧 '불성'이라는 말을 쓴다. 하지만 불성이라는 개념은 법화경보다 훨씬 뒤에 나온 열반경(涅槃經)에 나오는 말이다.

그리고 또 법화경의 특색은 힘찬 근본적 생명력을 가지고 모든 것을 섭취 종합해 가는 데 있다고 하였다. 그리고 섭취 종합한 단편에 하나하나 근본적 생명력을 주는 것이라고 하였다. 법화경에는 실재(實在)의

산치 제1탑(북문) **탑문** 고대 인도 불교 성지 산치 소재.

것, 비실재(非實在)의 것도 하나의 극(劇) 속의 형태로 나타나 시간과 공간을, 무대의 한 막 한 막처럼 맘대로 쥐락펴락하는 대담성이 법화경 사상의 표현이 아닌가 생각된다고 하였다.

법화경 전28장의 구성

법화경은 28장으로 되어 있다. 편의상 모든 장을 A~E의 5부로 나누어 그 구성을 설명하려 한다. 각 장의 제목은 서역 사람인 구마라습이 한역(漢譯)한 《묘법연화경》 원본에 의한 것이다. 또 장(章)을 불경에서는 '품(品)'이라고 한다. 번호도 오늘날과는 달리 제목의 뒤에 온다. '방편품 제2'는 '제2장 방편'을 뜻한다.

A   서품(序品) 제1

서품은 글자 그대로 서론이므로 이것을 독립하여 취급한다. 여기에서는 법화경 전체의 이야기 장소와 등장인물을 소개한다. 주된 등장인물은 석가와 많은 성문, 그리고 수많은 보살이다. 석가는 먼저 기적 같은 행적을 나타냄으로써, 보

살 한 사람이 그 의미를 해독하는 데서부터 법화경 설법이 시작된다는 것을 모인 대중에게 그리고 독자에게 알린다.

> B　　방편품(方便品) 제2
> 　　　비유품(譬喩品) 제3
> 　　　신해품(信解品) 제4
> 　　　약초유품(藥草喩品) 제5
> 　　　수기품(授記品) 제6
> 　　　화성유품(化城喩品) 제7
> 　　　오백제자수기품(五百弟子受記品) 제8
> 　　　수학무학인기품(授學無學人記品) 제9

법화경은 앞뒤로 두 고비를 가지고 있다. 성문을 설법 상대로 하는 B부분과 주로 보살에게 설법을 들려주는 D부분의 둘이다. 독자는 법화경의 사상적 요점을, 먼저 이 B를 통하여 등장인물인 성문에게 감정이입 하면서 읽어 간다.

법화경의 명제인 '모든 중생의 평등한 성분'을 B의 모든 과정을 통하여, 성문은 '그래, 나도 부처가 될 수 있다' 하면서 잇따라 눈을 뜨게 된다. 성문은 훌륭한 수행자이지만 원래 부처가 되려고는 생각하지 않았던 사람들이다. 그런 그들이 의식 전환을 이루어 가고 독자는 이 과정에 심리적으로 동화되어 가면서 차츰 궁극적 구제에 대한 의욕을 일으키게 된다.

> C　　법사품(法師品) 제10
> 　　　견보탑품(見寶塔品) 제11
> 　　　제바달다품(提婆達多品) 제12
> 　　　권지품(勸持品) 제13
> 　　　안락행품(安樂行品) 제14

C부분은 전반부의 절정인 B와 후반의 절정인 D를 중개하는 성격을 가지고 있

산치 제1탑(동쪽) 기단 지름 36.6m, 높이(복발 꼭대기까지) 16.46m. 앞에 탑문이 세워져 있다. 인도 산치 소재.

다. B에서 성문을 상대로 하는 설법은 대체로 인간적·상식적 규모를 가진 온화한 내용의 것이었으나, C과정을 통하여 차차 우주 규모의 이야기로 확대되어 간다. 이야기의 방향이 신화적인 경향을 띠는 것이다. 설법 상대도 보살로 바뀌어 독자는 이 보살에서 자신의 모습을 보게 된다. 또한 독자는 '모두 부처가 될 수 있다' 는 믿기 어려운 말을 설하는 이 법화경 자체에 대한 신앙을 껴안는 것이 자신의 최대 과제라는 마음이 되는 것이다.

（제바달다품 제12는 원본인 구마라습의 한역본에는 빠진 것을 후대에 끼어넣은 것이다. 다른 한문 번역본에는 포함되어 있고 인도의 사본에도 포함되어 있다.）

D　　　　종지용출품(從地涌出品) 제15

　　　　여래수량품(如來壽量品) 제16

　　　　분별공덕품(分別功德品) 제17

　　　　수희공덕품(隨喜功德品) 제18

　　　　법사공덕품(法師功德品) 제19

　　　　상불경보살품(常不輕菩薩品) 제20

여래신력품(如來神力品) 제21

촉루품(囑累品) 제22

D는 후반의 고비가 된다. 독자는 우선 '종지용출품'에서, 대지가 갈라진 틈바구니에서 무수한 보살이 솟아나온다는 놀라운 현상을 본다. 다음으로 '여래수량품'에서는 '석가의 진정한 모습은 시간을 초월하여 영구히 현역의 부처로서 계속 존재한다'는 놀라운 소식을 듣게 된다.

대지 틈바구니에서 솟아나는 보살(지용보살)과 영원한 석가는 어떤 관계인가. 석가는 그들을 무한한 세월에 걸쳐 가르쳤다는 것, 따라서 지용보살과 영원한 석가와 한 무리를 이룬다. 보살들의 정진도 무한하지만 그것을 교화한 석가도 넓고 커서 끝이 없다. 독자는 발 밑에는 무수한 보살, 정면에는 영원한 부처와, 두 신화적인 사이에 끼어 결국 보살로서의 자각을 얻게 된다.

그래서 법화경은 B~D의 수사적(修辭的)인 과정을 통하여 만인 구제와 독자 자신의 자각과 신앙이라는 명제를 힘차게 일어서도록 하였다.

E   약왕보살본사품(藥王菩薩本事品) 제23

묘음보살품(妙音菩薩品) 제24

관세음보살보문품(觀世音菩薩普門品) 제25

다라니품(陀羅尼品) 제26

묘장엄왕본사품(妙莊嚴王本事品) 제27

보현보살권발품(普賢菩薩勸發品) 제28

마지막 E의 각 장은 부록이다. 저마다 독립된 작은 경(經)으로 되어 있다.

이들 법화경의 명제는 모든 중생의 구제와 법화경 그 자체에 대한 신앙을 응용한 것이다. 이 책의 앞머리에서 소개한 관세음보살보문품(＝관음경) 역시 여기에 들어간다.(구마라습의 한역본과 산스크리트어 원본에서 '다라니품'의 위치가 다르다.)

A 소개

A~E의 각 부분을 좀 자세히 살펴보기로 한다.

먼저 A의 부분인 '서품 제1'부터 보기로 하자.

서품은 모든 장의 소개이다. 석가는 어느 날 어느 때 어느 곳에서 수많은 수행자와 청중 앞에서 중대 발표를 한다. 이것이 법화경의 줄거리이고, 그 무대와 등장인물을 소개한 것이 이 서품이다.

장소는 인도의 마가다국(國) 라쟈구리하 시(市) 교외에 있는 좀 높은 산인 그리드라 쿠타(기사굴산 또는 영취산)이다. 이것은 실제의 지명이다.

청중은 역사상의 직접 제자들인 성문들, 신화적 인물인 보살들, 그리고 저마다 신화적인 생물들이다. 신화적인 중생으로는 하늘이라는 신(神)과 용 등 여덟 가지 생물이 포함되어 있기 때문에 이들을 '천용팔부중(天龍八部衆)'이라고 부른다. 마가다국의 왕도 청강하려고 찾아온다.

성문 청중 가운데에는 샤리 푸트라(사리불), 수부티(수보리), 마하 카탸야나(마하가전연), 마하 카샤파(마하가섭), 마하 마우드가랴야나(마하목건련), 푸트나(부루나), 아난다(아난), 라후라(나후라) 같은 걸물 아라한들이 있었다. 여성으로는 마하 프라쟈파티(마하파사파제(摩訶波闍波提). 부처님의 이모, 마야 부인의 동생), 야소다라(야수다라(耶輸陀羅). 부처님 출가 전 태자 때의 비. 아들 라후라를 낳음)도 있었다. 그들은 물론 인도인이기 때문에 본래 이름은 샤리 푸트라니 마하 카샤파니 하는, 우리 한국인으로서는 발음하기가 좀 불편한 이름들이다. 그래서 여기에서는 혼란을 피하기 위하여 인명은 구마라습이 번역한 한자명(漢子名)으로 일원화하기로 한다.

이 소승의 면면들로부터 얼굴을 옆으로 돌리면, 이곳 모인 장소에는 보살들도 많이 모인 것을 보게 된다. 유명한 문수사리보살을 비롯하여 미륵보살, 관세음보살 등도 눈에 띈다.

그리고 법회장소를 꽉 메운 쟁쟁한 면면들의 모습을 머릿속에 그리면서 서품을 읽어 간 고대의 독자들은 기대감으로 가슴이 부풀었을 것이다. 뭔가 틀림없이 재미있는 것이 있을 것이라고.

과연 석가는 '크나큰 가르침(무량의(無量義))'이라는 설법을 하고 나서 무량의처

(無量義處)라는 삼매(三昧)에 들자, 그 미간의 백호(白毫 : 희고 빛나는 가는 털로부터 광명을 비춘다고 함)에서 광선 같은 것을 발하여, 그것에 의해 동쪽 1만 8천의 세계를 비추어 환히 드러나게 하는 기적을 보인다. 이것은 석가의 머릿속에서 일어나고 있는 사태를 바깥세상에 투영한 것으로 이 우주적 현상 속에서 중생이 하고 있는 다양한 상태를 골고루 자세히 보도록 한 것이다.

틀림없이 석가는 이렇게 해서 전 우주의 모든 중생을 있는 그대로 관찰하고 계실 것이다. 회중들은 이때 이 환상에 놀라 '이것은 대체 무슨 징조일까' 하고 서로 얼굴을 마주 본다.

이때 미륵보살이 대선배인 문수보살만큼은 이 환영(幻影)의 의미를 틀림없이 알고 있을 것이라고 하여 그에게 해설을 부탁한다. 그러자 문수보살은 '그것은 아주 좋은 질문'이라며 의기양양하게 해설을 시작한다.

문수는 지나간 전세 이야기를 한다. 그 말에 따르면 과거에 일월등명(日月燈明)이라는 부처님이 2만 번째로 등장하였다. 그 2만 번째의 일월등명여래가, 지금 여기에서 볼 수 있듯이 똑같은 환영을 회중에게 보인 다음에 법화경을 설하였다. 그러므로 틀림없이 석가가 역시 이제부터 법화경을 설하시리라 믿는다.

더욱이 문수는 지나간 그 전세에서 자기가 묘광보살이라는 이름을 가지고 있었다는 것, 그때 미륵은 그의 제자로 명예와 이익에만 집착하는 구명(求名)이라는 사나이였음을 밝힌다. 미륵은 자신의 전세에서의 일을 완전히 잊고 있다가 엉뚱한 곳에서 과거의 수치가 공표되어 버린 것이다. '기억상실'이라는 동기가 나왔다는 데 주목해야 할 것이다.

＊우등생이라는 것이 보살의 자격 조건은 아니라는 해석을 할 수도 있다. 미륵이 원래 대표격의 보살이기 때문에 이 흐트러진 동기가 효과적으로 보이는 것이다.

문수의 말은 법화경이 모든 부처가 설한 보편적인 진리라는 것을 암시하고 있다. 그 법화경이 이제부터 설하여지는 것이다. 이 절묘한 소개에 의하여, 독자는 법화경 속의 '법화경'의 문을 열게 되는 것이다. '법화경'이 보편적이고 또 다층적인 진리라는 예감을 품으면서, 그리고 자기도 역시 미륵처럼 뭔가 큰 일을 망각하고 있는지도 모른다는 생각을 마음 한구석에 가지고 이에 임하게 되는 것이다.

B(1) 석가의 중대발표

'방편품 제2' '비유품 제3' '신해품 제4' '약초유품 제5' '수기품 제6' '화성유품 제7' '5백제자수기품 제8' '수학무학인기품 제9'의 8장으로 된 B부분의 명제는, 부처의 지혜는 이해할 수 없을 만큼 심원하다는 것, 그러나 석가의 목표는 '모든 중생의 성불'을 돕는 데 있다는 것, 성문도 역시 보살도로 진로를 바꾸어 나가면 성불할 수 있다는 것을 제시한 것이다.

또 방편품 제2에서, 석가는 첫째 제자인 사리불에게 '부처가 부처만이 알고 있는 모든 것(諸法)에 대하여 부처를 위하여 설한다'고 말한다. 결국 무엇인가 부처끼리밖에는 모르는 것이 있는 것일까. 한자로는 '제법실상(諸法實相)'이라고 한다. 사물의 진실한 모습이라는 말이다. 무한한 상관관계로 이루어진 세계의 본질을 말하는 것일까. 아니면 부처라는 존재의 진실한 특성일까. 이 '부처끼리만'을 '유불여불(唯佛與佛)'이라고 한다. 부처만이 터득한 궁극적인 지(知)는, 너희들 성문이나 연각이나 여러 수준의 보살들이 머리를 짜 보아도 도저히 이해할 수 없다는 것. 교단의 영도자로서는 대단한 폭탄선언을 한 것이라고 할 것이다.

*이 부분을 구마라습은 이렇게 번역하였다. '부처님이 성취한 것은 첫째 희유난해(稀有難解 : 매우 난해하다)한 법이니라. 오직 부처만이 능히 제법의 실상을 궁극적으로 다 터득하느니라.' 제법의 실상은 십여시(十如是)라고 하여 열 가지 분류로 기술되어 있으나 인도의 원본에는 훨씬 간단하게 씌어 있다.

여기에서 사리불은 '스승님, 말씀을 계속하십시오' 하고 부탁하지만, 석가는 '역시 너희들은 이해를 못할 것이므로 그만두겠다'고 하면서 설법을 하려고 하지 않는다. 제자가 끈질기게 세 번이나 설법을 원하자 석가는 마지못한 듯이 '그렇게까지 말하니……' 하고 간신히 설법 재개에 동의한다. 그때 '증상만(增上慢)'에 빠진 5천 명이 퇴장한다. 증상만이란 도를 얻지도 못했으면서도 얻은 양 으스대는 자만심을 의미하는 말이다. 그들은 자기들이 이미 수행을 완전히 완성하였다고 자만하는 터인데, 새삼스레 석가에게서 '너희들이 이해할 수 없는 진리가 있다'는 말을 듣자 불만이었던 것이다.

그러면 석가의 중대발표 내용은 무엇일까. 그것은 인도적으로 보면 매우 우회적인 표현으로 범부에게는 취지를 파악하기가 어려운 것이라 하겠다. 그 요점을 정리하여 보면 다음과 같다.

목표는 부처의 앎에 있다. 거기에 이르는 수레는 오직 하나이다(一佛乘). 모든 중생은 궁극적으로 이것을 깨닫는 데 있다. 그러나 지금의 시대는 오탁악세(五濁惡世 : 오탁으로 더러워진 세상)라는 질이 나쁜 시대이다. 그런 시대에는 모두가 곧은 길로는 성불을 목표로 수행할 수 없기 때문에, 우선 수행의 경로(방편)로서 삼승(三乘 : 성문승, 연각승, 보살승)의 세 길을 마련하였다. 이 경로의 극에 이르는 자는 반드시 몽매한 데서 벗어나 진정한 보살의 도(일불승)에 합류할 것이다. 그러므로 너희들 성문도 궁극적으로 성불할 수 있는 것이다.
나의 부처로서의 유일한 대사업(一大事因緣)은, 이 일불승의 진리—성문·연각·보살의 구별을 초월하여 모두 부처가 될 수 있다는 것—를 알게 하여 실제로 모두 성불을 시키는 데 있는 것이다.

＊'오탁(五濁)'이란 시대가 나빠서 번뇌가 많아지고 심신이 약해져, 사상적으로도 혼란하여 수명까지 짧아지는 악세(惡世) 특유의 상황이다.

이것이 석가의 중대발표 내용이다. 즉 조금 전에는 '너희들에게는 모르는 것이 있다'고 뿌리치듯이 발언하여 충실한 제자들을 놀라게 한 석가이지만, 이번에는 '실은 너희들은 궁극의 목표를 달성할 수 있느니라'고 경이로운 선물을 안겨 준 셈이다.
더욱이 전통적인 천태교학(天台敎學)에서는 이 B의 명제를 개삼현일(開三顯一)이라고 표현한다. 이 말을 풀이하면 셋을 열어서 하나를 나타낸다는 뜻이 된다. '셋은 실은 하나'라는 의미이다.

그러나 결코 '삼위일체'는 아니다. 셋이란 성문승·연각승·보살승의 세 가지 수행 방식을 말한다. 수행법에 이만큼 다양성이 있으나 이것이 실은 모두 방편이다. 진실은 일승(일불승)밖에 없다. 이것이 개삼현일이다. 소승·대승의 다양성을 초월한 데에 법화경의 '일승'이라는 진리가 있다는 것이다.

B(2) 현명한 아버지와 몹쓸 아들들

그럼 석가의 중대발표를 듣고 성문 제자들은 어떤 반응을 보였을까? 모두가 성불할 수 있다고 하였으므로 고맙기는 하지만, 지금까지 자기들이 하여 온 소승의 수행이 '방편'이지 궁극의 목표가 아니라는 말을 들은 것은 충격이기도 하였다.

석가의 발표를 듣고 금방 그 취지를 이해한 것은 첫째 제자인 사리불뿐이었다. 그는 '용약환희(踊躍歡喜)'하였다고 씌어 있다인도 원어에는 '만족하여 마음이 들뜨고, 기쁘고 기뻐, 희열과 환희가 일어났다'고 길게 기록되어 있다. 사리불은 말한다.

"실은 저도 소승의 아라한으로서는 성이 차지 않았습니다. 소승밖에는 배우지 못한 것을 고민하고 있었습니다. 하지만 지금 이 말씀을 듣고 나니 마음이 후련합니다. 눈에서 콩깍지가 떨어져 나간 기분입니다. 일불승으로 교화가 되었습니다. 저 역시 석가여래의 아들입니다. 맏아들입니다. 상속인입니다. 나도 부처가 될 것입니다."

석가는 이 고백을 흔쾌히 여기고 '너는 먼 미래에 "오염이 없는 세계(離垢)"라는 불국토에서 "홍련빛을 가진 사람(華光如來)"이라는 부처가 될 것이니라'고 예언한다. 현재의 부처님에 의하여 'A군이 B를 지난 장래에 C라는 세계에서 D라는 이름의 부처가 된다'고 하는 식의 예언을 전문용어로는 수기(授記)라고 한다.

참관인 자격으로 참석한 천상계(天上界)의 신들은 사리불이 수기 받는 모습을 보고 '석가모니 세존은 다시 훌륭한 진리의 법바퀴(法輪)를 굴리셨다'고 찬양한다. '다시'라고 하는 것은 이미 석가의 성문 제자들에게 소승의 가르침을 설하였기 때문이다. 과거에 있었던 4제(四諦)·8정도·12인연 등 설법의 출발이 '첫째 법바퀴를 굴리다'이고, 이번의 일체중생 성불의 진리를 열어 보인 것은 '둘째 법바퀴를 굴리다'가 되는 것이다.

*말하자면 여기에서 법화경 필자는, 전통적 과정에 따라 출가 수행의 불교(소승)와는 다른 사상＝생활제도로서의 자각과 신앙 불교(대승)의 독립선언을 한 셈이다. 독특한 형태의 역사의식 표명인지도 모른다. 이것은 민족적인 계율의 제도(유대교)를 구약이라 부르고, 복음신앙 시스템을 신약이라 하여 선교한 원시 그리스도교의 시도와 비슷하다고 할 수 있다.

그래서 제2의 법륜은 순조롭게 바뀌었다. 움직이기 시작한 법륜은 차츰 동기를 얻어 성문들의 신앙 고백이 잇따르게 되었다. 법화경은 이 '눈을 뜨게 한' 과정을 다음 세 가지 유형으로 나누어 묘사하고 있다.

첫째는 지금 본 사리불처럼 설법을 듣고 한순간에 깨달은 경우이다. 이치를 알 뿐만 아니라 자기도 이치를 가지고 응답할 수 있는 사람이 이 유형에 속한다. 그것은 사리불밖에 없었다.

둘째는 석가의 비유하는 설법을 듣고 깨닫는 유형이다. 비유란 이솝이야기와 같은 우화를 말한다. 깨달은 쪽도 마찬가지의 이미지 언어로 심경을 설명한다. 이 유형에 속하는 것은 대제자인 수보리·마하가전연·마하가섭·마하목건련 네 사람뿐이다(둘째 유형은 '비유품 제3'과 '신해품 제4'에 나온다).

셋째는 석가에게서 '지금 여기에 모여 있는 제자들은 아득히 먼 과거 전세에 이미 나에게서 교화를 받았던 것이다'라는 전세의 인연을 듣고 '그래, 나는 태어나기 전부터 스승님의 교화를 받았던 거야. 말하자면 DNA 속에 석가의 진리가 적혀 있었던 셈이지. 그렇다면 믿을 수밖에 없잖아' 하고 완전히 항복해 버리는 유형이다. 이 유형에는 나머지의 모든 성문이 속한다(셋째 유형은 '화성유품 제7'에 설명되어 있다).

*이 이야기는 꽤 복잡하다. 석가가 설하기를, 아득한 태곳적에 터무니없이 기나긴 수행을 거듭하며 참고 견디어 간신히 성불한 대통지승불이라는 부처님이 있었다. 그가 출가하기 전에 낳은 아들들(16왕자)도 출가하여 아버지가 설하는 엄청나게 긴 '법화

경'을 듣고, 자기들도 '법화경'을 설법하여 수없이 많은 중생을 제도하였다. 그 왕자 중 16번째가 다름 아닌 현재의 석가이다. 그가 과거에 교화한 중생이 현재 여기에 있는 성문들이다. '그러므로 너희들 성문은 나와 깊은 인연이 있는 것이다'라는 정신이 아찔할 정도로 먼(실제로는 더욱 더 지루한) 이야기는 후반 D의 우주적 이상의 서곡으로 되어 있다.

석가세존을 만나는 빔비사라 왕　라자그리하에서, 석가세존 마중나오는 왕의 행렬. 이곳은 왕을 비롯 제자 마하가섭이 귀의하는 등 많은 교화가 이루어져 불교 발전의 출발지가 되었다. 산치 제1탑 동문 남쪽 기둥.

첫째 유형으로 가르침의 본질을 파악한 사리불은, 머리가 좋기 때문에 곧 깨달을 수 있었다고 한다. 확실히 그렇기는 하지만 다른 관점에서 본다면, 요컨대 그의 경우 시기가 성숙했다는 점도 있을 것이다. 그 자신이 이미 '어쩐지 이상해'라는 생각이 들어 지금까지의 교육내용에 의심을 품고 있었다—법화경은 그렇게 그리고 있다. 그는 이미 진실을 살펴 알고 있었다. 그래서 석가의 추상적인 설법을 들은 것만 가지고도 그 마음을 이해할 수 있었던 것이다. 줄탁(啐啄)이라는 말이 있다. '줄'은 병아리가 달걀 속에서 톡톡 두드리는 소리를 말하고, '탁'은 암탉이 밖에서 부리로 쪼는 것을 말한다. 석가와 사리불은 마치 '줄탁'을 방불하게 할 만큼 호흡이 잘 맞았던 것 같다.

지금 말한 '줄탁'과 '우화', '인연'의 세 가지 유형의 차이를 더 뚜렷이 하기 위하여 회사를 예로 들어 설명하겠다. 상사가 부하를 움직일 때 어떻게 말하는가? 우선 이미 대개의 요령을 알고 있는 부하에게는 단지 시작하라는 신호만 암시적으로 보내는 경우가 있다. 이것이 줄탁이다.

다음으로 '생각을 좀 해 봐요, 예를 들면 말이지……' 하고 비근한 예를 들어 설득을 하는 경우가 있다. 이것이 우화의 유형이다. 셋째로 '이제까지 내가 얼마나 도와주었는가 말이야. 내가 거짓말을 한 적이 있나? 그러니까 이번에 한 번 내 말을 믿고 내 말을 따라 주게나'라고, 오로지 과거에 도와준 일과 신뢰 관계에 호소하는 경우가 있다. 이것이 인연이다.

여기에서 주목할 것은, 첫째의 유형에서 사리불이 재빠르게 '자기는 부처님의 아들'이라고 말한 것이다. 그 자체가 신앙고백이라 할 수 있다. '아들'의 동기가 둘째 유형에서 '아버지와 아들의 우화(아버지가 아들들을 화재에서 구해 낸 이야기)'와 '큰 부자와 가난뱅이 아들의 비유(아버지가 가출한 아들을 은밀히 가르친 이야기)'로 발전하여, 셋째 유형에서는 전세의 인연이라는 일종의 실체적인 부자관계로 결실하게 되는 것이다.

이와 같이 B를 통하여 '석가는 아버지이시다'라는 동기와 '자기는 전세에 석가의 교화를 받았다'는 동기가 단계를 따라 성장해 온 것이다. 이것이 뒤에 D에서 우주적으로 범위가 확대되어 '영원한 석가'와 '지용보살'이라는 이상으로 반복하게 되는 것이다.

또 부루나의 수기(授記)에 있어, 석가는 '부루나와 같은 사람들은 성문의 모습을 하고 있으나 실제로는 보살의 도를 가고 있다'라는 취지의 발언을 하였다. 여기에서 성문과 보살의 구별이 의심스럽게 된다. 이것은 B에서 성문 수기의 일화가, 잠재적으로 C 이하 보살 상대의 메시지의 전제가 되었다는 것을 암시하는 것이라 할 것이다.

B(3) 우화에 대하여

법화경은 '비유'라고 하는 예화와 우화가 풍부한 것으로 알려져 있다. 그중에서도 일곱 가지를 '법화칠유(法華七喩)'라고 부르고 있다. 성문을 상대로 설법하는 B의 경우에는 알기 쉬운 우화가 다섯 가지 있다. 여기에서 이 다섯 가지 비유를 간단히 정리하여 본다(처음의 두 비유는 이미 소개하였다).

첫째. '삼거화택(三車火宅)의 비유'(비유품 제3)

라후라와의 대면
출가한 뒤 처음으로 아버지와 아들이 재회하는 장면. 자리는 비어 있으나, 발자국이 석가세존 존재를 암시한다. 아마라바티 출토, 아마라바티 고미술관 소장.

석가의 말—어느 부자의 저택에 갑자기 불이 났다. 아이들은 불이 얼마나 무서운지를 몰라 도망치려고도 하지 않는다. 아버지가 하나의 꾀를 내어 아이들에게 '문 밖에 양 수레, 사슴 수레, 소 수레 장난감이 기다린다'고 외친다. 아이들은 앞을 다투어 문에서 뛰어나온다. 아버지는 말했던 것보다 호화로운 수레를 아이들에게 나누어 준다.

마찬가지로 석가는 불난 집처럼 위험한 현세로부터 구제하기 위하여, 사람들의 성질에 맞추어 세 가지의 수행법을 제공하였다. 위험에서 탈출하고 보면 진실한 가르침은 결국 하나밖에 없다는 것을 알게 되는 것……

구마라습 한역본은 이 부분을 '삼계에는 편안할 날이 없고, 오히려 화택과 같으며 중생의 고뇌가 충만하여 몹시 두렵도다. 언제나 생로병사의 우환이 끊이지 않으니 이와 같은 불은 치열하여 쉬는 일도 없도다'라고 새긴 명문은 인상적이다.

둘째. '장자궁자(長者窮者)의 비유'(신해품 제4)

수보리 등의 말—옛날에 가출한 소년이 있었다. 어느 날 부자인 아버지가 가난뱅이 아들을 발견하였다. 아버지는 그를 뒷간을 치는 역할을 맡겨 고용하고, 오랜 시일이 지나서 재산 관리를 맡기게 된다. 그러다가 아버지는 임종 자리에서 '이 사람은 내 친아들이다'라고 공표하여 아들에게 막대한 유산을 물려준다.

마찬가지로 석가는 못난 제자들을 방편을 써서 교묘히 유도하여 마지막으로 '모두 성불하도록 한다'는 최후의 유산을 남겨 준 것이다.

셋째. '삼초이목(三草二木)의 비유'(약초유품 제5)

석가의 말—중생은 갖가지 종류의 차이가 다양한 식물 같은 것으로(구체적인 예를 들면 세 가지 풀과 두 가지 나무) 석가의 가르침은 밀림 전체에 내리는 비와 같은 것이다.

이것은 법화경의 진리의 단일성과, 이 말을 들은 중생의 다양한 해석과 방법론을 암시하는 것이다. 약초유품의 산스크리트어 원문에는 이 우화 외에 두 가지의 비유가 설명되어 있다. 하나는 진리의 단일성을 찰흙에, 방법론의 다양성을 그 찰흙으로 만든 갖가지 그릇에 비유한 것이다. 또 하나는 맹인이 우선 시력을, 다음으로 초능력을 얻은 과정을 그린, 범부로부터 부처가 되기까지의 여러 단계에 비유한 것이다.

넷째. '화성보처(化城寶處)의 비유'(화성유품 제7)

석가의 말—탐험대가 보배를 찾으려고 황야를 헤맸다. 그러다가 모두 지쳐서 '돌아가자'고 말한다. 지도자는 염력(念力)으로 가상현실의 도성을 만들어서 대원들에게 갱생요법을 베풀어 기력을 회복시켜서 탐험을 계속하도록 한다. 마찬가지로 석가는 소승의 깨달음을 가상현실로써 성문들에게 보여 준 것이다. 이것으로 치유되어 힘을 얻는다면 진정한 보물찾기에 나서도 될 것이라는 뜻이다.

다섯째. '옷깃 속 보석의 비유'(오백제자수기품 제8)

5백 아라한이 말한다—어느 사나이가 친구 집에서 술에 취하여 잠이 들었다. 친구는 그의 옷깃에 보석을 넣어 꿰매 놓았다. 그것을 눈치채지 못한 이 사나이는 그 뒤에 생활고에 빠졌다. 모처럼 친구가 보석을 넣어 주었는데도, 자기의 어리석음 때문에 이를 활용하지 못한 것이다.

마찬가지로 성문들도 모처럼 석가로부터 귀중한 가르침을 받으면서도 아직까지도 그 보물을 까맣게 잊고 있었던 것이다.

C(1) 우주를 무대로 한 대활극

'법사품 제10' '견보탑품 제11' '제바달다품 제12' '권지품 제13' '안락행품 제14' 의 다섯 장으로 이루어진 C 는, 성문을 상대로 대화를 펴는 B와, 보살의 자각과 영원한 부처 신앙을 명제로 한 D를 연결하는 역할을 하지만 명제로서는 어딘가 모호한 부분이다. 전통적으로 C 는 B의 부록 부분이 되는데, 오히려 근대 문헌학에서는

기원정사 보시　세존의 모습은 안 보이지만, 이곳을 기증한 증거로서 장자가 땅에 물을 붓고 있다. 바르후트 출토, 콜카타 미술관 소장.

C와 D를 합하여 하나의 흐름을 이루는 것으로 해석하고 있다.

실제로 C의 성격은 과도적·전이적(轉移的)이다. 이제까지의 B의 일화는, 역사적 실재 인물로서의 성문을 상대(대고중(對告衆)이라 함)로 하였기 때문에 비교적 범위가 작았다. 우화적인 부분도 불난 저택, 가출한 아들, 밀림에 내리는 비, 탐험대, 술에 취하여 기회를 놓친 한심한 사나이의 비유처럼, 때로는 부풀려 과장된 점이 보이지만 차차 인간적인 범위를 지키고 있다.

그것이 후반으로 갈수록 이야기의 크기가 우주적으로 확대되어 간다. C에서의 설법 상대는 인간적인 성문에서 신화적인 보살로 바뀌고 도중에 UFO를 연상하게 하는 거대한 탑이 나타나, 석가는 우주 가운데서 자신의 분신들을 불러들이고 법회 대중들은 허공에 떠오르게 된다. D에서는 드디어 지용보살과 영원한 부처라는 궁극의 신화적 이상이 출현하여, 독자를 완전히 신화 공간의 주인으로 바꾸어 버린다.

B에서도 대통지승불의 이야기 등은 규모가 웅장하지만 그것은 청중에게 아득한 옛날이야기이다. 하지만 C의 국면에서는 청중 자신의 앞에 UFO가 나타나 자

기들도 허공에 떠오르게 된다. '인간적 세계에서 신화적 우주로'라는 이런 흐름은 '고마운 말을 어느 딴 사람의 이야기로, 그러나 공감하면서 읽는다'는 독자의 자세에서 '가상의 현실감에 푹 빠져 그 분위기에 젖어 버린다'는 독서 자세로 변용함을 암시하는 것이다.

C의 모든 장(章)들은 각각 비교적 독립성이 강한 것이지만, 전체를 뭉뚱그려 보면 신화적 전개, 법화경 신앙, 구제의 확대라는 세 가지의 초점에 맞추어 요점을 정리할 수 있다.

먼저 신화적 전개에 대하여 살펴보자.

신화적인 과장된 말이 많이 나오는 것은 견보탑품 제11이다. 거기에는 먼저 거대한 보탑이 대지에서 솟아나온다. 마치 영화의 한 장면을 연상하게 한다. 보탑의 높이는 '500유순(由旬 : 황소수레의 하루 여정)', 그 거대한 규모에 사람들은 질려 버린다. 화산이 불을 뿜고 폭발할 때 간담을 서늘하게 하는 그 광경을 상상하면 되지 않을까.

이 보탑 속에서 큰 음성이 들려왔다. '법화경은 진실이다!'라고. 그러면 보탑의 정체는 무엇일까? 우주에 대하여 무엇이나 다 알고 있는 석가가 그 유래를 설명한다. 그에 따르면 동쪽의 보정(寶淨)이라는 세계의 다보여래가, 그 전세에 '나는 법화경을 설할 수 있는 곳이면 어디든지 보탑을 출현시킬 것이다'라고 맹세를 하였다 한다. 불교 신화에는 보살이 서원을 하면 그것이 장차 현실화하는 것으로 되어 있다.

이 보탑 속에는 다보여래가 와서 앉아 있다. 대중으로부터 '보탑 내부를 보고 싶다'는 소리가 쏟아졌기 때문에 석가는 탑의 문을 열기 위하여 의식 절차로서, 더럽힌 국토인 사바 세계를 기적의 힘에 의해 정화하고, 지방 세계로부터 석가 자신의 분신인 부처들을 불러 모은다. 그런 다음 석가는 보탑 안으로 들어가 다보여래와 나란히 앉는다(이것을 이불병좌(二佛竝坐)라고 한다). 이어서 대중도 모두 마력에 의해 공중으로 떠올라간다. 이 순간부터 D의 끝까지 무대는 천공에 떠 있다(이것을 허공회(虛空會)라고 한다).

＊두 부처가 사이좋게 나란히 앉아 있는 것은 대체 무슨 의식일까. 어쨌든 다보여래

와 석가는 과거와 현재의 부
처로서 서로 통하고 있는 것
같기도 하고, 진리인 부처와
수행을 구현한 부처가 서로
이해하고 있는 것 같기도 하
다. 어쨌든 '법화경은 진실이
다'라는 선언과 합쳐져 정통
성을 인정하는 의례를 거행
하고 있는 듯하다. 더욱이 견
보탑품의 일화가 당시의 불
탑 숭배를 배경으로 하고 있
는 것은 틀림없다. 다보여래
의 모습을 인도 원어로 '시들
어 바짝 마른'이라고 형용하
고 있는 데에서 불탑의 소박
한 예배 공양자에 대하여 그
대로 말하는 것으로도 보였

석가세존을 만나는 프라세나지트 왕　왕은 법륜으로 상징된
세존을 중심으로 오른쪽으로 돌아 존경심을 나타낸다. 바르
후트 난순 기둥, 콜카타 인도박물관.

으나, 고대 인도인이 진실로 무엇을 생각하였는지는 알 길이 없다.

이야기는 이제 신화 분위기로 접어들었다. 꿈의 세계가 아무리 황당무계하다고
해도 그것이 심리적인 진실을 나타내고 있다는 것은 아무도 부정할 수 없다. 앞
으로는 틀림없이 심층심리의 진실과 사귀는 듯한 기분으로 법화경을 읽게 될 것
이다.

이 꿈=신화 분위기에서 다보여래는 법화경의 진실성을 단언하였다. 한편 석가
는 '자, 누가 법화경을 자기의 명제로서 널리 설할 수 있을까? 나는 조금 있다가
입적할 것이다. 법화경을 누군가 의욕이 있는 자에게 맡기고 싶다'고 선언한다. 이
것은 꿈 같은 계시이다. 자, '법화경'을 맡을 사람은 누구일까? 아버지의 유지를 이
을 아들은 어디에 있는가? 석가의 입적은 법화경의 중대한 계기가 된다. 왜냐하

면 석가가 안 계시는 시대의 신앙의 존재 방식이 최대의 관심사가 되기 때문이다.

C(2) '법화경'을 말하는 법화경

마침내 '법화경'을 누군가 자각이 있는 자가 맡아야 하는 것이 되었다. 이렇게 '법화경' 자체를 명제로 삼아야 하는 것이 법화경의 특징이다.

견보탑품의 하나 앞인 법사품 제10에는 법화경의 훌륭한 점에 대하여 개론적인 설명이 되어 있다. 그 가운데 다음의 D 부분을 이해하는 데 열쇠가 되는 초점이 포함되어 있다. 즉 '법화경을 마음에 새겨 독송하고, 해설하고, 베껴 쓰는 자는, 실은 전세에 대단한 위치에 도달하였던 사람이다. 그는 최고의 깨달음을 얻었음에도 불구하고 중생에 대한 자비 때문에 일부러 나쁜 세상에 환생한 것이다'라고 하였다(수지(受持)·독경·암송·해설·베껴쓰기를 중국 불교의 용어로는 '오종법사(五從法師)'라고 한다).

이것은 독자에게는 강력한 유인(誘引)이 되는 사상이다. 구원을 바라는 길 잃은 양인 독자에게 법화경은 '당신 자신이 구원자였던 것이 아닐까?'라고 발상의 대전환을 촉구한다. 자신의 비참했던 처지를, 신비의 전조로 고쳐 읽는다. 스스로 구원자로서 분발하게 된다. 이 무서운 암시에 걸린 채 D의 문을 열어 스스로 지용보살이 되어 짝이 되는 것이다.

여기에서 C 국면에서의 '법화경'에 대한 법화경의 설명을 간추려 본다. 법화경은 자신에 대하여 아주 많은 설명을 하고 있다. 여기에 소개하는 것은 전체의 1퍼센트 정도밖에 안 되는 내용이다.

㈀ 법사품 제10에서 : 법화경을 설하는 자는 부처의 사자(使者)이다. 이 사람이 법화경을 설하는 것을 듣기만 하여도 최고의 깨달음이 완성된다. 법화경을 듣고 기뻐한다면 그 사람은 틀림없이 성불할 것이다. 보살 수행의 중심은 오직 이 법화경을 지키는 데 있는 것이다.

높은 지대에 우물을 팔 때 흙의 습기를 보고 샘이 날 것인가를 아는 것과 마찬가지로, 법화경 신앙이 궁극적 깨달음이 가까워졌는가를 아는 지표가 된다. 그대는 '여래 방'에 들어가 '여래 옷'을 입고 '여래 자리'에 앉는 마음으로 법화경을 설

앙굴마라의 뉘우침
사람을 죽이고 천 개의 손
가락을 얻기 위해 세존을
노렸으나, 오히려 교화되어
불제자가 되었다. 간다라
출토, 라호르 박물관 소장.

해야 한다(법화경 자신의 주석에 따르면, 부처의 방은 중생에 대한 자비심을, 부처의 옷은 부드
럽고 인내심이 강한 마음을, 부처의 자리는 공(空)의 사상을 의미한다).

(ㄴ) 견보탑품 제11에서 : 엄지발가락 하나로 삼천대천세계를 우주의 저쪽으로
냅다 차버리는 것까지도 법화경을 수지하는 것보다는 쉬운 일이다(법화경을 수지하
는 것이 엄청나게 어렵다는 것을 나타낸 것. 이와 같이 대단히 어려운 방면에서 여섯 종류, 용이
한 방면에서 아홉 종류를 꼽고 있으니 이것을 육난구이(六難九易)의 비유라 한다). 견보탑품을
마무리하는 일절은 구마라습 번역으로 '이 경은 지키기 어렵다. 혹시 잠시나마 지
켜 주는 자는 나를 곧 기쁘게 하리라. 여러 부처 역시 그러하리라. 그런 사람이
있다면 여러 부처의 극찬을 받게 될 것이니라……'로 되어 있다.

(ㄷ) 안락행품 제14에서 : 불교 신화의 이상적 군주인 전륜성왕은 무공을 세운
부하에게 갖가지 보물을 준다. 하지만 자기의 상투 속에 숨겨 놓은 보옥만은 마지
막까지 남겨 둔다. 그처럼 부처도 역시 법화경을 최후에 제시한다. 그만큼 법화경
은 소중한 것이다이것은 석가가 말한 '계중명주(髻中明珠)의 비유'라고 하는 우화
이다. 법화경 칠유(七喩)의 여섯 번째임.

권지품 제13에서 많은 보살과 성문이 법화경을 널리 펴겠다고 맹세를 한다. 견
보탑품 제11에서 석가가 '누가 법화경을 펴 나가겠느냐?'는 물음에 대답한 것이다.
보살들은 한목소리로 박해를 견딜 것을 선언한다. '……우리는 부처님을 공경하

고 믿으므로 마땅히 인욕의 투구로 무장하겠나이다. 이 경을 설하기 위한 것이기 때문에 이런 갖가지 어려움을 참겠나이다. 이 몸을 버리더라도 오로지 무상도(無上道 : 법화경)를 아끼겠나이다……'라고.

재미있는 것은 '사악한 출가자 중에는 우리의 말꼬리나 잡고 늘어지는 자도 있을 것이다. 그들은 우리가 경전을 위조하여 이단 사설을 퍼뜨리고 있다 할 것이다'라는 취지의 발언도 있다는 것이다. 이것은 당시에 실제로 법화경의 신봉자들이 경전의 날조자로서 주위에서 백안시당하고 있었음을 암시하는 것이다. '무지한 인간으로부터 매도를 당하든지 몽둥이로 위협을 받는다고 해도 저희는 인내하겠나이다'라고 쓰기도 하였다.

어떤 '진리'를 펴서 전하면 그 선전은 즉시 세상에 받아들여지지 않고 박해를 불러들인다. 그래서 미리 원본에 '박해를 받을 것이다'라고 써놓으면 박해당하는 자체가 진리의 일부가 되는 것이다. 법화경만이 중생을 제도하는 길이라고 하였다고 해서 박해받게 될 때는 '역시 법화경에서 일러 주는 말이 딱 맞다'고 하는 확신을 점점 더 깊게 하는 것이다. 그처럼 복잡한 구조를 법화경의 원본은 내장하고 있다.

안락행품 제14에는 선교할 때 마음가짐이 쓰여 있다. 거기에 이르기를 인내심을 강하게 하되 온화해야 하느니라. 일의 진상을 직시하라. 남의 과실을 말하지 말라. 자애로운 마음을 가지라. 공(空)을 인식해야 하느니라 등등.

여기에서 흥미로운 것은 선교할 적에 만나면 안 되는 사람들을 열거하고 있는 점이다. 정치권력자를 가까이하지 말라, 이교 종교가를 가까이 말라, 문예가나 씨름꾼이나 사냥꾼이나 배우나 무용수나 카스트 외의 사람을 가까이 말라, 여성에게 정욕을 일으키지 말라, 성적 불능자와 친하지 말라, 젊은 제자를 갖지 말라 등. 고전이라고 하는 책들은 오늘의 평등관념에서 보면 벗어나는 규범들이 보인다. 법화경의 사상 그 자체는 성불은 만인에게 평등하지만 총론적인 평등성과 실천상의 차별이 복잡하게 뒤섞여 있다.

C(3) 구제 영역의 확대

C의 세 번째 초점으로서 구제 범위의 구체적인 확대에 대하여 살펴보기로 한

다. 제바달다품 제12는, 제바달다라는 인물의 과거 일화와 용족(龍族) 소녀의 성불 이야기로 구성되어 있다.

　　*앞에서도 언급한 것처럼 이 품은 구마라습의 번역본에는 포함되어 있지 않다. 그러나 다른 한역본과 산스크리트어 원본에는 포함되어 있다. 원본 번역 때 착오가 있었던 것 같다. '살담분다리경(薩曇分多利經)'이라는 낡은 단편적인 경서가 '견보탑품'의 일부와 '제바달다품'을 보충한 듯한 내용으로 되어 있기 때문에, 제바달다품의 일화 자체는 아주 오래된 내력을 가지고 있는 것 같다.

전통적으로 제바달다는 불교 교단에서 특이한 위치에 있는 인물이다. 지극히 악했던 인물이라고 전하여 오는가 하면, 이 인물을 종조(宗祖)로 한 독립적 교단이 실재하였다고도 한다. 법화경은 그런 이국인을 석가의 전세의 은인으로서 높이 평가하고 있다. 또 용족 소녀의 일화는 '여성의 성불'이라는, 여성 차별이 당연했던 당시로서는 획기적인 주장을 포함한 것이라 할 것이다. 요컨대 어느 쪽 일화도 당시의 상식을 넘어서는 것이고, 법화경의 구제력은 상식을 뛰어넘는 영역까지 확대되는 것이다.

　　*석가 자신은 여성의 수행 능력을 알고 있어 '비구니(여성 출가자)'의 조직도 인정하고 있다. 그 뒤 시대가 바뀌어 감에 따라 교단 내의 여성관은 차차 열악해진 것 같다. 대승운동은 여성의 지위 향상 운동이기도 했다고 한다.

소녀의 성불 이야기는 성불의 훌륭함을 강조한 것으로도 주목되고 있다. 용족의 어느 소녀가 문수보살로부터 법화경의 가르침을 받고 곧 깨달음에 도달한다. 지적보살은 설마 그렇게 빨리는 되지 않을 것이라고 의심한다. 사리불은 '여자는 성불할 수 없다'는 이유를 들어 불평을 늘어놓는다. 이것을 곁눈으로 본 소녀는 보옥을 석가에게 드린다. 석가는 잽싸게 그것을 받는다. '봐요, 석가는 아무 말씀 없이 선물을 받으셨잖아요. 나의 성불도 역시 이렇게 빠르지 않겠어요'라고 선언하기가 무섭게 이 용족의 요정은 눈깜짝할 사이에 성불하여 이웃 우주로 가서 설법을 시작한 것이다.

　＊여기에서는 구체적인 묘사로, '여성의 성기가 사라지고 남성의 성기가 나타난다'고 되어 있다. 법화경이 '남자가 아니면 성불할 수 없다'고 주장하는 것을 의미하는 것이 아니라, '남자 아니면 성불하지 못한다'고 하는 사리불 등 소승교도의 정설에 대하여 넌지시 빗댄 것으로 보는 것이 타당할 듯하다. 실제로 용 소녀는 신체적 변화가 있기 전에 깨달음에 도달하였으므로, 이 성전환은 한낱 만화적 표현인 셈이다. 더욱이 구마라습의 번역으로는 '변하여 남자가 되고'라고 얼버무리는 표현을 하고 있다. 고래로 이것을 '변성남자(變成男子)'라고 한다(또 용 소녀라고도 쓰고 있으나 인도의 '용'은 원래 토착 신앙의 대상인 뱀 또는 코브라를 가리키는 것 아닐까).

법화경의 매력은 가끔 이런 기발한 민첩성을 보여 주는 데 있다.

용 소녀의 성불 일화를 근거로 권지품 제13에서는, 석가의 이모인 마하파사파제와 출가 전의 부인인 야수다라라는 두 비구니에 대한 수기(授記 : 부처로부터 성불한다는 예언을 듣는 일)의 이야기가 있다. 두 사람 모두 성불을 못 하면 어쩌나 하고 아직 의심을 품고 있었으나, 그런 걱정스러운 얼굴을 보고 석가가 '염려하지 마시오, 그대들도 성불할 것이오' 하고 보증한다.

이상 C의 부분에서 법화경은 이야기의 신화성을 높이고 구제 영역을 확대하여 '법화경'을 지키는 것이 대단히 어려운 일이라는 것을 강조한다. 다음 D의 부분에서 독자 자신의 자각과 신앙의 교화 계획에 기초를 쌓게 된다.

D(1) 지용보살과 영원한 석가

D에는 '종지용출품 제15' '여래수량품 제16' '분별공덕품 제17' '수희공덕품 제18' '법사공덕품 제19' '상불경보살품 제20' '여래신력품 제21' '촉루품 제22'가 포함된다. 우리의 영원한 아버지가 모습을 나타내는 소중한 부분이다.

C에서 거대한 보탑, 우주 가운데 모인 무수한 부처님의 분신들, 공중에 둥둥 떠다니는 회중 등 꿈 같은 말을 실컷 들어 왔다. 이번에는 새로 지용보살과 아버지 출현의 장면을 보여 준다. 이 지용보살과 영원한 부처님은 대체 어떻게 소개가

되었을까?

C의 단계에서 갠지스강 모래알 수의 여덟 배나 되는 많은 보살이 사바 세계 밖의 우주에서 모여들었다. 그들 우주인은 '저희가 법화경을 선교하겠다'고 공손하게 아뢰었으나 석가는 '아니다, 그 일은 지구인에게 맡겨야 하느니라'고 말한다. 정확히 말하면 이 사바 세계에 있는 갠지스강 모래알 수의 6만 배나 되는 많은 보살에게 법화경을 맡긴다는 것이다.

갠지스강 모래알 수의 6만 배의 보살이라니? 그렇게 많은 인간이 도대체 어디에

삼도보계 하강　33천(天)에서 석 달을 보낸 세존이 상카시아로 내려왔다. 바르후트 난순 기둥, 콜카타 인도박물관.

있단 말인가 하고 생각하는 사이에 쿵하는 소리와 함께 대지가 짝 갈라지더니 땅 밑의 허공에서 엄청난 수의 보살들이 솟아나온다. 그것은 금빛 찬란한 부처 32상이라고 부르는, 불상 같은 경사스러운 신체적 특징을 갖추었다. 요컨대 거의 부처님과 동격의 지위를 가진 보살들이다.

미륵보살은 이 지용보살들이 도대체 어떤 자들이냐고 석가에게 질문한다. 미륵보살은 서품에서도 석가의 기적의 의미에 대하여 문수보살에게 물은바 있다. 그는 대목 대목에서 중요한 질문을 한다. 달리 말하면, 그는 과거에 대해서는 빈털터리처럼 말끔히 잊어버리는 버릇이 있었다는 것이 된다.

미륵의 질문에 대하여 석가는 '그들은 내가 성불하고 나서 교화한 제자들이니라'라고 진상을 밝힌다. 그러나 미륵은 '석가는 성불하신 지 이제 40년 정도밖에 안 되지 않았습니까. 이렇게 짧은 동안에 도대체 어떻게 이런 엄청난 수의 인간을

교화할 수 있습니까?' 하고 물고늘어진다.

이 말에 대한 석가의 대답은 간단하다.

"나는 헤아릴 수도 없이 아득한 과거에 이미 성불하고 있었다."

40년쯤 전에 도를 이루었다는 것은 겉모습이었던 것이다. 이 '헤아릴 수도 없이 아득한 과거'의 구체적인 길이에 대하여는 제1장에서 이미 설명하였다. 되풀이하여 말한다면 5백만 코티(천만) 나유타(천억?)라는 수의 세계를 구성하는 최소의 티끌 수를 말하는 것이다. 동쪽으로 달려가 5백만 아산케야(아승지(阿僧祇), 무수(無數))의 세계를 통과하면 그 티끌 하나를 떨어뜨린다. 마찬가지로 몇백천 코티 나유타 겁의 길이에 걸쳐 하염없이 계속 달려 같은 간격으로 티끌을 떨어뜨리고, 손에 쥔 티끌이 전부 없어져 버리면 도중에 지나간 세계의 수는 헤아릴 수도 없을 만큼 방대할 것이다. 그런데 지금 말한 그 모든 세계, 즉 티끌을 떨어뜨린 세계와, 떨어뜨리지 않은 세계 전체를 구성하는 티끌의 수는 더욱더 방대하다는 것이다. 그러나 이 몇백천 코티 나유타나 되는 수의 세계를 합한 티끌의 수는, 내가 도를 깨달은 이래로 지나쳐온 몇백천 코티 나유타 겁이라는 기나긴 시간 수에 비한다면 하찮은 것이다. 이것이 '헤아릴 수도 없는 무한히 아득한 과거'라는 것이다.

＊앞으로 석가의 수명은 이 과거 길이의 두 배로 되어 있다. 석가가 미래에 부처님으로서 영겁하도록 계속 존재할 것이라는 상상으로 말한 것인지는 몰라도, 글자 그대로 기간의 한정성을 나타낸 것이라고 이해할 수도 있다. 요컨대 어느 시점에서 석가의 구제사업이 끝나고 모든 중생의 성불이 완료한다는 의미로도 받아들일 수 있을지 모른다. 또 이 장대한 시간 표현과 비슷한 유형의 표현이 화성유품 제7에 이미 나와 있다. 그러나 시간의 길이 그 자체는 훨씬 소규모이다. 그것은 성문들과 석가와의 인연을 밝힌 이야기 곧 대통지승불 이야기의 도입부에서였다.

이미 B의 성문 수기 대목에서 석가는 중생의 '아버지'로서의 성격을 보여주었다. 이것이 바탕이 되어 이번에는 D의 신화적 이상 가운데서 '영구히 중생을 제도하는 아버지의 우주적인 존재'로서 본체를 드러내게 된다

제석굴 설법 라자그리하 동쪽 교외 제석굴에서 인드라 신의 질문에 답하여 설법하였는데, 하늘의 신 판차시카가 거문고를 타며 석가세존을 찬미했다고 한다. 마마나·델리 출토, 페샤와르 박물관.

(이 석가의 영원한 역할을 '구원실성(久遠實成)'이라고 한다). 드디어 석가는 일신교(一神教)의 신과 비슷한 우주적 아버지로 승화한 것이다. 우리들은 석가를 지금으로부터 2500년쯤 전에 80년 정도만 이 세상에 존재하고 영원히 사라진 일시적인 존재라고 생각하지만, 법화경의 주장에 따르면 그것은 한낱 방편으로 겉으로 나타낸 모습이었고, 진실로 석가는 영원히 우리들 제도에 힘쓰고 계시는 존재인 것이다. 혹시 진실을 보는 눈이 있다면, 지금도 아직 석가가 영취산에서 만인 제도를 위하여 가르침을 설하고 있는 모습이 보일 것이다.

더욱이 석가는 아직도 보살 수행을 완수하지 않았다고 적혀 있다. 영원한 구원자인 아버지의 작업 그 자체가 보살도라는 것은 의미심장하다. 우리들이 보살도에 힘쓰고 그것을 도와주는 것이 아버지이므로, 아버지와 아들의 관계와 비슷한 것이다. 우주적 아버지와 지상적인 우리들 아들과의 관계는 이런 것이기에 일신교의 절대신의 인상과는 다른 데가 있는 것 아닐까.

그리고 여래수량품 제16에서 석가의 정체를 밝힌 것을 전통적 교학에서는 '개근현원(開近顯遠)'이라고 부른다. 방편품 제2에서 '개삼현일(開三顯一)'과 짝을 이루는 말이다. 개근현원을 자세히 말하면 '근성(近成)'을 열어 원성(遠成)을 나타낸다'가 된다. 근성이란 '역사적으로 가까운 과거의 한 시점, 곧 지금으로부터 25세기쯤 전에 깨달음을 이루었다'는 현실적이며 방편적인 이력서를 말한다. 원성이란 '아득히 먼 과거에 이미 성도하고 있었다'는, 신화적이면서도 진실한 이력서를 말한다.

> ＊석가의 '신화화'는 이미 C의 견보탑품 제11에서 석가의 분신들이 모인 장면에서 시작되었다. 이 분신불의 집합을, 석가모니불에 의해 '여러 부처의 공간적 통일'이라고 불러야 할 동기가 되었다고 생각하기도 한다. 대승불교에서는 서쪽 극락 세계의 아미타여래, 동쪽 정유리(淨瑠璃) 세계의 약사여래 등 우주에 흩어져 있는 여러 부처가 설법을 하고 있었지만, 법화경은 산만해진 구제의 힘을, 우리가 사바 세계의 교주인 석가모니불에게로 다시 집결했다는 것이다. 이것에 대해 여래수량품 제16에서 구원실성(久遠實成)의 석가 출현은 '여러 부처의 시간적 통일'이다. 종래에는 과거에도 미래에도 부처가 나타났다고 설해 왔으나, 석가가 영구히 존재하여 살아 있는 부처님으로서 교화를 계속하는 것으로 된 것이다.

D(2) 법화경을 맡게 된 그대

그런데 석가는 방편과 진실의 이중 존재 형식을 가진 것이 분명해졌다. 여기에서 재미있는 것은 어째서 이런 까다로운 방식을 선택하였는지 석가는 그 이유를 이렇게 설한다.

─내가 늘 곁에 있으면 사람들은 게을러진다. 그러나 내가 어디론가 가고 없다는 말을 들으면 사람들은 나를 그리워하고 스스로 선행을 하게 된다. 그래서 나

는 모습을 감춘다는 것이다.

석가는 이것을 '양의병자(良醫病子)의 비유(좋은 의사와 아픈아들들의 우화)'를 가지고 설명한다. 이것은 좀 이채로운 우화이다.

어느 날 명의(名醫)의 아들들이 실수로 독약을 마셨다. 의사인 아버지는 해독제를 처방한다. 정신을 잃지 않은 아들은 그것을 마시고 쾌유하였다. 그런데 정신을 잃은 아들은 전혀 약을 마시려고 하지 않았다. 방법이 없는 아버지는 여행을 떠났다. 그러고는 '아버지가 죽었다'는 편지를 그곳에서 보

문수보살상(석굴암)

내도록 하였다. 이제는 의지할 사람이 없다고 생각한 아이들은 슬픔에 잠겼으나 정신을 차려 해독제를 마셨다. 그러고 나서 아버지가 나타나 '나는 죽지 않았단다'고 하였다는 이야기이다.

＊이것은 법화칠유(法華七喩)에 일곱 번째로 나오는 우화이다.

해독제를 마시지 않아도 얼마 동안은 아무렇지도 않은 독약이 도대체 어떤 약인지는 모르지만, 아픈 아들을 방치한 채 여행을 떠났다는 아버지도 이상한 아버지로 생각된다. 그러나 우화는 우화로서 받아들이기로 하자. 이 독약은 신체상으로 병을 일으키는 것이 아니라, 부모의 신세를 지는 정신적 증상을 불러들이는 것이라고 생각하면 알기 쉬울 것 같다. 확실히 의존하는 자를 '치료'하는 첫째 묘약은, 의존해야 하는 존재가 없어지는 긴급사태의 발생일 수도 있다. 물리적으로 어쩔 수 없이 자립해야 할 처지가 되었을 때 비로소 인간은 현실적인 생활계획을 갖게 되기 때문이다.

그렇다면 이 우화는 의존과 주체성의 관계에 대한 유추적(類推的)인 이야기로 이해하면 될 듯하다. 아들에게는 아버지와 같은 보호자가 필요하다(의존의 상(相)). 그러나 보호자는 존재하지만 있는 듯 없는 듯 지켜보며 아들에게서 의욕이 싹트기를 기다릴 수밖에 없다(주체성의 상(相)).

마찬가지로 인간에게는 영원한 아버지가 필요하다(인간 의존의 상(相)/부처의 구원 실성의 상)). 그러나 이 영원한 아버지는 존재하는 듯 존재하지 않는 듯한 자세로, 인간이 선(善)으로 향하는 것을 지켜볼 수밖에 없다(인간의 주체성의 상/부처의 입적의 상(相)).

석가는 아버지이다. 단 의사로서의 아버지이다. 아버지는 약을 조제할 수 있다. 그리고 언제든지 아들에게 약을 줄 수 있다. 그러나 아들이 약을 마시려고 하지 않으면 아버지로서도 어떻게 할 수가 없다.

'아버지는 죽었다'고 하면 아들은 약을 마실지도 모른다. 하지만 무지한 아들은 역시 약을 마시지 않을지도 모른다. 약을 마신다는 것은 무엇인가? 그것은 구도하는 마음을 갖는 것이다. 법화경의 맥락에서는 결국 그것은 '법화경(의 진리)을 받아들이는 것'으로 수렴되어 간다.

신앙을 가진 자에게는 진실한 모습이 보인다. 석가가 영취산에서, 또는 세계의 어디에서나 현역으로 우리를 고무하고 있는 모습이 보인다. 세계가 불타고 있을 때도 이 세상이 그대로 낙원인 것으로 보인다. 신앙이 없는 자에게는 여전히 이 세상은 고통스러운 세상일 뿐이다. 그렇다면 어느 쪽을 취할 것인가? 여기에는 아버지의 낙원의 힘과 우리들 자신의 무명(無明)의 힘과의 줄다리기 구도가 있다. 그리고 법화의 가르침을 받아들이는 자세와 받아들이지 않는 자세와의 줄다리가 있다. 법화경은 '나를 믿으라, 나를 받아들이라' 하고 우리에게 다가온다.

그리고 이 신앙을 담당한 주체의 신화적 형상이 곧 지용보살인 것이다. 지용보살을 자기들에게 겹쳐 합일로 파악하는 것이 이른바 '신앙'이라는 것이 된다. 법화경 해설서를 보며 인상적인 것은, 많은 '사람'이 '지(地)'라는 것에 강한 계시를 느낀다는 사실이다.

'이 현실의 생활에서 갖가지 괴로움을 겪은 사람, 대지의 생활을 실제로 해 온 사람이야말로, 부처님의 가르침을 펼 훌륭한 자격을 가진 자'라고 할 수 있다. '법화경을 쓴 사람들은 꽤 오랫동안 밑바닥 생활을 한 것으로 생각된다. 그들이 교단사의 표면에 떠오르지 않은 것을 반영한 것이 지용보살이다'라고 하였고, '이 지상에서 살고 있는 모든 사람은, 전세에 이미 석가에게서 교화를 받은 보살로 되어 있다'라고 하였다.

D(3) 공덕과 성불

여래신력품 제21에서는 이 지용보살이 법화경의 포교에 책임을

미후봉밀 세존이 한때 바이샬리 중각강당에 머무를 적에 원숭이들이 바리때에 꿀을 모아 바쳤다 한다. 산치 제1탑 북문 서쪽 기둥.

지겠다고 맹세한다. 석가는 이것을 쾌히 응낙하고, 법화경을 그들에게 맡긴다. 이 위탁을 전문용어로는 부촉(附囑)이라고 한다. 법화경은 지용보살에게 부촉된 것이다.

이 위탁의 선언에 앞서 석가는 우주적인 괴기한 의식을 행하여 또다시 대중을 놀라게 한다. 석가는 다보여래와 함께 기나긴 혀(장광설(長廣舌))를 우주의 저쪽에까지 뻗는다. 혀는 헤아릴 수 없는 수의 빛을 발한다. 그 빛 속에서 수없이 많은 보살이 나타나 우주 가운데서 진리를 설한다. 부처님의 분신들도 마찬가지로 기적을 행한다. 이 상태가 몇만 년이고 몇만 년이고 계속된다.

그리고 나서 혀를 슬슬 거둬들이면 모두 다 함께 한순간 동안 기침을 하고 손가락을 튕겨 온 우주에 엄청난 소리가 울리게 한다. 무수한 세계의 대지가 놀라 지진을 일으킨다. 관중은 그리고 온 세계의 중생은 모두 깊고 깊은 감동에 휩싸인다. 그들은 감탄하는가 하면 기뻐서 어쩔 줄을 모른다.

공중에 "지금 무한히 멀고먼 사바라는 세계에서 석가모니라는 부처님이 법화

경을 설하고 계시다. 그대들은 고결한 마음으로 이것을 받아들이는 것이 좋다. 석가모니와 다보여래에게 경배드리라"는 말이 흘러나온다.

그래서 모든 중생이 '나무석가모니불'을 외치고, 온갖 종류의 꽃·향·산개(傘蓋)·기(旗)·보석을 사바 세계를 향하여 내던진다. 그런 꽃·향·산개·기·보석이 부처님 머리 위 공중에 떠다니면서 크나큰 하늘 덮개를 만든다. 이 의식이 끝나면 석가는 모든 보살에게 법화경을 위촉한다. 부처의 분신들은 모두 본국으로 돌아간다. 석가는 다보여래의 보탑에서 '어서 돌아가라'고 한다. 모두 큰 기쁨을 느끼는 가운데 법화경의 긴 모임은 끝난다.

거기에 지용보살 등장과 영원한 석가의 출현 다음으로, 석가의 우주적 의식과 지용보살에 대한 부촉 사이에 영원한 수명에 대한 신앙의 공덕과 법화경을 받드는 것의 공덕에 대하여 해설한 네 개의 장이 끼어 있다. 간단히 그것을 설명해 보자.

분별공덕품 제17에는 석가의 영원한 생명을 믿는 자가 받는 공덕에 대해 씌어 있다. 놀라운 기억력을 얻는다든가 하는 그런 이야기들이다.

수희공덕품 제18에는 법화경을 듣고 따라서 기뻐하는 것에 대해, 그 공덕에 대해 씌어 있다. 재미있는 것은 '오십전전(五十輾轉)의 공덕'이다. 누군가가 법화경을 듣고 기뻐서 다른 사람에게 법화경에 대하여 말한다. 그것을 듣고 기뻐한 사람이 또 다른 사람에게 법화경을 말한다. 그렇게 하여 50번째로 법화경 이야기를 조금이라도 들은 사람이 받는 공덕에 비하면, 4백천 아승지 세계의 모든 중생에게 80년에 걸쳐 금·은이나 보물이나 수레나 궁전이나 누각이나를 공양한 다음에 교화한 아라한의 깨달음을 얻게 하고, 공덕 따위는 그 백천 코티 나유타 분의 1에도 미치지 못한다.

다음 법사공덕품 제19에는 '육근청정(六根淸淨)의 공덕'이라는 것이 씌어 있다. '육근'이라는 것은 눈·귀·코·혀·몸·의지라는 6가지 감각기관의 기능을 말한다. 이것이 정화되어야 기능이 강화된다. 예컨대 우주 갖가지 생물의 모습이 육안으로 보인다든가 하는 것이다. 곧 '혀'에는 미각과 설법 소리가 포함되고 '몸'은 신체적 특질을 말하며, '의지'는 정신활동을 말한다.

상불경보살품 제20에는 이미 말한 것과 같이 옛날 옛적 이야기로서 상불경보살이라는 별난 인물의 이야기가 나온다. 다시 설명하자면 상불경은 출가자이든 재가자이든 사람을 보면 반드시 '그대는 장차 성불할 것이오. 그러므로 나는 그대를 가볍게 보지 않습니다'라고 말했다. 상대를 잠재적인 성불 가능성 때문에 존경하자는 취지이다. 그러나 그 말을 들은 상대방은 바보 취급을 한다고 생각해 돌을 내던져 박해하였다. 상불경은 박해를 당하면 당할수록 '나는 그대를 경멸하지 않는다'라고 고집을 폈다. 그 뒤 이 상불경은 성불하여 지금의 석가가 되고 박해

죽림정사에서 설법　석가가 깨달음을 이룬 뒤 죽림정사에 머무르면서 다섯 번 안거수행하였다. 산치 제1탑 북문 동쪽 기둥.

자들은 오랫동안 지옥생활을 맛보게 되었다는 인연 이야기가 이어진다.

E 6대 부록

법화경의 본문은 실은 D에서 끝났다고 생각된다. D의 마지막 촉루품 제22에서 석가는 집회의 해산을 선언하였기 때문이다. E의 작품―'약왕보살본사품 제23' '묘음보살품 제24' '관세음보살보문품 제25' '다라니품 제26' '묘장엄왕본사품 제27' '보현보살권발품(普賢菩薩勸發品) 제28'―은 부록과 같은 것이다.

＊오늘날 남아 있는 산스크리트어 사본에는 촉루품은 이 부록 부분(E)의 뒤에 두고 있다. 그러나 촉루품이 어느 위치에 있든 내용으로 말하여 E가 부록임에는 다름이 없다.

이 6편의 부록은 법화경과 관계가 있는 갖가지 신화적 보살의 일화와 공덕을 기술한 것으로, 법화경의 고마움을 증대하는 역할을 맡고 있다.

그 작품에 대하여 간단히 소개하면, 약왕보살본사품 제23에서 흥미 있는 것은 약왕보살이 전세에 법화경에 감사하여 몸에 불을 붙여 등불 대신으로 공양하였

다는 일화이다. 또 이 품에는 법화경이 여러 경 가운데에서 제일이라는 글이 많이 나온다.

묘음보살품 제24에는 묘음보살이 34종류로 변신하면서 법화경을 설하여 중생을 구제하였다고 씌어 있다. '묘음'의 인도 원어 '가드가다스봐라'의 해석이 학자들을 괴롭혔으나 결론적으로는 '명료하고 유창하게 말하다'라는 뜻인 듯하다.

관세음보살보문품 제25에는 관음보살이 괴로움에 허덕이는 중생을 구제하기 위하여 여러 모습으로 변신하여 설법한다고 씌어 있다.

다라니품 제26은 법화경을 선교하는 사람을 지키는 주문(다라니)을 적은 것이다. 보살과 신들이 저마다 주문을 설하는데, 재미있는 것은 그들과 나란히 11명의 여자 나찰(귀신, 식인귀(食人鬼))도 법화경의 법사(法師)를 수호하는 다라니를 널리 알리고 있다는 점이다.

묘장엄왕본사품 제27은 이교도인 왕이 불교도인 두 아들의 작용으로 개종하여 8만4천 년 동안 법화경을 수행하였다는 이야기가 나온다.

보현보살권발품 제28에는 보현보살이 법화경을 받들어 지키겠다는 맹세의 이야기가 적혀 있다.

여섯 가지 부록 중에서 역사적으로 가장 소중하게 여겨진 것은 관세음보살보문품이다. 제1장에서 소개한 것처럼 이것은 '관음경'으로 알려져 있는 유명한 단편의 경이다. 내용은 철저한 현세의 이익에 대한 것이다. 법화경의 수사적인 힘은, 성불을 목표로 하는 보살의 신화적 노력을 철저하게 알기 쉽도록 설명함으로써, 현세의 고난을 두려워하는 중생의 비통한 구원 요청에 응하는 제도적(濟度的) 목표에 도달하는 것이다.

법화경 열매

사라지지 않는 긴장(1)―법화경의 '알맹이'는 뭔가

역사의 총결산을 꾀하고 있는 법화경은 종합성에 중점을 두려는 경향이 강한 경전이다. 따라서 지식인의 가정적인 흥미를 만족시킬 그런 번잡하고 철학적인 분석성은 부족하다고 할 수밖에 없다. 요컨대 혼합적이지 철학적은 아니다.

실제로 법화경에는 '사상이 없다' '이론이 없다'는 비난이 많이 쏟아졌다. 대승불교의 기본 교리인 '공(空)'의 지혜, 반야의 철학에 대해서는 반야경전이라고 두루 칭하는 방대한 경전들에 설명되어 있다.

화엄경이라는 방대한 경전에는 보살의 수행 단계가 소상하게 씌어 있다. 이 화엄경은 또 온 세계의 사물이 무한한 상호관계 속에 있다는, 마치 무수하게 많은 거울이 저마다 다른 일체의 거울을 끝없이 서로 비치고 있는 것처럼 눈부시게 아름다운 우주상을 보이고 있다. 또 법화경 편찬보다 훨씬 후의 시대에 나타난 통틀어 '밀교'라고 부르는 사상들은, 부처와 보살과 명왕(明王)과 신들의 일람표 같은 그림인 만다라라는, 마치 LSI(고밀도 집적회로)같이 복잡하지만 예쁜 도면을 가지고 있다.

그래서 그런 세밀한 철학 같은 것을 법화경 속에서 찾으려 해도 이렇다 할 결과는 얻지 못한다. 법화경은 그런 방향으로 편찬된 것이 아니다. 법화경은 오히려 공상과학소설적인 장관을 수반한, 속도감 있는 연극적 수법이다. 점차 각본이 대담해져 장대한 장면의 전환이 있고, 석가가 초인화되어 이 법화경 자체의 신앙을 독자에게 결심하도록 다가오는 점이 있다고 하겠다.

이미 본 것처럼 법화경은 모든 중생의 구제, 영원한 석가의 신앙, 지용보살의 자각은 그 자체가 훌륭한 사상이다. 법화경에는 전체로서의 우화적인 성격이 있고, 또 선어록(禪語錄) 같은 성격이 있다. 독서의 과정을 통하여 '시종 부처님을 찬양하는 말'이 독자 자신에게 의미있는 말로 변모해 가는 것을 적었다. 그러므로 법화경은 분석적 해독이 아니라 문학적 해독을 하지 않으면 감당할 수 없는 상대라고 할 수 있다.

법화경은 2세기에 걸쳐 단계적으로 이루어진 책이라고 한다. 그래서 세부적으로 문체가 다르고, 용어가 다르고 사고의 흐름이 다르다는 것을 알 수 있다. 그러나 편집의 최종 단계에서는 전체적으로 상당히 가지런하고 수사적으로 매끄럽게 하는 데 성공하였다. 개축에 개축을 거듭하여 오래된 낡은 건조물이 전체적으로는 훌륭한 유기체적 연관을 유지하고 있는 것과 같다.

*법화경이 단계적으로 성립하였다는 것은 학계의 오랜 정설이 되어 있다. E의 부분이 부록적인 보충이라는 점에서는 모두 의견이 일치한다. 주로 A+B로 이루어진 제1류(類), 주로 C+D로 이루어진 제2류, 주로 E로 이루어진 제3류가 이 순서에 따라 단계적으로 성립되었다고 생각된다. 구분법에 근본적인 차이는 없다.

마지막 편집자가 어떤 인물인지는 모르지만 법화경 운동을 추진한 사람들(2세기에 걸친 역사적 공동 집필자)은, 요컨대 이 '모든 중생의 성불'을 굳게 믿는 사람들이었을 것으로 추정된다. 그것은 상불경보살 같은 '인간 신뢰'를 실천하는 사람들, 관념보다도 실천을 존중하는 사람들이었을지도 모른다. 또는 인도적(印度的) 우주론에 푹 빠진 전통적 인간이 아니라, 페르시아·그리스·로마 세계의 공기를 마신 적이 있는 변경의 세계주의자였을지도 모른다.

사라지지 않는 긴장(2)－의존과 주체성

법화경은 만인 구제를 설하는 고마운 경전이라는 것은 정설로 되어 있지만, 그러나 한편으로 법화경은 '믿는 자'와 '안 믿는 자'와의 차별을 강조하고 있다. 신자에게는 부드럽고 이반자(離反者)에게는 냉혹한 일신교(一神敎)의 논리와 비슷한 것을 느끼게 된다.

그렇게 생각하면 법화경이 제시하는 '근성(近成)은 방편이고 원성(遠成)은 진실이다'라고 하는 2단 구조의 신학은, 그리스도교에서 '신의 절대성과 인간의 자유

암라팔리의 초대 생애 마지막 여행에서, 세존은 노는계집 암라팔리가 자기 집에서 머무르길 청하자 이를 받아들였다. 노그람 출토, 찬디가르 박물관 소장.

의지'의 명제에 가까운 데가 있다고 할 수 있을지 모른다.

왜냐하면 석가는 절대의 구제자로서 항상 존재하고 있음에도 불구하고, 그것을 실제로 믿고 구제의 약을 마시는가 마시지 않는가는 우리 인간의 자유의지에 맡기고 있기 때문이다(여래수량품의 양의병자(良醫病子) 비유 참고). 약을 마시는 자—법화경을 믿는 자—는 구제의 복음을 얻을 것이고, 약을 마시지 않는 자는 언제까지나 고통 세상에서 허덕일 것이다.

일신교의 경우는 어떤가를 보자. 이쪽 세계에서는 천지창조의 신이 절대적이다. 절대적이므로 이 세상 모든 일의 책임을 질 것 같지만 인간의 의지만은 자유롭게 방임한다. 그러나 자유에는 책임이 따른다. 아무리 자유스럽다 해도 엉뚱한 짓을 저지르면 천벌을 받는다. 하느님께 순종하면 좋지만 끝까지 거역하면 마침내 지옥으로 떨어지고 만다. 지옥이 있다는 것은 인간에게 자유가 있다는 증거이다. 또 인간의 자유가 무섭다는 증거이기도 하다.

일신교는 유일신, 유일한 구세주, 유일한 천지창조, 유일한 종말 등 '유일'이라는 극점의 범주화를 기본 틀로 하는 사고체계이다. 따라서 천국도 하나, 지옥도 하나,

한 번 지옥에 떨어지면 다시는 벗어나지 못한다. 다시는 구제될 수 없고 그런 극점을 '지옥'이라는 형상으로 규정하고 있다.

이에 대하여 인도적 우주에서는 지옥을 순화하는 육도(六道)의 하나로 볼 뿐 절대적인 의미를 갖는 공간은 아니다. 지옥의 가마에서 삶아져도 마치 목욕을 하고 나오는 것처럼 서늘한 세계로 다시 돌아오는 것이 가능하다.

일신교에서 신의 처사가 냉혹한 것 같지만, 생각해 보면 인도적 우주에서도 업보가 인간의 이기적인 기대를 혹독하게 등 돌려 버린다. 우주적 아버지로서의 석가는 언제나 구제를 위하여 힘쓰고 있으나, 인간에게 자유의지가 있는 한 석가의 호의를 되풀이하여 허무하게 만들어 버리는 것이다.

구원자로부터 이반(離反)하는 명제에 대해서는 방편품 제2에서 '증상만(增上慢)의 퇴장'이라는 일화, 곧 자만심을 품은 성문들이 법화경의 설법회장에서 떠나는 것을 석가가 묵인하였다는 기술과 상불경보살품 제20에서 '신앙하지 않은 자의 지옥행'이라는 일화, 곧 상불경보살을 괴롭힌 사람들이 1만 겁 동안 아비지옥에 떨어졌다는 웃지 못할 이야기가 참고가 될 것이다. 또 비유품 제3에도, 보현보살권발품 제28에도 법화경에 적대적인 자에 대한 매우 혹독한 차별적 복수가 언급되어 있다.

결국 법화경이 아무리 만인 구제를 설하고 있다 해도 우리들 범부가 그대로 순진한 형태로 행복을 누릴 수 있는 것은 아닌 듯하다. 자유행동이 모두 좋은 결과로 이어진다는 그런 윤리는 논리적으로 있을 수 없을 것이다. 구제와 절망의 긴장관계는 미결의 장으로 그대로 이어질 것이다.

또 지옥이니 지옥으로부터의 구제니 하는 심각한 이야기가 나왔으니 이런 신학적인 언어에 대하여 잠시 생각해 보기로 하자.

우리들 세속의 인간은 애당초 신이 천지를 창조하였다든가, 부처님이 중생을 구제하여 준다든가 하는 시적인 논리 그 자체에 어떻게 대하는 것이 좋을지 당황할 때가 있다. 이런 언어나 논리를 자연과학의 명제처럼 받아들이는 것은 반드시 타당한 것은 아니다.

예를 들어 '어머니 같은 자연'이라고 하면 이것은 과학이 아니라 시적인 표현이다. 그런데 이 '어머니 같은 자연'이 때로는 '어금니를 드러내어' 맹위를 떨칠 때가 있다. '어금니라니, 자애에 넘친 어머니에게 그런 말은 어울리지도 않는다'고 불평을 해도 소용이 없다. 실제로 자연에는 자애로운 면과 파괴적인 면이 있기 때문이다. 등산하여 기분 좋게 대자연을 예찬하였다 해도 다음 날에는 폭우가 퍼부어서 천막까지 다 떠내려갈지도 모른다.

마찬가지로 가령 신에게는 창조적이고 자애에 넘친 측면과 파괴적이고 무서운 측면이 있다는 신학적 주장이 있을 때 우리는 그것을 그대로 받아들일 수밖에 없다. 관념을 물리쳤다고 해서 현실 세계의 양면성이나 모순이 없어지는 것은 아니기 때문이다. 신은 전지전능한데 어째서 악마가 있을 수 있는가. 자비로운 신은 천국뿐만 아니라 지옥도 만들어 놓았다. 천지를 창조하면 이번에는 세계의 종말을 준비한다.

대승불교의 윤회 우주나 법화경의 아버지 세계관도 역시 그와 같은 세계 해석의 틀로서 이해하여야 할 것이다. 우리에게 어쩐지 바보 같은 이야기로 들릴지 모르지만, 고대 인도의 불교도가 이 색안경을 끼고 사회와 인생을 바라보았다는 것은 사실이고, 거기에 자연과학적으로 증명할 수 있는 확실한 요소가 없었더라도 원래 인문적 세계 해석이라는 것은 그런 것이다. 그런 까닭에 '석가에게 방편과 진실 두 모습이 있다는 명제는 진실인가 거짓인가'를 물어도 소용이 없고, '석가에게 방편과 진실의 두 모습이 있다. 그렇다면 우리의 인생은 어떻게 전망이 되는가'라는 방향에서 생각하는 것이 더 창조적인 견해라고 할 것이다.

사라지지 않는 긴장(3)─성불이란 무엇인가

'우리는 모두 부처가 된다'─이 명제를 듣고 우리들이 어리둥절해지는 것은 부처가 된다는 것이 무엇이 그렇게 고마운가, 하는 것을 순간적으로는 모르기 때문이다. 법화경의 등장인물에게는 이것은 대단한 복음일 것이다. 하지만 현대의 세속적인 일반 시민들은 이 말을 들어도 기뻐서 날뛰는 일은 없을 것이다.

우리들 오탁악세(五濁惡世)의 길 잃은 어린양에게 '구제'라는 것은 우선 단순한 일상적인 고통을 해결하는 것이다. 고통에는 차용·실업·노동의 고통 등 사회적인 쓰라림도 있지만 특히 심각한 것은 질병이나 사고·사건에 의한 신체적·물리적 고통이다. 이런 고통을 우선적 즉물적으로 해결하기를 바란다. 또 우리들이 바라는 구제에는 정신적인 고뇌와 불안, 공포감 등의 제거도 포함된다. 그래서 구제책이 정신적 상담자 같은 것이라도 좋다.

범부에게 있어서 불안의 재료는 또 하나 있다. 사후의 일이다. 지옥으로 떨어지고 싶지 않은 것이다. 혹은 단순히 이 세상의 친구·가족과 헤어지고 싶지 않은 것이다. 이 세상의 생활을 무소유로 돌리고 싶지도 않다. 이런 일들도—물리적 또는 정신적으로—어떻든 잘 되기를 바라는 것이다.

물론 역사상의 석가는 이와 같은 고(苦)로부터 해탈한 인간으로서 이름이 났기 때문에 석가를 본받아 '부처가 된다'는 것이, 이런 불안한 재료의 초월에 따라서 구제를 의미한다는 것은 이해할 수 있다. 석가의 작업이 정신적 상담자 같은 것이었음을 생각하면, 아무래도 불교가 제공하는 구제는 즉물적인 구제는 아닌 듯싶다. 그러나 다소라도 정신적 고통은 어느 정도 해탈에 도움이 될 것이다. 우리들이 항상 힘에 겨운 것은 바로 이 정신이라는 것 때문이다. 이것을 해결하여 주는 것만으로도 복음이라고 할 것이다.

그런데 문제는 그 구제에 소요되는 정신적 수행 기간이 너무 길다는 데 있다. 원시 단계에서는 간단한 상담에 의해 비교적 단순한 해탈이 가능하였을 것이지만 시대가 흘러감에 따라 이야기가 과장되어 궁극적인 구제는 터무니없이 엄청나게 큰 목표가 되어 버렸다. '소승'이든 '대승'이든 목표 달성에는 윤회에 얽힌 장구한 세월의 수행이 필요하게 된 것이다. 어느 정도 긴 것인가 하면 인도 대승불교에 따르면 누군가 지금 보살이 되었다고 하여도 만기를 맞아 성불하는 것은 '3(또는 7이나 33)아승지겁'이 지난 아득한 미래의 일이다.

그렇다면 그 무렵에는 태양의 열도 식어 싸늘해질 것이다. 지구가 존재하지 않기 때문에 다른 태양계에서 수행을 계속하지 않으면 안 될 것이다.

근대천문학을 모르고 윤회 환생을 굳게 믿었던 고대 인도인이고 보면, 이 엄청나게 많은 햇수가 지난 다음에 자기의 성불이 확정된다는 말을 들은 것만으로 안심의 재료가 되었는지 모른다. 터무니없이 먼 미래의 이야기이기는 하지만 어쨌든 궁극적인 도달점은 정해진 것이다. 목적지가 정해진 것과 정해지지 않은 것과는 마음에 차이가 크다. 하지만 어쩐지 우리들에게는 금방 이해가 되지 않는다.

관점을 바꾸어 의문점을 정리하여 본다.

열반 석가세존은 쿠시나가라 교외의 사라나무 아래에 몸을 누인 채 선정에 들어 80년의 생애를 마쳤다. 간다라 출토, 페샤와르 박물관 소장.

우선 범부의 경우에 물리적이든 정신적이든, 이 세상의 일이든 저세상의 일이든 즉각적인 단순한 구제를 바란다. 그래서 살아 있는 인간이든 신화적 존재이든 보살은 이타행(利他行)을 하고 있으므로 구조 요청을 받으면 즉각 구원에 나설 것이다. 고마운 일이다. 그런데 이 보살은 수행을 다 마치고 성불하게 된다. 이것은 보살이 추구해 온 극한의 모습이다. 신화적 묘사로 이때 신체는 황금빛으로 찬란하게 빛나고 머리 꼭대기가 부풀어 오르며, 이마에는 백호(白毫)라고 하는 불가사의한 털이 돋아나는 등 기상천외의 모습을 나타낸다.

구원을 바라는 일반인에게는 보살이나 부처의 존재는 바람직한 것이지만, 자기 자신이 보살이나 부처가 된다고 하면 어떨까? 분명히 말해서 그것은 번잡하고 성가신 일이 아닐까. 범부로서는 자기가 구원을 받는 것은 좋지만 남을 구원한다는 것은 어렵다는 것이다. 그러므로 법화경이 '누구나 성불할 수 있다'든가

'당신도 오늘부터는 보살이다!'라고 독려를 한다 해도 별로 달갑게 여기지 않는 것이다.

그러나 적어도 대승불교의 세계관에 따르면 보살이나 부처의 길을 걷지 않으면, 인간에게 있어 진정한 구원은 받지 못하는 것으로 되어 있다. 세계는 그런 구조로 되어 있어 보살이나 부처의 길, 남을 고뇌로부터 해탈시키는 데 진력한다는 그 자체가 괴로운 길이다. 그리스도 역시 가시관을 쓰고 무거운 십자가를 메지 않으면 안 되었다. 신도 고생을 하는 것이다. 스스로 고(苦)를 짊어지지 않으면 고는 진정으로 벗어나지 못한다. 좋든 싫든 그것이 세계의 현실이다. 더 파고들면 고가 진정으로 말끔히 없어진다는 것도 있을 수 없는 일인지 모른다. 결국 주관적으로는 고를 극복했다고 생각하여도 세계에 존재하는 고의 구조가 그리 간단하게 해소될 리 없기 때문이다.

신화적 이미지에서는 크나큰 보살도 금빛 찬란한 부처도 모두 느긋하고 즐거운 듯이 보이지만 실제는 고통의 바닷속에 푹 잠겨 있는지도 모른다. 이처럼 궁극 개념을 추구해 가면, 한편에는 범부의 허공 몇만 km 높은 경지의 존재로서의 냉정한 보살이나 부처의 이미지가 나타나고, 또 한편에는 진정 범부의 괴로움인 지옥·아귀축생·아수라의 고통을 자기 일로 떠맡아 주는 보살이나 부처의 이미지가 나타날 것이다. 고야말로 세계의 근본구조라고 한다면 '누구나 부처가 될 수 있다'고 하는 복음을 들을 때 그 부처의 경지란 무엇인가, 부처는 언제 어떻게 해야 할 수 있는가, 범부가 바라는 구원과는 어떤 관계에 있는가를 해석해 보게 된다. 그러나 아무것도 얻을 것이 없기에 그 무엇보다도 우선 고의 한가운데 있는 우리 중생 세계의 현실을 떠맡고, 그 속에서 소문난 부처의 몇만 분의 1이라도 지혜와 자비를 발휘하는 보살도 같은 데로 직접 들어가 보는 것이 옳은 방법이 아닐까.

법화경이 대단히 흥미로운 것은, 그것이 결코 가정적이고 번다한 철학에 떨어지지 않고 윤회 우주의 이상에 발목이 잡히지도 않으며, 독자를 고계(苦界)인 보살도로 고를 극복하면서 고의 한가운데 있는 경지로 그대로 끌고 들어가려고 하는 점이다.

앞에서도 언급하였지만 여래수량품 제16에서, 영원한 석가는 '나는 내 자신의

쿠시나가라 유적지　열반당에는 굽타왕조 때 만든 열반상이 조각되어 있고, 지금도 사라나무가 가지를 뻗치고 있다.

과거 보살도를 아직 완성하지 못하였고, 수명도 다하지 않았느니라'고 하였다. 보살을 거쳐 부처가 되었다 하여도 그 부처의 하는 일 자체가 실질적인 영원한 보살도(菩薩道)인 것이다. 법사품 제10은 법화경을 받드는 자는 중생에 대한 자비 때문에 불국토로의 승진을 아예 포기하고 이 악세(惡世)로 되돌아왔음을 시사하고 있다. 성불이 목표인 듯하면서도 항상 초점은 현세에서의 행동에 두고 있는 것이다.

　법화경은 인도(印度)다운 윤회 우주를 전제로 이야기를 진전시키지만, 어디까지 진정으로 윤회의 구체적 내용으로 삼고 있는지는 알 수가 없다. 애당초 법화경은 '방편'이라는 것을 말한다. 그런 방편을 꺼낸다면 도대체 법화경의 어느 부분이 진실이고 어느 부분이 방편으로서의 수사(修辭)인지 헷갈리게 된다. 그렇다면 극단적인 말로 '모두가 교육 효과를 노리고 꾸민 말이 아닐까'라고 결말을 지을 수도 있지 않을까.

방편품 제2에서는 범부의 하찮은 경건한 행위도 수행의 완성에 계기가 된다고 하였다. 이것은 인도철학을 연구할 때 강조되는 '소선성불(小善成佛)'의 명제이다.

—황야에서 진흙으로 불탑을 만든다든가, 아이가 장난으로 모래자갈을 모아 불탑을 만들기도 하는데 이런 자도 불도를 얻는다.

—기쁨의 노래로 부처를 찬양하고 부처의 찬가(讚歌)를 지어 악기의 연주로 공양한다. 이런 사람도 성불한다.

—마음이 괴롭고 흐트러진 채 탑 앞에 '나무아미타불' 하고 한마디를 외웠다고 하자. 이런 사람도 몇천 번이나 부처들을 만날 수 있다.

요컨대 성불의 계기는 여기저기에 널려 있다. 마음이 산란한 상태라도 좋다. 용족 소녀처럼 즉석에서 성불이 안 될지는 모르지만 법화경은 윤회 우주 속에서 언제 어떻게 해서 성불을 하는가보다도 지금 당장 마음을 음지에서 모든 중생의 '친구의 수레바퀴' 속으로 뛰어들도록 촉구하는 것이다.

사라지지 않는 긴장(4)—믿지 못할 약속

법화경에는 구원을 바라는 범부를 부처의 안내로 억지로 끌어들이는 수사의 힘이 있다. 그것을 단적으로 나타낸 하나의 전형적인 것이 관세음보살보문품 제25이다. 관음은 현세의 이익을 많이 약속하고 있다. 완전히 즉물적인 마력 같은 약속이다. 이런 문구에 무슨 의미가 있을까? 실제로 이 '관음경' 신앙의 핵심을 인정하는 사람들이 수없이 많다. 그들이 한결같이 순진한 주술이나 초능력을 믿는 신자들이라고는 생각되지 않는다.

＊현세의 이익이라고 하지만 그렇다고 돈을 많이 벌게 된다든가 하는 말이 아니다. 관음경에서 말하는 것은 고(苦)나 공포를 사라지게 해 달라든가, 아들을 점지해 달라는 기원이다. 요컨대 삶과 죽음에 관한 문제, 현세의 윤곽을 만드는 문제이다.

여기에는 어떤 장치가 있을까. 우선 '즉물적 구제가 실제로 일어난 적은 없다'고 말하지 않을 수 없다. 그럼 즉물적 구제를 보증한다는 주장―사랑하는 자가 죽을지도 모를 때, 기적적으로 죽지 않도록 해 달라고 기도하는 외에 다른 방도가 없지 않겠는가? 이른바 극단적 보수파의 주술적인 설법은, 그런 극한 상황에 처한 인간의 언어세계를 대변한다고도 할 수 있다.

관음경에 쓰여 있는 것은 피할 수 없는 위기나 괴로운 염원에 존재한다는 것과, 거기에 호응해 주는 관음이 존재한다는 것이다. 한쪽에서는 구원을 바라고 한쪽에서는 살려 주겠다고 한다. 그렇다면 현실적으로 구제의 기적은 성립하는가? 경에는 '성립한다'고 적혀 있다. 그러나 우리가 알고 있는 것은 '경에는 성립한다고 적혀 있다'는 사실뿐이다.

그럼 현실 세계를 보기로 하자. 여기에 구원을 바라는 외에 어떻게 할 수 없는 상황에 빠진 사람들이 있다. 아무리 문명이 발달하여도 이런 일이 생기는 것은 언제나 변함없는 현실이다. 그리고 한편으로 구원의 손길을 내밀려고 뛰어오는 사람들이 있다. 그 구원은 성공할지도 모르고 성공하지 않을지도 모른다. 그리고 그 현실의 구제자는 성실하게 최후까지 구제의 노력을 포기하지 않을 것이다. 마찬가지로 관음은 최후까지 '살려줄 테니까 안심하라'고 할 것이다. 이때의 관음의 모습이야말로 최대한의 인간적 노력의 모형이 될 것이다.

관음 기적은 현실로 일어날지도 모르고 일어나지 않을지도 모른다. 마찬가지로 우리 현실 세계의 인간이 하는 구제활동도 성공할지도 모르고 성공하지 않을지도 모른다. 우리들은 '살려줄게. 기다리라. 힘내라. 포기하지 마라'라고 외치고 싶어 한다. 또 도움을 받는 쪽에서도 '곧 구원을 받는다. 포기하지 말자. 성공을 빌자'하고 희망의 끈을 놓고 싶어 하지 않는다.

꿈의 논리에서는 인간과 관음의 두 노력이 겹쳐진다. 남의 고(苦)에 한없이 동정하는 인간의 모습이 곧 관음의 모습이다. 이타 행위의 궁극적 모습은 이 관음의 약속이다. 이 이타행(利他行)을 떠나서 인간의 궁극 목표 달성, 곧 성불의 계기는 없는 것이다.

마지막으로 관세음보살보문품에는 즉물적 구제의 약속뿐만 아니라, 상대에 따라 변신하여 법을 설한다는 구원의 약속도 담겨 있다. 관음은 '자비(慈悲)'의 화신 같은 존재이지만 자비가 한편에서는 즉물적 구제가 되어 나타나고, 다른 쪽에서는 어디까지나 상대의 수준에 맞추어 제도한다는 교육방침이 되어 나타난다. 이것이 법화경 본문의 방편이라는 논리의 연장선상에 있다는 것을 확인해 두고자 한다.

사라지지 않는 긴장(5)―소승과 대승

법화경은 모든 중생의 성불을 제창하였다. 이것을 명확하게 내건 것은 법화경이 처음일 것이다. 이 획기적인 평등사상을 당당히 내놓은 방편품 제2로부터 중간까지, 전체의 3분의 1의 지면을 소비하여 성문의 '수기' 이야기가 이어지고 있다. 성문 수기(授記)의 기록이 많은 이유의 하나는 성문이 눈을 뜨는 과정 속에 일반인의 감정 이입을 유도하려는 의도가 아닐까.

소승의 성문이라는 것은 역사상 실재인물이므로 인물상에서 인간미가 느껴지기 때문이다. 미륵과 문수라는 보살은 대승의 이상적인 성격이다. 엉뚱한 말을 한다든가 허약한 말을 할 리가 없다. 구원의 면제를 둘러싸고 '야 기쁘다!'라든가 '생각도 해 보지 않았어요'라든가 '저도 할 수 있습니까?'라든가, 일반인의 공감을 불러일으키기 쉬운 심리적 반응이나 생각을 그리는 데는 성문이 가장 적합하였을 것이다.

그러나 성문 수기 이야기가 많은 것은 반드시 극적인 효과만 생각한 것이 아닐지도 모른다. 법화경은 역사적인 석가를 중심으로 엮은 경전이다. 불교 경전은 어느 것이나 석가의 가르침을 앞에 내세운다. 갖가지 교설을 지나치게 상상화한 나머지 세밀하게 그것을 전개한 대승불전에는, 자칫 석가의 인간적 특성이 보이지 않게 되는 경향이 있다. 이에 대해 법화경은 다시 한번 불교 창시자인 석가의 생애로 되돌아가는 이야기를 전개함으로써 역사적 발전의 결과로서 대승불전이 가진 정당성을 생생하게 호소하려는 것이다.

법화경에는 역사에 대한 의식이 있다. 역사적으로 차츰 다양화하는 교설을, 역사적 원점으로 돌아가 정리하려고 한다. 소승·대승·범부의 신앙이라는 다양성의 의미와 본질 사이의 의미를 석가에게 풀어 밝혀 달라는 줄거리로 되어 있다.

그러므로 아무래도 석가가 나와서 제자인 사리불·수보리·마하목건련·마하가섭 같은 역사적 성문들을 친히 불러서, 그들에게 가르친 소승의 가르침과 새로운

다비 마하가섭을 기다렸다가, 타오르기 시작한 다비 불꽃은 허공에서 내려온 물줄기와 말라족이 부은 향수로 꺼졌다 한다. 간다라 출토, 페샤와르 박물관 소장.

복음으로서의 일불승(一佛乘 : 모든 중생이 부처와 함께 성불한다는 석가모니 가르침)과의 관계를 자세히 설명하고, 그들이 그것을 납득하여 받아들인다는 과정을 정연하게 묘사하지 않으면 안 되었을 것이다.

법화경이 소승인 성문 수기를 잇달아 말하고 있는 것은 법화경 무리가 소승의 가르침에 응원을 보내기 위한 것이 아니라, 법화경의 정당성을 인정하도록 이 역사적 인물들에게 요청하기 위한 것이라는 생각이 든다.

이 언저리를 좀 더 살펴보자. 법화경이 제시하는 소승교도의 구제논리는 '소승은 말하자면 기초 수준을 위한 보조 코스이며 이 과정을 마치면 일불승 코스에 편입된 것을 알게 된다. 그래서 궁극적으로는 성불을 하게 된다는 것이다.

하지만 이것은 어디까지나 법화경 그룹의 이론이지 현실로 존재하는 소승교단 측이 듣고 납득하는 것은 아니다. 확실히 법화경은 소승에 대해서도 그 나름의 의의를 인정하지만 그것은 어디까지나 보조 코스이다. 그러므로 현실의 소승교단이 이것을 받아들일 리 없다. '소승'이라고 하는 전통교단에서는 그들 나름의 세계관이 있고 그들 나름 자기 완결을 하였을 것이다.

대승 쪽에서 '소승'이라고 불러온 집단과 가까운 계보에 속하는 것이 오늘날 스리랑카·미얀마·캄보디아·태국·라오스에서 믿고 있는 '상좌부(上座部)불교' 또는 '남방불교'이다. 따라서 '소승은 죽은 불교'라고 함부로 말할 수 없는 것이다. 어느 사상이나 습관의 체계가 기능을 발휘하는가 못하는가는 다양한 사회적·시대적

요인과 맞물려 작용하기 때문에 역사적 흐름을 떠나서 우열을 비교하는 것은 의미가 없다.

전통적으로 중국·티베트·한국·일본 등 북방불교에서는 대승불교가 대세를 이루었기 때문에 보수적인 불교를 '소승'이라 하였다. 한편 '상좌부에는 석가 가르침의 실체가 있으나, 대승은 자기들 창작에 얽매인 나머지 궤도를 벗어났다'고 생각하는 견해도 있는 것이다.

뿌리 없는 풀의 시대

세계사 가운데서 존경받고 있는 큰 인물들을 볼 때, 기원전 5세기 무렵 소크라테스와 소피스트, 석가와 인도 자유사상가, 공자와 제자백가가 비교적 냉정하고 합리적인 사상을 전개하고 있는 것에 감명을 받게 된다. 그들은 아마 세간에서 좀 별난 지식인이었을 것이다. 그것이 기원 전후가 되면 대중의 구제 요구가 고조됨과 동시에 놀라울 만큼 신화적인 이상이 주요 문명국을 뒤덮게 된다. 미트라교·마니교·그리스도교·대승불교·힌두교·도교와 같은 대중종교가 탄생한 것은 이 시대이다. 이 시대는 또 헬레니즘제국·로마제국·쿠샨왕조·중국 한(漢)나라와 같은 제국의 시대이기도 하다.

이 시대의 인도에서는 서쪽 지중해 세계와 교역이 활발하게 이루어졌던 것을 알 수 있다. 거래에 썼던 통화 '디나라스'는 로마의 통화인 '데나리우스'라는 주화를 고쳐 만든 통화였다고 한다. 유명한 간다라의 불상은 보기에도 그리스적이고, 법화경의 줄거리에 그리스 연극의 영향이 보인다는 사람도 있다. 대승불교와 법화경 운동의 후원자가 된 것은 무역 등으로 돈을 많이 벌게 된 상인계급이라고 한다.

법화경이 성립된 같은 시대에 인도의 서쪽 가까운 지역에서는 몹시 어두운 사회 분위기가 소용돌이치고 있었다. 거기에 차례차례 펼쳐진 '그노시스의 종교'라는 사조가 엄청난 수의 신들, 이상한 상징, 격렬한 감정에 넘친 우주적 드라마를 갖가지로 연출하였다. 거기에 따르면 이 세상은 말하자면 저승이고 천상계가 본래의 의미로 현세의 지위에 있는 것이다. 우리 인간은 이를테면 깊은 바다속으로 가라앉으면서 푸른 하늘을 그리워하며 해상에서 구출을 기다리고 있는 선원 같은 것이다. 이 시대의 인간은—제국의 번영과는 정반대로—실존적인 큰 불안을 안고 있었던 것 같다.

이런 불안하고 비통한 구제를 부르짖는 소리는, 적극적인 수행과 성불의 가능성을 말하는 낙관적 색채가 강한 대승불전의 세계에는 언뜻 인연이 없는 것같이 생각된다. 인도 세계에는 윤회라는 사상이 있기 때문에 악에 대한 분개도 개인적인 운명의 수레 속에 붙들어 묶는 경향이 있어, 서양과 같은 집단적인 종말의식은 일어나기 어려울 것같이 생각된다.

그러나 법화경에도 '오탁악세(五濁惡世)'라는 말세의 시대관이 있다. 믿는 자는 구원을 받는다. 적어도 복음서나 법화경은 구원의 손길, 곧 우리에게 먹을 것을 대주는 일을 다하려고 하는 것이다.

수사(修辭)의 씨앗

법화경에는 '수사적'인 표현이 많다. 법화경의 '집필자'(집단)는 그와 같은 말재주 속에 그들의 진지한 신앙의 핵심을 함축시킨 것으로 여겨진다.

링컨이 말한 '인민의 인민에 의한 인민을 위한 정치'라든가, '자유가 아니면 죽음을 달라'고 한 것은 수사적인 표현인 것은 분명하다. 사람의 마음을 움직이는 것이 표현의 힘이라 하더라도 말의 내용이나 말을 한 사람의 동기, 그 역사적 상황에 '진실'을 담고 있지 않는 것은 아니다.

또 법화경은 비유라고 하는 우화가 풍부하기로 유명한 경이기도 하지만, 이것은 글자 그대로 수사적 기법이다. 일반적으로 교묘한 우화라는 것은 몇 가지 조건이 겹친다든가 여러 사람이 얽혀 성립한다든가 하는 상황을, 추상개념으로 설명할 수는 없는 것이다. 그래서 그런 상황의 '모형'으로서 단순한 이야기를 사용하게 된다. 그리고 그것은 결과적으로 동화 같은 것이 되는 것이다. 동화 같지만 거기에는 하나의 진리가 담겨 있다.

'불타는 집의 비유'나 '장자궁자(長者窮子)'의 비유도 그럴 수밖에 없는 상황의 전형적인 표현이라고 할 것이다. 그런 것을 구사한 법화경의 필자들이 언어가 가진 수사적인 힘을 예민한 감각으로 놓칠 리가 없다.

법화경 필자들이 전하려고 한 메시지는 요약하면 '누구나 성불할 수 있다'는 것이다. 그러나 그 말만 가지고는 어딘가 공허하다. 불교가 전제로 하는 윤회와 해탈의 논리 공간에는 소승에서 대승까지의 갖가지 방법이 있었다. 그러나 그런 방법론은 자칫하면 편향적인 방향으로 흐르기 쉽기 때문에 문제의 본질을 모호하게 만들어 버린다. 원조인 석가가 마음 아팠던, 인간사회의 고(苦)의 상황 구조도 보이지 않게 되어 버린다. 그런 가운데 거의 불교적 우주론을 파괴시킬 것 같은 역동적 수사를 가지고 개개인을 모조리 보살의 실천도로 끌어들여 버리려는 '교묘한 방편'이 나타났다. 그것이 법화경이었다는 것이다. 법화경은 그 자체가 신앙의 씨앗이 되어 있는 것이다.

이 수사적인 역동성은 그 후의 법화경을 받아들인 역사 속에서 어떻게 다루어졌을까? 동아시아의 불교 수용사(受容史)는 먼저 여러 경전의 정리와 불교 교리의 핵심적 명제의 확정, 그리고 수행법의 연역적 정비라는 극히 '학문'적인 순서를 밟은 것이기 때문에 스스로 수사적인 것이 명제화되어 '누구나 구원을 받게 된다/보살도를 힘쓰지 않겠는가!' 하는 열성은 '모든 중생의 성불 가능성'이라는 철리로서 해체·재편하여 갔다. 이와 같은 재편성 중에도 수행법은 연구되고 있었기 때문에, 선(禪)과 같은 새로운 풍토에 맞는 실천법이 생겨났다. 그러나 인도적 구원의 염원이 알맹이가 빠질 때는 '모두 다 이미 구원을 받았다', '수행은 그만하면 됐다'라는 듯이 한없이 미적지근한 상황까지도 나타냈다.

법화경의 수사는 단지 구원을 추상적 명제로서 제시한 것이 아니라, 한편으로는 우주적 아버지의 배려와 노력을 나타내고 한편으로는 독자 자신의 참여와 실천을 촉구하는 듯한 새로움을 근본 강령으로 하는 것이다.

동쪽으로 동쪽으로

인도에서 대승불교가 융성한 시기는 1~5세기 무렵이다. 주로 '공(空)'에 관해서 쓴 '반야경'이라는 수많은 경전, 대승의 우위를 극적으로 표현하고 있는 유마경, 모든 중생 성불을 설한 수사적인 법화경, 다음에 중앙아시아에서 '화엄경'으로 정리된 희미하게 깨달음의 경지에 도달함을 표현한 경전들, 아미타라고 부른 부처의 구원에 관하여 쓴 정토(淨土) 경전들이 성립하고, 조금 늦게 열반경이 나왔다. 이 경전에는 불성(佛性 : 누구나 가지고 있는 부처의 소질)이 설명되어 있고 법화경의 성

사리 분배를 둘러싼 싸움　사리 분배를 둘러싸고 싸움이 일어나자, 도로나라는 바라문이 사리를
공평하게 8등분할 것을 제안하여 조정했다고 한다. 성문 위에는 도로나를 중심으로 일곱 부족이
합장하고, 탁상에는 여덟 개의 용기가 놓여 있다. 간다라 출토, 페샤와르 박물관 소장.

불 문제 역시 자주 이 불성이라는 말로 해설을 하였다.

이런 경전들은 수행자가 명상에서 얻은 것과 어느 사이에 성립한 문학적인 이
야기를 빻아 섞은 것 같은 것이다. 그런 것의 절반은 근원도 모르는 채 집단적으
로 ‘진리’로서의 권위가 인정되어 전해 내려온 것들이다. 이런 집단적인 ‘진리’에 대
하여 그 시대의 철학자들은 형이상학적인 해석을 가하고 갖가지의 고도한 교리
를 꾸며냈다. 이와 같이 체계화함으로써 신체적 정신적 관리의 잡다한 수행 전통
은, 대승으로서의 독자성과 일반적 행동지침을 얻을 수 있었던 것이다.

대승의 철학자로 유명한 것은 2~3세기 무렵에 활약한 나가르쥬나(용수(龍樹))이
다. 그는 모든 존재를 ‘공(空)’으로 보는 것의 정당성을 철학적으로 기초하여 확고
히 한 《중론(中論)》이라는 책을 저술하였다. 그의 학파를 중관파(中觀派)라고 불렀
다. 4~5세기 무렵에는 아산가(무착(無著))와 봐수반두(세친(世親))가 인간의 의식구
조를 분석하였다. 이 입장을 유식파(唯識派)라고 한다.

7세기에는 대일경(大日經), 금강정경(金剛頂經)이 나왔다. 그 뒤에 인도 대승불교
의 주류가 된 ‘밀교(密敎)’의 경전들이 나온 것이다. 이것은 말하자면 힌두교의 다

신적 우주관과 의례와 주법(呪法)을 대승적 교리에 의하여 전환한 것 같은 성격을 가지고 있고, 다음에 아시아 각지의 '종교혼교(宗敎混交)'의 중요한 매체가 되었다. 티베트에 전하여진 것은 이 밀교로서 다른 경로를 통하여 중국에서도 들어갔다. 달라이라마로 유명한 티베트 불교는 바로 그와 같은 것이다.

대승의 전통은 밀교 성립과 인도에서의 불교 소멸보다도 훨씬 이전에, 힌두쿠시 산맥과 타클라마칸 사막을 넘어 동아시아로 전파하여 갔다. 1세기 무렵에는 이미 중국에 이르렀다. 중국에서는 그로부터 몇 세기에 걸쳐 서쪽에서 들어온 이 이해하기 어려운 교리와 생활양식을 해득하여 소화해 보려고 열심히 노력한다.

제1장에서 확인하였듯이 인도에서 석가나 바라문교의 전통 안팎에서 많은 사상가가 활약하고 있던 기원전 5세기 전후, 중국에서는 공자를 비롯한 '제자백가'라고 하는 수많은 사상가가 활약하고 있었다. 대승의 전도자가 중국에 도착하였을 때, 이미 이 땅에는 자기들 나름의 생활양식이 확립되어 있었다. 5만 자나 되는 한자로 정밀하게 나타낸 복잡한 사상체계, 특히 공맹계(孔孟系)와 노장계(老莊系)의 가르침이 축적되어 있었다. 그러므로 인도의 세계관이나 생활양식이 중국에 완벽하게 이식된다는 것은 상상도 할 수 없는 일이었다.

결과부터 말한다면, 우선 중국인은 윤회라는 것을 에누리하여 듣는 데 그쳤다. 인도적인 기나긴 수행 단계나 장황한 추상철학도 그들에게는 실감을 주지 못했다. 가족 향당(鄕黨)을 버리고 수도생활을 하면서 경제적으로는 일반 사회에 의존하는 인간들을 신성시하는 인도적 풍습은 뿌리를 내릴 수가 없었다. 결국 중국의 일반 사람들은 인도불교의 생활양식을 받아들이지 않았다고 할 것이다. 유교적 습관을 지키고 도교의 신들을 민간이 받들면서 중국화한 불교인 선종(禪宗)과 정토종(淨土宗)을 막연히 존숭한다는 것이 중국 정신세계의 모습이었다.

불교 전래 당시 상황을 살펴보면, 중국인은 처음에 인도의 문어(文語 : 산스크리트, 범어)로 나타낸 독특한 불교개념을 기존의 중국철학개념으로 이해하려 했다. 보리(菩提)를 '도(道)', 아라한을 '진인(眞人)', 열반을 '무위(無爲)'로 번역하는 등 노장사상에 비교한 것이다. 그러나 잘못되었다는 것을 알고 나서는 새 용어를 만든다든가 산스크리트어를 그대로 한자로 나타내든가 하였다. 이를테면 여러 사상은 조건이나 원인이 있어 이루어진다고 하는 '연기(緣起)'는 '푸라티토야 사무토파다'

사리 분배

도로나는 사리를 여덟 부족에게 공평하게 나누어 주었다. 그러나 분배 자리에 늦게 온 마우리아 족과 도로나 본인은 더이상 나눠 가질 유골이 없어서 각각 재와 사리를 담았던 용기를 가지고 돌아갔다고 한다. 라니가트 출토, 라호르 박물관.

라는 기다란 범어를 의역한 것이고, 최고 지혜를 나타낸 '반야바라밀'은 '프라쥬냐파라미타'를 음역한 것이다.

그래서 차츰 엄격한 번역본이 갖추어지게 된 것이다. 5세기의 구마라습과 7세기의 현장(玄奘)이 우수한 번역자로 알려져 있다. 구마라습의 번역팀이 한역한 법화경《묘법연화경》은 문장이 유려하기로 이름나, 이것이 거의 법화경의 표준 번역본이 되었다. 본명을 쿠마라지바라고 하는 서역 출신의 이 승려는 경전 이외의 이론서도 번역하여, 대승과 소승을 구별해야 한다는 것, 반야경보다 법화경 쪽이 후에 설하여졌음을 강론하여 중국 불교도에게 학습상 큰 영향을 주었다.

중국에서는 대량의 불전을 석가가 설법한 순서와 내용의 중요도에 따라 분류하기 시작하였다. 원래 불전은 석가가 입적한 다음에 엮어진 것이고, 더욱이 대승 불전은 상당히 뒤늦게 성립한 것이다. 그러나 인도인은 모두 이것을 석가의 전기(傳記)라는 문학적 양식으로 기술하였기 때문에, 그런 인도 특유의 사정을 모르는 중국인은 서고에 가득 찬 경전을 석가 일대의 생산물로서 받아들이는 외에 다른 방법이 없었다.

그래서 중국에는 인도의 논문을 연구하는 삼론종(三論宗)과 법상종(法相宗), 법화경과 화엄경 등 주요한 경전에 초점을 맞추어 교리를 전개하는 천태종과 화엄종 같은 학문적인 불교 종파가 성립하였다.

법화경 해석에 유래하는 교리로서 중요한 것은 6세기에 지의(智顗)가 개척한 천태종의 교리다. 잘 알려진 것이 '일념삼천(一念三千)' 설이다. '일념'이란 우리들의 한

순간의 마음을 뜻하고 '삼천'이란 수로 우주의 전체 구조를 말한다. 10의 세계(지옥·아귀·축생·아수라·사람·하늘·성문·연각·보살·부처)가 존재 범주로서의 십여시(十如是)를 매개로 하는 저마다의 10의 세계(지옥에서 부처까지)를 겹쳐 갖추고, 더욱이 또 그 모든 것이 덧없는 주체, 그 구성요소, 그 환경의 세 조건을 가지고 있다고 한다. 10 곱하기 10 곱하기 3의 '삼천세간(三千世間)'이 있다고 하는 것이다. 그래서 이 미립자 속에 대우주가 있다(따라서 우리들의 마음도 지옥과 부처에게 접촉점을 가지고 있다)고 관상(觀想)하는 것이 부처에 이르는 실천 방법인 것이다. 이것은 결국 '누구나 부처가 될 수 있다'는 법화경의 주장을 철학화한 것이고 또 수행법의 이론적 출발점이 되는 것이다.

    *십여시(十如是)란 구마라습의 번역인 《묘법연화경》의 방편품에 나오는 '상(相) : 속성' '성(性) : 본질' '체(體) : 체형' '역(力) : 잠재력' '작사 : 작용' '인(因) : 원인' '연(緣) : 조건' '과(果) : 결과' '보(報) : 과보' '본말구경(本末究竟)' 등 열 가지를 말한다. 산스크리트어 원문에서는 더 간단한 것을, 구마라습이 철학적으로 보완하여 번역하였다.

천태 지의(天台 智顗)처럼 사람이 정밀하게 구축해 놓은 추상적 논리가 일반 범부의 생활에 무슨 소용이 있겠는가 하는 생각이 들지 모르지만, 이와 같은 논리를 그 계승자인 승려들이 자기의 이론과 수행 틀로써 이용하였기 때문에, 역사적으로는 직접 간접으로 크게 영향을 끼쳤다.

그러나 사회 정세가 변하여 보호자의 지지를 얻지 못하게 되자, 학자 불교의 체제는 유지할 수 없게 되었다. 대신 유행하기 시작한 것이 토착화한 실천불교로서의 선종(禪宗)이다. 이것이 세속의 지식인과 일반 민중 사이에 널리 퍼지게 되었다. 그 뒤에 불교철학의 체계적 연구는 중국인의 흥미로운 과제에서 점점 멀어져 간 듯하다.

중국으로부터 한반도를 거쳐 일본까지 불교가 — 문자의 체계와 함께 유교와 정치제도와 갖가지 선진적 문명이 물밀듯이 — 전해진 것은, 이 지역에 '한자문화'의 강렬한 충격이 되었다. 물론 문자 없이도 사람들은 훌륭한 인생을 살 수는 있다. 그러나 문자문화의 축적이 없으면, 관념적·일반론적으로 인생이나 사회를 논하기는 어렵다. 또 대규모로 제도화된 행정기관의 운영도 어려울 것이다. 정제된 문화 없이는 고도의 사회생활·정신생활로의 발전도 쉽지 않았을 것이다.

홍정식

중앙불교전문학교를 졸업하고 동국대대학원에서 철학박사학위를 받았다. 동국대학교 불교대학교수 불교대학장, 명예교수를 지냈다. 한국불교학회장 역임. 지은책《불교입문》《법화경요해》 등과, 옮긴책《반야심경》《금강경》《화엄경》《보살이 가는 길》 등이 있다.

法華經

법화경

홍정식 역해

1판 1쇄 발행/1977. 8. 10
2판 1쇄 발행/2010. 12. 12
2판 5쇄 발행/2025. 9. 1
발행인 고윤주
발행처 동서문화사

창업 1956. 12. 12. 등록 16–3799
서울 중구 마른내로 144 동서빌딩 3층
☎ 546–0331~2 Fax. 545–0331
www.dongsuhbook.com
잘못된 책은 구입하신 곳에서 바꾸어드립니다.
＊

사업자등록번호 211–87–75330
ISBN 978–89–497–0682–5 04080
ISBN 978–89–497–0382–4 (세트)